학생 성장을 위한
인게이지먼트 핸드북

Jennifer A. Fredricks · Amy L. Reschly
Sandra L. Christenson 저
송해덕 · 김연경 · 홍아정 · 김이경
이희수 · 안도희 외 공역

박영story

역자 서문

Preface

인게이지먼트(Engagement), 몰입은 4차산업혁명으로 대표되는 뉴노멀시대에 점점 더 광범위하게 주목을 받고 있다. AI와 공존하는 4차산업혁명시대, 인간만이 가지는 고유한 역량으로 고차원적 사고능력, 분석적 사고와 추론, 복잡한 문제해결역량, 소통능력, 학습 민첩성 등의 역량이 강조되고 있다. 이러한 역량들은 학생들이 자신이 속한 학교와 자신의 학습에 주도적으로 참여할 때 비로소 개발이 가능하다. 바로 학생몰입(Student Engagement)이 중요한 이유이다. 특히 COVID−19 이후 비대면 교육환경이 지속되면서 학력중간층이 사라졌다는 연구 결과들은 몰입이 학습자 스스로 자신의 학습에 주도적으로 참여하도록 이끄는 기제가 된다는 점에서 몰입의 역할을 강조한다. 이처럼 학생몰입의 중요성에 관한 지식과 흥미가 높아지면서 어떻게 하면 학생들을 주도적으로 참여하도록 할 것인지에 대한 학생몰입을 중재할 수 있는 개입책에 대한 필요가 높아지고 있지만, 구체적으로 그동안 어떠한 개입책들이 적용됐고 그 효과는 어떠한지에 대한 문헌들은 제한되어왔다. 이에 이러한 문제에 답을 찾고자 Fredricks, Reschly, 그리고 Christenson의 "Handbook of Student Engagement Interventions−Working with Disengaged Students"를 번역하였다.

이 핸드북은 총 25장으로 구성되어 있으며, 학생몰입을 높이기 위해 설계된 학업적, 행동적, 사회적, 정신건강, 그리고 커뮤니티 기반 개입책과 관련된 이론과 연구를 광범위하게 검토하여 제시하고 있다. 이 책의 대상은 단지 핸드북 제목처럼 학교에서 중도탈락 위험에 처한 학생들뿐만이 아니라 모든 학생들을 대상으로 하고 있다. 오늘날 점점 더 많은 학생들이 학교에서 학습을 지루해하고 몰입하고 있지 못하며, 동료나 선생님에게 소외감을 느끼고, 학습에 적극적으로 참여하지 않고, 자신의 학습을 미래와 연계시켜 공부하는 데 한계를 느끼고 있기 때문이다.

학생몰입의 매력은 학교에서 학생들의 성공을 예측하는 가장 강력한 요인이라는 점이다. 학생들이 몰입한다는 것은 학교나 수업에 소속감을 느끼고, 선생님들이나 또래들과 유대감을 가지며, 자신의 학습을 조절해가며 심화하고 수업 활동에 적극적으로 참여한다는 것을 의미한다. 몰입은 흔히 인지적, 행동적, 정서적 차원의 3가지 차원으로 구성되는 것으로 알려져 왔다. 그동안 몰입은 우리나라에서 열의, 적극적 참여, 몰두 등 여러 가지 용어로 번역되어 사용되고 있으나, 열의는 정서적 측면과 주로 관계하고, 참여는 행동적 측면의 성격이 강하며, 몰두는 일시적이고 강력한 집중상태를 의미한다는 점에서 몰입과 구별하여 사용하고자 한다. 일반적으로 학생몰입 중 행동적 차원의 몰입은 출석이나 학교의 다양한 활동에 참여하는 행위를, 인지적 차원의 몰입은 자기조절과 심층 학습전략의 활용을, 정서적 차원의 몰입은 수업이나 학교에 대한 긍정적 반응과 소속감, 유대감 등을 포함한다. 이 책은 특히 학교에서 몰입하지 못하는 학생들을 위해 몰입의 차원별로 체계적인 프로파일들을 제시하고 있다는 점에서 학문적 관점에서 몰입을 연구하는 학자나 대학원생, 또 교실과 학교에서 학생들의 적극적인 참여를 유도하고자 하는 교사, 교육실천가, 학교행정가 모두에게 유용하다.

학생몰입을 위한 62개에 달하는 개입책들을 검토한 후 저자들은 학생들을 몰입하게 하는 데 가장 중요한 요소는 관계성이라고 강조하고 있다. 학생들이 교실에서 교사와 또래, 학교 직원, 그리고 학부모들과 긍정적이고 생산적인 관계를 정립하고 지지받을 때 학생들의 몰입은 높아진다. 관계성을 높이기 위한 개입책으로는 돌봄, 신뢰, 존중, 학생 개개인에 대한 반응, 자율성 등이 있다. 그렇지만 모든 사람에게 완벽한 몰입 해결책은 없다는 점에 주목할 필요가 있다. 학생몰입은 인지적, 정서적, 행동적인 다차원적인 구조를 지니고, 몰입에 영향을 미치는 맥락들 역시 학급뿐만 아니라, 학교, 가정, 지역사회 등 다층구조를 지닌다. 특히 학생몰입 개입책이 효과적이 되기 위해서는 맥락의 특수성에 주목할 필요가 있다. 예를 들어 학생몰입의 중요 논제가 미국에서는 학생들의 중도 탈락률을 낮추기 위한 데에 있으므로 학생성공(Student Success)이 중요하다면, 우리나라에서 학생몰입은 학교에서 지루해하고 소외되어 있는 학생들을 보다 적극적으로 참여하여 의미 있는 경험을 하도록 하는 학생성장(Student Growth)이 더욱 중요하기 때문이다. 앞으로 학생몰입 관련해서 우리나라 상황에서 몰입을 정의하고 이에 따라 효과적으로 몰입을 향상시킬 수 있는 개입책의 개발이 필요한 이유이다.

이 책은 중앙대학교 교육학과 BK21사업팀 참여 교수님들과 연구원들의 도움으로 완성되었다. 방대한 번역자료를 꼼꼼하게 검토한 중앙대 교육학과의 김연경 연구교수님에게 감사한다. 끝으로 본 저서를 기획하고 출판하는 작업에 지원과 격려를 아끼지 않으신 박영사의 안상준 대표님, 박영스토리의 노현 대표님, 편집과정에서 정말 많은 노력을 해 주신 김다혜 선생님에게 깊은 감사를 드린다.

2023년 2월
역자들을 대표해서
서달산 연구실에서
송해덕

목 차

Contents

제11장 학생의 수학적 주도성과 몰입을 위한 학생 중심 실천 • 225

제12장 학교에 몰입할 수 있는 신념의 변화: 학교 전환 시기에 학생 몰입 증진을 위한 통합된 사고방식 인터벤션 사용 • 255

제13장 만성 결석: 학습환경에 투자하라는 신호 • 279

제14장 정신건강 인터벤션 • 303

제15장 집단따돌림과 주변인 행동 • 333

제16장 흘러넘치기(Spilling over): 방과 후 조직화된 활동 참여는 학생들의 몰입을 예측하는가 • 355

제17장 학생 몰입 향상을 위한 효과적인 학교 개혁 • 375

제18장 Check & Connect의 시행: 두 가지 국제적인 효과성 실험의 교훈 • 403

제 1 장

학생 몰입을 위한 인터벤션
: 개요와 양상

제1장

학생 몰입을 위한 인터벤션: 개요와 양상

학생 몰입(Student engagement)은 학생들이 겪는 낮은 성취, 높은 중도탈락률과 소외감, 흥미와 동기 부족 등의 문제들을 해결할 수 있다는 가능성 때문에 연구, 정책 및 교육 현장에서 점점 주목받고 있다(Christenson, Reschly, & Wylie, 2012; Fredricks, Blumenfeld, & Paris, 2004). 학교와 학습에서 몰입은 학생들이 공교육을 받기 전 무렵에 시작되어 취업한 사회 초년생 시기 또는 고등교육 이후로 지속적인 교육을 받는 성인학습자까지 이어지는 발달 과정이다. 청소년기에는 학교생활을 완수하고 성인으로의 성공적인 발돋움을 위해 필요한 기술, 역량 또는 가치를 발달시키기 위해서 학교에 능동적으로 몰입할 필요가 있다. 또한, 몰입은 학교에서 일상적으로 마주치는 장애물이나 어려움에 잘 대응하고 방해와 실패로부터 다시 회복하며, 마침내 (학습자가) 학업적 과제에 도전하여 건설적으로 다시 몰입하도록 돕는 보호 요인으로서 역할을 한다. 몰입은 환경적 요인들 속에서 변화에 민감하고 잘 변하는 특징이 있기에 학업적, 행동적 그리고 사회적-정서적 영역을 아우르는 인터벤션의 근원으로서 막대한 가능성이 있다는 것은 굉장히 널리 알려져 있다(Appleton, Christenson, & Furlong, 2008; Christenson et al., 2012; Skinner & Pitzer, 2012).

본 입문서(Handbook)의 중요한 목표는 학생 몰입을 강화하기 위해 설계된 증거 기반 인터벤션을 개관하는 것이다. 본 장에서는 몰입의 구조에 대한 몇 가지 배경을 제시하고 학생 몰입 인터벤션의 개요를 살펴보고자 한다. 먼저 몰입의 일반적인 정의를 제시하고, 연구, 정책 그리고 교육 현장에서 몰입에 대한 관심이 증가하는 몇몇 이유를 제시할 것이다. 다음으로 학생 몰입의 인구통계학적이고 발달학적인 차이를 설명한 뒤 몰입 구조와 관련된 몇 가지 이론적 모형과 개념적 이슈를 간략히 살펴볼 것이다. 이후 인터벤션에 초점을 맞추어 인터벤션의 목표, 대상 그리고 집단 간 차이뿐 아니라 학생 몰입 인터벤션의 평가 및 실행과 관련된 몇 가지 도전을 설명할 것이다. 마지막으로 본 입문서의 구조와 목적을 개략적으로 안내할 것이다.

몰입이란 무엇인가?

구성 개념으로서 몰입의 매력 중 하나는 몰입이 다차원적인 구조라서 학교에서 학생들이 어떻게 생각하고 행동하고 느끼는지에 대해 단순히 한 차원에 초점을 맞추어 설명하기보다 좀 더 폭넓은 설명을 가능하게 한다는 점이다. 관련 문헌에서 가장 일반적으로 정립된 개념은 몰입이 서로 관계가 있는 3개의 차원인 행동적, 정서적, 그리고 인지적 몰입으로 구성된다는 것이다(Fredricks et al., 2004). 일반적으로 행동적 몰입은 학교와 관련된 행동, 학습에 몰두, 출석, 그리고 학교의 다양한 활동에 참여하는 등의 행위를 망라한다. 정서적 몰입은 학생의 수업이나 학교에 대한 긍정적/부정적 반응 그리고 교사, 동료, 학교에 대한 소속감 또는 유대감과 관련된 관계성을 포함한다(Appleton et al., 2008; Fredricks et al., 2004; Reschly & Christenson, 2012). 마지막으로 인지적 몰입은 자기 조절 학습, 학교 과제에 대한 인지된 적절성(relevance), 심층학습 전략의 활용, 그리고 복잡한 개념의 이해를 위해 필요한 인지적 전략의 구사로 구성된다(Fredricks et al., 2004; Wang, Fredricks, Ye, Hofkens, & Schall, 2016). 몇몇 학자들은 4번째 차원의 몰입 요소로 학업적 몰입(Appleton, Christenson, Kim, & Reschly, 2006; Appleton et al., 2008; Christenson et al., 2008), 사회적 몰입(Finn & Zimmer, 2012; Fredricks et al., 2016), 또는 주도적 몰입(Reeve, 2013) 등을 추가하기도 한다.

연구, 정책 그리고 교육 현장에서 몰입의 중요성

몰입에 대해 관심이 높은 이유는 많고 다양하다. 그 이유 중 하나는 몰입이 학업적 적응과 청소년의 긍정적 발달 지표와 관련이 있다는 근거가 확실해지고 있기 때문이다. 몰입은 학년 진급, 성취도 점수, 학업적 포부, 학교 이수(Akey 2006; Fredricks et al., 2004; Ladd & Dinella, 2009; Wang & Holcombe, 2010)뿐만 아니라 대학 수업에 대한 출석률과 지속성을 예측한다(Fraysier, Reschly, & Appleton, 2017). 또한, 학생의 몰입은 낮은 수준의 우울감(Li & Lerner, 2011), 낮은 자살 충동과 행동(Marraccini & Brier, 2017), 높은 삶의 만족도(Lewis, Huebner, Malone, & Valois, 2011) 등과 같은 안정적인 정신건강과 관련이 있다. 게다가 몰입은 마약, 비행, 그리고 문제 행동들을 포함한 위험한 행동들로부터 학생들을 지킬 수 있는 보호적 요인임이 입증되었다. 일부 연구자들은 몰입과 적응 지표 사이의 관계가 상호 보완적인 관계이며, 초기의 몰입 수준 차이는 시간이 갈수록 점점 커진다고 설명한다(Hughes, Luo, Kwok, & Loyd, 2008; Wang & fredricks, 2014). 다시 말해서 몰입은 좀 더 긍정적인 학업적 성취와 낮은 위험적 행동과 관련이 있다고 볼 수 있다. 결국, 이 같은 긍정적인 성취는 시간이 지날수록 더 높은 몰입으로 이어진다. 대조적으로 학교에서의 비몰입은 높은 위험적 행동으로 이어지며 이는 학교로부터 학생들의 소외감을 높이고, 결국에는 학교에서 중도탈락을 결정하는 데 일조한다(Wang & Fredricks, 2014).

몰입의 매력은 몰입이 다양한 문헌들을 통합한 다차원적 구조라는 점에서 단일 차원으로 설명하는 것보다 학교에서 학생들이 생각하고, 행동하고, 느끼는 방식을 더 풍부하게 묘사할 수 있다는 것이다. 개인 중심적 분석 접근(Personal-centered analytic approaches)을 취한 연구자는 학생들이 다양한 행동적, 정서적 그리고 인지적 몰입 패턴을 나타냄을 확인하였다. 예를 들어 Wang과 Peck(2013)의 연구에서는 정서적으로 비몰입된 학생 집단(높은 행동적, 인지적 몰입 그러나 낮은 정서적 몰입)은 세 개 차원의 몰입 수준이 모두 높은 학생들과 성취도와 중도탈락률은 유사했지만 정신건강 측면에서는 더 높은 위험 수준을 나타냈다. 또한, 중간 또는 높은 수준의 수업 커뮤니티에 나타난 일반적 특징으로는 학생들이 높은 행동적 몰입을 보이는 반면, 인지적 몰입과 정서적 몰입은 낮은 수준을 나타냈다는 것이다(Connor & Pope, 2013; Fredricks, 2014). 이러한 학생들은 움직임을 보이거나 학교에 가는 행위를 하지만, 지루해하고 스트레스를 받으며 떠드는 것을 더 좋아하고 무언가를 배우거나 배운 내용을 간직하지 않는다고 말한다(Connor & Pope, 2013; Pope, 2001).

몰입은 중요한 정책적 영향력을 가진다. 학생들은 고차원적 사고능력, 분석과 추론, 실제적 문제 해결, 그리고 쓰기와 언어적 소통 능력 등을 강조하는 새로운 교육적 기준에 맞추기 위해 행동적, 정서적 그리고 인지적으로 몰입해야 할 필요가 있다(Common Core Standards Initiative, 2017; National Research Council, 2012). 또한, 많은 교육구에서 학교생활 초기에 어려움을 겪는 학생들을 확인하는 경보 시스템을 만들고, 이 같은 학생에게 적절한 인터벤션을 제공하기 위해 비몰입 학생들을 대상으로 수집된 행정 데이터를 활용한다(Balfanz, Herzog, & Maclever, 2007; Heppen & Bowles Therriault, 2008). 그러나 조기 경보 신호(Early warning signs: EWS)는 상대적으로 인지적, 정서적 몰입 지표보다 행동적 몰입 지표에 영향을 많이 받는 경향이 있다. 이로 인해 점점 더 많은 주가 그들의 새로운 Every Student Succeeds Act(ESSA)의 책임 계획의 일부로서 비학업적 지표 측정을 위해 행동적 몰입과 비몰입(예: 출석, 정학, 그리고 잦은 결석) 데이터를 활용한다.

몰입은 교육 실천가들에게 필수적인 요소이다. 학습에 필수적이며, 그들이 보는 많은 학교와 교실의 현 상태를 잘 설명할 수 있기 때문이다(Finn & Zimmer, 2012; Fredricks et al., 2016; National Research Council, 2004). 비몰입 학생들은 교사들에게 있어 교실에서 경험하는 가장 큰 스트레스 원인 중 하나이며, 교사들이 소진되는 이유 중에서 높은 비율을 차지한다(Chang, 2009; Fredricks, 2014). 방해되는 행동을 다루는 일은 한정된 수업 시간 중에 많은 시간을 소모하며, 효율적으로 가르칠 수 있는 교사들의 능력을 방해한다(Walker, Ramsey, & Gresham, 2004). 다른 한편으로, 높은 수준으로 몰입한 학생들은 가르치기 쉽고, 실질적으로 좀 더 보람을 느끼게 한다(Frenzel, Goetz, Ludtke, Pekrun, & Sutton, 2009). 몰입한 학생들은 주변 환경으로부터 지원과 피드백을 받으면서 더 높은 수준으로 몰입하게 되기 때문에 결과적으로 몰입은 더 높은 수준의 몰입을 불러일으킨다(Reschly, 2010). 게다가 양질의 수업은 학습을 지원하는 과정에서 학생들이 몰입하도록 영향을 미치기 때문에 교육적 성과를 상승시킬 수 있다. 따라서 몰입을 연구하는 것은 학생들의 성과를 만들어 내는 교육적 환경의 특징을 확인할 수 있도록 하고, 또한 효과적인 실행을 모니터하는 방법을 알 수 있도록 돕는다.

몰입에 대한 관심의 주요 이유와 본 입문서의 핵심은 몰입은 융통성이 있으며, 특히 중등학교 수준에서 몰입은 많은 예방과 인터벤션을 위한 노력의 핵심 초석이라는 것이다(Christenson et al., 2008; National Research Council, 2004). 성취, 심층학습, 그리고 학교 수료를 설명하는 변인으로서 몰입에 주목하는 것은 성별, 인종, 그리고 사회경제적 지위와 같은 인구통계학적 변인들에 주목하는 것보다 예방과 인터벤션 전략을 위한 더 좋은 통찰력을 제공할 것이다(Fredricks, 2015). 비록 인구통계학적 변인이 위험이 큰 상태에 대한 중요한 통찰력을 제공할 수 있더라도, 그것들이 인터벤션을 통해 변화시키고자 하는 실제적이고 현실적인 목표는 아니다(Christenson et al., 2008; Reschly & Christenson, 2012). 반면에 출석, 참여, 학교 소속감, 그리고 심층학습 전략과 같은 몰입 지표는 학교, 가정 그리고 커뮤니티 차원에서 맥락적 요인을 변화시키면서 그 수준을 높일 수 있다(Christenson et al., 2012; Fredricks et al., 2004). 결과적으로 몰입 지표는 인터벤션 노력의 타당한 이유이다.

몰입에서 인구통계학적 그리고 발달학적 차이

안타깝게도 많은 학생들은 학교에 몰입하지 못한다고 말한다(Yazzie-Mintz, 2007; Yazzie-Mintz & McComick, 2012). 비몰입은 참여와 노력의 부족, 수업에 비협조적이거나 방해되는 행동, 불평과 이탈, 피상적인 학습 전략의 사용, 심층학습을 위한 시간과 노력의 할애 부족 등 다양한 형태로 나타난다(Fredricks, 2014). 비몰입은 시골보다 도시의 학교에서 그리고 여성보다 남성에게서 더 높게 나타나며, 백인이나 아시안 인종보다는 소수인종의 청소년들에게서, 그리고 낮은 사회경제적 지위를 가진 가정 출신의 청소년들에게서 더 높게 나타난다(Balfanz et al., 2007; Johnson, Crosnoe, & Elder, 2001; Li & Lerner, 2011). 이러한 몰입 수준의 차이는 고등학교의 중도탈락률과 이수율 또는 고등교육으로의 진학과 교육의 지속 등과 같은 학습 성과에서 나타나는 인종 간 그리고 사회경제적 지위 간의 차이와 연관이 있다(Christenson et al., 2012; Rumberger, 2011). 그러나 학교에서 학생들이 몰입하지 못하도록 하기 때문에 결국 중도탈락하도록 만드는 전형적인 위험 요인들이 없는 학교에서도 무관심하고, 의욕이 없고, 필요한 것만 하는 학생들이 존재한다. 이와 같은 학생들은 과제를 하거나 최소한의 출석을 하는 것으로 보이지만, 실제로 그들은 학교와 직장에 성공적으로 전환하는 데 필요한 기술을 배우고 습득하는 데 온전히 시간과 노력을 할애하지는 않는다.

학생들은 초등학교부터 중학교로 이동하는 동안 학교에서 몰입 수준이 크게 낮아지면서 점점 더 많이 비몰입하게 된다(Benner & Graham, 2009; Wigfield et al., 2015). 그러나 개인 중심적 분석 기법(Person centered techniques)을 활용한 연구에서는 시간에 따른 3가지 유형의 몰입 양상 변화를 설명한다(Janosz, Archambault, Morizot, & Pagani, 2008; Wylie & Hodgens, 2012). 예를 들어 대부분 학생들은 시간이 변화함에 따라 몰입 수준의 경미한 감소가 있었지만, 상대적으로 안정적인 몰입 수준을 나타냈다. 또 다른 학생들은 지속적으로 낮은 수준의 몰입을 보이거나, 급격한 몰입의 감소를 경험하였다. 이렇듯 뚜렷이 구별되는 유형의 발달학적 양상은 서로 다른 결과를 보이며, 서로 다른 발달학적 양상을 띠는 학생들에게는 각각의 필요를 충족시키는 다른 유형의 인터벤션이 필요함을 시사한다(Janosz et al., 2008; Wang & Degol, 2014).

학생 몰입에 대한 이론과 개념적 이슈

학생 몰입의 구조에 대한 관심은 학문 분야(발달 심리학, 공중 보건학, 그리고 교육 심리학)와 특정 전문 분야(중도탈락과 동기 관련 문헌)를 넘나든다. 게다가 몰입은 상대적으로 새로운 개념적 구조로서, 1980년대에 논문에서 처음으로 등장하였다(Appleton et al., 2008; Reschly & Christenson, 2012). 여기에는 다양한 이론적 관점과 끝나지 않는 개념적 논쟁이 존재한다. 더 나아가 이 같은 개념적 논쟁은 측정의 문제로도 이어진다. 특히 어떻게 학생 몰입을 개념화하느냐에 따라 그 개념 구조를 측정하는 방법이 달라지므로(Reschly & Christenson, 2012), 서로 다른 학생 몰입의 정의와 측정 방법이 나타나게 된다(Fredricks & McColskey, 2012; Fredricks et al., 2010). 아래에서는 학생 몰입의 이론적 기반을 설명하고 끊이지 않는 개념적 논쟁들을 소개하고자 한다.

몰입의 이론적 관점

고등학교 중도탈락과 이수에 관한 연구에서 알려져 있으며, 전반적인 학생 몰입 연구에서도 영향력 있는 이론 중 하나로 알려진 것은 참여-동일시 모형이다(Finn, 1989). 이 모형에 따르면 몰입은 2개의 주요 요인인 참여(예: 행동적 몰입)와 동일시/학교의 가치(예: 정서적 몰입)로 구성된다. 이 모형은 발달학적 모형으로, 학생의 성공 경험으로 이어지는 참여의 초기 형태로 시작하여 결국에는 학교에 소속감을 느끼고 학교와 자신을 동일시하여 지속적인 참여를 촉진시킨다는 이론이다. 성공적인 참여를 위해 필요한 조건은 학생들의 나이에 따라 변하는데, 이는 나이에 따라 학교 참여를 위한 책임과 기회들이 점점 많아지기 때문이다(비교과 참여 그리고 학교 거버넌스). 성공을 위해 필요한 태도, 기술 그리고 행동 양상을 가지고 있지 않은 학생들에게는 이 참여-성공-동일시 사이클이 실패하기 시작한다. 이 학생들에게는 초등학교의 초·중반에 비몰입과 소외의 신호가 나타나기 시작하고, 중·고등학교에서는 학문적/학업적 문제가 계속되며, 결국에는 학교에서 중도탈락에 이르게 된다. 또 어떤 이들은 큰 학문적/학업적 문제, 교사와의 갈등 그리고 몰입하지 못하는 동료와의 관계를 경험하며 참여-성공-가치 사이클에서 탈락하게 될지도 모른다.

몰입 관련 연구를 이끄는 또 다른 저명한 이론은 자기 체계 동기적 모형(Self-system motivational model)(Connell, & Wellborn, 1991)이다. 이 모형은 자기결정성 이론을 근간으로 하며, 학생들이 특정한 맥락에서 자율성, 관계성, 그리고 유능감을 얼마나 느끼는지에 대한 평가나 자기 체계 과정(Self-system processes)을 통해 맥락적 요인(예: 교실 구조, 자율성 지지 그리고 몰두)을 몰입의 양상(예: 몰입과 이탈)과 연결 지어 설명한다(Skinner, Furrer, Marchand, & Kindermann, 2008). 이 모형은 개개인이 3가지의 기본 욕구, (1) 타인과 연관성을 느끼고자 하는 기본 욕구(예: 관계성) (2) 외적인 보상들에 통제되기보다는 스스로 주도적으로 행동하고자 하는 기본 욕구(예: 자율성), (3) 주변 환경과 효과적으로 상호작용을 하고, 성공적 수행을 위해 필요한 것을 알고자 하는 기본 욕구(예: 유능감)를 갖는다고 가정한다. 지원적인 교실, 동료, 그리고 가정 환경(높은 몰두, 자율성 지지, 그리고 최적의 구조)은 이러한 욕구들을 지원하며, 결국 행동적, 정서적 그리고 인지적 몰입을 높인다. 반대로 덜 지원적인 교실, 동료, 그리고 가정 환경은 관계성, 자율성, 그리고 유능감에 대한 욕구를 약화시키며 행동적, 정서적, 그리고 인지적 이탈을 높인다.

개인-환경 관점(Eccles, & Midgley, 1989; Eccles & Roeser, 2009)은 또 다른 몰입 연구에 대한 이론적 모형이다. 이 모형은 개인의 욕구와 목표, 그리고 그들이 속한 환경에서 그 욕구와 목표를 충족시킬 수 있는 기회가 잘 맞았을 때 몰입이 높아진다고 가정한다. Eccles와 그의 동료들(1993)은 이 이론을 통해 중학교 학생들의 동기와 몰입이 감소하는 이유를 설명하고자 하였다. 그들은 청소년기의 더 큰 자율성, 가족이 아닌 성인과의 관계 개발, 그리고 자아를 탐색할 기회에 대한 발달학적 욕구들이 중학교의 환경과 조화를 이루지 못한다고 말한다. 특히 초등학교 교실과 비교했을 때 중학교 교실은 교사의 통제와 규율을 좀 더 강조하고, 교사-학생 간 긍정적 관계를 감소시키며, 사회적 비교와 경쟁을 강조하는 현장이라고 보았다(Eccles et al., 1993).

정의와 측정에 대한 명확성 부족

몰입의 3가지 구인으로 행동적, 정서적, 인지적 몰입이 학자들 간에 일반적으로 합의되어 있으나, 학자들은 이들 구인을 각각 다르게 조작적으로 정의하고 측정한다. 예를 들어 학습에 대한 가치와 적절성은 몰입의 정서적 그리고 인지적 측면으로서 분류된다. 이와 유사하게 노력(effort)은 학자들과 측정 방법에 따라 행동적 그리고 인지적 몰입으로 구분되어 왔다(Fredricks et al., 2010). 1985년부터 2008년까지 몰입 구성과 관련된 문헌에 사용된 많은 명칭의 불일치로 인해, 19개의 서로 다른 정의들을 확인할 수 있었다(Appleton et al., 2008). 게다가, 몰입에 대한 다양한 학문 분야에서의 관심과 국제적인 관심은 몰입의 구성에 대해 다양하게 거론하지만, 이는 그 정의와 측정의 명확성 부족을 한층 가중시킨다. 예를 들어 공중 보건학 분야의 학자들은 통상적으로 학생들의 학교와 사람(교사와 동료) 간 관계를 학교 유대감으로 설명하는 반면 정서적 몰입의 정의를 소속감 또는 관계성의 관점에서 설명한다. 이는 유사하긴 하지만 동일한 정의는 아니다.

이 같은 방식으로, 학자들은 또한 몰입을 측정하기 위해 몰입의 지표(예: 출석, 참여)가 몰입의 촉진요인(가족의 지지와 같이 몰입을 촉진하는 환경적 요인)과 구별되어야 하는지에 대해 합의하지 못한다(Skinner et al., 2008). 또 다른 학자들은 교사나 동료와의 관계에 대한 학생들의 인식과 학습을 위한 가족의 지원을 포함하는 인지적 몰입과 정서적 몰입은 내재적이고, 관찰할 수 없어서 추론해야 하므로 자기 보고식의 측정이 필요하다고 주장한다(Reschly & Christenson, 2012). 이는 학생들의 내재적 관점에 대한 실질적 이해와 객관적 측정 사이의 차이 때문에 발생한다. 여기서 학생들의 내재적 관점은 개인-환경 간 조화에서 개인의 특징, 스스로 보고한 몰입, 그리고 개별적인 인터벤션 노력에 중요한 역할을 하며, 객관적 측정은 교실이나 학교 시스템 수준에서 인터벤션에 유용한 교사의 반응 또는 가족의 지지와 같은 맥락을 측정하는 것이다. 결국, 몰입의 유형은 상호 관계가 있고, 한 영역을 설명하기 위한 인터벤션 노력은 다른 영역에도 영향을 미친다고 볼 수 있다(Christenson et al., 2008; Reschly, Pohl, Christenson, & Appleton, 2017). 그러나 측정은 때때로 하나 또는 두 개의 하위 유형으로 제한되며, 유형들이 발달 및 관련 결과에서 상호작용하는 방식은 아직 잘 설명되지 않는다. 따라서 몰입 구조에 대한 상대적 참신성, 다양한 학문 분야에서의 관심, 그리고 정의 및 측정의 모호성은 연구 결과들과 인터벤션 연구들을 종합적으로 다루는 것을 어렵게 한다.

결과와 매개 변인으로서 몰입

몰입은 가족, 학교, 동료, 커뮤니티와 같이 중요한 맥락에 의해 영향을 받을 수 있는 다양한 변인들의 변경 가능한 집합으로 구성되어 있다고 여겨진다. 맥락은 몰입에 영향을 미치고, 이 몰입은 결국 학생들의 중요한 성과(성취, 졸업)와 긍정적인 청소년 발달의 다른 지표들과도 관련이 있다. 그러므로 몰입은 맥락적 영향과 결과 사이를 매개한다고 볼 수 있다(Christenson et al., 2008; Connell & Wellborn, 1991; Fredricks et al., 2004). 그러나 몰입과 학교의 장기적인 특성과 몰입과 학생 성취 간의 직접적인 연결고리 때문에 연구는 몰입 지표(출석, 규율 위반, 과제 완수 비율)를 그 목적과 연구 기간에 따라 결과 변인으로 두기도 하고 매개 변인으로 두기도 한다(Reschly & Christenson, 2012).

몰입과 비몰입/이탈

학자마다 의견이 분분한 또 다른 것은 몰입이 하나의 연속체 안에서 높고 낮음으로 측정되고 개념화되는지 아니면 몰입과 비몰입/이탈은 서로 다른 연속체인지에 관한 것이다(Reschly & Christenson, 2012). 비몰입 지표가 몰입 지표와 깔끔하게 대응하지 않음에도 불구하고, 다수의 몰입에 대한 지표는 몰입의 부족(출석과 결석 비율)에 대한 정보를 포함한다(Fredricks et al., 2016; skinner, 2016). 게다가 이 접근은 학생들이 비몰입이나 이탈을 설명할 수 있는 방법의 범위를 고려하지 않았다. 결과적으로 몇몇 연구자들은 몰입과 비몰입/이탈을 방법적으로 그리고 개념적으로 서로 다른 조정 방식에 따라 서로 다른 구조로 개념화하였다(Martin, 2007; Skinner, Kindermann, & Furrer, 2009; Wang, Chow, Hofkens, & Salmela-Aro, 2015).

동기와 몰입

동기와 몰입 간의 관계는 풀리지 않는 문제이다. 동기 학자들은 사람들이 왜 행동하고, 생각하고, 그들이 하는 것을 왜 하는지를 설명하는 데 도움이 되는 근본적인 심리적 과정, 자기 지각, 그리고 자기 평가를 좀 더 강조하는 경향이 있다(Eccles & Wigfield, 2002; Skinner, 2016). 반대로 일반적인 몰입의 개념은 동기의 행동 또는 활력 요소를 표현한다(Appleton et al., 2008; Skinner & Pitzer, 2012). 다시 말해서 몰입은 행동적(교실 활동의 참여), 정서적(관심 및 과제에 대한 긍정적 감정), 그리고 인지적(자기 조절 학습 및 심층 전략 사용) 관점에서 동기의 외적 징후로서 나타난다. 게다가 몰입 학자들은 개인과 맥락의 상호작용을 좀 더 강조한다. 즉, 개인은 무언가에 몰입하고(예: 과제, 활동, 관계), 그 몰입은 그들이 몰입하고 있는 것으로부터 분리될 수 없다(Fredricks, 2015).

학생 몰입 증진을 위한 다양한 인터벤션

다양한 인터벤션은 학생 몰입을 높이는 데 초점을 둔다. 이러한 인터벤션은 목표, 대상 영역, 그리고 제공될 집단에 따라 다르다. 처음에는 많은 학생 몰입 인터벤션이 중도탈락률을 줄이고자 설계되었다. 이러한 인터벤션은 궁극적으로 학교에서 중도탈락 위기에 처한 학생들에게 놓인 개인적 요인에 초점을 맞추었다. 그러나 시간이 지날수록 학교 이수율을 높일 수 있는 맥락적 요인으로 그 초점이 확대되고 있다(Christenson & Thurlow, 2004; Christenson et al., 2008). 이러한 프로그램의 목표는 학생들이 학업적이고 사회적인 역량을 획득하고 학교와 커뮤니티 안에서 활동적인 참여자가 되는 데 필요한 관계 형성에 도움이 되는 맥락적 요소를 다루어 학생 몰입을 증가시키는 것이다.

몰입의 다차원적인 특징(예: 행동적, 정서적, 인지적)은 인터벤션이 가능한 다양한 목표를 제공한다. 행동적 몰입을 높이는 몇 가지 인터벤션으로는 출석률 증가, 추가적인 학업적 지원 제공, 효과적인 면학 분위기 조성, 그리고 교실 또는 학교 활동에서 학생들의 참여 증진 등이 있다. 정서적 몰입 증진을 위한 인터벤션은 학생의 학교에 대한 유대감 증진과 학교의 가치에 대한 믿음을 강화시켜 학교 내 어른 및 동료와의 관계를 굳건하게 하는 것을 목표로 한다. 정서적 몰입에 대한 인터벤션으로는 멘토링, 동료와의 학습, 비교과 활동, 작은 학교, 그리고 진로 전문 학교 등이 있다. 마지막으로 인지적 몰입을 높이기 위한 인터벤션은 학습에 대한 투자 증대, 심층학습 전략 사용에 초점을 맞춘다. 인지적 몰입을 지지하기 위한 인터벤션으로는 인지 전략 교수, 목표 설정, 성장 마인드셋 촉진, 그리고 프로젝트 기반 학습 등을 포함한다(Christenson et al., 2008; Reschly et al., 2017). 인지적, 정서적, 그리고 행동적 몰입은 상호 관계에 있기에 궁극적으로 한 구인을 위한 인터벤션은 또 다른 구인에 긍정적인 영향을 미칠 수 있다.

몰입 인터벤션을 구분하는 유용한 접근은 작은 규모의 비몰입 학생들에게 점점 강도 높은 인터벤션을 제공하는 다층구조 접근 방식이다(MacIver & MacIver, 2010; Reschly & Bergstrom, 2009). 첫 번째 층은 학교 내 몰입과 모든 학생들의 학습 증진을 목표로 한다. 이러한 인터벤션의 보편적인 유형은 학교/가정 연결, 비교과 활동 참여, 긍정적인 행동 프로그램, 그리고 인지적 전략 사용 가르침 등이 있다. 두 번째 층은 비몰입과 학업적 문제에 대한 신호를 보이는 학생들의 10%에서 20% 사이인 좀 더 작은 규모의 학생들에게 적용 가능한 학업적, 행동적 인터벤션으로 추가적인 목표를 달성할 수 있다(Reschly & Bergstrom, 2009). 이러한 인터벤션은 짧은 기간에 적용되며, 적당한 정도의 강도로 시행된다. 인터벤션의 예로는 멘토링 지원, 튜터링, 행동적 관리 프로그램 등이 있다. 마지막으로 세 번째 층은 가장 강도 높은 인터벤션으로, 만성적이고 심각한 비몰입을 보이는 학생들을 위한 개별적 인터벤션이다. 개별화되고 강도 높은 인터벤션들은 조금 더 장기적으로 진행되며 상담, 돌봄 서비스, 그리고 기존의 방식과 다른 교육 프로그램 등과 같은 유형으로 진행된다(Reschly et al., 2017).

인터벤션은 대상 영역의 차이에 따라 달라질 수도 있지만, 지원의 유형이나 그것이 제공될 집단에 따라 달라지기도 한다. 중도탈락 방지와 학교 이수에 초점을 맞추는 다수의 인터벤션들은 주로 중등학생을 대상으로 한다(Freeman & Simonsen, 2015). 반면에 학생들의 학교에 대한 유대감 강화(예: 정서적 몰입)에 초점을 맞추는 인터벤션은 주로 초등학교 학생들을 대상으로 한다(Chapman, Buckley, Sheehan, & Shocht, 2013). 까다로운 학업적/사회적 행동을 다루는 인터벤션은 소수인종에 속한 학생들의 비율이 높은 도시 학교에서 자주 사용된다(Wigfield & Wenztel, 2007).

평가와 인터벤션

몰입이 변화무쌍하다는 것은 입증되었지만, 대규모로 개발, 실행 및 테스트가 이루어진 몰입 향상 프로그램에 대한 보다 강력한 증거가 필요하다(Wang & Degol, 2014). 주요 전문가들은 중도탈락을 방지하는 프로그램에 관한 다수의 연구들이 정말 그렇다는 것을 증명하는 게 부족하거나, 발견한 결과에 대한 일반화 가능성 및 결과로부터 추론할 수 있는 인과관계의 정도에 대한 의문을 가중한다고 말한다(Dynarski et al., 2008). 다수의 인터벤션 관련 연구들은 상대적으로 짧은 기간의 발달적 변화만 확인할 수 있는 비실험적 설계를 기반으로 하기 때문에(Christenson, Sinclair, Lehr, & Godber, 2001; Freeman & Simonsen, 2015), 시간을 두고 전반적인 프로그램의 효과성을 검증할 수 있는 실험적 종단연구들이 필요하다(Wang & Degol, 2014). 그리고 질적 연구의 수행은 시간의 흐름에 따른 인터벤션이 몰입에 미치는 영향의 과정에 대한 우리의 이해를 확장할 수 있다

(Renninger & Hidi, 2019).

비록 인터벤션은 서로 다른 하위 그룹에 따라 또는 서로 다른 환경에 따라 효과가 다르게 나타날 수 있지만, 현재까지의 연구들을 살펴보면, 학생이나 학교의 특성에 의한 효과성의 변동에 대해 명확한 결론을 내리기는 어렵다(Christenson, et al., 2001, 2012). 너무 빈번한 처방이나 인터벤션 프로그램이 두루 적용될 수 있는 모형에 의존하는 것은 몰입이 다면적이고 개인, 환경, 장소, 활동 그리고 시간에 따라 다양하다는 사실을 고려하고 있지 않음을 의미한다(Lawson, & Lawson, 2013). 게다가 중도탈락, 더 나아가 학생 몰입에 대한 다수의 프로그램은 거의 이론에 근거하지 않고 있으며, 학생 몰입을 촉진하는 맥락적 영향(가족, 학교, 그리고 동료)들을 무시하고 학생들의 변화에만 초점을 맞추고, 이 프로그램을 일반적으로 비몰입이 점점 심각해지고 다루기 어려워지는 중등 수준일 때 시작하는 경향이 있다(Lehr, Hansen, Sinclair, & Christenson, 2003; Prevatt & Kelly, 2003). 또한 몰입 관련 정책과 실행은 누구를 위해, 어디에서, 어떤 환경에서, 언제, 왜 그리고 얼마나 오래 수행되어야 하는지가 명확하지 않다(Lawson & Lawson, 2013). 예를 들어 우리는 대부분의 인터벤션이 그 효과를 극대화하기 위해 어떤 수준으로 수행되어야 하는지 그리고 서로 다른 환경에서는 또 어떤 수준으로 실현되어야 하는지를 잘 알지 못한다(Durlak, 1998).

인터벤션의 실행

실행은 특정 상황에서 프로그램이 전달되는 방법을 의미한다. 실행은 충실도(또는 의도한 대로 프로그램이 잘 전달되었는지에 대한 정도), 정량, 질, 참가자의 반응 그리고 프로그램의 독창성에 해당하는 5가지의 측면을 포함한다(Dane & Wchneider, 1998; Durlak & DuPre, 2008). 양질의 실행은 바람직한 결과를 나타낼 가능성이 높은 반면, 서투른 실행은 재정과 인력의 낭비이며 긍정적인 효과를 얻을 가능성도 낮다(Fagan, Hanson, Hawkins, & Arthur, 2008). 안타깝게도 다수의 연구들은 실행의 수준에 대한 정보를 간과하고 있다(Durlak & DuPre, 2008). 이 정보는 학생 몰입 인터벤션의 긍정적/부정적 결과에 대한 설명을 위해 중요한 역할을 하며, 반복적인 노력을 위해 필요하다(Dusenbury, Branningan, Falco, & Hansen, 2003). 예를 들어 부정적인 결과는 정량적인 이유로 발생할 수 있고, 긍정적인 영향은 프로그램이 의도한 대로 실행되지 않아서 발생할 수 있다

(Durlak & DuPre, 2008). 실행 데이터는 프로그램이 어떻게 그리고 왜 잘 수행되었는지 또는 잘 수행되지 않았는지에 대한 중요한 통찰력을 제공할 수 있다(durlak, 1998).

실행은 전부 또는 아무것도 아닌 구조가 아니라 하나의 연속체 선상의 어디엔가 있는 것이다(Durlak, 1998). 이 실행의 정도와 질은 확장된 외부의 현실에 의해 영향을 받는다. 감소하는 국가 예산과 학생들의 인구통계학적 변화로 인해 학교 기반 자원들이 점점 쇠퇴 중이다. 이러한 현상은 인터벤션 프로그램이 처음 설계되었을 때와 같이 정확도를 유지하고 인터벤션 프로그램을 실행하는 것을 어렵게 한다. 학교와 커뮤니티는 실행을 위한 조직적 역량과 준비성이 각기 다르다(Durlak & DuPre, 2008; Elias, Zins, Graczyk, & Weissberg, 2003). 현실은 대부분의 학교에서 온전한 프로그램의 실행을 위해 필요한 리더십과 수용력이 부족하다. 의사결정의 공유, 조정/조율, 그리고 효과적인 의사소통은 실행을 강화시키고, 지속해서 효과적인 프로그램이 되도록 하는 가능성을 높인다(Durlak, & DuPre, 2008).

학교와 교실의 다양성 때문에 모든 학생에게 적절하게 규격화된 인터벤션은 없다. 결과적으로 대부분의 성공적인 인터벤션은 교사, 직원 그리고 훈련된 인터벤션 실천가들이 학생들과 상호작용하며 어떻게 프로그램과 교육과정을 실행하는지에 달려있다(Pianta, 2003). 우리는 또한 참가자들이 인터벤션을 어떻게 받아들이는지도 고려해야 한다. 만약 학생들이 주의력이 부족하거나 교실이 혼란스럽거나 자료가 학생들의 발달 수준에 적합하지 않다면 아무리 좋은 프로그램일지라도 성공적이지 않을 수 있다(Elias et al., 2003). 게다가 학교에서 실패할 위기에 처한 학생들 간에 높은 수준의 유동성은 인터벤션의 성공에 중요한 역할을 하는 꾸준한 참여와 관계의 지속성을 어렵게 한다(Christenson & Thurlow, 2004).

최근의 중도탈락 인터벤션 프로그램 리뷰에서, Wilson과 Tanner-Smith(2013)는 거의 절반의 프로그램들이 실행의 문제를 가진다고 밝혔다. 이러한 문제들은 프로그램 실행을 위한 직원 채용, 충분한 자금, 관리자 승인, 그리고 구조적 문제들을 포함한다. 게다가 다수의 인터벤션 프로그램들이 적절한 자금, 숙련된 직원, 승인을 이유로 작은 규모로만 실행되고 있다. 조금 더 일반적인 상태로 확장하여 실행될 가능성은 여전히 문제로 남아있다. 안타깝게도 현재까지 교육적 프로그램들을 특히 도시 지역으로 확장하여 실행하고자 하는 노력들은 성공적인 결과를 이끌어내지 못하였다(Elias et al., 2003).

입문서의 목표

본 입문서는 몇 가지 가정을 기반으로 전개된다. 첫 번째는 몰입은 행동적, 정서적, 그리고 인지적 구인으로 이루어진 다차원의 구조로 이루어진다는 것이다. 두 번째는 학교에서 중도탈락의 위기에 있는 학생뿐 아니라 모든 학생에게 몰입은 중요한 요인이라는 것이다. 예를 들어, 우리는 학교에 남아있음에도 불구하고 학습을 지루해하고, 몰두하지 않고, 동료와 교사들로부터 소외감을 느끼고, 학업에 시간과 노력을 할애하지 않는 학생들의 몰입을 어떻게 높여야 하는지를 고려할 필요도 있다. 세 번째는 학생 몰입을 실전에 적용하는 작업이 중요하다는 것이다. 몰입은 매우 변화무쌍함에도 불구하고, 인터벤션과 실제로 인터벤션을 적용하는 이슈에 대한 논의는 매우 제한적이다. 많은 연구에서 복잡한 학교와 교실 맥락은 고려하지 않은 채, 특정한 맥락의 적용에 한계가 있는 일반적인 결론만 제시한다.

이 책은 실제 현장과 학교의 개선 노력에 시사점을 제시하는 연구들을 토대로 구체적인 전략들을 제시하고 행동적, 정서적, 인지적 몰입을 높이기 위해 설계된 증거 기반의 학업적, 행동적, 사회적, 정신건강 그리고 커뮤니티 중심 인터벤션을 검토하여 이러한 한계를 줄이고자 한다. 이 책은 4개의 섹션으로 구성된다. 첫 번째 섹션에서는 몰입의 다차원적 구조를 개관하고, 비몰입의 위험에 처한 학생들의 유형을 검토하고, 비몰입의 결과를 제시할 것이다. 두 번째 섹션에서는 가족, 동료, 교사 그리고 교실 등 몰입과 관련된 맥락적 요인과 학교 차원에서의 맥락적 요인들을 검토할 것이다. 세 번째 섹션에서는 몰입을 증가시키는 것으로 나타난 학업적, 행동적, 사회적, 정신건강 그리고 커뮤니티 중심 인터벤션을 개관할 것이다. 마지막 섹션에서는 학교 수준에서의 실행과 개선점에 대해 설명할 것이다. 이 섹션에서는 비몰입 학생들을 다루었던 경험에 대한 교육자들의 두 가지 성찰 사례와 몰입 인터벤션을 효과적으로 실행하는 방법에 대한 통찰을 제시한다.

제 2 장

청소년의 긍정적 발달 및 학교 수료를 향상시키기 위한 방안으로 아동기부터 청소년기까지 학생 몰입 촉진

제2장

청소년의 긍정적 발달 및 학교 수료를 향상시키기 위한 방안으로 아동기부터 청소년기까지 학생 몰입 촉진

서론

유년기부터 청소년기에 이르기까지 학생 몰입은 청소년의 긍정적인 발달과 일생 동안의 긍정적인 성과를 위한 핵심 요소이다(Rumberger & Lamb, 2003). 이 다각적인 구조는 행동적, 정서적, 인지적 차원을 포함하며(Fredricks, Blumenfeld, & Paris, 2004), 청소년의 학업 성취와 적응에 유리한 중요 기술의 개발과 학교 수료를 촉진하는 것으로 나타났다(Archambault, Janosz, Fallu, & Pagani, 2009). 최근 수십 년 동안의 연구에 따르면, 문제 행동, 약물 사용, 비행 및 우울증의 위험 증가를 포함하여 학생의 비몰입과 관련된 여러 가지 부정적인 결과가 밝혀졌다(Li & Lerner, 2011; Wang & Fredricks, 2014). 조기교육에서부터 청소년기까지 비몰입의 징후가 있는 학생들은 고등학교를 중도탈락할 가능성이 더 높다(Alexander, Entwisle, & Horsey, 1997). 다행히도 유치원부터 12학년까지 효과적인 예방 및 인터벤션 전략을 시행하여 학생들의 학교에서의 행동적, 정서적, 인지적 몰입을 촉진할 수 있다는 연구 결과가 있다(Christenson & Thurlow, 2004). 이 장에서는 먼저 몰입을 다차원적 구조로 정의한 다음, 몰입을 긍정적인 발달 및 학교 성과와 연계하는 기존 연구를 검토하고 학생 몰입을 높이기 위한 증거 기반 인터벤션에 대한 논의로 마무리할 것이다.

다차원적 구성으로서의 학생 몰입

Fredricks와 그의 동료들(2004)이 몰입과 관련된 주요한 연구를 수행하기 전까지 학생 몰입에 대한 연구는 매우 적었다. 몰입 구조의 측정은 학교 유대, 연결성, 동일시, 참여 및 헌신과 같은 이해하기 어려운 광범위한 용어를 기반으로 한다(Finn, 1989; Fredricks et al., 2004; Gottfredson, Fink, & Graham, 1994). 일반적으로 학교에서 청소년의 적극적인 시간 및 노력의 투자와 참여 측면에서 몰입이 정의됨에 따라(Finn, 1989), 몰입 구조는 다차원적으로 학생의 행동, 정서 및 인지를 포함한다는 아이디어에 대한 강력한 합의가 이루어졌다. 행동적 몰입은 교실에서의 활동뿐만 아니라 일반적으로 학교에서의 적극적 참여를 말한다. 행동적으로 몰입하는 학생들은 수업에서 교사의 지시를 따르고 교실 관련 활동에 참여하며 과제를 끝마친다(Fredricks et al., 2004; Rumberger & Larson, 1998). 정서적 몰입은 일반적으로 학교를 좋아하는지 아닌지와 같은 학교에 관련된 생각이나 감정을 말하거나 수학, 과학 또는 문학처럼 특정 과목이나 주제에 접근할 때의 느낌과 같은 과제특수적 학습과 관련한 생각이나 감정을 말한다. 마지막으로, 학생의 인지적 몰입은 학습에 투자한 학생의 노력과 학습 계획 및 모니터링에 사용하는 자기 조절 전략의 측면에서 정의된다(Appleton, Christenson, Kim, & Reschly, 2006). 학교 및 학습 관련 변인에 대한 학생의 정서와 인식이 행동적 몰입에 기여하기 때문에 전반적으로 이러한 학생 몰입에 대한 차원은 모두 밀접한 관계가 있다(Archambault, Janosz, Fallu et al., 2009). 또한, 연구에 따르면 학생들이 학교의 각기 다른 단계를 거치면서 시간이 지남에 따라 몰입의 3가지 차원이 진화한다고 한다(Li, Lerner, & Lerner, 2010).

학생 몰입은 유연한 과정이다(Rumberger & Larson, 1998). 이 과정은 교육의 초기 단계에서 시작하고, 발달하는 아동과 환경의 특성 사이의 상호작용 과정에 따라 시간이 지나면서 진화한다(Eccles et al., 1993; Simons-Morton & Chen, 2009). 일부 학생들은 시간이 지남에 따라 계속 몰입하지만, 높은 비율의 학생들은 학교에 입학한 후 비몰입 징후를 보이기도 한다(Archambault & Dupere, 2017; Janosz, Archambault, Morizot, & Pagani, 2008; Li & Lerner, 2011; Wang & Fredricks, 2014). 다음에 논의되는 바와 같이, 몰입의 관점에서 시간이 지남에 따라 아동들이 경험하는 행동, 정서 및 인지적 감소는 다른 결과에 대한 적응 및 부적응에 기여하기 때문에 중요하다.

학생 몰입과 비몰입의 결과

학생 몰입의 특성과 과정은 발달 과정에 걸쳐 다양한 결과와 관련이 있다. 학교 입학부터 학교의 여러 단계에 걸쳐 학교나 교실 관련 활동에서의 학생의 행동, 정서 및 인지적 몰입은 그들의 성취와 지속적으로 연관되어 왔다(Fall & Roberts, 2012; Hughes, Luo, Kwok, & Loyd, 2008; Ladd & Dinella, 2009; Li et al., 2010; Reyes, Brackett, Rivers, White, & Salovey, 2012). 예를 들어, 학교에 높은 참여와 관심을 보이고 학교와 자기 자신을 동일시한 학생들과 자율적인 학습 전략을 규칙적으로 사용하여 더 높은 인지적 몰입을 보이는 학생들은 더 높은 학점 평균(GPA) 및 학업적 성과를 갖는다. 이러한 결과는 다양한 인종 및 문화적 배경을 가진 학생들의 서로 다른 표본에서 상당히 일관된 것으로 밝혀졌다(Sciarra & Seirup, 2008; Sirin & Rogers－Sirin, 2004). 또한, 높은 수준의 행동 및 정서적 몰입을 유지하는 학생들이 시간이 지남에 따라 더 높은 성적을 받을 가능성이 높다(Li & Lerner, 2011). 그럼에도 불구하고 학생의 인지적 몰입의 종단적 궤적과 학업 능력 간의 연관성은 잘 확립되지 않은 것으로 보이며 학생의 정서적 몰입 궤적과 학업성취도 사이의 연관성은 연구 전반에 걸쳐 일관되지 않았다. 실제로 일부 저자들(Wang & Peck, 2013; Wang & Fredricks, 2014)은 시간이 지날수록 학교에서 학생이 정서적으로 몰입하지 않는 것이 성장 과정에서 일반적이며, 반드시 낮은 학업성취와 관련이 있는 것은 아니라고 주장하는 반면, 다른 저자들(Li et al., 2010)은 학생의 정서적 몰입 궤적과 성취 사이의 연관성은 간접적이며, 학생의 행동적 몰입에 의해 매개된다고 주장한다.

학생 몰입, 특히 행동 및 정서적 차원은 학교나 다른 상황에서의 문제 행동과 관련이 있다. 예를 들어, 초등학교 이후 시기에 학교를 결석하거나 과제를 완수하지 않는 혹은 학급 규칙을 따르지 않거나 학교에서 무관심과 불만을 보이는 학생들은 청소년기와 초기 성인기에 일반적인 비행, 심각한 범죄 및 약물 사용과 같은 문제 행동을 나타낼 가능성이 더 높다(Henry, Knight, & Thornberry, 2012; Hirschfield & Gasper, 2011; Li & Lerner, 2011; Li et al., 2011). 이것은 학생의 위법 행위와 행동 및 정서적 비몰입이 시간이 지남에 따라 함께 발전하고 상호 보완한다는 것을 뒷받침한다(Wang & Fredricks, 2014). 그러나 학생의 인지적 몰입과 문제 행동 사이의 연관성은 명확하지 않다. 일부 저자(Wang & Fredricks, 2014)는 인지적 몰입이 청소년의 범죄 및 약물 사용의 변화와 관련이 없다고 주장하는 반면, 일부(Hirschfield & Gasper, 2011)는 인지적 몰입이 학교 및 일반 비행과 긍정적으로 관련되어 있다고 주장하였다. 그러나 이러한 발견은 설명하기가 매우 어려우며, 추가적인 연구 및 반복적인 실험이 필요하다.

정서적 행복이나 어려움에 대한 시간의 흐름에 따른 학생 몰입과 비몰입의 결과는 잘 확립되지 않았다. 그러나 일부 연구에서는 학교에 대한 많은 노력의 투자와 참여는 긍정적인 적응(Simons-Morton & Crump, 2003), 정서 및 효과적인 대처 기술 사용과 관련이 있음을 보여주었다(Reschly, Huebner, Appleton, & Antaramian, 2008). 보다 최근 연구에 따르면, 행동적 또는 정서적 몰입이 감소한 청소년이 심리적 고통을 더 많이 느끼고, 우울 증상이 더 많이 발생하는 것으로 나타났다(Li & Lerner, 2011; Wang & Peck, 2013). 그렇지만 학생의 인지적 몰입이 증상의 내재화에 기여한다는 것은 아직 이해가 더 필요하다.

마지막으로, 학생 몰입은 대부분 이론에서 학생 중도탈락과 관련된 중요한 과정으로 확고히 인정받고 있다(Dupere et al., 2015; Finn, 1989; Rumberger & Larson, 1998). 이 이론적 가정은 현재 실증적으로 잘 뒷받침된다. 비몰입이 학습이나 정서적 장애를 나타내는 학생을 포함하여(Reschly & Christenson, 2006), 서로 다른 국가의 다양한 인구학적 및 문화적 배경을 가진 학생들 사이에서 중도탈락을 예측한다는 명확한 증거가 있다(Archambault, Janosz, Dupere, Brault, & Andrew, 2017; Fall & Roberts, 2012; Henry et al., 2012; Wang & Fredricks, 2014). 선행연구들은 몰입의 3가지 차원이 학교 중도탈락을 크게 예측하고, 학교 경험의 여러 측면에서 비몰입을 보이면 중도탈락의 위험이 증가한다고 주장하였다(Archambault, Janosz, Morizot, & Pagani, 2009; Wang & Fredricks, 2014). 그러나 학생의 행동, 정서 및 인지적 몰입은 고등학교에서 학생 중도탈락의 예측변수로서의 역할을 하는 데에 그 중요도가 서로 다를 수 있다. 예를 들어, 일부 저자는 학생의 행동적 몰입이 학교 중도탈락과 관련된 유일한 차원이라고 주장하였지만(Archambault, Janosz, Fallu, et al., 2009), 다른 저자들은 정서적 및 행동적 차원 모두 이 결과와 관련이 있다고 주장하였다(Wang & Fredricks, 2014). 이러한 복잡성에 더해, 다른 연구에서는 학생을 중도탈락시키는 다양한 경로(Archambault, Janosz, Morizot, et al., 2009; Li & Lerner, 2011; Wang & Eccles, 2012), 실제로 중도탈락하는 학생들의 다양한 프로필(Bowers, 2010; Janosz, Le Blanc, Boulerice, & Tremblay, 2000), 청소년기 학교 중도탈락과 관련된 다양한 시점을 확인하였다(Dupere et al., 2018). 전반적으로, 이는 학생의 비몰입 및 중도탈락과 관련된 서로 다른 과정이 이해하기 쉽지 않다는 것을 시사하며, 위험에 처한 학생들을 대상으로 인터벤션 전략을 실행할 때 이러한 학생들의 서로 다른 차이를 고려해야 한다.

학생 몰입, 긍정적 발달 및 학교 수료 촉진

수많은 증거 기반 프로그램은 학생 몰입을 촉진하거나 청소년의 긍정적인 발달과 학교 수료를 선호하는 방법을 목표로 한다. 일반적으로 세 가지 범주로 분류되지만 이를 지칭하기 위해 사용되는 용어는 각 분야마다 다르다. 예를 들어, 공중 보건학 분야에서는 1차, 2차, 3차 인터벤션이라는 연속적인 용어로 표현하고 있으며(Baumann & Karel, 2013), 정신건강 분야에서는 저자가 보편적, 선택적 및 집중적인 인터벤션 수준으로 언급하고 있다(Coie, Miller-Johnson, & Bagwell, 2000). 학교에서는 보편적(1단계), 선택적(2단계) 및 집중적(3단계) 인터벤션으로 구성된 3단계 인터벤션 모델에 대해 논하는 것이 더 일반적이다. 따라서 이 장에서는 이 용어를 채택하였다.

보편적 계획은 특정 맥락(즉, 이웃, 학교, 교실) 내에서 전체 학생들을 대상으로 하는 프로그램인 반면, 선택적 및 집중적 전략은 특정 학생 그룹을 대상으로 한다. 선택적 인터벤션 또는 예방 프로그램은 개인, 가족, 지역 또는 이웃 특성에 따라 특정 수준의 위험(예를 들어, 비몰입 등)이 모집단 평균보다 높은 학생들을 대상으로 한다. 반대로 집중적 인터벤션은 대개 이미 중요한 어려움을 겪고 있고, 이를 오랫동안 겪은 청소년을 대상으로 한다.

사회과학 분야에서 효과적인 보편적, 선택적, 집중적 예방 및 인터벤션 전략을 식별하기 위한 다양한 원칙들이 제안되었다(Catalano, Berglund, Ryan, Lonczak, & Hawkins, 2002; Freeman & Simonsen, 2015; Nation et al., 2003). 이러한 원칙 중 첫 번째는 효과적인 예방 및 인터벤션 전략이 여러 학습 또는 기술 개발 전략(예를 들어, 사회 및 문제 해결 기술)과 여러 구성 요소(청소년, 가족, 학교 등 여러 개인 그룹에 대해 구현된 두 개 이상의 인터벤션 조합)에 기초한다는 것이다. 효과적인 프로그램은 또한 전문가들이 실행을 주도할 수 있는 교육 훈련 세션을 포함하고 있으며 문제가 나타나고, 고착화되고, 해소하기 어려워지기 전에 충분히 일찍 시작한다. 더불어, 정확한 목표와 목적에 기초해야 하며 시간과 시기가 적절해야 하고 참가자의 발달 단계를 대상으로 삼아야 한다. 프로그램은 또한 견고한 이론적 기반을 두고 있어야 하며, 긍정적인 관계의 발전을 촉진하고, 참가자의 사회문화적 배경과 특성에 민감해야 한다. 또한 학교 조직 구조를 다루고, 충분한 양으로 실행되어야 하며 엄격하게 평가되어야 한다.

불행히도 학생 몰입, 긍정적인 발달 및 학교 수료를 장려하는 많은 프로그램은 효과적인 전략과 관련된 하나 또는 많은 일반적인 요구사항을 충족시키지 못하는데(Christenson & Thurlow, 2004; Freeman & Simonsen, 2015), 이는 주로 효과 또는 효능을 입증하는 엄격한 평가가 없기 때문이다. 그럼에도 불구하고 일부 프로그램은 엄격한 평가를 거쳐 최종 결과의 타당성을 높여 왔다. 다음 섹션에서는 긍정적인 청소년 발달 및 학교 수료를 촉진하기 위한 방법으로 직접 또는 간접적으로 학생 몰입의 촉진을 목표로 하는 10개의 프로그램을 검토한다.

해당 프로그램 목록을 얻기 위해 먼저 ERIC와 PsycINFO라는 두 데이터베이스를 검색하였다. 우리는 학생 몰입 구성(예를 들어, 행동, 정서 및 인지적 몰입/비몰입, 학교 몰두, 참여, 소속, 귀속, 과제 규정 및 계획), 결과(예를 들어, 성취, 중도탈락)와 프로그램 평가(예를 들어, 프로그램 평가, 효과, 효능감, 실험 및 무작위 실험) 등과 관련된 많은 키워드를 사용하였다. 이 검색을 통해 먼저 91개의 프로그램 목록을 얻었으며, 몰입 그 자체를 다루거나 학생의 긍정적인 발달 혹은 학교 수료를 촉진하기 위한 방법으로 학생 몰입을 다루는 38개의 프로그램을 선택하였다. 또한, 프로그램은 실험 설계, 즉 참가자를 인터벤션 및 통제 그룹에 무작위로 배정하거나 준실험 설계, 참가자를 인터벤션 및 통제 그룹에 무작위로 배정하지 않는 설계를 적용하여 엄격하게 평가해야 하며, 결과에 영향을 줄 수 있는 변수를 제어해야 한다. 이 단계에서는 본 입문서의 다른 부분에서 제시되는 교육적 인터벤션을 제외했지만(8장. 학생 몰입을 지원하는 교수적 인터벤션: 국제적 관점 참조), 개인, 가족 및 학교 구성 요소 외에 교육 구성 요소가 포함된 다층구조의 프로그램을 보고하기로 하였다.

나머지 프로그램 중(n=23), 유치원에서 12학년까지 다양한 위험 및 "위험하지 않은" 학생들의 그룹, 즉 행동, 정서 또는 사회심리적 어려움을 나타내거나 나타내지 않는 학생들을 대상으로 실행되어 온 10개의 인터벤션을 선정하였다. 우리의 목표는 학교 및 지역사회에서 실행될 수 있는 대표적인 보편적, 집중적, 선택적 또는 다층적(예를 들어, 보편적, 선택적 또는 보편적, 집중적 구성 요소 결합) 증거 기반 프로그램을 선정하는 것이었다. 이러한 프로그램은 표 2.1에 설명되어 있으며 보편적, 선택적 혹은 집중적 프로그램에서 시작하여 다층적 프로그램으로 이어진다.

보편적 프로그램(1단계)

보편적 예방 프로그램은 개인 또는 가족 위험 요인에 관계없이 전체 학생 인구를 대상으로 한다. 이 프로그램은 특정 인구, 예를 들어 학교의 모든 학생을 대상으로 한다. 표 2.1은 학생 몰입을 향상시키기 위한 두 가지 보편적 프로그램을 보여준다. 시애틀 사회 개발 프로젝트(Seattle Social Development Project; Hawkins, Guo, Hill, Battin-Pearson, & Abbott, 2001)는 1학년에서 6학년까지 6년 연속으로 학생에게 적용되는 보편적인 프로그램이다. 이 프로그램의 목표는 학생의 정서적 몰입, 즉 학생의 행동 발달과 건강 문제에 대한 보호 요인인 학교 유대감을 높이는 것이다. 이는 세 가지 요소로 구성되는데, 먼저 교사는 능동적인 학급 경영법, 대화형 교수법, 협력적 학습을 포함한 학급 지도 및 경영에 대한 교육을 받는다. 둘째, 학생들은 대인관계 문제 해결 및 거절 기술 활동을 통해 1학년 때 사회정서적 기술 개발 교육을 받는다. 셋째, 부모는 행동 관리, 학업 지원 및 약물 사용의 위험을 줄이는 기술과 같은 학생의 발달 단계에 따라 적합한 기술 훈련을 받는다. 유사 실험 설계를 사용한 다른 영향 평가 연구에 따르면, 이 프로그램은 17세 또는 18세 학생의 행동 및 정서적 몰입을 포함한 다양한 성과에 대해 긍정적인 단기 및 장기간의 개선(30세 이상)과 관련이 있는 것으로 나타났다(Hawkins et al., 2001; Hawkins, Catalano, Kosterman, Abbott, & Hill, 1999).

아이오와 가족 강화 프로그램(The Iowa Strengthening Families Program; Molgaard, Kumpfer, & Fleming, 1997)은 6학년 학생과 부모에게 제공하는 또 하나의 보편적 프로그램이다. 이 프로그램의 장기 목표는 학부모 및 청소년 기술(중간 목표)을 향상시켜 약물 사용을 줄이고 전반적인 학업성취도뿐만 아니라 학생 몰입을 높이는 것이다. 6년에 걸쳐 실행된 시애틀 사회 개발 프로젝트(Seattle Social Development Project)와는 달리 이 인터벤션은 연속 7주간 세션으로 진행된다. 각 세션은 청소년과 부모를 위한 개별 및 공동 활동으로 이루어졌다. 청소년 세션은 미래 목표 설정, 스트레스 관리, 책임감 쌓기, 동료 사이의 압박감 대처와 같은 문제를 다루었다. 학부모 세션은 청소년 육성 및 사회적 영향에 대한 토론, 양육 지원 제공 방법, 한계 설정 등에 관한 토론으로 구성되었다. 가족 세션이 공동으로 진행되는 동안 참가자들은 별도의 청소년 및 학부모 세션에서 배운 기술(예를 들어, 존중하는 의사소통, 문제 해결)을 연습하였다. 실험 설계를 사용한 효과성 평가 결과는 인터벤션이 학생의 전반적인 몰입(예를 들어, 학교 선호, 관심, 과제 구성 및 완수)과 같이 6년 후 측정된 다양한 성과에 긍정적인 영향을 미쳤음을 보여준다(Spoth, Randall, & Shin, 2008).

표 2.1 ❙ 학생 몰입을 증진시키는 보편적, 선택적, 집중적 또는 다층적 프로그램

인터벤션 (저자)	인터벤션의 유형 (보편적, 선택적, 집중적)연령–집단	인터벤션의 목표	인터벤션 설명 (구성 요소, 기간 등)	평가 방법 (설계 및 샘플)	평가– 영향 평가
Seattle Social Development Project (Hawkins, Von Cleve, & Catalano, 1991)	유형: 보편적 연령–집단: 1~6학년 학생	행동 및 건강 문제의 증가에 대한 보호 요소로서 학교 유대 증진(정서적 몰입)	다구성 인터벤션: • 적극적인 학급 관리 및 수업 방법 • 사회기술 훈련 • 부모 훈련 커리큘럼	저소득 가정 출신의 다인종 표본(백인, 아프리카계 미국인, 아시아인) 학생 간의 유사 실험 종단 설계(Hawkins et al., 1999, 2001) • 143명의 전체 인터벤션 집단(1–6학년)a • 243명의 늦은 인터벤션 집단(5–6학년)a • 206명의 통제집단a	• 다양한 연령의 여러 결과에서 긍정적인 단기 및 장기적 영향(감소): 외향적 행동, 비행, 알코올, 담배 및 약물 사용, 평생 폭력, 성행위, 성병 등b • 학교경영에 긍정적인 영향(행동적 몰입) • 18세 학생에게 전체 인터벤션이 긍정적인 영향을 미쳤지만 늦은 인터벤션은 학교 결속에 영향을 미치지 않음(정서적 몰입)
ISFP (Molgaard et al., 1997)	유형: 보편적 연령–집단: 6학년 학생과 학부모	장기 목표(청소년): 청소년 약물 사용 감소, 학교 몰입 및 학업 성과 증진 중간 목표(학부모): 양육, 한계 설정 및 의사소통에서 부모의 기술 증진 중간 목표(청소년): 친사회적, 동료 저항 기술 증진	일주일에 한 번 7주 동안 7번의 세션 청소년 세션 주제: 미래의 목표 강화, 스트레스 관리, 책임감 쌓기 및 동료 사이의 압박감 처리 학부모 세션 주제: 청소년 양육 및 사회적 영향, 지원 제공, 한계 설정 등	실험적인 종단 설계(학교 수준에서 무작위 배정)(Spoth et al., 2008) 22개의 농촌 학교 및 446명의 6학년(대부분 백인) • 238명의 실험집단 • 208명의 통제집단	• 학교 몰입c, 양육 역량 및 청소년 약물 관련 위험 감소에 직접적인 영향을 미치는 12학년의 학업 성공 • 양육 역량에 직접적인 영향을 미치고 청소년 약물 관련 위험 감소를 통해 학교 몰입c에 긍정적인 간접 영향
Bridges to High School Program/ Projecto Puentes a la Secundaria (Gonzales et al., 2012)	유형: 선택적 연령–집단: 7학년 히스패닉 학생과 학부모	가정–학교 연결 강화 및 중–고등학교 성공적인 전환을 위한 청소년 역량 개발 사춘기 약물 사용 감소, 내재적 및 외재적 증상 감소 학교 기강 및 성적 증진	세 가지 요소: • 효과적인 양육, 가족 결합, 학교 참여 증진에 대한 양육 인터벤션 • 청소년 대처 능력, 학업 몰입 및 가족 결속에 대한 인터벤션 • 가족 응집력 및 기술 실습에 대한 가족 강화 인터벤션 a. 학교에서 9주간 저녁 그룹 세션	프로그램 전달 언어에 따라 계층화된 종단 실험 설계(영어 vs. 스페인어) 4개 도시의 516명의 멕시코 청소년: • 338명의 실험집단 • 178명의 통제집단	• 양육, 청소년 대처 능력, 청소년 학교 참여(주로 행동 및 정서적 참여 지표에 근거한 종합 점수) 및 가족 응집력에 긍정적 영향 • 스페인어 사용 가정 출신 청소년의 경우, 성적 및 내재화/외재화 증상 감소에 대한 인터벤션 효과가 학교 몰입(행동 및 정서적)에 의해 매개됨

인터벤션 (저자)	인터벤션의 유형 (보편적, 선택적, 집중적)연령–집단	인터벤션의 목표	인터벤션 설명 (구성 요소, 기간 등)	평가 방법 (설계 및 샘플)	평가– 영향 평가
RYPEN (Martin, 2005)	유형: 선택적 연령 – 집단: 14~16살 어려움을 겪고 있는 학생들	청소년의 학업적 몰입 및 동기 부여를 촉진하기 위한 방법으로 스스로 평가할 수 있는 기회 제공	두 가지 세션: • 변화에 대한 동기와 장애물을 정의하고 이해 • 몰입과 동기 부여를 촉진하기 위한 전략	호주의 다양한 도시 고등학교 학생들을 대상으로 한 가중 비교 샘플링을 사용한 준 실험 종단 설계 • 실험집단 53명 • 통제집단 2,769명	• 프로그램 시행 8주 후 자기 효능감 및 숙달 지향에 대한 긍정적 영향 • 정서적(학교 가치 평가), 인지적(계획, 학업) 및 행동적(지속성) 몰입에 대한 프로그램 8주 후 긍정적 영향
C&C (Christenson et al., 2012)	유형: 집중적 연령 – 집단: 소외되고 비몰입 상태의 유치원~12학년 학생	학교와 학습에서의 몰입 강화 학업 및 사회적 역량과 함께 학교 수료 촉진	2년간의 인터벤션 4가지 요소: • 최소 2년 동안 학생 및 가족과 함께 일하는 멘토 • 학생의 학교 적응, 행동, 교육과정에 대한 데이터 활용을 통한 정기 점검 • 학교와의 관계를 재구축/유지하고 사회 및 학업 역량을 향상시키기 위해 데이터를 바탕으로 적시에 인터벤션 제공 • 가족과의 몰입	다음을 포함한 여러 연구: • 퀘벡(캐나다)의 7개 준 시골지역 학교에서 216명의 초등학생(주로 백인)을 대상으로 한 실험 설계 (Archambault et al., 2016) • 정서적 또는 행동 장애를 나타내며 도시 교육구 출신 144명의 중등 학생(대부분 아프리카계 미국인)을 대상으로 한 실험 설계(Sinclair et al., 2005)	• 2년간의 인터벤션 후, 학생들의 숙달 목표와 문해력의 학업적 수행에 긍정적인 영향을 미침, 정서 문제, 사회적 고립, 주의 문제의 감소, 행동 및 정서적 몰입 향상 • 4년간의 인터벤션 후 긍정적인 영향: 학생들이 중도탈락할 가능성이 적고 학생의 이동성이 감소하며 지속적인 출석률 향상(행동적 몰입)
Collaborative Life Skill Program (Pfiffner et al., 2016)	유형: 집중적 연령 – 집단: 2~5학년의 부주의 및 과잉 행동–충동적인 행동을 나타내는 학생	ADHD 증상, 문제 행동, 사회적 기술, 학업적 기능, 학업성취, 인지적(조직 기술) 및 행동적 몰입 개선	12주간 세 가지 통합 구성 요소: • 숙제 시간, 조직, 사회적 기술 등에 관한 그룹별 행동적 부모 훈련 • 교실 행동 인터벤션(일일 보고서 카드, 숙제 계획, 개인 기숙사) • 어린이 사회적 및 자율적 기술 그룹 (스포츠맨십, 결과 수용, 문제 해결)	실험 설계: 23개 도시 초등학교에서 2단계(학생, 학교) 집단 무작위 대조 실험; 134명의 어린이(백인, 아프리카계 미국인, 아시아인, 히스패닉 등) • 72명의 실험집단 • 62명의 통제집단	• ADHD(가정 및 학교) 및 반대(가정) 증상에 긍정적 영향(Cohen의 d는 0.35 – 1.05) • 인지적 몰입(조직 기술)에 긍정적인 영향(Cohen의 d는 0.68에서 1.09까지). • 학업적 기능에 긍정적인 영향(실험집단에서 평균 범위 이상으로 기능하는 학생들의 비율이 높음)
Career Academies (Kemple & Snipes, 2000)	유형: 보편적, 선택적 연령 – 집단: 고등학생 (9~12학년)	학생 몰입 촉진, 과제 관련 학습 경험 제공, 고등학교에서 대학으로 진학 또는 고등학교 졸업 후 취업으로의 전환 촉진	최소 1년 동안 실행된 3가지 핵심 기능: • 학교 내: 학생들은 3~4년 동안 교사 그룹과 함께 있기 • 직업 테마(의료, 재무, 테크놀로지, 커뮤니케이션, 공공 서비스)를 기반으로 한 학업 및 직업적 교육 과정의 조합	3~4년의 실험 종단 설계. 9개 도시의 고등학교와 커리어 아카데미에서 1,764명의 학생(주로 히스패닉계 및 아프리카계 미국인). 학생 비몰입에 따른 3그룹: • 474명의 고위험군 • 869명의 중위험군 • 421명의 저위험군	고위험 집단: • 학점 획득, 고등교육 준비, 행동적 몰입(출석) 및 지속률(낮은 중도탈락)에 긍정적 영향 • 긍정적 청소년 개발 활동(예: 자원봉사 활동 또는 비교과 활동 참여) 또는 부정적인 위험

인터벤션 (저자)	인터벤션의 유형 (보편적, 선택적, 집중적)연령–집단	인터벤션의 목표	인터벤션 설명 (구성 요소, 기간 등)	평가 방법 (설계 및 샘플)	평가–영향 평가
			• 지역 고용주, 고등교육 기관 및 지역 사회와의 파트너십	두 가지 조건에 무작위 배분: • 실험집단 959명 • 통제집단 805명	행동(예: 학교에서의 약물 사용, 체포)에 영향을 미치지 않음
L2L (Atkins et al., 2015)	유형: 보편적, 집중적 연령–집단: 행동 장애를 나타내는 4학년 학생	교실에서의 몰입을 포함한 가정 및 학교에서의 학생 행동 개선	• 지역사회 정신건강 전문가, 학부모 대리인 및 교사로 구성된 팀이 교실과 가정에서 제공하는 서비스 모델 • 두 가지 보편적 인터벤션: 좋은 행동 게임과 동료 지원 학습 • 교사와 학부모가 참여하는 두 가지 타겟 인터벤션: 일일 보고서 카드와 좋은 소식 노트 • 가족을 위한 하나의 타겟 인터벤션	3년 종단의 다중 측정 방법, 다중 효과 실험 설계. 지역사회 정신건강 기관 4곳, 저소득 공립 초등학교 7곳(4개 실험집단) • 실험집단 104명 • 통제집단 67명	• 정신건강 서비스 이용에 긍정적 영향 • 사회적 기술, 과제 수행 행동 및 행동적 몰입에 긍정적 영향 • 학업 능력에 긍정적 영향 • 읽기 능력에 영향을 미치지 않음
ALAS (Larson & Rumberger, 1995)	유형: 집중적, 선택적 연령–집단: 심각한 정서적 장애 또는 학습 장애 또는 학교 중도탈락 위험을 나타내는 라틴계 고등학생	몰입과 지속력을 개선하여 학교 중도탈락 방지	3년간의 인터벤션: • 청소년: 문제 해결, 상담, 출석 모니터링, 학교 소속감 강화 • 학교: 학생과 학부모에게 빈번한 교사 피드백, 모니터링 • 가족: 지역사회 자원 사용, 학교 참여에 대한 학부모 교육 및 청소년 모니터링 • 지역사회: 지역사회 서비스 간의 기술 및 협력 강화	실험적인 종단 설계. 다섯 집단: • 60명의 저위험 통제집단 • 48명의 고위험 통제집단 • 46명의 고위험 실험집단 • 학습 장애 또는 심각한 정서 장애를 가진 33명 및 44명 학생들–실험집단 • 학습 장애 또는 심각한 정서 장애가 있는 55명의 학생–실험집단	• 3년 후, 학생 등록, 학점 획득 및 지속적 참여에 긍정적인 영향(중도 탈락 감소) • 행동적 몰입(낮은 결석률), 학업 수행 및 성공(낮은 실패율)에 긍정적 영향 • 이러한 긍정적인 효과는 인터벤션 2년 후 고위험 집단에 대해서는 지속되지 않음
PBIS (Horner et al., 2005)	유형: 보편적, 선택적, 집중적 연령–집단: 유치원~12학년 학생	4가지 주요 목표: • 문제 행동에 대한 처벌적 반응 감소 • 학업 몰입 증진 • 학업성취도 향상 • 학교–가족 파트너십 개선	3년 간 인터벤션 주요 구성 요소(보편적 수준): • 합의 중심의 행동 기대 수준 수정 • 대인 관계 기술 교육 • 체계적인 강화 제공 • 인터벤션 효과 모니터링 • 모든 행위자와의 훈련 수행을 공식화 • 반응형 처벌 전략을 줄이고 선제 전략으로 대체	유치원~12학년의 다양한 상황에서 많은 시행 및 효과 평가. 실험 설계에 기초한 유일한 연구(Horner et al., 2005): 무작위 통제 실험 • 2개 주 60개의 초등학교 (유치원~5학년)(비 백인계 학생 61%) • 33~30개 학교 실험 및 통제집단	• 학교 안전에 긍정적 영향 • 읽기 능력에 긍정적 영향 • 행동적 몰입에 긍정적인 영향(학생 징계율 감소)(사전 개입 데이터를 사용할 수 없어 이 결과가 제한됨)

a. 집단 크기가 연구마다 다르게 제시됨
b. 주요 결과의 개요는 Hill et al. (2014)의 연구를 참고
c. 행동적, 인지적, 정서적 차원의 학교 몰입을 의미

선택적 프로그램(2단계)

앞에서 논의한 바와 같이, 선택적 프로그램(2단계)은 개인, 가족, 커뮤니티 또는 이웃 특성에 따라 특정 수준의 비몰입 또는 학교 중도탈락 위험을 나타내는 일반 인구집단의 하위 그룹 학생들을 대상으로 한다. 예를 들어, 고등학교 연계 프로그램(Bridges to High School Program/ Projecto Puentes a la Secundaria; Gonzales et al., 2012)은 사회경제적 지위가 낮은 7학년 학생들과 부모들을 위해 개발된 선택적 프로그램이다. 다른 유사한 가족 인터벤션(Stormshak, Fosco, & Dishion, 2010)과 마찬가지로, 이 프로그램의 주요 목표는 가정과 학교 환경 연결 강화, 청소년 역량 개발, 약물 사용 감소, 내재적 및 외재적 증상 감소, 그리고 학교 및 학업 수행에 있어 학생들의 기강을 높이는 것이다. 결과적으로 이러한 개선은 중학교와 고등학교로의 성공적인 전환을 촉진하기 위한 것이다. 9주 이상 실행되는 이 프로그램에는 세 가지 주요 구성 요소가 포함된다(부모 구성 요소, 청소년 구성 요소 및 가족 강화 구성 요소). 학부모 세션의 목표는 다양한 주제(예를 들어, 지지하는 양육, 훈육, 긍정적 강화 및 교사와의 의사소통)에 대한 실천적인 학습 활동을 적용하여 효과적인 양육 전략(학생 몰입 촉진 및 가족 응집력 향상을 위한 전략 포함)을 가르치는 것이다. 별도의 공간에서 청소년 세션은 대인관계 및 학교 스트레스를 다루기 위한 대처 전략, 사회적 기술을 향상시키는 방법, 학업적 몰입을 강화하기 위한 미래의 목표 탐색 및 가족 응집력을 향상시키는 전략을 다룬다. 마지막으로, 별도의 청소년 및 학부모 세션에 이어서 진행되는 공동 가족 세션은 참가자들이 가족 응집력을 높이는 방법으로 배운 기술을 함께 연습할 수 있는 기회를 제공한다. 이 프로그램의 효과 평가(Gonzales et al., 2012 참조)는 비슷한 크기 및 구조(7–8학년에 한함)를 가지고 영어 혹은 스페인어를 주요 언어로 사용하는 가족의 구성원인 멕시코계 미국인의 비율이 높거나 무료 또는 할인 급식 자격이 있는 학생의 비율이 높은(75–85%) 선택된 4개 도시의 학교에서 실행되었다. 전반적으로, 실험 설계에 기초한 이 평가의 결과는, 비록 9회 모두 참석한 가족이 1/3 정도이지만, 부모와 청소년의 능력뿐만 아니라 행동적, 정서적 몰입, 즉 학교에 대한 호감과 학업 지속률을 향상시켰다는 것을 보여주었다(3분의 2가 최소 5회의 세션에 참석한 동안).

로타리 청소년 강화 프로그램(The Rotary Youth Program of Enrichment, RYPEN; Martin, 2005)은 다양한 문제 상황에 따라 위험에 처해있는 14세에서 16세의 학생들 사이에서 시행된 또 다른 선택적 프로그램이다(예를 들어, 동기 감소, 자아 존중감 하락, 직업 혼란 및 학업 실패). 이 프로그램의 목표는 청소년이 자신의 삶의 위치와 방향에 대해 생각할 수 있는 기회를 제공하여 3가지 측면에서 동기와 학업적 몰입의 향상을 돕는 것이다. 이 프로그램은 숙달 지향(예를 들어, 학습, 기술 개발에 중점), 낙관적이고 긍정적인 방향, 팀워크 개발, 협력 및 관계의 질에 중점을 둔다. 이 주제는 두 세션으로 구성된다. 첫 번째 세션은 청소년들이 변화에 대한 동기와 장애물을 이해하도록 하는 반면, 두 번째 세션은 학교에서의 몰입과 동기를 강화하기 위한 전략을 개발하는 것을 목표로 한다. 전반적으로 이 프로그램의 평가는 준실험 설계에 기초하며, 해당 인터벤션은 시행 8주 후에 학생들의 동기부여, 학생들의 행동적(즉, 끈기), 정서적(즉, 학교의 가치 평가), 인지적(즉, 계획 및 학업 관리) 몰입에 긍정적인 영향을 미친다는 것을 보여주었다.

집중적 프로그램(3단계)

집중 예방 프로그램(3단계)은 낙제, 무단결석, 대인관계 문제, 비행, 약물 사용, 반사회적 행동, 불안 또는 우울증과 같은 중요한 위험 요소를 나타내는 학생들을 위해 고안되었다. 협동 생활 기술 프로그램(Collaborative Life Skill Program; Pfiffner, Villodas, Kaiser, Rooney, & McBurnett, 2013)은 부주의 및 과잉 행동과 충동적인 행동을 하는 학생들을 위한 집중적인 인터벤션의 좋은 예이다. 이 프로그램은 이러한 아이들의 주의력결핍 과다행동장애(ADHD) 증상의 심각성을 줄이면서 인지적(즉, 조직화 기술), 행동적(즉, 자기 통제) 몰입을 포함한 사회적 기술, 학업성취도, 학업적 기능까지도 향상시키는 것을 목표로 한다. 12개의 세션으로 나누어진 이 프로그램에는 학부모 훈련 인터벤션, 교실 인터벤션 및 아동 중심 인터벤션의 세 가지 주요 구성 요소가 포함된다. 학부모 훈련 구성 요소에는 효과적인 명령 사용, 보상 및 규율, 숙제 시간과 같은 주제에 중점을 둔 1시간 그룹 회의 10개를 포함한다. 교실 인터벤션 구성 요소에는 교사와의 두 번의 그룹 미팅과 어린이, 부모, 그리고 선생님과의 2−3번의 개별 미팅이 포함된다. 또한, 교사들이 각 대상 아동에 대한 특정 교실 과제(학업 활동, 사회적 상호작용 등)를 모니터링하는 학교−가정 일일 보고 카드와 숙제 계획, 교실 환경(예를 들어, 칭찬의 적절한 사용, 교실에서의 더 나은 자리배치)을 포함하고 있다. 마지막으로, 아동 중심 인터벤션 구성 요소는 대상 아동과 함께 9개의 그룹 세션으로 구성되며, 이 기간 동안 그들은 특정한 기술(예를 들어, 자기 통제, 과제 구성 및 완수, 교실루틴 따르기)을 배운다. 또한, 학부모와 교사를 초대하는 두 개의 축하 파티도 포함한다. 무작위 대조 실험의 결과는 이 프로그램이 학생의 인지적 몰입(예를 들어, 조직화 기술) 및 학업적 기능을 향상시키는 데 기여했음을 보여준다.

C&C(Check & Connect) 프로그램(Christenson, Stout, & Pohl, 2012)은 학교에서 학생의 행동적, 정서적, 인지적 몰입을 촉진하여 학업성취, 학교 지속 및 성공의 지원을 목표로 하는 집중적인 예방 프로그램으로, 학교 중도탈락을 예방하는 것을 목적으로 한다. 이 프로그램은 본 입문서에 자세히 설명되어 있다(18장. Check & Connect의 시행: 두 가지 국제적인 효과성 실험의 교훈 참조). 전반적으로 이 프로그램은 학교 중도탈락의 위험에 처한 학생들을 대상으로 하며, 주로 반복적인 무단결석, 학교에서의 파괴적인 행동, 낮은 학업성적, 그리고 반복적인 실패를 토대로 한다. 이 프로그램에는 멘토링, 학생의 태도, 행동 및 성취도(check), 개별 인터벤션(connect) 및 가족과의 의사소통에 대한 체계적인 모니터링이 포함된다. 멘토는 인터벤션에서 중요한 역할을 한다. 선택된 각각의 학생들은 학생들의 몰입과 지속을 촉진하고 다른 요소를 실행할 책임이 있는 멘토와 연결된다. Check 구성 요소는 학생 출석, 참여, 학급에서의 행동 및 과제 완수에 대한 체계적인 주간 모니터링을 의미하는 반면, Connect 구성 요소는 학생들이 어려움을 처리하는 데 도움이 되도록 개별화된 주간 인터벤션을 나타낸다. 마지막으로, 가족과의 의사소통은 자녀의 학업 성공을 지원하기 위한 부모의 참여를 촉진하기 위한 것이다. 이러한 의사소통은 멘토에 의해 시작되며 가족과의 중요한 관계 발전에 도움이 되기 위한 것이다.

C&C 프로그램의 많은 효과성 및 유효성 평가는 다양한 상황과 국가에서 실행되었다(Archambault et al., 2016; Heppen, Zeiser, Holtzman, O'Cummings, Christenson, & Pohl, 2018; Lehr, Sinclair, & Christenson, 2004; Sinclair, Christenson, Evelo & Flurley, 1998; Sinclair, Christenson, & Thurlow, 2005). 실험적 또는 준실험적 설계를 기반으로 한 평가는 프로그램이 행동적, 정서적, 인지적 몰입을 증가시키는 것으로 보고했다. 보다 구체적으로, C&C는 장애가 있거나 없는 유치원－12학년 학생들의 출석 증가와 관련이 있다고 강조한다. 초등학교에서 이 프로그램은 학생들의 학업성취와 학교에서의 소속감 증가와도 관련이 있다. 고등학교에서는 학점 증가와 관련이 있지만, 학업성취도(즉, GPA 또는 표준화된 시험 점수)와는 관련이 없다. 마지막으로, C&C가 4년 이내에 졸업률을 높인다는 증거는 없지만, 학생들을 학교에 머물게 하고 계속 발전시킬 수 있는 가능성을 보여주었다(Sinclair et al., 2005).

또한, C&C 프로그램 성과는 실행 충실도 및 맥락에 따라 크게 달라지는 것으로 나타났다(Goulet, Archambault, Janosz, & Christenson, 2018; Fleppen et al., 2018). 실제로 프로

그램의 구성 요소가 충실하게 실행될 때 C&C 효과가 더 큰 것으로 나타났지만, 맥락에 따른 요소가 인터벤션 노력을 지원하거나 방해하는 것으로 나타났다. 예를 들어, 일부 연구자들은 C&C 문제 해결 인터벤션을 충실히 실행하면 학생의 인지적 몰입이 더 증가할 수 있다는 것을 보여 주었다(Goulet et al., 2018). 또한, 멘토가 적절하게 선택되고 엄격하게 훈련되며 대상 학생을 위한 더 큰 지원 네트워크를 구축할 수 있을 때 실행 충실도와 효과 간의 연관성이 더 큰 것으로 나타났다(Goulet et al., 2018; Heppen et al., 2018).

다층적 프로그램

학생 몰입 자체를 촉진하거나 학교 중도탈락을 방지하기 위한 방법을 목표로 하는 많은 프로그램은 다층적, 즉 보편적, 선택적 및 집중적 인터벤션을 포함한다. 커리어 아카데미(Careers Academies; Kemple & Snipes, 2000)는 보편적 인터벤션과 선택적 구성 요소도 포함하고 있기 때문에 이러한 프로그램의 좋은 예이다. 고등학생, 특히 중도탈락할 위험이 높은 학생들을 대상으로 한다.

이 프로그램의 주요 목표는 학생들에게 직업 관련 학습 기회를 제공하고 고등학교에서 대학으로 또는 고등학교 졸업 후 취업을 용이하게 하는 경로를 설정함으로써 학교 출석 관점으로 규정되는 학생 몰입을 촉진하는 것이다. 이 프로그램에는 세 가지 핵심 요소가 있다. (1) 학생들이 3년 또는 4년 동안 동일한 교사 집단과 함께 머무르는 학교 내 구조, (2) 재무, 건강, 커뮤니케이션 및 기술과 같은 다양한 주제를 다루는 학업 및 직업 훈련을 결합한 교육과정 그리고 (3) 학생들에게 직업 개발 기회, 멘토링, 재정 지원 등을 제공하기 위한 방법으로 학교, 지역 고용주, 고등교육 기관 및 지역사회 간의 파트너십 개발. 무작위 통제 실험의 결과(Kemple & Snipes, 2000)에 따르면, 중도탈락의 위험이 가장 높은 학생들은 12학년이 끝날 때까지 커리어 아카데미에 등록할 가능성은 낮지만, 고위험 학생들에서는 이 프로그램에서 참여하지 않은 대상자에 비해 더 낮은 중도 탈락률과 행동적 비몰입(무단결석)이 나타났다. 그러나 중도탈락 위험이나 중도탈락 위험성이 낮은 학생들의 경우, 커리어 아카데미에 참여하는 것은 학업 지속이나 몰입과 관련이 없었다.

학습과 연계 프로그램(Links to Learning; L2L)은 또한 4학년 학생들이 학업적 몰입을 포함하여 가정과 학교에서 자신의 행동을 선호하도록 구현된 다층적 프로그램이다. 여기에는 교실 수준에서 구현된 두 가지 보편적인 구성 요소와 행동 장애를 나타내는 학생들을 위한 집중 구성 요소가 포함된다. 이 프로그램은 지역사회 정신건강 전문가, 학부모 대리인(parent advocate) 및 교사를 포함한 팀이 가정과 교실에서 제공하는 인터벤션을 통합한다. Good Behavior Game(우연성 기반 행동 관리 프로그램; Rower, McKenna, Bunuan, Muething, & Vega, 2014) 및 Peer－Assisted Learning(독서 기술 수준이 낮은 튜티와 더 높은 수준의 독서 기술을 가진 튜터가 짝을 이루어 진행하는 튜터링 독서 인터벤션; Fuchs, Fuchs, & Burish, 2000)은 교사에 의해 보편적으로 실행된다. 또한, 대상 학생, 학부모 및 교사는 보다 집중적인 인터벤션에 참여하며, 학부모와 교사는 매일 보고서를 작성하여 자녀의 행동을 모니터링하고 강화를 기록한다(Kelley & McCain, 1995). 또한, 교사는 정기적으로 자녀의 행동에 대한 긍정적인 측면을 강조한 좋은 소식 노트를 부모에게 보낸다(Lahey et al., 1977). 마지막으로, 대상 가족은 가정－학교 커뮤니케이션, 가정 생활, 숙제 및 독서 지원에 중점을 둔 8주간의 가족 인터벤션(개인 또는 그룹)에 참여한다. 개별화된 사례 관리 서비스도 요청 시 가족들에게 제공한다. L2L의 교실 기반 구성 요소에 대한 충실도 평가(Atkins et al., 2015)는 교사가 목표보다 높은 충실도(76－80% 충실도)로 보편적 전략을 시행한 것으로 나타났다(53－56% 충실도). 가족 차원에서는 인터벤션의 가족 구성 요소에 대한 부모의 참여에 대한 정보가 없지만, 대부분의 부모는 정신건강 서비스 제공자 또는 학부모 대리인(parent advocate)과 적어도 몇 번 또는 여러 번 이야기한 것으로 보고하였다(각각 학부모의 82%, 47%). 더욱이, 부모는 적어도 몇 번(40%) 또는 여러 번(18%) 가정 방문을 받았다고 보고하였다. 실험 설계를 기반으로 한 3년간의 다중 방법, 다중 효과 실험 결과는 프로그램이 아동의 행동적 몰입, 사회적 기술, 학업 능력, 과제 수행 행동 및 가족의 정신 건강 서비스 이용에 긍정적인 영향을 미쳤음을 나타낸다.

학업적 성공을 통한 라틴계 성취(The Achievement for Latinos Through Academic Success－ALAS; Larson & Rumberger, 1995)는 또 다른 다층적, 선택적 및 집중적 인터벤션이다. 초기 인터벤션은 두 가지 다른 라틴계 고등학생 그룹을 대상으로 한 것인데, 한 그룹은 교육구에 의해 공식적으로 학습 장애나 심각한 정서 장애가 확인된 학생 그룹이고 또 다른 그룹은 공식적으로 장애 확인이 되지 않았지만, 프로그램에서 일반 학생들과 다른 특성을 나타낸 위험에 처한 고위험군 그룹이다. 이 3년간의 인터벤션 목표는 학생들의 학업 지속과 더불어 학생들의 행동적(즉, 참여와 출석), 정서적(즉, 유대감), 인지적 몰입(즉, 문제 해결을 통한 자기 조절)을 촉진함으로써 학교 중노탈락을 방지하는 것이었다. 이 프로그램은 다면적인 접근법을 사용하며 청소년, 학교, 가족, 지역사회에 초점을 맞춘 다양한 전략을 포함한다. 청소년 중심의 구성 요소에는 문제 해결, 상담, 출석 모니터링 및 학교에 대한 소속감 향상이 포함되며, 학교 중심의 구성 요소에는 출석 모니터링뿐만 아니라 ALAS 상담가를 통한 학생과 학부모에게 제공되는 빈번한 교사 피드백이 포함된다. 가족 중심의 구성 요소는 가족을 지역사회 서비스에 연결하고 부모가 자녀를 학교에 잘 참여시키고 지도하며 모니터링을 할 수 있는 기술을 개발하도록 훈련시킨다. 마지막으로, 지역사회 구성 요소에는 청소년 및 부모가 함께 사용할 수 있는 지역사회 자원 간의 교환 및 협력을 강화하고 가족이 이러한 서비스를 쉽게 사용할 수 있는 새로운 전략을 개발하는 것이 포함된다. 실험 설계를 바탕으로, 이 3년 동안의 프로그램 효과 평가는 학점, 학업 지속 및 행동적 몰입(결석이 적음)과 같은 많은 학업 성과에 긍정적인 영향을 준다고 밝혀졌다. 또한, 학습 장애가 있는 참가자, 심각한 정서 장애 또는 다른 이유로 인해 위험에 처한 참가자는 통제 집단의 유사한 학생에 비해 이탈률이 낮았으며 이 차이는 프로그램에 장기간 노출된 학생에게 더 컸다.

마지막으로, PBIS(Positive Behavioral Intervention and Supports; Horner, Sugai, Todd, & Lewis－Palmer, 2005)는 유치원에서 12학년까지 실행할 수 있는 3단계 다층적(보편적, 선택적, 집중적) 인터벤션이다. 이 3년의 학교 전체 프로그램은 학생 행동 문제에 대한 징벌적 대응률 감소, 학생의 행동적 몰입 증가(예: 부정행위 감소), 학업성취도 향상, 학교－가족 파트너십 강화의 4가지 목표를 가지고 있다. 보편적 수준에서 프로그램은 다음과 같은 6가지 주요 구성 요소를 포함한다. (1) 학생 행동에 대해 합의를 기반으로 기대 수준을 조정하고, (2) 대인관계 기술을 학생들에게 가르치고, (3) 체계적인 강화책을 제공하고, (4) 인터벤션 효과를 모니터링하고, (5) 규율을 실천하고, (6) 교직원이 학생에게 사용하는 반응형 처벌 전략을 줄이거나 없애고, 앞서 제안된 능동적 전략으로 대체. 선택적 수준에서는 동일한 구성 요소가 중요하지만, 더 많은 행동 장애를 보이는 일부 학생들은 소그룹별 수업이 증가하고 더 많은 어른들의 감독을 받는다. 또한, 자기 조절 및 사회적 기술을 연습하고 긍정적인 강화 및 학업 지원을 위한 더 많은 기회를 제공한다[Positive Behavioral Intervention and Supports (PBIS), 2018]. 마지막으로 중요한 문제 행동을 보이는 학생들은 집중적인 수준에 노출된다. 앞서 언급한 동일한 지침에 따라, 이러한 학생들은 학생 행동 관점에서 선행 요인과 결과의 관찰을 바탕으로 얻은 정보를 기반으로 하는 기능 중심 행동 인터벤션과 같은 고도로 개별화된 지원 및 인터벤션을 제공받는다. 실험적 효과 평가 결과에 따르면 프로그램은 학교 안전 및 학생 독서 성과에 상당한 영향을 미친다. 또한 학생의 행동적 몰입에 긍정적인 영향을 미친다(즉, 학생 징계율 감소). 그러나 이 결과에 대한 사전 훈련 데이터가 없기 때문에 시사점은 제한적이다.

프로그램 요약

전체적으로, 우리가 확인한 프로그램은 목표와 예상 결과, 시간(길이) 및 인터벤션 구성 요소에 따라 다르다. 또한, 모든 프로그램이 효과적인 예방 및 인터벤션 전략과 관련된 일반적인 요구사항과 동일한 방식으로 이루어지지는 않는다. 이후 섹션에서는 이러한 기준에 따라 이전에 논의한 10가지 프로그램을 요약한다.

프로그램 목표 및 예상 결과

프로그램 목표의 관점에서 우리가 선정한 모든 프로그램은 학생 몰입 자체를 촉진하거나 문제 행동(예를 들어, 약물 사용, 내재적 또는 외재적 문제)을 줄이고, 학업 기능을 향상시키며 학교 중도탈락을 예방하는 방법을 목표로 한다. 그러나 Bridges to High School과 Career Academies의 두 프로그램은 중학교 또는 대학으로의 전환을 용이하게 하는 것을 목표로 한다. 또한, 학생 몰입을 주요 목표로 하는 프로그램들도 몰입의 개념화 방법이 다양하다. 예를 들어, Iowa Strengthening Families와 Bridges to High School 프로그램은 몰입을 하나의 구조로 정의하고 측정하는 반면, 다른 모든 프로그램에는 몰입의 특정 차원(예: 행동, 정서 및 인지)과 관련된 목표와 예상 결과를 가지고 있었다. 또한, 이 프로그램의 대부분은 학교 출석 또는 결석, 참여 또는 비행, 지속 또는 탈퇴와 같은 지표 평가를 통한 행동적 몰입 차원에 주로 초점을 맞추고 있다.

반대로, 학생의 정서적 몰입 개발을 주요 목표로 명시한 프로그램은 거의 없다. 그러나 이 목표는 학생 관심사를 강조하고 학교의 어른 또는 멘토와 긍정적인 관계의 발전을 강조하면서 많은 프로그램(예: Seattle Social Development Project, C&C, ALAS)에서 이차적으로 혹은 암시적으로 남아 있다. 해당 프로그램의 주된 목표가 학생 몰입 자체를 장려하는 것은 아니지만 실행 결과, 특히 학생들의 학교와의 관계 또는 유대감에 긍정적인 영향을 미치는 것으로 나타났다. 학생들의 관심사에 잘 맞는 다양한 교육과정의 개발을 장려하는 Career Academies 인터벤션은 학생들의 정서적 몰입을 암시적으로 장려하는 프로그램의 좋은 예이다. 그러나 프로그램이 정서석 몰입에 영향을 미친다는 증거는 없다.

마지막으로 RYPEN과 Collaborative Life Skill 프로그램은 학생의 체계적 자기 조절 기술(예: 계획하기, 시험공부하기)에 개입하여 학생의 인지적 몰입을 목표로 하는 유일한 프로그램이다. 전반적으로 선택된 프로그램을 면밀히 살펴보면, 인지적 몰입의 차원이 분명히 덜 우선시 된 것이 눈에 띈다. 그러나 우리가 교실에서의 교수적 인터벤션도 포함했다면 아마도 이와 달랐을 것이다.

프로그램 시간(길이)

프로그램은 또한 길이 측면에서 매우 다양하지만, 일부 인터벤션(예: RYPEN, Collaborative Life Skill Program)은 2－12세션으로 매우 간단하다. 그러나 다른 프로그램은 2년, 3년, 심지어 6년 이상 지속되기도 한다(예: Seattle Social Development Project). 이러한 프로그램의 다양한 길이는 장기적으로 영향을 미칠 수 있다. 그러나 대부분은 사후 평가를 수행하지 않았기 때문에 이 주장을 검증할 수 없다.

인터벤션 구성 요소

선정된 프로그램은 (1) 학교와 교실, (2) 가족/부모, (3) 청소년 등 다양한 수준의 구성 요소를 가지고 있다. 실제로, 대부분의 인터벤션은 학교 조직 인터벤션(예: 학교 내, 학교 전반의 행동 관리 시스템) 또는 서로 다른 주제에 대해 전체 학교를 아우르는 활동들(예: 행동 관리, 사회적 그리고 상호적 기술)과 같은 보편성(예: Career Academies, PBIS)에 초점을 둔다. 그러나 다른 프로그램(예: L2L, ALAS)과 마찬가지로 교실 수업 및 교육과정, 능동적인 학급 관리 전략, 교사 모니터링 및 학생 피드백, 학생의 학습 및 주로 행동적 또는 인지적 수준에서의 몰입을 증진하는 활동 같은 교실 경험의 측면을 해결함으로써 교실 수준의 인터벤션을 제안한다.

상당수의 프로그램에는 가족 구성 요소도 포함된다. 이러한 인터벤션은 서로 다른 목표를 가지고 있지만, 그중 다수는 가족 결속을 촉진하기 위한 방법으로 청소년 발달에 대한 부모의 이해를 높이거나 부모의 기술 개발을 촉진하는 것을 목표로 하며, 부모가 자녀의 행동적 비몰입을 더 잘 관리하여 자녀가 불량하고 위험한 행동(예: 약물 사용)을 이행할 가능성을 줄인다. 마지막으로, 이러한 많은 인터벤션은 부모가 자녀를 학업적으로 지원하고 학교에서의 몰입을 장려하거나 부모의 역할을 효과적으로 수행할 수 있는 다른 지역사회 서비스에 대한 부모의 접근을 촉진하는 데 도움이 된다.

마지막으로 Career Academies를 제외한 모든 프로그램에는 직접적으로 또는 기술이나 능력 개발을 통해 학교 몰입 개선을 목표로 하는 청소년 세션이 포함된다. 이 그룹 혹은 개인별 인터벤션 구성 요소는 문제 해결, 사회적 기술 개발 또는 자율성 및 스트레스 관리 기술의 촉진에 중점을 둔다. 또한, 청소년들이 부정적인 또래 집단의 영향이나 부모나 학교 요구에 대처하도록 도울 수 있는 능력을 개발할 수 있도록 한다. 많은 선택적 또는 집중적 프로그램(예: Collaborative Life Skill Program, C&C, L2L, ALAS)에도 모니터링 구성 요소가 포함된다. 교사, 상담가 또는 멘토는 모니터링을 통해 행동적(예: 출석, 교실 행동, 과제 완수 및 참여) 또는 인지적 지표(예: 과제 조직 기술)를 기반으로 학생 몰입을 면밀히 모니터링한다.

효과적인 프로그램 요구사항과의 연계

마지막으로, 학생 몰입 분야의 많은 프로그램이 앞서 언급한 효과적인 것으로 간주되는 요건을 충족시키지는 못하더라도, 우리는 제시한 프로그램이 그러한 제한을 받지 않는다고 자신 있게 진술할 수 있다. 예를 들어, 우리가 선정한 프로그램은 여러 구성 요소를 기반으로 하며, 실천가들을 위한 실무 교육 세션을 통합하고, 충분한 양으로 실행된 것으로 보이며, 엄격하게 평가되었다. 게다가, 명확하고 연령에 맞는 목표를 기반으로 하고 있으며, 확고한 이론적 근거를 토대로 하며, 학생들과 긍정적인 관계 발전을 촉진한다. 그러나 이러한 프로그램 중 상당수는 여전히 몇 가지 한계점이 있다. 첫째, C&C와 L2L을 제외하고, 대부분 프로그램의 충실도와 실행 프로세스, 즉 계획하여 실행된 프로그램과 실행 충실도에 영향을 미치는 중요 요인(Rossi, Lipsey, & Freeman, 2004)은 보고되거나 평가되지 않았다. 둘째, 소수 집단의 학생들을 대상으로 하는 특정 프로그램(예: ALAS, Bridge to High School)을 제외하고, 대부분의 인터벤션은 참가자의 사회문화적 배경 특성을 고려했는지 그 여부를 명확하게 밝히지 않는다. 셋째, 모든 선택적이고 집중적인 프로그램은 물론 많은 보편적인 프로그램(Career Academis 및 PBIS 제외)이 학교 실행과 구성, 즉 그룹과 학교 교육과정 구성을 다루지 않고 있다. 이러한 한계는 프로그램의 범위를 제한하는데, 이는 프로그램이 학생들의 전반적인 학교 경험에 초점을 맞추는 대신 특정 모집단(선택적 또는 집중적 프로그램)이나 특정 대상별 교실 행동 범위만을 다루고 있기 때문이다. 마지막으로, Seattle Social Development Project, C&C와 같은 일부 인터벤션 프로그램은 학년도 초에 시행되지만, 대부분 프로그램은 청소년기에 꽤 늦게 시행된다. 그 결과, 이러한 프로그램들이 학교 졸업에 미치는 영향은 상당히 제한적이며, 특히 학생의 비몰입 궤도가 더욱 확고하세 내새뇌어 바꾸기 어려운 상황에서 더욱 그러하다.

향후 연구에 대한 시사점

많은 연구들이 학생들이 서로 다른 형태의 비몰입을 보이며, 중도탈락한 학생들은 중도탈락하기 전 몇 달 동안 겪는 심각한 스트레스 생활의 강도(세기) 및 특성뿐만 아니라 위험 요소, 프로파일 등 여러 측면에서 다양하다는 것을 제시하고 있으나(Dupere et al., 2018; Janosz et al., 2000; Wang & Fredricks, 2014), 학생 몰입 및 중도탈락에 대한 현재 지식과 예방 및 인터벤션 프로그램이 현재 구축되는 방식 사이에는 여전히 상당한 차이가 있다(Freeman & Simonsen, 2015).

다음 단계로, 학교 중도탈락으로 이끄는 학생 비몰입 궤도의 시기와 이질성을 고려한 다층적 예방 및 인터벤션 프로그램을 개발, 실행 및 평가할 필요성이 분명히 있다. 이러한 프로그램 중 일부는 학교 첫해부터 일찍 시작해야 하지만, 심한 스트레스를 받거나 이탈의 징후를 보이는 늦은 시기의 청소년들을 대상으로 개입하려는 노력도 병행되어야 한다. 더욱이, 저자들은 어린이와 특히 청소년기의 내재화된 어려움이 학생 비몰입의 선행변인 또는 결과로서 작용할 수 있음을 보여주었지만(Wang & Fredricks, 2014), 보다 광범위하고 다층적이며 다면 요소를 지닌 학생 몰입 프로그램에서 청소년의 내재화된 문제 예방에 대한 구체적인 목표를 통합할 필요가 있다.

다른 차원의 몰입과 비교할 때, 정서적 차원은 종종 가장 낮은 수준에 있거나 시간이 지남에 따라 가장 가파른 감소세를 보이며, 결국에는 학교를 이수하는 학생들에게도 영향을 미친다(Archambault, Janosz, Morizot, et al., 2009). 또한, 학교에 대한 학생의 인지적 및 행동적 몰입의 중요한 선행변인으로 잘 알려져 있다. 학생의 소속감과 학교에 대한 관심을 증진시키는 것이 종종 주요 프로그램의 목표가 아니라는 사실을 고려할 때, 이러한 몰입의 차원을 직접적으로 다루는 효과적인 예방 및 인터벤션 전략을 개발하기 위한 연구가 필요하다.

마지막으로, 엄격하고 준실험적이거나 실험적인 설계를 사용하여 평가된 인터벤션이 거의 없다는 사실은 문제가 된다. 그러나 여전히 더 걱정되는 것은 엄격하게 평가된 대부분의 프로그램에서도 인터벤션 실행 충실도에 대한 체계적인 평가가 여전히 없다는 사실이다. 다시 말해서 대부분 이론적인 프로그램의 주요 구성 요소와 실제로 실행된 인터벤션 간에 밀접한 관계가 있는지, 그 여부를 알 수 있는 방법이 없다는 것이다(Berkel, Mauricio, Schoenfelder, & Sandler, 2011). 또한, 대부분 사례에서 실행 프로세스, 즉 실행 충실도에 영향을 미치는 주요 개인적, 맥락 또는 환경적 요인(Rossi et al., 2004)조차도 알려지지 않았다. 결과적으로 어떤 조건에서 누구에게나 효과적인 프로그램 핵심 요소를 확립하는 것은 여전히 어려운 일이다. 의심의 여지없이 다음 단계에는 이러한 핵심 질문에 대한 명확한 답변 제시가 필요하다.

결론

지난 10년 동안, 연구자들은 학교에서 학생 몰입이 어떤 상황에서 어떻게 발전하는지 그 결과를 더 잘 이해하기 위해 많은 노력을 기울였다. 아직 해야 할 연구가 많이 있지만, 이제 우리는 일부 학생들의 비몰입과 중도탈락의 과정에 대해 훨씬 더 많이 알게 되었다. 학생 몰입에 적절한 또는 청소년의 긍정적인 발달과 학교 수료를 촉진하는 수단으로서 효과적이고 효율적인 프로그램도 매우 많이 있다. 그러나 학생 비몰입 과정에 대해 우리가 알고 있는 것과 그것을 방지하기 위해 현재 하고 있는 실행 간의 차이에는 여전히 이상과 거리가 있다. 변인에 대한 이론적 이해와 학생 몰입을 촉진하는 인터벤션, 메커니즘 및 맥락 사이의 바람직한 균형은 궁극적으로 학생들의 개별적인 필요에 부합한 해결책으로 이어질 것이다. 또한 이는 학생들의 요구와 증가하는 학교의 수요에 더 잘 들어맞을 수 있다. 다양한 개인적, 사회·경제적, 심리·사회적, 가족적 특성을 가진 학생들에게 적절하게 대응하는 엄격한 연구 기반 인터벤션을 개발함으로써 연구자와 실천가들은 다음 세대를 준비시키고 양성하려는 사명을 가지고 학교를 지원하기 위해 협력할 수 있을 것이다.

제 3 장

학교 비몰입 프로파일
: 비몰입 학생 모두가 같은 것은 아니다

제3장

학교 비몰입 프로파일 : 비몰입 학생 모두가 같은 것은 아니다

학생 몰입의 증가는 긍정적인 학업 성과를 촉진하고 부정적인 행동에 대한 몰입을 줄이는 메커니즘이다. 학교에 몰입하고 있는 학생들은 더 높은 성적을 받고 더 나은 심리적 안정감을 갖는다(Li & Lerner, 2011; Reeve, 2013; Wang & Peck, 2013). 반대로, 학교에서의 비몰입은 높은 문제 행동, 비행 및 약물 사용을 예측한다(Wang & Fredricks, 2014). 초등학교에서 중 · 고등학교까지의 몰입 감소, 특히 저소득층 유색인종 청소년의 경우에 이러한 감소가 심각하다(Benner & Graham, 2009; Wigfield et al., 2015). 그러나 모든 청소년이 이러한 발달 패턴을 따르는 것은 아니다. 대신 개인 중심적 분석 기법은 시간이 지남에 따라 몰입과 비몰입 모두에서 발달 궤도의 개인 프로파일에 많은 다양성이 있음을 보여준다(Janosz, Archambault, Morizot, & Pagani, 2008; Li & Lerner, 2011). 더 나아가 인터벤션의 설계에는 학생들이 비몰입을 하게 되는 이유, 중도탈락하는 여러 가지 이유에 대한 이러한 차이가 반영되어야 한다(Wang & Degol, 2014).

본 장의 목표는 다음과 같다. 먼저, 문헌에서 몰입과 비몰입이 어떻게 개념화되었는지 설명하고, 이 두 가지 구성이 어떻게 이해되는지에 대한 질적 결과를 학생 인터뷰를 토대로 제시한다. 다음으로, 개인 중심적 분석 기법을 설명하고 이러한 방법을 사용하여 문헌에서 확인된 몰입 및 비몰입한 학생들의 다른 프로파일을 간략하게 설명한다. 그 다음으로, 개인 중심적 분석 기법을 사용하여 비몰입 학생들의 각기 다른 프로파일을 식별하는 연구의 예시를 제시한다. 이 장은 문헌에서 확인된 비몰입 학생들의 세 가지 프로파일, (1) 행동적 비몰입, (2) 정서적 비몰입, (3) 인지적 및 정서적 비몰입 학생에 대한 프로파일로 구성된다. 각 프로파일에 대해 구체적 사례를 설명하고, 해당 학생 집단의 몰입을 높일 수 있는 몇 가지 잠재적 인터벤션을 간략하게 설명한다.

몰입과 비몰입이란 무엇인가?

문헌에서 가장 널리 알려진 개념은 몰입이 행동적, 정서적, 인지적 몰입 세 가지로 구별되지만 서로 관련이 있는 다차원적 구인이라는 것이다(Fredricks, Blumenfeld, & Paris, 2004). 행동적 몰입은 학습 및 학교 활동에 참여하고, 문제 행동이 없다는 측면으로 정의된다(Fredricks et al., 2004). 정서적 몰입은 학교, 교사 및 동료에 대한 긍정적이고 부정적인 반응의 정도에 초점을 둔다(Finn, 1989; Voelkl, 1997). 마지막으로, 인지적 몰입은 학생들이 지식을 이해하고 습득하기 위한 심층학습 전략의 사용을 말한다(Fredricks et al., 2004; Meece, Blumenfeld, & Hoyle, 1988). 최근에는 몇몇 학자들이 교실 내 과제와 학교 맥락에서 학생들의 사회적 상호작용의 특성을 반영하기 위해서 사회적 몰입을 추가하였다(Linnenbrink-Garcia, Rogat, & Koskey, 2011; Rimm-Kaufman, Baroody, Larsen, Curby, & Abry, 2015; Wang, Fredricks, Ye, Hofkens, & Schall, 2016). 몰입이 다차원적 구인이라는 점에서, 단일 구성 요소에 대한 연구보다 학생들이 학교에서 어떻게 생각하고, 행동하며, 느끼는지의 특성에 대해 보다 풍부하게 논의할 수 있다.

비몰입은 행동적, 정서적, 인지적 차원으로 구성된 것으로 이론화되었다(Skinner, Furrer, Marchand, & Kindermann, 2008; Wang, Fredricks, Ye, Hofkens, & Schall Linn, 2017). 그러나 최근까지 많은 선행연구가 몰입과 비몰입이 연속선상에 있다고 가정하였으며, 비몰입은 단지 몰입이 없다는 것에 불과하다고 추정하였다. 이 접근은 학생들의 비몰입을 나타낼 수 있는 여러 가지 방식과 학교에서의 비몰입이 몰입이 없다는 것뿐만 아니라 부적응의 과정 및 상태라는 것을 설명하지 못한다(Skinner, Kindermann, & Furrer, 2009).

실제로 연구자들은 몰입과 비몰입 둘 다 학생의 성과에 어떠한 기여를 하며, 개념적으로나 방법론적으로 구별 가능한 구성이라는 것을 발견하였다(Skinner et al., 2008; Wang, Chow, Hofkens, & Salmela-Aro, 2015; Wang et al., 2017). 예를 들어, Wang과 그의 동료들(2017)은 새로 개발된 학교 몰입 및 비몰입 척도의 타당성을 뒷받침하는 증거를 개발하고 제시하기 위해 혼합 연구방법을 사용하였다.[1] 그들은 학교 몰입이 하나의 광범위한 몰입 구인과 또 하나의 광범위한 비몰입 구인으로 특징이 지어지며, 각 구인이 행동적, 인지적, 정서적, 사회적 차원으로 구성됨을 확인하였다. 학생 몰입과 비몰입은 구체적 요인으로 나타날 뿐만 아니라 학생들의 학업성취와 행동을 다르게 예측하였다. 특히, Skinner와 그의 동료들(2008)은 두 가지의 정서적 측면과 관련하여 몰입(예: 노력, 관심)과 불만족(예: 우울, 지루함) 사이의 차별적 연관성을 밝혀냈다. 이 결과는 학교에서의 몰입과 비몰입이 완전히 겹치는 구인이 아닐 수 있음을 시사한다. 그러나 이러한 구인의 공통점과 차이점을 결정하기 위해서는 더 많은 연구가 필요하다.

학교 몰입과 비몰입이란 무엇인가: 사례

학생들이 학교 몰입과 비몰입을 어떻게 정의하고 있는지, 그리고 이러한 구성들의 연구 결과가 문헌에서 개념화된 방식과 일치하는지의 여부를 더 잘 이해하기 위해 5학년에서 12학년까지 46명의 학생들과 반구조화 인터뷰를 실시하였다. 표본은 여성 50.0%(n=23), 유럽계 미국인 41.3%(n=19), 아프리카계 미국인 39.1%(n=18), 다인종 10.9%(n=5), 아메리카 원주민 2.2%(n=1), 아시아계 미국인 2.2% 및 히스패닉계 2.2% (n=1), 샘플의 약 3분의 2가 무료 또는 점심 할인(n=30)을 받을 자격이 있는 학생들이다. 29명의 도시 공립 학교 학생, 14명의 도시 차터 스쿨 학생과 3명의 교외 학교 학생들이 포함되었다.

이러한 반구조화 인터뷰의 목표는 학생들이 학교에서 몰입/비몰입을 하였을 때 어떻게 행동하고 느끼며 생각하는지, 그리고 학교 몰입과 비몰입에 영향을 미치는 요인을 어떻게 정의하는지 알아내기 위함이었다. 구체적으로, 우리는 학생들에게 몰입이 무엇을 의미하는지(예: "학교에서 '몰입'은 무엇을 의미합니까? 학교에서 '비몰입'한다는 것은 무엇을 의미합니까?")와 학생들이 몰입 또는 비몰입한 시간을 묘사하는 것을 요구하였다(예: "학교에서 실제

---

1) 몇몇 학자들은 학교 몰입보다 학생 몰입이라는 용어의 사용을 주장하는데(Appleton, Christenson, & Furlong, 2008), 이는 인터벤션의 목적이 학생 몰입을 강화하는 데 있으며, 학교는 학생 몰입을 촉진하거나 억제하는 권한을 가지고 있다는 점에서 비롯된다. 이러한 관점에서 학교 몰입이라는 용어는 학교와 학습에서의 개인적인 학생의 몰입이 아니라 학교가 학생들에게 얼마나 몰입적인 환경인지를 나타낸다.

로 몰입/비몰입한 시간을 알려주시겠습니까?"). 학생들의 자유로운 답변을 이끌어낸 이후, 그것과 관련해 더 자세히 확인할 수 있는 질문을 하기도 하였다. 구체적으로, 우리는 학생들이 몰입하거나 비몰입했을 때 어떻게 느끼고 생각하며 행동하고 있었는지, 이러한 참가자들의 반응이 연구 문헌에 요약된 다차원적인 구성으로서 몰입 또는 비몰입의 개념화와 일치하는지에 대해 더 자세히 질문하였다.

인터뷰의 테마 분석 결과, 학생들은 행동적, 정서적, 인지적 지표의 관점에서 학교 몰입과 비몰입을 정의한 것으로 나타났다. 인터뷰에서 확인된 많은 지표들은 선행연구에 제시된 몰입과 비몰입에 대한 개념과 중첩되었다. 그러나 한 가지 주요 차이점은 학생들이 학교 수준(예: 관계 형성)과 교실 내 환경에서(예: 동료와의 협력) 사회적 몰입 및 비몰입의 지표를 더 많이 언급했다는 것이다. 예를 들어, 사회적 몰입의 일부 지표에는 동료가 어려움을 겪을 때 동료를 돕는 것, 동료와 아이디어를 공유하고 동료와 시간을 보내는 것이 포함되었다. 사회적 비몰입 지표는 다른 학생들이 본인을 알아차리지 못했던 것과 동료들과의 상호작용이 중요하다고 생각하지 않는 것을 포함하였다. 반면에, 선행연구에서 몰입 및 비몰입에 대한 대부분의 지표는 특정 설정 수준(예를 들어, 교실, 학교)에서 몰입이 어떻게 사회적으로 구성되는지를 고려하기보다는 개인 수준에 따른 몰입에 초점을 맞추었다. 우리의 질적 분석은 학교 몰입과 비몰입이 서로 관련되어 있으나, 개념적으로는 구별되는 구인임을 뒷받침한다. 예를 들어, 학생들은 과제/과제 외 작업, 주의집중/주의분산, 질문하기/질문하지 않기, 노력을 기울이기/기울이지 않기와 같이 연속선상에서 측정할 수 있는 행동적 몰입 및 비몰입의 지표를 설명하였다. 그러나 그들은 학교 비몰입을 자신들이 말한 것과 질적으로 다른 방식으로 설명하였다. 행동적 비몰입 지표의 예시에는 수업 시간에 방해하거나 말썽부리고, 지각하거나 수업 도중 이탈을 하며 적극적인 참여를 거부하고 피하는 것이 포함된다.

정서적 몰입과 비몰입에는 관심/지루함, 학습에 대한 흥미/무흥미, 배움에 대한 관심/무관심과 같은 연속선상에서 측정 가능한 몇 가지 지표도 포함되었다. 그러나 학생들은 다양한 범주에서 정서적 몰입을 설명하였다. 정서적 몰입은 학교에서의 기쁨, 자부심과 같은 감정적 측면의 관점에서 설명되었지만, 정서적 비몰입은 불안, 좌절 및 스트레스 등 압도당하는 것과 같은 느낌으로 묘사되었다. 마지막으로, 연속선상에서 측정할 수 있는 인지적 몰입의 유일한 지표는 학업 포기보다는 도전을 지속하는 것이다. 대부분의 다른 지표들은 인지적 몰입과 인지적 비몰입이 개념적으로 다른 구조임을 제시하였다. 몰입에 대한 인지적 지표에는 학습 및 자료 이해를 위한 심층학습 전략 사용이 포함되었다. 대조적으로, 인지적 비몰입은 어떠한 과제를 완수하거나 좋은 성적을 얻는 데 필요한 행동만을 수행하는 것으로 설명되었다.

개인 중심적 분석

몰입에 대한 대부분의 연구는 상관관계, 회귀 및 분산 분석과 같은 가변 중심 분석 접근 방식을 사용하여 상황별 요인, 전반적인 몰입의 측정 그리고 적응과의 평균 관계를 연구하였다. 변수 중심 기법은 결과 변수의 차이를 설명할 때, 변수와 예측 변수의 상대적 중요성 간의 연관성에 대한 중요한 이해를 제공한다(Laursen & Hoff, 2006). 그러나 이러한 기법의 한 가지 문제점은 연구 결과가 실제 참가자를 나타내지 않는 추상적 현실일 가능성이 있으며, 통계적으로 규정된 평균 참가자에 부합한다는 것이다(Roeser, Eccles, & Sameroff, 1998). 또한, 발견한 것들을 인터벤션의 설계에 적용할 때, 그 효과가 일반적인 모든 사람에게 동일하게 적용된다는 가정하에 있기 때문에 일률적인 인터벤션을 설계하는 것이 적절하다고 할 수 있다.

대조적으로, 성장 혼합 모형, 군집 분석, 그리고 잠재 계층 모델링과 같은 개인 중심적 기법은 개인 표본으로부터 분석 단위의 변화를 밝힌다(Bergman, Magnusson, & El-Khouri, 2003). 이러한 기법은 학생들의 수준과 몰입 유형에 따라 그들의 프로파일을 식별하고, 이것들이 발달 과정에서 다른 의미를 가지는지 여부를 조사하는 데 사용되었다. 이와 같은 프로파일들은 서로 비교되어 학업적, 심리적 조절을 위해 가장 적응력이 뛰어나거나, 부적응적인 몰입 및 비몰입 프로파일을 식별할 수 있다. 또한, 개인 중심적 분석의 결과를 사용하여 뚜렷한 몰입과 비몰입을 가진 개인의 특성에 보다 민감하고, 타겟팅된 인터벤션을 개발할 수 있다(Ruser, Eccles, & Sameroff, 1998).

표 3.1은 개인 중심적 기법을 사용한 연구에서 드러난 몰입 및 비몰입 청소년의 프로파일을 요약한 것이다. 예를 들어, 연구들은 이러한 기법을 사용하여 시간의 흐름에 따른 학교 몰입 궤도의 변화를 조사하였다(Archambault, Janosz, Moritz, & Pagagni, 2009; Janosz et al., 2008; Li & Lerner, 2011). 이러한 연구들은 학생들이 시간의 흐름에서 그들의 몰입 수준과 발달 추세에 따라 하위 집단에 배정될 수 있다는 것을 보여준다. 예를 들어, Li와 Lerner(2011)는 학업적, 심리적 조절의 서로 다른 패턴과 관련된 네 가지 행동 참여 궤도(즉, 일시적 감소, 감소, 석낭한 안정, 높은 안정)를 식별하였다. 행동 참여율이 가장 높은 학생들이 더 높은 점수를 받았고 우울증, 비행, 그리고 약물 사용량이 더 낮다는 것

을 발견하였다. 이러한 결과는 모든 청소년이 몰입의 공통된 발달 패턴을 경험한다는 생각에 의문을 제기한다. 그러나 이러한 연구가 가진 한계는 여러 차원의 몰입 패턴을 동시에 고려하지 않고, 하나의 몰입 차원만 조사하였거나 전반적인 몰입 측정만을 수행하였다는 것이다(Wang & Peck, 2013).

표 3.1 ❙ 개인 중심적 분석을 사용하여 몰입/비몰입 학생의 프로파일을 확인한 연구 요약

선행연구	표본	몰입/비몰입 차원	확인된 프로파일
Archambault와 동료들 (2009)	캐나다 12세–16세 13,300명	전반적(행동적, 정서적 및 인지적) 몰입의 측정	정상적인 궤도 초기 부분적 감소 늦은 부분적 감소 늦은 일반적 감소 일시적 부분 감소 전반적으로 일찍 감소
Janosz와 동료들 (2008)	캐나다 12세–16세 13,300명	전반적(행동적 및 정서적) 몰입의 측정	규범적 높은 안정 중간 정도의 안정 일시적 증가 일시적 감소 감소 증가
Lawson과 Masyn (2015)	미국 공립학교에 다니는 12,760명 학생의 전국 대표 표본	학생 주도성 학생 투자 학생의 양가감정 탈동일시	학업적 자주성 학업적 투자 낮은 수준의 노력/효능감 지루함 양가감정 탈동일시
Li와 Lerner (2011)	다양한 인종적 배경을 가진 5–8학년 1,977명 청소년	행동적 몰입 정서적 몰입	행동적 몰입 궤도 1. 일시적 감소 2. 감소 3. 적당한 안정 4. 높은 안정 정서적 몰입 궤도 1. 감소 2. 평균 3. 감소 중이나 높음 4. 최고 높음
Salmela–Aro와 동료들	255명의 미국 고등학생 (9–12학년) 및 188명의	학교 몰입(에너지, 몰두 및 헌신) 학교	몰입 몰입/고갈

(2016)	핀란드 학생들 (9–10학년)	소진(피로, 냉소 및 무능)	중간 정도의 소진 소진
Tuominen–Soini와 Salmela–Aro (2014)	979명의 핀란드 학생들 (17–19세)	학교 몰입(에너지, 몰두 및 헌신) 학교 소진(피로, 냉소 및 무능)	몰입 몰입/고갈 냉소 소진
Wang과 Peck (2013)	1,025명의 청소년 (9학년, 11학년, 1년 후; 아프리카계 미국인 57%, 백인 43%)	행동적 몰입 정서적 몰입 인지적 몰입	적당한 몰입(세 가지 차원 모두에서 보통) 적극적 몰입(세 가지 차원 모두에서 높음) 최소 몰입(세 가지 차원 모두에서 낮음) 인지적 비몰입(낮은 인지, 보통의 정서 및 행동) 정서적 비몰입(냉소, 보통–높은 행동 및 인지)
Watt과 동료들 (2017)	3–9학년 551명	행동적 몰입 정서적 몰입 인지적 몰입	비몰입 순응 몰입

최근에 몇몇 학자들은 행동적, 정서적, 인지적 차원에서 다변량 몰입 프로파일을 만들기 위해 개인 중심적 기법을 사용하였다(Lawson & Masyn, 2015; Wang & Peck, 2013; Watt, Carmichael, & Callingham, 2017). 예를 들어 Wang과 Peck(2013)은 행동적, 정서적, 인지적 차원에서 몰입하는 학생들의 5가지 프로파일을 식별하였다. 이러한 프로파일 중 3가지는 행동적, 정서적, 인지적 몰입(즉, 3가지 차원에서 모두에서 높음, 보통, 낮음)에 걸쳐 일관성이 있었다. 게다가 그들은 연구에서 꾸준히 제외되어 온 두 가지 프로파일을 확인하였다. (1) 정서적으로 비몰입한 학생 또는 행동적 및 인지적 몰입은 높지만 정서적 몰입은 더 낮은 학생, (2) 인지적으로 비몰입한 학생 또는 행동적 및 정서적 몰입은 높지만, 인지적 몰입은 낮은 학생. 정서적으로 비몰입된 학생들은 교사들에 의해 우수한 학생으로 간주될 가능성이 높지만 우울증 비율은 가장 높았다. 반면, 인지적으로 비몰입하는 학생들은 정서적으로 비몰입한 학생들보다 더 나은 정신건강을 보였지만, 학업성취도와 교육적 열망은 더 낮았고 학교 중도탈락률은 더 높았다.

마지막으로, 대부분의 연구가 몰입과 비몰입 각각에 초점을 두었다. 한 가지 예외는 개인 중심적 분석 접근을 사용하여 몰입 및 비몰입의 다변량 지표를 동시에 관찰한 Salmela-Aro와 동료들의 연구이다(예: Tuominen-Soini & Salmela-Aro, 2014; Salmela-Aro, 2015; Salmela-Aro, Moeller, Schneider, Spicer, Lavonen, 2016). 예를 들어, Tuominen-Soini와 Salmela-Aro(2014)는 다음과 같이 몰입 및 비몰입 학생의 네 가지 프로파일을 식별하였다. (1) 몰입된 학생(몰입도가 높고, 비몰입/소진 지표가 낮음), (2) 몰입 — 비몰입(높음) (3) 냉소적(학업에 대한 냉소가 높고, 몰입 및 비몰입/소진 척도 모두 낮음), (4) 소진 프로파일(모든 소진 척도에서 높음). 그들은 핀란드 고등학생 4명 중 1명이 높은 수준의 몰입과 비몰입을 동시에 경험했다는 사실을 발견하였다(몰입, 비몰입 프로파일). 이 프로파일은 단기적으로 높은 학업 성과와 관련이 있지만, 높은 수행 회피 및 우울증과도 관련되어 있으므로 긍정적 결과와 부정적인 결과를 모두 나타낸다.

개인 중심적 분석: 사례 연구

다음 섹션에서는 개인 중심적 분석 기법을 사용하여 비몰입의 다차원적 구성요인에서 비몰입 학생들을 각기 다른 프로파일로 식별하는 예시를 제공한다.

표본

이 분석의 표본에는 미국 대서양 중부 지역 중학교의 공립학교에 다니는 5학년에서 12학년 2,489명(33.0% 5학년, 35.0% 7학년, 31.2% 9학년, 0.6% 10학년, 0.1% 11학년 및 0.1% 12학년)이 포함되었다. 이 학교들은 다양한 학교 유형을 대표하며, 사회경제적 지위와 인종 측면에서도 다양하다. 표본의 49.9%는 여성, 53.8%는 유럽계 미국인, 29.9%는 아프리카계 미국인, 16.3%는 다인종이었다. 표본의 약 58.4%가 무료 또는 점심 할인을 받을 수 있는 자격을 부여받고 있었다.

이 분석에 대한 데이터는 2017년 봄에 수집되었다. 교사들은 이 연구에 대한 설명서와 동의서를 학생들의 가족들에게 배포하였으며, 이 중 98%가 참여하기로 동의하였다. 참여를 동의한 학생들은 정규 학교 수업 시간에 컴퓨터 기반 학교 몰입 설문조사를 제공받았다. 학생의 인구 통계학적 자료(예: 성별, 인종, 사회경제적 지위(SES), 평균 성적(GPA), 무단결석(결석일 수), 학교 방해 행위(즉, 총 방해 행위 수))를 학교 기록에서 수집하였다.

설문조사

우리는 새로 개발된 자기 보고 방식의 학교 몰입 및 비몰입 척도를 통해 학교에서 학생의 몰입도를 측정하였다(Wang et al., 2017). Wang과 그의 동료들(2017)은 새로 개발된 측정 도구의 구성 및 예측 타당도에 대한 강력한 지지를 발견하였다. 학교 비몰입 척도에는 행동적(a=0.79; "수업에서 벗어날 이유를 찾다."), 인지적(a=0.71; "과제를 이해하지 못하면 포기한다."), 정서적(a=0.78; "학교가 싫어지고 있다.") 및 사회적(a=0.73; "나는 학교에 친구가 없다.") 등의 비몰입을 포함한다. 비몰입 하위 척도의 모든 항목에 대한 응답 범위는 1(나와 전혀 같지 않음)에서 5(나와 매우 비슷함)까지이다. 점수가 높을수록 더 높은 비몰입 수준을 나타내도록 항목을 평균화하여 척도 점수를 얻었다. 4개의 비몰입 하위 척도 모두 Cronbach α 0.71에서 0.79 사이의 적절한 내적 일관성을 갖는다. 학생의 비몰입 정보 외에도 설문조사는 학생들에게 전국 단위 설문조사에서 일반적으로 실행되는 단일 항목 척도를 사용하여 교육적 열망을 보고하도록 요청하였다(예: "학교에서 무언가를 얼마만큼 획득할 수 있을 것 같습니까?").

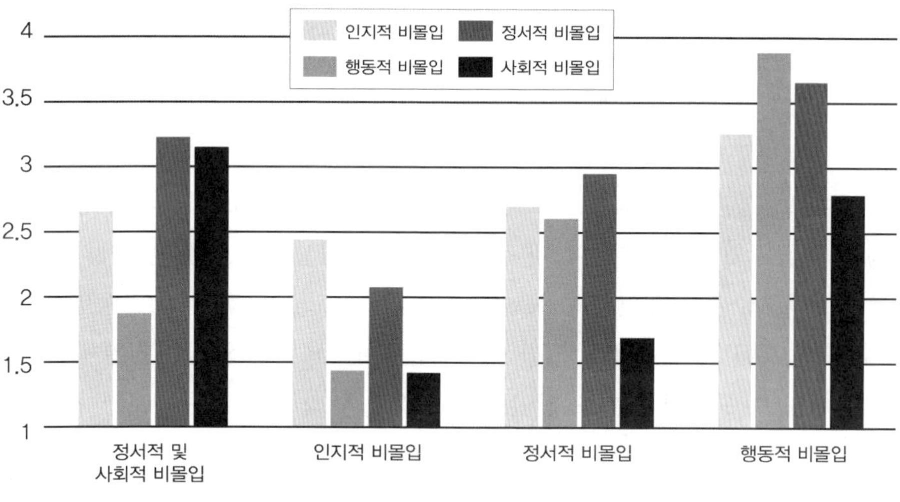

그림 3.1 ▎ 학교에서의 학생 비몰입 프로파일

결과

다변량 연속 데이터로부터 관련 사례를 식별하기 위해 개인 중심 통계 방법인 잠재 프로파일 분석을 사용하였다(Lanza & Cooper, 2016). 우리는 이 기법을 사용하여 행동적, 정서적, 인지적 및 사회적 비몰입 차원에서 유사한 비몰입 패턴을 가진 학생 집단을 식별하였다. 이 분석의 결과는 4개 집단이 데이터에 가장 적합하다는 것을 나타낸다. 4개 집단의 그래프는 그림 3.1에 제시되어 있다. 집단 1은 행동적 비몰입이 낮았지만 정서적 비몰입이 높았고, 중간 정도의 인지적 비몰입이 있었으며, 사회적 비몰입이 높았다(정서적, 사회적으로 비몰입함, N=319, 샘플(표본)의 12.82%). 집단 2는 표본의 절반 이상으로, 행동적, 정서적 및 사회적 비몰입은 낮고, 인지적 비몰입이 높은 학생들(인지적 비몰입, N=1583, 표본의 63.60%)이 포함되었다. 집단 3은 중간 정도의 행동적 비몰입, 높은 수준의 정서적 비몰입, 중간 정도의 인지적 비몰입 및 낮은 사회적 비몰입(정서적 비몰입, N=478, 샘플의 19.60%)을 나타냈다. 집단 4는 소규모 집단으로, 행동적 비몰입이 높고, 정서적 비몰입과 인지적 비몰입이 중간 수준이며 사회적 비몰입은 낮다(행동적 비몰입, N=109, 표본의 4.38%).

다음으로, 이러한 프로파일의 유의미성을 평가하기 위해 인구 통계 및 학업 성과에 대해 4개의 집단을 비교하였다. 이 결과는 표 3.2에 제시되어 있다. 우리는 성별, 인종, 사회경제적 지위에 따라 4개 집단의 학생 분포가 다르다는 것을 발견하였다. 예를 들어, 집단 4(행동적으로 비몰입)는 무료/할인된 가격의 점심을 제공받는 자격을 갖춘 학생의 비율이 가장 높았고, 집단 2(인지적 비몰입)는 무료/할인된 가격의 점심을 제공받는 자격을 갖춘 학생의 비율이 가장 낮았다. 이 네 집단은 또한 학업성취와 문제 행동에서 차이가 나타났다. 예를 들어, 집단 2(인지적 비몰입)는 GPA가 높고 교육적 열망이 높았으며, 무단결석과 문제 행동이 거의 없었다. 집단 1(정서적, 인지적 비몰입)과 집단 3(정서적 비몰입)은 모두 GPA가 낮고 교육적 열망도 낮았으며, 무단결석 및 문제행동을 보였다.

몰입 프로파일

다음 섹션에서는 개인 중심적 분석이 사용된 선행연구에서 규명된 비몰입 학생들의 프로파일로, (1) 행동적으로 비몰입하고 있지만 낮거나 중간 정도로 정서적 및 인지적으로 몰입한 학생, (2) 정서적으로 비몰입했으나 중간 정도의 행동적 또는 인지적 몰입을 보여주는 학생, (3) 행동적 몰입은 중간 정도에서 높은 수준이지만 정서적이고 인지적으로 비몰입한 학생의 프로파일을 설명한다. 각 프로파일에서 일부 원인과 이러한 유형의 학생의 몰입을 높이기 위해 고안된 인터벤션을 간략하게 설명한다.

표 3.2 ▎ 학생 비몰입 프로파일의 집단 비교

	집단1	집단2	집단3	집단4
	정서적 및 사회적 비몰입	인지적 비몰입	정서적 비몰입	행동적 비몰입
	(N = 319, 12.82%)	(N = 1583, 63.60%)	(N = 478, 19.20%)	(N = 109, 4.38%)
프로파일의 변수				
인지적 비몰입	2.66 (0.60)[a]	2.42 (0.48)	2.71 (0.57)[a]	3.25 (0.77)
행동적 비몰입	1.88 (0.52)	1.43 (0.38)	2.67 (0.44)	3.93 (0.57)
정서적 비몰입	3.26 (0.99)	2.03 (0.82)	2.97 (0.94)	3.67 (1.08)
사회적 비몰입	3.21 (0.57)	1.41 (0.45)	1.70 (0.51)	2.81 (0.90)
인구 통계				
성별 (1 = 남성) (%)	38.56	49.59	56.49	59.63
인종—백인 (%)	44.83[a,b]	61.40	38.7[a,c]	35.78[b,c]
인종—흑인 (%)	36.36	24.07	40.79	47.71
인종—기타 (%)	18.81	14.53	20.50	16.51
무료/할인된 점심 (%)	71.34[a]	50.03	72.65[a]	82.69
결과				
GPA	2.93 (0.80)[a]	3.36 (0.65)	2.74 (0.93)[a]	2.38 (1.04)
결석	5.67 (8.18)[a]	2.75 (5.63)	5.15 (6.15)[a]	6.35 (7.07)[a]
문제 행동	1.06 (1.90)[a,b]	0.64 (1.32)[a]	1.56 (3.27)[b,c]	2.18 (3.87)[c]
교육적 열망	5.64 (2.03)[a]	6.36 (1.69)	5.46 (2.01)[a]	4.84 (2.32)

GPA, 학점 평균; 집단 1, 낮은 행동적 비몰입, 높은 정서적 비몰입, 중간 정도의 인지적 비몰입 및 높은 사회적 비몰입; 집단 2, 낮은 행동적 비몰입, 낮은 정서적 비몰입, 낮은 사회적 비몰입 및 높은 인지적 비몰입; 집단 3, 중간 정도의 행동적 비몰입, 높은 정서적 비몰입, 중간 정도의 인지적 비몰입 및 낮은 사회적 비몰입; 집단 4, 높은 행동적 비몰입, 중간 정도의 정서적 비몰입, 중간 정도의 인지적 비몰입 및 낮은 사회적 비몰입. 4개의 집단 비교는 모두 $ps < .001$로 유의미하다. 각 변수에 대해 동일한 알파벳 위첨자가 있는 집단은 쌍별 비교를 기반으로 중요하지 않은 차이를 나타낸다.

또한 각 프로파일에 대해 2017년 겨울과 봄에 대서양 중부 지역의 도시 중학교 및 고등학교 차터 스쿨에 다니고 있는 학생들과의 인터뷰 사례를 제시한다. 학교구는 소수인종 집단(73% 아프리카계 미국인)과 저소득층 학생들(무료 또는 할인 가격의 점심을 제공받는 학생들 73%)을 포함한다. 우리는 중학교 및 고등학교 관리자에게 학교에서 비몰입의 징후를 보이는 인종적으로 다양한 학생들을 찾아달라고 요청하였다. 면접 질문은 다음 영역을 중심으로 구성되었다. (1) 학교 몰입 및 비몰입의 의미, (2) 몰입 및 비몰입에 대한 동기부여 요인(예: 가치, 능력 및 대응)의 영향, (3) 몰입 및 비몰입에 대한 교실 맥락의 영향 요인(예: 교사, 동료 및 과제) 및 (4) 향후 교육 및 직업적 열망에 대한 몰입의 영향.

행동적 비몰입

종종 학생이 학교에서 비몰입하기 시작했다는 첫 징후는 과제 미수행, 주의집중 어려움, 부정기적 출석 및 징계 문제와 같은 관찰 가능한 행동 지표와 연관된다. 행동적 몰입의 주요 요소는 몰입 식별 모델(Finn, 1989)에 의해 설명되는데, 몰입은 참여(즉, 행동적 몰입)와 학교 동일시/가치 부여(예: 정서적 몰입)의 두 가지 주요 구성 요소로 구성되어 있다고 가정하였다. Finn(1989)에 따르면, 학생 몰입은 처음에는 참여(행동적 몰입)로부터 학업 성공으로 이어지며 학교 가치 부여(정서적 몰입)가 커지고 지속적인 몰입이 촉진된다.

반대로, 초기 형태의 행동적 비몰입은 학생들이 교사와 긍정적인 관계를 형성하고 학교와의 관계를 형성하는 데 더 어려움을 겪게 할 수 있다. 교사는 동기가 없거나 문제 행동을 하거나 대인관계가 끊어진 것으로 생각하는 학생들에게 더 부정적으로 반응하는 경향이 있다(Stuhlman & Pianta, 2001). 결과적으로 교사들이 이러한 학생들과 긍정적인 관계를 맺지 않아 학생들이 학교를 불쾌하고 소외된 곳으로 인식하게 되어 이탈의 위험이 크며, 학교를 그만둘 수 있게 된다(Croninger & Lee, 2001; Furrer, Skinner, & Pitzer, 2014). 교사의 지원이 부족하면 비몰입된 행동을 하는 학생들이 다른 비몰입된 행동을 하는 동료들과 교류를 할 수 있으며, 결과적으로 시간이 지남에 따라 학생들이 더 비몰입된 행동을 할 수 있다(Finn & Zimmer, 2012).

Brian은 11학년 흑인 남성으로 행동적 비몰입의 징후를 보인다(참고: 모든 이름은 가명으로 변경되었다). Brian의 학교 몰입은 과제와 사회적 상황에 따라 달라진다. 그는 도전을 좋아하고 자신을 똑똑하다고 생각하지만 때로는 공부하거나 학교에서 잘하는 데 필요한 노력을 기울이고 싶어 하지 않는다. 그는 쉽게 지루함을 느끼며 학교에서 배우는 내용에 관심이 없으나 내용이 자신의 삶과 개인적으로 관련이 있을 때는 더 몰입한다. 그는 매우 사회적인 사람이며 수업에 참여하는 것을 좋아한다. 불행히도 그의 동료들은 쉽게 산만해져 문제를 일으킨다. 그는 엄격한 징계 방침을 좋아하지 않으며 더 많은 의견을 낼 수 있기를 원하였다. 그는 심리학자가 되고 싶어서 문제가 있는 사람들을 돕고자 하지만 성적에 대해 염려하고 대학 진학을 걱정한다.

많은 학교들이 행동적 비몰입의 징후를 보이기 시작한 Brian과 같은 학생들을 식별하기 위해 조기경보시스템을 개발하였다. 이 경보시스템은 출석, 미완료 숙제, 행동 규율 및 정학률에 대한 정보를 수집하였다. 초기 비몰입 징후가 더 많은 학생들은 학교를 중도탈락할 가능성이 높고, 시간이 지남에 따라 지각률과 약물 사용률이 높아졌다(Balfanz, Herzog, & Mac Iver, 2007; Henry, Knight, & Thornberry, 2012; Neild, Balfanz, & Herzog, 2007). 이러한 초기 비몰입 지표의 예측력은 학교에서 학생에게 튜터링 및 추가 학업 지원 제공, 몰입을 모니터링하고 지원하는 멘토 할당, 청소년을 학교 서비스 지원과 연결하는 등 예방 노력을 실행하는 데 활용된다(예: 출석 모니터, 가족 지원 및 상담).

교실에서의 행동 관리 전략은 또한 Brian과 같이 행동적으로 비몰입된 학생들을 지원하는 데 도움이 될 수 있다. 학생들이 의미 있는 과제에 적극적으로 참여할 수 있는 기회, 긍정적인 학습 풍토, 행동을 안내하는 명확한 기대, 규칙, 루틴이 있는 교실에서 행동적 문제는 줄어들 것이다(Fredricks, 2014; Wang & Degol, 2016). 또한, Good Behavior Game과 같은 학급 전체를 아우르는 프로그램의 예시에서는 보상이나 포상을 사용하여 긍정적인 행동을 증가시킨다. Good Behavior Game에 대한 평가에 따르면 초등학교와 중학교 동안에 공격적이고 파괴적인 행동이 감소하는 것으로 나타났다(Sugai, Horner, & Gresham, 2002; Tankersley, 1995). 교사는 또한 학생들과 협력하여 교실에서 문제 행동을 없애기 위한 행동 규칙을 만들 수 있다. 이 규칙은 예상되는 행동, 용납할 수 없는 행동, 행동 개선의 이점 또는 보상, 행동 개선에 실패한 결과에 대해 간략하게 설명해야 한다.

다른 인터벤션은 교사와 비몰입 학생과의 관계 변화를 통해 지원하지 않는 교사와 학생 관계의 악순환을 끊어 시간이 지남에 따라 학생들이 더 비몰입감을 느끼지 못하도록 하는 것을 목표로 한다. 선행연구에 따르면 많은 교사들이 비용과 이익 관점에서 Brian과 같은 학생들과의 관계에 접근하고 관계를 발전시키는 데 필요한 시간, 에너지 및 정서적 투자가 노력할 만한 가치가 있는지에 대해 논쟁 중인 것으로 나타났다(Davis, 2006). 이 학생들과 긍정적인 관계를 발전시키는 것이 더 어려운 일이지만, 이 학생들이 교사와 긍정적인 관계를 발전시키는 데 가장 도움이 된다는 증거가 있다(Baker, Grant, & Morlock, 2008). 교사의 첫 번째 충동적 행동은 종종 학생들의 저항하는 행동을 처벌하는 것이다. 대신 교사는 이 잘못된 행동을 보는 방식과 이러한 학생들과의 관계를 바꾸도록 노력해야 한다. 교사는 잘못된 행동에 대해 처벌하지 말고 개입하여 더 큰 동기부여 및 교수적 지원을 제공할 수 있는 기회로 판단해야 한다(Fredricks, 2014; Furrer et al., 2014).

정서적 비몰입

학교에서 흔한 또 다른 프로파일은 정서적 몰입의 수준이 낮으나 중간 수준의 행동적 및 인지적 몰입을 보이는 학생들이다. 이 학생들은 지루해 하고 학습에 관심이 없으며 슬픔, 불안 및 좌절과 같은 부정적인 감정을 나타낸다. 이러한 부정적인 감정은 학생들로 하여금 학업적, 사회적 맥락에서 멀어지게 할 수 있다(Skinner et al., 2009). 학생들이 학교에서 부정적인 감정을 경험하면 스트레스가 많은 일들에 적극적으로 대처하기가 더 어려워져 결국 포기하게 될 수 있다(Skinner & Pitzer, 2012). 부정적인 감정은 동기를 줄이고 과제와 무관한 사고를 만들어 성취를 이루지 못하게 할 수 있다(Perkrun, 2006).

일부 학생들이 정서적으로 비몰입하는 이유 중 하나는 학교에서 어른 및 동료와의 관계를 발전시키지 못했기 때문이다(Furrer et al., 2014; Juvenon, Espinosa, & Knifsend, 2012). 학교의 교사 및 다른 성인들과의 친밀함과 보살핌의 관계가 학생의 높은 몰입과 관련이 있는 것으로 나타났으며(Murray, 2009; Wang & Holcombe, 2010), 그렇지 않은 학생들보다 학교에서 성공한다(Piantra, Hamre, & Allen, 2012). 교실에서 지지되지 않는 관계는 종종 거부되고, 혼란스럽고, 예측할 수 없으며, 강압적이고 통제적이기 때문에 학생들이 불유쾌하고 무능력하며 압박감을 느끼게 된다(Furrer et al., 2014). 불행하게도, 이러한 관계는 시간이 지남에 따라 상호적이며, 교사와 학생들 사이의 비상호작용으로 인해 학생들은 시간이 지날수록 더 비몰입하게 된다(Skinner & Pitzer, 2012).

일부 학생들이 정서적으로 비몰입하는 또 다른 이유는 정신건강 문제로 학습하거나 학교에 참여하기가 더 어렵기 때문이다(Greenberg et al., 2003). 심각한 정신건강 문제를 겪고 있는 어린이와 청소년의 수가 급격히 증가함에 따라 학교에서 학생들의 정신건강 요구를 해결해야 할 필요성이 더욱 절실해졌다(Merikangas et al., 2010). 정신건강 문제가 있는 학생들은 학교를 결석할 가능성이 높고, 숙제를 끝내거나 수업에 집중하는 데 어려움을 겪으며, 동료 및 교사와의 관계를 형성하는 데 더 어려움을 느낀다. 이에 조기 개입, 치료, 위기 중재 및 예방을 제공하는 학교 기반 및 학교 연계 정신건강 프로그램이 사회, 건강 및 학업적 성과를 향상시킬 수 있다는 인식이 높아지고 있다(Adelman & Taylor, 1998; Greenberg et al., 2003).

Tara는 정서적으로 비몰입하는 학생의 사례로 백인 6학년 여학생이다. 그녀는 주로 C 학생(성적이 부진한 학생)이며 시간이 지남에 따라 몰입도가 떨어졌다. 그녀는 그림을 그리고 읽는 것은 좋아하지만, 수학과 과학에서 배우는 것은 자신의 삶과 관련이 없는 것처럼 느낀다. 그녀는 어려운 가정생활에서 벗어나 학교에 다니는 것을 좋아하지만 학교에서 엇갈린 사회적 경험을 하였다. 그녀는 일부 교사들과 긍정적인 관계에 있으며, 특히 학교 직원 한 명과 가까웠다. 그러나 불행하게도 그녀는 학교에 친구가 거의 없으며, 외모와 관심사 때문에 친구들에 의해 종종 장난거리가 되곤 한다. 또한, 그녀는 일부 교사들이 교실에서의 부정적인 사회적 관계를 다뤄주지 않아 슬프고 좌절감을 느낀다고 생각한다. 그녀는 다른 아이들에게 괴롭힘을 당하기 때문에 참여를 덜 하게 되고 더 관심을 받지 못하게 된다.

정서적으로 비몰입하는 Tara와 같은 학생들을 어떻게 도울 수 있는가? 학생들이 몰입하지 않는 이유 중 하나는 배우고 있는 내용이 개인적으로 관련되거나 자신의 삶에 의미 있는 것으로 보지 않기 때문이다(Fredricks, Hof kens, Wang, Mortenson, & Scott, 2018). 많은 교실에서 교사들은 강의 및 자습과 같은 직접적인 수업 방법에 의존하여 학생들의 학습 경험을 통제하고 구성한다(Marchand-Martella, Slocum, & Martella, 2004). 선행 연구에 따르면 학생들은 교사 주도의 활동에서 낮은 몰입과 높은 지루함을 보이며, 최적의 수준으로 도전하고, 수업이 자신과 관련이 있고 자신이 학습환경을 통제하고 있다고 느낄 때 높은 몰입을 하는 것으로 나타났다(Larson & Richards, 1991; Shernoff, Csikzentmihalyi, Schneider, & Shernoff, 2003).

전통적으로 학교는 학업적 역량 개발을 강조했으며 학생들의 사회적 및 정서적 요구 지원에 덜 집중하였다. Tara 같은 학생들을 학교와 연결해주는 한 가지 방법은 학교에 사회정서학습 프로그램을 통합하는 것이다. 이 프로그램은 감정을 인식하고 관리하고 대인관계를 보다 효과적으로 처리하기 위한 아동의 기술을 개발한다(Greenberg et al., 2003). 연구에 따르면, 이러한 프로그램은 긍정적인 정신건강을 증진하고 학교에 대한 긍정적인 태도, 높은 행동적 몰입, 품행 문제의 감소, 긍정적인 사회적 행동 및 더 높은 수준의 성취를 유도한다(Durlak, Weissberg, Dymnicki, Taylor, & Schellinger, 2011).

우호적인 교실과 학교 커뮤니티를 만들면 Tara와 같은 학생들이 다른 학생들과 정서적으로 연결되는 것을 도와줄 수 있다. 연구에 따르면, 학생들의 공동체 의식은 학교에 대한 긍정적인 태도, 더 많은 학교 몰입 및 더 높은 성취도와 연결되어 있다(Osterman, 2000). 교사는 공동체 의식을 형성하고 동료와의 관계가 빈약한 학생들을 식별하고 지원하는 데 중요한 역할을 할 수 있다(Fredricks, 2014; Furrer et al., 2014). 교사는 협업과 긍정적인 사회적 상호작용을 위한 의미 있는 기회를 제공하고, 사회적인 가치를 강조하고, 토의를 사용하여 학생의 관점을 이끌어 내며, 학생의 의견을 듣고 존중하며, 학교 심리학자와 사회복지사에게 추가 지원을 요구함으로써 사회적 상호작용에 어려움을 겪는 학생들을 위한 커뮤니티 개발을 지원할 수 있다(Battistich, Solomon, Watson, & Schaps, 1997; Fredricks, 2014).

인지적, 정서적 비몰입

또 다른 프로파일은 행동적으로 몰입하지만 인지 및 정서적 비몰입의 징후를 보이는 학생들이다. 이 프로파일에 해당되는 학생들은 학교에서의 몰입을 "최소한의 학교생활", "최소한의 행동 수행", "아무 생각 없이 필기하기", "로봇 학생(robo-student)" 및 "마지못해 하기(going through the motion)"로 설명한다(Fredricks et al., 2016; Jimenez Alexandre, Rodriguez, & Duschl, 2000; Pope, 2001). 이 프로파일 학생들의 경우, 몰입과 비몰입을 구분하기가 어려운 경우가 많다. 외부 관찰자에게는 몰입하는 것처럼 보인다. 이 학생들은 학교에 잘 참여하고 잘 지내지만, 종종 지루해 하고, 멀티태스킹을 하며 학습에 깊이 투자하지 않는다(Pope, 2001). 이 학생들은 과제를 완수하지만 몰입은 종종 피상적이다. 이 학생들은 학습 내용을 이해하고 의미를 이해하는 데 도움이 되는 심층학습 전략을 사용하는 대신 더 피상적인 학습 전략을 사용하고, 자료를 암기하고 정답을 찾는 데 더 집중하는 경향이 있다. 이 프로파일에 해당하는 학생들은 과제를 완수하거나 좋은 성적을 얻기 위해 해야 할 일을 하지만 실제로는 그 내용을 학습하거나 유지하지 못함을 인정한다(Fredricks et al., 2016; Pope, 2001).

이 프로파일은 고성과(high-performing) 교육구에서 매우 흔히 나타나며, 덜 양호한 학업적 결과 및 정신건강과 관련이 있다. Connor and Pope(2013)는 15개의 고등학교에 다니는 학생들에 관한 연구에서 3분의 2 이상의 학생들이 이런 유형의 프로파일을 보여주었음을 발견하였다. 이 학생들은 완전히 몰입한 학생들(행동적, 정서적, 인지적 참여가 높은 학생들)보다 부정행위 수준이 높고, 정신건강이 불안하며 스트레스가 더 높다고 보고하였다. 또한, 표면적이고 피상적인 전략의 사용은 덜 양호한 결과와 관련이 있다. 선행연구에 따르면 새로운 정보를 기존 정보에 연결하고 이해한 지식을 적극적으로 모니터링하는 등의 심층학습 전략의 사용은 암기 및 경로 처리와 같은 얕고 표면적인 전략의 사용보다 더 나은 학업성취를 이끌어낸다(Greene, Miller, Crowson, Duke, & Akey, 2004).

Dylan은 11학년 흑인 여학생으로, 행동적 몰입이 높지만 정서적이고 인지적 몰입은 낮다. Dylan의 학업 성적은 우수하며, 좋은 성적은 그녀에게 동기를 부여한다. 그녀는 과제를 완수하긴 하지만 학교에 대한 태도는 애매모호하며 도전하기를 좋아하지 않는다. Dylan은 학습 내용을 좋아하고 이해할 때 몰입도가 높다. 그러나 그녀의 성과가 기대와 맞지 않으면 쉽게 화를 내기도 한다. 그녀는 재미있어서 중학교에 더 많이 몰입했다고 느꼈으나 지금은 지루하고 과제가 더 많아 몰입감을 덜 느낀다. 그녀는 내용이 어려운 경우에 특히 쉽게 좌절하고 포기한다. 교사를 좋아하면 몰입 가능성이 높다. 그러나 Dylan은 학교의 엄격한 훈육 문화를 좋아하지 않으며, 많은 교사들을 성가시다고 생각한다. 그녀는 움직이거나 직접 해보는 활동을 할 때 더 적극적으로 몰입하며, 이는 학업적 수업보다 선택 과목에서 더욱 나타나는 전형적인 특성이다.

우리는 어떻게 Dylan과 같은 학생들이 더 정서적이고 인지적으로 몰입하게 할 수 있을까? 한 가지 방법은 학생 중심의 수업 접근 방식의 활용을 늘리는 것이다. 이는 학생의 목소리를 높이고 학습에 대한 더 큰 책임을 지게 함으로써 교사에서 학생으로 초점을 이동시키는 교육 형태이다(McCombs & Miller, 2006). 학생 중심의 수업 환경에서 학생들은 교실 외부의 학습에 보다 더 큰 적용 가능성이 있는 개방형 문제를 함께 해결한다. 연구에 따르면, 학생들은 유의미한 과제를 수행하기 때문에 학생 중심의 수업 환경에서 참여도가 더 높다(Bransford, Brown, & Cocking, 1999; Fredricks, Hofkens, Wang, Mortenson, & Scott, 2018; Meece, 2003). 동료들과 함께 일하고 아이디어를 토론할 수 있는 기회를 얻었을 때(O'Donnell & Hmelo-Silver, 2013; Ryan & Patrick, 2001), 학습 내용과 형태에 대해 더 큰 목소리를 낸다(Reeve, 2013).

Dylan과 같은 학생들이 직면하게 되는 한 가지 어려움은 정답이 여러 개이고 결과를 예측하기 어려운 개방형 과제에 대한 저항을 보일 수 있다는 것이다. 이는 정답을 얻는 데 집중하는 학생에게는 불안감을 줄 수 있다(Fredricks, 2014). 이 학생들은 종종 성과에 중점을 두어 실패에 대한 두려움을 느끼고 동료보다 덜 유능해 보이고 싶어 하지 않기 때문에 지적 위험을 감수하기를 두려워한다(Elliot & Church, 1997). 이러한 학생들을 위해서는 위험을 감수한 결과를 강조해야 한다. 또한 교사는 실수를 하는 것이 학습 과정의 자연스러운 부분임을 알 수 있도록 위험을 감수하는 것을 모델링하며 보상해야 한다.

학교의 성취 목표 구조는 또한 학습과 능력에 관한 중요한 메시지를 학생들에게 보낸다. 교사는 정답을 얻는 것을 강조하고 상대적인 성과를 학습의 주요 목표로 정의하는 수행 목표와 반대로 학습과 개인의 향상을 강조하는 숙달 목표를 학습의 주요 목표로 지지해야 한다(Anderman & Midgley, 1997). 교사는 학습의 흥미와 가치를 강조하고 학생의 노력과 전략 사용에 집중하고 사회적 비교와 성적을 강조하지 않음으로써 보다 숙달 지향적인 환경을 만들 수 있다(Linnebrink & Fredricks, 2008).

마지막으로 교사는 외부 평가의 압력을 최소화하고 학생의 발언 및 선택 기회를 늘림으로써 정서적 및 인지적 몰입을 높일 수 있다(Niemiec & Ryan, 2009). 자율성을 지원하는 환경에서 교사는 학생들이 자신의 방식으로 학습할 수 있는 기회를 제공하고, 학생의 질문과 의견을 인식하고 이에 답변하며, 향상 및 숙달의 징조를 칭찬하고, 활동의 가치에 대한 합리성을 제공한다(Fredricks, 2014). 대조적으로, 환경을 통제할 때에 교사들은 학생들에게 외적인 인센티브를 제공하고, 외부 평가를 중요시하며 학생들을 지도하는 방법으로 통제적 언어를 사용함으로써 행동노선을 고수하도록 요구한다(Reeve & Jang, 2006).

결론

현재까지 많은 인터벤션이 평균 효과가 모든 참여자에게 동일하게 적용된다고 가정하는 방식("One-size-fits-all")을 기반으로 개발되었다(Wang & Degol, 2014). 개인 중심 연구에서 얻은 결과는 이 가정이 유효하지 않으며, 대신 특정 하위 집단의 요구에 맞는 인터벤션을 설계해야 함을 시사한다. 개인 중심적 분석 기법의 또 다른 이점은 연구자가 일반적으로 실무자가 위험에 처한 것으로 식별하지 않은 청소년의 프로파일을 파악할 수 있다는 것이다. 예를 들면, 위험 행동의 지표에 초점을 맞추는 경향을 들 수 있다. 결과적으로, 실무자들은 정서적이고 인지적 비몰입의 징후를 보이는 청소년을 놓칠 수 있다.

비몰입한 학생들의 다른 프로파일을 식별하는 것도 실천에 중요한 영향을 미친다. 프로파일 접근 방식을 사용하면 교육자 및 지원 담당자가 다른 학생들이 비몰입한 이유에 대해 보다 포괄적으로 생각하고 특정 집단의 요구를 충족시키기 위해 적절한 인터벤션을 설계할 수 있다. 예를 들어, 정서적으로 비몰입했지만 행동적 및 인지적 몰입이 높은 학생에게는 주로 비몰입 행동을 하는 학생과는 다르게 개입한다. 정서적으로 비몰입한 학생은 커뮤니티 구축, 동료 관계 강화, 정신건강 및 사회정서적 욕구 해결에 더 큰 관심을 기울일 것이다. 반대로, 행동적으로 비몰입한 학생은 행동 지원, 훈련 및 교실 관리와 관련된 인터벤션으로부터 더 많은 혜택을 얻을 것이다.

요컨대, 우리는 질적 기법과 개인 중심적 기법을 계속 사용하여 몰입 및 비몰입한 학생들의 서로 다른 하위 집단에 대한 풍부한 설명을 제공할 것을 권장한다. 이 연구는 그러한 학생들이 비몰입한 이유와 각 하위 집단에 대한 비몰입 결과의 차이점에 관하여 중요한 통찰력을 제공할 수 있다. 마지막으로, 이 정보는 서로 다른 학생 집단의 고유한 욕구를 충족시킬 수 있는 맞춤형 인터벤션을 보다 효과적으로 설계하는 데 활용될 수 있다.

제 4 장

조기경보지표와 인터벤션 시스템
: 현장의 상황

제4장

조기경보지표와 인터벤션 시스템
: 현장의 상황

2000년대 중반, 불안할 정도로 낮은 졸업률로 인해 전국의 많은 공립학교, 교육구, 연방주에 존재하는 수많은 고등학교 중도탈락자들에 대한 관심이 국가적으로 높아졌다. 이를 "중도탈락자 위기"라고 불렀고, 이에 관한 대중과 미디어의 관심은 이 위기를 극복하기 위한 지역사회와 정부 기관의 지속적인 노력과 추가적인 인터벤션 및 자원 투자를 촉진하는 데 도움이 되었다(Civic Enterprises, 2010). 졸업률을 높이기 위한 노력에서 탄생된 혁신 중 하나는 조기경보와 인터벤션 시스템의 개발이었다.

조기경보시스템(EWS)은 어떤 학생들이 고등학교를 중도탈락하거나 고등학교 졸업장을 받지 못할 가능성이 높은지를 예측하고 확인하기 위해 학교에서의 학생의 행동을 종단적으로 측정한다. 종단분석은 학교의 특정 학년(9학년 또는 고등학교 1학년)에서 졸업 또는 중도탈락할 때까지 학생들의 코호트를 분석하고 효과적인 인터벤션의 부재로 누가 졸업을 하지 않을지에 대한 변수를 파악하여 신뢰성 있게 예측한다. 분석은 향후 많은 수의 중도탈락자를 식별하여 관리가 가능한 변수 집단을 찾는다(Balfanz, Herzog, & MacIver, 2007; Easton & Allensworth, 2007). 여러 주와 학교구에 걸쳐 다수의 종단연구를 한 결과, 한 학생이 졸업할 확률을 나타내는 가장 신뢰성 있는 지표는 ABC지표로 알려진 출석, 행동, 과목 성과이다.

학교에 다니지 않거나, 과목 이수에 실패하거나, 행동의 문제로 징계 조치를 받은 학생이 졸업할 확률이 낮다는 것이 상식적으로 여겨질 수 있겠지만 교육기관에서 쉽게 이용할 수 있는 데이터를 활용하여 이러한 변수를 근거로 위험에 처한 학생을 체계적으로 식별하고, 선제적 인터벤션을 제시한다는 것은 혁신이었다. 게다가 학생 특성(인종, 민족, 성별, 부모의 수입)보다 학교에서의 학생 행동, 학교 출석 비율, 수업에서의 성공 정도, 학교의 훈육 시스템과의 상호작용에 중점을 두는 것은 중도탈락 방지 전략의 근본적인 변화이다. 학생들의 학교에서의 행동에 기초한 조기경보지표가 등장하기 전에, 중도탈락 예방노력은 중도탈락 예방 지원을 누가 받아야 하고, 누가 받지 말아야 하는지에 대한 지침으로 학생 인구통계학적 특성(인종, 성별, 특수교육 상태, 부모 소득 등)에 크게 의존하였다. 이로 인해 이러한 노력의 목표가 정해지지 않아 지원을 받지만 도움이 필요하지 않은 많은 학생들과 지원받지 못해 도움이 필요한 학생들이 생겨났다. 그 결과, 2007년 이전의 중도탈락 방지 노력에 대한 여러 평가는 해당 노력이 아무런 영향을 미치지 않았음을 발견했으며(Gleason & Dynarski, 1998), 결과적으로 중도탈락 방지에 대한 연방정부의 투자가 현저하게 감소하였다.

EWS는 시카고와 필라델피아의 몇몇 중학교와 고등학교에서 거의 대부분 사용하고 있음이 보고되면서 10년 이내에 미국 대부분의 주로 확산되었다. 이 장은 EWS의 기원과 연구 기반, 특성, 다른 국가로의 확산, 효과의 증거, 초등학교 이하 및 고등학교 이후의 성공까지 EWS 사용을 확대하려는 동시대의 노력을 검토한다.

조기경보시스템의 역사와 개발

EWS의 기반이 되는 초기 연구는 2007년(Allensworth & Easton, 2007; Balfanz, Herzog, & MacIver, 2007)에 발표된 연구와 2005년(Allensworth & Easton, 2005; Balfanz & Herzog, 2005)에 발표된 두 연구의 주요 연구 결과와 관련이 있다. 미국 최대 규모인 시카고와 필라델피아 공립학교의 자료를 토대로, 6−9학년 때부터 학생들의 출석률, 수업 성적, 징계 기록 등의 활용을 통해 추후 중도탈락하거나 고등학교 졸업장을 받지 못하는 학생 대다수를 효과적이고 효율적으로 파악할 수 있다는 연구 결과가 나왔다. ABC지표는 좋은 지표의 세 가지 특성을 가지고 있음이 입증되었다:

1. 간결하고 설명력이 좋다. ABC지표는 다른 지표로 식별되지 않는 중도탈락 확률이 높은 집단의 학생들을 식별하였다.
2. 유용하다. 종합적으로 지표는 향후 중도탈락자의 상당 부분을 식별했으며, 졸업 확률이 낮고 높은 학생들을 효과적으로 식별할 수 있는 지점을 결정할 수 있게 한다.
3. 학교 수준에서의 실행이 가능하다. 학교는 학생들의 출석, 수행평가, 행동을 향상시키기 위한 조치를 할 수 있었다.

이 연구에서는 지표에서 벗어난 학생들을 찾아내고, 학생들이 졸업 가능하도록 미리 조치함으로써 학교, 교육구, 연방주의 고등학교 중도탈락률을 크게 줄일 수 있음을 밝혔다. 기초연구(Allensworth & Easton, 2005, 2007; Balfanz & Herzog, 2005; Balfanz et al., 2007)는 모든 교육구에서 수집한 기본 데이터와 방법만 사용하였다. 중요한 점은 기초연구에서 사용한 분석 방법은 추가 데이터 수집을 사용하지 않고 대부분의 교육구들이 자체적으로 복제할 수 있다는 것이다. 이를 통해 학교, 교육구, 주에서는 자체 데이터를 사용하여 ABC지표에서 예측력을 확인하고, 지역적으로 의미 있는 기준선을 확립하여 학생들의 ABC 점수가 고등학교 졸업으로 가는 경로에서 벗어났음을 알 수 있었다.

또한, 이 연구는 학생들의 학업적 척도는 강력한 예측 변수인 반면, 학생의 인구통계학적 특성은 그렇지 않았다는 것을 발견하였다(Allensworth & Easton, 2005, 2007; Balfanz & Herzog, 2005; Balfanz et al., 2007). 학생들의 성별, 인종, 가족 배경은 학교 실무자들이 아무것도 할 수 없는 요소이지만 출석, 수행평가, 교실에서의 행동은 학교 수준에서 매우 실행 가능하기 때문에 이와 같은 다른 조기경보지표 연구와 일관성 있는 발견은 중요하다. 앞서 언급된 연구뿐만 아니라 중도탈락 예방에 대한 초기 연구는 타고난 특성을 설명하면서, 이러한 요인과 중도탈락 사이의 관계를 찾는다. 이러한 요인이 중도탈락의 원인이라는 근거는 발견되지 않았다(Alexander, Entwisle, & Kabbani, 2001; Balfanz & Herzog, 2005; Balfanz et al., 2007; Barrington & Hendricks, 1989; Battin, Abbott, Hill, Catalano, & Hawkins, 2000; Cairns, Cairns, & Neckerman, 1989; Ensminger & Slusarcick, 1992; Janosz, Le Blanc, Boulerice, & Tremblay, 2000; Lloyd, 1974; Morris, Ehren, & Lenz, 1991; Prevatt & Kelly, 2003; Roderick, 1993). 각 학생의 사례가 다를 수 있지만, 많은 출석수, 징계 문제, 과목 성적이 학교에서의 비몰입을 나타내는 근접한 원인이거나 강력한 신호이지만, 다른 사람들에게는 그 원인이 더 복잡하고 다루기 어려운 요인이 될 수 있다. 어느 경우든 입증된 지표들은 나중에 중도탈락할 가능성이 가장 높은 학생들을 식별하는 기능을 하며, 고등학교 졸업을 향해 진로를 바꿀 시간이 있는 동안 예방의 관점에서 충분한 시기에 개입할 수 있도록 기능적 역할을 한다.

학교에서 힘든 생활을 하고 있는 학생들을 몰입시키는 것은 이미 중도탈락한 학생들과 함께하는 것보다 훨씬 더 쉬우며, 그러한 예방적 인터벤션은 전형적인 재교육 프로그램보다 비용이 덜 들고 비용 효율이 높다(Jobs for the Future, 2014). 그러므로 EWS는 크기와 범위에 따라 겉으로 보기에 연방주, 교육구, 학교 실무자가 해결하기 힘든 도전으로 보이는 낮은 졸업률과 중도탈락자 수를 다루는 매우 실현 가능한 방법이다.

주 및 교육구에 걸친 성장

학생 행동에 대한 데이터(ABC지표)는 학교 수준에서 쉽게 구할 수 있기 때문에 학교 수준 실무자들이 중도탈락의 위험에 가장 많이 노출된 학생들을 식별하는 것이 훨씬 쉽다. 일단 확인되면, 각각 학생들이 직면하고 있는 특정한 어려움과 그들의 요구에 가장 잘 맞는 인터벤션을 결정하는 일이 도전 과제로 여전히 남는다. ABC지표에 따른 최상의 목표는 혜택을 받을 수 있는 학생들에게 적절한 시기에 가장 많은 교사의 시간과 학교의 자원을 집중시켜 성공 확률을 증가시킬 수 있다는 것이다. 교사가 학교에서 어려움을 겪고 있는 학생들을 확인하고 그들이 더 잘할 수 있도록 돕는 것은 당연한 일이다. 규칙적인 출석, 좋은 학업 성적, 선량한 행동의 가치는 학생의 성공을 명확히 설명하며, 교사 효율성에 직접적으로 영향을 준다. 또한, 교사들의 노력을 단기간에 직접 확인할 수 있는 영역이기도 하다(Davis, Mac Iver, & Fox, 2017). 인터벤션 노력의 결과는 학생들이 더 규칙적으로 출석하기 시작하고, 더 이상의 문제를 일으키지 않으며, 수업에서 더 잘할 때 명백하게 알 수 있다. 따라서 EWS는 상대적으로 구현하기 쉽고 비용이 적게 들며, 교사에게 합리적으로 실제적인 요구를 해결해주며 교사에게 가시적으로 보람을 느끼게 한다.

따라서 졸업률을 높이는 일 자체는 크고 어려운 과제이지만 주, 교육구, 학교는 중도탈락 문제를 해결하는 데 이용할 수 있는 매우 실행 가능한 도구를 발견하였다. EWS의 상대적 용이성, 비용의 효율성, 사용의 효용성은 전 세계적인 빠른 성장과 확장을 이끌었다. 2006년부터 이 분야에서 종사한 실무자로서, 현대의 EWS가 필라델피아의 몇몇 중학교, 시카고의 몇몇 고등학교에서만 발견되다가, 학교 개설 멤버에 의해 개발되어 전국 곳곳에서 단발성 사례가 발견된다는 것은 놀라운 일이다. 불과 10년이 지난 오늘날, 전국의 많은 교육구와 주들이 EWS를 개발하고 실행하는 과정에 참여하였다. 초기의 채택은 회원 기구(예: 전미주지사협회, 전국 주의회 의원 협회, 전국도시연맹), 국가 비영리 단체(예: Achieve, United Way, Americas Promise), 교사 연합(예: 미국교사연합 그리고 전미교육협회), 연구 시설(예: 시카고 학교 연구 협회, 존스 홉킨스 교육대학의 졸업센터), 그리고 연방주 차원(예: 연방 고등학교 센터, What Works Clearinghouse(WWC), 지역교육연구소) 등의 고등학교, 교육구, 주, 국가적 차원에서 다수의 노력을 통해 촉진되고 지원받았다(Civic Enterprises, 2011).

대학과 취업 준비 센터, 2013 데이터 품질 캠페인 보고서로부터의 정보와 각 주의 교육부 웹사이트를 검토한 결과, 조기경보지표에 대한 지식은 전국적으로 확산되었으며, 보편적인 수준에 근접한 것으로 나타났다. 총 50개 중 43개의 주와 컬럼비아 교육구는 2017년 여름 EWS 개발에 참여했다고 보고하였다(그림 4.1). 이 주들 중 일부는 EWS의 기반이 되는 지표를 확립하기 위해 과거 데이터 기록의 분석과 함께 진행을 시작하였다. EWS가 주 단위에서 시행되지 않은 일부 주들은 시행되지 않은 지역에 그들이 EWS를 주도하고 개발할 방법을 찾도록 주 단위에서 지원하였다. 어쨌든 대부분의 주에서는 지역 교육자와 교장, 상담가, 교사와 같은 인력을 제공하고 그들의 학생이 탈선 조짐을 보이면 추가적인 지원이 필요하다는 정보를 제공하는 시스템을 주 전역에 시행하였다. EWS가 알려지지 않는 몇몇 주에서, 이러한 시스템이 개발 중이거나 사용 중이었을지라도 공개적으로 드러나지 않았을지도 모르며, 최소한 이러한 주들 중 몇몇 지역은 지역 수준에서 EWS를 실행하였을지도 모른다.

그러나 조기경보지표 데이터의 이용 가능성이 증가한다고 해서, 실제 사용 기준이나 효과적인 인터벤션 시스템을 만들어야 할 필요가 있는 학생을 식별하는 것 이상의 내용을 제공해주지는 않는다. 이와 관련하여 전국 단위의 대표 학교를 대상으로 시행한 미국 교육부의 중도탈락 예방 전략에 관한 최근 조사에 따르면 전국의 절반 이상 학교들이 EWS를 사용하고 있다고 추정하였다(USDOE, 2016).

조기경보시스템의 공통요소

조기경보지표

주와 지역에 걸쳐 미래의 중도탈락을 가장 잘 식별해내는 특정 지표가 현저히 일관성 있음이 증명되었다. 척도의 유형과 관련하여 출석률, 행동 데이터(예: 정학), 과목 성적(예: ABC지표)은 표준화된 시험의 성취점수나 인구통계학 척도보다 더 일관된 예측이 가능하였다(Everyone Graduates Center, 2010a, 2010b, 2010c, 2011, 2013). 각각의 ABC지표는 이러한 측정이 없었다면 식별하지 못했을, 졸업하지 않을 가능성이 큰 학생들을 찾아낸다.

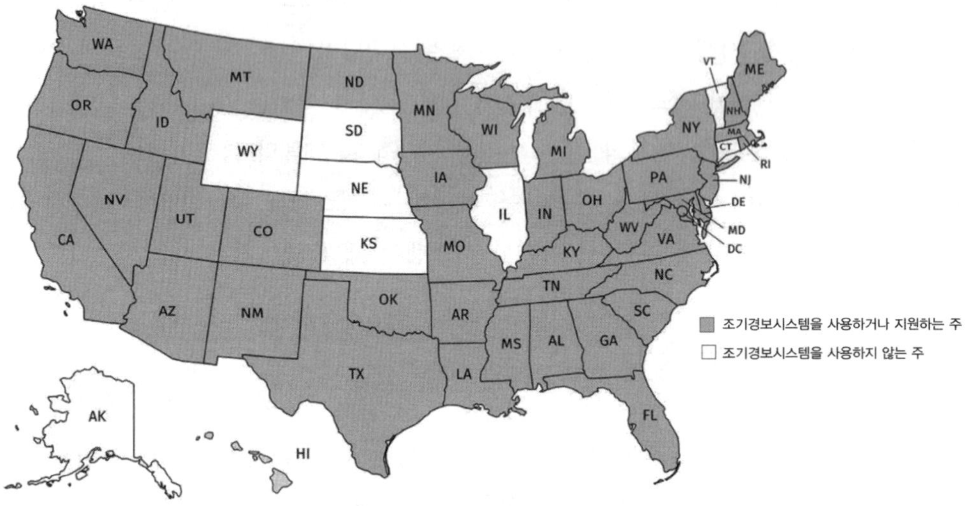

그림 4.1 ❙ 조기경보시스템과 주

여러 연구를 통해, 9학년도의 ABC지표들은 50-75%의 추후 중도탈락률을 상황이 발생하기 전에 예측해냈다. 이러한 지표들은 식별요인이 아닌 예측 변수이기에 조기경보지표를 가진 몇몇 학생들은 여전히 인터벤션 없이도 졸업한다는 것을 기억해야 한다. 공식적으로는 지원이 필요하나 지원 없이도 졸업할 수 있는 학생들이 18%-33% 범위에 있으며, 대략 다섯 명 중 한 명으로 나타난다는 것이다(EGC, 2010a, 2010b, 2010c, 2011). 출석률, 행동점수, 성적이 낮은 몇몇 학생들이 졸업한다는 증거들이 나타나고는 있지만,

고등학교 이상의 교육을 이어간 학생은 극소수에 불과하였다(EGC, 2011). 결과적으로, ABC지표에 표시된 거의 모든 학생에게 고등학교 졸업뿐 아니라 대학 교육과 그 이상의 성공을 위한 준비의 지원이 필요하다는 주장이 제기되었다.

EWS에 대한 미국 교육부의 보고는 EWS를 사용하는 거의 모든 학교가 징계 자료와 출석점수, 과목 성적을 사용하는 것을 재차 확인하게 하였다(USDOE, 2016). 그러한 조기 경보측정의 경우, 주와 교육구가 데이터를 기록하는 특정 형태에 따라 구성과 측정 방법에 약간의 차이가 있을 수 있다. 비록 출석률이 표준 일수를 나타낸다고 할지라도 (출석 측정 방법과 학교 일수로 계산되는 것에 지역마다 차이가 있지만), 교육기관들은 정학 데이터와 과목 성적을 기록하는 데 있어서 종종 다른 방법을 적용한다. 대부분의 경우, 학생들의 행동은 그들이 받은 학교 외부에서의 정학 횟수를 통해 표시되지만 몇몇 지역에서는 학교 내부에서의 정학 횟수를 포함하거나 정학으로 인해 학교를 결석한 횟수로 측정하는 경우도 있다. 학생의 과목 성과는 과목 실패 횟수를 통해 가장 흔하게 측정되는 반면, 특별히 핵심 과목에 중점을 두거나, 실패만이 아니라 "D" 성적을 실패의 표시로 확장하거나, 학생들의 평균 성적(GPA)을 통해서도 측정할 수 있다.

지표가 작동하는 방법의 차이 외에도, 특정 맥락과 해당 주와 교육구에 분포하는 학생 수에 따라 어떤 학생이 표시되어야 하는가에 대한 이상적인 기준선의 차이가 있을 수 있다. 예를 들어, 학생 수가 훨씬 불리한 지역에서는 학교의 모든 학생이 노력하는 정도와 엄밀한 비몰입을 구별하는 수준을 반영하여 기준선이 더욱 낮아진 경향이 있었다. 이러한 교육구들에선 지표가 출석률 85% 미만으로 설정되어 있을 수 있으며, 3회 이상의 정학 및 다수의 학기 이수 실패로 설정되어 있을 수도 있다. 반대로, 학생 인구가 평균치 도달에 어려움을 표하는 경우가 적은 것으로 나타나는 지역들에서는 지표가 출석률 90% 이하, 1회 이상의 정학, 1회 이상의 낙제로 설정되어 있을 수 있다. 학교별 설정과 조기 경보지표 결과의 영향에 대한 대비되는 두 가지 사례는 필라델피아와 산 호세에서 찾아볼 수 있다(Balfanz et al., 2007; EGC, 2013).

그러나 측정 방법과 특정 기준선의 두 가지 측면에서, 지표의 편차는 작은 경향을 보였으며 일반적으로 일관되고 두드러진 데이터 세트가 미래의 중도탈락을 나타내는 다양한 설정으로 고려되었다. 미래의 고등학교 중도탈락에 대한 고등학교 조기경보지표의 표준 설정은 다음을 고려할 수 있다: 85-90% 미만의 출석률(지역에 따라 다를 수 있음), 2회 이상의 정학, 2학기 이상 낙제(어떤 과목이든지 간에). 9학년을 대상으로 조사된 이 예측 변수들은 매우 효과적이며, 결과적으로 고등학교를 중도탈락한 이전 집단의 학생들을 식별하는 데에 효율적임이 입증되었다. 이 예측 변수들은 각 교육구, 주의 총 중도탈락의 비율을 식별하는 데 효과적이며, 효과적인 인터벤션을 받지 못했으며 지표로 식별된 대다수의 학생들이 결국에 고등학교를 중도탈락했음을 알아내는 데에 효율적이다.

다시 말해, 그들 고유의 맥락에 따라 지역 간에 약간의 차이는 있으나, 주 내의 모든 교육구에 대해 여전히 효과적이고 효율적인 고등학교 중도탈락자 식별시스템이 될 수 있음을 발견하였다(EGC, 2010a, 2010b, 2011). 좀 더 구체적으로, 분석 결과에서 지표 세트는 도시 및 농촌 지역, 입학 규모가 다양하거나 빈곤 수준이 다른 지역이 있는 주 전체에서 작동할 수 있다는 것을 발견하였다. 마찬가지로 교육구 수준 분석에 따르면 지역, 규모 또는 빈곤 수준이 다른 모든 학교에서 하나의 지표 세트가 효과적이고 효율적으로 작동할 수 있다(EGC, 2016).

최근 일부 주 및 교육구, 벤더(vendor) 기반 학생 정보 시스템 및 비영리 단체에서 학생 모집단의 상대적 위험을 식별하기 위한 시도로, ABC와 기타 데이터를 결합하여 전반적인 위험을 계산하기 위한 알고리즘을 사용하기 시작하였다(Porter, Balu, & Hendra, 2017). 이것은 종종 조기경보지표 데이터를 단순화하거나(세 가지 학교 행동 결과가 아닌 한 개를 제공) 정확도나 적시성을 높이기 위한 수단으로 권장된다. 실제로 간과되는 것은 ABC 임계값의 행동 방향 설정이다. 위험 순위만으로는 어떤 문제 때문에 학생이 길을 잃고 있는지 또는 인터벤션이 필요한 영역이 무엇인지에 대한 통찰력을 제공하지 못한다. 이를 위해서는 교육자와 학생 지원 담당자가 위험 순위 뒤에 있는 것을 먼저 이해하기 쉽도록 분석해야 한다. 따라서 어떤 방법을 사용할지는 학교, 교육구, 주 또는 기관이 조기경보지표를 사용하는 데 있어 최우선 목표가 무엇인지에 따라 달라져야 한다. 예측 및 가장 필요한 대상의 정확도가 매우 높은 경우, 복수의 데이터 점수에 기초한 연속적인 측정(모든 학생을 대상으로 할 수 있다고 가정)이 가장 필요한 부분을 보다 효과적으로 식별할 수 있는 전체적인 위험 순위를 산출한다. 이는 결국, 성공 가능성이 낮은 모든 학생을 지원하는 데 한계가 있는 기관과 학교들이 가장 위험한 학생들에게 그들의 자원을 집중할 수 있게 할 것이다. 한편, 가장 가치가 큰 조기경보지표를 사용하여 필요한 학생에게 보다 효과적이고 시기적절하게 대응할 수 있다면, ABC 임계값은 필요한 규모와 강도로, 적절한 학생에게, 적절한 시기에, 올바른 인터벤션을 위한 더 좋은 통찰력과 지원을 제공한다. 다음 섹션에서 자세히 설명하겠지만, 실제로 EWS를 경험해 본 사용자들은 데이터 시스템과 보고서가 ABC 임계값 데이터와 전반적인 위험 등급을 모두 제공하는 하이브리드 해결책임을 지향하고 있다. 또한 ABC 임계값 데이터는 보다 실시간 간격으로 보고되고 있다.

데이터 시스템과 보고서

EWS를 시행한 주 및 지역들에 대한 정보는 일반적으로 온라인 데이터베이스 시스템을 통해 생성되고, 접근 가능한 보고서를 통해 학교 직원에게 전달된다. 이러한 시스템들은 직원이 학생들의 출석, 행동 및 과목 정보를 입력하는 독립적인 데이터베이스를 나타낼 수도 있고, 학생들의 기록을 저장해놓기 위해 주 또는 교육구에서 이미 채택하고 있는 것과 동일한 학생 정보 시스템일 수도 있다. 대부분의 사례에서 독립적인 소프트웨어 프로그램은 선생님들이 그들의 학생이 어떤 상태에 있고, 어떤 학생이 탈선의 기미를 보이며, 추가적인 지원이 필요한지를 식별해내기 위해 사용하는 데이터를 바탕으로 보고서를 생성한다. 일반적으로 빨간색, 노란색, 초록색의 부호나 기타 다른 시각 신호는 가장 인터벤션이 필요한 것으로 여겨지는 학생들에게 집중해야 함을 의미한다. 색상 부호와 시각 신호는 또한 학생 집단들 사이의 유형을 밝히는 것을 돕는다. 학생 출석률, 정학, 과목 데이터를 사용하는 것의 이점 중 하나는, 보고서가 일 년 내내 빈번히 생성될 수 있다는 것이다. 교사들은 학년 초에 이전 연도 데이터를 기반으로 학생들의 보고서를 받아볼 수 있거나, 학년 초부터 현재까지의 출석, 정학, 과목 점수를 바탕으로 해당 학년 내내 어느 때든 보고서를 받아볼 수 있다. 따라서, 즉시 사용 가능한 데이터와, 소프트웨어 프로그램과 데이터베이스의 결합에 근거하여 교사들은 이탈 신호를 보내는 학생들에 대해 잘 파악하기 위하여 기본적인 보고서를 일찍, 자주 받을 수 있다.

몇 년 전까지만 해도 학교와 지역에선 스프레드시트로 조기경보지표 데이터를 분석 및 입력하는 것이 일반적이었으며, 연방 고등학교 센터에 의한 스프레드시트 시스템 무료 배포가 이를 널리 사용할 수 있도록 만들었다. 사용 가능한 스프레드시트를 이용하는 한 가지 이유는 이러한 독립 시스템의 데이터를 조기경보 보고서에 통합할 수 있는 수단 없이 다른 데이터 수집 시스템을 사용하는 학교와 교육구 수준에서 ABC 성과 데이터가 수집되는 일이 흔치 않았기 때문이다. 따라서 학교가 개교 이래 ABC 성과 데이터를 수집해 왔으며, 거의 모든 학생의 성적표가 그것을 포함하고 있는 반면에 교실과 학년 수준에서 ABC 성과 데이터를 즉시 집계할 수 없는 것은 학교들이 예측 가능한 방식으로 ABC 데이터를 사용하는 데에 방해가 되었다. 지난 5년 동안 선구적인 학생 정보 시스템이 광범위하게 채택되고 대부분 주요 판매사들이 이러한 시스템에 조기경보모듈을 포함함으로써 점점 더 많은 학교, 교육구 및 주에서 학교 직원의 추가 작업이 필요 없는 조기경보 보고서에 접근할 수 있게 되었다.

현재 조기경보지표 데이터와 관련한 학교 간의 차이는 누가 지표에 접근했는지, 얼마나 자주 데이터가 갱신되었는지, 각각의 학생들에게 ABC 이상의 어떤 추가 데이터가 제공되었는지, 어떤 수준의 통합이 허락되었는지에 따라 다르다. 일부 지역에서는 조기경보지표에 대한 직접 접근이 관리자와 상담가에게만 제한되며, 관리자는 해당 데이터를 다운로드하여 다른 직원들에게 제공해야 한다. 다른 지역의 교사들은 학생들을 위한 조기경보지표 데이터에 직접 접근할 수 있고, 그 데이터를 학부모들에게 제공할 수 있다. EWS의 초기 버전 중 일부에서는 주 및 교육구 수준에서 조기경보 데이터가 매년 초에만 제공되었으며, 이때 학교는 전년도에 조기경보지표를 표시한 학생들의 목록을 제공받았다.

지난 5년 동안 더 새로운 학생 정보 시스템으로 발전하면서 학교들이 실시간 조기 경보 데이터에 접근할 수 있는 것이 표준이 되었다. 일례로 매일 출석 현황이 업데이트되고, 사건 발생 시 행동이 업데이트되며, 적어도 분기별로 입력된 과목 등급 데이터를 이용할 수 있다. 일부 지역에서는 EWS가 전자학생기록부와 연계되어 있어 주간 과목 수행 데이터도 이용할 수 있다. 주, 교육구 및 벤더(vendor)의 EWS마다 ABC 성과 데이터와 함께 보고하는 내용이 다양하다. 일부 EWS에는 학생 성취도에 관한 데이터, 학생 설문을 통해 수집한 정보, 특히 사회적, 정서적, 회복성 측정에 대한 정보가 포함되며, 다른 EWS에는 전반적인 위험에 대한 분석이 포함되기도 한다. 마지막으로 차이가 나는 영역은 EWS가 교실의 수준, 학년의 수준, 학생 집단의 수준(예: 인구통계학적 정보, 축구팀 및 밴드부와 같은 학교 활동 참여), 학교 수준 및 교육구의 수준과 같이 다양한 분석을 시행하여 데이터의 집계와 세분화를 용이하게 하는 것이다.

다층구조 대응 시스템

조기경보지표 보고서에 포함된 정보와 관련하여 주와 교육구에 걸쳐 상당한 정도의 융합이 이루어졌지만, 대응 측면에서는 명시적이고 암묵적인 표준화가 이루어지지 않았다. 간단히 말해서, 이 분야는 학생들이 중도탈락의 길을 가고 있다는 신호를 보낼 때 가장 효과적인 대응과 인터벤션이 무엇인지 확립하는 것보다 누가 중도탈락할 가능성이 큰지를 예측하는 데 더 많은 진전을 이루었다. 더구나 인터벤션 측면에서는 아직 합의가 되지 않은 부분이 여럿 있다. 첫째, 조기경보지표를 가진 학생들의 인터벤션을 위해 우선순위를 매기는 점에서 차이가 있다. 전형적으로 그렇듯이, 인터벤션 자원은 인터벤션에 대한 요구보다 적다. 어떤 학교와 교육구들은 가장 필요한 학생들을 위주로 하고, 다른 학교들은 학교가 이용할 수 있는 인터벤션의 유형과 수준에 반응할 가능성이 큰 학생들에게 초점을 맞춘다. 어떤 곳에서는 두 개 이상의 지표를 가진 학생, 또 어떤 곳에서는 최근 발생한 지표를 가진 학생에게 초점을 맞춘다. 학교들이 대응팀을 구성하는 방식에도 차이가 있다. 어떤 사람들은 기존의 학생 지원팀을 그대로 고용하여 대응팀을 마련한다. 때때로, 이 팀들은 처음에 학생들이 특수교육 서비스를 필요로 하는지 또는 받을 것인지를 결정하도록 설계되었다. 또 다른 사람들은 조기경보 관련 인터벤션 업무를 이 학교의 심리학자와 상담가, 사회복지사의 영역으로 보고 있다. 특히 경로 이탈 학생이 많은 학교에서는 공통의 학생들을 공유하는 학년별 교사팀을 만들고, 팀이 만날 수 있도록 주간에서 월간으로 시간 범위를 만들어 조기경보지표 데이터를 검토하고, 인터벤션에 대한 통찰력을 모아 인터벤션을 실행할 사람을 배정하는 것이다. 그리고 실행 후 결과를 모니터링한다. 그러나 또 다른 방법은 일부 학교와 교육구가 조기경보 및 인터벤션 회의 운영을 지원하기 위해 비영리 단체와 협력하고 추가적 인터벤션과 이를 실행할 수 있는 권한을 제공한다.

이 분야의 새로운 모범 사례는 대응 시스템을 구성하기 위해 선택된 수단이 학교 내 학생의 규모와 강도에 따라 달라져야 함을 시사한다(Rumberger et al., 2017). 예를 들어, 한 학교에서 30명 미만의 학생들이 조기경보지표를 가지고 있다면, 상담가, 사회복지사 또는 전담 직원이 이 크기의 사례를 관리할 수 있다. 학생이 30－60명 사이일 경우에는 교사, 상담가, 관리자 등으로 구성된 학생 지원팀이 관리할 수 있다(Brown－Chidsey & Bickford, 2016). 조기경보지표가 있는 학교에 60명 이상의 학생이 있으면, 교사팀을 고용하는 전체 학교 접근법이 요구되고, 그 수가 100명을 훨씬 넘으면, 비영리 단체와 지역사회 파트너들이 추가적 인터벤션과 필요한 인력의 제공을 위해 교사팀에 합류해야 할 것이다(Corrin, Sepanik, Rosen, & Shane, 2016).

다층구조 접근법의 채택은 EWS의 사용에 있어 실제적으로 융합이 필요한 사례를 제공한다. 어떤 경우에는, 이것은 인터벤션에 대한 대응과 관련된 학교나 교육구의 경험에서 비롯되고, 더 최근에는 지원을 위한 다층구조 시스템, 다른 경우에는 공공 보건 모델의 채택에 더 뿌리를 두고 있다. 출처가 무엇이든 대부분 EWS 사용자들은 조기경보지표가 나타나는 학생 수를 줄이기 위한 예방 전략과 학생들의 필요에 따라 강도와 규모가 다른 다양한 인터벤션을 결합한다. 이는 대부분 학교에서 학생 실패 후 교정조치에 주로 기반을 둔 이전의 학생 지원 노력에 관한 생각이 크게 바뀌었음을 나타낸다. EWS는 학생들이 낙제, 성적 정체 또는 중도탈락을 경험하기 전에 개입하여 학업을 수행하도록 한다. 핵심 아이디어는 일단 조기경보지표에 의해 식별되면, 어른들은 근본 원인에 대한 추가 자료와 정보, 이전 인터벤션 시도, 그리고 학생의 현재 상황, 기질 등을 수집하여 가장 적절한 대응을 설계하거나 성공할 가능성이 가장 큰 인터벤션을 사용할 필요가 있다는 것이다. 가장 효과적인 대응 시스템에서 선택한 인터벤션의 실행 및 영향을 추적하고 필요에 따라 수정한다. 전반적으로, 다층구조 대응 시스템을 사용하여 과목 이수 실패, 성적 정체 및 중도탈락 전에 학생의 성과를 위한 방책을 조기에 변경하고, 이러한 노력을 통해 인터벤션 상호작용 평가에 대한 훨씬 더 섬세한 맞춤형 접근 방식이 만들어진다.

조기경보시스템의 영향에 대한 초기 증거

EWS가 급부상하여 전국 교육기관의 핵심적인 중도탈락 방지 도구가 되면서 후속 연구가 계속 이루어지고 있다. 그러나 졸업률에 미치는 영향에 대한 직접적인 증거는 더 제한적이다. 비록 EWS의 사용이 지난 몇 년 동안 빠르게 증가했지만, 학생 성과에 미치는 영향에 대한 분석은 초기 단계에 있다. 이는 긴 시간의 차이가 포함되는 것을 나타낸다. 지난 5년 동안 EWS의 광범위한 채택이 이루어졌다. 9학년을 목표로 하는 EWS는 졸업률에 영향을 미치는 것을 밝히는 데 최소 4년이 소요되는데, 이는 학생들이 졸업하는 데 걸리는 시간 때문이다. 중등 과정에서 EWS의 영향을 밝히는 데 훨씬 시간이 오래 소요된다.

실행의 맥락에서 볼 때 EWS의 영향 분석은 일반적으로 어렵다. 그것들은 종종 모든 학교에서 실현 가능한 통제 집단을 남기지 않고 동시에 시행되거나 여러 혼란스러운 인터벤션 프로그램과 함께 결합된다. 그러나 몇 가지 증거가 밝혀지기 시작하였다. 학교 연구를 위한 시카고 컨소시엄(Chicago Consortium for School Research)의 연구자들은 9학년 말에 정상 경로에 있는 학생들의 비율이 상승하는 것은 학교 및 교육구와 깊은 연관성이 있음을 밝혔다(정학 감소, 과목 낙제 감소, 정기적 출석 증가). 그런 다음 4년 후 같은 학교 및 교육구의 졸업률이 증가했다(Easton, Johnson, & Sartain, 2017). EWS가 학생의 정상 경로를 유지하는 직접적인 목표로 실행될 경우, 이는 졸업률 향상이라는 장기 목표와 관련이 있다. 또한, 여러 무작위 대조 실험에서 EWS의 실행이 고등학교 성공의 주요 요인인 출석 및 과목 이수에 긍정적인 영향을 미쳤음을 입증하였다. 극빈층 중학교 및 고등학교 대상 무작위 연구에 대한 최근의 평가에 따르면, EWS를 실행하는 학교는 6학년과

9학년 말에 조기경보지표가 없는 학생들이 훨씬 더 많으며, 6학년 수준에 가장 큰 영향을 미친다. 6학년에서 만성 결석 감소에 대한 긍정적인 영향도 발견되었다. 이 연구에서 EWS는 전체적인 학교 개선 노력의 일환으로 실행되었으나, 실행 데이터에 따르면 실험학교와 통제 학교의 주요 차이점이 주로 EWS와 관련된 구성 요소와 실행이라는 것이 밝혀졌다(Corrin et al., 2016).

73개의 고등학교 중 무작위 배정을 적용한 최근의 두 번째 연구에서는 EWS가 중도탈락의 가장 강력한 지표인 만성 결석과 낙제를 줄이는 데 유의미한 긍정적 영향을 미친다는 유력한 증거를 제시하였다(Faria et al., 2017). EWS를 사용한 고등학교 중 절반인 40곳을 대상으로 한 3차 무작위 연구의 영향 분석은 아직 발표되지 않았지만 실행 결과에 따르면, 핵심 조기경보 구성 요소 및 활동의 비중이 더 큰 고등학교에서 9학년 학생의 출석률과 학업 성적이 크게 향상되었다(Davis et al., 2017).

미국 교육부 교육과학 연구소의 WWC는 최근 중도탈락 방지에 대해 업데이트가 된 실천 가이드를 발표하였다. WWC 실천 안내서는 영향의 증거를 검토하기 위해 고려해야 할 기준을 정의하고, 효과의 증거를 입증하기 위해 어떤 수준의 영향을 요구하는 연구가 얼마나 많은지, 엄격한 프로토콜을 안내한다. 가장 최근의 안내서에서 EWS의 핵심 요소가 첫 번째 권장 사례로 설명되었는데, 이는 권장 용도를 정당화하기 위한 충분한 증거는 되나 실제 효과를 뒷받침하는 전반적인 증거로는 최소한으로 평가된다(Rumberger et al., 2017). 이 순서는 앞서 언급한 연구 이전부터 확립되었지만 EWS가 학생의 성과에 미치는 영향에 관한 현재 연구 기관의 전반적인 평가는 양호하다. WWC가 학교 중도탈락을 예방하기 위한 주요 권장 사례를 제공할 수 있는 충분한 증거는 있다. 전반적으로 증거 수집은 아직 초기 단계에 있으며, 전망은 있으나 완전히 확인되지는 않았다.

조기경보시스템에 대한 새로운 방향

9학년－12학년의 EWS 사용이 계속 확대 · 개선됨에 따라, 상하의 새로운 방향으로 추진되는 각종 연구가 진행되고 있다.

초등 및 중등교육

한 가지 자연스러운 확장은 학생들이 얼마나 일찍 경로를 이탈하는지를 식별하는 것이다. 9학년에서 전형적으로 학생들이 진학에 대해 고민하고, 가장 많은 중도탈락자가 발생하기 때문에, 대부분의 EWS는 고등학교 초기에 학생들을 붙들기 위해 고안되고 시행되었다. 조기경보지표에 대한 초기 연구에서도 이르면 6학년 때의 학업성취도가 추후 중도탈락을 고민하게 될 학생들을 효과적이고 효율적으로 식별할 수 있는 것으로 나타났다. 그러나 중학교에서의 학생 경험이 고등학교 졸업과 중도탈락을 예측하는 것으로 밝혀졌지만 최근 일부 주와 교육구에서의 (EGC, 2010c, 2016) 연구는 초등학교에서의 조치가 고등학교의 경험을 예측하는 데 신뢰성이 없다고 밝혔다.

매년 학생의 교육기록에서 지표의 효율성과 효과성은 감소한다. 6－8학년에서는 일반적인 지표 세트가 상대적으로 강력하지만 특정 기준선에 대한 약간의 조정이 필요하다. 중학교 수준에서는 위험 학업 신호(정학, 낙제)의 빈도가 적기 때문에, 낮은 비몰입 수준은 고등학교 때보다 미래 중도탈락을 더 잘 나타낼 수 있다. 중간 학년에 대한 표준 지표 세트에는 90% 미만의 출석률, 한 번 이상의 정학, 수학 또는 읽기, 영어, 예체능 수업(두 가지 핵심 과목)에서의 낙제가 포함될 가능성이 더 크다.

초등학년인 K－5에서 ABC지표는 미래 중도탈락을 신뢰성 있게 식별할 수 있는 예측력이 부족하거나, 너무 적어서 효과적일 수 없을 정도로 식별되는 수준이라서 조정이 필요하다. 한 가지 이유는 단순히 초등학교에서는 낙제와 정학과 같은 학교에서의 비몰입을 대표하는 지표를 보여주는 학생들이 거의 없기 때문이다. 또 하나는 그들의 초등학교 경험과 고등학교 경험 사이의 시간과 측정의 간격이 너무 커서 실천적 인터벤션이 필요한 미래의 중도탈락을 예측하고 확인하는 데 필요한 강하고 직접적인 관련성을 확인할 수 없다는 것이다.

그 결과, 초등학교의 조기경보지표에 대한 현재의 연구는 다소 다른 접근법으로 조사하고 있다. 3학년 독해 수준, 특히 3학년까지 잘 읽지 못하는 것이 미래의 학교 성공과 고등학교 졸업(Annie E. Casey Foundation, 2010; Hernandez, 2011)과 관련이 있다는 연구 결과가 있었다. 이것의 다른 측면은 초등학교에서 공부를 잘했던 몇몇 학생들이 6학년에서 9학년 사이에 이탈 지표를 만들었다는 것이다. 이는 적어도 극빈곤 환경에서는 중·고등학교의 출석률, 행동력 또는 과목 수행력이 나빠져 학업 능력만으로는 학생들이 졸업에 실패하는 결과를 초래할 수 있는 다른 요인들을 막아내지 못한다는 것을 의미한다. 최근 11개 극빈층 교육구에서 무작위로 실시한 연구에서는 6학년 초에 수학, 영어에 능숙한 학생들 40%가 같은 해 이탈 지표를 만들었다는 것을 발견했다(Corrin et al., 2016).

초등학교에서의 행동과 추후 중도탈락과 관련하여 조기경보지표가 되는 가장 강력한 증거 중 한 가지는 만성 결석이다. 초기 만성 결석이 초등학교에서 학업 성적을 낮추고 중학교에서 만성 결석을 할 가능성이 더 크다는 증거가 있다(APR, 2011; Balfanz & Byrnes, 2013; Chang & Romero, 2008; Connolly & Olsen, 2012; Ready, 2010). 마지막으로, 행동 영역에서 정학 및 학교 규율 참조(office referral)조차도 효과적인 지표로 사용되지 않을 수 있지만, 감정 조절과 자기 관리 귀인을 측정하는 행동 지표에 대한 연구가 증가하고 있으며, 이는 고등학교 졸업을 포함한 긍정적이고 부정적인 장기적 성과 모두에 연결될 수 있다.

중등과정 후의 교육

다른 측면에서 보면, 고등학교 이상의 학생 결과의 예측 변수로 EWS를 사용하는 데 더 큰 성과가 있었다. 최소 1개 주와 1개 큰 교육구에서 실시한 연구에 따르면, 고등학교 이수를 예측하는 데 사용되는 동일한 9학년 ABC를 주와 교육구의 학생 중 중등과정 이후를 예측하는 데 사용할 수 있는 것으로 나타났다(EGC, 2011, 2016). 차이점은 고등학교 졸업을 위한 궤도에 오르기 위해서 어떤 수준 이하로 내려가지 말아야 하는지를 식별하는 대신에, 중등 이후 성공 지표로 학생들이 중등 이후 성공을 향해 나아가기 위해 따라야 하는 임계값을 설정한다는 것이다. 중등 이후의 결과에만 초점을 맞추면, 대학이나 대학에 등록하려는 학생들의 표준적인 지표는 최소한 90%의 출석률과 최소 한 번의 정학 및 최소한 한 번의 낙제가 될 수 있다. 즉, 학생들은 행동 규율이나 수업 실패 면에서 한 가지 실수를 감당할 수 있는 반면에, 반복적인 사태의 패턴은 감당할 수 없다. 오히려, 그들은 고등학교 졸업장뿐만 아니라 다음 단계에서 그들의 교육을 계속할 수 있도록 거의 매일 학교에 있어야 한다. 만약 단순한 등록에서 꾸준한 참여로 기대치를 높인다면, 중등 이후 여러 해 동안 참여 가능성이 가장 큰 학생들은 그 시간의 95% 이상을 출석하며, 행동 문제가 없고 낙제가 없으며, "B" 또는 더 나은 평점, 중간 수준 또는 더 나은 시험 점수를 가지고 있다. 데이터의 종적 한계 때문에 위의 언급된 연구는 학기 수 측면에서 어느 정도의 꾸준한 참여에 관한 결과가 확인되었음에도 불구하고, 과정 이수가 아니라 과정 등록을 성과로 조사하였다.

고등학교 성과의 조기경보지표 연구에 비해, 표준화된 성취도 시험 점수와 과목 수행은 중등 이후의 결과에 대한 더 강력한 예측 변수다(Mac Iver & Messel, 2013). 이는 성취도 시험 점수와 GPA가 중등 이후 기관의 핵심 입학 구성 요소라는 점을 고려하면 놀라운 일이 아니다. 그러나 성취도 시험 점수가 각 학년 수준에서 관리되지 않고, 많은 학생에게 데이터가 누락되는 경우가 많고, 일반적으로 1년에 한 번만 주어지는 것을 고려한다면 실질적인 이유에서 여전히 미흡한 조기경보지표로 남아 있다. 그러나 과목 수행은 학생들의 고등학교 성과에 대한 가장 강력한 예측 변수였고, 그들의 중등 이후 입학에 대한 훨씬 더 중요한 예측 변수였다. 특히 B－평균 혹은 그 이상의 학점은 특히 2년제 프로그램에 비해 4년제 학위수여 기관의 측면에서 학생들이 고등학교를 넘어 계속 진학하는 데 중요한 지표가 될 것으로 보인다(EGC, 2011, 2016). EWS의 추가 확대와 그 사용이 지속되면서 중등 이후의 기관들은 중등 이후 학위를 획득하는 데 있어 길을 잃고 있는 학생들을 식별하는 데 그것들을 활용하기 시작하였다.[1)]

결론

학생 정보 시스템 데이터베이스의 개발을 지원할 수 있는 정보 기술의 발달과 국가적으로 중도탈락 위기에 대한 관심이 높아진 것이 EWS의 혁신으로 이어졌다. 중도탈락 위기로 인해 그 필요성이 제기되었으나, 즉시 사용할 수 있고 실행 가능한 데이터로의 접근성이 비용 효율적이고 보편적으로 복제 가능한 솔루션을 마련하게 했다. 그 결과로 지난 10년 동안 EWS가 급속히 확산되었으며 사실상 모든 주와 미국의 절반 가까이에서 사용되고 있다.

EWS의 발전을 뒷받침하는 연구는 전국의 많은 교육구와 주에서 있었고, 학생 학업적 성과(ABC 점수)에 대한 핵심 지표들이 앞으로 다가올 고등학교 중도탈락을 효율적이고 효과적으로 확인할 수 있다는 결과를 일관성 있게 확인할 수 있었다. 이 연구는 다양한 지역과 맥락에 따라 지표의 사용에 사소한 차이가 존재하지만, 도시나 지방 등 다양한 배경의 학생에게 사용하여도 지표를 신뢰할 수 있다는 것을 보여주었다. 미래 중도탈락 가능성에 대한 초기 지표는 부정적인 결과가 발생하지 않도록 학생의 교과목을 변화시키는 적절하고 효과적인 조치와 함께 이루어질 때 유용하다. 다행히도, EWS는 지표와 대응 시스템으로 측정하고 실행된다. 다양한 대응 아이디어를 사전에 구축함에 따라 점점 더 많은 학교와 교육구가 조기경보지표에 해당하는 학생 수를 줄이기 위해 예방 조치를 연계하고 다양한 인터벤션과 학생의 필요와 상황에 맞는 대응을 찾고 있으며, 부정적

1) http://www.sciencemag.org/news/2017/02/computerized－early－warning－system－students－academ－ic－trouble

인 결과가 발생하기 전에 효과적으로 개입한다.

EWS의 사용이 고등학교 졸업률에 미치는 직접적인 영향을 평가하기는 아직 이르지만, 단기적인 영향을 평가한 연구에서는 조기경보지표(만성 결석, 정학 및 낙제)를 가진 학생의 수를 줄일 수 있으며, 고등학교 중도탈락자 수와 직접적으로 관련이 있다는 긍정적인 효과를 발견하였다. 그리고 모든 학생이 고등학교 졸업장을 받도록 해야 하는 교육자들의 과업을 위한 인정받은 도구가 되면서, 새로운 방향으로 연구가 나아가고 있다. 한편, EWS의 사용은 가장 빠른 시기에 이탈 학생을 식별하기 위해 초등학교로 확산되었으나, 학생들이 고등학교 졸업 후 진로와 인생에서의 성공을 위해 필요한 교육 기회에 잘 대비할 수 있도록 돕기 위해 고등학교 교육 이후로까지 확산되고 있다.

EWS에 대한 지원이 계속 이어지고 새로운 방향으로 확산된다는 점에서, EWS는 학교와 학교 시스템이 학생의 성공을 지원하는 방법에 대한 혁신의 일부이자 잠재적인 움직임이라고 볼 수도 있다. 특히 미국 중등교육에서의 지배적인 패러다임은 교사는 가르치고, 수업에 참여하고 시도하고 노력하는 것은 학생 개인의 책임이며, 이것이 일어나지 않으면 학생들은 학년을 유지(낙제)하게 되고, 대안학교에서 교정을 통해 재기회를 갖게 된다는 것이었다. 많은 학생들을 위한 공교육의 최종 종착점에서부터 모든 이들을 위한 중등 이후 교육이나 훈련을 향한 발판으로 미국 고등학교에 대한 인식이 변화함에 따라, 고등학교 중도탈락자들의 사회적, 경제적 비용에 대한 인식은 더욱 커지게 되었다. 미국의 중등학교는 학생 지원에 대한 접근 방식을 유지 및 교정에서 예측 지표와 다층구조 대응 시스템에 기초한 보다 사전 예방적인 접근 방식으로 바꾸기 시작하였다. 이러한 방향으로의 가속화는 학생의 학습과 성공에 대한 사회적, 정서적, 학업적 측면의 긴밀한 통합(National Commission on Social, Emotional, and Academic Development, 2017)에 대한 더 큰 인식과 더불어 빈곤이 학생의 학교 성공 능력에 어떤 영향을 미치는지에 대한 더 깊은 이해로 더욱 힘을 얻고 있다. 이는 학교와 교육구가 학생에게 효과적 인터벤션을 적용하여 학생의 성과를 향상시키는 데 EWS가 핵심도구가 되었음을 의미한다. 이를 통해 학생의 신호에 맞추어 적절하게 대응할 수 있게 되었으며, 이는 결과적으로 몰입한 학생, 고등학교 졸업생, 중등 이후의 성공을 준비하는 학생의 수를 증가시킨다.

제 5 장

학생 몰입과 가정의 접점
: 학업성취와 삶의 성과를 위한 중요한 연결

제5장

학생 몰입과 가정의 접점 : 학업성취와 삶의 성과를 위한 중요한 연결

서론

학생 몰입은 전 세계 학자들과 교육자들 사이에서 관심이 커지고 있는 연구 영역이다(Reschly & Christenson, 2012). 학생 몰입이 메타 구조로 여겨지는 데에는 몇 가지 이유가 있다(Fredricks, Blumenfled, & Paris, 2004). 그것은 고등학교 중도탈락과 수료뿐만 아니라 학업, 행동 및 사회정서 영역을 위한 중요한 단기적 성과(예: 학업성취)와 장기적 성과(예: 일적인 성공)에 연관되어 있다(Christenson, Reschly, & Wylie, 2012). 게다가 학생 몰입과 비몰입은 학생들이 무관심하고 관여하지 않는다고 자주 특징짓는 교육자들에게 반향을 불러일으킨다. 또한, 몰입 구조는 학생들이 고립된 상태로 인식한 학교 경험보다 감정, 인지, 행동들의 상호 연관성과 복잡한 경험이 잘 인식되어 더 풍부하고 완전하며 정확하게 학교에서의 경험을 묘사할 수 있게 만든다. 즉, 학생들의 학교 경험을 더 풍부하고 더 완전하며 정확하게 설명할 수 있도록 한다. 더욱이 학생 몰입은 변할 수 있고 인터벤션이 가능하다. 몰입이 가족, 학교, 동료 및 지역사회와 같은 중요한 맥락에 영향을 받는다는 것은 인터벤션의 용이함을 의미한다(그림 5.1 참조; Appleton, Christenson, Kim & Reschly, 2006; Reschly & Christenson, 2012). 이러한 맥락들은 학교와 배움에 대한 학생들

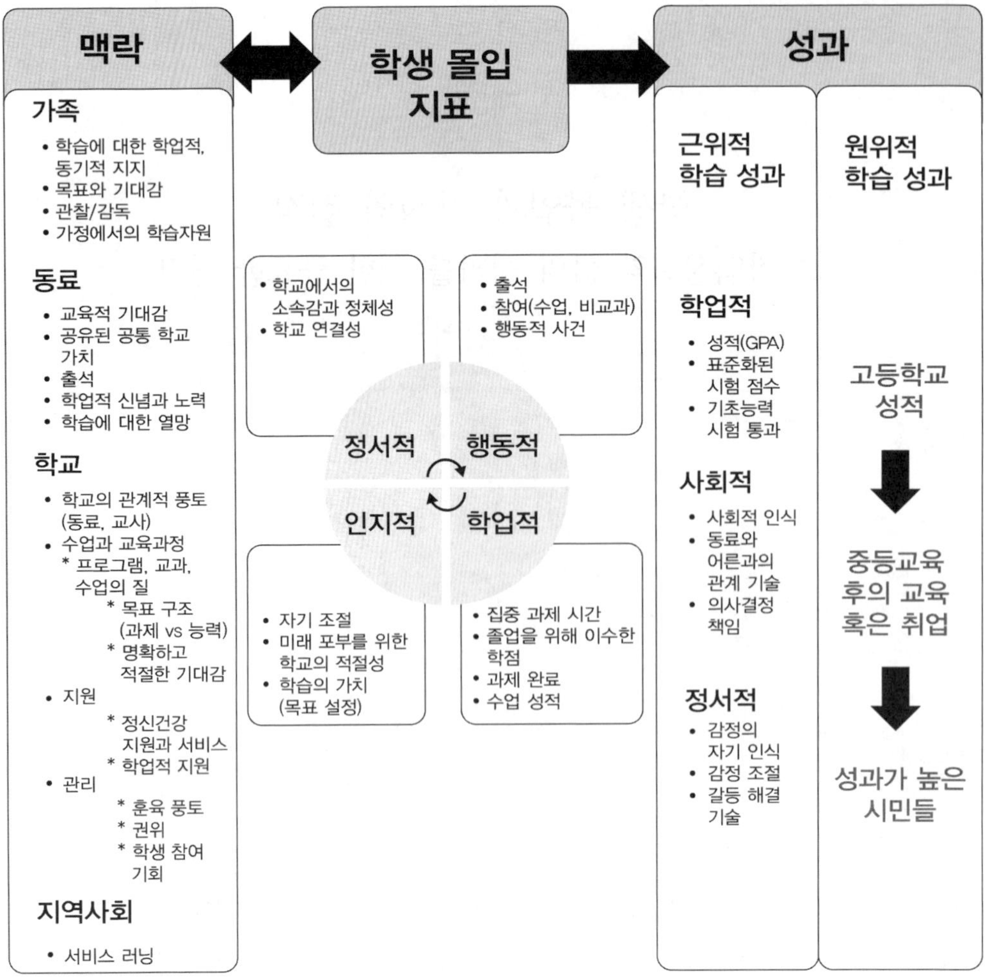

그림 5.1 ‖ 맥락, 몰입, 학생 성과 모형. 출처: From Reschly, A. L., Pohl, A., Christenson, S. L., & Appleton, J. J. (2017). Engaging adolescents in secondary schools. In B. Schultz, J. Harrison, & S. Evans (Eds.), School mental health services for adolescents. New York: Oxford University Press (Reschly, Pohl, Christenson, & Appleton, 2017).

의 몰입을 증진시키거나 방해할 수 있다.

가족이 학생들의 학습, 학업성취 그리고 삶의 성과에 어떻게 영향을 미치는가에 대한 광범위하고 풍부한 문헌이 있다. 태어나서부터 18세까지 학생들의 시간 중 90%를 학교 밖에서 보낸다는 것을 생각하면 이것은 놀라운 일이 아니다(Walberg, 1984). 가족은 평생에 걸친 개념에서 발달을 위한 중요한 맥락이며, 또한 학생들의 학습 몰입에 주요한 영향을 미친다. 이 장에서 우리는 학교와 학습 상황에서 학생들의 몰입을 촉진시키는 가족 맥락적 변수에 초점을 둔다.

이 장에서는 학생 몰입의 4가지 하위 유형을 활용하였다. 하위 유형 중 세 가지는 학자들 사이에서 자주 언급된다(Fredricks et al., 2004): 행동적, 정서적(때로는 감정적 혹은 심리적 몰입이라고 칭함) 그리고 인지적 몰입. 중도탈락 예방에 관한 우리의 연구는 우리가 몰입의 지표를 인터벤션과 더 효율적으로 연결시킬 수 있도록 행동적 몰입과 학업적 몰입을 분리하였다. 더욱이, 학생들의 과제 집중 시간에 의해 자주 표시되는 학업적 몰입은 성취와 강하게 연관되어 있으며(Getinger & Walter, 2012), 교실에서 일반적으로 수집되고 측정되어 교육자들에게 자연스러운 연결점을 형성하고 있다. 인지적 몰입은 한 개인의 미래를 위한 교육적 투자 및 인식된 관련성, 자기 조절을 의미한다(Appleton et al., 2006). 정서적 몰입은 학교에서 학생들의 정서적 경험을 말하며(Fredricks et al., 2004), 학습하는 동안 동료, 교사, 그리고 가족으로부터의 교육에 대한 인지된 지원(support)과 다른 사람들과의 소속성이나 연결성이라고 정의하였다(Reschly, Appleton, & Pohl, 2014). 행동적 몰입은 출석, 학교 관련 행위(예: 징계 사건), 수업 및 비교과 참여로 대표된다(Fredricks et al., 2004). 여기서 학업적 몰입은 강의, 독립적인 자습, 그룹 활동 등을 포함하는 학업적 수업 중에 얻은 학점과 과제 집중 시간을 말한다(Reschly et al., 2017).

가족이 주는 영향의 이해

수십 개 혹은 수백 개의 연구들이 가족과 학업성취 사이의 중요한 관계를 설명한다(Christenson, Rounds, & Gorney, 1992; Fan & Chen, 2001; Henderson & Mapp, 2002; Hill & Tyson, 2009; Jeynes, 2005, 2007; Nye, Turner, & Schwartz, 2006; Wilder, 2014). 그러나 가족 및 학업성취에 대한 많은 논의는 인종−민족성, 영어 능력, 미국으로의 이민, 사회경제적 지위(SES)와 같은 가족과 학생들의 인구통계학적 특성을 다루고 있다. 이러한 변인은 학년 수준에 따른 학업성취(McFarland et al., 2017; Musu−Gillette et al., 2017) 및 고등학교(예: 중도탈락, 수료)와 대학(예: 입학, 재학 및 수료, McFarland et al., 2017; Musu−Gillete et al., 2017)을 통한 중요한 교육적 성과와 관련이 있다. 그러나 인구통계학적 변인은 가정에서 학생들의 학교 행동, 성취 그리고 삶의 성과에 영향을 미치는 과정이나 메커니즘에 대해 거의 말해주지 않는다(Brown & Steinberg, 1991; Dornbusch & Ritter, 1992). 더 중요한 것은 인터벤션에 관련된 정보를 거의 제공하지 않는다. 그러므로 유용한 변인은 상태 변수(즉, 인구통계학적 특성)라 불리는 것과 프로세스 변인 사이, 혹은 가족이 누구인지와 그들이 무엇을 하는지 사이에 대한 것이다(Kellaghan et al., 1993; Reschly & Christenson, 2009). 실제로 인종－민족성, SES에 관계없이 사실상 모든 부모는 자녀의 교육과 삶의 성공을 위해 관심을 갖고 지원하기를 원한다(Henderson, Johnson, Mapp, & Davies, 2007). 게다가 프로세스 변인(예: 육아 방식, 가족에서의 학습 지원)은 인구통계학적 변인보다 학업성취에 있어 더 많은 변화를 설명한다(Kellahan et al., 1993; White, 1982). 가족 프로세스 변인에 대한 광범위하고 풍부한 문헌과 학업적 성취를 포함한 다양한 발달 및 학교 관련 결과들이 있다.

물론 가족과 학생 성과, 교육 정책 및 법률(예: 낙제 학생 방지법, 장애인 교육법, 국가 교육 목표)과 교육자 자신이 가족과 연결되거나 참여하여 학생들의 교육 목표를 지원하려는 것은 놀라운 일이 아니다. 대체로, 가족 참여(family involvement)는 “자녀를 위한 부모 자원의 헌신”으로 설명된다(Grolnick & Slowiaczek, 1994, p. 238). 그러나 이 문헌에서는 학자와 교육자가 가족의 영향과 참여를 개념화하는 방법에 가변성이 있다. 몇몇 분류들은 학교에서의 가족 참여(예: 자원봉사, 특별 행사에서의 가족 참여)와 가족－교사 관계에 더 중점을 둔 반면, 다른 분류는 설정에 관계없이 가족이 제공하는 지원 유형(표 5.1)에 초점을 두고 있다. 성과에 대한 가족의 영향은 직접적(예: 육아와 관여는 학업 능력을 촉진시킨다; 능력 발달)과 간접적 메커니즘에 작용한다(참여는 학생들의 잘하려는 동기부여에 영향을 미친다; 동기적 발달; Pomerantz, Moorman, & Litwack, 2007). 다양한 개념화에 걸쳐 분명한 것은 양육 행동, 학습 지원, 그리고 부모와 자식 간의 상호작용과 관계의 측면은 학생들이 학교에서 어떻게 행동하고 배우는지와 관련이 있다는 것이다. 비록 가족의 맥락이 학생들의 몰입과 그 후의 성과에 중요한 것으로 여겨지지만, 몰입 연구는 몰입을 위한 학교와 교실 상황에 초점을 맞추는 경향이 있다. 따라서 이번 장의 초점은 가정－학교 시스템의 다른 측면(예: 학교 의사결정에 가족 의견 반영하기)보다는 가족이 몰입과 학습을 지원하기 위해 무엇을 하는지에 대한 가족 맥락에 특별히 맞추었다.

가족 참여와 성과 사이의 연관성은 학업, 학생 몰입, 학생 행동 및 사회정서적 웰빙(Barton & Coley, 2007; Hess & Holloway, 1984; Wang, Hill, & Hofkens, 2014)을 포함한다. 또한, 이러한 연관성은 일반적으로 다양한 인종－민족 및 사회경제적 집단(Jeynes, 2007; Okagaki & Bingham, 2012; Raferty, Grolnick, & Flam, 2012; Wilder, 2014)에 걸쳐 나타난다.

그러나 가족 참여와 성과 사이의 관계는 정책, 법률 또는 일반적인 논의에서 보이는 것보다 더 미묘한 차이가 있다. 모든 유형의 참여가 더 높은 학업성취 또는 더 나은 성과를 가져오지는 않는다(예: Epstein & Sheldon, 2006; Jordan et al., 2001). 예를 들어, 학부모들이 학교 커리큘럼 밤(school curriculum night)에 참여하는 것은 학교 교육에 대한 지원뿐 아니라 자녀의 선생님에 대한 지원이나 지지를 보여줄 수도 있지만, 학생들의 독서 성취도를 향상시키기 위해 부모가 주도하는 가정 독서 인터벤션보다는 덜하다. 이와 같은 맥락에서, 더 많은 참여가 반드시 더 나은 성과를 불러일으키는 것은 아니다(Pomerantz et al., 2007). 예를 들어, 일부 연구는 높은 수준의 숙제 지원(Cooper et al., 2000)과 학부모와 학교와의 접촉(Fan, 2001; Izzo et al., 1999)이 학교 성적 부진 및 비몰입과 관련이 있다고 제안하며, 이는 자녀들이 학교 과제 수행에 어려움을 겪을수록 부모의 개입이 증가한다는 것을 나타낸다.

학자들은 가족 참여 유형과 발달 단계가 학교 교육 수준 전반에 걸친 참여와 결과 사이의 연관성을 이해하기 위한 핵심 고려사항일 수 있다고 지적하였다(Hill, 2015; Hill & Tyson, 2009; Wang, Hill, & Hofkens, 2014). 미취학 아동의 경우, 운동 발달을 제외하고 거의 모든 영역에서 더 적극적인 참여는 더 나은 발달과 관련이 있지만(Marcon, 1999), 나이가 많은 학생들의 경우에는 그 결과가 가변적이다. 예를 들어, 부모-자녀, 부모-학교 커뮤니케이션과 학생의 행동에 대한 부모의 감시에서 학업성취의 긍정적 및 부정적인 연관성이 모두 발견되었다(Catsambis, 2001). 이러한 부조리한 결과에 대한 한 가지 타당한 결론은 보다 명확한 결과가 필요하다는 것이다. 이러한 이상한 결과에 관한 한 가지 합리적인 결론은 가족 참여와 성과 변인의 명확한 정의와 조작적 개념이 필요하다는 것이다. 또 다른 설명은 학생들의 연령에 따른 발달과 상황의 변화와 관련이 있다. 초등학교(Izzo et al., 1999)에 걸쳐 그리고 초등학교에서 중등학교로 진학하는 단계(Eccles & Harold, 1996)에서 가족 참여는 감소한다. 게다가 학생들이 나이가 들수록 참여와 성과 사이의 연관성의 크기가 감소한다(예: Jeynes, 2005). 그러나 가족 참여는 학생들의 학업성과 및 동기 감소와 중등학교로 전환한 후에 생기는 문제 행동의 증가를 완화시킬 수 있다(Wang et al., 2014). 이상적이거나 적절한 가족 참여는 직접적인 관리(예: 과제, 프로젝트 지도, 학교행사 참여)부터 학습 차원의 가정적 지지와 동기부여에 더 중점을 둔 것들(예: 문제 해결, 향후 교육적 관심사에 대한 논의, 노력의 가치에 대한 메시지)까지 학생들의 독립성, 자기 주도 및 자율성 욕구(예: Cauce, Felner, & Primavera, 1982)와 함께 변화할 가능성이 높아 보인다. 이러한 유형의 가족 참여의 발달적 변화는 대부분의 초년기 아이들에게 초점을 맞춘 이론과 개념화에서 잘 설명되지 않는다(Hill & Tyson, 2009).

표 5.1 ┃ 교육에서 가족 참여의 분류

저자	구분	설명
Christenson et al.	가정 기대감과 귀인	높고 현실적인 기대감은 어린이와 청소년들에게 전달됨. 가족들은 노력의 가치를 지지함
	훈육 성향	권위 있는(즉, 따뜻함과 확고함) 규율 및 적극적인 부모의 관찰
	가정환경	부모와 자녀 사이의 밀접한 관계
	부모 참여	학생들을 위한 교육적인 가정환경이 있음. 학부모는 가정과 학교에서 학습을 지원함
	학습 구조	학생 학습을 지원하기 위한 조직 및 일상 루틴
Epstein	양육	가족들이 지지하는 가정환경을 조성하도록 도움
	의사소통	학교와 아이들의 발전에 대한 양방향 소통 조성
	자원봉사	학교나 가정 혹은 다른 장소에서 부모의 지원 모집 및 구성
	가정에서의 학습 증진	학생들의 과제 등을 어떻게 도와주어야 하는지에 대한 정보나 방안들을 가족에게 제공
	의사결정	다양한 배경을 가진 학부모들을 학교 커뮤니티에 참여시키기
	지역사회와 협력	지역사회 및 학교 자원의 발견 및 통합
Kohl et al.	학교에서 학부모 관여	자원봉사, 행사 참석, 학부모-교사 조직 참여(PTO)
	가정에서의 학부모 관여	학교 및 학교에서의 학습을 보충하는 활동과 관련된 참여(예: 숙제 지원, 독서)
	학부모-교사 접촉	교사와의 직접적인 접촉의 양(면대면, 유선, 서면)
	학부모-교사 관계의 질	서로 공유된 목표와 개방성의 정도
	학부모의 교육관에 대한 교사의 인식	교사는 가정에서의 아이들과 학부모의 관점으로 보지 않음. 가족의 교육적 투자에 대한 교사의 평가
	학교에 대한 학부모 지지	학교 및 학교 수업에 대한 일반적인 가족 지지

Hill	학교 기반 참여	교실 내 교사 지원(예: 수업 준비), 모금 활동, 또는 사무실 또는 위원회 업무를 위한 자원봉사
	가정 기반 참여	가정에서의 과제 감독 및 확인 구조 및 장치
	학업적 사회화	(1) 교육 성취도와 가치에 대한 기대감 (2) 미래를 위한 학습 전략과 사전 준비 계획 그리고 학생의 관심사와 연결하는 것에 대한 부모의 의사소통
Pomerantz et al.	능력 개발	학부모가 학생의 성취를 지원하는 능력 관련 자원을 제공(예: 수용적 언어, 메타인지 기술)
	동기 개발	학부모가 학생의 성취를 지원하는 동기부여 자원을 제공(예: 내재적 동기 지원, 성과에 대한 인식 통제)

가족, 학생 몰입, 그리고 성과

많은 연구들이 부모의 행동과 지지 사이의 연관성(예: 훈육, 감독, 부모-자녀 관계의 질, 학교 기반 참여)과 학생 성취 또는 기타 성과들을 조사하였으나, 가족 참여가 학생 참여에 미치는 영향이나 다른 유형의 몰입, 혹은 학생 몰입 또는 동기의 측면과 어떻게 상이한 연관성을 갖는지는 보고하지 않는다(Fan & Williams, 2010; Gonzelz-DeHass et al, 2005). 이를 위해서는 학생 몰입이 비교적 새로운 구조라는 점에 주목할 필요가 있다. 또한, 별도의 연구 영역을 통합하는 메타 구조로, 저자들이 자신의 조치와 결과(예: 자기 조절, 교사 및 동료와의 연결성, 미래의 목표)를 언급하지는 않았을지라도 많은 연구가 현재 학생 몰입의 관점으로 검토될 수 있다. 가능한 경우, 우리는 성과를 학생 몰입과 동기 구조의 관점에서 설명하였다. 동기와 몰입 사이의 관계에 대해 학업적으로 논쟁이 있기는 하지만(예: 분리되지만 상호의존적인 구조인가? 동기는 몰입보다 먼저인가? 몰입은 주로 인지적 참여의 한 형태로서 동기부여를 하는 것인가?) 모두 학생의 성공을 위해 필요하다고 말할 수 있다(Reschly & Christenson, 2012).

일반적으로 몰입 모델은 맥락과 단기 성과(예: 학업성취)와 장기 성과(예: 졸업, 대학 출석)의 연결로 개념화한다(Connell & Wellborn, 1991; Reschly & Christenson, 2012). 그림 5.1은 전체적인 맥락, 학생 몰입 및 성과 사이의 연관성을 나다낸다. 이 모델의 맥락에는 가족, 학교, 동료, 지역사회가 포함된다. 맥락은 학생들의 몰입에 미치는 영향을 통해 단기 및 장기적으로 주로 학생들의 성과에 영향을 주고, 관심의 결과와 직접적인 관련이 있다고 여겨진다. 이러한 맥락들은 학생들의 몰입을 강화시키거나 방해할 수 있다. 가족마다 관여 및 자율성지지 수준, 동기와 몰입에 영향을 미치는 구조는 다르다(Raferty et al., 2012). 가족들이 몰입과 동기에 영향을 미치는 방법은 적어도 두 가지가 있다(Bempechat & Shernoff, 2012). 하나는 부모와 자식 간의 관계와 웰빙의 강한 연관성을 통해 부모의 관여가 학교에서의 비몰입을 막을 수 있는 요소가 되는 것이다. 다른 하나는 양질의 부모-자녀 관계가 학생 성과에 직접적인 영향을 미치는 것이다. 그러나 개인의 책임(Reschly & Christenson, 2009)과 개인 환경 적합도(Reschly & Christenson, 2012) 역시 중요한 고려사항이다. 실제로 동기와 몰입은 학생과 맥락의 접점에 뿌리를 두고 있다(National Research Council and Institute of Medicine, 2004). 즉, 맥락(가족, 학교, 동료, 공동체)은 아이들에게만 발생하는 것이 아니다. 오히려, 학생들은 나이가 들면서 책임감과 자율성을 높이며 그들의 몰입과 동기뿐만 아니라 자신의 발전에 적극적인 역할을 한다. 더 나아가 맥락은 다른 방식으로 학생들에게 영향을 미치며 가장 효과적인 양육 또는 교육전략은 학생들의 상황, 욕구 및 관심사에 따라 달라질 수 있다. 모든 맥락에서 모든 학생에게 효과가 있는 일률적인 접근 방식은 없다.

본 섹션에서는 가정 기대감과 귀인, 훈육 성향, 가정환경, 부모 참여, 학습을 위한 구조 등 5개 분야에 대한 가족 영향과 학생 성과에 대한 연구를 정리하였다(Yseldyke & Christenson, 2002). 이러한 영역을 개발하면서, 저자들은 가정환경의 영향과 부모의 참여가 학업적, 사회정서적, 행동적 성과와 연관되어 있으며, 가족 행동이 학업성취와 결과에 영향을 미치는 인구통계학적 특성보다 더 중요하다는 점에 주목하였다.

가정 기대감(Home expectations)과 귀인

가정 기대감은 학업 수행, 행동 및 교육 달성에 대한 현재 또는 미래의 열망을 말한다. 귀인은 자녀의 성과 이유에 대한 부모의 생각이라고 할 수 있다. 많은 연구들이 가족들이 학교 공부에 대한 높고 현실적인 기대를 전달하고 노력과 노력의 가치를 강조할 때, 학생들이 학교에서 더 좋은 성적을 낸다는 결론을 뒷받침한다(Yseldyke & Christenson, 2002). 반대로 부적절한 귀인과 기대는 성과를 저해할 수 있고 학생들이 학교에서 배우고 잘 수행하려는 동기를 방해할 수 있다(Christenson et al., 1992).

연구 전반에 걸쳐, 가족의 기대감과 열망은 학생들의 학업 결과에 대한 가장 강력한 학부모 참여 예측 변수인 것으로 밝혀졌다(예: Fan & Chen, 2001; Hill & Tyson, 2009;

Jeynes, 2005; Kim & Hill, 2015; Wilder, 2014). 성과에 대한 부모의 기대감은 위험 행동(예: 약물 사용)과 정서적 고통의 낮은 비율과도 관련이 있다(Resnick et al., 1997). 많은 경우에, 이러한 연구는 부모의 참여가 학업성취에 미치는 직접적인 영향을 조사하였다. 그러나 증가하는 자율성에 대해 더 잘 설명하는 다른 연구들은 청소년기에 대한 조사가 필요하며, 부모들이 학교 행동과 성취에 영향을 미치는 메커니즘의 조사, 부모의 기대, 학생들의 교육적 기대, 그리고 성과에 관한 흥미로운 결과를 찾는다. 부모의 기대는 적어도 부분적으로는 학생 자신의 학업성취와 다른 결과 및 성과와 직접적으로 관련이 있는(Patrietkaou, 1996) 교육적 기대에 대한 성과와 간접적으로 연관되어 있으며, 학생의 목표와 포부를 중재하는 역할을 제안한다. 학생들의 교육 목표와 포부는 전형적으로 학생 몰입 개념화에 인지적 몰입으로 포함된다(Reschly & Christenson, 2012). 몇몇 연구는 학생들의 목표와 포부가 고등학교 중도탈락과 정시 수료뿐만 아니라 대학 출석과 재학(Fraysier, Reschly, & Appleton, 2018)에 있어 가장 강력한 예측 변수 중 하나라는 것을 보여준다(Fan & Wolters, 2014; Lovelace, Reschly & Appleton, 2017; Lovelace, Reschly, Appleton, & Lutz, 2014). 따라서 부모의 기대와 열망이 미치는 영향은 학생들의 인지적 몰입과 관련이 있으며, 이는 다시 성취도, 단계적 변화, 그리고 대학의 출석과 학업 지속을 예측한다.

일반적으로 인지적 몰입과 일치하는 동기적 구조(예: 내재적 동기/외재적 동기, 학업적 자기효능감 및 자기 조절)에 대한 영향 연구 결과에 따르면, 자녀 교육에 대한 열망은 동기적 구조(예: 학업적 자기효능감, 내재적 동기; Fan & Williams, 2010; Fan, Williams & Wolters, 2012)와 몰입(예: 열심히 일하고, 일이 어려울 때 끈기를 발휘하며, 최선을 다한다; Fan & Williams, 2010)과도 관련이 있다. 또한, 이러한 결과는 일반적으로 인종-민족 집단(Fan et al., 2012)에서 나타난다. 유사하게 학생들의 학업적 성공과 노력에 대한 부모의 가치에 대한 인식은 그들의 동기와 학교에서의 역량과 관련이 있었으며, 이는 결국 학생들의 성취와 관련이 있다(Julant, Paulson, & Rottlisberg, 2001).

학생들의 동기와 성취도와 관련된 부모의 귀인에 대해서는 상당한 연구가 있다(Christenson et al., 1992). 귀인은 능력의 관점과 연관이 있다: 구체적으로, 능력을 안정적이고 통제할 수 없는 실체로 보는지 또는 능력이 점진적(즉, 변화시킬 수 있는)인지, 그리고 통제할 수 있는지(즉, 노력과 관련됨). 학부모와 학생들이 능력을 외적인 힘(예: 운, 선생님 변덕)보다는 자신이 노력에 의해 영향받을 수 있고 변화 가능하다는 점을 강조할 때 학생들은 더 나은 성과를 입증한다. 예를 들어, 학생들의 능력을 믿는 것은 고등학교 중도탈락과 수료에 대해 예측할 수 있다(Fan & Wolters, 2014). 마찬가지로, 학생들의 학업 능력에 대한 인식은 5학년 학업 성과와 7학년 동기 지향성 사이의 관계를 매개하였다(Bronstein, Ginsburg, & Herrera, 2005).

훈육 성향

많은 연구들에서 권위 있는 양육(예: 높은 온정과 애정으로 균형 잡히고 명확하며, 확고하면서 일관된 규율 관행)이 학업적 및 기타 성과를 개선하는 데 관련이 있음을 입증(Christenson et al., 1992; Lamborn, Mounts, Steinberg, & Dornbusch, 1991)한 것은 인종-민족과 사회경제적 집단에 걸쳐 일반적으로 적용되는 결론이다(Steinberg, 2001). Steinberg(2001, p. 8)는 "권위 있는 가정의 청소년들이 학교에서 더 많은 것을 성취하고, 우울증과 불안이 적으며, 자신감과 자존감이 높아 비행과 약물 사용을 포함한 반사회적 행동에 덜 몰입한다."라고 지적하였다. 반면, 너무 적은(허용적) 또는 너무 많은 통제력(권위적)의 발휘는 낮은 적응력과 관련 있는 것으로 밝혀졌다(Dearing, 2004; Lamborn et al., 1991; Simpkins et al., 2009). 더욱이, 부모의 참여와 감독은 "아이들의 민주주의와 자율성을 어느 정도 허용하는" 수용, 따뜻함, 그리고 감독으로 특징지어지는 권위 있는 양육의 맥락 안에서 수행될 때 더 효과적일 수 있다(Gonzelz-De Hass et al., 2005, p. 121). 이는 부모의 감독에 관한 증거를 고려할 때 핵심 사항이다. 즉, 중요한 학생 성과(예: Resnick et al., 1997)와 관련이 있으며, 권위 있는 양육 패러다임(Gonzelz-De Hass et al., 2005년) 내에서 시행될 때 가장 효과적이다(Gonzelz-De Hass et al., 2005). 마지막으로, 아동 역량에 영향을 미치는 것은 권위 있는 양육(Steinberg, 2001)이며, 그로 인해 학생 성과에 양육의 역할이 강조된다.

양육 방식은 또한 학생들의 동기와 관련이 있다. 일반적으로 권위 있는 양육은 숙달 목표 지향성과 관련이 있는 반면에 다른 방식들은 성과 목표와 연관되어 있다(예: Gonzlez & Wolters, 2006). 숙달 목표 지향은 학습 과정의 결과에 대한 욕구 또는 관심(예: 만족, 지적 성장)으로 설명되는 반면, 수행 목표 지향은 외부의 관심을 얻거나 부정적인 판단을 회피하는 것과 같은 결과를 얻으려는 욕구이다(Wentzel, 1998). 비록 훈육 성향은 아니지만 그 자체로 부모의 자율성 지원 경향(권위 있는 양육 스타일과 유사)이나 통제 경향(권위 있는 양육 스타일과 유사)도 학생들의 동기 및 성취와 관련이 있는 것으로 밝혀졌다(Raferty et al., 2012). 자율성 지지 환경은 아이들의 자기 조절, 역량, 적응, 성취(Grolnick & Ryan, 1989), 흥미(Deci & Ryan, 1987), 내재적 동기(Ginsburg & Bronstein,

1993), 창의성, 자존감, 그리고 신체 및 심리적 건강(Deci & Ryan, 1987)을 촉진한다. 이러한 맥락에서, 5학년 학부모들의 외부 통제 강화와 지도 감소는 그 해 성적 부진과 7학년에서 더 큰 외재적 동기를 보일 수 있음을 예측하며, 5학년 학생들이 더 큰 자율성 지지를 받는 것은 7학년에서 더 큰 내재적 동기를 보일 수 있음을 예측하였다(Bronstein et al., 2005). 자율성 지지는 또한 초등학교에서 중학교로 전환하는 과정에서 흔히 발견되는 학업적, 행동적 어려움을 예방하거나 완충하는 역할을 할 수 있다(Grolnick et al., 2010).

가정환경

가정환경 문헌은 가정환경의 지표로 간주될 수 있는 변수에 대한 연구로 가득 차 있으며, 여기에는 가족 응집력, 인식된 사회적 지지, 부모－자녀 관계의 중요성, 부모－자녀 의사소통, 부모와의 연결성에 대한 학생들의 인식 등이 포함된다. 보편적으로, 부모와의 연결성, 긍정적이고 지지적인 관계를 가진 어린이와 청소년들은 더 나은 성취, 적응, 그리고 행동을 보여준다(Yseldyke & Christenson, 2002). 부모나 다른 유능한 어른과의 긴밀한 관계는 나쁜 발달 결과로 위험에 처한 젊은이들 사이에서 회복력을 촉진하는 가장 중요한 요소로 간주된다(Masten & Reed, 2002). 이러한 맥락에서 한 획기적인 연구는 청소년들이 부모들과 연관되어 있다는 것이 거의 모든 건강 위험 행동에 대한 보호 요인이라는 것을 발견하였다(Resnick et al., 1997). 모든 가족 변수 중에서, 관계성이나 연관성은 긍정적인 청소년 발달에 가장 필수적인 요소일 수 있다.

일반적으로 발달에 대한 관계의 중요성을 고려할 때, 많은 연구가 가정환경의 측면을 학생 몰입과 동기 구조 두 가지 모두로 연결한다는 것은 놀라운 일이 아니다. 예를 들어, 긍정적인 부모－자녀 관계는 어린아이들의 과제에 대한 끈기와 관련이 있으며, 2년 후, SES와 지능이 발달된 후에도 도전적인 과제의 선택과 새로운 활동(인지적 몰입 또는 동기, 이론적 관점에 의존)을 착수할 가능성이 증가하였다(Estrada, Arsenio, Hess, & Holloway, 1987). 더 나이가 많은 아이들 사이에서 부모와 자식의 관계는 학교에서 행동적 및 정서적 몰입과 연관이 있었다(Furer & Skinner, 2003). 유사하게, 학부모 지지에 대한 학생들의 인식은 학교 행동(행동적 몰입), 학업적 자기 개념, 성취 이념(동기 구조; Sanders, 1998)과 관련이 있다. 같은 맥락에서 가족의 응집력은 수업(인지적 몰입)에 대한 관심과 목표 지향성을 예측한다(숙달/수행; Wentzel, 1998). 마찬가지로, Fan과 Williams(2010)는 국가 종적 데이터를 사용하여 부모들이 학교 밖에서 자녀들과 함께 활동에 참여하는 것(예: 콘서트나 영화 관람, 취미 공유, 레스토랑에 가는 것, 그리고 함께 재미있는 것을 하는 것)을 발견했는데,

이는 부모-자녀 관계의 질에 대한 하나의 지표로 폭넓게 해석될 수 있으며, 건전한 관계는 학업적 자기효능감(동기 구조)과 인지적 몰입(예: 공부할 때 최선의 노력, 학업 도구가 부족할 때에도 공부를 계속한다)의 긍정적인 예측 변수가 된다.

가정환경, 훈육 방식, 부모 관여, 부모의 기대감과 귀인 등 부모 참여의 다양한 측면에 대한 정의는 최소한 부분적으로 부모-자녀 의사소통에 의존한다. 가장 기본적인 수준에서 관계를 발전시키고 유지하기 위해서는 의사소통이 필요하다. 자녀와의 소통은 부모가 기대와 가치를 전달하고, 규율을 집행하며, 따뜻함과 유대감을 형성하는 주된 통로다. 예를 들어, 부모들이 교육에 대한 가치를 전달할 때, 중학생들은 그들의 학업 능력에 대한 더 큰 동기와 더 높은 인식을 보였다(Marchant et al., 2001). 마찬가지로, 학부모의 의사소통과 지지에 대한 학생들의 인식은 학생들의 이차적 기대와 연관이 있다(Trusty, 1999). 또한, 부모-자녀 의사소통은 별도로 조사될 수 있지만, 부모 참여 하위 유형(예: 부모 조언; Fan & Williams, 2010)에도 자주 반영된다. 그러나 여기서도 결과는 학부모와 자녀 관계의 광범위한 맥락 안에서 해석되어야 하며 학생들의 자율성을 지지해야 한다. 학생들이 어려움을 겪기 시작한 후에 학교 공부와 통제에 대한 의사소통이 증가하면 학교 성적, 몰입 및 동기가 더 나빠질 가능성이 있는 반면에 권위 있는 훈육 방식과 따뜻하고 연결된 관계의 일부로서의 의사소통은 동기 구성, 학생 몰입, 학업성취에 대한 긍정적인 영향과 관련이 있을 가능성이 크다.

학부모 참여

가족이 학교와 학습에 참여하는 교육적인 가정환경의 정도는 학업 및 기타 성과와 관련이 있다(Ysseldyke & Christenson, 2002). 부모의 학교 참여로 시작된 연구는 그것이 학업성취와 관련이 있다는 것을 보여준다(Fan & Chen, 2001; Hill & Tyson, 2009; Zellman & Waterman, 1998). 게다가 학교 기반의 학부모 참여는 학생들의 인지 능력 및 인식 통제력(동기 구성; Grolnick & Slowiaczek, 1994), 학업적 자기효능감(Fan & Williams, 2010), 몰입(인지적, 행동적 몰입의 결합), 사회정서적 적응, 출석(Izzo et al., 1999) 등 동기 구조와 관련이 있다. 그러나, 학교 기반 학부모 참여에 관한 일관되지 않은 결과가 학생들의 동기에서 발견되었다(Fan et al., 2012).

가정과 학교 사이의 접촉 이유와 시작은 가정-학교 접촉, 학생 성취, 그리고 다른 변수들 사이의 이질적인 연관성을 이해하기 위한 것이다. 학생들이 학교에서 겪고 있는 문제들에 대한 의사소통은 자기효능감, 내재적 동기 및 몰입[1])을 부정적으로 예측한다(Fan et al., 2012; Fan & Williams, 2010). 특히 학부모들이 시작하는 학교 직원과의 접촉에서도 유사한 결과가 발견된다(Izzo et al., 1999). 반대로, 전형적인 학업적 문제(예: 미래 계획, 학업 프로그램)에 관한 학교 주도의 접촉은 동기 구조 및 몰입에 긍정적으로 연관되었다(Fan & Williams, 2010). 일반적으로 가정과 학교 간의 의사소통은 몰입한 관계의 한 측면으로 학교와 가족 간의 협력관계를 형성하는 데 필요한 관계이다. 그러나 의사소통이 주로 학생들의 어려움에 관한 것이라면, 전반적으로 긍정적인 관계를 유지하는 것은 훨씬 어려울 것이다. 이러한 연구 결과는 학생들이 학교에서 어려움을 겪고 있을 때 부모들이 더 많은 접촉을 시작하고 더 많은 통제력을 발휘할 가능성이 있다는 것을 암시한다.

부모들이 집에서 관여할 수 있는 몇 가지 방법이 있다. 표 5.1을 보면, 관찰 및 과제 점검(예: Epstein, Hill), 함께 독서하는 것(Kohl et al., 2000), 그리고 Hill과 Tyson(2009)이 교육의 성취와 가치에 대한 기대로서 정의한 구조 제공[2](Hill & Tyson, 2009), 그리고 학업적 사회화 제공, 학교와 시사 문제와의 연계, 교육적 열망과 학습 전략 논의, 미래에 대한 준비가 있다. 부모 조언 관련 차원에서는 Fan과 Williams(2010)가 연구하였다. 부모의 조언은 수업 선택, 대학 준비, 취업, 지역사회/국가/세계 뉴스, 그리고 그들의 아이들이 고심하는 것들에 대해 함께 나눌 수 있는 소통과 조언을 말한다.

많은 연구가 이러한 가족 차원의 실천을 별도로 조사하기보다는 함께 조사한다. Martinez−Pons(2002)는 학업성취도를 위한 자기 조절의 중요성에 주목하여 자녀의 자기 조절(동기 구성 혹은 인지적 몰입)에 대한 부모의 모델링과 지지(독려, 촉진, 보상)가 학생들의 자기 조절 발달보다 선행된다는 것을 발견하였는데, 이는 학생들의 학업성취를 예측하는 데 중요하다. 마찬가지로, 부모로부터 동기부여를 더 많이 받는 학생들(예: 독려, 노력과 교육에 대한 메시지, 학교 공부에 대한 시간 조절, 노력, 학교 및 미래의 목표 사이의 연관성에 대한 논의)은 학교에서 더 좋은 성과를 보인다(Bempechat, Graham, & Jimenez, 1999). Hill과 Tyson(2009)은 학업적 사회화가 그들의 메타분석에 포함된 부모의 참여 차원의 학생 성취와 가장 강한 긍정적인 연관성을 가지고 있다는 사실을 발견하였다. 관련된 부모 조언 구조는 영어에 대한 자기효능감과 내재적 동기를 긍정적으로 예측할 수 있는 것으로 밝혀졌다(Fan & Williams, 2010). 게다가, 학교에 대한 부모와 아이들 간의 논의 감소, 숙제 점검의 증가, 가정에서의 교육 자원의 감소는 학생들의 비몰입(낙제, 불합

---

1) 저자들은 이것을 행동적 몰입으로 설명한다. 다수의 몰입 학자들은 인지적 몰입(학습 자료가 어렵고 과제가 힘들 때 보이는 노력과 지속)으로 분류하기도 한다.

2) 이 섹션에서 다루어짐: 학습 구조

격)과 관련 있는 반면에 학교에 대한 더 많은 논의, 더 적은 숙제 점검 그리고 더 많은 교육 자원은 몰입과 관련이 있었다.

학습을 위한 구조

조직이나 일상 루틴과 같은 가정에서의 학습을 위한 구조는 과제 완수와 관련이 있으며 일반적으로 학생들의 학업 성과와 긍정적으로 연관되어 있다(Yseldyke & Christenson, 2002). 구조에는 청결, 정리정돈 및 학습 자료와 같은 물리적 가정환경의 특징도 포함될 수 있다(Dearing & Tang, 2010 참조). 가정에서의 부모 참여와 훈육 방식을 포함하여, 학습을 위한 구조의 많은 요소들이 이미 이 장에 설명되어 있다. 의사소통과 유사하게, 학생들이 잘 하지 않을 때 학습을 위한 구조는 증가할 수 있다. 구조는 자율성 지지(Raferty et al., 2012) 및 권위 있는 양육(즉, 따뜻함과 확고함/통제의 균형으로 특징지어지는)의 한 측면으로 볼 수 있다. 일반적으로 명확하고 일관된 기대, 예측 가능한 결과 및 정기적인 피드백을 포함하는 구조를 제공하는 환경은 학생들의 역량과 자율성을 지지하며(동기 구성; Raferty et al., 2012), 이 장에서 앞서 설명했듯이 학생들의 학업 성과와 연관된다(예: Grolnick & Ryan, 1989; Marchant et al., 2001).

숙제 보조와 완료에 대한 연구는 종종 교육자와 부모 모두에게 기대되는 것과 반대된다. 사실 숙제의 상대적 장점은 논쟁의 대상인데(예: Cooper, Robinson, & Patall, 2006; Keith, Diamond－Hallam, & Fine, 2004), 고등학생을 위한 적절한 보조는 물론 초등학생 경우에도 과제가 학업성취에 영향을 미친다는 연구 결과가 없다(Hattie, 2008). 흥미롭게도 많은 부모들은 그들 자신의 일정, 문제들에 대한 이해 부족, 혹은 도움을 원하지 않는 아이들 때문에 숙제 보조를 하기 위해 애쓰고 있지만 한 연구에서 93%의 부모들이 가족 규칙으로 숙제하기가 있다고 밝혔다(Fan & Williams, 2010). 개념적인 해석 측면에서의 숙제 완료를 확인하는 것을 포함하는 부모 감시가 성과와 관련이 있다는 연구(Brown & Steinberg, 1991)도 있는 반면에, 다른 연구에서는 숙제 감시 혹은 보조에 관한 연구도 명확하지 않으며, 적어도 중학생에게는 최소한 자기효능감, 내재적 흥미(동기 구조)와 몰입(Fan & Williams, 2010)에 연관이 없거나, 작은 연관성(Fan & Chen, 2001) 혹은 아무 영향도 미치지 못하거나(Hill & Tyson, 2009), 성취와의 부정적인 연관성이 있다(Cooper et al., 2000[3]; Shumow & Miller, 2001)고 밝혔다. 부모－자녀 또는 부모－학교 의사소통과 마찬

3) 2－12학년 대상으로 수행된 연구

가지로, 그러한 감시 및 보조의 시기와 목적은 학생들이 어려운 징후를 보인 후에 시작되는 노력이 더 나쁜 몰입과 성취도를 보일 수 있다는 점에서 고려해봐야 할 것이다. 또한, 감독은 자율성을 지지하는 권위 있는 훈육 방식(즉, 따뜻함과 확고함)의 맥락 안에서 가장 효과적일 수 있다. 이에 대해 Catsambis(1988, p. 24)는 "가장 효과적인 부모의 개입 유형은 행동 감독을 지향하는 것이 아니라, 오히려 십대들의 학업 결정을 조언하거나 지도하는 것에 맞추는 것"이라고 강조한다.

이 장에서 이전에 논의되지 않았던 학습을 위한 구조의 한 측면은 아이들의 텔레비전 소비에 대한 규제다. 비록 연구가 인과관계 진술을 허용하지 않지만, 텔레비전 시청 시간과 학업성취 사이에는 연관성이 있다. Barton과 Coley(2007)는 학업성취와 관련된 네 가지 가정 요인을 발견하였다: 한부모 가정, 매일 독서하기, 텔레비전 시청 시간, 그리고 학교 결석 횟수. 텔레비전의 시간은 부모의 부정적 교육(즉, 낮은 수준의 교육 수준, 주 4시간 또는 그 이상을 시청하는 학생의 비율이 더 높다)과 관련 있다. 그러나 연구는 IQ 점수와 SES를 설명할 때 텔레비전 시청의 효과는 무시할 수 있다고 제안한다(자세한 정보는 Christenson et al., 1992 참조). Fan과 Williams(2010)는 연구에서 64%의 부모들이 텔레비전 시청을 위한 가족 규칙을 가지고 있다고 보고했으며, 이는 결국 내재적 동기와 몰입을 예견한 것이었다고 지적하였다. 학교 성적(Coburn, 2018)과 대학교 출석(Joselow, 2015)에 걸쳐 영향을 주는 전자적 산만함(예: iPods, 비디오 게임, 스마트폰, 컴퓨터)이 증가하고 있다(Barton & Coley, 2009). 가정 기반의 지원과 준비를 방해하는 다양한 형태의 전자 매체를 소비하는 것과 공부와 숙제를 완료하는 동안에 반응의 정확성과 과제의 전반적인 질을 방해하는 테크놀로지 사용은 가정환경 전반에 비슷한 과정으로 적용된다.

요약

가족이 학생들의 행동, 학습, 그리고 학교와 삶의 성과에 영향을 미치는 다양한 방식에 대한 풍부한 문헌이 있다. 가정은 학생들의 몰입에 영향을 미치는 중요한 환경요인으로 여겨지고 있다(Reschly & Christenson, 2012; Reschly et al., 2017); 그러나 몰입 연구는 학생들의 몰입에 대한 가족의 기여를 이해하는 것보다 교실과 교사 맥락에 더 초점을 맞추고 있다. 이 장의 목적은 가정 기대감과 귀인, 훈육 성향, 가정환경, 부모 참여, 학습을 위한 구조 등 5가지 차원의 가족 지원을 활용(Christenson et al., 1992)하는 데 있다. 몰입은 상대적으로 초기 연구의 영역이다. 따라서, 이러한 확립된 영역에 대해 특별히 조사된 몰입 또는 몰입과 유사한 구조(예: 동기)가 어느 정도 제한적이었는지를 확인할 수 있다. 그러나 학교에서의 가족 맥락과 학생들의 몰입과 동기 사이의 전체적인 연관성을 지지하는 실증적 연구가 충분히 이루어져 있다는 것은 학생 몰입 하위 유형과 성취 사이의 연관성을 고려할 때 놀랍지 않다(Christenson et al., 2012). 게다가, 학생 몰입과 학업성취에 관한 연구는 대체로 더 넓은 가족 참여 문헌을 반영한다. 가족의 기대와 귀인, 그리고 부모의 학교 기반 참여, 숙제 보조, 부모 주도의 수행이 학생들이 어려움을 겪은 후에 증가한다는 결과는 가장 강력하고 일관적인 발견이다.

마지막으로, 학습 영역에 대한 가족 지지, 즉 따뜻함, 확고함, 자율성 지지로 특징지어지는 권위 있는 양육 방식은 학생들의 학업성취, 행동, 몰입, 동기, 일반적인 웰빙과 연관되어 있다.

실천을 위한 시사점

이 장에서는 학교에서의 학생 몰입, 학습 및 성취와 관련된 가족 맥락 변인을 설명한다. 우리는 가족들이 학생들의 몰입과 학교 성적에 영향을 미치는 과정을 설명할 수 있도록 상태 특성보다는 가족 지지나 참여에 초점을 맞췄다. 이는 인구통계학적 또는 상태 변인과 달리 이러한 과정이 인터벤션 노력에 적합하다는 점에서 결정하였다. 이 장에서는 학생 몰입에 있어 가족의 중요성을 강조하고, 아이들이 매일 학교에 있는 7−8시간 동안을 포함하여 가족이 학생들의 생활에서 필수적인 역할을 하는 또 다른 예시를 제시하였다. 이 장은 몰입과 관련하여 어린이와 청소년들을 위한 단일한 사회화 맥락으로서의 가족의 역할에 한정되었지만 가족, 학교, 동료, 지역사회가 모두 학생 몰입과 학습에 중요한 맥락임을 인정한다. 더욱이 이러한 맥락과 학생들은 상호작용하고 서로 영향을 미친다(예: 전체 맥락들, 맥락과 개인 간; 그림 5.1).

몰입은 학자들, 교육자들, 그리고 가족들에게 급격히 발전하는, 매력 있는 구성체로 여겨진다. 학생 몰입의 관점을 채택하는 것의 가치는 학생들을 포함한 이해관계자들이 전체 학생과 환경, 정서, 인지, 행동의 복잡한 상호작용을 고려할 수 있게 해준다는 것이다. 또한, 학생의 웰빙과 성과에 대한 폭넓은 견해를 인지하여 우리의 관심이 출석률이나 고립된 과제 완료와 같은 변인에 집중되거나 고군분투하며 탈락하는 유일한 수단으로 좁혀지지 않도록 한다. 몰입 관점은 학생들의 학습 동기에 대한 인식(즉, 인지적 몰입)과 학습활동에서 다른 사람과의 연결성과 학습환경에의 소속감(즉, 정서적 몰입)을 조성하는 인터벤션을 포함한 최적의 성과를 보는 관점을 재정비한다.

현 교육 분위기 속에서 학생의 교육 성과를 개선하기 위해 가족의 영향력과 인터벤션을 이용하려는 압력과 요구가 있다. 이를 위해 아동 행동 관리(예: Forgatch & Patterson, 2010), 숙제 완료 및 정리 지원(Langberg, 2014; Olympia et al., 1996), 학업 튜터로서의 부모 교육(예: Senechal, 2006)과 같은 효과적인 가정－지역사회 기반 가족의 교육적 인터벤션이 있다. 그러나 진정으로 학생들의 몰입과 교육을 위해서는 공유된 목적을 가지는 작업을 가정에서 시행하는 것 이상이 필요하다. 학업 문제를 학교－가정의 의사소통을 통해 공유하는 것은 동기 및 몰입과 관련이 있으며(Fan & Williams, 2010), 이러한 유형의 의사소통은 나머지 다른 학교와도 공유해야 한다. 교육자들의 어려움은 가족이 자녀나 청소년의 학교 성적을 어떻게 보조해야 할지 모르며, 그들이 특정한 정보를 위해 교육자들에게 눈을 돌리는 데 있다(Davies, 1991)는 것이다. 게다가, 학교 기반의 학부모 인터벤션은 학생들의 학업 성과와 일부 동기 구조(예: 인지된 역량과 통제; Grolnick & Slowiaczek, 1994) 및 몰입(Izzo et al., 1999)과 연관됨이 명백하다(Brown & Steinberg, 1991; Fan & Chen, 2001; Hill & Tyson, 2009), 그러나 연구는 학부모들이 자녀 교사들의 구체적인 초대(Ames, 1993)도 함께하며 학교 수준에서 학생들의 학습에 대한 관여를 위한 일반적인 초대(예: 학교 환영 행사)에도 응답하는 것을 제안한다. 학교 관련 인터벤션에 있어 가족의 중요성을 강조하는 것은 몇 가지 유망한 포괄적 학생 몰입 인터벤션에 가족 구성 요소를 포함하는 것이다(Archambault et al., 이 책자 참조). 따라서 학교와 교실의 맥락은 학교와 가정에서 부모의 관여에 중요한 역할을 한다(Hoover－Dempsey, Whitaker, & Ice, 2010).

그러나 우리는 가정이나 학교 둘 중 하나의 효과보다 가정과 학교의 시너지 효과의 가치와 힘, 그리고 학생 학습과 성공을 지원하기 위해 가정과 협력하는 교육자들의 노력의 중요성에 대해 광범위하게 집필하였다(Christenson & Reschly, 2010; Reschly & Christenson, 2009). 효과적인 가정－학교 협력 노력은 대화와 양방향 의사소통 및 자녀의 학교 성과에 대한 공유된 관찰에 초점을 맞춘 실천과 인터벤션에 의해 실용적으로 지지된다(Carlson & Christenson, 2005). 여기서는 이러한 가정－학교 파트너링 노력의 적절한 초점으로 학생 몰입을 추가한다. 부모들은 학생들의 동기, 인식, 흥미, 행동에 대해 독특한 관점을 가지고 있다. 게다가 가정 및 학교 맥락과 관심의 결과 사이의 연결고리인 몰입이 있다. 따라서 학부모와 교육자들이 학생 몰입을 이해하고 향상시키기 위해 함께 시너지 효과를 내는 것이 학생들을 교육한다는 공동의 목표가 고립되어 영향력을 사회화하는 것보다 더 효과적이다.

사회경제적 상황이나 다른 인구통계학적 위험 조건과는 달리, 부모들과 연계하고 어린이들과 청소년을 몰입시키는 것은 학생들의 능력 및 향상과 관련된 변수다. 가정-학교 인터벤션은 전형적으로, 가족과 함께 일하기 위한 교육자들의 준비 부족(Epstein & Sanders, 2006) 또는 제한된 지원 때문에 첫 번째 방법으로 여겨지지 않는다. 우리는 가정과 학교 환경 전반에 걸친 포용적이고 긍정적인 관계가 성취 또는 기회 격차라고 설명하든 간에 교육 격차를 해소하는 유망한 방법이라고 생각한다(Carter & Welner, 2013). 따라서, 가정과 학교(다른 많은 곳에서도)가 학생 몰입, 학습 및 발달을 촉진하기 위해 어떻게 협력할 수 있는지를 이해한다면, 모든 청소년의 역량 강화는 실현 가능하다(Weiss & Stephen, 2010). 우리는 다른 사람들과 마찬가지로(Crosnoe et al., 2010; Hess & Holloway, 1984) 학생들의 학습 기대치에 대한 일관되고 일치된 메시지가 학생들의 발달과 학업성취도를 향상시키는 강력한 방법을 제공할 뿐만 아니라 부정적인 동료들의 영향에 대해 대항할 수 있다고 추측한다. 여러 환경에서 메시지가 일치하기 위해서는 가정을 건설적이고 효과적인 학교-가족 파트너십에서 해결되어야 할 문제나 실체로 인식하지 않고, 교육 자원과 해결책의 일부로 간주한다. 이처럼 학교 직원들은 대화, 문제 해결, 공유된 기대에 대한 의사결정을 바탕으로 아동의 성공 향상을 위한 의미 있는 길을 만들기 위해 비난받지 않는, 비판적인 태도로 가족들에게 다가간다. 학부모들과 함께하는 이유는 항상 학생의 교육적 성공을 증진시키기 위함이다.

요약하자면, 몰입 하위 유형과 가족 참여 사이의 관계를 조사하는 연구는 비록 비교적 초기 단계일지라도, 학생 몰입을 향상시키기 위해 부모와 파트너 관계를 맺는 것이 중요하다고 보증하기에는 충분하다. 아이들의 학습, 발달, 그리고 몰입에 대한 가족의 영향은 실천가에 의해 무시될 수 없거나 무시되어서는 안 된다. 이 장에서 검토한 가족 영향에 근거하여, 우리는 실천을 위한 두 가지를 제안한다. 첫째, 인터벤션을 설계할 때 학교에 기반을 둔 실천가들은 Bempechat(1998)에 의해 탐구된 학습에 대한 학업적 지원과 동기부여적 가정 지원의 구별을 고려하는 것을 원할 수 있다. 학업적 지지에서는 매우 광범위하게 부모들이 자녀의 지적 및 인지적 발전을 촉진하는 방법에 대해 언급하였다. 그것은 부모가 하는 일이 숙제를 도와주는 것과 같이 자녀들의 학교 경험과 직결되는 것이다. 동기부여는 부모가 학교 성공에 필수적인 태도와 학습 접근의 개발을 촉진하는 방법을 가리킨다. 예를 들어, 학교 성적에 대한 노력만이 아니라 능력 중심적인 평가(예: "노력이 어떻게 성과를 냈는지 봐!", "독서를 훨씬 더 잘하고 있다"), 실수를 새로운 전략을 시도하기 위한 교훈으로 여기면서 계획을 따르고, 자녀가 도움을 요청할 때와 아이의 개선을 촉진하기 위해 개인적인 목표를 설정하며, 개선이 일어날 것이라는 자신감을 아이에게 표현하는 것이다. 그것은 부모들이 하는 일이 학교 성공(여전히 확실한 핵심)과 더 간접적으로 관련이 있다. 학창 시절과 긴 여름방학 동안 부모들이 제공하는 활동과 지도는 자녀들의 학습에 있어 중요한 역할을 한다. 게다가, 부모들이 자녀들에게 그들이 유능하고 중요한 개인이라고 믿게 하는 정서적 지원은 학교에 대한 아이들의 자신감뿐만 아니라 모든 삶에서 중요한 단계를 설정하는 데 중요하다.

둘째, 실천가는 학생 지원을 위한 적극적인 파트너십을 구축함으로써 가족 학습환경(또는 여기에서 검토한 가족 영향)의 긍정적인 효과를 극대화한다(Reschly & Christenson, 2012). 실제로 이는 교육자가 여러 가지 방법으로 부모가 참여할 수 있다고 믿고 자녀의 교육에서 부모의 역할을 인정하는 경우에 모든 가정이 성공적인 학습 성과의 가족 상관관계를 쉽게 구현할 수 있음을 의미한다. 교육의 가치와 학생들의 성공에 대한 기대감에 대한 메시지의 일관성과 적합성은 바람직할 뿐만 아니라 학생들의 몰입을 향상시키는 데 필수적이다.

제 6 장

또래와 몰입

제6장

또래와 몰입

학생 몰입은 학교에서의 학습에 있어서 중요하다(Christenson, Reschly, & Wylie, 2012; Fredricks, 2015). 학교에서의 학생 몰입은 표준화된 시험 점수 및 성적, 사회정서적 웰빙 및 낮은 중도탈락률과 관련이 있다(Fredricks, Blumenfeld, & Paris, 2004; Wang & Fredricks, 2014; Wang & Holcombe, 2010). 웰빙과 학업적 성취에 대한 몰입의 영향력 때문에 청소년 몰입에 기여하는 요소를 밝혀내려는 많은 연구가 이루어졌다. 몰입은 청소년이 경험하는 맥락적 특징에 민감하고 영향을 잘 받는 것으로 개념화된다(Fredricks, Filsecker, & Lawson, 2016). 예를 들어, 연구 결과에 따르면 교사의 지도, 정서적 지지 및 행동 관리는 학생 몰입에 영향을 미친다(Fredricks, 2011). 또래(peer)는 학교 안팎 청소년의 사회적 맥락에서 중요한 부분이다. 또래와의 관계가 몰입에 중요하다는 증거가 증가하고 있다. 이 장의 목표는 또래가 학생들의 몰입에 얼마나 중요한지를 고려하는 데 있다.

몰입은 광범위하고 통합적인 특성을 가진 매력적인 변인으로 청소년과 함께 일하는 실무자가 이해하기에 쉽고 현장에 적용하기 좋다. Fredricks 외 연구자들(2016)은 몰입을 관찰 가능한 행동, 내적 인지 및 감정을 포함하는 "메타 변인(metaconstruct)"이라고 부른다. 대부분의 학자들이 널리 사용하는 몰입 개념은 각각 특징이 구분되지만 서로 관련된 행동, 정서, 인지의 세 가지 차원으로 상정된다(Fredricks et al., 2004). 이 개념을 사용하여 검토하려고 한다. 행동적 몰입은 참여, 노력, 집중, 끈기, 긍정적 행동, 파괴적인 행동을 억제하는 것을 말한다. 정서적 몰입은 즐거움과 관심과 같은 긍정적인 영향과 분노, 좌절 또는 지루함과 같은 부정적인 영향이 줄어드는 것을 말한다. 인지적 몰입은 심층학습 전략, 자기 조절 및 비판적 분석을 말하며 개인이 학습하거나 활동의 숙달에 매우 집중할 때 발생하는 것이다. 이 장에서는 다른 연구의 저자들이 각기 다르게 부르는 용어들 대신 행동적 몰입, 정서적 몰입 또는 인지적 몰입의 정의를 사용했다. 예를 들어, 또래와의 관계와 학생들의 학업에 대한 내재적 가치에 관한 연구가 있는데 내재적 가치는 주제나 과제에 대한 즐거움 혹은 관심을 의미하므로 정서적 몰입의 범주에 포함시켰다. 때로 우리는 또래와 성취에 관한 연구도 포함시켰다. 성과는 몰입과는 구분되지만, 성취에 대한 연구는 특히 선행연구가 거의 없는 또래와의 관계와 몰입을 연구하는 데 유익하고 연관성이 있다.

이 장에서는 또래 관계와 관련하여, 또래 관계가 청소년들의 삶에 미치는 세 가지 주요 관점의 역할에 대해 논의한다: 사회화(또래는 사회적 주체이다), 사회적 지지(또래는 정서적 및 사회적 지지를 제공한다), 사회적 지위(또래는 사회적 지위 계층을 설정하는 맥락을 제공한다). 또한 각 관점에서, 또래와의 관계가 몰입에 영향을 미치는 방법과 이유에 대한 현재의 개념적 틀과 관련 이론을 논의하고, 학생 동료들의 몰입에 대한 관계의 측면을 연결시키는 실증적인 증거를 검토한다. 또한, 이 장은 집단따돌림과 피해가 어떻게 학생의 몰입에 영향을 미치는지를 다룬다. 그 다음으로, 청소년과 함께 일하는 교육자와 실무자가 긍정적인 또래 관계를 촉진하여 학생 몰입을 지원하는 방법을 주목한다. 첫째, 사회정서학습(social-emotional learning: SEL) 프로그램을 검토한다. 둘째, 정서적으로 지지하는 관계와 맥락 구축의 중요성 및 어른의 역할에 대해 논의한다. 마지막으로 이 장을 마치기 전에, 또래 관계 및 몰입에 관한 향후 연구의 중요한 방향성에 대해 논의할 것이다.

또래 관계와 몰입

사회화

또래는 신념과 행동이 사회화되는 맥락을 제공함으로써 학생의 적응에 영향을 미친다(Altermatt & Pomerantz, 2003; Kindermann, 2007; Ryan, 2000). 또래는 청소년들에게 이 세상에서 생각하고 행동하는 방법에 대한 제안과 선택을 제공하며, 그들의 반응과 평가는 개인의 신념과 행동을 확인, 유지 또는 변화시키는 역할을 한다. 사회인지이론(social cognitive theory)은 또래가 신념과 행동에 어떻게 영향을 미치는지를 이해하기 위한 이론적 틀을 제공한다. Bandura가 제시한 바와 같이, 사회인지이론은 청소년들이 다른 사람들과의 사회적 상호작용과 관찰을 통해 어떻게 지식, 기술, 전략, 신념, 행동, 심지어 감정을 얻는지를 규명한다. 학생들의 기능은 행동, 인지 및 환경적 사건이 상호작용하는 삼원적 상호결정론 모델로 설명된다(Bandura, 1986, 2001). 또래 관계는 청소년들에게 있어서 사회적 맥락의 중요한 부분이다.

사회화는 개인이 지식을 습득하고 동료, 특히 그들과 많은 시간을 보내는 친구들의 규범과 가치를 따르게 되는 과정이다(Kindermann & Gest, 2009; Ryan, 2000). 한 개인의 친구들의 특성은 시간이 지남에 따라 한 개인을 변화시킨다. 몰입도가 높은 친구와 함께 시간을 보내면 몰입을 촉진할 수 있는 반면에, 몰입도가 낮은 친구와 함께 시간을 보내면 시간이 지남에 따라 몰입 수준이 낮아진다(Shin & Ryan, 2014a). 이러한 또래 영향의 유형에 기반이 되는 메커니즘에는 정보 교환, 모델링 및 강화가 포함되며, 이러한 프로세스는 가장 친한 친구, 소수의 친구 또는 더 큰 그룹으로 전개될 수 있다. 정보 교환은 친구와 아이디어나 지식을 공유하는 사회적 상호작용이 학생의 신념이나 행동에 변화를 가져오는 방법을 말한다. 모델링 프로세스(modeling process)는 덜 직접적이며 다른 사람들을 관찰함으로써 얻게 되는 인식, 행동 또는 영향의 변화를 말한다. 특정한 행동을 하고 특정한 신념을 이야기하는 또래를 관찰함으로써 새로운 행동과 관점을 배울 수 있고 또한 그러한 행동과 의견의 결과를 알게 된다. 결과에 따라, 또래에 대한 관찰은 관찰하는 학생이 미래에 그러한 행동에 참여하거나 그러한 신념을 채택할 가능성을 강화하거나 약화시킬 수 있다(Bandura, 1986; Schunk & Zimmerman, 1997). 사회적 강화는 이 과정에서 중요한 역할을 할 것으로 추정된다(Prinstein & Dodge, 2008). 친구들에 의해 낙담되거나 부정적으로 받아들여진 신념과 행동은 다시 행할 가능성이 낮다. 반대로 친구들에게 격려받고 긍정적으로 여겨진 신념과 행동은 친구들 앞에 다시 행할 가능성이 높다.

또래의 신념과 행동을 사회화하는 방법을 조사한 많은 연구들이 학교에서 학생들의 우정 네트워크를 조사하였다.[1] 설문조사를 통해 연구자들은 학생들의 우정과 몰입 측면

---

1) 이 장은 사회발달심리학의 영역에서 이루어진 연구에 중점을 두고 서술한다. 이러한 관점으로 이 섹션에서 우리는 청소년과 그들 친구 사이의 사회화 과정에 초점을 둔다. 친구는 청소년과 또래 사이에 형성되는 자발적인 관계이다. 또한 사회화 과정은 협력이나 능력 중심 과제와 같은 교사에 의해 제공되는 교실 기반의 또래 관계와 연관 있다. 그러한 집단에서의 사회화는 몰입과 관련

을 포함하여 그들의 신념과 행동에 대한 정보를 수집하였다. 학교 친구들은 다양한 특성(예: 성별, 인종, 성적, 내재화 및 외재화 행동)에서 비슷한 경향이 있다는 것이 밝혀졌다(Veenstra & Steglich, 2012). 행동적 몰입에 대한 친구들 사이의 유사성에 대한 증거가 있다. 특히 친구들은 학업에 대한 노력의 행동이 유사하다는 것이 밝혀졌다(Berndt & Keefe, 1995; Kindermann, 1993; Ryan, 2001; Shin & Ryan, 2014a). 숙제하는 시간(Cohen, 1977)과 수업을 빼먹는 빈도수(Kandel, 1978)도 유사하였다. 정서적 몰입에 대한 친구들 사이의 유사성에 대한 증거도 있다. 특히 친구들은 학업에 있어서 내재적 가치, 흥미 및 즐거움이 유사한 것으로 나타났다(Ryan, 2001; Shin & Ryan, 2014a). 또한 친구들 간의 인지적 몰입도 비슷하다. 예를 들어, 청소년은 친구들과 도전에 대한 선호도(Altermatt & Pomerantz, 2003; Shin & Ryan, 2014b)와 성적표 및 시험 성적(Flashman, 2012; Ide, Parrkerson, Haertel, & Walberg, 1981; Ryan, 2001; Shin & Ryan, 2014a)도 유사하다. 이러한 친구 간의 유사성 현상은 동종선호(homophily)로 알려져 있다.

동종선호는 친구들이 서로에게 영향을 미친다는 증거가 아니다. 동종선호는 비슷한 특성을 가진 친구가 서로를 찾는 정도와 연계, 영향, 빈번한 상호작용으로 인해 친구들끼리의 태도와 행동 경향이 더 비슷해지는 정도에 영향을 주는 데 기여한다(Veenstra & Steglich, 2012). 학생들은 또래와 친교를 맺고, 그 우정은 발달 궤도에 영향을 주는 맥락을 만든다. 학생들은 자기와 몰입이 유사한 친구들을 고르게 되는 것은 자신의 목표와 부합하고 이전의 행동 경향과 일치하기 때문이다. 이러한 유사성 기반 선택은 대인 관계 매력 이론(Byrne & Griffitt, 1973 참조)과 일치하며, 이는 사람들이 긍정적인 강화를 제공하는 균형 잡힌 관계를 선호한다는 것을 강조한다. 물론 학생들은 몰입의 유사성에 근거하여 친구를 고르지 않을 수 있다. 친구가 모든 면에서 비슷할 수는 없으며, 몰입의 유사성이 청소년의 우선순위가 아니기 때문이다.

사회화와 선택을 분리하기 위해서는 종단적 데이터가 필요하다. 사회화를 분석하는 데 사용되는 방법(종종 또래 영향이라고도 함)은 지난 수십 년 동안 발전하였다. 수년간 연구자들은 단기 종단 설계를 사용하여 초기 친구 특성(1회)을 기준으로 학생 성과 변화(1–2회)를 예측하였다. 이러한 설계를 통해, 또래들이 행동적 몰입(즉, 학업에 대한 노력, Berndt & Keefe, 1995; Cohen, 1983; Epstein, 1983; Kandel, 1978; Kindermann, 1993 참조), 정서적 몰입(즉, 내재적 가치, Ryan, 2001 참조), 인지적 몰입(도전에 대한 선호도, Altermatt

---

있으나, 협력 학습, 교실 기반의 교사가 할당하는 집단, 몰입에 영향을 미치는 또래 사이의 역학 관계는 이 장의 범위를 벗어난다.

& Pomerantz, 2003 참조)과 성적(Ryan, 2001 참조)을 사회화한다는 증거가 있다. 지난 5-8년 동안 연구자들이 또래를 사회적 주체로 조사하는 방법들이 크게 발전하였다. 특히, 소셜 네트워크 분석의 발전으로 연구자들은 친구의 소셜 네트워크 및 개별 특성에 대한 정보를 여러 시점에 통합할 수 있으며 크기, 우정 관계가 상호적인 경향이 있는지의 여부 및 선택의 영향과 같은 또래 네트워크의 특성을 동시에 평가할 수 있다. Shin과 Ryan(2014a)은 이러한 분석적 접근 방식을 통해 친구들이 학년 내내 행동적 및 정서적 몰입(즉, 노력하는 행동과 학교에 대한 내재적 가치)을 사회화한다는 것을 발견하였다. 또 다른 연구에서 Shin과 Ryan(2014b)은 친구들이 학년 내내 사회화하는 것을 최종 목표로 한다는 것을 발견하였다. 따라서 친구가 자신의 능력을 개발하려고 노력하고 자신의 과제를 깊이 이해하려고 노력하는 경우, 자신도 학년 후반에 이러한 숙달을 위해 노력할 가능성이 크다. 학업성취를 사회화한다는 것은 인지적 몰입 또한 사회화할 수 있음을 시사한다(Flashman, 2012; Fortuin, van Geel, & Vedder, 2014; Shin & Ryan, 2014a).

관계성과 사회적 지지

또래가 몰입에 중요한 이유에 대한 또 다른 관점은 또래가 관계성과 사회적 지지를 제공한다는 것이다. 학생들이 또래들과 애정을 나누고 필요할 때 다른 사람들이 자신을 도와줄 것이라고 믿으면 주변 세계에 더 많이 몰입하게 된다. 이 관점은 또래 집단이나 친구의 특성보다는 또래 관계의 질과 성격에 중점을 둔다. 소속감, 자기결정성 및 사회적 지지에 관한 연구와 이론은 몰입을 위한 또래 관계의 이러한 측면의 의미를 이해하는 데 적합하다(Baumeister & Leary, 1995; Cohen & Wills, 1985; Ryan & Deci, 2000). 먼저 소속감, 관계성 및 사회적 지지가 적응에 어떻게 중요한지를 광범위하게 논의한 다음, 몰입의 세 가지 측면에 대한 구체적인 증거를 조사한다.

소속감은 인간의 기본적인 욕구로 이론화되며, 소속감이 충족되지 못했을 때, 비몰입을 포함하여 부정적인 결과를 초래할 수 있다(Baumeister & Leary, 1995). 한 개인은 다른 사람과의 대인관계를 형성하고 유지하기 위해 노력한다(McClelland, 1985). 이러한 욕구가 충족되고 소속감을 갖게 되는 결과는 몰입에 중대한 영향을 미친다. 소속감(상호 관계 속 지속적이고 비혐오적인 관계로 정의)은 긍정적인 적응과 관련이 있으며, 소속감이 부족한 경우, 웰빙에 어려움을 겪는다(Baumeister & Leary, 1995 참조). 부모나 보살핌을 주는 어른과의 유대 관계에 중점을 둔 애착 이론과는 달리, 소속감은 더 광범위하게 적용되도록 이론화되며 청소년 몰입을 위한 또래 관계의 중요성을 개념화하는 것과 관련이 있다.

자기결정성 이론(Self-determination theory)은 기본적인 인간의 욕구로써 (자율성과 유능감에 대한 욕구와 함께) 관계성의 욕구를 규정하는데, 몰입을 위한 시사점에 대해 더 구체적이다(Ryan & Deci, 2000). 핵심 원리는 상황적 맥락이 개인의 욕구를 지원할 때, 내재적 동기와 몰입이 향상될 수 있는 단계를 설정한다는 것이다. 관계성은 몰입을 위한 중요한 요소이며, 관계성이 없으면 불만과 비몰입이 발생한다(Skinner, Kindermann, & Furrer, 2009). 자기결정성 이론의 관점에서의 연구는 아동의 욕구와 동기부여와 관련하여 부모와 교사의 역할에 더 자주 초점을 맞추어 왔으나, 또래가 학교 환경과 관계성 및 몰입 향상 문제에 기여한다는 증거가 있다(Furrer & Skinner, 2003).

사회적 지지에 관한 연구와 이론은 청소년 몰입에서 또래의 역할을 이해하는 데도 관련이 있다(Cohen & Wills, 1985). 사회적 지지는 다른 사람들과의 관계와 연결의 요소를 포함한다는 점에서 관계성 및 소속감과 유사하다. 그러나 사회적 지지의 개념은 더 광범위하며, 필요한 경우에는 다른 사람들이 도움을 제공할 것이라는 믿음을 포함한다. 사회적 지지는 다른 출처(예: 부모 및 교사)로부터 올 수 있지만, 또래의 사회적 지지는 학교에서 학생들의 학업 적응에 중요한 것으로 밝혀졌다(DuBois, Felner, Brand, Adan, & Evans, 1992; Wang & Eccles, 2012; Wentzel, Battle, Russell, & Looney, 2010). 또래 사회적 지지는 정서적 또는 정보 지원의 형태를 취할 수 있다. 정서적 지지와 관련하여 또래는 학교에서 검증과 격려를 받으며 심지어 안전을 느끼게 하는 원천이다. 정보 제공과 관련하여 또래는 귀중한 정보와 조언을 제공할 수 있다.

또래에 관한 학생들의 설문조사를 통해 학교에서 또래들과 함께 인식하는 소속감 또는 사회적 지지에 대한 일반적인 감정을 조사한 많은 연구들이 있다(Goodenow, 1993; Roeser, Midgley, & Urdan, 1996; Wang & Eccles, 2012; Wentzel, 1994). 예를 들어, 소속감 측정의 샘플 항목은 "교실의 친구들은 나에게 친절하다"(Goodenow, 1993)이다. 관계성 측정의 샘플 항목은 "친구들과 함께 있을 때 소속감을 느낀다"(Furrer & Skinner, 2003)이다. 또래 사회적 지지의 측정에는 정서적 지지(예: "학교에 있는 내 친구들은 나를 존중하고 관심을 가져준다"(Song, Bong, Lee, & Kim, 2015))와 정보 지원(예: "어려운 일을 수행할 때 친구들에게 지원을 요청할 수 있다")의 요소가 포함된다(Song et al., 2015). 대부분의 연구는 동료로부터의 다양한 사회적 지지 요인을 하나의 일괄적인 또래 사회적 지지 척도로 구성하거나(Song et al., 2015; Wang & Eccles, 2012) 동료들과의 관계성과 소속감에 대한 전반적인 감정을 조사하였다(Anderman & Anderman, 1999; Furrer & Skinner, 2003; King, 2015).

학교에서 학생들의 관계성 또는 소속감은 몰입을 포함한 광범위한 적응 지표와 관련이 있는 것으로 밝혀졌다(Becker & Luthar, 2002; Juvonen, 2007; Osterman, 2000 참조). 대부분 연구가 횡단연구이므로 영향의 방향과 관계성이 몰입으로 이어지는지 또는 몰입이 관련되어 이어지는지를 확인하기가 어렵다. 종단연구에 따르면, 학생들의 관계성 또는 소속감은 시간의 흐름에 따른 행동적 몰입(예: 노력이 많은 행동, Furrer & Skinner, 2003; King, 2015; Mikami, Ruzek, Hafen, Gregory, & Allen, 2017 참조) 및 정서적 몰입(예: 애착, King, 2015 참조)의 증가를 예측한다. 학교에서 학생 동료 지원에 대한 학생들의 인식은 중학생 때 정서적 몰입의 변화를 예측하는 것으로 밝혀졌다(예: 긍정적 애착, Wang & Eccles, 2012 참조). 4년 동안 고등학교를 대상으로 한 종단연구에 따르면, 소속 학교에서 개인 간 관계 변화가 정서적 몰입에 중요하다는 것이 밝혀졌다. 학생들은 고등학교 재학 시기에 정서적으로 더 적극적 몰입을 한 것으로 보고되었다(예: 학교를 즐기는 것, Gillen-O'Neel & Fuligni, 2012).

사회적 지위

또래 사이에는 서열 체계가 발달해 있고 학생들은 사회적 지위로 알려진 위치(position)와 평판을 가지고 있다. 학생의 사회적 지위는 학생의 행동적 및 정서적 몰입에 영향을 미친다. 사회적 지위에 대한 이론과 연구는 서로 다른 형태의 사회적 지위를 구별하였다(Rodkin & Ryan, 2012). 호감도는 동료의 수용 또는 사회적 선호도를 반영한다. 그것은 일반적으로 동급생이 좋아하고 싫어하는 또래에 대한 결정으로 평가된다(Cillessen & Rose, 2005). 반대로 인기는 또래들 사이의 사회적 지배력, 가시성 및 명성을 말하며, 이는 일반적으로 "인기" 또는 "쿨"한 것으로 인식되는 동료들의 지명으로 평가된다(Bellmore, Villarreal, & Ho, 2011). 호감도와 인기는 적당히 상관관계가 있지만 다른 행동 패턴과 연관되어 있기 때문에 몰입에 다른 영향을 미친다.

호감도가 높은 청소년 행동의 상관관계를 조사한 대규모 연구에 따르면, 이들은 또래와 잘 지내며 협조적이다. 다른 사람들과 쉽게 의사소통하기 때문에 학교에서 잘 지낸다(Rodkin & Ryan, 2012). 호감도가 높은 청소년들은 다른 사람들을 기꺼이 도와주고 다른 사람들도 그들을 기꺼이 도와준다. 또래 친구들은 그들과 함께 일하는 것을 좋아하고, 교실에서의 사회적 상호작용은 이러한 학생들에게 긍정적이고 생산적인 경향이 있다. 이것은 호감도가 높은 청소년이 학교에 긍정적으로 정서적 몰입을 한다는 것을 시사하지만, 이 연구는 호감도와 관련하여 정서적으로 몰입하는 학생들에 대한 보고를 구체적으로 조사하지 않았다. 호감도와 행동적 몰입에 관한 대부분 연구는 횡단연구이다. 그러나 Ladd,

Herald–Brown과 Reiser(2008)의 한 종단연구에 따르면, 유치원에서 어린이의 호감도는 초등학교 전체의 교실 참여 증가를 예측한 것으로 나타났다. 또 다른 종단연구에 따르면 4학년의 호감도는 긍정적인 교사–학생 관계에 의해 설명되는 변화 이상으로 6학년 내내 행동적 몰입의 덜 가파른 감소를 예측했다(De Laet et al., 2015). De Laet 연구에서는 숙제와 교실에서 주의를 기울이면서 과제를 수행하는 항목으로 몰입을 측정하였다.

인지적 몰입과 관련하여 호감도를 조사한 연구는 없지만, 성취에 관한 연구는 긍정적인 관계성을 시사한다. 횡단연구에서 Wentzel과 Caldwell(1997)은 초기 청소년 학생들의 호감도는 학년과 양적인 연관성이 있음을 발견하였다. 호감도와 학업성취도 사이의 긍정적인 연관성은 학교에서 여러 해 동안 시간이 지남에 따라 안정적이었다(Wentzel, 2005). 예를 들어, 한 연구에 따르면 고등학교 학창 시절에 호감도와 평균 성적 사이의 안정적인 연관성이 발견되었다(Schwartz, Gorman, Nakamoto, & McKay, 2006). 또한, 종단연구는 학업성취도가 시간이 지남에 따른 호감도를 일관되게 예측하기 어려우며, 학업성취도는 다소 덜 일관성이 있는 양방향 효과를 나타낸다.

반대로, 인기가 없는 청소년은 낮은 수준의 호감도를 경험하고 많은 동료들이 그를 싫어한다. 이 청소년들은 교실에서 몰입을 방해하는 수많은 문제에 직면한다. 인기가 없는 청소년들은 그들의 삶에서 외로움, 좌절, 슬픔이 더 커지는 경향이 있다(Boivin, Hymel, & Bukowski, 1995; Kupersmidt, Buchele, Voegler, & Sedikides, 1996; Parkhurst & Asher, 1992). 그들은 또한 학교 관련 스트레스와 불안감, 자의식 또는 대중 노출에 대한 감정을 보고한다(Goodenow, 1993; Inderbitzen, Walters, & Bukowski, 1997). 공격성에 문제가 있는 거부된 학생들은 학업보다는 또래와의 갈등에 집중할 수 있다. 거부된 학생들은 자주 다른 사람들이 자신을 왜 싫어하는지 걱정하는 데 시간을 보낼 수 있다. 이러한 부정적인 감정과 인지적 스트레스 요인은 학업적 어려움과 낮은 성적을 통해 드러난다(Boekaerts, 1993). 거부된 학생들은 학업 준비 및 성취 감소와 직접 관련된 것으로 밝혀졌으며 교육 환경을 피하고자 교실 참여 및 몰입 및 동기가 감소하는 징후를 보인다(Buhs & Ladd, 2001; Furrer & Skinner, 2003; Hymel, Comfort, Schonert–Reichl & McDougall, 1996; Wentzel & Asher, 1995; McDougall, Hymel, Vaillancourt, & Mercer, 2001). 더욱이 거부된 청소년들은 호감도가 높은 학생들에 비해 결석률과 학교 중도탈락률이 훨씬 높다(Cillessen & van der Berg, 2012; Hymel et al., 1996; Wentzel & Asher, 1995). 요약하면, 거부된 청소년은 호감 있는 학생들과 비교해 정서적, 행동적, 인지적 몰입이 낮은 것으로 나타났다.

학교에서의 인기와 몰입의 관계는 선행연구와 일치하지 않는다(Cillessen & van der Berg, 2012). 이러한 엇갈린 결과는 인기 있는 청소년들의 종류가 다양하기 때문일 것이다. 일부 청소년들은 친사회적인 반면, 다른 청소년들은 관계적으로 또는 신체적으로 공격적이다(Vaillancourt, Hymel, & McDougall, 2003). 평판은 특히 공격적인 어린이의 행동적 몰입에 위험 요소가 될 수 있다. Troop－Gordon, Visconti 및 Kuntz(2011)는 평균 이상의 공격성을 가진 아동의 경우, 인기가 학교 회피율을 높이고, 4학년과 5학년에 걸쳐 학업성취도를 떨어뜨릴 것으로 예측하였다. 그러나 De Laet 등(2015)은 4학년의 인기는 4－5학년의 행동적 몰입의 변화(예: 수업에서 집중)와 관련이 없었지만, 공격과 상관없이 5－6학년의 몰입 감소를 예측하였다. 정서적 또는 인지적 몰입과 관련하여 인기의 영향을 조사한 연구를 찾을 수 없다. 성취도와 인기의 연관성은 문헌에서 일관성이 없으므로 인지적 몰입에 대한 단서를 제공하지 않는다. 일부 연구는 인기와 학년 사이에 약간의 정적 연관성을 발견하지만(LaFontana & Cillessen, 2002) 다른 연구에서는 연관성을 찾지 못한다(Meijs, Cillessen, Scholte, Segers, & Spijkerman, 2010). 그리고 여전히 부적 연관성을 밝힌 연구도 있다(De Bruyn & Cillessen, 2006).

집단따돌림(Bullying)과 피해(Victimization)

불행히도, 최근 몇 년간 어른들의 평가와 관심이 높아졌음에도 불구하고 집단따돌림과 피해는 학교 안팎의 청소년들 사이에서 발생하고 있다. 집단따돌림은 한 명 이상의 학생이 다른 학생에게 반복적으로 오랫동안 원치 않는 부정적인 행동을 하는 것을 말한다(Juvonen & Graham, 2014). 집단따돌림은 다른 학생에게 해를 끼치려는 의도이며, 종종 피해자보다 가해자에게 유리한 힘의 불균형을 의미한다. 피해자는 괴롭힘을 피하는데 자주 절망감을 느낀다. 집단따돌림은 직접적이거나 간접적일 수 있다. 직접적인 괴롭힘은 자연적으로 명백하며 때리거나 밀치는 것과 같은 신체적인 공격이나 누군가를 욕하거나 모욕하는 것과 같은 언어적인 공격을 수반할 수 있다. 간접적인 괴롭힘은 더 교묘하며, 누군가의 사회적 지위와 우정의 조작을 의미하는 관계적 공격을 포함한다. 관계적 공격은 관심과 우정을 철회함으로써 의도적으로 배제하거나 소문 및 험담을 퍼뜨리거나 뒤에서 놀림으로써 누군가의 평판을 손상시키려는 행위를 포함할 수 있다. 따돌림은 직접적으로 당하거나 사이버 따돌림, 즉 소셜 미디어 웹사이트, 문자 메시지와 같은 디지털 매체를 통해서도 이루어질 수 있다. 집단따돌림의 정의에는 반복의 요소가 포함되어 있지만, 전문가들은 교육자들에게 공격적인 행동의 반복이 나타날 때까지 기다리지 말라고 간청한다. 정신적 트라우마는 많은 두려움과 학대를 유발한다(Juvonen & Graham, 2014).

대규모 조사 연구에 따르면, 학교 청소년의 약 20－25%가 가해자, 피해자 또는 둘 다로서 집단따돌림에 직접 관여하고 있다(Juvonen & Graham, 2014). 청소년의 약 4－9%가 자주 따돌림을 당하고, 학령기 아동 및 청소년의 9－25%가 따돌림의 피해자인 것으로 추정된다(Berger, 2007). 시간이 지남에 따라 가해자와 피해자 그룹 간에 약간의 중복이 있다. 몇몇 연구 중 하나는 집단따돌림과 피해의 중복을 조사하였다. Scholte, Engels, Overbeek, Kemp와 Haselager(2007)의 종단연구에 의하면, 어린 시절 가해자로 알려진 학생 표본 중 9%가 청소년기의 피해자로 밝혀졌지만, 어린 시절 피해자로 알려진 학생의 6%가 청소년기의 가해자인 것이 밝혀졌다.

Juvonen과 Graham(2014)은 문헌을 검토한 결과, 집단따돌림이 학교의 피해자와 가해자 모두에게 부정적인 영향을 미친다는 연구 결과가 많이 있다고 보고하였다. 따돌림의 피해자는 불안, 우울증, 신체 건강 문제 및 사회 적응 문제를 가질 비율이 높다. 따돌림을 당한 학생은 학교에 덜 몰입하게 되며 성적과 시험 점수가 떨어진다. 유년기와 청소년기에 따돌림을 당하면 장기적인 결과를 초래할 수 있으며 성인의 적응에 영향을 줄 수 있다. 가해자들에게도 적응 문제가 있다. 가해 학생들은 학교에서 다른 품행 문제를 일으킬 가능성이 크다는 것은 놀랍지 않다. 게다가, 가해 학생은 일반 학생보다 신체 건강에 문제가 있을 가능성이 크다. 부정적인 결과를 가질 위험이 가장 큰 그룹은 다른 사람을 괴롭히는 가해자와 피해자인 학생들이다. 집단따돌림에 대한 연구는 가해자이든 피해자이든 집단따돌림에 연루된 사람들의 행동적, 정서적 또는 인지적 몰입에 해로운 영향을 미친다는 것을 보여준다. 집단따돌림과 피해가 몰입과 어떻게 연결되어 있는지에 대한 자세한 내용은 이 책의 15장(Green, Holt, Oblath, & Furlong)을 참조하면 된다.

몰입을 촉진하기 위한 또래 관계 지원

이 장에서 설명했듯이 학생들의 또래 관계는 몰입에 중요하다. 청소년을 대하는 교사 및 실무자들은 학생들의 잠재력을 최대한 발휘하기 위해 청소년의 사회적, 정서적 욕구를 충족시켜야 한다는 인식이 높아지고 있다(Weissberg & Cascarino, 2013). 이 부분에서는 교육자와 실무자가 청소년의 또래 관계를 지원할 수 있는 두 가지 접근 방식에 관해 설명한다. 첫째, SEL(사회정서학습)에 중점을 둔 프로그램에 대해 논의한다. 학교에서 이러한 프로그램의 실행은 최근 몇 년 동안 크게 성장하였다. 둘째, 우리는 돌봄과 정서적 지지 관계의 중요성을 논의한다. 어른과 청소년 사이뿐만 아니라 청소년들 사이의 긍정적인 관계가 증진되는 정서적 지지 맥락을 확립하기 위해 어른들이 할 수 있는 일에 대해 논의한다.

사회정서학습 프로그램

사회정서학습(SEL)은 개인이 감정 관리, 긍정적인 목표 설정, 타인에 대해 공감 및 관계를 형성하고 유지하며 책임 있는 결정을 내리는 데 필요한 지식, 태도 및 기술을 습득하고 적용하는 방법을 말한다(Weissberg & Cascarino, 2013). 따라서 SEL은 긍정적인 사회화와 사회적 지지 및 공평한 사회적 지위(모든 동료에게 친근하고 환영하는 태도)를 촉진한다. 이러한 기술은 청소년이 세상에 긍정적으로 몰입하고 궁극적으로 좋은 시민과 직장인이 되는 데 중요한 것으로 여겨진다. SEL 프로그램은 문제를 공략해 위험을 줄이기보다는 사회정서적 능력을 높이고 자산을 구축함으로써 긍정적인 결과를 촉진해 긍정적인 청소년 발달을 도모하는 데 초점을 둔다(Brackett & Rivers, 2014).

CASEL(Collaborative for Academic, Social, and Emotional Learning)은 양질의 SEL(사회정서학습) 프로그램에 대한 정보를 옹호하고 전파하는 비영리 단체이다. CASEL 웹 사이트(www.casel.org)는 SEL 홍보를 위한 모범 사례와 220개 이상의 다양한 프로그램을 제공한다. CASEL은 SEL과 관련된 5가지 핵심 역량을 설명한다. (1) 자기 인식 또는 자신의 감정과 생각 및 행동에 대한 영향을 정확하게 인식하는 능력을 말한다. (2) 자기 관리 또는 다양한 상황에서 자신의 감정, 생각 및 행동을 효과적으로 조절하고 개인 및 학업 목표를 설정하고 수행할 수 있는 능력을 말한다. (3) 사회적 인식 또는 다양한 배경과 문화에서 다른 사람들을 바라보고 공감할 수 있는 능력, 가족, 학교 및 지역사회 자원과 지원을 인식할 수 있는 능력을 말한다. (4) 관계 기술 또는 명확하게 의사소통하고, 적극적으로 경청하고, 협력하고, 갈등을 건설적으로 협상하고, 필요할 때 도움을 구하고 제공함으로써 다양한 개인 및 그룹과 건강하고 보람 있는 관계를 확립하고 유지하는 능력을 말한다. (5) 결정을 선택하는 책임 혹은 능력은 개인행동과 사회적 상호작용에 대해 건설적이고 존중하는 선택을 하는 것이다. 윤리적 표준, 안전 문제, 사회적 규범, 행동에서 비롯된 결과와 자신과 타인의 웰빙에 대한 평가를 말한다. 이러한 핵심 역량을 통해 학생들은 사회화, 사회적 시시 및 공평한 사회적 지위(즉, 모든 동료에 대한 친근감과 환영의 태도)와 관련하여 동료와의 긍정적인 관계를 장려받고 혜택받을 수 있다.

현재 다양한 SEL 프로그램이 있으며 몇몇 프로그램은 다른 프로그램들보다 더 효과적이다. 학교에서 사용되는 213개 SEL 프로그램의 효과에 대한 분석에서, Durlak, Weissberg, Dymnicki, Taylor 및 Schellinger(2011)는 교사가 SEL 프로그램을 효과적으로 관리하고 특정 특성을 가질 때 그러한 프로그램에 참여하지 않은 학생들보다 유치원에서 고등학교까지의 학생들이 성취도와 사회정서적 기술의 향상을 나타내었으며, 반사회적 행동을 보여주지 않았다는 것을 발견하였다. 구체적으로 Durlak 등(2011)은 효과적인 SEL 프로그램의 4가지 핵심 요소를 식별하였다. (1) 연속성. 분리된 방식으로 기술을 가르치기보다는 SEL 기술을 개발하도록 돕는 일련의 활동이 있음을 의미한다. (2) 적극성. 학생들이 역할 연기 및 새로운 기술 연습과 같은 활동에 참여하여 적극적인 학습에 몰입하고 있음을 의미한다. (3) 초점화. 적어도 프로그램의 일부분은 특별히 학생들에게 개인적인 기술 또는 사회적 기술을 가르치는 데 할애된다. (4) 명시성. 이는 프로그램이 일반적으로 친사회적 기술에 초점을 맞추기보다는 특정 SEL 기술의 향상을 목표로 한다는 것을 의미한다. 학생들이 집단따돌림을 보고하거나 다른 사람을 존중하도록 격려하는 일회성 학교 회의와 같은 특성이 없는 프로그램은 일반적으로 사회정서적 기술을 가르치는 데 효과적이지 않다. SEL 프로그램은 잠재성이 있지만, SEL 프로그램의 구성 요소가 의미 있는 방식, 즉 어른과 청소년의 빈번한 상호작용에 지속해서 포함되는 방식으로 통합되지 않기 때문에 그 효과는 종종 제한적이다(Jones & Bouffard, 2012). 실제 생활의 지속적인 관계의 맥락 안에서 사회정서적 기술을 개발해야 한다. 따라서 어른이 청소년과 정서적으로 지지하는 관계를 형성하고 청소년이 또래와 긍정적인 관계를 형성할 수 있는 정서적으로 지지하는 맥락을 만드는 것이 중요하다.

정서적으로 지지하는 관계와 맥락

교사 및 다른 어른과 정서적으로 지지하는 관계는 몰입을 촉진한다(Roorda, Jak, Zee, Oort, & Koomen, 2017; Roorda, Koomen, Spilt & Oort, 2011). 특정 환경(예: 교실 또는 방과 후 프로그램)에서 청소년이 담당 어른과 정서적으로 지지적인 관계를 맺을 때, 그들은 안전하고 편안하게 느끼고 긍정적인 또래 관계를 형성할 가능성이 더 높다(Allen, Pianta, Gregory, Mikami, & Lun, 2011). 청소년이 다른 사람과 사회적으로 연결되어 있다고 느끼면, 활동에 몰입할 가능성이 크다. 따라서 몰입을 장려하기 위해 교사와 청소년 실무자는 정서적으로 지지하는 맥락을 만들어야 한다. 정서적으로 지지하는 맥락은 긍정적인 관계, 애착, 존중 및 의사소통이 특징이다. 갈등, 냉소 및 무례와 같은 부정적인 영향은 드물다.

어른들이 진정으로 학생들을 알고, 그들의 욕구에 민감하고, 효과적으로 학생들과 의사소통하고, 학생들 간의 긍정적인 관계를 장려할 때, 긍정적인 관계가 형성될 수 있는 환경이 만들어진다(Brown & Knowles, 2014; Charney, 2002; Pianta & Hamre, 2009).

청소년들과 함께 일하는 교사들과 다른 사람들이 정서적으로 지지하는 맥락을 만들기 위해 할 수 있는 일들이 많이 있다(Brown & Knowles, 2014; Charney, 2002; Patrick, Mantzicopoulos, & Sears, 2012; Pianta, Hamre, & Mintz, 2010). Ryan, Urdan 및 Anderman(2017)은 청소년과 정서적으로 지지하는 관계를 촉진하는 몇 가지 유형의 어른 행동을 설명하였다. 첫째, 어른은 함께하는 청소년들에 관심을 보임으로써 청소년과의 관계를 구축하기 위해 노력해야 한다. 질문하고 개인 정보를 공유하면 관계 구축이 쉬워질 수 있다. 수업이나 활동에 들어가기 전에 어른들은 개인적인 관계를 형성하는 데 시간을 할애할 수 있다. 프로그램을 시작할 때 또는 학년도 초반에, 어른은 모두가 서로를 더 잘 알게 되는 목표를 가지고 활동에 몰입할 수 있다. 둘째, 어른은 긍정적인 방식, 긍정적인 기대, 긍정적인 행동 및 영향 표시 등 긍정적인 방식으로 소통해야 한다. 청소년이 참여하고 싶은 태도와 행동을 모델링한다. 학생 이름을 사용한다. 학생들이 동료의 아이디어와 의견에 건설적으로 반응하도록 격려한다. 학생들이 동료들에게 의견을 밝히지 않으면 빨리 개입한다. 마지막으로, 청소년의 관점을 듣고 이해하려고 노력한다. 질문하고, 진행 상황을 확인하며 문제를 알아본다. 필요한 경우 도움을 제공한다. 융통성을 유지하고, 가능한 경우에는 아이디어를 통합한다. 개인적인 관계를 구축하고, 긍정적 의사소통을 지원하며, 청소년의 관점에 대해 배우는 데 도움이 되는 어른 행동 목록은 표 6.1을 참조한다.

교사의 정서적 지원은 교실에서의 공격, 집단따돌림 및 피해를 줄이며, 더 광범위한 학생 동료 관계 형성, 더 많은 사회적 행동, 호감도 상승, 더 긍정적인 학생 동료 평판을 포함하여 여러 가지 차원에서 긍정적인 학생 동료 관계를 촉진한다는 연구 결과가 있다(Chang, 2004; De Laet et al., 2015; Hughes & Chen, 2011; Hughes & Im, 2016; Luckner & Pianta, 2011; Howes, Hamilton, & Matheson, 1994). 최근의 한 연구는 교사의 정서적 지원이 또래 관계와 몰입에 어떤 영향을 미치는지를 강조한다. Kim과 Capella(2016)는 교사의 정서적 지원(질 높은 수업과 체계적 결합)이 학생들의 행동적 몰입에 대한 또래 관계 문제의 부정적인 영향을 줄였다는 것을 발견하였다.

정서적으로 지지하는 맥락을 만드는 일부는 조율(attunement)처럼 보인다(Gest & Rodkin, 2011). 조율(attunement)은 어른이 학생들 간에 누가 서로 친구인지, 어떤 친구들이 인기가 있고 거절을 당하는지를 알 때를 말한다. 현재까지의 연구는 교사를 조사하여

표 6.1 ❙ 정서적으로 지지하는 관계 및 맥락을 만드는 데 도움이 되는 행동

- 청소년과의 개인적인 관계를 구축하세요.
  - 질문을 통해 함께 과제를 수행하는 청소년을 파악하세요.
  - 자신에 대한 정보를 공유하세요.
  - 활동을 탐구하기 전에 개인적인 관계를 형성하는 데 시간을 투자하세요.
  - 특히 연초에, 청소년이 또래를 알 수 있는 활동을 계획하세요.
- 긍정적인 방식으로 의사소통을 하세요.
  - 긍정적인 행동에 대한 감사를 표시하세요.
  - 긍정적인 기대를 표현하세요.
  - 청소년들 사이를 존중 및 격려하세요.
  - 학생들의 이름을 사용하세요.
  - 긍정적인 영향을 표시하세요.
- 청소년의 관점을 이해하려고 노력하세요.
  - 청소년 발전을 체크 및 모니터링하세요.
  - 도움이 필요할 때 학생들에게 응답하세요.
  - 생각을 끌어내기 위해 질문을 하세요.
  - 진정으로 학생들의 의견을 경청하세요.
  - 유연하게 행동하고 청소년의 생각을 통합시키려고 노력하세요.

교사 간의 조율에 약간의 변동성이 있음을 발견하였다(Gest, Madill, Zadzora, Miller, & Rodkin, 2014). 일부 교사는 학생들의 또래 관계에 대해 많은 것을 알고 있으며 다른 교사는 알지 못하는 것으로 나타났다. 한 연구에서 교사의 기분이 학생들의 소속감에 대한 보고와 긍정적으로 연관되어 있었다(Hamm, Farmer, Dadisman, Gravelle, & Murray, 2011). 또 다른 연구에서는 조율이 분노와 부정적으로 연관되어 있고, 집단따돌림의 피해자를 방어하려는 학생의 의지와 긍정적으로 연관되어 있었다(Neal, Cappella, Wagner, & Atkins, 2011). 조율은 학생들의 정서적 몰입(학교에서 정서적 유대감과 내재적 가치, Gest et al., 2014)에도 중요한 것으로 밝혀졌다.

교사가 정서적으로 지원하는 맥락을 만드는 기술을 개발하는 데 도움이 되는 유망한 프로그램과 인터벤션은 My Teaching Partner(MTP; Allen et al., 2011)이다. MTP는 수업의 질적 수준과 관련하여 널리 사용되는 표준화된 관찰 프로토콜인 클래스룸 평가 점수

시스템(즉, CLASS, Pianta et al., 2010)에 상응하는 교수 수행과 교사–학생 간 상호작용을 지원하는 전문성 개발 도구이다. CLASS는 3가지 핵심 영역에 중점을 두고 있으며, 그중 하나가 정서적 지원이다(다른 하나는 교육적 지원 및 조직이다). 정서적 지원과 관련하여 교사는 긍정적인 분위기(관계, 애착, 존중, 의사소통), 부정적인 분위기(징벌, 냉소/무례, 부정), 민감도(인식, 반응, 문제 해결을 위한 행동, 안락함), 청소년의 관점(유연성, 자율성 지원, 현재 생활과의 관계 및 의미 있는 학생 동료 상호작용)을 고려한다. MTP에 대한 연구에 따르면, 교사는 교실에서의 교수 수행 및 교사와 학생의 상호작용을 향상하기 위해 훈련받을 수 있다(Allen et al., 2011; Allen, Hafen, Gregory, Mikami, & Pianta, 2015).

정서적으로 지지하는 맥락에서 청소년들 사이 집단따돌림과 피해는 거의 없어야 한다. 지금까지 청소년들의 집단따돌림에 특히 영향을 미치는 프로그램과 교사 관행에 많은 관심이 있었다(American Educational Research Association, 2013). 집단따돌림에 대한 어른의 태도가 중요하다(Swearer, Espelage, & Napolitano, 2009). 일부 어른은 집단따돌림을 정상적인 청소년 행동으로 보고, 다른 어른은 집단따돌림을 용납할 수 없는 행동으로 간주한다. 어른이 집단따돌림을 정상적인 행동으로 간주하면, 청소년들은 따돌림 행동을 무시하고 따돌림을 계속할 가능성이 크다. 반면에 어른이 집단따돌림을 문제로 보고 있으면, 집단따돌림 사건에 신속하게 대응할 가능성이 크며 따돌림의 발생률은 낮아질 것이다. 따라서 어른은 집단따돌림이 문제이며 피해자에게 심각한 부정적인 결과를 초래할 수 있음을 인식해야 한다. 또한, 어른은 학생들이 집단따돌림을 보고하도록 격려하고 보고를 받았을 때 대응할 수 있다. 보통 피해자는 따돌림을 당하는 것에 대해 당혹스러워하고, 가해자는 이러한 사건을 스스로 보고해서 유리할 것이 없다고 생각한다. 어른이 학생이 피해자임을 의심할 경우, 해당 학생에게 문제에 관해 이야기할 수 있는 안전한 공간을 제공하기 위해 공개적인 요청을 할 수 있다.

결론

우리는 이 장이 독자들에게 또래 관계가 몰입에 어떻게 그리고 왜 중요한지, 그리고 어른이 청소년을 위한 긍정적인 또래 관계를 지원하기 위해 무엇을 할 수 있는지를 고려하는 데 도움이 되길 바란다. 우리는 이 장에 대한 결론을 내리며 또래와 몰입에 대한 추가적인 통찰력을 제공할 수 있는 미래의 연구 가능성을 논하고자 한다.

우리는 몰입을 위해 또래가 어떤 역할을 하는지에 대한 세 가지 관점(사회화 주체, 사회적 지지 및 사회적 지위)을 검토하였으며, 각 관점 내에서 또래가 몰입에 중요하다는 증거가 있음을 보여주었다. 우리가 요약한 대부분의 연구는 교실과 학교에서의 청소년에 대해 다루었으며, 학교 과업에 몰입하는 것에 대해 다루었다. 우리는 더 넓은 함의를 이끌어냈고, 또래와 몰입을 또래가 상호작용하고, 청소년이 학교 환경의 안팎에서 몰입하는 것 이상으로 논의하였다. 향후 연구를 위한 중요한 방향은 운동, 음악, 연극 또는 캠프 환경과 같은 학교 밖에서의 몰입에 대한 또래 관계의 영향을 조사하는 것이다. 우리는 그러한 비교과 활동에서의 신념과 행동에 대해 교우가 중요하다는 것을 알고 있다(Fredricks et al., 2002). 대부분의 비교과 환경은 학생들이 자발적으로 선택한 것이거나 학생들이 해당 환경 내에서 더 많은 선택을 할 수 있다. 이러한 자율성은 청소년이 또래와 상호작용하는 방식에 방향성을 가져다준다. 다양한 환경에서 행동적, 정서적, 인지적 몰입과 관련하여 또래 사회화, 사회적 지지 및 지위 역할에 대한 구체적인 고려는 유익할 수 있다.

향후 연구를 위한 또 다른 흥미로운 영역은 몰입을 위한 또래 관계의 특성과 영향이 서로 다른 과목 영역에 걸쳐 유사하거나 다른지 여부이다. 최근 수학과 과학에서 몰입을 촉진하는 방법이 관심받고 있다. 이러한 주제에서 몰입을 이해하는 것은 중요하며 또래 관계의 특정 요인이 있을 수 있다. 예를 들어, 사회적 비교는 영어나 사회 연구에서 과제를 작성하는 것보다 "맞고 틀리고"를 비교하는 것이 더 쉬운 수학과 과학에서 더 두드러질 수 있다. 또래의 능력에 대한 이러한 정보는 학생들이 서로 어떻게 몰입하는지에 영향을 줄 수 있다. 수학과 과학의 또래 상호작용에서의 성(gender) 역할에 대한 더 많은 주의가 필요하며 유익할 수 있다. 앞으로의 연구에서 다룰 수 있는 몇 가지 흥미로운 질문은 다음과 같다. 수학과 과학에 대한 몰입과 관련하여 또래 사회화 과정에 성별 차이가 있는가? 사회적 지지가 수학과 과학에 대한 여학생의 몰입에 더 중요한가? 수학과 과학 분야의 교우들 사이에서 남학생이 높은 지위를 가질 가능성이 더 큰가? 그리고 동기부여와 몰입에 대한 시사점은 무엇인가?

우리는 어른이 청소년 또래 관계에서 역할을 할 수 있는 두 가지 가능한 방법에 대해 논의하였다. 이는 SEL 프로그램을 실행하거나 정서적으로 지지하는 맥락과 관계를 만드는 것이다. 최근 또래 관계에서 어른(대부분 교사)의 역할에 관한 관심이 높아졌다(Farmer, Lines, & Hamm, 2011). 교사는 청소년 몰입에 위협이 되는 집단따돌림 및 피해와 같은 문제에 대한 관심이 높아짐에도 불구하고 또래 관계 지원에 대한 교육을 거의 또는 전혀 받지 않는다. 우리는 최근 이 분야의 전문성 개발을 위한 노력의 중요성에 대해 논의하였다(MTP; Allen et al., 2015). 그러나 또래 관계 관리에서 교사 또는 청소년 실무자를 가장 잘 지원하는 방법에 대한 전문성 개발에 관한 관심이 필요하다. 교사 연수를 위한 중요한 논의 중 하나는 지원 시기인데, 기술(skill)에 대한 개발 지원이 가장 유익할 때를 찾는 것이다. 또래 관계 관리에 대한 인식은 예비 교사의 교육 기술 초기 개발과 통합하거나, 실습 기반의 지식과 기술 개발을 기초로 하는 현장 전문성 개발을 통해 가장 잘 배울 수 있다. 이 주제에 대한 연구가 비교적 새로운 것이기 때문에, 청소년의 또래 관계를 관리하는 지식, 기술, 전략 및 과제에 대해 청소년과 함께 일하는 교사 또는 다른 어른과의 인터뷰는 연구에 유익하다.

결론적으로, 또래는 청소년 몰입을 위한 다양한 방법 중의 하나로 중요하다. 또래는 신념과 행동의 발달에 기여하는 중요한 사회적 주체이다. 또래는 소속감, 관계성 및 사회적 지지를 제공한다. 또래는 학생들이 학교에서 자신을 식별하고 다른 역할을 수행하는 상황을 제공한다. 일부 교우들은 가해자, 일부 청소년은 피해자이다. 이러한 다양한 메커니즘을 통해 또래는 몰입에 영향을 미친다. 그러나 어른은 교실, 프로그램 및 활동에서 발전하는 또래 관계에서 중요한 역할을 한다. 어른은 SEL 프로그램을 실행하고 정서적으로 지지하는 관계와 맥락을 만들어 긍정적 청소년 관계의 발전을 촉진할 수 있다.

제 7 장

학생들의 교실 몰입 향상을 위한 교사 중심 인터벤션

제7장

학생들의 교실 몰입 향상을 위한 교사 중심 인터벤션

전 세계의 어느 교실에 들어가는 것을 상상해보아라. 문을 들어서며 학생들이 학교 생활에서 의미 있는 학습 경험을 하고 있는지, 수업은 어떻게 진행되고 있는지 궁금할 것이다. 그러한 판단을 하기 위해서 당신은 여러 교실 활동과 현상들에 주의를 기울일 수 있다(Hattie, 2009). 우리는 학생들이 학습 자료에 얼마나 적극적으로 몰입되어 있는지를 관찰하는 것이 가장 좋은 출발점이라고 생각한다. 만약 학생들의 몰입도가 낮다면 우려할 것이다. 그리고 학생들이 수동적이거나 반항적으로 비몰입을 한다면, 많이 우려할 것이다. 반면 학생들이 적극적으로 몰입하고 있다면, 당신은 학생들이 배우고 발전하며 수업이 잘 되고 있음을 알 것이다.

학생 몰입

몰입이란 무엇인가?

몰입이란 학생이 학습 활동에 얼마나 적극적으로 참여하는지를 일컫는다(Christenson, Reschly, & Wylie, 2012; Wellborn, 1991). 그러나 학생 몰입은 목적이 있으므로 이러한 서술적 진술보다 더 확장된 의미를 갖는다. 학생 몰입의 발생에는 이유가 있다. 몰입은 목표 지향적이고 목적 지향적인 행동이다. 몰입된 학생들은 다음 세 가지 목적 중 하나 이상을 달성하기 위한 행동을 취하고 있다.

1. 학업을 발전시킨다. 몰입된 학생들은 더 나은 작가, 더 나은 음악가가 되며, 그들은 새로운 기술을 개발하고 기존의 기술을 향상시킨다(Cheon, Reeve, & Moon, 2012; Ericcson, Krampe, & Tesch-Romer, 1993). 이러한 지식, 기술, 재능의 증가는 학교에서 잘하고 더 높은 성적과 표준화된 시험 점수를 얻는 것과 같은 교육적 성취를 가능하게 한다(Alexander, Entwisle, & Dauber, 1993; Ladd & Dinella, 2009).

2. 그들의 동기를 만족시킨다. 몰입된 학생들은 호기심을 충족시키고, 흥미를 추구하며, 자기효능감을 높이고, 심리적 욕구(예: 자율성, 유능감, 관계성)를 충족시킨다(Reeve & Lee, 2014). 몰입을 증가시킴으로써, 학생들은 자신만의 동기를 가진 건축가가 된다(예를 들어, 학생들은 노력과 끈기를 통해 자기효능감을 높일 수 있다; Reeve & Lee, 2014).

3. 동기부여를 위한 지속적인 학습환경을 조성한다. 몰입된 학생들은 흥미롭고 중요한 활동을 추구하며, 수준 높은 교사와 동료의 지원을 요청한다(Reeve, 2013). 몰입을 증가시킴으로써, 학생들은 그들만의 학습환경 건축가가 된다(예를 들어, 교사들은 몰입한 학생들에게 더 많은 지원을 제공한다; Matos, Reeve, Herrera, & Claux, 2018).

몰입-비몰입

몰입은 밝은 면과 어두운 면을 동시에 가지고 있다. 어두운 면은 비몰입이다. 비몰입 학생들은 학습 활동을 피하거나 아예 중단한다. 몰입과 비몰입은 상반되는 것이 아니라 잠재적인 학습 활동과 상호작용하는 두 가지 다른 방식이다. 몰입-비몰입은 다른 원인(선행요인)을 가지고 있고 또한 서로 다른 교실 결과를 초래한다. 이는 실제로 교육자와 연구자가 중요한 교실 현상인 몰입과 비몰입을 깊이 이해할 필요가 있음을 의미한다.

몰입과 비몰입에 대한 우리의 이중 강조는 자기결정성 이론(SDT; Ryan & Deci, 2017)과 특히 SDT 프레임워크 내의 이중 프로세스 모델에서 비롯된다(Bartholomew, Ntoumanis, Ryan, Bosch, & Thøgersen-Ntoumani, 2011; Vansteenkiste & Ryan, 2013). 이중 프로세스 모델의 전제(및 반복된 결과)는 학생들의 적응 기능(예를 들어, 몰입)이 "밝은 쪽" 선행요인(예를 들어, 교사 지원, 학생 만족도)에서 상대적으로 많이 나오고 "어두운 쪽"

과정에서는 상대적으로 거의 나타나지 않지만, 학생들의 부적응 기능(예를 들어, 비몰입)인 어두운 면의 선행요인(예를 들어, 교사 통제, 학생 욕구 좌절)에서는 비교적 많이 발산하나 밝은 면의 과정에서는 상대적으로 적게 나타난다는 것이다(Bartholomew et al., 2011; Cheon, Reeve, & Ntoumanis, 2018; Cheon, Reeve, & Song, 2016; Finn, Pannozzo, & Voelkl, 1995; Gunnell, Crocker, Wilson, Mack, & Zumbo, 2013; Jang, Kim, & Reeve, 2016; Haerens, Aelterman, Vansteenkiste, Soenens, & Van Petegem, 2015).

다차원 구조

몰입과 비몰입은 행동, 정서, 인지, 그리고 주도성의 각기 다르지만 상호 연관되어 있는 다차원적 현상이다(Christenson et al., 2012; Fredricks, Blumenfeld, & Paris, 2004; Reeve, 2013; Skinner, Kindermann, Connell, & Wellborn, 2009; Skinner, Kindermann, & Furrer, 2009).

몰입의 네 가지 차원

행동적 몰입은 학생이 학습 활동에 얼마나 열심히 관여하는지를 말한다(Skinner et al., 2009). 행동적으로 몰입된 학생들은 학습 활동에 높은 에너지를 투자하고, 지속적으로 몰두해서 학습한다. 또 그들은 시간을 초과하여 학습한다(즉, 열심히 공부한다). 정서적 몰입은 학습 활동 중 긍정적으로 평가되고 에너지를 조절하는 감정(예를 들어, 흥미)을 경험하는 것을 말한다. 정서적으로 몰입된 학생들은 학습 활동(즉, 열정적으로 공부)에 대한 자신의 몰두를 느끼고 즐긴다. 인지적 몰입은 정교화나 조직화와 같은 정교한 학습 전략을 사용하는 측면에서 학생들이 얼마나 전략적으로 학습을 시도하는지를 나타낸다(Walker, Greene, & Mansell, 2006). 인지적으로 몰입하는 학생들은 다가오는 성과와 결과를 최적화하기 위해 전략적인 문제 해결과 미래 지향적인 멘탈 시뮬레이션을 수행한다(즉, 전략적으로 공부한다). 주도적 몰입은 학생이 얼마나 의도적이고 적극적으로 학습 조건과 상황을 개인화하고 개선하며 만들어내려는 하는지를 나타낸다(Reeve, 2013). 주도적으로 몰입된 학습자는 학습환경의 제공자(교사)와 거래하여 그들의 의견을 제시하고, 제안하며 그들의 선호도를 표현하며, 그들이 무엇을 하고 싶은지를 교사에게 알려준다(즉, 능동적으로 학습).

더 높은 수준의 기술을 개발하고, 심리적 욕구를 충족시키고, 더 큰 교사 지원을 얻기 위해서 학생들은 열심히 학습할 수 있고, 열정적으로(정서적 몰입), 전략적으로(인지적 몰입), 또는 능동적으로(주도적 몰입) 또는 이러한 행동 방법 중 하나 이상을 수행하여 목적을 달성할 수 있다(즉, 열심히, 열성적으로 학습한다). 이 네 가지 요인은 각각 독립적인 방식으로 작용하는 것이 아니라, 서로 긍정적으로 공변하는 경향이 있다. 이러한 이유로 우리(및 다른 사람들)는 학생들의 교실 몰입을 평가할 때, 학생들이 이 네 가지 요인 모두를 어느 정도까지 발생시키는지를 평가한다. 우리는 학생들이 어떤 몰입 방식을 추구하는지보다 그들이 얼마나 그 학습 과정에 몰입하고 있는지에 관심이 있기 때문이다(Jang et al., 2016; Reeve & Lee, 2014). 때로는 학생들의 적응적 기능에 대한 몰입 단일 구성 요소의 고유한 기여도를 조사하기도 했다(일반적으로 주도적 몰입; Reeve, 2013).

비몰입의 네 가지 차원

행동적 비몰입은 학습을 하지 않고, 노력을 피하거나 노력을 보다 빨리 중단한다(Jang et al., 2016). 행동적 비몰입은 학생들이 학습 활동을 피하고(일반적으로 다른 일을 함으로써), 미루고, 통과할 수 있을 만큼만 하고, 어려움, 도전, 혼란 또는 실패에 직면하면 노력을 철회(중단, 포기)한다. 정서적 비몰입은 학습 활동 중 부정적으로 평가되는 우울함(예를 들어, 슬픔) 또는 에너지 분산(예를 들어, 불안감)의 감정을 말한다. 정서적으로 비몰입되어 있는 학생들은 학습 활동에 참여하는 동안 기분이 나쁘거나, 갈등 또는 정서적인 압박감을 느낀다. 인지적 비몰입은 어떤 일을 하거나 배울 때 계획되지 않고 체계적이지 않은 전략(예를 들어, 가장 먼저 떠오르는 것을 하는 것)만을 사용하는 것을 말한다(Elliot, McGregor, & Gable, 1999). 주도적 비몰입은 수동적 그리고 일방적 지시를 받는 것을 말한다(Reeve, 2013). 주도적 비몰입 학생들은 그들의 의견을 제시하거나 학습환경 제공자와 협상하거나, 그들의 흥미, 목표 및 욕구에 더 잘 맞도록 수업을 개인화하려고 하지 않고 학습환경 제공자가 시키는 대로만 할 뿐이다.

이러한 서로 다른 네 가지 비몰입 요소를 확인함으로써, 우리는 학생들이 학업적 발전을 피하고 동기를 소홀히 하고, 동기가 비활성화된 무관심한 학습환경을 만드는 것에 대한 네 가지 다른 방법을 추구할 것을 제안한다. 발전을 이룰 수 있는 기회를 피하고, 심리적 욕구를 등한시하고, 학습하는 상황을 "있는 그대로" 받아들이기 위해서 학생들은 학업을 중단하고(행동적 비몰입), 표현이 고갈되고(정서적 비몰입), 피상적으로 수행하며(인지적 비몰입), 수동적으로 수행할 수 있다(주도적 비몰입). 또는 이러한 행동 방식 중 하나 이상을 수행할 수 있다(즉, 수동적이고 피상적으로 수행하기). 네 가지 요인은 독립적인 방식으로 작용하는 것이 아니라, 서로 긍정적으로 공변하는 경향이 있으며, 이러한 이유로 우리는 문헌 조사에서 네 가지 비몰입 요인을 동시에 평가한다(Cheon, Reeve, & Ntoumanis, 2018; Jang et al., 2016; Reeve & Lee, 2014).

맥락적 지원과 좌절

다른 사람들처럼(Skinner et al., 2009), 우리는 학생들의 몰입－비몰입이 학생들의 기초적이고 개인적으로 경험된 동기를 공개적으로 관찰할 수 있는 표현으로 개념화할 수 있을 정도로 학생들의 학업적 동기와 밀접하게 연관되어 있다고 본다. 우리는 학생 몰입－비몰입은 비동기 출처에서 발생할 수 있음을 이해한다(예를 들어, 과제 난이도; Gendolla, Richter, & Silvia, 2008). 하지만 우리의 인터벤션 기반 연구에서는 동기의 변화가 몰입－비몰입의 상응하는 변화와 밀접한 관계임을 강조한다. 학생들은 중요한 몰입 유발 동기(예를 들어, 흥미, 목표, 자기효능감)를 가지고 있지만, 우리는 SDT(Ryan & Deci, 2017)를 사용하여 학생들의 수준 높은 동기를 심리적 욕구 만족의 정도로 정의하고, 학생들의 수준 낮은 동기를 심리적 욕구 불만족과 좌절의 정도로 규정한다(Cheon, Reeve, Lee, & Lee, 2018).

학생들의 기본 보편적인 심리학적 욕구

SDT에 따르면, 모든 학생은 세 가지 기본 보편적인 심리학적 욕구, 즉 자율성(자신의 행동에서 의지와 자기계발을 경험하고자 하는 욕구), 유능감(환경과의 상호작용에서 향상과 효과성을 경험하고자 하는 욕구), 그리고 관계성(관계 속에서 따뜻하고 친밀하고 열렬하고 상호적인 보살핌을 경험하고자 하는 욕구)을 가지고 있다. 교육 중 이러한 욕구의 만족도는 학생이 얼마나 능력을 발휘하고, 적응 기능(예를 들어, 내재적 동기, 몰입)을 발휘하는지를 결정하는 반면, 이러한 욕구의 좌절은 학생들이 얼마나 고통받고, 허둥대고, 부적응 기능(예를 들어, 무동기, 비몰입)을 보이는지를 결정한다(Reeve, Ryan, & Deci, 2018; Ryan & Deci, 2017).

"기본(Basic)"은 학생들이 심리적인 욕구가 기분 좋은 날, 긍정적인 웰빙, 활력, 활기를 경험하게 하는 '필수적인 영양소'로서 기능한다고 설명한다(Ryan & Deci, 2017; Sheldon, Ryan, & Reis, 1996). 심리적 욕구 만족은 학생들의 교실 몰입에 필요한 것을 제공하는 반면, 이러한 필수 요소의 좌절은 비몰입으로 이어진다(Jang et al., 2016).

"보편적(Universal)"은 모는 학생이 나이, 성별, 언어, 사회경제적 지위, 국적, 문화, 능력 수준, 특수한 요구 상황 또는 시간의 흐름에 관계없이 본질적으로 이 세 가지 욕구를 가지고 있다고 설명한다(Chen et al., 2015; Chirkov, Ryan, & Sheldon, 2011). 이는 심리학적 욕구를 지원하고 심리적 욕구 불만을 최소화하기 위한 교육전략이 학생들의 인구학적 특성에 따라 달라지는 것이 아니라 모든 학생에게 동일하게 적용된다는 것을 의미한다. 학생들의 수준 높은 동기를 강화하고 학생들의 수준 낮은 동기를 줄이기 위해 간접적인 접근법을 채택한다. 즉, 학생들의 동기의 질에 대해 알기 위해 학생들과 직접적으로 작업하기보다는 학생들의 선생님들과 함께 작업하는 것(즉, 학생들을 돕고, 선생님들과 함께 무언가를 하는 것)이 더 건설적이라는 것을 알게 됐다. 우리의 모든 인터벤션에서는 사회심리학적 이론적 틀을 채택하여, 수업 중 교사들의 동기유발 스타일이 학생들의 동기와 교실 몰입/비몰입을 결정하는 중요한 사회심리학적 요인임을 강조한다.

교사들의 동기유발 스타일

동기유발 스타일은 교사들이 학생들을 학습 활동에 참여시키기 위해 일반적으로 사용하는 대인관계 말투와 대면 행동이다(Reeve, 2009, 2016). 일찍이 동기유발 스타일은 양극 연속형 위에 한쪽 끝에는 높은 자율성 지원 스타일, 다른 쪽 끝에는 고도의 통제 스타일을 배치할 수 있는 하나의 구조로 개념화되었다(Deci, Schwartz, Sheinman, & Ryan, 1981). 자율성 지원 스타일과 통제 스타일은 학생들의 동기, 몰입, 적응 기능의 밝은 면을 활성화하는 자율성 지원 스타일과 학생들의 동기, 비몰입 및 부적응 기능의 어두운 면을 활성화하는 교사의 통제적 스타일로 구분되는 두 개의 개별 차원으로 존재한다(Bartholomew et al., 2011; Cheon, Reeve, & Ntoumanis, 2018; Cheon et al., 2016; Haerens et al., 2015).

자율성 지원 방식은 학생들의 심리적 욕구를 인정하고 지원하며 활성화하여 상호 간의 이해를 도모하는 교수법이다(Reeve, 2016). 교사들은 지지적인 어투(즉, 높은 톤, 천천히 말하기, 온화한 음성; Zougkou, Weinstein, & Paulmann, 2017)와 학생들의 관점을 취하고, 수업 중에 그들의 심리적 욕구를 활성화시키며, 요구된 행동과 절차에 대한 합리적인 설명을 제공하는 것과 같은 행동을 통해 소통한다(Reeve, 2009). 표 7.1은 6가지 이론 기반 및 실증적으로 입증된 자율성 지원 교수행동을 구분하고 정의한다. 이러한 자율성 지원 교수행동은 각각 학생들이 높은 욕구 만족도와 낮은 욕구 좌절감을 경험할 수 있도록 돕는다(Cheon et al., 2016). 따라서 적응형 교실 기능(몰입, 개념적 학습)과 긍정적인 교육 성과(높은 성취, 웰빙)를 보여줄 수 있다(Assor, Kaplan, & Roth, 2002; Cheon & Reeve, 2015; Cheon et al., 2012).

표 7.1 ‖ 자율성 지원 교수행동을 위한 6가지 제안사항

1. 학생들의 관점을 취하기

교사는 학습 활동과 교실 활동을 학생의 입장이 되어 바라본다. 교사는 학생들의 관점을 더 잘 이해하기 위해 자신의 관점을 축소하고, 수업 전후에 학생들의 욕구, 목표, 선호도, 감정을 주의 깊게 관찰한다. 이를 위해, 교사는 학생들의 의견을 구하고 형성적 평가를 수행한다.

2. 학생들의 심리적 욕구 활성화

교사는 자율성, 유능감, 관계성에 대한 학생들의 심리적 욕구를 충족시킴으로써 학생들의 교실 몰입이 촉진되고 조절될 수 있는 기회를 제공하는 수업을 설계한다(표 7.2 참조).

3. 합리적인 설명 제공

교사는 학습 활동 중 노력을 하는 것이 왜 학생들에게 개인적으로 유용한 일이 될 수 있는지를 설명한다. 이는 교사에 의해 깨닫지 못한 이점을 알게 되어 특히 학생들이 '할 가치가 없는 일'을 '할 가치가 있는 일'로 전환하도록 동기부여하고 상대적으로 흥미롭지 않은 활동이나 수업 절차 또는 교사 요구에 몰입하도록 할 때 도움이 된다.

4. 허용적이고 정보를 제공하는 언어 사용 필요

학생들이 그들의 행동을 시작하거나 변화시키려고 할 때 선택권, 유연성, 이해를 제공하면서 압력을 최소화하기 위한 교사의 언어적 및 비언어적 의사소통

5. 부정 정서 표현 승인 및 수락

교사는 학생들의 염려와 부정적인 감정에 대해 민감하며 관용을 보인다. 교사는 자신의 요구가 학생들의 선호도와 상충하고 대립할 수 있다는 것과 학생들의 불평과 저항이 학생들 입장에서는 타당하고 정당한 반응일 수 있다는 것을 인정해야 한다. 학생들의 의견(조언)으로, 교사는 덜 매력적이고 갈등을 유발하는 자신의 수업을 재구성하여 학생들에게 더 매력적인 것이 되도록 할 기회를 제공한다(표 7.3 참조).

6. 인내심 발휘

교사는 차분하게 학생의 의견, 주도권 및 의지를 기다린다. 교사는 학생들에게 학습 활동 동안 스스로 비활동의 무력을 극복할 수 있을 때까지 필요한 시간과 공간을 준다. 교사는 학생들이 그들 자신의 속도와 자연스러운 리듬으로 학습할 수 있도록 허용한다.

이러한 자율성 지원 교수행동이 어떻게 학생 몰입을 촉진할 수 있는지를 설명하기 위해, 표 7.2는 "학생들의 심리적 욕구를 활성화한다."라는 자율성 지원 교수행동을 특별히 포함한다. 그리고 교사들이 수업 중에 학생들의 자율성, 유능감, 그리고 관계성을 충족시키기 위해 말하고 수행할 수 있는 세 가지 구체적인 예를 제시한다.

자율성 지원 교수행동이 어떻게 학생 비몰입을 약화시키는지를 설명하기 위해 표 7.3은 "학생들의 부정 정서 표현을 인정하고 받아들인다"라는 자율성 지원 교수행동을 특별히 포함한다. 그리고 수업 동안에 학생들의 심리적 욕구 좌절을 감소시킬 수 있도록 교사가 무엇을 말하고 수행해야 하는지에 대한 하나의 구체적 예시를 제시한다.

교사의 통제는 학생들이 교사가 정한 방식으로 사고하고 느끼고 행동하도록 하는 대인관계적 압박의 어조를 통한 교육의 전달이다(Reeve, 2016). 교사들의 압력을 불어넣는 음성(즉, 낮은 음조, 큰 음조, 빠른 음조, 거친 음질; Zougkou et al., 2017)과 학생들의 입장과 목소리를 숨기는 것과 같은 교수 행위들, 즉 규정 준수를 유도하는 언어로 의사소통을 하며(예를 들어, 꼭 해야 한다, 해야만 한다), 권력 또는 지배력을 주장하고(예를 들어, 고함, 위협), 설명 없이 지시하는 등의 교수행동(Bartholomew et al., 2018; Reeve, 2009)을 의미한다. 이러한 각각의 통제적인 교수행동은 학생들이 높은 욕구 좌절과 낮은 욕구 만족을 경험하게 하고(Cheon et al., 2016), 결국 부적응적인 교실 기능(무동기, 비몰입, 피상적인 학습)과 부정적인 교육적 결과(반사회적 행동, 일빙(ill−being))를 나타내게 한다(Assor, Kaplan, Kanat− Maymon, & Roth, 2005; Assor et al., 2002; Cheon, Reeve, & Ntoumanis, 2018; Haerens et al., 2015; Hein, Koka, & Hagger, 2015).

실험적으로 설계된 연구는 자율성 동기유발 방식이 학생들의 동기와 성과에 미치는 촉진 효과가 인과관계임을 확인한다(Cheon & Reeve, 2013; Cheon et al., 2012; Jang et al., 2016).

표 7.2 ❙ 수업 동안 학생들이 심리적 욕구를 활성화하는 "방법"을 배울 수 있도록 돕기 위한 세 가지 예시 스크립트

학습 활동 중 학생들의 자율성을 활성화하기 위해:

학생들에게 학습 활동 내에서 자기 방향을 결정하도록 기회를 제공하라.

학생들에게 그들이 무엇을 할 것인지, 어떻게 할 것인지를 말하게 하고, "무엇을 하고 싶니?"라고 묻는다.

학습 활동 중 학생들의 유능감을 활성화하기 위해:
학생들에게 도달할 숙련도 수준, 이루어야 할 목표, 모방할 역할 모델을 제시하거나 과제를 해결하는 데 필요한 지침과 함께 학생 자신의 과거 성과를 능가하도록 제안하는(이것을 할 수 있겠니?) 등의 방법으로 학생들에게 최적의 도전을 제공한다.

학습 활동 중 학생들의 관계성을 활성화하기 위해:
두 학생을 모이게 하여 "함께 공부하고 서로에게 의미 있는 피드백을 제공"하도록 함으로써 사회적 사고방식과 함께 학생 동료 간의 공동체적, 사회적 상호작용에 참여할 수 있는 기회를 제공한다.

표 7.3 ▎ 학생들의 부정 정서 표현을 승인 및 수락하는 "방법"을 교사들이 배우는 데 도움이 되는 하나의 예시 스크립트

학생이 부정 정서를 표현할 때(예를 들어, 수업 중 지루함)

부정 정서를 인정한다:
"오늘 수업은 모두가 지루하고 열정이 없는 것으로 보이는 것 같던데, 내 말이 맞니?"

부정 정서의 반복 활동에 대해 잠재적으로 유효한 응답으로 받아들인다:
"그래, 이해해. 우리는 전에도 이런 똑같은 절차를 여러 번 연습했었지?"

부정 정서를 없애는 방법에 대한 학생들의 의견과 제안을 받아들인다:
"좋아, 그럼 우리가 어떻게 다르게 할 수 있을까? 어떻게 하면 이 수업을 더 흥미진진하게 할 수 있을까? 제안할 의견이 있니?"

즉, 교사들이 학생들의 자율성을 더 지원하기 위해 동기부여 방식을 바꾸는 방법을 배울 때, 학생들은 더 큰 만족감을 느낀다. 이와 같은 연구 결과는 또한 통제하는 동기부여 방식이 학생들의 심리적 욕구를 좌절시키고 분노와 불안과 같은 부정적인 감정을 불러일으킴으로써 학생들에게 직접적으로 해를 끼친다는 것을 확인시켜준다(Assor et al., 2002; Reeve & Tseng, 2011a). 동기부여 방식의 인과관계를 인지하여, 교사들이 수업 중 학생들을 더 자율적으로 지원하고 덜 통제하는 방법을 배울 수 있도록 돕기 위해 정규 인터벤션 프로그램이 개발되었다.

교사 중심의 자율성 지원 인터벤션 프로그램 연구

인터벤션은 (학생을 위한) 표준이 되는 수업이나 (교사를 위한) 표준적인 전문성 발전 기회를 통해 이끌어내기 어렵다고 입증된 일부 기존 조건을 변경하기 위한 단계별 행동 계획이다. 우리 연구의 프로그램에서 관심을 둔 "기존 조건"은 교사들이 보다 자율적인 동기부여 방식을 개발하도록 돕는 것이었다(Cheon et al., 2012; Reeve & Cheon, 2016).

연구 설계 및 인터벤션 경험

모든 인터벤션 연구에서는, 먼저 무작위로 교사를 실험(인터벤션) 집단 또는 통제(인터벤션 없는) 집단에 배정하고, 실험 조건의 교사들을 한 학기 동안 세 파트의 인터벤션에 참여하게 하여, 종단연구 설계를 통해 한 학기 동안 학생 및 교사의 적응성, 부적응 교실의 기능을 추적했다. 두 가지 결과가 일관되게 나타났다: (1) 교사들은 전문성 개발 기회(즉, 인터벤션 경험)를 활용하여 교실 동기부여 방식의 질적 수준을 의미 있게 향상시키며, 그렇게 할 때 (2) 학생과 교사는 학생에 대한 포용력 향상, 교사들의 직업 만족도 증대 등 중요하고 광범위한 방식으로 이익을 얻는다(Cheon et al., 2016; Cheon, Reeve, Yu, & Jang, 2014).

우리는 교사 중심의 이론적 인터벤션을 자율성 지원 인터벤션 프로그램이라고 부른다(ASIP; Cheon et al., 2012). 그림 7.1과 같이, 우리는 ASIP를 워크숍 기반의 세 파트로 구성된 인터벤션으로 제공한다. 제1부와 제2부는 학기 시작 전(즉, 교사가 학생들과 교류를 시작하기 전, 교사 학생 관계가 안정되기 전)이며, 제3부는 학기 중 약 1개월 동안 이루어진다. 통제 조건에 있는 교사들은 기존의 동기부여 스타일(예를 들어, "평소처럼 연습")을 사용하여 가르치며, 이와 관련 교실의 데이터는 교사들의 동기부여 스타일과 학생들의 동기, 몰입-비몰입, 교육적 성과 측면에서 전형적으로 어떤 일이 일어나는지를 우리에게 알려준다. 그림 7.1은 우리가 일반적으로 학기 시작, 중간, 학기 말에 종속적 측정값을 종단적으로 평가한다는 것을 보여준다.

제1부는 정보 기반의 3시간 길이의 워크숍이다. 전반적으로 자신의 동기부여 스타일과 특히 자율성 지원 스타일 및 통제 스타일 측면에서 자신을 성찰하도록 돕는 준비 활동으로 시작한다. 예를 들어, 교사들이 자율성 지원 교육과 통제적 교육을 얼마나 개인적으로 지지하는지를 이해하기 위해 교육 시나리오 설문지(Reeve et al., 2014; 표 7.1, p. 96

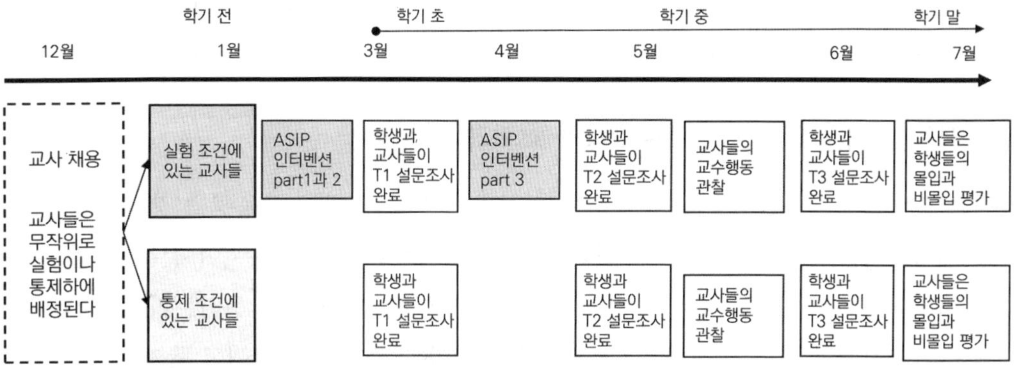

그림 7.1 ▎ 데이터 수집의 세 가지 흐름을 보여주는 일반적인 3 part 자율성 지원 교사 교육 프로그램의 설계 및 타임라인

참조)를 작성한다. 제1부 전체에 걸친 워크숍에서는 자율성 지원 교육을 소개하고, 통제적 교사와 대조하며, 자율성 지원의 이점과 통제에 따른 손실의 실증적 증거를 제공한다. 또한 앞서 표 7.1에서 설명한 6가지 자율성 지원 교수행동 제안사항을 소개한다.

제2부는 기술(skill) 기반(방법)의 3시간 길이의 워크숍으로 같은 날, 1부가 끝난 후 점심시간 휴식 후에 열린다. 2부에서는 6가지 자율성 지원 교수행동을 실시간 및 비디오로 녹화된 예시로 제공하며, 주로 자율성 지원 교육 시뮬레이션 활동에 따라 수행되는 권장 교수행동의 "방법"을 모델링, 설명, 코칭, 스캐폴딩, 연습 및 토의하는 것을 중심으로 제안한다. 예를 들어, 표 7.2는 "수업 중 학생들의 심리적 욕구를 활성화한다."라는 3개의 간단한 교사 추천 스크립트(각각의 심리적 욕구를 뒷받침하는 하나의 스크립트)를 제공하고, 표 7.3은 "부정 정서 표현을 인식하고 받아들인다."라는 교사 추천 스크립트를 제공한다. 2부에서는 교사들이 어떻게 하는지를 배울 수 있도록 도와준다. (1) 각각의 자율성 지원 교육방법을 만든다. (2) 기존의 통제 교수행동(예를 들어, 지시사항)을 보다 자율성을 지원하는 대안(예를 들어, 설명적 합리성 제공)으로 변환한다. 2부가 끝날 때까지 교사들은 자신의 교실에서 자신의 학생들과 함께 6가지 자율성 지원 교수행동을 모두 만들어볼 준비가 된다.

제3부는 학기 중 약 1개월 동안 2시간 정도 진행되는 동료 집단 토의이다. 2부 후 6주 동안, 교사들은 그들 자신의 교실에서 자율성 지원 교육을 하는 실험을 하였다. 3부에서는 교사들이 자신의 경험을 공유하고, 특정 교사 상황에 대한 팁과 전략을 교환하며, 학생들이 어떻게 반응했는지를 보고하고, 자율성 지원 교육에서 직면하게 된 장애물에 대해 보고한다. 3부의 두 가지 목적은 (1) 교사들이 각 자율성 지원 교수행동의 교실 실

습을 개선하는 것을 돕고, (2) 개별적인 수업 형태를 일관성 있는 전체적인 자율성 지원 동기유발 스타일로 통합하는 것이다.

자율성 지원 인터벤션 프로그램이 효과가 있는가?

인터벤션의 목표는 교사들이 가르치는 동안 학생들에 대한 자율성을 강화하고 통제력을 떨어트리는 데 도움을 주는 것이다. 이 목표를 고려하여, 우리는 이 질문에 답하기 위해 각 인터벤션 연구를 하는 동안 데이터를 수집한다: ASIP가 작동하는가? 우리는 학생들에게 교사들의 교육 방식이 더 자율성을 지원하는 스타일로 바뀌고 통제형 방식이 약해졌다고 인식하는지를 물었고, 교육받은 평가자들이 실험 집단과 통제 집단의 교사들의 교실을 방문하여 교사들이 실제적으로 수업 내 자율적인 교수행동을 하는지를 평가하도록 요청했다. 이러한 자료의 출처에서 나온 대답은 한결같이 긍정적이었다. 예를 들어, 그림 7.2는 한 번의 인터벤션으로 얻은 학생 데이터를 보여준다(Cheon, Reeve, & Ntoumanis, 2018). 표시된 바와 같이, 실험 집단 교사의 학생들은 교사들이 매주 훨씬 더 자율성을 지원해주었으며(왼쪽 패널의 위쪽 경사진 파란색 실선(인쇄판의 검은색) 참조), 통제 방식은 약해진 것으로 인식하였다(오른쪽 패널의 아래쪽 경사진 파란색 실선(인쇄판의 검은색) 참조). 통제 집단에 속한 교사들의 학생들은 학기 내내 교사들의 동기부여 스타일이 크게 변하지 않은 것으로 인식하였다(빨간색 점선(인쇄판의 회색) 참조).

또한, 이러한 인터벤션은 학생들의 높은 자율성, 유능감 및 관계성에 대한 교실 경험을 향상시키고 낮은 자율성, 유능감 및 관계성에 대한 교실 경험을 감소시킨다. 그림 7.3은 학기 중에 학생들이 스스로 보고한 욕구 만족도(왼쪽 패널)와 욕구 좌절감(오른쪽 패널)을 보여준다. 표시된 바와 같이, 실험 집단 교사의 학생들은 주마다 훨씬 더 높은 욕구 만족도를 경험하고(왼쪽 패널의 위쪽 경사진 파란색 실선(인쇄 버전 검은색) 참조), 욕구 좌절감을 덜 느낀다고 보고하였다(오른쪽 패널의 아래쪽 경사진 파란색 실선(인쇄 버전 검은색) 참조), 통제 집단 교사들의 학생들은 그들의 욕구 만족도에 거의 변화가 없다고 보고했으며, 욕구 좌절감을 느꼈다(빨간색 점선(인쇄판 회색) 참조).

각각 완성된 인터벤션 결과를 놓고, 우리는 스스로에게 인터벤션이 어떤 식으로 개선될 수 있을지를 물었다. 이런 판단을 하기 위해서 교사의 의견을 듣고, 교사들의 행동을 관찰하며, 연구의 데이터를 주의 깊게 점검하였다. 이 의견을 활용하여 우리는 인터벤션을 개선할 수 있는 새로운 방법을 계속 발견해 왔다. 예를 들어, 우리는 먼저 각각의 자율성 지원 교수행동의 방법을 모델링하기 위해 집에서 만든 비디오를 추가하였고, 그 다

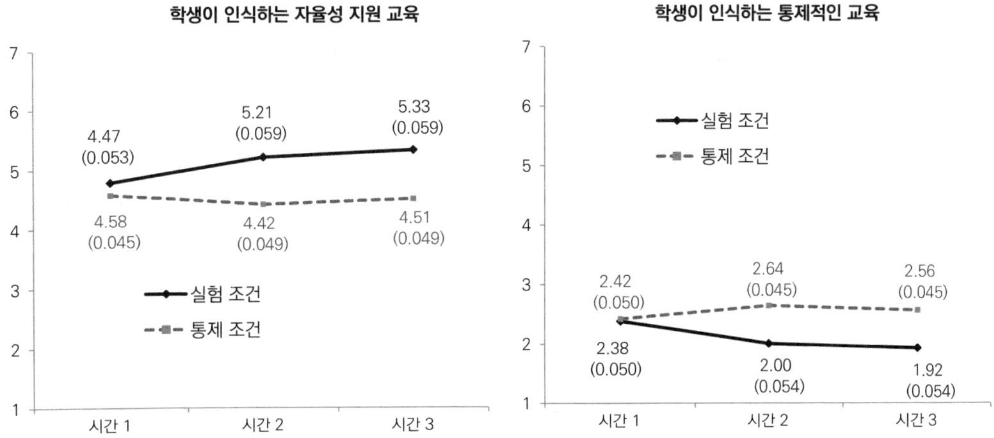

그림 7.2 ❙ 교사의 자율성 지원(왼쪽 패널)과 통제(오른쪽 패널)에 대한 학생들의 인식에 대한 평균과 표준 오차는 실험 조건과 평가 시간에 의해 세분화된다. 참고, 숫자는 평균 점수, 괄호 안의 숫자는 표준 오차, 파란색 실선(인쇄 버전에서는 검은색)은 실험 집단을 나타내고, 빨간색 점선(인쇄 버전에서는 회색)은 통제(인터벤션 없는) 집단을 나타낸다.

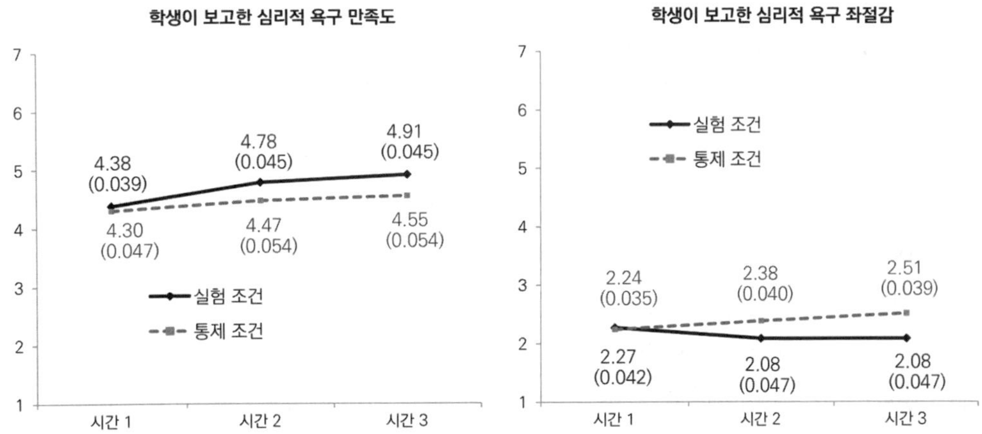

그림 7.3 ❙ 학생들이 스스로 보고한 심리적 욕구 만족도(왼쪽 패널)와 심리적 욕구 좌절감(오른쪽 패널)에 대한 평균과 표준 오차는 실험 조건과 평가 시간에 의해 세분화된다. 참고, 숫자는 평균 점수, 괄호 안의 숫자는 표준 오차, 파란색 실선(인쇄 버전에서는 검은색)은 실험 집단을 나타내고, 빨간색 점선(인쇄 버전에서는 회색)은 통제(인터벤션 없는) 집단을 나타낸다.

음에 전문적으로 제작한 비디오를 추가하였다. 또한, 교육 시뮬레이션(2부)과 학생 동료 간 소통을 배웠다. 그룹 토의(3부)는 교사들이 잘못된 인식을 고치고 개별적인 자율성 지원 교수행동을 수립하는 것에서부터 잘 통합된 전체적인 자율성 지원 동기부여 방식으로 전환을 완료하는 데 매우 중요하다. 우리는 교사들이 기존 및 때로는 통제적인 교수행동을 대체할 효과적인 자율성 지원 교육 대체재를 찾도록 도울 필요가 있다는 것을 배웠다. 그리고 제1부에서 인터벤션의 자율성 지원 메시지를 방해하는 기존의 신념(예를 들어, 통제하는 것이 효과적이다), 성향(예를 들어, 권위주의), 가치(예를 들어, "매를 아끼면 아이를 망친다.")를 다루고 해결하는 것이 필요하다는 것을 알게 되었다. 우리는 이를 위한 가장 좋은 방법이 교사들의 통제적인 교수행동을 자율성 지원 방식으로 전환하는 기회를 우선 제공하고, 그 후에는, 자율성을 지원하는 요소를 제공하는 방법을 배울 수 있도록 돕는 것이라는 것을 최근 알게 되었다(Cheon, Reeve, & Song, 2019). 또한, 초등 및 중등 학생, 단일 과목 내에서 그리고 다양한 과목에 걸쳐, 교실 교사뿐만 아니라 운동 코치(Cheon, Reeve, Lee, & Lee, 2015), 업무 현장 관리자와 같은 다른 전문가들과 함께 인터벤션을 수행하였다(Hardre & Reeve, 2009).

몰입의 향상과 비몰입의 감소

지금까지 우리는 15개의 교사 중심 ASIP를 설계, 실행, 평가 및 발표하였다(Cheon & Reeve, 2013, 2015; Cheon et al., 2012; Cheon, Reeve, Lee, Ntoumanis, et al., 2018; Cheon, Reeve, Lee, & Lee, 2015, 2018; Cheon, Reeve, & Ntoumanis, 2018; Cheon, Reeve, & Song, 2016, 2019; Cheon, Reeve, & Vansteenkiste, 2018; Cheon et al., 2014; Hardre & Reeve, 2009; Reeve & Cheon, 2016; Reeve, Jang, Carrell, Jeon, & Barch, 2004; Reeve, Jang, & Jang, 2018). 각각의 인터벤션은 교사들이 수업 동기부여 방식의 질을 향상시키는 것을 돕기 위한 핵심 목표를 중심으로 설계되었다(자율성 지원, 통제적 방식 감소). 이러한 ASIP들 중 6개는 ASIP를 가능하게 한 교사들의 동기부여 방식의 변화가 학생들의 교실 몰입을 높이고, 학생들의 교실 비몰입을 감소시키는 데 영향이 있는지를 명백히 검증하였다. 우리는 이러한 연구를 표 7.4에 나열하고, 각 연구 참가자와 ASIP가 학생 기반의 주요 종속변인에 미치는 영향을 제공하였다.

교사의 자율성 지원 인터벤션 프로그램 참여로 얻는 학생 혜택

교실 기반의 첫 인터벤션에서는 고등학교 교사들의 동기부여 스타일을 실험적으로 조작했고, 교사들이 ASIP에 참여한 것이 평가 점수에서 학생 몰입을 증가시켰다는 사실을 발견했다(Reeve et al., 2004). 초기 연구 후, 앞에서 설명한 세 파트로 구성된 ASIP 인터벤션을 공식화했다(그림 7.1 참조). 표 7.4에 나열된 다음 네 가지 실험 연구에서, 우리는 교사의 실제 자율성 지원 및 통제 교수행동에 대한 학생들의 인식과 수업 중 점수를 평가했다. 각 연구에서 교사들의 자율성 지원과 학생들의 욕구 만족도는 크게 증가했고, 반면 교사들의 대인관계 통제와 학생들의 욕구 좌절감은 현저하게 감소하였다. 또한, 인터벤션 연구마다 인터벤션에 참여한 교사들의 학생 몰입이 증가했다. 이 연구에서, 우리는 아직 명백한 교실 경험으로서 비몰입에 대한 이해를 발전시키지 못했고, 대신 우리는 학생들의 부적응적인 교실 기능의 핵심 지표로서 무동기를 평가하였다.

표 7.4 ▎ 학생들의 몰입–비몰입을 향상시키기 위해 설계된 6가지 자율성 지원 인터벤션 프로그램(ASIP)의 각 연구 관련 정보

인터벤션 연구(인용문헌) 참가자	자율성 지원	교사 통제	학생의 욕구 만족	학생의 욕구 좌절	학생의 교실 몰입	학생의 교실 비몰입
Reeve et al. (2004) 고등학교 수학, 경제, 과학, 영어교사 20명	↑				↑	
Cheon et al. (2012) 중고등학교 체육교육교사 21명과 학생 11,589명	↑	↓	↑	↓	↑	↓
Cheon and Reeve (2013) 중고등학교 체육교육교사 17명과 학생 953명	↑	↓	↑	↓	↑	↓
Cheon and Reeve (2015) 중고등학교 체육교육교사 16명과 학생 598명	↑	↓	↑	↓	↑	↓
Cheon et al. (2016) 중등학교 체육교육교사 19명과 학생 1,017명	↑	↓	↑	↓	↑	↓
Cheon, Reeve, Lee, et al. (2018) 초중고등학교 체육교육교사 35명과 학생 1,229명	↑	↓	↑	↓	↑	↓

↑: 교사들이 ASIP에 참여하는 것이 종속변인에 긍정적(향상) 영향을 주었다는 것을 의미한다.
↓: 교사들이 ASIP에 참여하는 것이 종속변인에 부정적인(감소) 영향을 주었다는 것을 의미하며, 빈 사각형은 종속변인이 특정 연구에서 평가되지 않았다는 것을 의미한다.

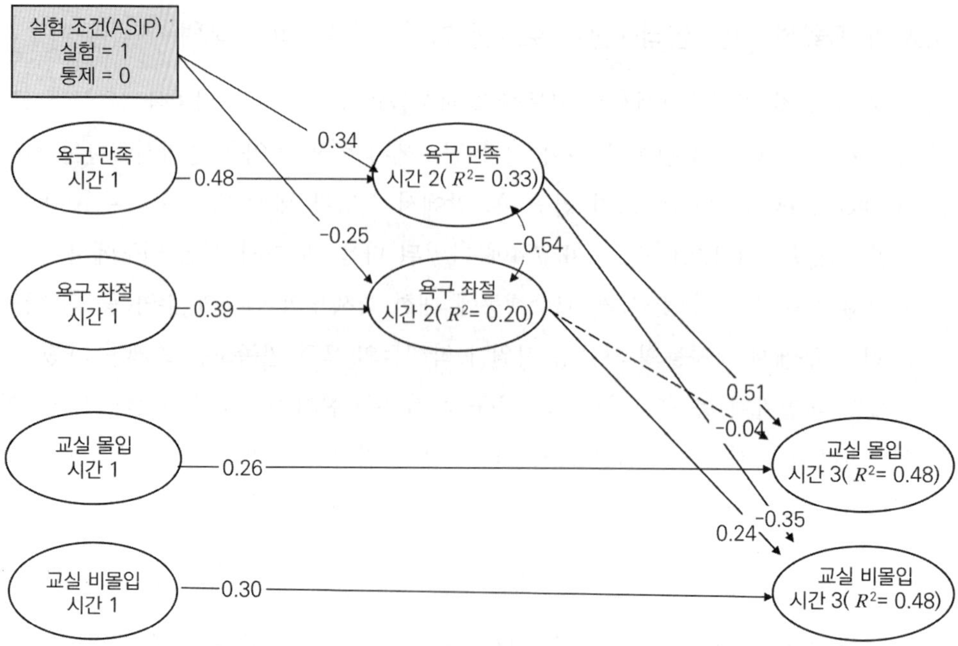

그림 7.4 ❙ 한 학기 동안 학생들의 몰입 증가와 학생 비몰입의 감소를 설명하기 위한 이중 프로세스 동기 매개 모형 검증을 위한 표준화 모수 추정치(베타 계수). 실선은 유의한 경로를 나타내고, 점선은 유의하지 않은 경로를 나타낸다.

이는 교사들이 학생 무동기(즉, 어떤 유형의 동기도 없는 것)를 해결하기 가장 어려운 교실 문제 중 하나로 파악했기 때문이다. 각각의 경우, ASIP에 참여한 교사들의 학생 무동기가 종단적으로 감소하는 것을 보여주었다.

가장 최근의 인터벤션 연구에서(Cheon, Reeve, Lee, et al., 2018; Cheon, Reeve, & Ntoumanis, 2018) 우리는 학생들의 교실 비몰입을 평가했으며, 학생과 교사 모두에게 학생들의 교실 비몰입 정도를 평가하도록 요청하였다. 두 연구 모두에서 교사들의 ASIP 참여가 학생들의 비몰입을 감소시켰다.

ASIP에 대한 교사 참여가 몰입을 증가시키고 비몰입을 감소시킬 수 있었던 이유를 설명하기 위해, 우리는 그림 7.4에 묘사된 이중 프로세스 동기 매개 모델을 설명 모델로 채택하였다(based on Cheon, Reeve, Lee, et al., 2018). 그림에서, 실험 조건은 교사가 인터벤션에 참여하는지의 여부를 나타낸다. 교사들이 ASIP에 참여할 때, 그들의 학생들은 욕구 만족도가 높아지고 욕구 좌절감이 줄어든다는 것을 경험한다. 이러한 동기부여적 경험의 결과, 학생들은 학기 말까지 더 많은 몰입과 더 적은 비몰입을 보여준다. 구체적으로는 그림 7.4에서 나타난 바와 같이 교사들이 학생들의 욕구 만족을 더 향상시키기 위해 동기부여 스타일을 변화함에 따라 학생들은 더 큰 몰입(b=0.51)을 보였고, 교사들이 학생들의 욕구 좌절을 최소화하기 위해 동기부여 스타일을 변화함에 따라 학생들의 비몰입은 감소하는 것으로 나타났다(b=0.24). 또한 욕구 만족도가 증가할수록 비몰입이 더 감소하는 것으로 나타났다(b=−0.35).

교사의 자율성 지원 인터벤션 프로그램 참여로 얻는 교사 혜택

교사들의 ASIP 참여는 교사들의 교수효능감을 향상시킨다. 표 7.5는 교사가 보고한 교수효능감을 종단적으로 평가하여 수행한 세 가지 추가 ASIP 인터벤션 연구의 결과를 요약한다(TSES, 교사효능감 척도를 사용; Tschannen−Moran & Woolfolk Hoy, 2001). 표 7.5에서 알 수 있듯이, 세 가지 연구 모두에서 교사의 ASIP 참여는 학생들의 몰입과 학습 모두를 지원하는 교사들의 교수효능감을 향상시켰다.

표 7.5에 제시된 네 번째 ASIP에서 자율성 지원 수업전략 자체의 동기 및 몰입 강화 효과("얼마나 효과적인가?")에 대한 교사의 믿음을 평가하였다. 이 연구(Reeve & Cheon, 2016)는 ASIP에 참여한 교사들이 학생들의 관점을 취하고 합리적인 이유를 제공하는 것과 같은 수업전략이 학생들의 동기와 몰입을 증가시키는 매우 효과적인 방법이라고 믿게 되었음을 보여주었다.

표 7.5 ▍ 교사들의 자기효능감을 높이기 위해 고안된 4가지 자율성 인터벤션 프로그램(ASIP)의 연구 관련 정보

인터벤션 연구(인용문헌) 참가자	학생 몰입에 대한 교수효능감	수업전략에 대한 교수효능감	자율성 지원 수업전략에 대한 효과성 신뢰
Cheon et al. (2014) 초중등학교 체육교육교사 27명과 학생 1,228명	↑	↑	
Cheon et al. (2018) 초중등학교 체육교육교사 91명	↑	↑	
Cheon et al. (2018) 초중등학교 체육교육교사 35명과 학생 1,027명	↑	↑	
Reeve and Cheon (2016) 중등학교 체육교육교사 42명			↑

↑: 교사들이 ASIP에 참여하는 것은 종속변인에 긍정적(향상) 영향을 주었다는 것을 의미한다.
↓: 교사들이 ASIP에 참여하는 것은 종속변인에 부정적인(감소) 영향을 주었다는 것을 의미하며, 빈 사각형은 종속변인이 특정 연구에서 평가되지 않았다는 것을 의미한다.

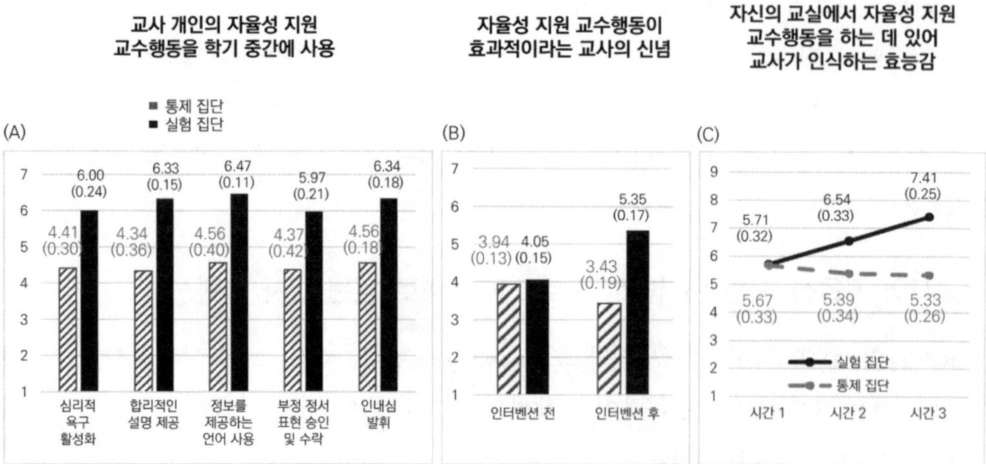

그림 7.5 ▍ 실험 조건에 따라 분류된 수업 중 자율성 지원 및 통제 교수행동에 대한 교사의 평가 점수 (A), 자율성 지원 교수행동의 실험 조건과 평가 시간 (B), 실험 조건 및 평가 시간에 따른 자율성 지원 수업전략 실행에 대해 교사가 인식하는 교수효능감 (C). 참고, 숫자는 평균 점수, 괄호 안의 숫자는 표준 오차. 청색 막대 및 라인(인쇄 버전에서는 검은색)은 실험(인터벤션) 집단을 나타내고, 빨간색 막대 및 라인(인쇄 버전에서는 회색)은 통제(인터벤션 없는) 집단을 나타낸다. 출처: (A) Data from Cheon, S. H., Reeve, J., & Ntoumanis, N. (2018). A needssupportive intervention to help PE teachers enhance students' prosocial behavior and diminish antisocial behavior. Journal of Sport and Exercise Psychology of Sport and Exercise, 35, 7488. doi:10.1016/j.psychsport.2017.11.010; (B) data from Reeve, J., & Cheon, S. H. (2016). Teachers become more autonomy supportive after they believe it is easy to do. Psychology of Sport and Exercise, 22, 178189. doi:10.1016/j.psychsport.2015.08.001; (C) data from Cheon, S. H., Reeve, J., Yu, T. H., & Jang, H. –R. (2014). The teacher benefits from giving autonomy support during physical education instruction. Journal of Sport and Exercise Psychology, 36, 331346. doi:10.1123/jsep.2013-0231.

몇 가지 조사를 통해 왜 ASIP에 참여하는 선생님들이 이러한 교수효능감의 증가를 경험하는지를 이해하려고 노력했다. 그 결과 두 가지 핵심적인 이유를 발견하였다. 첫 번째는 ASIP에 참여한 교사들이 몰입 증가 및 비몰입 감소를 위한 새로운 교수행동들을 배운다는 것이다. 그림 7.5의 왼쪽 패널은 실험 집단의 교사들(진한 파란색 막대(인쇄 버전에서는 검은색))이 자율성을 지원하는 교수행동에 관여하는 정도와 통제 집단의 교사들(빨간색 줄무늬 막대기(인쇄 버전에서는 회색))이 동일한 교수행동에 참여하는 정도에 대한 관찰자의 점수를 보여준다(출처 Cheon, Reeve, & Ntoumanis, 2018). 요점은 단순하게 인터벤션에 참여한 교사들이 매우 효과적인(몰입 장려) 교수행동 모두를 포함하도록 교수 기술(teaching skill)을 확장한다는 것이다. 두 번째는 그림 7.5의 중간 패널에서 볼 수 있듯이 인터벤션에 참여하는 교사들이 학습 활동에서 자율성을 지원하는 교수행동이 학생들에게 동기를 부여하고 몰입을 증진시키는 데 효과적이라는 믿음을 갖게 된다는 것이다. 한 학기 내내 인터벤션이 진행되면서 교사들은 자율성 지원 교수행동(그림 7.5의 왼쪽 패널)의 "방법"을 배울 뿐만 아니라 대부분 자신의 교실 경험을 통해 이러한 교수행동이 효과적이라는 것을 더 많이 배운다. 더 뛰어난 교수 기술과 새로 습득한 효과성에 대한 신념의 조합은 그림 7.5의 오른쪽 패널에 설명된 교수효능감에 이점을 생성한다(출처 Cheon et al., 2014). 즉, 교사들이 그림 7.5의 왼쪽 패널과 중앙 패널에 요약된 새로운 자산을 결합할 때, 그들은 오른쪽 패널에 표시된 더 큰 교수효능감을 발전시킨다.

향후 연구

학생 몰입 – 비몰입을 이해하고 장려하는 것은 향후 연구를 위한 생산적인 영역이며, 우리는 두 가지 주요 이유로 이러한 향후 연구를 권장한다. 첫째, 몰입 – 비몰입은 여러 형태의 학문적 진보를 포함하여 교육자들이 매우 깊이 관심을 가지는 성과의 종류에 대해 인과적이고 신뢰할 수 있는 강력한 선행요인이다. 둘째, 몰입 – 비몰입은 비교적 영향을 잘 받는 학생 특성이다. 따라서, 몰입 – 비몰입 연구는 수업 시간, 학업 기간, 학기, 학년 또는 교육경력 동안 학생들의 몰입 – 비몰입 증가 및 감소를 추적하기 위해 인터벤션에 기반한 종단적으로 설계된 연구에 열려있다. 미래의 연구를 촉진하려는 마음으로, 우리는 몰입 – 비몰입 연구를 크게 발전시킬 수 있으며 새롭고 중요한 발견을 위한 이로운 가능성이 있는 세 가지 연구 분야를 강조한다.

학생 몰입-비몰입의 성격

몰입과 비몰입의 성격을 개념화하는 가장 일반적인 접근은 기술적 접근 방식으로, 연구사들이 학생들에게 볼입 – 비볼입 설문을 한 후, 학생들이 몰입과 비몰입, 몰입 – 비몰입의 다양한 차원(예: 행동, 정서, 주도, 인지, 사회, 행위)(예를 들어, Jang et al., 2016)을 명확하게 구별하는지를 보는 탐색적/확인적 요인 분석을 수행하는 것이었다. 비록 이것이 합의된 개념적 정의를 향한 작업으로 향하는 훌륭하고 필요한 접근이지만, 우리는 이를 단지 출발점일 뿐이라고 생각한다. 보다 엄격한 시행은 이러한 다양한 몰입－비몰입의 조치가 성취(또는 자기 능력 이하의 성적), 탈락 및 학업 진척도(또는 정체)와 같은 핵심 결과의 고유한 변화를 예측할 수 있는지이다.

설문지 기반 연구는 몰입－비몰입의 크기 구조에 초점을 맞추지만 향후 연구는 몰입－비몰입의 목적이나 교육적 유용성에 더 초점을 맞출 수 있다. 예를 들어, 논란이 되는 "주도적 몰입" 차원의 포함을 정당화하기 위해 우리는 구조방정식 모델링 분석을 사용하여 주도적 몰입이 학생들의 (1) 교과 성적(Reeve, 2013; Reeve & Tseng, 2011b)에 있어 고유한 차이를 예측한다는 것을 보여주었고, (2) 주도적 몰입을 하는 학생들이 자신들에 대해 교사들이 더 자율적으로 지원하고 있다는 인식(Matos et al., 2018; Reeve, 2013)을 갖고 있음을 확인하였다. 우리는 이 두 가지 고유 분산(예, 확인적 요인 분석)과 적응성 및 부적응 기능(예, 회귀분석)의 고유한 예측력을 사용하여 몰입－비몰입 구조에 대한 합의적 개념 (및 조작적) 정의를 지향할 수 있음을 제안한다. 즉, 우리가 몰입－비몰입의 본질을 더 잘 이해하려면 현재의 요인 타당도에 대한 강조에서 예측 타당도로 발전시켜야 한다.

인터벤션 확대

우리는 10년 이상 교사 중심의 자율성 지원 인터벤션을 설계, 실행, 평가하였다. 교사들의 피드백, 우리 자신의 교실에서의 관찰 그리고 이러한 연구들이 제공한 경험적 발견들에 근거하여 우리는 이러한 인터벤션의 질이 향상되고 개선될 수 있음을 발견하였다. 수년에 걸쳐 우리는 "최첨단"으로 간주한 ASIP가 계속 발전하는 표준이라는 것을 알게됐다. 우리는 교사에게 보다 효과적인 ASIP, 즉 교사에게 자율성 지원 및 구조화된 인터벤션 프로그램(ASSIP: autonomy－supportive and structured intervention program)을 제공하기 위해 실행할 수 있는 가장 중요한 향후 연구 분야라고 생각하는 것들을 간략하게 검토하려고 한다.

구조(structure)는 교사가 학생에게 원하는 기술을 개발하고 가치 있는 결과를 얻기 위해 무엇을 어떻게 해야 하는지를 제공하는 정보의 양과 명확성을 의미한다(Farkas & Grolnick, 2010; Grolnick & Pomerantz, 2009). 교사가 제공하는 구조는 일반적으로 3단계 과정이다. (1) 유능한 기능과 적응형 행동이 어떤 것인지에 대한 명확한 기대치를 전달한다. (2) 그러한 기대를 충족시키기 위해 그들의 행동을 어떻게 조정할 것인지에 대한 지침과 스캐폴딩을 제공한다. (3) 학생들이 보다 효과적인 기능을 수행하기 위해 미래의 경로로 개발할 필요가 있는 성과 피드백을 제공한다(예, Jang, Reve, & Deci, 2010).

이러한 구조의 개념적인 해석을 고려할 때, 세 가지 역량 지원 교수행동을 권장한다. 첫째, 교사들은 학생들에게 무엇이 유능한 기능인지에 대한 명확한 기대치를 전달할 수 있다. 즉, 교사는 자신의 기대치를 직접적으로 전달할 수 있으며, 학생에 대한 목표를 설정하고(우수함의 기준에 대해 의사소통) 규칙을 설정(효과적인 행동을 전달)하며 학생들에게 특정 영역에서 고기능의 역할 모델을 제공할 수 있다. 둘째, 교사들은 학생들이 교사와 의사소통 기대치를 충족시키거나 초과하게 하는 방식으로 학생들이 그들의 행동을 재정렬하는 데 필요한 지침을 제공할 수 있다. 즉, 교사들은 유능한 기능이 무엇인지 묘사, 모델링, 설명할 수 있으며 학생들이 발전을 위해 노력함에 따라 교사들은 교사가 설정한 목표에 도달하기 위한 지도, 코칭, 튜터링, 도움, 지원, 멘토링, 예시, 조언, 제안, 스캐폴딩, 설명과 전략을 제공할 수 있다. 셋째, 교사들은 성과 후 피드백을 제공할 수 있다. 즉, 교사는 학생들에게 그들이 잘한 것이 무엇인지 전달할 수 있으며, 잠재적 개선의 영역(미래에 가장 노력해야 할 분야)을 파악하고, 강점과 약점을 파악하며, 개선을 위한 제안을 제공하고 학생이 향후의 성과에 대비하여 고려할 수 있는 새롭고 효과적인 전략을 제안할 수 있다.

우리는 실제로 연구자들이 학생들의 몰입을 촉진하고 비몰입을 줄이기 위해 "구조적으로만"(역량 지원 전용) 인터벤션을 수행할 것을 권고하지 않는다. 대신, 우리는 교사들에게 (역량 지원 인터벤션 프로그램(CSIP: competence-supportive intervention program)에만 국한되지 않고) ASSIP의 제공을 권고한다. 이는 구조가 반드시 자율적인 방법으로 학생들에게 제공돼야 하기 때문이다(Jang et al., 2010; Sierens, Vansteenkiste, Goossens, Soenens, & Dochy, 2009). 실제로, 이것은 교사가 앞서 언급한 세 가지 구조의 수업전략을 학생들에게 제공하는 방법을 배우도록 다음과 같이 돕는 것을 의미한다. (1) 교사가 추천한 목표 또는 기대에 대한 학생들의 관점을 취함으로써, (2) 요청된 행동 변화 또는 목표 설정 과정에 대한 학생들의 의견을 환영함으로써, (3) 목표 추구에 몰입하는 것이 학생들에게 개인적으로 가치 있고 유익한 일이 되는 이유에 대한 설명적 근거를 제공함으로써, (4) 압박적이지 않고 정보가 풍부하며 변화 지향적인 언어에 의존함으로써, (5) 권장되는 기대 또는 행동에 대한 학생들의 가능한 저항을 인정하고 수용함으로써, (6) 학생들이 자신의 속도와 방식으로 행동 변화 과정을 거치는 데 필요한 시간과 공간을 제공하는 인내심을 가짐으로써.

지금까지 우리는 두 개의 ASSIP에 대해 안내하였다. 첫째, 우리는 교사들이 자율성 지원 방식으로 학생들에게 교사 권장 목표를 제공하는 방법을 배울 수 있도록 도왔다(Cheon, Reeve, & Song, 2019). 둘째, 우리는 교사들이 자율성 지원 방식으로 보다 일반적으로 구조를 제공하는 방법(기대, 지도, 피드백)을 배우도록 도왔다(Cheon, Reeve, & Vansteenkiste, 2018). 두 경우 모두 학생들의 교실 몰입 증가를 포함한 적응 기능의 다양한 지표가 향상된 것으로 나타났다. ASSIP가 더 많은 학생 혜택을 제공할 수 있는 이유는 교사가 제공하는 자율성 지원 교육이 학생들의 자율성 만족을 풍부하게 지원하는 반면, 교사가 제공한 구조는 적어도 자율성 지원 방식으로 제공될 때만 학생들의 역량 만족을 풍부하게 지원하기 때문이다. 이러한 연구 결과는 우리에게 교사들이 자율성 지원 방식으로 구조를 제공하는 방법을 배우도록 돕는 것이 훨씬 더 효과적인 교사 중심의 인터벤션 제공의 한 가지 방법일 수 있다는 자신감을 준다.

우리가 아직 다루지 못한 것은 교사들이 보다 좀 더 관련성 있는 동기부여 방식을 배우도록 돕기 위한 인터벤션을 설계하고 시행하는 일인데, 다른 연구팀들이 유망한 연구 분야를 착수하기 시작했다는 것을 지적하고 싶다(Sparks, Lonsdale, Dimmock, & Jackson, 2017; Tessier, Sarrazin, & Ntoumanis, 2010). 그들은 관계성 지원 교수행동들이 무엇인지에 대한 개념 및 조작적 정의를 제공했고(Sparks, Dimmock, Whipp, Lonsdale, & Jackson, 2015; Sparks, Dimmock, Lonsdale, & Jackson, 2016), 어떻게 하면 학생들을 지지하는 관계가 될 수 있는지에 관한 방법을 배울 수 있도록 돕기 위해 교사 중심의 인터벤션 작업을 시작하였다(Sparks et al., 2017).

흥미로운 비몰입 사례

학생들이 스스로 몰입할 수 있는 이유는 명확하다. 발전을 이룰 수 있고, 동기를 충족시키며, 더 많은 지원을 받는 학습환경을 조성하기 위함이다. 그러나 비몰입의 목적과 기능적 혜택은 덜 명확하다. 왜 학생들이 의도적으로 학습 활동이나 학습환경에서 자신을 비몰입시키는지를 물어보는 것은 공정한 질문이다.

우리의 직감에 근거하여 학생 비몰입은 교사의 지지가 없는 동기유발 스타일(통제, 혼란)과 흥미 없고 중요하지 않다고 생각하는 학습 활동(즉, 노력한 가치가 없는 것)에 대한 학생들의 의도적인 반응이다. 만약 그렇다면, 비몰입은 학생과 특정한 학습 활동, 관계 또는 환경 사이에 약간의 심리적, 관계적, 신체적 거리를 두도록 설계된 학생 행동일 것이다. 그러한 학생 행동이 학생들에게 더 흥미롭고 중요한 학습 활동이나 대안적이고 더 지지적인 교사와 학생의 관계 또는 학습환경으로 가는 길을 찾도록 도와주면 장기적으로, 잠재적으로 유익할 수 있다.

우리는 이러한 추론이 추측적임을 인정하지만, "목표 비몰입"을 연구하는 연구자들은 목표에서 비몰입하는 것이 적응력이 있으며 높은 수준의 웰빙으로 이어질 수 있다는 것을 발견한다(Wrosch, Scheier, Carver, & Schulz, 2003). 또한, 목표 비몰입은 학생이 새로운 대안적 목적 달성 목표를 성취하도록 이끌거나 한 목표에서 벗어나면 남은 목표 달성에 필요한 자원이 확보되기 때문에 목표 비몰입이 적응적인 행동 방침이 된다는 것을 발견하였다. 그러나 우리는 비몰입이 학생들의 부적응적 기능과 거의 보편적으로 관련이 있다는 것을 알고 있다. 여전히 부적응적 기능은 특정한 학습 활동이나 관계로 제한될 수 있다. 아마도 하나의 활동에 비몰입하는 것은 역설적으로 대안적인 활동에서 더 큰 몰입으로 이어질 수 있다. 우리는 이러한 추론 방식이 향후 연구에서 그 가능성의 의미를 추구할 것이라고 제안할 수 있는 충분한 시사점이라고 생각한다.

결론

우리는 교사 중심의 ASIP를 개발, 실행, 평가 및 개선하였는데, 이는 교사 중심의 ASIP에서 수준 높은 교사와 학생 관계가 무엇이며, 교사들이 교육 중에 효과적으로 학생들의 동기를 부여하고 몰입시키는 방법을 배우는 방식에 대한 최신의 이해를 나타낸다고 생각한다. 전체적으로 볼 때, ASIP에 대한 우리 연구의 프로그램은 다음의 두 가지 결론을 지지한다. (1) 참여한 교사들은 어떻게 하면 학생들을 더 자율적으로 지원하고 덜 통제하는지에 대한 방법을 배울 수 있고, (2) 이러한 교사들의 학생들은 더 많은 몰입과 덜 통제하는 것을 포함하여 교육적으로 중요한 광범위한 혜택을 경험한다.

제 8 장

학생 몰입을 지원하는 교수적 인터벤션 : 국제적 관점

제8장

학생 몰입을 지원하는 교수적 인터벤션: 국제적 관점

서론: 국제적 문제로서 학생 비몰입

국제적으로, 많은 중등학생이 만성적으로 수업에 몰입하지 않는 것으로 보고된다. 학생들은 수업에 주의를 기울이지 않고, 지루해하고, 호기심과 관심이 부족하며, 수업에 적극적으로 참여하지 않고, 정신적인 노력을 적게 들이며 수업에 지장을 준다(Shernoff, 2013). 예를 들어, 72개국의 15세 학생 540,000명을 평가하는 국제 학생 평가 조사에서는 여러 나라 학생들의 27%(4분의 1 이상)가 학교로부터 영향을 받지 않는 것으로 나타났다. 또한, 학생들의 26%는 설문 참여 이전에 2주에 최소 수업 1개는 빠졌다고 보고하였고, 20%는 최소 한 번의 무단결석 경험이 있다고 응답하였다[Organization for Economic Cooperation and Development(OECD), 2016]. 전반적으로 학생의 비몰입은 학년이 올라갈수록 더 악화되는 경향이 있으며(Lam et al., 2015) 남학생, 소수 계층, 그리고 저소득층 학생들일수록 더 심하게 나타날 수 있다(Martin, Way, Bobis, & Anderson, 2014).

이러한 현상을 고려한다면, 학생 비몰입 이슈에 대한 논의의 중요성을 반박하기는 어렵다. 덧붙여, 학생 몰입의 증진에는 장점이 많다. 첫째, 선행연구는 반복적으로 학생 몰입이 학습자의 학습과 지속을 위한 필수적 선행요인임을 입증해왔다(Shernoff, Ruzek, & Sinha, 2016). 둘째, 학생 몰입은 학업적 성취의 강력한 예측 변인 중 하나임을 입증하는 명확한 근거가 있다(Green et al., 2012). 셋째, 학교 중도탈락은 점진적 비몰입의 순환(Finn, 1989)에서 비롯되는 경우가 많으며, 학생 몰입이 학생 중도탈락을 막는 핵심 요인이라고 잘 알려져 있다(Archambault, Janosz, Fallu, & Pagani, 2009). 학교를 중도탈락하는 사람들은 학교를 졸업한 학생들과 비교하면 일생을 미고용 상태로 있기 쉽고, 낮은 임금을 받고, 건강 문제를 겪고, 가난과 사회적 배제를 경험하고, 공공 서비스에 크게 의존하며, 격리 수용될 수도 있다(Rumberger, 2011).

비록 중등학교에서 낮은 학생 몰입 문제가 국제적으로 심각하고 갈수록 명백해지더라도, 이 문제의 잠재적 해결책에 대한 논의는 그동안 큰 관심을 받지 못하였다. 이에 이 장은 국제적으로 수행된 연구로부터 그러한 논의와 관심을 촉발하고자 한다. 우리는 학생 몰입에 미치는 근접적 영향이 문화, 생물학, 지역공동체, 그리고 가정(꾸준히 학습 몰입에 영향을 강하게 미치는 것으로 나타난 요인들, Fredricks, 2014)에 대한 영향력을 통합하는 것을 도울 수 있으므로 교수환경에 초점을 맞춘다. 교수환경은 국제적으로 다양한 학습자 요인(예: 문화, 배경) 중 한 가지 요인이며, 이것은 국제적으로 낮은 학생 몰입에 대한 논의에서 중요한 화두가 될 수 있다(Shernoff, 2013).

학생 몰입 증진에 있어 교수환경의 핵심적 역할

몰입을 촉진하는 교수환경은 학생들에게 고차원적 사고, 더 높은 성적, 더 나은 웰빙과 같은 이점을 제공한다(Shernoff, 2013). 보다 구체적으로, 기존의 해외 문헌은 교수환경이 학생들의 학업에 대한 몰입을 형성하는 데 핵심적인 역할을 한다고 시사한다. 반대로, 몰입시키지 않는 것으로 여겨지는 교수환경은 문제 행동, 낮은 학업성취, 결석, 부정적 감정과 같이 바람직하지 못한 학생 성과를 예측할 수 있다(Fredricks, Blumenfeld, & Paris, 2004). 예를 들어, 미국 내 초등(n=294) 및 중등(n=903) 1,197개 학교에서 교사와 학생의 행동을 관찰한 결과, Scott, Hirn, Alter(2014)는 질 좋은 교수(예: 교수자가 학생들에게 더 높은 수준으로 주목하는 것)와 몰입(예: 학생들의 화자를 향한 시선 추적, 맡은 과제의 완성)의 유의한 정적 상관관계를 보고하였다, 또한 질적 수준이 낮은 교수와 문제 행동의 관계 역시 유의한 것으로 보고하였다.

학생 몰입이 다양한 학생 요인에 의해서 영향을 받는 복잡한 메타 요인이라는 점에 많은 이들이 동의할지라도(Shernoff, 2013), 교수환경이 학생 몰입에 미치는 강력하고, 근접적인 영향은 학업적 영역, 성별, 나이, 사회경제적 지위, 문화적 배경과 같은 학생의 생태적 영향을 극복하도록 한다. 예를 들어, Marks(2000)는 3,669명의 미국 소수 계층의,

경제적으로 어려운 5-10학년 학생을 대상으로 그들의 개인적 특성, 가족 배경뿐만 아니라 학교생활 경험의 몇 가지 양상에 대해 설문함으로써, 학생 몰입의 패턴(예: 학생 노력, 집중력, 수업에서 지루함의 부족, 수업 과제의 완수)을 탐색하였다. 결과는 성별, 인종, 민족성, 사회경제적 지위, 그리고 이전의 성취는 진정한 교수 활동과 정서적으로 지지적인 교실 환경 안에서 학년 수준에 걸쳐 학생 몰입에 유의하게 영향을 미치지 않았다.

전반적으로 학생 몰입의 상태가 변할 수 있고, 교수환경에 대하여 매우 영향을 받기 쉽다는 관점은 몰입 연구자와 교육자들 사이에서 상당한 관심을 받아왔으며, 이는 부분적으로 교수자들이 다른 요인보다 교수적 요인을 더 많이 통제한 것에서 기인한다(Fredricks, 2014). 교사들이 학생들의 생태적 영향력을 통제하기는 어렵지만, 교사들은 학생 몰입을 촉진하는 교수환경을 만들 수 있다(Shernoff, 2013).

몰입 유형과 교수적 촉진요인

학생 몰입은 종종 현재의 교육 연구에서 서로 관련이 있고 상호 지지하는 행동, 정서, 인지 영역을 포괄하는 다차원적 구인으로 개념화된다(Fredricks et al., 2004). 이러한 관점에서, 학생들이 어떻게 행동하고, 느끼고, 생각하는지로 몰입을 개념화함으로써 몰입의 비교적 세세한 특성을 포괄할 수 있다. 중등학교 수준에서 행동적 몰입은 "수업과 관련된 활동 참여"로 일컬어지고, 정서적 몰입은 "수업 활동에서 나타나는 긍정적 혹은 부정적 감정"으로 언급되며, 인지적 몰입은 "수업 과제를 실행하기 위해 정보를 처리하는 정신적 노력"으로 정의된다(Pino-James & Daly, 2018).

문헌에는 학생들의 교실 활동 내 행동적, 정서적, 인지적 몰입을 촉진하는 교수적 요인에 대한 많은 제언이 있다. 이 장에서는 연구와 이론들에 의해 지지받으면서 넓은 범위의 청소년기 학생들과 환경에 걸쳐 학생 몰입을 촉진하는 5개의 핵심 요인에 초점을 맞추었다. 핵심 요인으로는 (1) 유의미한 과제의 제공, (2) 학생 주도성 지원, (3) 학생 능력 개발 지원, (4) 긍정적 동료 관계의 증진, (5) 긍정적인 교사-학생 관계의 확립이 있다(Pino-James, 2015, 2017). 유의미한 수업 과제란 학생들이 가치가 있거나 흥미로운 것으로 여기는 교실 활동을 의미한다(Hidi & Rennnger, 2006; Wigfield & Eccles, 2000). 주도성이란 교실에서 힘, 통제, 독립에 관한 느낌을 경험하는 것으로 정의된다(Deci & Ryan, 2000). 유능감이란 교실과 관련된 활동을 성공적이거나 효과적으로 할 수 있다는 느낌을 의미한다(Bandura, 1977; Deci & Ryan, 2000). 긍정적인 동료 관계는 청소년을 성인으로 사회화하는 데 도움이 되도록 지원하는 사회적 맥락을 구성한다(Brown, 2004).

마지막으로, 긍정적인 교수자－학생 관계는 학생들이 교수자에게 돌봄을 받는다는 느낌, 즉 교수자로부터 지지를 받는다는 느낌(Baummeister & Leary, 1995; Deci & Ryan, 2000)이 드는 관계이다.

학생 몰입의 핵심 촉진요인으로서 이러한 교수적 요인은 기존의 프레임워크(예: Scales, 1991)에서 청소년의 주요 발달 욕구와 나란히 존재한다. 이들은 가족, 학교, 커뮤니티에 유의미한 참여 욕구(유의미성), 독립과 자율성에 대한 욕구(주도성), 유능감과 성취에 대한 욕구, 성인과 동료와의 긍정적인 사회적 상호작용에 대한 욕구(긍정적인 동료와의 관계 및 교수자－학습자 관계)를 포함한다. 따라서 제안된 교수적 요인들은 학생들의 선천적 욕구, 일시적 행동, 출현하는 능력에 따라 달라지기 때문에 교실 몰입에 부분적으로 긍정적인 영향을 갖기 쉽다. 대조적으로, 교실에서 발달적 욕구가 저해되면 청소년의 자연스러운 발달적 특성에 부합하지 않기 때문에 학생 몰입에 부정적 효과를 줄 수 있다(Wang & Eccles, 2013).

학생들의 발달적 욕구와 매우 관련이 있는, 이러한 촉진요인들은 동기 이론과 학생 몰입에 관한 연구에서 핵심 요인으로 반복적으로 규명된다(Turner, Christenen, Kackar－Cam, Trucano, & Fulmer, 2014). 자기결정성 이론에 따르면, 모든 개인은 자율성, 유능감, 관계성이라는 세 가지 기본 심리 욕구를 가지고 있다(Deci & Ryan, 2000). 교실에서의 자율성이란 학생들 자신의 행동에 대한 통제감을, 유능감이란 교실 과제를 성공적으로 완료할 수 있다는 인지된 능력을, 마지막으로 관계성이란 학생들이 연결되어 있다고 느끼는 정도와 동료, 교사와의 긍정적인 관계를 즐기는 정도를 의미한다(Skinner & Pitzer, 2012). 문화 간 연구는 학생들이 자발적이고, 수준 높은 동기와 웰빙을 교실 안에서 그들의 욕구가 꾸준히 만족되는 정도로 경험한다고 보고한다. 그러나 그들이 저해받는다고 느끼는 정도에 따라 학생들은 다양한 형태의 낮아진 동기와 불행한 삶의 양상을 보일 것이다(Chen et al., 2014). 유의미성은 자기결정성 이론에서 인간의 욕구로 규명되지 않았지만, Carl Rogers, Abraham Maslow, Viktor Frankl과 같은 이론가들과 철학자들은 오랫동안 인간의 욕구 중에서 가장 근본적인 것 중의 하나라고 여겨왔다. 자기효능감 외에도, 활동이 가치 있고 중요하게 여겨지는 정도는 핵심적 동기 요인이라고 여겨진다(Wigfield & Eccles, 2000). 유의미성 또한 학생 몰입의 중요한 결정요인으로 관찰되어 왔다(Brohy, 2008; Newmann, Wehlage, & Lamborn, 1992). 핵심 촉진요인들은 심리적이고 발달적인 학생들의 욕구를 충족하고, 생명력을 불어넣고, 채우기 때문에 교실에서 촉진요인들의 실행은 학생 몰입을 넘어 많은 이점과 긍정적인 성과를 유발한다.

비록 이 장의 초점은 아닐지라도, 상당한 양을 차지하는 다른 연구들(예: 관찰, 설문, 그 외 인터벤션의 영향력에 초점을 맞추지 않은 다른 연구)에서 다섯 개의 촉진요인들이 학생 몰입의 행동적, 정서적, 인지적 측면을 지지한다고 보고하였다(Pino-James, 2015). 예를 들어, 유의미성과 관련하여 Assor, Kaplan, Roth(2002)는 8-14세의 이스라엘 학생들 489명을 대상으로 연구하여, 학생들이 학업과의 관련성을 이해할 수 있도록 돕는 행동은 긍정적인 느낌, 학업에서의 행동적이고 인지적 몰입과 독특한 긍정적 관계가 있다고 보고하였다(예: 수업 관련된 활동에 참여, 주의집중, 교실 수업 참여 준비, 최소한의 요구 이상을 하는 것, 자원을 이해하려는 노력). 주도성과 관련하여 최근 41개 과학 교실에서 208명의 북미 학생들(13-18세)을 대상으로 한 6주간의 교실 기반 연구에서는 학생들이 교사가 선택권을 제공하고, 학습 활동에 있어 그들의 선호를 고려하고, 활동의 중요성에 대한 기준을 소통하고, 질문할 기회를 제공함으로써 그들의 자율성을 지지한다는 것을 인식하였을 때, 시간이 지날수록 몰입의 수준이 증가한다고 제시하였다. 반대로, 학생들이 교사가 통제하는 메시지를 사용하고, 학생들의 생각을 억압하거나, 흥미롭지 않은 활동을 함으로써 그들의 자율성을 저해한다고 인식할 때, 시간이 지날수록 학생들의 불만도 증가하였다. 유능성과 관련하여 Skaalvik, Federici, Klassen(2015)은 13-16세의 수학 수업을 듣는 823명의 학생들을 대상으로 연구를 수행하였으며, 수학적 자기효능감이 내재적 동기, 학업 지속, 도움 요청 행동을 예측한다고 보고하였다. 긍정적인 동료 관계에 관련하여 14-17세의 이란 학생들 315명을 대상으로 한 양적 연구에서 Hakimzadeh, Besharat, Khaleghinezhad, Ghorban Jahromi(2016)는 동료들 사이의 정서적이고 인지적인 지지는 학생들의 즐거움, 정신적 노력, 행동적 지시의 이행과 직접 관련이 있음을 확인하였다. 마지막으로, Furrer와 Skinner(2003)는 641명의 북미 학생들(8-12세) 사이에서 관계성에 대한 인식과 학생 몰입을 탐색하였다. 연구결과는 그들의 교사들에 의해 이해받는다고 느낀 학생들이 교실에서 행복하고 편안한 느낌을 받으며 학업적 활동에의 참여도 더 쉽게 흥미를 느끼고, 즐거워하는 것으로 나타났다.

비록 비인터벤션 연구가 다섯 개의 촉진요인들과 몰입의 세 영역과 관련성을 보였을지라도, 그러한 관련성의 이점은 다양하며, 일부 관계성에 대한 지지는 다른 것보다 더 많은 지지를 받는다. 예를 들어, 일부 연구들은 유의미한 과제와 인지적 몰입 사이의 강한 관계성을 입증하였다(예: Grrene, Miller, Crowson, Duke, & Akey, 2004; Helme & Clarke, 2001). 즉, 학생들은 특히 개인적으로 높은 부가적인 가치를 가진 것으로 인식하는 과제에서 더 많은 정신적 노력과 인지적 자원을 투자했다는 것을 보여준다.

학생 몰입의 핵심 촉진요인들을 뒷받침하는 인터벤션 연구들

학생 몰입이 연구 문헌에서 점점 더 많은 주목을 받고 있음에도 불구하고, 많은 비인터벤션 연구 중에서 교실에서의 인터벤션 연구들은 거의 없는 편이다(참고: Hulleman & Barron, 2016; 리뷰에서, 위에서 논의된 5개 이상의 몰입 촉진요인들에 초점을 맞춘 11개 인터벤션을 규명하였으며, 살펴볼 수 있는 인터벤션 연구들로 30개 이하가 있음을 추정하였다). 교실 인터벤션이란 주체(교사/연구자)가 학생의 행동, 정서, 인지에 변화를 주기 위해 교실에서 중재에 나서는 과정을 의미한다(참고: Lazowski & Hulleman, 2015). 이러한 인터벤션은 통제 집단을 활용하는 실험 연구나 준실험 연구에서 종종 검증되지만, 반드시 그러한 연구로 제한된 것은 아니다. 인터벤션 연구는 학생 몰입 촉진요인에 관한 중요한 증거를 제공할 수 있는데, 이는 학생들이 인터벤션에 의해 의도적으로 조작되고 자주 평가되며, 통제 집단과 다른 변수를 일정하게 유지하려고 시도하기 때문이다. 비인터벤션 연구와 대조하여, 인터벤션 연구에서는 특히 통제 집단이 활용될 때 인과 메커니즘을 규명하는 데 한 걸음 더 나아갈 수 있도록 한다.

우리는 국제적으로 수행된 몰입 인터벤션 연구를 규명하기 위하여 문헌 연구를 수행하였다. 이 리뷰의 목표는 교실 인터벤션 연구의 핵심적 특성을 규명하고 기술하는 것으로, (1) 유의미한 학업, 학생 주도성, 유능감, 긍정적인 동료 및 교사와의 관계 증진의 결과로서 학생 몰입(또는 변인과 밀접히 관련이 있는 구인)을 분석하였다(5개 촉진요인 프레임워크의 포괄성을 입증하고, 몇 가지 예외와 함께 거의 모든 몰입 연구들을 포함하고 있다). (2) 청소년 표본을 포함하였다(예: 중등교육 학생들). (3) 수학, 언어, 과학 영역에서의 학생 몰입을 연구하였다(예: 국제적으로 중등교육에서의 핵심 학업 영역). (4) Fredricks 외(2004)가 행동적, 정서적, 인지적 영역으로 몰입을 다차원적으로 개념화한 2004년 이후, 영어로 출판된 것들을 분석하였다. 이러한 문헌 고찰을 위해서, 데이터베이스를 활용하였다(예: Google Scholar, ERIC, Education Search Complete PsycINFO, ProQuest Dissertations & Theses Global). 또한, 인터벤션 관련 연구와 입문서에 도움을 주신 분들의 참고문헌을 살펴봄으로써 인터벤션을 분석하였다. 기준을 충족하는 몰입 인터벤션 연구로 11개의 연구를 규명하였으며, 이러한 연구의 목록과 이들의 핵심적 특성(예: 표본, 방법론, 결과)은 표 8.1에 요약되어 있다.

예를 들어 몰입 촉진요인들이 행동적, 정서적, 인지적 몰입(또는 연구에서 제시된 또 다른 유형의 몰입)에 미치는 영향을 입증하는 인터벤션 연구들을 세 가지로 유형화하였다. 첫 번째와 두 번째 유형은 주로 단일 촉진요인에 초점을 맞추었던 반면, 마지막 유형은 같은 인터벤션 안에서 전체 다섯 개의 촉진요인들을 목표로 한다(예: 다구성요소의 인터벤션, Hulleman & Barron, 2016 참고). 세 개로 유형화된 연구들은 인터벤션에 의해 조정된 교수적 요인들이 중등학생의 행동적, 정서적, 인지적 몰입에 정적 영향을 줄 수 있다는 것을 효과적으로 입증한다는 기준에 따라 선정된 것이다. 연구들의 선정에는 다른 요인들, 인터벤션이 수행된 곳(예: 연구가 수행된 국가의 다양성), 학생들의 주제(예: 주제의 다양성), 목표한 몰입의 촉진요인들(예: 촉진요인들의 다양성), 저자들에 의한 연구의 유사성이 고려되었다.

표 8.1 ▌ 교수적 몰입 인터벤션 연구들과 연구들의 핵심적 특성

저자	국가와 표본	인터벤션 설명	몰입 촉진요인과 초점을 맞춘 몰입의 차원	이론적 프레임워크와 방법	주요 결과와 연구 근거
Bressler (2014b)	• 미국 • 13－14세 학생 179명 (51% 여성, 49% 남성)	• 몰입(flow)을 증진하기 위한 모바일 증강 현실 게임과 긍정적 동료 관계가 중학교 과학 교실에서 실행됨 • 인터벤션은 게임이 학생들의 몰입과 보고서 점수에 미치는 영향을 분석함	• 긍정적인 동료 관계 • 정서적(예: 즐거움), 인지적(예: 보고서 질) 몰입	• 몰입(flow) 이론 • 설문, 보고서, 음성 전사본, MANCOVA, 다중 사례 분석	• 게임팀(M＝40.50, SD＝0.72)이 통제팀(M=38.62, SD=0.50)보다 정서적 몰입에서 더 높은 수준 • 게임팀(M＝24.68, SD＝0.69)이 통제팀(M=22.98, SD=0.47)보다 인지적 몰입에서 더 높은 수준 • 긍정적 동료 관계는 게임팀의 더 높은 몰입에 영향을 미침
Corp (2017)	• 미국 • 3학년 수학 두 반의 17명 흑인 학생들	• 흑인 캐릭터들로 문화적으로 반응하는 이야기를 바탕으로 한 11개 수학 수업 인터벤션 • 수학적 추론 또는 문제 해결이 필요한 일상 상황 이야기들 • 인터벤션이 추론, 문제 해결뿐만 아니라 행동적, 정서적, 인지적 몰입에 미치는 영향을 조사함	• 유의미성(관련성) • 행동적(예: 문제 해결 지속), 정서적(수학 학습에 대한 즐거움), 인지적(예: 문제 해결 및 수학적 개념에 대한 사고와 이해)	• 문화적으로 반응하는 교육학 • 관찰에 대한 분석, 학생들의 자기보고식 설문, 성찰, 학생 과제, 인터뷰, 교사 성찰, 다양한 출처의 데이터, 질적 민족지학 기술	• 유의미한 과제가 행동적, 정서적, 인지적 몰입을 증진함 • 행동적 몰입(흑인 76.6%가 언어적 응답에 참여), 정서적 몰입(몰입과 즐거움에 대한 높은 자기 평가 수준), 인지적 몰입(94%가 수학에 대한 사고를 이야기가 돕는다고 응답). 문제 해결 동안 수학적 개념의 기억과 이해가 명백함
Katz et al. (2006)	• 이스라엘 • 12－13세 학생 91명 (48% 여성, 43% 남성)	• 논리 문제의 주제에 대한 학생들의 관심이 긍정적 피드백 또는 피드백이 없는 경우로 평가됨 • 인터벤션은 긍정적 피드백이 없는 경우에도	• 유의미성(흥미) • 정서적 몰입(예: 내재적 동기)	• 자기결정성 이론, 내재적 흥미 • 자기 보고 설문, ANCOVA	• 높은 수준의 흥미를 가진 학생들이 그렇지 않은 학생들보다 더 높은 정서적 몰입을 보고함 • ANCOVA 결과에 따라 흥미는 유의미한

저자	국가와 표본	인터벤션 설명	몰입 촉진요인과 초점을 맞춘 몰입의 차원	이론적 프레임워크와 방법	주요 결과와 연구 근거
		주제에 대한 학생들의 관심이 내재적 동기를 유지하는 것에 미치는 영향을 탐색함			주요 효과[F(2, 77)=23.33, P<.001]를 나타냄 • 긍정적 피드백의 부재는 남학생들의 정서적 몰입 감소 및 여학생들의 동기 향상과 관련이 있음 [F(2, 77)=3.67, P<.005]
Larson (2014)	• 미국 • 14–15세 학생 222명 (44% 여성, 56% 남성)	• 유의미성을 증진하기 위해, 흥미의 발달과 몰입의 특성에 따라 학습을 위한 학업적 리터러시의 몰입 모델이 생물학 수업에서 설계됨 • 몰입과 개념적 이해에 미치는 효과가 평가됨	• 유의미성(흥미) • 정서적(예: 즐거움, 관심, 성공에 대한 느낌, 수용성, 생산성), 인지적(예: 생물학 개념에 대한 개념적 이해, 동료와의 의미 형성 담화) 몰입	• 몰입(flow) 이론, 흥미 발달의 4단계 • 처치와 통제 집단에 무선 할당된 교실, 자기 보고 설문, 시나리오 기반 학생 글쓰기의 분석, 학생들이 작성한 성찰일지, 현장 관찰, 경험 표집 방법, 테마 분석	• 처치 집단 학생들이 더 높은 몰입 수준을 보고했고 더 높은 개념적 이해를 보여줌 (Cohen ds=0.93–2.12). • 정서적, 인지적 몰입을 경험한 학생들이 처치 동안 30.8%에서 52.7%로 증가함
Pino–James (2017)	• 영국 • 13–14세 학생 19명 (78% 남성, 22% 여성)	• 유의미성, 학습자 주도성, 유능감, 긍정적 동료와의 관계, 긍정적 교사–학생 관계가 스페인어 수업에서 실행됨 • 인터벤션은 그러한 프로젝트가 학생들의 행동적, 정서적, 인지적 몰입에 미치는 영향을 탐색함	• 유의미성, 학습자 주도성, 유능감, 긍정적 동료와의 관계, 긍정적 교사–학생 관계 • 행동적(예: 과제, 사회적 행동), 정서적(예: 행복), 인지적(예: 정신적 노력) 몰입	• 포괄적 인터뷰를 기반으로 한 몰입의 5개 촉진요인 모델 • (질적) 설문, 교사 및 학생 인터뷰, 주관식 자기 보고, 연구 일지, 테마 분석	• 수업 프로젝트에서 5개 몰입 촉진요인 지원은 학생들의 행동적, 정서적, 인지적 몰입에 영향을 미침
Schmid et al. (2012)	• 독일 • 13–14세 학생 40명 (55% 여성, 45% 남성)	• 생물학 수업에서 학생들에게 메타인지적, 인지적 프롬프트가 제공된 준실험 설계 연구 • 인터벤션은 프롬프트의 개인적 활용이 성찰 일지 작성 중 개인적 학습 콘텐츠의 관련성 성찰, 학습 동기, 생물학 교육 이해에 미치는 영향을 탐색함	• 유의미성(관련성) • 정서적(예: 즐거움), 인지적(예: 노력) 몰입	• 자기 조절 학습 • 준실험 설계, 참여자들은 정기적 일지를 작성했음, 실험 집단은 인지적·메타인지적으로 결합된 개인별 활용 가능한 프롬프트를 받음	• 프롬프트 개인적 활용 조건의 학생들이 표준 프롬프트 조건의 학생들보다 면역학의 개인적 관련성과 관련해 유의하게 더 많은 진술을 함 F(1, 38)=10.42, P<.01 • 프롬프트의 개인적 활용 조건의 학생들은 사후 동기 점수에서도 표준 프롬프트 학생들보다 높은 점수를 받음 F(1, 32)=14.76, P<.01 • 개인적 활용 조건의 학생들이 사후 이해도 검사에서 표준 프롬프트 집단보다 더 높은 점수를 받음 F(1, 33)=11.93, P<.01

저자	국가와 표본	인터벤션 설명	몰입 촉진요인과 초점을 맞춘 몰입의 차원	이론적 프레임워크와 방법	주요 결과와 연구 근거
Sinha et al. (2015)	• 미국 • 13−14세 학생 36명 (50% 여성, 50% 남성)	• 시뮬레이션과 시스템 기반 모델링 도구가 중학교 학생들의 해양 생태계의 이해를 증진하기 위해 설계됨 • 인터벤션은 질적 척도를 통해 협력집단의 행동적, 사회적, 인지적, 개념적, 인과적 몰입을 조사함	• 긍정적 동료 관계 • 행동적(예: 기간 내에 과제 수행), 사회적(예: 긍정적 사회−정서적 상호작용), 인지적(예: 학생들이 함께 개념적 이해를 조절할 때), 개념적−인과적(예: 집단의 지식자원과 개념도구로서의 경험 연결 시도) 몰입	• 컴퓨터 기반 협력 학습 이론 • (질적) 학생 집단 상호작용에 대한 영상 분석, 높은 몰입 집단과 낮은 몰입 집단의 담화 분석	• 집단분석 단위에서 집단 구성원 간에 공유되는 몰입에 대한 관점이 향상됨 • 분리되고 일관적이지 않은 사회적 상호작용은 저몰입 집단의 개념적 인과적 몰입을 저해했지만 반응하고 존중하는 상호작용은 고몰입 집단의 전략적이고 인과적인 몰입을 증가시킴 • 행동적, 사회적, 인지적 몰입 사이의 상호관련성과 집단의 개념적−인과적 몰입의 연속적 영향이 결과로 제시됨
Turner et al. (2014)	• 미국 • 교사 6명 (수학, 언어, 사회과학)과 그들의 학생들	• 교사들은 동기 원리에 대한 전문성 개발과 동기 원리들의 학생 몰입과의 관련성에 대한 교육을 받았음 (유의미성, 자율성, 유능감, 소속감) • 인터벤션은 이론적으로 수업에서의 변화가 학생 몰입을 증진하는지에 대해 탐색함	• 유의미성, 학습자 주도성, 유능감, 긍정적 동료와의 관계, 긍정적 교사−학생 관계 • 행동적 몰입 (예: 기간 내에 과제 수행)	• 주요 동기 이론들에서 도출된 주요 동기 촉진요인 • 교사들은 3년 동안 4회, 1시간 이상 관찰됨	• 3년 동안 6명 중 3명의 교사가 동기적 지원의 도표에서 상향 추세를 보인 반면, 다른 3명의 교사는 3년 동안 평평한 궤적을 보임 • 상향집단의 교사들은 해마다 더 많은 몰입 지원 전략을 활용했음[동기적 지원: t(2) = −15.69, P = .004, 1년차와 3년차 사이, t(2) = −5.00, P = .04 • 학생 몰입: t(2) = −5.77, P = .03] • 비록 교사들이 비슷한 동기적 전략을 1년차에 사용하였지만, 특히 상향집단은 2년차에 학생 몰입 촉진 전략을 더 많이 활용하였음 [2년차: MS, t(4) = −3.14, P = .04, 학생 몰입, t(4) = −3.37, P = .03, 3년차: 몰입 지원, t(4) = −6.43, P = .003, 학생 몰입, t(4) = −4.63, 상향집단에서 P = .01]
Vansteenkiste et al. (2005)	• 벨기에 • 11−12세 학생 80명	• 인터벤션은 학생들이 자기결정성(예: 내적 목표와 외적 목표)과 관련된 핵심적 특성	• 주도성 • 행동적(예: 자기 보고식 과제 참여)	• 자기결정성 이론 • 설문과 내용평가 • ANOVA, 선형회귀	• ANOVA의 결과에 따르면 내적으로 구조화된 목표는 외적으로 구조화된 목표보

저자	국가와 표본	인터벤션 설명	몰입 촉진요인과 초점을 맞춘 몰입의 차원	이론적 프레임워크와 방법	주요 결과와 연구 근거
	(52% 여성, 48% 남성)	으로 구조화된 정보적 텍스트를 읽는 것이었음 • 인터벤션은 구조가 과제 수행 참여와 시험 성과에 미치는 영향을 조사함			다 더 높은 행동적 몰입을 이끌어냄 [F(1, 76)=13.50, P<.001]. 학생들의 자율성을 지지하는 소통은 통제하는 소통보다 더 높은 행동적 몰입을 이끌어냄 [t(78)=20.54, P<.001]
Walington (2013)	• 미국 • 14-15세 학생 145명 (49% 여성, 51% 남성)	• 수업은 대수학 학급에서 유의미성을 증진하기 위해 실행되었음. 이 인터벤션은 학생들의 흥미에 따라 조정된 수업(예: 개인화)이 학생들의 학업 성과에 정적으로 영향을 미칠 수 있다는 가설을 검증함	• 유의미성(흥미) • 인지적 몰입 (예: 대수학 개념의 이해)	• 내재적 흥미(구체적으로 주제에 대한 흥미) • 처치(예: 개인화) 집단에 무선할당되거나 통제된 학생들, 대수학 단어 문제 온라인 평가 실시, 다수준 모델링(예: 양분된 결과에 대한 로지스틱 모델링), 학습 커브 분석	• 다수준 모델링의 결과에서 개인화된 조건 학생들이 통제 학생들보다 더 높은 인지적 몰입을 나타냄. 예를 들어, 흥미에 따라 조정된 수업을 받은 학생은 에세이와 어려운 개념 모두에서 더 정확하게 풀었으며 문제를 더 빨리 해결함
Yeager et al. (2014)	• 미국 • 12-13세의 학생 44명 (53% 여성, 47% 남성)	• 인터벤션이 학생들의 신뢰와 학업적 행동에 미치는 효과가 평가됨. 학생들에게 에세이에 대한 비판적 피드백을 제공함으로써 인터벤션은 긍정적인 교사-학생 관계를 증진하고자 하였으며, 학생들의 잠재성에 대한 믿음에 중요한 피드백을 제공함으로써 학생들이 자신들의 기준에 도달하고 학생들의 부정적인 고정관념이나 차별을 없애주려 하였음	• 긍정적인 교사-학생 관계 • 행동적(예: 학생들이 에세이를 제출할 가능성), 정서적 (예: 신뢰), 인지적(예: 에세이 질) 몰입	• 사회인지이론 • 학생들의 신뢰를 측정하기 위한 설문, 수정한 에세이의 질을 평가하기 위한 루브릭, 이중으로 블라인드된 무선할당된 실험, 아프리카계 미국인 학생 22명과 백인 학생 22명이 현명한 피드백 처치 집단이나 통제 집단에 무선할당되었음, 로지스틱 회귀	• 현명한 피드백은 행동적 몰입을 예측하며 아프리카계 미국인과 같이 만성적으로 신뢰수준이 낮은 학생들에게 더 효과적임 • 현명한 피드백은 또한 아프리카계 미국인 학생들 대부분의 수정된 에세이에서 유의하게 더 높은 점수를 이끌어냄: 처치 집단의 아프리카계 미국인 학생들의 88%와 통제 집단의 아프리카계 미국인 학생들의 34%가 대조됨

1. Larson(2014): **교실에서의 유의미성 증진의 영향.** Larson(2014)은 미국의 14-15세 학생 222명을 대상으로 혼합 연구를 수행하였는데, 이 연구는 특히 학생들의 관심과 흥미의 발달 및 지속을 통한 유의미성 증진을 위하여 설계된 인터벤션의 효과를 검증하였다. 생물학 모듈 일주일 동안 Hidi와 Renninger(2006)가 제시한 흥미의 네 단계 특성에 따라 설계된 수업의 영향을 검증하기 위해 Engagement Model of Academic Literacy for Learning (EngageALL) 인터벤션을 실행하였다. 인터벤션 처치 집단(n=144)과 통제

집단(n=78)이 전통적으로 조직화된 수업을 받았다.

흥미를 불러일으키고 몰입을 촉진하기 위해 설계된 프레임워크 EngageALL 모델을 활용하여 생물학 교사들은 학습 활동, 리터러시 전략, 과학 실험을 선정하였고, 백워드 설계(backward design)와 몰입의 원리를 사용하였으며(Wiggins & McTighe, 2005), 몰입(flow)(Csikszentmihalyi & Csikszentmihalyi, 1988)을 박테리아와 바이러스에 관한 수업을 설계하는 데 활용하였다. 백워드 설계 또는 "목표를 염두에 두는(end in mind)" 방식의 설계는 실제 현실 세계 탐구 과정에서 큰 주제를 파악할 수 있는 과제를 중점적으로 하게 함으로써 수업 초기부터 학습 목표 지향성을 증진한다(Wiggins & McTighe, 2005). 최적의 경험, 또는 몰입(flow)이란 개인이 내적으로 동기화되는 활동에 깊게 몰두했을 때, 의식의 긍정적이고 만족스러운 상태를 의미한다. 이러한 몰입(flow)의 경험은 명확한 목표를 제공하고, 즐길 수 있는 활동에 몰두하고, 높은 수준의 도전에 적합한 스킬, 빠르고 구체적인 피드백, 통제 기회 등 활동에 의해서도 형성될 수 있다(Strati, Shernoff, & Kackar, 2018). 사람들은 도전과 관련이 있는 유능감이 촉발되었을 때 다시 몰입을 경험하게 되는 경향이 있다(Csikszentmihalyi & Csikszentmihalyi, 1988).

연구자(제4저자)는 수업을 계획하기 위한 훈련과 안내를 제공하였으며, 그 후 생물학 교사 세 명이 처치 교실 6개에서 수업을 실행하였다. 교사들은 일관성을 보증하기 위해 공통 수업계획서와 슬라이드를 사용하였다. 연구자는 모든 수업을 참관하였다. 충실도(의도한 대로 인터벤션이 실행된 정도)는 처치 모델의 유사성을 나타내는 결과 데이터와 함께 각 교수적 구성 요소를 목록화한 관찰 프로토콜을 활용하여 모니터링되었다. 연구자는 성찰일지에 관찰과 참관에 관한 내용을 기록하였다. 인터벤션 교사들과 함께 가진 일간 디브리핑 세션은 처치 교실에서의 분산을 통제하기 위해 실시되었으며, 처치 결과가 확실히 인터벤션에 의해 나타나는 것이 될 수 있도록 하였다(O'Donnell, 2008). 이러한 실행과 함께 모든 처치 교사들은 완벽한 충실도를 위해 인터벤션 계획을 부착하여 연구자의 관찰 프로토콜에 반하는지를 체계적으로 확인하였다. 교수 슬라이드가 각 처치의 순서를 안내하기 위한 프롬프트(placeholder) 기능(즉, 모델의 주요 구성 요소 체크리스트)을 했기 때문에 슬라이드와 구체적인 수업 계획이 프로토콜 관찰로써 제공되었다. 학생들의 과제 샘플, 연구자의 노트, 사진으로 실행의 통합과 충실도를 확인하였다. 실행의 충실도를 위한 기준은 교사의 성격과 스타일에 따라 예상되는 분산에 대한 고려 없이 계획된 모든 교수 활동의 실행을 포함하였다. 일간 디브리핑 세션은 충실도의 편차를 방지하기 위하여 사용되었지만, 이는 교사의 수업 계획에 대한 활용 수준이 높아 불필요한 것으로 확인되었다.

이 모델의 첫 번째 절차, 탐구 상황을 만들라: 실제와 관련 있게 만들라(Situate the Inquiry: Make It Real and Relevant)는 '촉발된 상황적 흥미' 특성과 맥락을 같이 한다. 학생들은 탐구를 불러일으키고, 실생활 주제 또는 교육과정과 연결된 시나리오에 빠지게 된다. 단원을 시작하기 위해, 처치 교사는 수술 가운과 마스크를 착용하고 학생들의 손에 젤을 나눠주어 검은 불빛 아래에서 세균을 관찰하도록 함으로써 호기심, 질문, 의미생성 담화를 일으키게 하였다. 학습 자료는 과학 관련 어휘, 생성적 어휘 매트릭스(generative vocabulary matrix)(Larson, 2011)로 일컬어지는 언어로 구성되었으며, 지속적 생각과 단원(unit) 전체에 걸쳐 있는 개념적 이해를 스캐폴딩하였다. 두 번째 절차, 탐색하고 지식을 구성하라(Investigate and Construct Knowledge: Keep It Engaging)는 '유지된 상황적 흥미'의 특성과 맥락을 같이 한다(Hidi & Renninger, 2006). 유의미한 상황이나 행동 전략에 참여함으로써 학생들이 재미있고 즐길 방법으로 과학 개념을 경험함에 따라 몰입이 확장되는 것이다. 세 번째 절차, 지식을 선택하고 종합하라: 자율성을 지지하라(Select and Synthesize Knowledge/Support Autonomy)는 '유발되는 개인적 흥미'의 특성과 맥락을 같이 한다(Hidi & Renninger, 2006). 학생들은 선택권을 부여받고, 자기 조절적이고 유의미한 몰입을 촉발하는 탐구를 독립적으로 수행할 기회를 받는다. 네 번째 절차, 지식을 공유하고 보여줘라: 핵심 리터러시를 지원하라(Generate and Demonstrate Knowledge: Support Critical Literacy)는 '잘 개발된 개인적 관심'의 특성과 맥락을 같이 한다(Hidi & Renninger, 2006). 단원의 진도가 나가고, 학생들의 학업적 언어와 추론할 어휘, 논증 분석, 텍스트에 담긴 주장에 대한 비판적 입장, 이해를 보여줄 능력이 향상되고 학생들이 개인적이고 학업적인 의견을 많이 낼수록 몰입 수준은 증가하였다.

경험 표집 방법은 학생들의 정서적 몰입(예: 각 수업 후에 학생들의 즐거움과 관심을 평가하는 문항)과 인지적 몰입(예: 학생들의 집중 정도를 평가하는 문항)을 측정하는 주요 방법론이다. 경험 표집 방법은 연구 대상들이 자연스러운 환경과 상호작용하며 관심 활동을 수행하는 동안 간략한 설문 수행을 통해 그들의 경험적이고 인지적인 상태를 반복적으로 묻는다(Hektner, Schmidt, & Csikszentmihalyi, 2007). 개념적인 이해와 학업적 언어/단어 사용을 샘플로 작성함으로써 측정되며, 설득하는 글쓰기 루브릭에 따라 점수가 매겨진다.

연구 결과, EngageALL 인터벤션을 받는 학생들은 정서적, 인지적 몰입, 그리고 경험 표집 방법에 따라 평가된 다른 동기적 요인(예: 생성적 학습 지향성, 학업적 담화 주도성, 학업적 소속감) 수준이 유의하게 더 높은 것으로 나타났다. 처치 중 학생들의 몰입(flow 혹은 정서적, 인지적 몰입) 경험은 30.8%에서 52.7%로 증가하였다. 처치 학생들은 또한 생물학 콘텐츠의 개념적 이해, 학업적 언어/어휘 사용에서도 더 높은 수준을 보였다. 몰입과 학업적 성취의 효과 크기의 차이가 크게 나타났다(Cohen ds=0.93-2.12). 생물학적 개념의 이해는 인지적 몰입에 유의하게 영향을 미쳤고(r=0.401; d=1.4310), 생성적 학습 지향성(정서적 몰입과 인지적 몰입, r=0.435, d=0.935), 학업적 담화 주도성(정서적 몰입과 인지적 몰입, r=0.420, d=1.783)에도 유의한 영향을 미쳤다. 결과는 EngageALL 인터벤션에서의 유의미성(흥미와 관계성)에 대한 초점은 정서적이고 인지적인 몰입의 동시적인 경험을 증진한다. 따라서 동기적, 인지적 절차를 촉진하는 잠재성과 함께 흥미 발달의 효과적인 청사진으로 나타날 수 있다.

2. Bressler(2014a, 2014b): **교실에서 긍정적인 동료 관계 촉진의 효과.** Bressler(2014b)는 중학교 과학 학생들을 위한 동료 간의 관계성이 학생 몰입에 미치는 영향의 예시를 제공하기 위하여 게임 기반 인터벤션을 고안하였다. School Scene Investigators: The Case of the Mystery Powder는 학교 환경에서 QR 코드를 활용한 포렌식 과학 미스터리 게임이다. 연구에서는 준실험 조건을 적용하였다. 연구 대상은 13-14세의 미국 과학 교과 수업을 듣는 학생들이었다. 실험 게임에 참여하는 학생들(n=59)과 전통적 집단의 연구실 실험을 수행하는 학생들(n=120)로 나뉘었다. 실험 조건에 있는 각 학생은 게임을 하기 위해 학교 소유의 iPad를 사용하였고, 학생들은 팀으로 게임을 하였다. 게임 플레이는 게임 정보를 평가하기 위해 학교 탐색하기와 QR 코드 스캔하기를 포함하였다. 게임 플레이를 하는 학생들은 통제 활동과 유사한 실험(손으로 직접 해보는 실험)을 수행하길 권유받았다. 게임에서 진도를 나가기 위해서는 옳은 연구 결과를 게임에 입력해야 했다.

실행 전에, 연구자(제3저자)는 두 명의 참여 교사들로부터 안내를 받아 게임을 설계하고 제작하였다. 실행하기 위해 교사들은 게임의 최종 버전을 연구자와 미리 한번 실행해 보았다. 그 후, 학생들은 게임을 주별 수업 활동의 일부로서 활용하였다. 게임에서 모든 콘텐츠를 전달되게 함으로써, 교수자들은 학생들에게 과학적 사고를 보충하기 위한 지원을 제공하였다. 인터벤션과 함께 디브리핑 세션은 각 수업 기간이 끝난 후에 비형식적인 논의로서 진행되었다. 연구자는 게임이 일어나는 모든 교실 수업 시간에 있었다. 연구자는 테크놀로지 보조원처럼 행동하였지만, 연구자의 주요 역할은 게임이 적절히 기능하도록 확인해주는 것이었고 데이터를 수집하는 것이었다. 이 접근 방식의 한 가지 독특한 측면은 연구자가 자신이 게임에서 구상했던 교육적 인터벤션으로 어느 정도 충실도를 구축할 수 있었다는 것이다. 비록 연구자가 충실도에 대한 어떠한 구체적 데이터도 수집하지 않았을지라도, 연구자들은 지속적으로 교육적 의도와 맞추기 위하여 게임을 개선하였다.

Bressler(2014b)는 실증적으로 몰입(flow)(Csikszentmihalyi & Csikszentmihalyi, 1988)을 정서적 몰입의 지표로 평가하고(Shernoff, 2013), 보고서 점수를 인지적 몰입의 지표로 평가하였다. 학생들은 그들의 보고서를 게임을 통해 작성했으며 보고서는 과학적 수행을 측정하기 위해 활용되는 무제한적인 도구였다. 학생들은 수행이 완료되었을 때 자기 보고식 몰입(flow) 설문을 완성했다. Csikszentmihalyi와 Csikszentmihalyi(1988)가 틀을 잡은 10점 리커트 척도의 문항을 포함하며, 몰입의 다양한 양상을 다룬다(Shernoff, 2013). 게임 플레이어의 평균 몰입 점수(예: 정서적 몰입)(M=40.50, SD=0.72)는 이전의 수학 성취도를 통제한 연구 대상들(M=38.62, SD=0.50)의 점수보다 유의하게 더 높았다(F(1, 176)=4.457, P=.036)(Bressler & Bodzin, 2016). 반면, 게임 연구 대상들의 평균 보고서 점수(예: 인지적 몰입)(M=24.68, SD=0.69)는 이전 수학 성취도를 통제한 집단의 점수(M=22.98, SD=0.47)보다 유의하게 높은 것으로 나타났다(F(1, 176)=3.994, P=.047)(Bressler & Bodzin, 2016).

다양한 사례 연구에서 게임팀(n=3) 간의 협력은 통제 집단(n=3)과 질적으로도 비교가 되었다. 전체 인터벤션 동안 음성 데이터가 수집되었고, 협력적 담화에서 나타난 역할 교환이 기록되었다. 게임 연구 대상들이 더 효과적으로 협력했는지를 알기 위해서 학생들의 발화는 수용, 논의, 거절로 코딩되었다. 분석된 코딩은 두 가지 부가적인 코딩 분류를 드러냈다. 하나는 공동(communal)과 명령(command)이다. 공동의 언어로, 집단 구성원들은 팀을 "우리", "-하자"와 같이 단체적으로 언급한다. 명령어로는 집단 구성원들이 서로에게 "전체적인 것을 포함시켜라(put the whole entire thing in)"와 "가서 다른 것을 얻어라(go get the other one)"하는 것들이다.

전반적으로, 게임팀은 논의에 대해 더 수용적이고 환영하는 반응을 보였을 뿐만 아니라 더 많은 공동의 언어와 더 적은 명령어를 사용하였다(Bressler, 2014a). 이러한 담화 패턴은 더 나은 집단 다이내믹과 더 효과적인 팀 커뮤니케이션을 나타내는 것으로 보인다. 통제팀은 더 거절하는 반응을 사용할 뿐만 아니라 더 많은 명령어와 더 적은 공동의 언어를 사용하였다.

게임 연구 대상들의 정서적 몰입은 그들의 효과적인 협력과 성공적인 의사소통 패턴으로써 부분적으로 파생되었다. 일반적으로, 효과적인 동료 협력은 게임팀을 위한 즐거움의 자원(높은 정서적 몰입)이었던 반면에, 통제팀 사이에서 제약이 있는 동료 상호작용은 더 낮은 몰입과 관련이 있다.

3. Pino-James(2015, 2017): **유의미성, 유능감, 주도성, 긍정적인 동료, 교사-학습자 관계를 공동으로 증진하는 것의 효과.** 연구진은 의도적으로 각 인터벤션 연구에서 행동적, 정서적, 인지적 몰입을 증진하기 위한 특성을 설명하기 위하여 단일 촉진요인을 강조하였다. 그러나 이것이 다른 촉진요인들이 사용되지 않는 것을 의미하는 것은 아니다. 예를 들면, Bressler(2014b)의 연구에서 게임 연구 대상들은 통제 집단보다 더 큰 주도성을 경험했을지 모른다. 실제 교실 상호작용에서 다양한 학생 몰입을 촉진할 수 있는 동시적 영향력이 있기 쉬우므로 같은 인터벤션에서 다양한 촉진요인의 영향력을 검증하는 연구들이 또한 중요하다. 이를 다구성요인 인터벤션으로 부르며(Hulleman & Barron, 2016), 앞서 규명된 5개의 촉진요인을 증진하기 위해 설계된 인터벤션 평가에 관한 다양한 연구 방법의 사례를 제시한다.

최근 영국에서 수행된 행동 연구 프로젝트에서 교수적 인터벤션을 활용하여 Pino-James (2015, 2017)는 학습 활동의 설계와 실행에 동시에 적용되는 유의미성, 주도성, 유능감, 긍정적인 동료, 교사 관계가 학생 몰입에 미치는 영향력을 평가하였다. 연구대상은 스페인어 강좌의 13-14세 학생들 19명(78% 남성)으로 문제 행동을 하고, 반항하고, 관심을 추구하고, 동기부여 되지 않은 학생들이다. 학생들은 몰입의 촉진요인을 실행할 수 있도록 설계된 장기간 학습 활동 2개(11주 프로젝트, 9주 프로젝트)를 이수하였다.

첫 번째 활동은 스페인어로 픽션을 공동으로 쓰는 것이었다. 이러한 픽션은 영국 문화의 양상을 묘사하였고, 학생들은 이것을 포스터 형식으로 발표하였다. 포스터들은 멕시코에 있는 협력 학교의 중간에서 하위 수준의 영어 학습자 집단에 메일로 발송되었다. 영국 학생들이 작성한 문화적 양상은 이전에 멕시코에 있는 학생들이 선택한 것이다(유의미성). 호혜적으로, 멕시코 학생들은 영국에 있는 학생들이 사전에 선택한 멕시코의 문화적 양상에 초점을 맞추어 이야기를 작성하여 메일을 보냈다. 그리고 난 후, 학생들은 집단으로 픽션을 작성하였다(긍정적인 동료 관계). 또한, 자신들이 무슨 이야기를 쓰고 싶은지를 결정할 자유를 가졌다(주도성). 교사의 주요 역할은 지원, 안내, 집단을 위한 활동을 성공적으로 완성하기에 필요한 구조를 제공하는 것이었다. 예를 들어, 학생들이 그들의 작문과 협력 스킬에 어려움을 겪을 때 소규모 수업을 제공하는 것이었고(유능감과 긍정적인 동료 관계), 활동 목표가 성취되었다는 것을 보장해주는 것이다(예: 제시간에 제공된 이야기 초안).

학습 활동은 연구자(제1저자)가 설계하였으며 그 과목 교사가 실행하였다. 일단 활동이 실계되면, 연구자들은 교사를 만나 활동의 충실도를 확인하고 필요한 경우에는 수정하였다. 이러한 모임에서 연구자는 교사에게 다섯 개의 몰입 촉진요인에 대해 가르치기도 한다. 구체적으로, 촉진요인들이 무엇이고, 그들을 교실에서 실행할 방법과 왜 실행해야 하는지에 관한 것을 교육한다. 교육은 매 수업 후 비형식적이고 성찰적인 대화를 통해 실시된다. 연구자는 활동이 수행되는 동안에 항상 교실에 있다. 그가 교사의 보조처럼 있지만, 주요 역할은 인터벤션의 충실도를 보장하고 데이터를 수집하는 데에 있다. 오직 연구의 데이터만 수집되었으며, 충실도 정보는 관찰되었으나 체계적으로 수집되지는 않았다.

여러 측정 도구들은 전체 5개 촉진요인의 효과에 초점을 맞춘 인터벤션이 과제 수행과 학습 활동에서의 사회 지향적 행동(예: 행동적 몰입), 행복(예: 정서적 몰입), 정신적 노력(예: 인지적 몰입)에 미치는 영향에 대한 직관을 얻기 위해 삼각 검증을 하였다. 이 방식은 학생들의 자기 보고(개방형 응답 설문지, 폐쇄형 응답 설문지)를 포함, 학생들과의 집단 면담, 교사와의 면담, 연구자의 일지를 포함하였다.

주관식 질문지는 프로젝트 동안 학생 몰입을 촉진하거나 저해하는 맥락적 요인의 정보뿐만 아니라 행동적, 정서적, 인지적 몰입 수준에 관한 정보를 수집하기 위해 만들어졌다. 질문지는 한 문장 이상부터 최대 한 단락까지 문장 완성형 문항으로 구성되었다(예: "이 단계에서, 프로젝트에서 잘해야 할 것은….", "프로젝트에서 잘되지 않는 것은…."). 학생들은 개인적으로 주관식 질문지를 프로젝트의 초기, 중기, 말기에 작성하였다.

프로젝트 이수 후에 전달된 객관식 질문지는 35개 문항으로 구성되었으며, 평정척도와 체크리스트를 포함하였다. 그러한 문항은 학생들의 행동적, 정서적, 인지적 몰입(예: "이 프로젝트에서, 나는 어려운 부분을 포기하였다."－인지적 몰입)뿐만 아니라 몰입의 5개 촉진요인(예: "나는 이 프로젝트가 쉽다고 느낀다."－유능감)에 대한 평가적 정보를 얻기 위해 활용되었다. 교사와의 면담은 프로젝트의 중간, 마무리 단계에서 수행되었다. 한편, 학생들과의 인터뷰는 프로젝트의 마무리 단계에 수행되었다. 두 인터뷰는 학생 몰입의 관점에서 경험한 프로젝트를 언급하였다. 마지막으로, 연구자는 행동적, 정서적, 인지적 몰입 수준에 대한 정보와 이러한 차원(특히 5개의 몰입 촉진요인에 대한 주목)에 영향을 주는 맥락적 요인을 모으기 위해 매주 일지를 활용하였다. 연구자들은 각 수업 직후에 일지 초반부를 작성하였다.

객관식 질문지의 기술적 분석 외에도, 각 학습 활동에서 수집된 질적 데이터의 분석을 위하여 네 개의 테마 분석이 수행되었다(예: 주관식 질문지, 인터뷰, 연구자의 일지). 이러한 분석의 처음 세 개는 근본적으로 연역적이었고 (1) 시간이 흐르거나 회고하는 방식으로, 학습 활동 중 학생의 각 행동적, 정서적, 인지적 몰입의 개별적 역할과 (2) 학생 몰입에 대한 각 다섯 개의 촉진요인의 역할을 평가하였다. 네 번째 테마 분석은 귀납적으로 학생 몰입을 억제하는 맥락의 구체적인 요인들을 입증하였다.

연구 결과는 유의미성, 주도성, 유능감, 긍정적인 동료 및 교사와의 관계의 원리를 적용하는 학습 활동이 학생들의 행동적, 정서적, 인지적 몰입을 증진하는 것을 돕는다고 보고하였다. 세 가지는 분명하며, 보충적 자료 패턴은 이와 같은 결론을 뒷받침하였다. 첫째, 학생들 다수가 유의미한 수로 행동적으로, 정서적으로, 인지적으로 몰입한 수업이 있다. 둘째, 촉진요인 5개 지원을 제안하는 데이터는 일반적으로 학생 몰입에 정적으로 영향을 준다. 대조적으로, 몰입의 촉진요인을 위한 최소한의 지원은 전반적인 학생 몰입을 방해하는 것으로 보였다. 아래에 제시된, 학생이 빈정거리는 말투로 그들의 교사인 Pamela에 관해 이야기하는 교사-학생 관계에 대한 인용은 이 점을 묘사한다.

> 존(John): 누군가가 너에게 잔소리를 하고, 너에게 소리를 지르고, 너에게 "공부해"라고 말한다면..
> 휴고(Hugo): 너는 막 성가실 것이야. 그걸 하고 싶지는 않고.
> 존(John): 너는 마치, "그래, 내가 그거 할게." [...]
> 존(John): 그녀(Pamela)는 널 보고 소리 지르고 그러고 나서 말하겠지, "공부해"라고. 누군가 단지 너에게 소리치겠지. "그래 오케이야." Pino-James (2017:13)

이러한 인터벤션은 유의미성, 주도성, 유능감, 교실 활동에서의 긍정적 동료 및 교사와의 관계가 청소년 학생들의 수업에서 학생 몰입을 촉진하는 교수 전략이 될 수 있음을 시사하는 근거를 제공한다. 그러나 현재의 이용 가능한 데이터로부터 어느 촉진요인이 다구성요소 인터벤션에서 가장 효과적인지가 분명하지 않고, 몰입에 영향을 주는 몰입 촉진 혹은 저해 요인의 효과 역시 명백하지 않다. 이에 관한 의문을 논의하고자 한다.

후속 연구 및 실천을 위한 결론과 시사점 논의

세계적으로 많은 중등학교에 만성적 비몰입 학생들이 확산되고 있는 점을 고려하여(OECD, 2016), 이 장의 목표는 국제적 문제에 대한 잠재적 해결책을 밝히는 데에 있었다. 우리는 학생 몰입을 증진하기 위한 핵심 동력으로서 교수환경을 학습 활동과 함께 의도적으로 제안하였다. 이 장에서는 서로 다른 교실 환경에서의 학습 활동에서 청소년의 행동적, 정서적, 인지적 몰입을 촉진하는 교수환경의 특성이 논의되었다. 몰입 인터벤션 연구를 규명하기 위해 몰입의 핵심적 촉진요인 5개에 초점을 맞추어 문헌을 검토하였다. 그 후 선정된 인터벤션의 효과에 대하여 상세한 프로파일을 제시하였다.

교수적 인터벤션이 학생 몰입에 미치는 영향

이 장에서 프로파일한 사항을 포함하여 문헌 리뷰에서 발견한 다수의 연구는 인터벤션 또는 행동적, 정서적, 인지적 몰입 또는 연구에서 목표로 하는 또 다른 몰입 유형에 미치는 인터벤션의 긍정적인 영향에 대한 근거를 보여주었다.

그러나 표 8.1에 제시되었듯, 5개 촉진요인이 학생 몰입에 미치는 영향력은 연구마다 다양하였다. 예를 들어, 학생 몰입에 미치는 영향에 관한 연구의 근거 중 가장 강력한 것은 유의미성이었다(Corp, 2017; Katz, Assor, Kanat－Maymon, & Bereby－Meyer, 2006; Larson, 2014; Pino－James, 2017; Schmidt, Maier, & Nuckles, 2012; Turener et al., 2014; Walkington, 2013; Larson, 2014; Pino－James, 2017). 반면, 동료 관계(Bressler, 2014b; Pino－James, 2017; Sinha, Rogat, Adams－Wiggns, & Hmelo－Silver, 2015; Turner et al., 2014; Bressler, 2014b; Pino－James, 2017)와 주도성(Pino－James, 2017; Turener et al., 2014; Vansteenkiste, Simons, Lens, Soenens, & Matos, 2005), 교사－학생 관계에 대한 근거는 약해지고 있었다(Pino－James, 2017; Turner et al., 2014; Yeager et al., 2014). 가장 약한 근거는 유능성이었는데(Pino－James, 2017; Turener et al., 2014), 그 이유는 단일 요인 인터벤션의 부족 때문이었다(예: 5개 촉진요인 중에 하나의 인터벤션만 사용함). 이와 관련하여 후속 연구가 요청된다.

촉진요인이 몰입의 각 차원에 미치는 영향 역시 다양하였다. 예를 들어, 표 8.1에 있는 단일 요인 인터벤션과 관련하여 유의미한 수업과제는 행동적(Corp, 2017), 정서적(Corp, 2017; Katz et al., 2006; Larson, 2014; Schmidt et al., 2012), 인지적 몰입(Corp, 2017; Larson, 2014; Schmidt et al., 2012; Walkington, 2013), 긍정적인 동료 관계의 증진(Bressler, 2014a, 2014b; Sinha et al., 2015), 긍정적인 교사－학생 관계의 정립(Yeager et al., 2014)에 영향을 미쳤다. 그러나 학생 주도성을 위한 지원은 행동적 몰입에만 지속적인 영향을 미쳤다(Vansteenkiste et al., 2005).

표 8.1에 나타난 인터벤션은 행동적, 정서적, 인지적 몰입을 증진하기 위해 교수환경이 어떻게 의도적으로 조정될 수 있는지에 대해 논증함으로써 교육에 관한 이론적이고 실제적인 지식과 이해를 확장하였다. 이러한 연구를 통해서 교수적 실천과 인터벤션은

증거 기반 실행이 되었고, 교육적 실천을 위한 미래 혁신을 제시하였다(Hulleman & Barron, 2016; Lazowski & Hulleman, 2015; Shernoff & Bempechat, 2014).

전반적으로 인터벤션과 비인터벤션 연구를 고려할 때, 몰입 촉진요인 5개를 지원하는 수업은 교실에서 학생들의 행동, 정서, 사고에 긍정적 영향을 미치기 쉽다. 이 장에서 수행한 리뷰는 수업에서 단일 촉진요인에 대한 초점이 학생 몰입의 변화에 영향을 미칠 수 있음을 제안한다. 각 요인이 구체적이고 개별적으로 행동적, 정서적, 인지적 몰입을 증진할 수 있는 정도가 어떠한지가 분명한 것은 아니다. 다구성요인 인터벤션으로 설명되듯(예: Pino-James, 2017), 일부 또는 모든 촉진요인이 학생들의 행동적, 정서적, 인지적 몰입을 촉진하는 과정에서 상호작용적일 수 있다. 따라서 학생들의 행동적, 정서적, 인지적 몰입을 촉진하기 위해서는 모든 구성요인이 필요하다고 논의할 수 있다. 그러나 교수적 질과 학생들의 반응을 둘러싸고 있는 다양한 요인을 고려할 때, 이러한 제언의 확실성은 불분명하다. 또한, 오직 하나에만 초점을 맞추고 측정한 연구에서 많은 혹은 모든 촉진요인이 시행될 수 있음을 인지해야 한다. 따라서 다양한 촉진요인을 측정하고 촉진요인이 행동적, 정서적, 인지적 몰입에 미치는 특징적 영향에 관한 후속 연구가 필요하다. 아울러 각 촉진요인의 수준 역시 후속 연구에서 확인될 필요가 있다.

이 장에서 수행한 리뷰는 촉진요인의 부재 혹은 촉진요인에 대해 반대되는 실행이 학생 몰입을 저해할 수 있음을 제언한다. 예를 들어, Pino-James(2017)는 부과된 학업을 수행하는 교사-학생 관계가 학생들의 열망에 미치는 제한된 영향을 보고하였다. 자기결정성 이론에 기반을 두고 있는 연구에서 나타나는 심층적 증거는 학업에 대한 비몰입에 영향을 미칠 수 있음을 제시한다(Chen et al., 2014). 연구자들은 몰입 촉진요인들의 실재와 부재, 태만한 교실 분위기에 효과적인 차원으로서 촉진요인을 측정하는 것을 넘어 생각할 필요가 있다.

비록 다수의 문헌이 일반적으로 행동적, 정서적, 인지적 학생 몰입의 촉진요인을 지지할지라도, 중등교육에서 이러한 관계를 지지하는 인과관계 메커니즘을 보여주는 근거는 더 적은 편이다. 국제적 문헌 리뷰는 제한된 수의 단일 촉진요인 또는 목표한 독립 변인, 심지어 다른 요인을 통제한 요인 및 몰입에 대한 효과를 증명하면서 교수적 인터벤션을 제시하였다(예: Vansteenkiste et al., 2005; Yeager et al., 2014). 게다가 이러한 효과의 장점은 항상 명확하지 않다(예: 실험 설계에서 엄밀함의 부족, 드물게 보고된 효과 크기). Lazowski와 Hulleman(2015)은 최근에 농기 인터벤션에 관한 메타분석에서 유사한 결론을 도출하였다. 마지막으로, 인터벤션 연구에서 일부 촉진요인들은 상대적으로 덜 평가된 경향이 있다. 예를 들면, 중등학교 교실 환경에서 몰입에 미치는 인지된 유능성의 효과를 평가하는 연구는 찾아보기 어렵다. 따라서 향후 인터벤션 연구는 학생 몰입과 몰입의 하위 요인과 관련해 가치 있는 정보를 제공할 것으로 기대된다.

아울러, 몰입의 촉진요인이 모든 학생과 모든 맥락에서 똑같은 영향을 줄 것이라고 가정할 수는 없다. 예를 들어, 12−13세 독일 학생들(N=385)을 대상으로 한 최근 연구인 Lietaert, Roorda, Laevers, Verschueren과 De Fraine(2015)은 남학생들은 주도성이 보호 요인이지만 여학생들에게는 해당되지 않는다고 하였다. Yeager 등(2014)의 인터벤션 연구에서도 인종과 신뢰 수준과 같은 학생 요인의 조절 효과를 보고하였다. 인터벤션 연구를 포함하여 더 많은 연구가 유사하게 학생−촉진요인과 맥락−촉진요인 상호작용(예: 성별, 나이, 사회경제적 지위, 주도성의 효과를 조절하는 문화적 배경)을 평가할수록 이에 대한 지식은 확장될 것이다. 메타분석은 인터벤션의 지속과 관련하여 시사점을 제공할 수 있다. 몰입에 영향을 미치는 조건에 대한 시사점을 얻는 것 외에도 그러한 연구는 잠정적으로 학생 몰입과 관련된 관계성 또는 보편적 원리를 규명할 것이다.

인터벤션 실행 이슈

어떠한 근거가 인터벤션을 지지할 경우, 인터벤션의 실행이 쉬워질 것이라고 추론할 수 있다. 그러나, 학교 맥락에서 인터벤션의 실행은 쉽지 않다. 개인이 속한 환경에 영향을 주는 요인들과 인터벤션이 일어나는 절차가 실행을 위해 중요하게 여겨질지라도, 인터벤션의 특성 자체가 성공적인 실행을 예측할 수 있다(Damschroder et al., 2009). 인터벤션에서 실행에 영향을 주는 중요한 두 가지 특성은 복잡성과 적용 가능성이다(Damschroder et al., 2009). 우리가 규명한 인터벤션 연구의 일부는 다른 것보다 덜 복잡하며, 적용이 가능하다. 예를 들어, 실험 설계(예: Vansteenkiste et al., 2005)는 상대적으로 더 단순한 인터벤션이 어떻게 실행되는지에 대한 세부사항을 제공한다. Bressler(2014a, 2014b)는 상당한 복잡성으로 상호작용적 교육과정 활동을 적용했지만, 거의 전체적으로 수업이 게임으로 구조화되어 있으며, 교수적 결정의 대부분이 그 안에 결합되어 있다. 전체적으로 삭제하더라도, 두 경우 모두 낮은 충실도로 인터벤션을 실행할 가능성이 최소화되어 있다. 이것은 실험적이고 게임 기반 설계의 이점으로 여겨질 수 있다.

연구의 다수는 매우 복잡한 인터벤션을 활용하였다. 많은 연구에서(예: Corp, 2017; Larson, 2014; Pino−James, 2015, 2017; Sinha et al., 2015; Yeager et al., 2014), 연구자들은 교수적 그리고 이후에 교사에 의해 실행될 교과 인터벤션을 설계하였다. 따라서 실행은 연구자의 교사 훈련에 달려있다. 충실도는 주로 지식, 연구자의 교육, 교사, 훈련의 질, 연구자가 존재하느냐와 실행 중에 피드백을 제공하는 경향에 의해 평가되었다. 이러한 평가는 미래 연구자들이나 인터벤션을 활용하거나 적용해보고자 하는 실천가들이 할 일은 아닐 수 있다. 전통적으로, 교사 훈련은 연구에서 구체적으로 기술되지 않은 편이다. 교사 훈련과 실행 이슈에 대한 동료 매뉴얼이 개발된다면 매우 유용할 것이다. 많은 연구(예를 들어, Larson(2011)의 연구에 제시된 교사에 대한 피드백에 따른 관찰적 프로토콜)에서 인터벤션의 복잡성과 교사 훈련에 대한 중요성에도 불구하고 충실도 확인이 기술되지 않거나 심지어 언급되지도 않았다. 이것을 개선하기 위한 의식적인 노력은 인터벤션 분야의 발전에 도움이 될 것이다.

다수의 연구는 동기와 몰입의 원리에 기초하고 있는 수업 모델을 평가하였다(예: 유의미성, 자율성, 유능감 또는 다른 몰입의 촉진요인들의 지원). 그러한 선행연구는 연구자의 인터벤션을 실행하고 실증적 지지를 얻기 위한 최초의 시도로 특징지어질 수 있다. 전형적으로, 인터벤션의 실행은 유의미한 활동이나 또 다른 촉진요인을 제공하기 위하여 교사에게 많은 복잡한 결정을 요구한다. 충실도와 복잡성이 높으며, 엄격하게 실행되는 인터벤션이란 사실 비현실적이기 때문에 향후 연구자들이나 교사들은 새로운 맥락에서 인터벤션을 유사하게나마 실행할 수 있는 재량이 있음이 전제되어야 한다(예: Larson, 2014; Pino-James, 2017). 예를 들어, Larson(2014)의 연구 사례와 같이 질병에 관한 단원에서 학생들의 손에 세균을 보이게 하는 것을 그대로 따라하기보다는 화산과 관련된 단원에서 토네이도의 살아있는 시연을 위하여 관심을 "촉발하는" 것이 핵심이다. 새로운 환경에서는 매우 복잡하고 적용 가능한 인터벤션이 효과적일 수 있다. 예를 들어, 학년 수준, 사회경제적 지위, 인종적 구성, 관련된 문화적 요인에 있어 인구통계학적 차이는 한 환경에서 다른 환경으로 인터벤션을 적용하려는 시도가 있을 때 부가적인 복잡성과 장애물을 부과할 수 있다. 몰입의 촉진요인을 이해하고 지역적 맥락에 적용하는 것은 내용 외에도 교육학 분야에 유의미한 교육을 요구할 수 있기 때문에, Turner 등(2014)은 광범위한 전문성 발달에 대한 도전을 언급하였다. 교사들에게 독특한 교실 환경에 적용할 수 있는 동기적 촉진요인들이 효과적으로 설계되었고, 결과적으로 참여한 교사들에게 성공적인 결과로 남았다. 그러나, 이제 막 연구되기 시작한 몰입 인터벤션 연구들은 인터벤션의 도전과 실행에 있어 훨씬 더 많은 관심이 필요하다.

결론적으로, 청소년 비몰입과 관련한 지원은 교수환경의 특성을 활용하여 학생들의 발달적, 심리적 욕구를 충족시키는 방법으로 이루어질 수 있다(Shernoff, 2013). 인터벤션과 비인터벤션 연구 모두는 수업에 유의미성, 주도성, 유능감, 긍정적인 동료 및 교사와의 관계를 혼합하는 방법으로 학생들의 과제 수행 중 행동적, 정서적, 인지적 몰입 촉진에 효과적인 방법이 될 수 있다. 인터벤션 연구는 촉진요인들이 의도적으로 교실에서 학생 몰입을 증진하기 위해 어떻게 조정될 수 있는지에 대한 이해를 확장할 것이다.

제 9 장

지원적이고 참여적인 학교를 통한 정학 감소 및 형평성의 증대

제9장

지원적이고 참여적인 학교를 통한 정학 감소 및 형평성의 증대

지난 몇 년간 등교 금지 정학률(out-of-school suspension rates)이 감소하였음에도 불구하고, 학생 그룹 전체에 대한 배제적 징계(exclusionary discipline)는 지속되어 왔다(예: Loveless, 2017; US Department of Education, 2016). 모든 인종 그룹의 남학생, 아프리카계 미국인 남성 및 여성 학생, 특수교육 학생과 관련한 부정행위에 대한 처벌적 접근 방식의 사용에서의 불균형은 지속적으로 발견되어왔다(예: Blake, Keith, Luo, Le, & Salter, 2016; Krezmien, Travers, & Camacho, 2017; Morris & Perry, 2016). 아메리카 원주민 학생(Wallace, Goodkind, Wallace, & Bachman, 2008), 라틴계 학생(Peguero, Bondy, & Shekarkhar, 2017), 레즈비언, 게이, 양성애자, 트랜스젠더 학생(Poteat, Scheer, & Chong, 2016)과 같은 다른 학생 그룹들도 정학에 대해 지나치게 과장되어 기술되는 것으로 밝혀졌다.

학자, 학부모 대리인, 가족들은 일부 학생 그룹이 다른 그룹보다 더 많은 처벌을 받게 된다는 사실을 뒷받침하는 많은 증거가 나타남에 따라 공정과 형평에 대한 우려를 제기한다(Carter, Skiba, Arredondo, & Pollock, 2015). 이것에 관한 가장 강력한 증거는 유사한 부정행위를 저지른 백인 학생들과 아프리카계 미국인 학생들의 징계 결과를 비교하는 연구에서 나타났다(Huang & Cornell, 2017). 또한, 학자들은 소외계층의 학생들이 매우 참여적이고 지원적인 교실과 학교에 대한 접근율이 낮다는 사실을 지적하였다(Gregory, Skiba, & Mediratta, 2017; Ladson-Billings, 2006). 실제로 연구들은 보다 많은 아프리카계 미국인 학생들이 있는 학교의 관리자들은 그들의 부정행위에 대해 더욱 처벌적인 접근 방식으로 반응하고, 보다 적은 행동적 지원을 제공하는 경향을 보인다는 사실을 보여주었다(예: Payne & Welch, 2015).

지난 10년 동안 주와 교육구들은 학교 규율 개혁에 동참해 왔다. 최소 17개 주에서 배제적 규율(exclusionary discipline)의 사용을 줄이기 위한 법안이 통과되었다(Colombi & Osher, 2015). 일부 주에서는 이러한 보다 주관적인 위반의 범주가 인종 간 불균형의 극단적인 수준과 관련되어 있다는 사실을 고려하여 "의도적 반항(willful defiance)"으로 명명된 부정행위에 대한 정학의 적용을 축소하였다(California Department of Education, 2015). 어떤 주들은 학생의 하위 그룹별로 학교 규율 데이터를 분리하는 것을 의무화하였는데, 이는 인종 간 불균형(disparities)을 줄이기 위해 개선 방안이 필요한 지역을 식별하는 데 도움이 된다(State of Illinois, 2014). 또한, 일부 주에서는 처벌적 규율에 대한 대안의 사용을 확대하였는데, 예를 들어 콜로라도는 주 전역에 걸쳐 회복적 사법(restorative justice: 지역사회, 피해자와 가해자의 입장을 모두 고려하여 범죄행동에 의한 피해를 바로잡는 것에 중점을 둔 사법적 이론) 제도의 사용을 확대하였다(Restorative Justice Colorado, 2015).

학교 규율에 대해 문서적으로 잘 증명된 불균형과 최근의 규율 개혁 열풍을 고려할 때, 이 장의 목표는 학생의 정서적, 인지적, 행동적 몰입을 증가시키는 것에 대한 의미, 특히 불공정한 배제적 징계를 받은 특정 집단에 속한 학생들에 대한 의미를 확인하는 것이다. 우리는 규율 개혁이 학생들의 몰입도를 높이고 규율의 불균형을 줄인 수준을 직접적으로 조사한 연구가 거의 없다는 점을 감안하여 선행연구들이 내포한 함의를 강조한다. 대신에 대부분의 선행연구에서 혁신이 도입된 이후의 배제적 징계(학교규율참고서[Office Discipline Referral: ODR] 및 정학)가 감소하였는지에 대한 여부를 조사하였다(예: International Institute of Restorative Practices, 2014). 독점적으로 배제적 징계에 중점을 둔 결과, 학생 몰입을 포함하는 포괄적인 수준에서 일련의 긍정적인 결과를 활용하는 연구가 부족하게 되었다.

이 장에서 우리는 먼저 다양한 형태의 학생 몰입과 학교 규율의 상호적으로 관련된 특성에 대해 논의한다. 그런 다음, 학교 규율의 형평성 강화를 위한 기본 틀을 기반으로 몰입을 증진시키고 규율의 불균형을 줄이는 데에 대한 기대가 있는 인터벤션의 범위에 대해 검토한다(Gregory, Bell, & Pollock, 2016; Gregory, Skiba, & Mediratta, 2017). 우리는 예방 중심의 원칙과 프로그램에 대한 검토로 시작하여 인터벤션 기반의 원칙과 프로그램에 대해 논의한다. 그리고 향후 연구에 대한 고려사항들로 마무리한다.

학교 규율 및 학생 몰입

연구들은 학생 몰입의 정서적, 인지적, 행동적 하위 유형들을 구분하였다(Archambault, Janosz, Morizot, & Pagani, 2009; Fredricks, Blumenfeld, & Paris, 2004). 정서적 몰입은 학생들의 교실에서의 정서적 경험과(예: 소속감) 관련되어 있다. 인지적 몰입은 학업 과제에 대한 주의 깊은 문제 해결을 통해 입증되며 동기부여 과정과 밀접한 관련이 있다(Fredricks et al., 2004). 관찰자가 교실 활동에 대한 학생의 참여를 볼 수 있는 경우에는 행동적 몰입이 표시된다. 이와 대조적으로, 정서적 및 인지적 몰입은 주로 정신 내부적 과정이다. 이러한 차이점에도 불구하고 몰입의 하위 유형은 서로 관련성을 가지고 있다(Fredricks et al., 2004). 실제로, 수십 년 동안의 심리학 연구들은 행동, 정서, 인지가 상호적으로 서로를 강화시킬 수 있음을 입증하였다(예: Beck, 1976). 학생들은 교실 활동에 참여하고(행동적 몰입), 교사 및 과제에 긍정적으로 반응하며(정서적 몰입), 학업 과제에 대한 사려 깊은 문제 해결 행동을 보인다(인지적 몰입; Archambault et al., 2009; Fredricks et al., 2004).

몰입 유형이 서로 관련되어 있는 것과 마찬가지로 비몰입 유형도 서로 관련성을 가진다. 이것은 부정행위에 대한 제재로서 학생이 교실이나 학교에서 쫓겨날 때 영향을 받을 수 있는 정서적, 인지적, 행동적 과정을 고려할 때 특히 적절하다(즉, 제공된 배제적 징계; Gregory, Skiba, & Noguera, 2010). 연구는 학교 규율과 정서적 및 인지적 비몰입 사이의 연관성을 지지한다. McNeely, Nonnemaker, Blum(2002)은 국가의 대표적인 표본을 기반으로 하여 징벌적 규율 정책을 가진 학교의 학생들이 보다 덜한 규율 정책을 가진 학교의 학생들에 비해 그들의 학교에 대한 낮은 관련성을 보고한다는 사실을 발견하였다. 또 다른 국가적인 대표 연구는 학업에 대한 일시적인 중단은 시간이 지남에 따라 지속적인 우울 증상의 위험을 가중시킨다는 사실을 확인하였다(Rushton, Forcier, & Schectman, 2002). 최근 메타분석은 정학과 인지적 비몰입의 한 가지 가능한 징후를 연결한다. Noltemeyer, Ward, Mcloughlin(2015)은 34개의 연구 결과들을 종합하여 정학을 당하지 않은 학생들과 비교하여 정학을 당한 학생들은 보다 낮은 성취를 보인다는 사실을 밝혀냈다. 등교 금지 정학 또는 교내 정학(in-school suspension)을 받은 학생들에 대한 학업성취도 감소 현상이 나타났다. 학교 중도탈락은 행동적 비몰입의 한 형태로서 설명되어왔으며(Balfanz,

Byrnes, & Fox, 2015), 연구는 정학과 중도탈락 사이의 관계를 보여주었다(Losen & Rumberger, 2017).

최근에 학자들은 학교에서 어른들과의 규율적 상호작용과 관련된 악순환이나 순환고리(feedback loops)에 붙들린 경우, 소외된 학생들에게 영향을 미치는 사회심리적 과정에 대해 이론을 수립하고 있다(Okonofua, Walton, & Eberhardt, 2016). Okonofua 등(2016)은 예를 들어, 흑인 학생이 교사의 부정적인 인종적 편견을 인식하고 교사를 불신하게 되어 보다 덜 협조적인 모습을 보일 수 있는데, 이는 나아가 교사의 부정적인 인식을 강화하고 교사로 하여금 통제력을 발휘하고자 하는 욕구를 가지게 하며, 교사와 학생들의 관계를 더욱 약화시키게 된다고 주장하였다. 이 이론을 바탕으로 진행된 종단적 연구는 규율에 관한 의사결정에 있어 인종적 편견에 대한 아프리카계 미국인 중학생의 인식은 해당 교육기관의 신뢰성 상실과 연결되며(예: 학교에서의 공정한 대우에 대한 믿음), 이는 결과적으로 나중에 발생할 규율 위반을 예상하는 것이라는 사실을 발견하였다(Yeager, Purdie-Vaughns, Hooper, & Cohen, 2017). 이는 다양한 형태의 학생 몰입(즉 정서적, 인지적, 행동적 몰입)에 영향을 주기 위한 인터벤션이 학생 및 교사의 신뢰, 태도, 행동을 목표로 해야 할 필요가 있음을 시사한다. 그러나 이러한 복잡한 교류 과정을 고려한 연구는 거의 없었으며, 상기 언급한 바와 같이 특히 불균형적으로 훈련된 집단의 학생들에 대해 규율 개혁이 학생 몰입을 증가시키는 정도를 조사한 연구는 아직 없다. 다시 말해, 시작점은 어떤 프로그램(제도)과 실행이 다양한 형태의 몰입에 영향을 미칠 수 있는 잠재력이 있는지를 고려하는 것이다. 우리는 "학교 규율의 형평성 강화를 위한 기본 틀"이라는 렌즈를 통해 고려해 볼 것이다.

학교 규율의 형평성 강화를 위한 기본 틀

Gregory, Bell, Pollock(2016)뿐 아니라 보다 최근에 Gregory, Skiba, Mediratta (2017)는 규율 개혁을 위한 정책, 프로그램, 실행을 안내할 수 있는 연구 기반 원칙을 제공하기 위해 "학교 규율의 형평성 강화를 위한 기본 틀"을 개발하였다. 기본 틀의 원칙 중 5가지는 예방을 지향하고(규율적 상호작용이 발생하기 전), 인터벤션을 지향한다(규율적 상호작용이 발생한 후). 하나의 원칙은 다중 지원시스템(MTSS)을 통해 예방과 인터벤션 모두를 고려한다. 예방 및 인터벤션에 대한 구별은 (1) 전통적으로 처벌적 규율의 대상이 되어왔던 그룹에 속한 학생들의 정서적, 인지적, 행동적 몰입을 증가시킬 수 있는 프로그램 및 실행, (2) 규율 발생 후 학생들을 회복시키거나 정서, 인지, 행동의 측면에서 긍정적인 방식으로 복귀시킬 수 있는 프로그램 및 실행을 고려하는 데 도움이 된다. 기본 틀의 각 원칙에 대해 우리는 원칙이 규율 불균형의 감소와 관련이 있는 이유를 설명한 후 긍정적 변화에 영향을 줄 수 있는 하나의 관련 프로그램에 대해 설명한다. 우리는 규율의 불균형을 방지하기 위한 기본 틀의 5가지 원칙으로 시작하는데, 여기에는 지지적 관계에 대한 접근, 편견 인식/존중적 환경, 학업의 엄격함, 문화적으로 적절하고 반응적인 지도, 행동을 배우고 교정할 수 있는 기회를 제공한다.

예방 원칙 1: 지지적 관계

라틴계 및 흑인 학생이 백인 학생보다 학교에 근무하는 어른들이 자신들을 염려한다고 느끼고 있다고 보고할 가능성이 낮다는 사실을 보여주는 연구 결과들을 고려해 보면, 소외된 학생 그룹과의 관계 구축을 위한 주도적인 노력이 필요하다(예: Voight, Hanson, O'Malley, & Adekanyel, 2015). 학교에서 근무하는 어른의 돌봄을 받는 느낌은 학업적 몰입을 포함한 다양한 긍정적인 학생 성과와 관련되어 있다(Cornelius-White, 2007; Roorda, Jak, Zee, Oort, & Koomen, 2017; Roorda, Koomen, Spilt, & Oort, 2011). 다시 말해, 어른의 지원을 많이 받는 학생들은 학교생활에 더 많이 참여하는 경향을 보였다. 학생들을 참여시키고 학교 규율의 불균형 방지에 있어서 그 효과적인 측면으로 관계 구축 인터벤션이 공식적으로 평가된 사례는 거의 없다. 다시 말해, 많은 학교가 관계 강화와 규율적 사고 예방을 위한 수단으로 커뮤니티(집단) 구축 활동을 포함하는 회복 실행(RPs: restorative practices)을 채택하고 있다(예: Guckenburg, Hurley, Persson, Fronius, & Petrosino, 2015).

회복 실행(Restorative Practices)

토착적인 전통에 기반을 둔 RP는 대인관계와 커뮤니티의 구축, 피해 보상, 갈등 해결 과정으로의 학생 목소리의 통합을 강조함으로써 학교 규율에 대한 전통적인 접근 방식과는 다르다고 알려져 있다(Amstutz & Mullet, 2005; Zehr, 2002). 예를 들어, RP 훈련이 진행되는 동안 교직원들은 다양한 대인관계 기술과 방법에 대해 배우는데, 여기에는 정서적 진술의 사용(예: "나는 네가 그런 식으로 행동할 때 화가 났단다"), 의사결정 시 학생의 관점 통합(Costello, Wachtel, & Wachtel, 2009)이 포함된다. 교사는 또한 주도적인 서클(proactive circles; 커뮤니티 구축 서클이라고도 함)을 이끌도록 교육받는다(Costello et al., 2009). 서클(circles)에 참여하는 학생들은 일반적으로 그들을 구분하는 장벽 없이 서로를 직면하고 있다. 학생들 각자에게 "토킹피스(talking piece: 발언권을 가질 수 있는 대화의 상징물로서 이것을 가지고 있으면 아무런 방해 없이 의견을 말할 수 있음)"가 전달되고 서클의 주제에 대해 말할 기회가 주어진다.

현시점에서 RP에 대한 기대는 학교와 교육구에 대한 수많은 사례 연구에서 획득한 결과를 기반으로 하고 있다(Guckenburg, Hurley, Persson, Fronius, & Petrosino, 2015). 미국에서 집중된 연구 결과에 대해 인상적인 축적이 이루어졌는데, 학교들이 RP를 시행할 때 그들은 ODR(Office Discipline Referral: 학교 규율 참조서; 학생이 규율에서 벗어난 행동을 했을 경우 제공되는 양식으로 학부모, 학생, 교사 등 관련자들이 의견 교환을 할 수 있게 해주는 도구) 및 등교 금지 정학의 사용을 줄이는 경향을 보인다(Anyon et al., 2014; Jain, Bassey, Brown, & Kalra, 2014; Riestenberg, 2013). 단지 소수의 연구만이 규율에 대한 회복적 접근이 규율 불균형을 줄일 가능성을 가진다는 사실을 시사한다(예: Anyon et al., 2014, 2016; Gonzalez, 2015; Jain et al., 2014). 예를 들어, 한 소규모 상관관계 연구는 RP를 자주 사용하는 것으로 학생들이 인식하는 교사는 RP를 덜 자주 사용하는 것으로 인식되는 교사에 비해 흑인 및 라틴계 학생에게 ODR을 보다 적게 발행하는 경향이 있음을 보여주었다(Gregory et al., 2016). 또한 덴버 내 학교들의 RP에 대한 지역 전체 평가에서는 흑인 학생의 정학률이 6−7% 감소하였다(Gonzalez, 2015). 흑인/백인 간의 정학 차이는 다소 좁혀졌으나 학교들의 실행 충실도에 있어 차이가 있는지 확인하기 위해서는 추가적인 연구가 필요하다(Anyon et al., 2014). 학생 몰입과 관련하여, RP를 포함한 매우 다양한 규율 개혁을 시행하는 오클랜드 학교들에 대한 프로그램 평가는 영어 읽기 능력 평가로 측정한 결과와 마찬가지로 RP를 실행하지 않는 학교에 비해 RP를 시행하는 학교에서 매우 큰 비율로 졸업률과 읽기 수준이 증가했음을 보여주었다(Jain et al., 2014). RP가 실질적으로 긍정적이고 지원적인 어른−학생의 관계를 증진시키고, 학생의 몰입을 증진시키고, 규율의 불균형을 줄여준다는 인과적 주장들을 입증하기 위해서는 보다 엄격한 검증이 요구된다.

예방 원칙 2: 편견 인식(Bias-Aware) 교실 및 존중적인 학교 환경

암묵적 편견(implicit bias)에 관한 184건의 연구에 대한 메타분석은 일반적으로 무의식적으로 부정적인 연관성을 가진 암묵적 편견이 다른 개인들에 대한 차별을 예측한다고 결론지었다(Greenwald, Poehlman, Uhlmann, & Banaji, 2009). 학교 규율의 측면에서 학자들은 암묵적 인종 편견이 교육자의 규율에 관한 의사결정에 영향을 미칠 수 있다고 가정한다(Carter et al., 2015; Okonofua & Eberhardt, 2015). 이로 인해 교육구에서는 암묵적 편견, 제도적 인종차별주의, 인종적인 미약한 차별(자신도 모르게 사람들의 피부색에 대해 전달되는 일상적인 메시지를 비하하는 것으로 정의되는)에 관한 의식 함양 워크숍에 참여해왔다(Singleton, 2013; Wong, Derthick, David, Saw, & Okazaki, 2014). 변화 이론(theory of change)은 교직원들의 인종 편견, 인종적 계급, 인종 사회화(racial socialization)에 대한 인식과 지식을 높임으로써 교직원들이 학교에서 백인 우월주의가 유지되는 확실하고 교묘한 방법들을 저지할 수 있는 능력을 갖추게 되리라는 것이다(Singleton, 2013). 그러나 이러한 이론화에 대해 비판적인 검토가 이루어지지 않았다(Lai & Banaji, in press). 다시 말해, 최근에 나타난 교사의 사고방식에 변화를 주기 위한 소규모의 인터벤션은 사고방식을 타겟으로 하는 믿음 지향적 인터벤션에 대한 가능성을 제공한다.

공감적 사고방식 훈련

Okonofua, Paunesku, Walton(2016)은 공감적 사고방식 인터벤션 또는 통제 조건(control condition: 실험의 비교를 위한 기준 조건)에 무작위로 할당된 39명의 수학교사와 함께 공감적 사고방식 인터벤션의 효과를 시험하였다. 이 인터벤션의 목적은 학생의 부정행위에 대한 교사의 조망 수용(perspective-taking: 자기 자신의 관점과 타인의 관점을 별개의 것으로 구분하여 타인의 생각, 감정, 지식 등을 그 사람의 관점에서 이해하는 능력)을 증진하고 교사-학생 간 신뢰를 높이는 것이었다. 공감적 사고방식 인터벤션에 있어 교사는 학생의 부정행위에 영향을 주는 다양한 비 멸시적인 요인에 대한 기사(article)와 학생 추천서(testimonials)에 응답하였다. 교사들은 또한 긍정적인 관계가 학생들의 성공에 어떠한 도움이 되는지에 대해서도 배웠다. 다음의 두 가지 결과는 학생의 정서적 및 행동적 몰입에 대한 함의를 가진나. (1) 정학 이력이 있는 학생은 통제 교사들(control teachers)이 가르치는 학생들과 비교하여 공감적 사고방식 인터벤션에 참여하는 수학교사에게 더 많은 존중을 받았다고 느꼈고, (2) 공감적 사고방식 인터벤션에 참여하는 교사의 교실에서 수업을 듣는 남학생과 흑인과 라틴계 학생들은 통제 교사의 교실에서 수업을 듣는 학생들에 비해 정학을 받을 확률이 절반이었다. 정학 가능성의 감소 및 존경심의 증가는 정서적 및 행동적 몰입의 강화를 위한 전조가 될 수 있다.

예방 원칙 3: 학업적인 엄격

학생들은 어려운 수업 내용에 노출되었을 때(더 많은 보충수업과 관련된) 높은 기대치를 충족시키고 더 큰 학업성취를 달성하는 경향이 있다(Weinstein & Worrell, 2016). 또한, 보다 엄격한 과정에서 학생들이 배제적 징계를 받을 가능성이 더 낮다는 증거도 존재한다(Card & Giulano, 2016). 학업적인 엄격과 감소된 규율 사이의 연계는 한 가지 고유한 논리를 가지고 있는데, 그것은 학생들이 학업 활동에 대해 동기를 부여받고 흥미를 느낄 때 자신들의 교사와 긍정적인 상호작용을 할 가능성이 더 크다는 것이다(Cornelius-White, 2007). 일종의 교사 코칭 인터벤션인 "나의 지도 파트너(MTP: My Teaching Partner)"에 관한 연구들은 이러한 주장을 지지할 수 있는 내용을 발견하였다.

나의 지도 파트너(MTP: My Teaching Partner)

MTP 프로그램에서 코치(coach)들은 1, 2학년을 담당하는 개별 교사들과 짝을 이룬다(Gregory et al., 2017). 코치들은 학생 몰입 수준을 개선하고, 문제가 되는 사회적 및 행동적 결과를 줄이고, 학생의 성취를 높이기 위해 교사-학생 간 상호작용의 질을 높이는 것을 목표로 한다. 코치들은 6-9회의 반응 세션(feedback sessions)에 교사와 함께 참여하는데, 각 세션은 약 2주간 지속되며 교사와 코치 간의 다양한 의견 교환이 이루어진다(Pianta, Hamre, Hayes, Mintz, & LaParo, 2008). 각각 주기(cycle)마다 의견 교환의 핵심은 교사들이 지도 영상 녹화분을 제출하는 것이다. 코치는 해당 기록물을 검토하고 교사-학생 상호작용의 질을 평가하는 데 사용되는 관찰 도구인 교실 평가 채점 시스템의 측면에서 설명이 충실한 사례들을 분리해 낸다(Pianta et al., 2008).

중학교와 고등학교에서는 MTP를 평가하기 위한 두 가지의 무작위 대조실험이 실시되었다. 첫 번째 실험에서(Gregory, Allen, Mikami, Hafen, & Pianta, 2014) 교실을 체계적으로 관찰한 결과는 학생들의 행동 결과에 대한 프로그램의 긍정적 영향을 보여주었다. 특히 수업 활동과 관련하여 학생들의 적극적인 참여를 학급 전체 수준의 관찰자 평가로 측정된 바에 따르면 MTP 프로그램이 중·고등학생의 행동적 몰입을 증가시키는 것으로 나타났으며, 또한 사회적인 통합 및 협력과 관련하여 학급 전체 수준의 관찰자 평가로 측정된 바에 따르면 동료들과의 상호작용을 향상시키는 것으로 나타났다(Mikami, Gregory, Allen, Pianta, & Lun, 2011). 실험 결과들은 또한 MTP 코칭이 표준화된 시험 점수의 상당한 향상을 가져왔음을 보여주었다(Allen et al., 2011; Allen, Hafen, Gregory, Mikami, & Pianta, 2015). 또한, MTP가 인종차별적 규율의 차이를 줄였다는 증거가 있었는데, 코칭을 실시한 지 1년이 지난 후, MTP 교사들은 인종차별적 규율 격차가 여전히 남아있던 통제 조건의 교사들에 비해 아프리카계 미국인 학생과 그들의 학급 친구들 사이의 규율 참조서 발행에 있어 유의한 불균형을 보이지 않았다(Gregory, Allen, Mikami, Hafen, & Pianta, 2015). 매개효과 분석 연구는 학업적인 엄격함의 증가가 그러한 결과를 설명하는 데 도움이 되었다는 것을 보여주었는데, 학생들에게 더 높은 수준의 사고기능과 문제 해결을 위한 더 많은 기회를 제공함으로써 교실에서 자신의 교수적 지원(instructional support)을 개선한 코칭 참여 교사는 그들의 교실에서 아프리카계 미국인 학생들에게 규율 참조서를 거의 발행하지 않는 경향이 있었다(Gregory et al., 2016). 몰입 변화도 발생할 수 있는데, 아프리카계 미국인 학생들이 교사가 모범생으로서 자신들에 대해 가지는 높은 기대와 자신감을 인식하면 학업에 대해 더 정서적이고 인식적으로 몰입할 가능성이 있다.

예방 원칙 4: 문화적으로 적절하고 반응적인 지도

학자 및 교육자들은 문화적으로 관련된 반응적인 지도(teaching)가 공정한 학교 교육을 증가시킬 가능성을 가지고 있다고 주장하였다(Aronson & Laughter, 2016; Gay, 2010; Hammond, 2015). Gay(2010)는 문화적으로 반응하는 지도를 "학습적인 만남을 학생들에게 더 적절하고 효과적인 것으로 만들기 위해 민족적으로 다양한 학생들의 문화 지식, 사전 경험, 준거적인 틀(frames of reference: 개인 판단의 기준), 수행 스타일(performance styles)을 사용하는 것"으로 정의하였다(p. 31). 이 개념은 교사들이 스스로를 문화적 존재로 인식하고, 자신이 지도하는 학생들의 문화적인 배경을 존중하며, 학생들이 직면하고 있는 사회적, 경제적, 정치적 문제를 인식한다면 그들이 학생들의 몰입을 이끌어 내는 데

보다 효과적이라는 것이다(Gay, 2010).

문화적으로 적절한 교과 내용과 자료를 활용하는 교사는 또한 학생들에게 동기를 부여하고 그들의 몰입을 이끌어 내는 데 더 효과적일 수 있는데, 그것은 수업자료들이 더 개인적으로 의미 있는 것으로 느껴질 수 있기 때문이다. 실제로 문화적으로 적절한 과정에 참여하는 것이 시간이 지남에 따라 학생의 행동적 몰입에 영향을 줄 수 있다는 강력한 증거가 존재한다. 회귀 불연속 설계 연구에서 대도시 지역 데이터를 활용한 Dee와 Penner(2016)는 인종학(ethnic studies)에 대한 학생과제가 출석률, 학점 평균, 9학년에 획득한 학점을 높여주며, 심지어 사전에 정학을 받았던 학생들에게도 마찬가지라는 사실을 알아냈다. 그러나 문화적으로 적절한 과정 내용과 행동적 몰입의 지표들을 연결하는 이러한 한 가지 엄격한 연구 외에, 문화적으로 반응하는 지도에 대한 성과 연구는 매우 드물다(Bottiani, Larson, Debnam, Bischoff, & Bradshaw, 2017). 이 분야의 연구를 촉진하기 위한 전망 있는 출발점은 그에 상당하는 비교 대상의 학생들과 비교하여 MDP 과정의 학생들이 보다 덜 배제적인 규율을 받고 더 큰 정서적, 인지적, 행동적 몰입을 보여주는 정도를 규명하기 위한 남성성 개발 프로그램(MDP: Manhood Development Program)의 엄격한 평가일 것이다.

남성성 개발 프로그램(MDP: Manhood Development Program)

오클랜드 통합 교육구에서는 학생들의 긍정적인 문화적 정체성, 사회적 및 정서적 역량, 학습 기술을 키우기 위해 아프리카계 미국인 남교사 및 멘토가 이끄는 아프리카계 미국인 남학생들을 위한 교내 선택 과목인 MDP를 개발하였다(Watson, 2014). 교육구를 위해 작성된 보고서에서 Watson(2014)은 MDP 수업을 관찰하고 학생 및 학부모와 함께 34개의 인터뷰를 진행하고 2개의 포커스 그룹을 수행하였다. Watson은 "관심을 보이는 아프리카계 미국인 남교사, 문화적으로 적절한 교육과정, 체험적인 학습과 비판적인 대화에 뿌리를 둔 교수법의 결과, 몰입하는 학생들은 자신과 서로를 다르게 보기 시작하였다."라고 결론지었다(p. 19). Watson은 학생들이 아프리카계 미국의 문화유산에 대해 배우기 때문에 "동포감(sense of brotherhood)"에 대해 기술하였다고 주장하였다(p. 19). 더 나아가 그는 조사에 참여한 중학생 및 고등학생 200명 중 64%가 MDP는 가족과 같은 것이라고 보고하였다고 주장하였다. 이러한 집단 소속감 및 포용감은 수업에 대한 정서적 몰입을 촉진할 수 있다. Watson은 또한 교실 관찰 중에 자신이 본 행동적 몰입의 형태에 대해 설명하였다. Watson은 "학생들이 웃고, 함께 연구하고, 어울리는 것을 목격하는 것이 일반적이다."라고 썼다(p. 19). 그는 또한 SRI(Scholastic Reading Inventory: 영어 읽기 능력 평가) 시험에 의해 측정된 MDP 참가자들의 평균 평점 및 읽기 수준의 증가에 대해 설명하였다. 상기 언급한 바와 같이, 배제적 징계에서 아프리카계 미국인 남학생에 대한 과도한 남발을 줄이고 MDP 선택 과목 이외의 학교 교육에 대한 학생들의 보다 폭넓은 참여를 높이려는 MDP에 대한 기대를 규명하기 위해서는 추가적인 연구가 요구된다.

예방 원칙 5: 학습과 행동교정을 위한 기회

학교들은 학생들의 정서적 및 행동적 성과 또는 학업 성과를 향상시키는 데 효과적인 것으로 입증된 매우 다양한 사회정서학습(SEL: social and emotional learning) 프로그램을 시행하고 있다(검토를 위해서는 Durlak, Domitrovich, Weissberg, & Gullotta, 2015를 참조). SEL 프로그램은 일반적으로 학생들이 자기 이해 기술과 대인 기술을 배우고 실행할 수 있는 기회들을 통합한다(예: 관점 수용, 문제 해결; Durlak et al., 2015). 종종 교사들은 명확하게 학생의 사회정서적 능력을 구축하는 데 초점이 맞추어진 교안(lesson plans) 및 그룹 활동을 구현하는 것에 대한 훈련과 지원을 받는다.

현재로서 SEL 연구는 그러한 프로그램 편성이 규율적 불균형을 줄이는 정도에 대해서는 중점을 두지 않고 있다. 그러나 최근의 메타분석은 학교의 SEL 프로그램들이 다양한 학교 성과에 장기적으로 긍정적인 영향을 미칠 수 있다는 사실을 입증하였다(Taylor, Oberle, Durlak, & Weissberg, 2017). 구체적으로, Taylor 등(2017)의 메타분석은 프로그램들이 몇 년 후 학생들의 행동 및 학업 성과에 긍정적인 영향을 미쳤다는 사실을 보여주었다(예: 높은 학업성취도, 품행불량의 감소, 정서적 고통의 감소). 더욱이, 연구의 부표본(subsample)에서 Taylor 등(2017)은 SEL 프로그램에 참여하는 학생들은(대조군에 비해) 18년이 지난 이후에도 긍정적인 성과를 보였으며, 여기에는 높은 졸업률과 대학 출석률, 체포율(rates of arrest) 및 임상적 장애(clinical disorders)의 감소가 포함된다. 4R(읽기, 쓰기, 존중, 문제 해결) 프로그램에 대한 설명은 규율 참조 횟수가 지나치게 많은 집단(그룹) 출신의 학생들을 포함하여 효과를 입증한 SEL 프로그램에 대한 예시를 제공한다.

읽기, 쓰기, 존중, 문제 해결(Reading, Writing, Respect, Resolution) 프로그램

4R 프로그램에서 교사들은 경청, 자기주장, 협력, 타협, 편견에 대한 대항과 같은 사

회정서적 역량을 강화하는 것을 목표로 아동 문학을 통해 학생들을 몰입시킨다. 더 넓게 보면, 그들은 대인 갈등, 감정, 관계와 같은 주제를 다룬다(Jones, Brown, & Aber, 2011). 연구자들은 저소득 라틴계 및 아프리카계 미국인 학생들의 비율이 높은 18개 도시 초등학교에서 4R 프로그램의 실험적인 시도를 하였다. 통제 학교(대조군)의 학생들과 비교하여 4R 학교의 학생들은 아동 예측 척도에 대한 진단적 면접도구에 의해 측정된 자기 보고 우울 증상이 가파르게 감소하였다(Lucas et al., 2001). 교사들의 보고서에 따르면 그들은 또한 사회적으로 유능해졌으며, 공격적인 모습을 더 적게 보였고, 집중력이 향상되었다(Jones et al., 2011). 또한, 주목할 만한 점은 뉴욕주 표준평가에 대한 척도 점수를 적용한 평가에서 4R 프로그램에서 가장 행동적인 위험이 컸던 학생들이 수학 및 읽기 능력에서 가장 큰 성취를 얻었다는 것이었다(Jones et al., 2011). 비록 이 연구에서 규율 참조서에 대한 감소가 보고되지 않았다 하더라도, 높은 성취와 보다 덜 공격적인 행동은 4R이 학업 과제에 대한 학생들의 몰입을 높이는 데 성공적이었을 가능성이 높음을 나타낸다. 더욱이, 그것이 대체로 라틴계 및 아프리카계 미국인 학교에서 발견된 긍정적인 성과라는 사실을 감안할 때, 비록 그것이 향후 연구에서 검토되어야 할 필요가 있다 하더라도 4R이 그러한 학생들과 함께 배제적 규율의 사용을 줄일 가능성을 가지고 있다고 할 수 있을 것이다.

학교 규율의 형평성 제고를 위한 기본 틀에 대한 인터벤션의 원칙

학교, 다시 말해 심지어 상당한 예방 노력을 기울이는 학교에서조차도 다툼과 규율적 상호작용은 발생한다. 따라서 모든 학교는 규율 사건 처리와 관련된 정책과 관행을 보유하고 있다. 지난 10년 동안 많은 학교와 교육구에서는 정책과 실행 방법을 변화시키기 위한 개혁적인 노력을 기울여 왔다(Skiba & Losen, 2015). 개혁은 종종 배제적 규율의 사용에 덜 의존적인 새로운 정책과 관행을 제정하는 것을 목표로 한다(예: 등교 금지 정학). 교육구는 학생과 어른의 긍정적인 발전을 지원하는 학생 행동에 대해 공정하고, 공평하며, 일관된 대응방식을 개발하려고 노력하고 있다(Gregory & Fergus, 2017). 이상적으로는 프로그램 및 실행이 규율 발생 후 학생들의 학교에 대한 소속감, 학업 과제에 대한 집중, 학교에서 동료 및 어른들과의 협력적인 측면에서 학생 및 어른의 학습, 피해 회복, 학생의 재참여를 가져오는 것이다. 학교가 규율에서 처벌적이고 배제적인 반응 및 불균형의 사용을 줄이는 것을 목표로 하므로, 기본 틀은 다음과 같은 5가지 원칙을 제공한다: 데이터 기반 조사, 규율에 대한 문제 해결적인 접근, 학생 및 가족의 목소리 포함, 장기 결석 후 학생의 복귀, 다층지원체계(MTSS)의 사용.

인터벤션 원칙 1: 형평성에 대한 데이터 기반 조사

미국 의회는 "모든 학생 성공법(The Every Student Succeeds Act, ESSA S. 1177)"의 통과를 통해 초등 및 중등학교 법을 재승인하였다. 연방정부의 책임적 노력의 일환으로서 ESSA는 주의 교육기관들이 정학 및 퇴학을 포함한 다양한 규율 관련 성과에 대해 지역 교육기관으로부터 데이터를 수집하도록 요구한다. 그러나 데이터는 요구사항을 보고하는 것을 뛰어넘어 형평성에 대한 조사를 시작하는 데 활용될 수 있다. 데이터의 패턴을 식별하는 것은 교사들이 규율 참조에 있어 인종적 및 성별적 불균형을 줄이기 위한 인터벤션 노력을 지원하는 데 도움을 줄 수 있다(Osher, Fisher, Amos, Katz, Dwyer, Duffey, & Colombi, et al., 2015a; Osher, Poirier, Jarjoura, & Brown, 2015b). 게다가, 불균형에 대한 데이터 기반의 비판적 조사는 학교가 궁극적으로 학교에 대한 동기를 조성하고 교육에 몰입하도록 유도하는 데 있어 공정한 접근을 향상시키기 위한 전략을 찾는 데 도움이 될 수 있다.

불균형의 근본 원인 분석 과정

연방정부의 자금 지원을 받는 안전한 지원적 학습환경 국립센터(National Center on Safe Supportive Learning Environments)에서 발행한 권장사항에 맞추어(Osher et al., 2015a; Osher et al., 2015b) Fergus(2016)는 불균형의 근본 원인 분석(RCA) 과정에 대해 설명하였다. 그는 데이터를 주의 깊게 분석하는 것이 성취와 규율 격차에 대한 기여요인과 교정법을 확인하는 데 도움이 될 수 있다고 주장하며 교육구들이 RCA에 참여할 때 형평성 중심의 질문을 제기하는 방식에 대한 많은 사례들을 제시하였다. 예를 들어, 그는 교육구가 규율 참조서와 연관되는 행동 인터벤션을 어떻게 조사할 수 있는지를 설명하였다. 가상의 사례에서 해당 교육구는 자신들의 인터벤션 데이터가 자신들이 개개인의 학생을 "교정(fixing)"하는 것만을 목적으로 행동적 지원을 제공했다는 사실을 보여준다는 것을 인지하게 될 것이다(p. 76). 그렇게 함으로써 그들은 자신들의 인터벤션 방안이 규율적 상호작용이 자주 발생하는 맥락(상황)을 개선하는 것을 좀처럼 포함하고 있지 않다는 사실을 깨닫게 될 것이다. Fergus(2016)는 이러한 자료조사가 학생 몰입을 보다 효과적으로 증진시키고 규율적 사건들을 줄이기 위해 교육자들이 상황을 개선하는 데 중점을 두는 교정법으로 관심을 돌리게 할 수 있을 것이라고 결론지었다. 지금까지 정규 RCA를 보유하고 있거나 보유하지 않은 학교의 학생 성과를 비교하는 엄격한 분석은 수행된 바가 없다. 그럼에도 한 사례 연구는 학교들이 가능성을 가지고 있다는 사실을 보여주고 있는데, 어떤 학교의 경우는 규율 참조서를 매월 분석하여 자신들의 노력이 소수 민족 학생들의 참조율(referral rate)을 감소시켰다는 것을 발견하였으며, 따라서 이것은 사례 연구 기간 동안 인종적 규율 격차를 좁힌 것을 의미한다(Scott, Hirn, & Barber, 2012).

인터벤션 원칙 2: 규율에 대한 문제 해결적 접근

규율에 대한 문제 해결적 접근 방식을 사용하는 학교들은 규율 사건에 대한 기여요인을 이해하고 만일 해결되면 향후 유사한 사건이 발생할 가능성을 줄여줄 수 있는 충족되지 않은 요구사항을 확인하기 위해 학생, 교사, 교직원, 가족을 참여시키는 경향이 있다. 또한, 문제 해결적 접근법은 학교 커뮤니티에서 피해를 회복하고 학생들을 재참여시키는 방안에서 그 정점에 이르게 된다. 구체적으로 말해, 문제 해결은 일반적으로 학교 구성원들이 문제를 식별하고, 문제의 매개요인들을 분명히 하고, 해결책을 탐색하고, 해결책을 실행하고, 그것이 진행되는 방식을 체계적으로 조사하는 다중 과정의 형태를 취한다(Bransford & Stein, 1984; Kratochwill & Bergan, 1990). 이것은 규율에 기여하는 요인들을 해결하기 위해서 학생들을 정학시키는 일과 관련된 거의 이행되지 않는 보다 일반적인 과정들과는 다르다(Davis, Lyubansky, & Schiff, 2015).

버지니아의 학생 위협 평가 지침(Virginia Student Threat Assessment Guidelines)

버지니아의 학생 위협 평가 지침(VSTAG: Virginia Student Threat Assessment Guidelines)은 구체적으로 학생들이 폭력에 대한 위협을 제기할 때 학교가 대응하는 방식에 중점을 두기 위해 개발되었다(Cornell, Maeng, Huang, Shukla, & Konold, 2018). 교직원들은 실질적인 폭력 위협과 사소한 부정행위를 구별하는 데 도움이 되는 일련의 지침들을 따르도록 훈련을 받는다. 이러한 문제 해결적 접근 방법은 위협을 가한 학생들의 동기, 의도,

교육적 및 사회정서적 요구를 확인하는 데 도움이 될 수 있다. 무작위 대조실험에서 위협 평가를 받고 VSTAG에 대한 훈련을 받은 학교에 등록한 학생들은 VSTAG가 없는 학교에서 위협을 가한 학생들보다 학부모 회의와 상담을 받을 가능성이 더 컸다(Cornell, Allen, & Fan, 2012). 이와 대조적으로, 통제 학생들(대조군)은 장기 정학을 받을 가능성이 더 컸다. 또 다른 연구에서는 학교에서 위협 평가팀을 구현할 때 흑인 학생과 백인 학생 간의 학교 전체 정학 차이가 좁혀졌다는 것을 보여주었다(Just Children & Cornell, 2013). 보다 최근에 주 전체를 대상으로 한 연구는 위협 평가를 유발하는 행동을 보인 학생들 사이에서 정학, 학교 전학, 법적 조치(legal actions)에 있어 인종적 불균형이 발견되지 않았다고 보고하였다(Cornell, Maeng, Huang, Shukla, & Konold, 2018). 향후 연구는 위협 평가에 연루된 학생들의 시간이 지남에 따른 정서적, 인지적, 행동적 몰입을 조사하기 위해 그들을 추적하는 연구가 유익할 것이다.

인터벤션 원칙 3: 분쟁의 원인과 해결책에 대한 학생/가족의 목소리 포함

학생과 가족의 관점을 통합하는 것은 문제 해결 접근법에 있어 필수적이다. 종종 학생과 가족들은 규율 사건을 몰아낼 수 있는 근원적인 요구사항들을 해결하는 파트너로서 간주되지 않는다. Bryk과 Schneider(2002)는 신뢰가 건강한 학교 커뮤니티를 위한 열쇠라고 주장하였다. 교내에서 전통적으로 권리가 박탈된 커뮤니티를 존중하는 참여를 통해 신뢰를 구축하는 것은 규율적 상호작용을 다루기 위한 건설적인 협력을 위해서 필수적인 사항이다.

공동 행동 상담(Conjoint Behavioral Consultation)

Sheridan과 Kratochwill(2007)은 학부모/돌봄인(caregiver), 교사, 데이터 기반의 문제 해결을 위한 증거 중심 인터벤션을 전문으로 하는 자문위원으로 구성된 팀을 포함하는 공동 행동 상담(CBC: conjoint behavioral consultation)을 개발하고 평가하였다. 학생들이 행동이나 학업에 어려움을 겪고 있을 때, 해당 팀은 4단계 문제 해결 모형(공동의 문제 확인, 문제 분석, 계획 실행, 계획 평가)에 참여한다. 일반적으로 공동 인터벤션은 교실과 가정에 걸쳐서 수행된다(Garbacz et al., 2008; Clarke, Sheridan, & Woods, 2014). CBC의 효과를 조사하기 위한 무작위 대조실험은 교사에 의해 교실에서 문제가 있는 학생으로 확인된 학생들과 함께 수행되었다(Sheridan et al., 2012). 한 실험에서는 대조군과 비교하여 8주간의 인터벤션 기간 동안에 CBC 조건에 있는 학생들이 교사가 보고한 적응 행동(예: 학습 기술, 리더십)과 사회적 기술에서 더 큰 향상을 보였다(Sheridan et al., 2012). 또 다른 실험에서는(Sheridan et al., 2017) 관찰자들이 대체로 백인 학생들의 샘플에서 학생의 행동을 평가하였다. 관찰 결과를 바탕으로 볼 때, 실험 결과는 일반적인 절차와 실행을 부여받은 학생들에 비해 CBC가 제공된 학생들의 정중하고 적절한 사회적 행동이 유의하게 증가하였음을 보여주었다. 긍정적인 학생 행동을 증가시키는 CBC에 대한 유망한 실험 결과를 고려할 때, 체계적으로 가정－학교 파트너십(home－school partnership)을 적용하는 문제 해결 접근법이 얼마나 학교 규율의 불균형을 줄이고 전반적으로 학생들의 몰입을 유발할 것으로 기대되는지, 그 정도를 파악하는 것은 유익할 것이다.

인터벤션 원칙 4: 폭력이나 학업 중단 후 학생의 복귀

높은 재범률(rates of recidivism: 상습적으로 범행이 일어날 확률)을 감안할 때, 청소년 사법제도를 빠져나온 청소년을 위한 재진입 프로그램은 그들이 재구속될 확률을 줄이는 것을 목적으로 한다(Bullis, Yovanoff, Mueller, & Havel, 2002; Seigle, Walsh, & Weber, 2014; Walker, 2017). 이와 마찬가지로, 반복 정학에 대한 우려를 감안하여 교육구에서는 장기 정학 또는 결석 후 학생이 학교에 복귀할 수 있도록 도와주는 프로그램을 시행하고 있다. 프로그램의 목적은 학생들을 학교로 복귀시키고, 그들이 규율 과정에서 벗어나 학업에 몰입할 가능성을 높이기 위한 지원 내용들을 밝히는 것이다.

회복적인 재진입 서클

미국 전역에 걸쳐서 각 지역들은 학교로 복귀하는 학생들을 위한 공식 절차에 대한 RP(restorative circles: 회복 서클)를 시행하고 있다(Guckenburg et al., 2015). 예를 들어, 2013년－2014년에 오클랜드 통합 교육구에서는 수감, 비자발적 전학(강제 전학), 정학 후 공식적인 재진입 절차의 일환으로 회복 서클을 제공하였다(Jain et al., 2014). 해당 서클의 목표는 “포괄적인(wraparound) 지원을 제공하고 학생의 책임과 성취를 촉진하는 방식으로 학교 커뮤니티에 청소년을 환영하는 것”이다(p. 8). 재진입 서클(reentry circles)에는 일반적으로 학생, 가족 구성원, 다양한 역할을 수행하는 많은 교직원(예: 교사, 학교 심리학자, 교장)이 포함된다. 각각의 참가자들은 해당 학생을 환영하고 재진입을 위한 학생 지원 계획 수립에 대해 논의할 기회를 얻는다.[1] 그러한 서클의 영향에 관한 연구가 드문데, 그것은 아마도 재진입 서클이 일반적으로 적용된 학년도가 거의 없기 때문일 것이다. 예를 들어, 2013년–2014년에 오클랜드 통합 교육구의 24개교에서 단지 13차례의 재진입 서클만이 수행되었다(Jain et al., 2014). 다시 말해서 재진입 서클에 참여한 학생들을 추적하는 심층적인 조사를 수반하는 질적 연구는 학생들이 자신의 요구가 충족되었다고 느끼고 그들의 학교 커뮤니티에 통합되는 느낌이 드는 정도를 파악하는 데 유익할 것이다.

인터벤션 원칙 5: 다층지원체계

교육구는 일반적으로 행동적 위반과 그에 따른 결과 매트릭스를 포함하는 학생 행동 강령에 대한 규율 정책을 발표한다. 그러나 학교 규율 개혁의 시대에 교육구의 관리자들은 위반 및 결과에 대한 초점이 빈약하다는 사실을 인정하고 있다. 대신에 관리자는 SEL을 촉진하고 학생들이 학교 규칙을 어길 시 그것에 대해 학습하도록 돕는 광범위한 학생 지원 및 인터벤션을 포함하도록 강령(codes)을 개정하고 있다(예: Syracuse City School District, 2015). 그들은 개념적 조직자로서 다층지원체계(MTSS)를 사용하고 있다. MTSS는 개념적으로 3개의 지원 층을 구성하여 학생들에게 다양한 강도의 인터벤션이 필요하다는 것을 보여준다. 그림으로 표현하자면, 다층지원체계(MTSS)는 삼각형 모형으로 그려진다. 삼각형의 맨 아랫부분에는 1단계가 있으며, 이것은 맨 처음에 모든 학생에 대해 행동상의 어려움과 학생 비몰입을 방지하기 위한 실행 또는 프로그램을 포함하고 있다. 그 위에는 2단계가 있으며, 여기에는 보다 중요하지 않은 형태의 학업 및 행동적 투쟁을 보여주는 학생들을 위한 인터벤션이 포함된다. 마지막으로 삼각형의 맨 꼭대기에는 3단계가 있다. 이것은 학교에 소속된 소수의 학생에게 심각하고 만성적인 도전에 대한 집중적인 지원이 필요하다는 것을 보여준다. 해당 지원들이 학생의 학업 및 행동적 요구를 대상으로 할 수 있다는 점을 고려하면, MTSS는 학교 규율 및 학생 몰입과 관련되어 있다.

---

1) 재진입 서클의 예시는 https://www.youtube.com/watch?v=HiLtFVHR8Q0를 참조

학교 차원의 긍정적 행동 인터벤션 지원

1단계 학교 차원의 긍정적 행동 인터벤션 지원(SWPBIS: School-Wide Positive Behavior Intervention Supports)에서 교직원들은 모든 환경에 걸쳐(예: 복도, 구내식당, 휴게실, 교실) 모든 학생에게 행동에 대한 합의된 학교 차원의 기대치를 공동으로 가르치고 강화한다. 종종 교직원들은 학생이 특별한 특권을 얻을 수 있도록 허용하는 티켓(tickets)과 같은 긍정적인 행동을 위한 유형의 강화물(reinforcers)을 발행한다. 이러한 접근법은 행동 학습 이론에 대한 연구로 뒷받침되는데, 이것은 교육자들이 원하는 행동에 대해 특정 칭찬으로 반응할 때, 학생들은 파괴적인 행동을 줄이고 강화된 행동을 증가시키는 경향이 있다는 것이다(예: Walker, Ramsey, & Gresham, 2004). 교실에서 1단계에 응답하지 않는 학생들은 교실 밖에서 소규모 그룹이나 개별 세션으로 진행되는 2단계 인터벤션으로 보내질 수 있고, 그 다음에 개별화된 집중 인터벤션인 3단계가 이어진다(Sugai & Horner, 2010).

다른 MTSS 형태들에 비해 SWPBIS는 가장 널리 보급되고 광범위하게 연구되고 있다(Vincent, Inglish, Girvan, Sprague, & McCab, 2016). Bradshaw, Mitchell, Leaf(2010)는 37개의 초등학교에서 5년간 종단적 무작위 효과 대조 실험을 실시하여 SWPBIS를 사용하는 학교가 SWPBIS 관련 훈련을 받지 않은 학교에 비해 규율 참조서 발행 및 정학률이 감소했다는 사실을 발견하였다. 그들은 또한 초등학교의 여러 학년에 대한 아동의 행동 문제 및 조정의 경로에 SWPBIS가 미치는 영향을 입증하였다. 그 연구는 규율 참조서 발행, 집중력 장애, 공격적이거나 파괴적인 행동과 같은 다양한 행동 문제에 대한 SWPBIS의 밀접한 효과에 대해 보고하였다. 해당 연구자들은 또한 친사회적 행동과 정서조절에 대한 개선을 발견하였다. 다양한 인종 및 민족적 배경을 가진 학생들(표본의 45%는 흑인 학생들로 구성됨)에 대한 효과가 유지되었다. 또 다른 연구는 SWPBIS가 부정적인 학생 성과를 감소시키고 긍정적인 학생 성과를 증가시킬 가능성을 가지고 있다는 것을 보여주었는데, Bradshaw와 Pas(2012)는 주 전체 규모의 400개교 이상 초등학교 및 중학교를 대상으로 높은 충실도를 가지고 SWPBIS를 실행한 학교는 낮은 충실도의 SWPBIS를 보유한 학교에 비해 높은 수학 성취도, 높은 독서 성취도, 낮은 무단 결석률을 보여준다는 사실을 발견하였다. 그러나 저자들은 SWPBIS 충실도가 높은 학교에서 성취도와 규율 차이가 줄었는지에 대한 여부에 대해서는 보고하지 않았다.

학자들은 문화적으로 반응하는 적응 과정 없이 SWPBIS 자체로써 규율에서 인종적 불균형을 초래할 수 있는 정도에 대해 의문을 제기하였다(McIntosh, Moniz, Craft, Golby, &

Steinwand-Deschambeault, 2014; Skiba et al., 2011). Vincent, Swain-Bradway, Tobin, May(2011)는 SWPBIS가 전체적인 등교 금지 정학률을 감소시킨 학교에서도 흑인 학생들에 대해 계속해서 등교 금지 정학, 특히 10일 이상의 정학이 과잉적으로 나타났음을 보고하였다. McIntosh 등(2014)은 문화 감수성, 문화적으로 적절한 지도, 가족과의 긍정적인 참여에 대한 교사 훈련을 수반하고 문화적으로 반응하는 SWPBIS 모형을 제시하였다(McIntosh et al., 2014). 향후 연구는 그러한 적응들이 규율 불균형을 줄이고 학생 몰입을 높이는 정도에 대해 조사할 필요가 있다.

요약 및 향후 고려사항

이 장에서 우리는 예방과 인터벤션의 원칙과 더불어 기본 틀을 제시하였다. 우리는 각각의 원칙들이 규율 불균형을 줄이고 학생 몰입을 증가시키도록 학교를 인도할 수 있는 이론적 근거를 제시하였다. 선행연구 또는 이론적 지지를 기반으로, 우리는 각각의 원칙들과 관련한 유망한 프로그램 또는 실행에 대해 설명하였다(표 9.1 참조). 그러나 우리는 이 장 전체에 걸쳐서 규율 개혁 계획에 대한 엄격한 평가가 이루어지지 않았다는 점에 주목한다. 더욱이 규율 개혁에 대한 연구들은 그러한 개혁들이 몰입에 대한 다양한 발현(정서적, 인지적, 행동적)을 증가시키는 정도에 대해서는 차별화하지 않았다. 이제 우리는 향후 연구를 위한 몇 가지 권장사항에 대해 이야기하며 결론을 내리기로 한다.

표 9.1 ▎ 학교 규율의 형평성 제고를 위한 선정된 연구 및 기본 틀

출처	기본 틀의 원칙 및 인터벤션 예시	성과	연구 설계/분석 방법 및 결과
Anyon et al. (2014)	지지적 관계: 회복적 인터벤션	정학	다중 로지스틱 회귀분석. 가을에 회복적 인터벤션에 참여한 규율 참조를 보유한 학생들은 회복적 인터벤션에 참여하지 않은 참조된 학생에 비해 봄에 정학을 받을 가능성이 낮았다. 연구 결과는 언어적으로 그리고 민족적으로 다양한 학생들과 다양한 규율 참조 이유와 다양한 규율 참조 수를 가진 학생들에 대해 유의하였다.
Okonofua et al. (2016)	편견 인식과 존중하는 학교: 공감적 사고방식 인터벤션	정학	무작위 대조실험. 사고방식 인터벤션에 참여한 수학교사로부터 지도를 받은 학생들은 통제 수학교사(대조군)가 가르치는 학생들보다 정학을 받을 가능성이 낮았다. 연구 결과는 남학생, 아

			프리카계 미국인 학생, 라틴계 학생들에게 유의하였다.
Gregory, Allen, Mikami, Hafen, Pianta (2015)	학업적 엄격: 나의 지도 파트너－중등교육	학교 규율 참조	무작위 대조실험. 통제 교사들(대조군)과는 달리, 인터벤션에 참여하는 교사들은 아프리카계 미국인 학생들과 교실의 다른 학생들 사이에 유의한 규율 참조 불균형이 없었다.
Dee, Penner (2016)	문화적 관련성: 인종학에 대한 등록	출석 및 학점	회귀 불연속 설계. 동료들에 비해 인종학에 등록한 학생들은 높은 출석률을 보였고 높은 학점을 받았다. 연구 결과는 언어적으로 인종적으로 다양한 학생들과 이전에 정학을 받은 경험이 있는 학생들에게 유의하였다.
Jones et al. (2011)	학습과 행동 교정을 위한 기회: 4R 프로그램	친화 능력 및 성취도	무작위 대조실험. 4R 프로그램을 시행하는 학교에 등록한 학생들은 통제 학교(대조군)의 학생들에 비해 교사가 인지한 친화 능력이 더 높게 나타났다. 또한, 이전에 행동적인 어려움을 가지고 있던 학생들은 가장 큰 성취를 획득하였다. 연구 결과는 언어적으로 그리고 인종적으로 다양한 학생들과 일반 학생들 모두에게 유의했다.
School, Him, Barber (2012)	형평성에 대한 데이터 기반 조사: 규율 참조에 대한 월간 분석	학교 규율 참조	사전 및 사후 단일 집단 설계. 연구 결과는 소수 민족 학생들의 규율 참조율(referral rate) 감소와 좁혀진 규율 차이를 보여주었다.
Just Children, Cornell (2013)	문제 해결적 접근 방법: VSTAG	정학	상관 연구. VSTAG를 시행하지 않는 학교보다 VSTAG를 시행하는 학교에서 학교 전체의 아프리카계 미국인/백인 정학의 격차가 더 적었다.
Sheridan et al. (2012)	학생/가족 목소리 포함: CBC	적응행동과 사회적 기술	무작위 대조실험. 통제 그룹(대조군)의 학생들과 비교하여 CBC를 받는 학생들은 자신들의 적응행동과 사회적 기술을 강화하였다.
Bradshaw et al. (2010)	다층지원체계(MTSS): 학교 차원의 긍정적 행동 인터벤션 지원(SWPBIS)	학교 규율 참조 및 친사회적 행동	무작위 대조실험. SWPBIS를 사용하는 학교는 SWPBIS를 사용하지 않는 학교에 비해 학생 규율 참조율이 더 낮았다. SWPBIS를 사용하는 학교의 학생들은 SWPBIS를 사용하지 않는 학교의 학생들에 비해 더 친사회적이고 덜 파괴적인 것으로 평가되었다.

학교 규율 개혁은 학생의 성과를 변화시키는 데 중점을 두어 왔다. 그러나 많은 학교에서 교사의 이직, 피로감, 안전 위협 등이 우려되고 있다(Reddy et al., 2013). 학생과 마

찬가지로 교사들 또한 학교 안전 및 규율 문제에 크게 영향을 받을 수 있다. 그들 역시 이탈하여 탈퇴할 수 있는데, 실제로 교사들은 자신들의 직업에서 완전히 탈퇴할 수 있다. 학교 규율 개혁에 대한 미래의 연구는 혁신이 학생 행동의 성공을 촉진할 뿐 아니라 교사의 행복을 증진시키는 정도를 고려해야 한다. 또한, 연구자들은 SWPBIS나 RP와 같은 개혁이 교사의 지도 기술을 강화시키는 정도를 고려할 수 있을 것이다. 구체적으로 말해, 우리는 규율 사고를 예방하거나 확산시키는 효과적인 방법을 익히는 것이 교사의 사회정서적 역량을 강화하는 데 도움이 되는 정도를 이해할 필요가 있다(Gregory & Fergus, 2017).

기본 틀의 수많은 원칙들을 통해 나타낸 바와 같이, 규율 개혁은 학교 생태계의 다양한 측면들을 대상으로 해야 할 필요가 있을 것이다. 그러나 지금 우리에게는 한 가지 대상을 나머지 다른 대상과 바꾸기 위해 그 대상을 우선시해야 하는 실증적 근거가 거의 없다. 예를 들어, 우리는 학생의 믿음 vs 교육자의 믿음 또는 학생의 행동 vs 교육자의 행동을 대상으로 하는 인터벤션의 상대적 영향을 이해하기 위해 비교 연구가 필요하다. 게다가, 인터벤션 관련 연구들은 교육자와 학생 사이의 교류 과정을 변화시키기 위해 다각적인 접근 방법이 필요한지에 대한 여부에 대해 아직 추적하지 못하였다. 다양한 학생 그룹에서 나타난 학생 몰입 및 협력은 긍정적인 어른-학생 관계, 편견을 인식하는 학교 환경, 문화적으로 반응하는 교육, 학업적 엄격에 대한 공정한 접근을 제공하는 매우 지원적이고 참여적인 학교의 맥락에서 발생할 수 있을 것이다.

미래의 프로그램 개발 및 평가에서 형평성의 문제들은 가장 중요한 위치에 있어야 한다. 그것을 위해, 교육자들은 문화적으로 의식적인 접근 방식으로 새로운 계획을 실행할 필요가 있다(Gregory et al., 2017). 실행을 위한 문화적으로 의식적인 접근 방식은 교육자, 가족, 학생 간의 상호작용이 억압, 차별, 불공평한 학교 교육의 오랜 역사 속에 사회역사적으로 위치한다는 사실을 인식한다(Carter et al., 2015). 그러나 아직까지 연구가 프로그램 개발 및 실행을 통해 성별, 인종, 계급, 문화, 권력, 특권 관련 문제를 해결하는 가장 효과적인 방법을 밝히지는 못하였다. 게다가, 우리는 규율의 차이를 대상으로 하는 혁신의 성공을 촉진하기 위해 이러한 문제들에 대해 얼마만큼의 주의가 필요한지에 대해서는 거의 알지 못한다.

요컨대, 전국의 교육구들은 다양한 규율 개혁을 시행하고 있다. 우리는 다양한 개혁에 대해 약간의 일관성을 제공하기 위해 우리의 "학교 규율의 형평성 강화를 위한 기본 틀"을 제공한다. 기본 틀의 예방 및 인터벤션 원칙들은 또한 배제적 규율의 사용을 줄이고,

규율의 불균형을 근절하고, 학생 몰입을 높이기 위한 포괄적인 개혁 노력을 이끌어 내는 데 도움이 될 수 있었을 것이다. 다시 말해, 학교 규율과 학생 비몰입에 있어 견고하고 서로 연관된 불균형 비례성의 문제를 해결하기 위해, 개혁 노력에는 교육자들이 새로운 프로그램과 실행의 채택 여부와 방법에 대한 전략적 결정을 내리는 데 궁극적으로 도움이 될 수 있는 원대한 연구 논의가 수반되어야 한다.

제 10 장

읽기 수업에서 학업적 몰입 시간의 선택에 대한 평가와 촉진

제10장

읽기 수업에서 학업적 몰입 시간의 선택에 대한 평가와 촉진

학업적 몰입

학생 몰입은 학생의 행동적, 정서적, 인지적 몰입을 포괄하는 다차원적 구성이다(Wang & Fredricks, 2014). 이번 장에서는 주로 행동적 몰입의 특정 구성 요인, 특히 학생이 학습 과정에 적극적으로 참여하는 것에 초점을 둔다. 학생 몰입의 다른 요인들은 직접적인 행동 관찰을 통해 측정할 수는 없으나, 학습 과정에 대한 학생의 참여는 직접 측정할 수 있다. 주로 학습 과정에 대한 학생의 참여는 교사의 지시사항(즉, 과제 수행 행동)을 준수하는 시간을 정량화하여 측정하지만, 용어에 좀 더 좁은 개념을 적용하면 구체적으로 학업적 몰입 시간(AET)을 적용할 때 과제 수행 중 행동과 관련된 가장 큰 이점이 된다. AET는 학생이 교육적으로 의미 있는 콘텐츠에 성공적으로 참여하고 생산적으로 소비하는 시간을 의미한다(Gettinger & Walter, 2012; 학업적 몰입과 관련된 용어 목록은 표 10.1 참조). 예를 들어, 두 명의 중학생이 수학 문제를 해결하기 위해 부지런히 공부하지만, 만약 그들이 문제를 잘 해결하지 못하거나 문제 해결에 있어 오류가 존재함을 알지 못한다면 그들은 의미 있는 학업적 몰입을 경험하지 못하는 것이다. 마찬가지로, 3학년 학생 집단이 과학 수업에서 색칠과 종이 가위질을 하느라 바쁠 수 있지만, 그들은 미술

행위가 무엇을 나타내는지에 대한 과학적 개념을 이해하지 못할 수도 있다. 두 경우 모두 학생이 과제를 수행하고 있으나 성과가 향상되지는 않는다. 따라서 이번 장에서 설명하는 몰입의 절차는 교사가 학생의 AET 증가를 위해 의도적으로 계획하여 강력한 학습환경을 조성함으로써, "과제 집중 시간" 기대치를 넘어설 수 있는 구체적 방식을 의미한다.

연구에서는 일관성 있게 AET와 학습 사이의 긍정적 관계를 입증하고 있다(Wang & Eccles, 2013). 따라서 교실에서 학습결손이 발생할 때 학생이 충분한 높은 수준의 AET에 참여하고 있는지, 그렇지 않다면 왜 그렇지 않은지를 평가하는 것이 중요하다. 그러나 학생이 AET를 갖는지 또는 몰입하고 있는지에 대한 여부는 반드시 그들이 선택하는 것이 아님을 인식해야 한다. 오히려 교사에게 교실에서 AET의 수준에 대한 책임이 크게 존재하며, 교사는 의미 있는 몰입에 필요한 필수 조건인 지식과 역량을 가질 수 있는 자료를 학생에게 제공해야 한다. 학생이 과제를 완료하거나 이해하는 역량이 부족하다면, AET는 학생이 선택할 수 있는 행동이 아니다(Skinner, Wellborn, & Connell, 1990). 따라서 AET를 극대화하기 위해서는 (1) 각 과제 수행에 필요한 역량, (2) 각 학생이 역량을 가졌는지에 대한 여부, (3) 학생이 필요한 역량을 보유하지 않은 경우, AET를 선택하는 데 필요한 조절, (4) 각 학생이 다른 행동(예: 부적절한 행동, 다른 사람과 대화)보다 AET를 선택하도록 동기부여하는 것을 교사가 인식하는 것이다(Greenwood, Horton, & Utley, 2002).

표 10.1 ▎ 학업적 몰입 관련 용어

전문용어	정의
학업적 몰입	학생이 주의를 기울이거나 과제에 적극적으로 참여하는 시간을 의미하는 광범위한 용어(즉, 배우려고 노력하는 것), 그러나 너무 도전적인 콘텐츠는 학습으로 연결되지 않음(즉, 학업적 학습 시간)
과제 집중 시간	학생이 교사의 요구를 수행하는 데 소요되는 시간으로, 학업적 자료 이외에 더 넓은 행동이 포괄적으로 포함됨(예, 자료 정리)
학업적 학습 시간, AET	학생이 학습 콘텐츠와 관련하여 성공적으로 학습 몰입하는 데에 걸린 시간
OTRs	답변 자극(예: 교사 또는 동료의 질문, 프롬프트(prompt), 단서(cue) 또는 물리적 프롬프트(material prompt)를 제시한 후의 학생 답변 및 답변 유발 상황(즉, 피드백)

AET, 학업적 몰입 시간; OTRs, 답변의 기회

학업적 몰입 시간 평가

학생이 학습 과정에 참여하기 위해 교사는 학생에게 참여할 수 있는 선택권을 제공해야 한다. 개인이나 교실 또는 학교를 위한 인터벤션을 개발할 때 학습 과정에 참여할 기회가 충분하지 않으면 학생 또는 교실 내 학생의 성취도가 충족되지 않음을 아는 것이 중요하다. 그러나 교사가 학생에게 제공하는 학습 기회의 양과 질에 대한 데이터 수집은 오랜 시간이 소요된다. 또한, 학생이 과제에 의미 있게 참여하였는지를 측정하는 것이 항상 명확한 것은 아니다. 두 명의 학생이 동시에 과제를 수행하며 같은 글을 읽을 수는 있지만, 오직 한 사람만이 자료와 본문으로부터 의미를 얻으려고 노력한다. 두 번째 학생은 읽기에 대한 유창함, 어휘 지식, 배경 정보 또는 글을 이해하려는 동기가 없기에 의미 있는 몰입이 이루어지지 않을 수 있다. 다행히도 학업성취도는 학습률과 연관성이 높으며 AET의 목적이 학생의 학습을 촉진한다는 점을 고려할 때 AET의 대체로 활용될 수 있다(Greenwood et al., 2002; Singh, Granville, & Dika, 2002).

다행히 많은 학교에서 특수교육이 필요한 학생을 파악하기 위해 MTSS(다층지원체계) 모델을 사용함에 따라(Jimerson, Burns, & VanDerHeyden, 2015), 양질의 학업성취도 데이터에 접근할 수 있는 학교가 점점 늘어나고 있다. MTSS 시스템의 일부로 수집된 데이터는 교육구, 학교, 교실 및 교실 내 학생에게 충분한 AET가 제공되는지에 대한 여부를 조사할 때, AET의 대용물(proxy)로 사용할 수 있다(Ardoin, Wagner, & Bangs, 2015). 이 세 가지 수준의 교육구, 학교 그리고 교실에 걸친 학업 데이터 평가는 교육구 수준, 학교 내 학업 교육과정의 질 및 AET 부족에 따른 일부 교실의 학생에게 기대되는 학업성취도를 측정할 수 있게 한다. 만약 한 교실의 학생들이 학기 초 다른 교실 학생과 학업성취도에 차이가 없으나 극히 일부만이 학업성취도를 불충분하게 얻고 있다면, 학교에서 제시한 교육과정의 문제가 아니라 학생들에게 충분한 AET가 제공되지 않거나 오히려 교실 환경이 AET를 지원 또는 촉진하고 있다고 가정할 수 있다. 그러나 교실 환경에서 AET를 위한 강화 또는 동기부여보다 다른 행동의 유발을 위한 강화가 과도하다면 AET를 지원하기가 어려울 수 있다. 이런 상황에서 학생들은 종종 AET에 몰입하는 것보다 바람직하지 않은 행동에 몰입하는 것을 선택할 것이다(Simonsen, Fairbanks, Briesch, Myers, & Sugai, 2008).

MTSS 모델은 학생의 행동적, 학업적인 성공을 위해 필요한 교수적, 행동적 지원을 제공하는 다차원화된 시스템을 의미한다(Jimerson et al., 2015). 1단계 교육은 모든 학생이 접근할 수 있는 일반 교육과정과 행동 지원이다. MTSS를 사용하는 학교는 보편 심사를 통해 1단계 교육과정의 효과를 평가해야 하며, 모든 학생에게 학업과 행동 평가 조치를 시행해야 한다. 학업적 보편 심사 데이터는 전형적으로 교육과정 기반 측정 절차나 컴퓨터 적응 테스트를 활용하여 수학과 읽기 영역에서 매년 3번 수집한다(Mellard, McKnight, & Woods, 2009). 자주 사용되는 행동 분석에는 사회적, 학업적 그리고 정서적 행동 위험 검사(Kilgus, Chafouleas, Riley-Tillman, & von der Embse, 2014), 행동 및 정서 선별 시스템(Kamphaus & Reynolds, 2007), 그리고 학생 위험 선별 척도(Drummond, 1994)가 포함된다.

학업과 행동 보편 심사 데이터는 일반적으로 2단계 교육에서 추가 교육이 필요한 학생을 판별하는 것에 사용한다. 2단계 교육의 학생들에게 추가적 인터벤션이 제공되며, 그들의 학업성취와 행동에 대한 인터벤션의 영향을 지속적으로 감시하여 추가적 인터벤션이 다른 동급생과 상응하는 수행에 도움이 될 수 있는지에 대한 여부를 결정한다. 시행된 인터벤션이 학생에게 하여금 동급생과 상응되는 수행 역량에 충분하지 않다고 검증되면, 인터벤션의 강도가 강화되거나 데이터가 3단계 교육, 즉 특수교육 서비스의 필요성을 입증하기 위한 증거로 사용될 수 있다(Jimerson et al., 2015).

불행하게도 학교는 종종 어떤 학생이 2단계 교육의 추가 인터벤션과 3단계 교육의 특수 교육 서비스를 요구하는지를 결정하기 위해, 보편 심사 데이터를 엄격하게 사용한다. 그들은 1단계 교육과정의 전반적인 질을 평가하기 위한 수단으로 보편 심사 데이터를 채택하지 못하거나 각 교사가 학생에게 학업적 성장의 극대화를 위해 학습에 관여할 충분한 기회를 제공하고 있는지(즉, AET)에 대해 언급한다. 학생이 의미 있는 학업적 자료에 대한 참여 기회를 얻지 못한다면, 최고의 교육과정이라 해도 적절한 학업성취를 이끌어 내지 못할 것이다. 따라서 MTSS 시스템을 사용하거나 AET에 관심을 두는 모든 학교에서의 첫 번째 절차는 1단계 교육이 적절한 학업성취도를 향상시키는지의 정도를 평가하는 것이다. 이 과정에는 학기 초 교육구 모든 학생의 성취 수준을 주/국가 표준과 비교하는 과정이 포함되어야 한다. 만약 유치원생 자료의 수준이 주/국가 표준보다 낮은 경우, 그 지역은 학생들이 주/국가 평균보다 학력이 부족하다는 결론을 내릴 수 있다. 따라서 학생들을 주/국가 표준에 맞추기 위해서는 많은 노력을 기울일 필요가 있다. 학교나 교육구 수준에서 학기 초 학생 성취도가 주/국가 표준에 부합하지만 이후 불일치가 나타나거나 증가하는 경우, 1단계 교육과정에 문제가 있음을 판단할 수 있도록 데이터를 분석해야 한다. 이는 교육구가 형편없는 교육과정을 선택하거나 학생들이 충분한 AET를 제공받지 못하여 학습 기회가 충분히 제공되지 않은 것을 의미한다.

데이터 분석의 두 번째 절차는 주/국가 표준에 대한 이익률을 비교하여 각 학년 수준의 학업성취도에 도달하는 것이다. 이 분석은 주/국가 차원에서 학생들이 학년 수준에 있어 다른 동료를 따라잡거나, 넘어서거나, 유지하거나, 뒤떨어지는지에 대한 정보를 제공한다. 이를 통해 학년 수준의 비교보다는 집중된 1단계 교육을 촉진할 수 있다. 학년별 수준 데이터를 제공하는 것 이외에, 일부 보편 심사 방안(예, FastBridge, 학업 증진 측정)은 나아가 규범적 데이터와 학기 초 학생의 성취 수준에 따라 각 학년 수준의 예상 성장률을 제공한다. 학생의 성취도 수준에 따라 지역 수준에서 특정 집단(높은, 중간 또는 낮은 성취도)에 대해 이루어져야 하는 교육 조정 유형(존재하는 경우)을 결정할 수 있다. 비록 성취도가 낮은 학생이 얻는 이익에 정기적으로 주의를 기울이더라도 일반적으로 그들의 발전이 2단계 또는 3단계 교육의 수업 일환으로서, 보다 더 정기적으로 감시되기 때문에 모든 성취도 수준에서의 학생 분석은 그들이 평균 또는 높은 성취도를 극대화하지 않는다는 것을 발견할 수 있다.

1단계 교육 데이터 분석의 세 번째 절차는 각 교실의 성장 차이에 대한 여부를 결정하는 것이다. 교육구 수준의 성취도와 학생 증가율은 국가 표준 자료와 비교해야 하지만, 교실별 데이터 분석은 같은 학교와 교육구 내 다른 교실과 비교하는 것이 바람직하다. 학교와 교육구 내 학년 수준의 학업 성장 비교는 동일한 교육과정에 노출된 학생의 비교가 이루어짐을 보장한다. 만약 각 교실이 같은 수준의 성취로 학년을 시작하고, 그 교실 내 교사들이 같은 교육과정을 사용하고 있다면 학생들은 각 교실에서 비슷한 수준의 학업적 성장을 이루어야 한다. 이러한 성장의 차이는 AET의 차이에서 비롯된 것으로 설명할 수 있다. 제안한 바와 같이, 성장의 차이는 초기 성취의 역할로서 발생하기 때문에 학생이 교실에서 학교 교육을 시작하는지(즉, 유치원), 다른 성취 수준에서 시작하는지에 대한 고려가 필요하다(Ardoin, Binder, Foster, & Zawoyski, 2016).

한 교실의 증가율이 학교나 교육구 내 다른 교실을 능가할 때에는 교사가 더 크고 생산적인 AET 촉진을 위해서 다른 교사와 다르게 하는 것이 무엇인지 파악할 수 있도록 그 교사의 수업을 관찰해야 한다. 마찬가지로 하나 이상의 교실 데이터가 다른 교실에 비해 학년 수준이 상당히 낮을 경우, 교사의 수업에 대한 관찰을 통해 왜 해당 교사가 맡은 학생들의 증가율이 동일한 교육과정에 놓여있는 다른 교실의 학생들과 비례하지 않는지를 판단해야 한다. 만약 같은 교육과정이 교실 전체에서 채택된다면, 학업적 성장의 불일치를 설명할 가능성이 큰 요인은 AET의 불일치이다. 이러한 교실의 AET는 적절한 학업성취가 있는 교실 학생들의 몰입과 비교되고 측정되어야 한다.

학업적 몰입 측정

과제 수행 행동(즉, 주어진 과제에 대한 몰입)에 관한 데이터는 학생의 AET에 대한 완전한 설명을 제공하지는 않지만, 다른 데이터(예, 학업성취도 데이터)와 함께 상당 부분 완전한 AET 그림을 제공할 수 있는 귀중한 정보를 제공한다. 교실 내 과제 수행률을 측정하는 것은 비교적 쉬운 절차이며, 일반적으로 체계적인 직접 관찰을 통해 수행된다. 연구자와 실천가는 과제 수행 중 행동 평가를 위해 여러 방법을 사용한다. 한 가지 방법은 교실 내 학생들을 작은 그룹으로 나누고 미리 정해진 간격(예, 15초) 안에 학생들이 전체 시간(즉, 전체 간격 기록 절차) 또는 간격 간 임의의 시점(즉, 부분 간격 기록 절차)에 걸쳐 학업적 행동을 했는지에 대한 여부를 기록하는 것이다. 그러나 전체나 부분 간격 기록 절차는 각각 관찰된 동작 빈도를 과소평가하거나 과대평가할 가능성이 높다(Briesch, Hemphill, Volpe, & Daniels, 2015).

교실 내 학생들의 과제 수행 중 행동을 측정하는 것에 대한 더 정확한 대안은 순간 시간 샘플링 절차를 사용하여 각 간격의 끝에 있는 다른 학생을 관찰하는 것이다. 전체와 부분 간격 기록 절차와 달리, 순간 시간 샘플링은 간격 전체 또는 일부 동안 관찰되는 행동이 발생했는지와 관계없이 간격의 끝에서 행동이 발생하는지를 기록하는 것을 포함한다. 교실 내 모든 학생들이 순간 시간 샘플링을 활용하여 관찰된 후에, 관찰자는 각 간격의 끝에서 개별 학생을 관찰하는 것을 다시 반복한다. 미리 정해진 시간이 경과할 때까지(예, 30분) 절차를 반복한다. 과제 수행 중 행동의 백분율은 과제 수행 중 행동이 관찰된 간격 수를 관찰된 총 간격 수로 나눈 다음, 그 수에 100%를 곱하여 계산한다(Briesch et al., 2015; Dart, Radley, Briesch, Furlow, & Cavell, 2016).

교실에서 이루어지는 과제 수행 중 행동을 정확하게 측정하기 위해 일반적으로 사용되는 또 다른 절차는 계획 활동 점검(PLA 검사; Risley & Cataldo, 1974)이다. 이 방법은 마찬가지로 순간 시간 샘플링 절차를 사용하지만, 각 간격이 끝날 때 한 명의 학생만 관찰하는 것과는 대조적으로, 관찰자는 교실의 전체 학생 수, 즉 과제 수행이 끝난 학생과 끝나지 않은 학생 모두를 기록한다. 일반적으로 간격의 길이는 위에서 설명한 것보다 1−5분가량 더 길고, 관찰자가 더 많은 시간을 관찰하며 과제를 수행하는 학생의 수를 계산할 수 있다. 교실의 학생 수가 간격에 따라 변하는 경우, 관찰자는 각 간격에서 존재하는 학생 수를 기록해야 한다. 과제 수행 중 행동에 참여한 학생의 비율은 먼저 각 간격 동안 과제 수행 중 관찰된 학생의 비율을 계산(과제 수행 중 학생 수를 총 학생 수로 나눈 값)한 후 계산된 각 백분율에 대한 평균을 구하여 결정한다. PLA 검사 절차는 간격의 길이가 길고 학생의 수가 기존의 시간 샘플링 절차보다 일반적으로 더 쉬우므로 교사가 더 접근하기 편할 수 있다(Dart et al., 2016).

언급된 측정 절차와 관계없이, 짧은 간격과 전체 관찰 기간은 일반적으로 실제 과제 수행 중 행동 비율에 대한 더 정확한 측정치를 산출한다. 더불어 과제 수행 중 행동을 측정하기 위해 단일 관찰을 사용하지 않는 것이 중요하다. 며칠 동안 교실에서 변하는 많은 변수(예, 콘텐츠 영역, 학생 집단)로 인해 수업일에 따라 행동에 변화가 생길 가능성이 있기에, 학생 행동을 정확하게 측정하기 위해서는 여러 관찰이 필요하다(Baker, Clark, Maier, & Viger, 2008). 수많은 잠재적 변수를 고려할 때, 교실 내 학생 성장에 대한 우려가 하나의 내용적 영역에만 국한된 경우에는 설정 유형(소집단과 대집단)에 걸쳐 해당 내용에 대한 특정한 측정을 수행해야 하며, 다른 동일한 수준의 교실 내 유사한 설정과 이상적으로 비교되어야 한다. 교실에서 과제 수행 중 데이터 수집의 목적은 단순히 몰입이 낮은지 여부를 판단하기 위한 것이 아니라 추후 인터벤션이 과제 수행 중 행동을 증가시켰는지, 궁극적으로 학업성취도를 증가시켰는지를 판단함에 있다는 것을 기억해야 한다.

학생의 과제 수행 행동을 직접 관찰하는 것 이외에 교사가 학생이 수업 환경 전반에 걸쳐 질문에 적극적으로 답변할 수 있는 기회를 측정하는 관찰을 수행해야 한다. 학생들은 단순히 다른 사람의 답변을 듣는 것이 아니라, 적극적으로 답변하고 오류가 발생하면 오류를 수정하고, 학생에게 올바른 답변을 연습할 기회가 제공된다. 완전한 학습의 실행은 학생이 올바른 답변을 할 기회가 있으며, 답변이 올바른지 확인될 때에 발생한다. 완전한 학습의 실행은 연구에서 답변 기회로 자주 언급된다(OTR; Fisher et al., 2015). OTR에 대한 직접 관찰은 소규모나 대규모의 집단 수업에서 수행되어야 한다. 구체적으로 학생 개인과 집단에 질문하는 수(단독 답변), 수정되는 잘못된 답변의 비율, 학생이 잘못한 답변을 수정해야 하는 경우의 비율 등에 대한 데이터를 수집해야 한다.

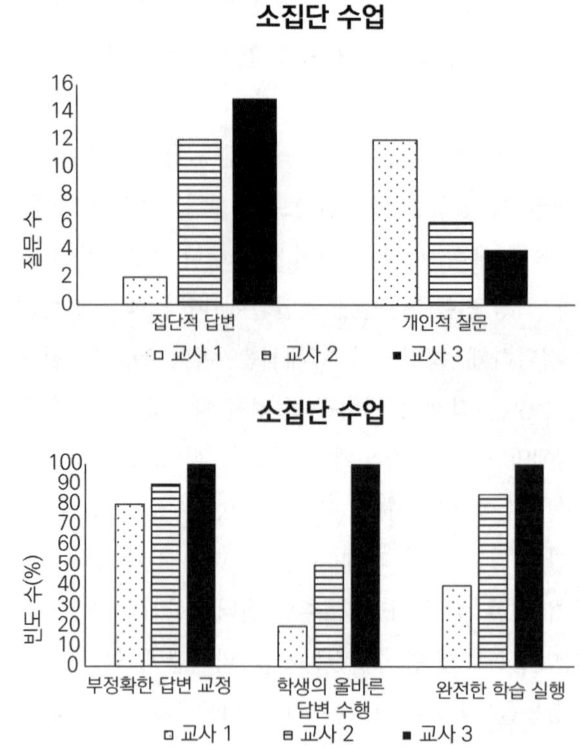

그림 10.1 ▌ 소집단 교실 수업 중 교사의 수업 실행의 차이를 비교하는 것에 사용되는 데이터의 예시

그림 10.1은 소집단 수업 중 교사의 수업 방식의 차이를 설명하는 데 사용할 수 있는 막대그래프 예시이다. 교사 1은 학생들에게 집단별 질문에 대한 답변기회(OTR)를 제공한다. 이 자료는 교사의 교실에 있는 학생들이 자신이 배우고 있는 것을 연습할 기회가 적은 것을 나타낸다. 그림 10.1 하단의 그래프를 보면, 모든 교사가 일반적으로 학생의 오답을 수정하지만, 교사 1과 교사 2는 항상 오답을 연습한 후 학생이 질문에 올바르게 답변하는 연습을 하지는 않는다. 이 유형의 데이터는 교사에게 학생의 AET를 높일 수 있는 수업에 대한 성과 피드백을 제공하는 데 유용하다. 교사에게 이러한 데이터를 제시하여 다음 교사가 학생들에게 완전한 OTR을 제공하는 방법을 가르치고 나면, 교사가 수업 방법을 변경했는지에 대한 여부를 조사하기 위해 추가적인 관찰을 수행할 수 있다. 교사의 행동에 관한 데이터를 수집하는 것과 동시에 학생의 과제 수행 행동에 관한 데이터를 수집하는 것이 유리하다. 연구 결과에 따르면 모든 학생에게 질문을 하는 횟수가 증가하고

(모두가 답변하는) 완전한 학습 실행을 제공하면 학생의 수업에 대한 몰입도 증가한다(MacSuga-Gage & Gage, 2015; MacSuga-Gage & Simonsen, 2015).

학업적 몰입 시간의 선택

교실에서 AET 부족의 원인을 고려할 때, 학생이 어떤 행동을 하는지가 선택임을 인식해야 하며, 궁극적으로 교사들은 학생들의 행동 선택의 가능성을 통제해야 한다(Martens, 1992; Shriver & Kramer, 1997). 학생이 다른 잠재적 행동보다 생산적이고 성공적이며 교육의 의미가 있는 내용에 몰입하기 위해 선택하는 것에는 많은 요인이 기초한다. 주된 요인은 AET가 실행 가능한 선택 범위라는 것이다. 수업 시간에 제시된 과제를 완료하거나 질문에 답하는 것에 필요한 역량이 부족한 학생은 기본적으로 AET 선택이 부족하다(Skinner, Pappas, & Davis, 2005). 이해할 수 없는 어휘를 포함하고 있는 글을 주면 학생들은 글을 완전히 이해하지 못할 수 있으며, 이는 그들이 읽는 것이 이해하는 데에 생산적이거나 성공적일 수 없음을 의미한다. 이러한 이유로 학생이 정확하고 유창하게 할당된 글을 읽을 수 있고, 그들이 읽고 배울 것으로 기대되는 것의 이해에 필요한 어휘와 맥락적 정보를 취하는 것이 필수적이다. 다른 글을 사용할 수 없거나 수정할 수 없을 때 학생이 글에 의미 있게 몰입할 수 있는 선택을 할 수 있도록 학생에게 듣기, 글 미리 보기, 반복된 읽기, 내용 및 어휘의 미리 보기 등의 전략을 제공해야 한다.

학생이 AET를 선택할 확률을 결정하는 두 번째 요인은 행동이 강화되고, 강화 속도와 질이 향상될 수 있는 선택의 가능성이다. 예를 들어, AET는 학생이 이해할 수 있는 이야기를 읽을 때 더 큰 확률을 가질 수 있다. 필수 역량이 부족한 사람에게 글을 읽도록 하는 것은 알 수 없는 외국어로 구절을 읽도록 요구하는 것과 유사할 수 있다. 학생이 글을 이해하지 못하면 지식 또는 오락의 형태여도 강화되기는 어려울 것이다. 학생이 AET를 선택할 때 쏟아야 하는 노력의 양 또한 그들이 선택할 가능성에 영향을 미친다. 단어를 해석하려 애쓰거나, 참고 자료를 찾는 것을 꺼리는 학생, 글을 이해하려고 노력하기 위해 교사를 찾는 것을 꺼리는 학생은 행동에 강화를 가져오고 노력이 덜 필요한 다른 행동보다 AET를 선택할 가능성이 적다. 학생들이 몰입을 위한 다양한 행동에 이용할 수 있는 강화 요소의 질은 다른 행동보다 AET를 선택할 확률을 결정한다. 학생에게 관심 있는 주제와 관련된 글을 제공함으로써 독서의 질을 향상시킬 수 있다.

학생들이 AET를 선택할 확률에 기여하는 또 다른 요인은 학생이 다른 행동을 통해 몰입하도록 하는 요인의 양과 비율, 질을 강화하는 것이다. 학업적 몰입 이외의 행동에 대한 강화 요인의 가용이 높을수록 학생들은 AET를 선택할 가능성이 적다(Martens, 1992; Skinner et al., 2005). 이 때문에 학생이 AET에 대한 선택을 촉진하지 않는 강화 요인을 유지하는 것에 있어, 교사가 양질의 교실 관리를 하는 것이 필수적이다. 따라서 교실 내 학생들이 왜 적절한 학업성취도를 달성하지 못하는지, 그리고 이것이 잠재적으로 불충분한 AET를 받는 학생 때문인지를 판단할 때 교사의 교실 관리에 대한 평가는 필수적이다.

학생들은 학업에 몰입할 수 있는 역량을 가지고 있는가? AET는 학생들이 과제를 완료하는 것에 필요한 역량이 부족하거나, 심지어 과제가 어려울 때 교실 내에서 현저히 낮게 나타난다. 만약 1학년 학생에게 8학년 수준의 과제가 주어질 경우, 그 시간보다 훨씬 더 많이 과제 중 행동의 비율이 0에 가깝고, AET 또한 0일 것이다. 비록 이것이 극단적인 예일지라도 이러한 행동의 낮은 수준은 덜 극단적인 상황에서 발생할 가능성이 크다(예를 들어, 1학년 학생은 작문 숙제를 받는다면 글을 쓸 수 없다). 따라서, 학생들이 교실에서 무엇을 하도록 요구되는지, 그리고 학생들에게 필요한 필수 조건 역량이 있는지를 고려하는 것도 낮은 AET의 원인을 고려할 때 중요하다(Daly, Martens, Barnett, Witt, & Olson, 2007). 학생들이 필요한 필수 역량을 가지고 있는지를 평가하는 한 가지 방법은 단순히 과제 완료의 정확성을 평가하는 것이다. 학생들은 매우 높은 정확도(약 90% 이상; Burns, VanDerHeyden, & Jiban, 2006; Gickling & Thompson, 1985)에서 독립적으로 과제를 완성해야 하며, 만약 그렇지 않다면 그들이 과제에서 오류를 범하는 것이다. 학생들이 역량이 부족한 상태에서 과제를 완수하도록 요구받았을 때, 그들은 좌절하고 학업적 몰입을 하지 않을 수 있다. 그 이유는 노력의 수준이 보상 가능성을 초과하기 때문이다.

교사가 학생의 학업 능력에 적합한 과제를 관리하는 또 다른 방법은 학생에게 제공되는 차별적 수준의 과제를 평가하는 것이다. 거의 모든 학생이 같은 성취 수준으로 교실에 있는 경우는 드물기에, 동일한 과제는 교실 내 학생들로부터 다양한 수준의 노력을 요구한다. 과제가 일부 학생에게는 적절한 수준일 수 있지만, 다른 학생에게는 최소한의 노력과 지루함을 초래할 수 있으며, 또 다른 학생에게는 과제가 극도로 어려워서 좌절감을 초래할 수 있다. 불행하게도, 일반적으로 가장 많은 학업적 노력이 필요한 것은 후자의 집단이며, 그들의 정확한 과제 완수를 위해 강화할 확률은 가장 낮지만, 필요한 노력은 가장 크다. 이러한 조합(높은 노력과 낮은 강화 확률)에서 학생이 AET를 선택할 확률이 가장 낮으며, 결과적으로 해당 집단의 학생들이 다른 학생보다 덜 연습하게 되고, 궁극적으로는 그들이 또래 학생보다 더 학업적으로 뒤처지게 된다(Greenwood et al., 2002; Hosp & Ardoin, 2008). 따라서 교실을 관찰하면서 모든 학생에게 동일한 과제를 부여할 때, 일부 학생은 (1) 학습을 쉽게 접근할 수 있도록 필요한 지식을 가진 개인으로부터 더 많은 도움을 제공받거나, 직접적으로 가르침을 받고 있다는 증거가 필요하며, (2) 과제를 완수하는 방법에 대한 예시나 모델, 또는 (3) 다른 방식의 교육을 수용하거나 조정하는 것이 필요하다.

학업적 몰입은 강화되었는가? AET를 가능하게 하는 기술(skill)을 보유할 수 있는 선택과 학생의 학업적 몰입에 대한 선택 또한 강화되어야 하는 것으로 중요하다. AET 강화는 다양한 형태의 높은 비율을 통해 제공되어야 한다(Skinner et al., 2005; Thorne & Kamps, 2008). 학생 행동의 강화는 가시적인 형태(예, 스티커), 자유 시간 또는 음식의 형태로만 온다는 잘못된 인식이 종종 존재한다. 강화는 단순히 학생이 다시 그 행동에 몰입할 확률을 증가시키는 행동에 관여하기 위한 결과일 뿐이다. 따라서 학생 행동을 강화하는 많은 방법이 존재한다(Martens & Ardoin, 2010). 학생들이 AET를 선택할 확률을 높이는 강화 요인의 예는 (1) 구두 칭찬, (2) 과제 위 웃는 얼굴 표시, (3) 부모에게 자녀의 올바른 행동을 알리는 전화나 메모, (4) 하이파이브 또는 미소가 있다. 이러한 잠재적 강화 요인의 단순성을 고려할 때, 과제 수행 시간 동안 매우 효과적인 강화 요인은 "원더링(wandering) 강화 요인"이다. 이는 단순히 교사가 학생의 노력과 과제 생산성에 대해 인식하고 자랑스러워한다는 것을 학생들에게 개별적으로 의사소통을 하는 교사를 의미한다(Rhode, Jenson, & Reavis, 1992). 이러한 강화 요인은 AET 이외의 학생들에게 부정적인 결과를 제공하는 수단으로 사용될 수 있으며, 교사에게 어떤 학생이 추가적인 학업적 도움으로 AET를 선택하도록 하는 혜택을 받을 수 있는지를 쉽게 인식할 수 있도록 한다.

또 다른 매우 중요하고 쉽게 이용할 수 있는 강화 요인은 학교 공부에 대한 즐거움 또는 선호도이다(Morgan, 2006). 어떤 사람이 자신을 흥미롭게 하고 상황을 이해하는 텔레비전 쇼를 보는 것을 선택하는 것처럼, 학생들은 흥미롭고 성공적으로 몰입하는 데 필요한 지식과 기술을 가진 일에 더 많이 참여할 가능성이 있다(Guthrie, Hoa, Wigfield, Tonks, & Perencevich, 2005; Patall, 2013). 이러한 이유로 학생들은 그들의 능력 수준에서 그들이 이해할 배경 정보와 어휘를 가지고 있는 책을 즐기고 선택하는 경향이 있다. 초기에는 학생들의 독서 선택권을 강화시킬 필요가 있을 수 있지만, 학생들이 진정으로 자신을 즐겁게 하는 책을 발견했을 때, 단순히 책을 읽는 것으로 학생들이 받는 즐거움이 충분하기에 외부적 보상이 제공되어야 하는 양이나 빈도는 0으로 떨어질 수 있다. 이와 같은 원칙은 다른 학문 분야에도 적용된다. 이러한 이유로, 학생들에게 그들이 완료하도록 요구받고 있는 과제의 관련성을 알려주고, 학생에게 의미 있고 관심 있는 예시를 사용하고, 과제에 몰입하도록 요구하기 전에 과제를 완료할 배경지식, 어휘 및 기술을 갖도록 하는 것이 도움이 된다.

어떤 수준에서 다른 행동적 선택들이 강화되었는가? 안타깝게도, 학생들이 다른 행동보다 AET를 선택하도록 하기 위해 교실 내에서 제공되어야 하는 강화의 빈도, 양 또는 질을 결정하는 것은 불가능하다. 한 가지 이유는 필요한 강화 요인의 비율, 양, 질은 부분적으로 학생들이 학업에 몰입하는 데 필요한 노력의 양에 따라 결정되기 때문이다. 필요한 노력이 더 크면 필요한 강화 요인의 양/질도 증가한다. 쉽게 측정할 수 없거나 조작할 수 없는 AET에 대한 학생들의 선택을 결정하는 또 다른 요인은 학생들이 다른 행동에 관여함으로써 얻을 수 있는 강화의 비율, 양, 질이다(예: 백일몽, 헛된 공상). 학생들이 다른 행동을 쉽게 할 수 있을 때, 높은 강화율을 만들어내거나 원하는 강화 요인을 활용할 수 있는 경우, 교사는 AET에 제공되는 강화의 비율과 질적 수준을 높여야 한다(Martens, 1992; Shriver & Kramer, 1997). AET 이외의 동작에 대해 관여하기 어렵고, 높은 강화율이나 양질의 강화를 초래하지 않을 경우, AET의 높은 수준을 유지하기 위해 필요한 강화의 양이 감소한다(Shriver & Kramer, 1997). AET에서의 몰입이 바람직하지 않은 행동보다 더 쉽고 선호하는 강화로 연결되어야 할 필요성에는 교사들의 행동 관리에 대한 고도의 능력이 필요하다.

학생들에게 적절한 행동을 하도록 가르치고(예: 교대로 말아 하기), 그러한 행동을 강화하고, 부적절한 행동을 무시하고, 무시하는 것을 학생들에게 가르치는 것은 바람직하지 않은 행동에 몰입함으로써 학생들이 얻는 강화의 양을 최소화한다. 예를 들어, Wang과 Eccles(2013)는 교사가 명확한 지시와 일관되고 예상 밖의 답변을 제공한 교실에서 학습에 대한 높은 수준의 학생 반응과 관심을 확인하였다. 또한, 학교 구조가 학생들의 학업적 자기 개념에 긍정적인 영향을 미쳤으며 성취도가 낮은 학생들에게는 더 강력한 효과를 보였다. 즉, 자주 피드백을 받는 체계적인 수업은 어려움을 겪는 학습자들에게 특히 중요하고 가치가 있다. 다른 연구자들은 학습 활동에 대한 학습과 지속성에 대한 학생들의 노력에 대한 집중적인 관심이 행동(즉, 사회적) 참여와 사전 성취보다 성취에 대한 예측이 더 높다는 것을 발견하였다(Hughes, Wen, Oi-Man, & Loyd, 2008). 종합하면, AET에 대한 연구는 학습자에게 가치가 있으며, 더 중요한 것은 교사에 대한 유연성을 강조한다. 교사는 높은 수준의 AET를 장려하고 촉진하는 방식으로 수업을 설계할 수 있다.

읽기에서 학업적 몰입 증진을 위한 방법

모든 내용 영역이 학생의 성공에 중요하지만, 학생의 읽기 능력은 거의 모든 영역에서의 몰입 능력에 영향을 미치기 때문에 읽기가 특히 중요하다. 학생이 콘텐츠 영역(예, 수학, 과학) 내에서 글을 읽으려고 애쓰는 경우, 관련 과제를 완료하는 데 필요한 노력 수준이 높아진다[National Child Health and Human Development (NICHD), 2000]. 읽기에 몰입하고 연습하는 학생은 읽기 능력을 향상시키고, 연습할 능력이 없거나 연습하지 않기로 선택한 학생은 모든 학업 영역에서 동료 학생보다 계속 더 떨어진다(Stanovich, 2009).

교사는 긍정적인 학업적 몰입 빈도를 증가시켜 읽기에 성공하도록 학생을 배치하고, 학생이 학업과 분리되는 자연스럽게 발생하는 패턴을 깨뜨릴 수 있다. 긍정적인 학업적 몰입이 이루어지려면 수업에 접근할 수 있어야 하며(즉, 학생의 수업 수준에서) 몰입에 대한 즉각적인 강화가 제공되어야 한다. 이러한 조건을 만드는 일반적인 방법은 수업 중 답변의 기회(OTR)를 계획적으로 구상하는 것이다(Simonsen, Myers, & DeLuca, 2010). 빈번한 OTR은 과제 외 및 부적절한 행동을 줄이고 학업적 몰입을 높인다. OTR의 제공에는 (1) 학업적 자극 제공(예: 교사 프롬프트 또는 질문, 동료 진술 또는 질문, 안내 메모지에 있는 질문과 같은 자료 프롬프트), (2) 학생 답변(개인 또는 그룹, 서면, 구두 또는 신호), (3) 만일의 사태에 대비한 답변 제공(즉, 피드백; MacSuga-Gage & Gage, 2015)이 포함된다.

학생들의 학업적 답변에 대한 빈번한 기회 제공은 학습과 상호적 관계를 맺는다(그림 10.2 참조). 첫째, 빈번한 몰입은 학생이 지식을 증명하도록 요구한다. 정보를 회상하는 것은 정보에 대한 장기적 기억을 촉진하는 비결이다(Brown, Roediger, & McDaniel, 2014). 따라서 학생이 빈번하고 규칙적인 프롬프트에 답변하도록 요구하는 것은 학생의 학습을 강화시킨다. 따라서 학생이 잘못된 답변을 보인다면 교사는 즉각적이고 수정된 피드백을 제공해야 한다. 학업적 피드백의 제공은 학생 학습에서 상당한 이점을 갖는다(Fisher et al., 2015). 이상적으로 학생들은 정확한 답변을 위해 피드백을 적용하여 신속한 답변과 올바른 답변 사이 연결성을 강화한다. 학생이 정확한 답변을 이끌어 낼 수 있도록 하는 피드백과 추가 기회를 제공받지 못한다면, 학생들은 정보나 능력을 기억하고 보유할 가능성이 더 적다.

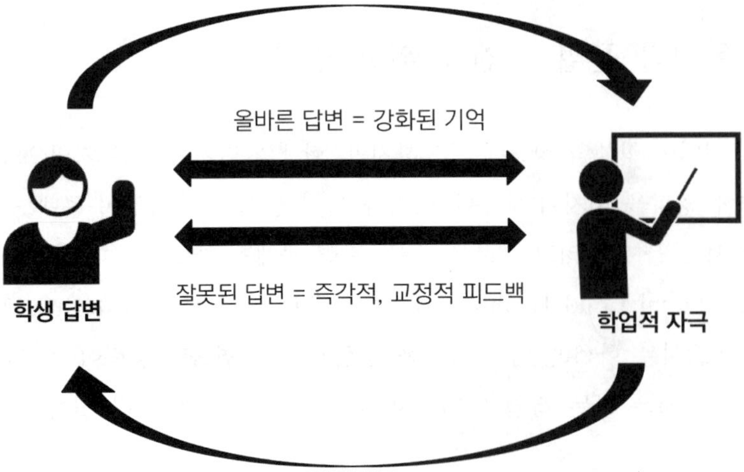

그림 10.2 ▌ 학업적 자극과 학생의 학업적 답변과의 상호 관계

정기적으로 학생을 OTR 주기(즉, 자극－답변－피드백)에 몰입하도록 하는 교사는 자연스럽게 교수환경을 강화한다. 교사는 (1) 어떠한 성공적이거나 올바른 답변이 수반되는지를 명확하게 정의하고, (2) 피드백의 초점(정확성 수준에 따라 또는 학생의 답변을 만들어 내기 위한 학생의 사고 과정에 따라)을, (3) 학생들에게 피드백을 듣도록 함으로써 피드백이 강화 요인의 역할을 할 가능성을 높이도록 한다(Hattie, Fisher, & Frey, 2016). 예를 들어, 성공적인 답변을 정의할 때, 교사는 "완전한 문장으로 당신의 답변을 진술하라", "우리의 어휘 단어 중 하나를 당신의 답변에 사용하라", "당신의 의견을 진술하고 이 의견을 알려주는 본문에 제공된 한 가지 사실을 제시하라."와 같은 자신의 답변에 대한 물음을 분명히 밝히고, 기대되는 답변을 작성할 수 있도록 학생을 지원하는 교사는 학생의 학습 능력에 대한 그들의 믿음을 아주 구체적으로 전달한다. 다시 말해, 잘 구성된 OTR은 교사가 눈에 띄게 높은 답변에 대한 기대치를 보여주는 방법이다. "나는 네가 이것을 해낼 수 있다는 것을 알고 있으며, 너를 돕기 위해 내가 할 수 있는 모든 것을 할 것이다."와 같은 내용이다. 학생에게 정확히 무엇을 기대하는지 알 수 있게 하는 것 외에도 피드백의 초점을 변화시키는 것은 학습을 향상시키고, 학생이 AET에 참여하도록 장려한다. 때로는 OTR이 기본 사실, 개념 또는 기술을 신속하게 기억하는 것에 사용된다. 이 경우에 피드백의 초점은 단순히 정확성 수준에 있다. 그러나 내용에 대한 학생의 이해가 증가함에 따라 교사들은 피드백의 초점을 바꿀 수 있고, 학생이 왜 이러한 답변을 제공했는지 또는 어떻게 해당 답변에 도달했는지에 대해 생각하도록 자극할 수 있다. 피드백의 초점을 바꾸면 개념에 대한 학생의 이해가 깊어지고, 교사가 학생의 이해 수준을 측정할 수 있으며, 학생의 학습에 대한 자신감을 높일 수 있다. 마지막으로 교사는 피드백을 규칙적인 기준으로 제공하면 학생이 피드백을 수용할 가능성을 높일 수 있으며, 학생은 즉시 피드백을 적용하거나 "실행"하도록 권장된다. 이러한 조건에서 교사가 지속해서 OTR을 제공하는 교실은 몰입, 답변 및 위험 감수가 자연스럽게 강화되고, 학생의 학업적 자아 개념이 향상된다(Harbour, Evanovich, Sweigart, & Hughes, 2015; MacSuga-Gage & Simonsen, 2015)(표 10.2).

표 10.2 ‖ 효과적인 피드백의 요소

요소	예시
명확하게 정의된 성공	• 완전한 문장으로 ...에 대한 한 가지 이유를 설명하기 • 교실에서의 목소리 내기,* 읽은 내용의 예를 들기 • 칠판에 문제를 해결하는 것에 필요한 과제를 서술하기 • 의견을 말하고 전달한 글의 한 가지 예시를 제시하기 • 말을 하지 않고 신호에 맞추어 동의하면 엄지손가락을 위로, 동의하지 않으면 엄지손가락을 아래로, 확신이 없으면 엄지손가락을 옆으로 표시하기

피드백의 다양한 초점	• 올바른/잘못된 피드백
	  • 그래, 맞아. 한 가지 이유는...
	  • 그건 이유가 되지 않아
	    • 올바른 답변 제공하기
	    • 학생이 선택할 수 있는 몇 가지 옵션 제공하기
	    • 올바른 답변을 제공하고 학생에게 올바른 이유를 설명하도록 요구하기
	    • 학생이 올바른 답변을 확인할 수 있도록 단서를 제공하기
	• 올바른 답변에 대한 피드백 이유 또는 방법 제공하기
	  • 왜 그것을 이유라고 이해하였는가?
	  • 해당 답변을 결정하기 위해서 어떠한 정보를 활용하였는가?
	  • 어떠한 방법으로 그 해결책에 도달하였는가?

학생이 피드백을 이해하는지 확인	• 전달받은 답변을 다른 말로 바꿔서 말하기 • 자신의 표현으로 이 문제를 해결하기 위해 따라야 할 단계를 설명하기 • 해당 문제 해결을 위해 칠판에 적힌 전략을 사용하는 방법 보여주기 • 우리가 배운 어휘 단어 중 하나를 포함한 완전한 문장을 사용하여 다시 말하기

* 교실에서의 목소리는 소리치는 것이 아니라 학생이 서로 들을 수 있을 정도로 큰 소리로 말하는 능력을 의미한다.

답변기회 제공 방법

OTR은 학생들의 반응 양상에 따라 말하기, 쓰기 또는 신호(표 10.3)로 그룹화할 수 있다. 다양한 반응 기법은 자료 몰입에 있어서 서로 다른 방법이 필요하지만, 모두 얕은 수준의 학생 이해를 평가할 수 있는 방식으로 개발될 수 있다. OTR 기술은 초등 및 중등 교사와 다양한 콘텐츠 영역에서 모두 사용할 수 있다.

말하기를 통해 답변하기

일반적인 OTR의 두 가지 유형은 콜드 콜(cold call)과 합창 답변(choral response)이 있다. 콜드 콜이라는 용어는 Lemov(2010)가 제시한 개념으로, 교사가 각 학생을 부를 때 사용할 수 있는 특정 기술을 의미한다. 대부분 교실에서 교사는 학생에게 질문한 후 어떤 형식이든 답변을 듣기 위한 대기 시간을 갖는다. 학생들은 대부분 눈을 피하거나 침묵을 하며, 자발적으로 답변을 하려는 학생은 거의 없을 것이다. 이후에 교사가 답변을 지원하고자 하는 학생을 부르기로 결정한다면, 지목된 학생의 지식과 몰입은 강화되나 나머지 학생들에게는 제한적인 정보를 제공하게 될 수도 있으며, 또한 교사가 질문에 대한 정보를 알 수도 있지만 모르거나 마지못해 답변하는 학생을 지목하게 될 수도 있다. 콜드 콜 환경 속에서 교사는 학생에게 "내가 질문하는 목적은 너희가 알고 있는 것이 무엇인지를 확인하고, 오류가 있다면 이를 바로잡고, 질문에 대한 생각을 불러일으키고자 하는 것임을 전달한다. 그러므로 나는 언제든지 누구나 지목할 수 있지만, 내가 누군가를 지목한다면, 그것은 너희가 답변을 하려고 노력하는 것을 확인하고자 하는 것이며, 만약 답변이 잘못되었다면 내가 너희를 도와줄 것이다."와 같은 말을 해야 한다.

콜드 콜 기법에는 여러 가지 변형이 존재하기도 하지만 기본 형식은 (1) 교사가 모든 학생의 사고를 시작하기 위해 질문을 던지고, (2) 교사가 잠시 멈춘 후에 (3) 한 학생의 이름을 부른다. 여기서 학생을 선정하는 방법은 자유(예, 컵에서 이름표가 붙은 아이스크림 막대기 뽑기, 무작위로 이름 선별하기) 또는 의도적 방법(Sayeski, Hamilton–Jones, Cutler, Earle, & Husney, 2019)이 될 수 있다. 그러나 콜드 콜 기법을 교실 관리의 도구로 사용해서는 안 된다. 즉, 교사가 과제를 하지 않거나 확실하게 예습하지 않은 학생을 냉담하게 불러서는 안 된다.

콜드 콜의 성공적인 활용의 핵심은 교사가 스캐폴딩을 긍정적이고, 예측이 가능하도

표 10.3 ▌ 답변기회 제공 방법

말하기	• 콜드 콜(Lemov, 2010) • 합창 답변
쓰기	• 개별적으로 칠판, 슬레이트 활용하기 • 안내 노트 활용하기 • 워크시트 활용하기
신호	• 사전 인쇄물(예: 예/아니오, 동의/비동의, 명사/동사) 또는 다양한 색상의 답변 카드 • 손동작(예: 엄지손가락 위/아래로 들어 올리기)

록 유지하는 능력에 있다. 콜드 콜을 예측이 가능하도록 하기 위해서는 언제 활용할지를 미리 말할 필요가 있다. 예를 들어, 아이스크림 막대기가 담긴 컵을 구체적인 신호로 활용하여 꺼내거나, 칠판에 무작위 이름을 뽑아내어 콜드 콜 기법이 활용될 것을 표시한다. "좋아, 오늘은 질문에 자발적으로 답변하는 학생이 없으니, 콜드 콜을 쓰기 시작할 거야."와 같은 말은 콜드 콜 기술이 처벌과 같게 느끼도록 할 것이다. 매우 낮은 수준의 학생 응답으로 가르치는 데 10분을 보내는 것은 적절하지 않다. 콜드 콜 기술이 처벌로 간주될 것이다. 또한, 교사들의 집중적인 질문 계획, 중립적 또는 긍정적인 어조의 사용, 부정확한 답변에 대한 지원(정답이나 힌트를 제공, 다른 학생들이 단서를 제공하도록 요청)을 통해 콜드 콜의 긍정적인 성격을 높일 수 있다. 마지막으로, 학생들은 그들이 올바르게 맞을 가능성이 있는 간단한 답변을 수반한다면, 콜드 콜을 받아들이고 참여하고자 하는 의지를 가질 것이다. 이러한 초기 성공을 통해 학생들의 자신감을 높이고, 대답을 모를 때 더 복잡한 질문에 몰입하거나 참여하고자 하는 의지를 높일 수 있다. 일관적이고 긍정적이며, 계획된 스캐폴딩을 통해 학습에 대한 정기적인 평가, 답변에 대한 자원을 기다리는 수업 중단 시간이 사고의 시간으로 대체되며, 일반적으로 미숙한 학습자의 몰입을 이끌어 낼 수 있다는 이점을 갖는다(MacSuga-Gage & Gage, 2015; MacSuga-Gage & Simonsen, 2015; Sutherland & Wehby, 2001).

말하기 OTR의 또 다른 형식에는 합창 답변(choral response)의 방법으로, 학생들의 일치된 답변에 대한 교사의 신속한 표현을 말한다. 합창 답변을 통해 일치된 답변은 모든 학생의 기억을 끌어내고, 연습할 기회를 제공하며, 수업의 진행 속도를 높이고, 수업 내 에너지 수준을 높일 수 있다. 다른 답변이 제공되거나, 외침이 일어날 때 교사는 잠재적으로 효과적이고 효율적으로 이 방법을 포기할 수 있다. 따라서 학생들이 일제히 목소리를 내어야 하는 답변의 효과적인 사용은 학생들에게 어떻게 반응하는지를 가르치고(즉, 교실에서 일치된 목소리로), 방법에 부합하는 구체적인 프롬프트를 개발해야 한다. Lemov(2010)는 (1) 반복, (2) 보고, (3) 강화, (4) 검토, (5) 해결의 다섯 가지 유형을 통해 합창 답변을 명시하였다. 각 유형에서 반응에 대한 복잡성이 증가한다. 첫째, 학생들은 핵심 개념, 용어, 정의를 "반복"할 수 있다. 이러한 낮은 수준의 OTR은 반복을 통해 학습을 강화하고 수업에서의 탄력을 만든다. 다음 단계에서는 학생들은 이전에 작성한 답안을 "보고"하거나, 답변을 반복하여 학습을 "강화"할 수 있다. 마지막으로 "검토"에서 학생들은 앞서 제시한 정보를 회상하게 되며, "해결"의 프롬프트는 학생이 교사의 신호 이전에 일제히 문제에 답변하기 위해 더 많은 생각이나 시간을 필요로 한다.

합창 답변의 효과적 사용에 대한 핵심은 일치된 학생들의 반응을 이끌 수 있는 교사의 능력에 있다. 명확한 신호나 관용구를 활용하면 일치된 답변을 얻기가 쉬워진다. 이 방법은 처음 활용하게 되면, 학생들은 모두 답변을 하고 싶어 할 수 있다. "다시, 교실에서 적당한 소리를 내어라."와 같은 말처럼 중립적으로 반응하는 것은 대개 이러한 행동을 억제할 수 있다. 너무 시끄럽거나, 너무 부드럽거나, 답변을 거부하는 지속적인 부적절한 반응은 교실 관리를 통해 다루어져야 한다. 답변하지 못하는 학생을 무시하지 않는 것이 중요하다. 이는 답변하지 않는 패턴이나 해당 기술의 목적을 훼손시킬 수 있기 때문이다.

쓰기를 통해 답변하기

쓰기를 통한 OTR 기술은 칠판과 슬레이트, 안내 메모 또는 연습용 워크시트와 같은 다양한 형태를 활용하는 방법이 있다. 학생들이 OTR의 방법으로 글을 쓰는 것은 이해를 확인하는 아주 좋은 방법이다. 합창 답변과 달리 학생이 다른 사람의 지도를 따를 수 있으며, 학생에게 답변을 직접 작성하도록 요구하면 교사가 모든 학생의 생각을 확인할 수 있는 가능성이 커진다. 슬레이트 OTR 기법을 사용하기 위해서는 교사가 프롬프트 제공을 해야 하며(예: "/d/ 단어를 활용한 글 작성하기"), 학생들은 동시에 슬레이트에 답변을 쓴다. 작성 이후에는 학생들에게 자신의 답변을 보여주기 위해 슬레이트를 올리도록 한다(Moira, Laurice, & Elisha, 2009; Schnorr, Freeman-Green, & Test, 2016). 안내 메모는 학생들에게 핵심 개념을 채우기 위해 비어있는 공간이 있는 구조화된 메모를 제공하는 것이다(Blackwell & McLaughlin, 2005). 마지막으로 신중하게 구성된 연습용 워크시트 또한 글쓰기를 통한 OTR이 될 수 있다. 쓰기를 통한 OTR은 OTR 주기(자극-답변-피드백)를 맞출 수 있도록 교사들은 학생들에게 적시적인 피드백 제공을 계획해야 한다. 즉, 피드백을 받기 전에 전체 페이지의 과제를 수행해서는 안 된다. 구조화된 워크시트는 소집단에서 활용하거나, 워크시트를 학생 간 튜터링의 일부로 사용할 때 효과적인 OTR의 역할을 한다(What Works Clearinghouse, 2013).

신호를 통해 답변하기

OTR을 위한 최종 답변 기법에는 신호를 통해 답변하는 것을 포함한다. 학생들은 말하기 또는 쓰기를 통한 답변 대신, 사전에 인쇄된 답변 카드, 컬러로 코딩된 자료 또는 질문에 대한 답변을 나타내는 손 제스처를 활용할 수 있다. 사전에 인쇄된 답변 카드는 많은 유형을 띨 수 있으며, 다양한 수준의 학생 사고를 필요로 한다. 예를 들어, 음절 형식에 대해 가르칠 때, 교사는 다양한 음절 형식을 인쇄한 카드를 만든다. 그런 다음 교사가 단어(예: 고양이–cat)를 제시하면 학생들은 적절한 음절 카드(즉, 닫힘–closed)를 들을 것이 예상된다. 교사는 또한 이진법적 응답(예/아니오, 자음/모음)을 위해 신호 OTR을 사용할 수 있다. 마지막으로 손동작은 이항 반응이나 숫자에 사용될 수 있다. 예를 들어, "행복한–happy"라는 단어에 몇 개의 음절이 존재하는가?라는 질문에 대해 학생들은 두 개의 손가락을 치켜든다. 모든 OTR과 마찬가지로 목적은 객관적으로 학생의 학습을 평가하고, 콘텐츠에 의미 있는 몰입을 제공하여, 몰입을 강화하는 것이다. "당신이 이해한다면 엄지손가락을 위로 올리고, 이해하지 못한다면 엄지손가락을 아래로 내리세요."와 같은 교사의 질문은 학업적 몰입을 위한 OTR의 예가 아니다.

요약하자면, 말하기, 쓰기 및 신호 OTR은 학생을 격려하여 AET를 향상하는 효과적인 방법이 될 수 있다. 성공적인 OTR의 전달은 명확한 지시와 연습(즉, 학생들은 연습과 절차적인 강화가 없이 자동으로 어떻게 답변해야 하는지 알지 못한다), 세심하게 계획된 질적인 프롬프트(즉, 모호한 질문, 너무 많은 질문, 한 번에 너무 많은 질문, 그리고 학습되지 않은 개념과 관련된 질문), 그리고 프롬프트와 피드백의 긍정적인 전달에 달려있다. OTR이 자연적으로 강화되기 위해서는 학생들이 과정에 의해 벌을 받기보다는 지지를 받을 필요가 있다.

읽기 인터벤션 2단계 보충학습에서 이루어지는 몰입 증가

학생에게 제공되는 자료가 자신의 읽기 능력 이상인 경우, 읽기 교육 중에는 AET의 선택이 어려울 것이며, 이는 그들이 과학, 수학, 역사 교과서의 글을 읽어야 하는 상황에 직면했을 때 어려움을 겪게 할 것이다. 그러므로 교사는 학생의 읽기 능력과 선택을 촉진하는 효과적인 수업을 시행하는 것이 필수적이다. 학생이 읽기를 배울 때, 읽기와 관련된 행동(예, 글자의 소리)이 고단할 수 있고 자연스럽게 강화되지 않을 수 있기에 읽기 관련 행동에 몰입하려는 그들의 선택이 높은 비율로 강화되는 것이 중요하다. 비록 교과서를 읽는 것이 재미있고 따라서 읽는 선택을 강화할 수 있지만, 만약 누군가가 글을 유창하게 읽는 기술이 부족하면 그것은 일어나지 않을 수 있다. 따라서 글 읽기의 강화 가치는 일어나지 않는다. 마찬가지로 학생이 단어를 해석하거나 어휘를 이해하는 데 어려움을 겪기 때문에 글을 읽는 데 상당한 노력이 필요한 경우, 강화의 질(예, 본문에서 얻는 재미)은 학생이 계속 읽도록 유도하기에 충분하지 않을 수 있다. 학생이 단어 읽기에 할당해야 하는 인지적 자원이 클수록 그들은 읽는 것을 즐기기 위해 이해해야 하는 글을 이해하는 데 필요한 자원이 적고, 관련된 질문에 올바르게 답할 수 있어야 한다(Samuels & Flor, 1997). 읽기를 애쓰는 학생들은 그들의 답이 정확할 가능성이 적어서 읽기와 답변 모두 더 큰 노력을 해야 한다. 학업적 몰입에 대한 우려가 있을 때, 학생들이 관련 글을 읽는 데 필요한 정확성과 유창성을 모두 가졌는지에 대한 여부를 판단하기 위해서 평가를 수행하는 것이 필수적이다.

높은 수준의 학생 반응과 관련된 강력한 1단계 교육을 제공하려는 교사의 노력에도 불구하고, 일부 학생들은 성공적인 독서가가 되기 위해 추가적인 학업 지원을 필요로 한다(Gilbert et al., 2013). 그러나 읽기 지도의 보충학습을 위한 기회 확대 원칙을 적용하는 것은 측정 가능한 읽기 성과를 가져오기에는 불충분하다. 읽기 인터벤션 보충학습에서 학업적 몰입은 무엇보다 읽기 개발에 대한 교사의 깊은 이해에 달려있다(Moats, 2014). 즉 교사는 읽기 인터벤션 보충학습 중에 학생의 몰입을 높이기 위해 다양한 OTR 기법을 채택할 수 있지만, 읽기 발달의 범위와 순서를 이해하지 못하면 교사가 먼저 가르쳐야 하는 읽기의 특징, 소요 시간, 수업 방법 등을 알 수 없다. 예를 들어, 읽기의 시작 단계를 가르치는 많은 교사는 음소-문자소 사이의 관련성의 중요성을 이해한다. 알파벳의 원리를 이해한 학생들은 -단어가 알파벳으로 구성되어 있으며, 글자가 소리를 나타냄을 이해한다 – 읽기의 핵심은 코드를 푸는 것에 있다는 것을 알고 있다(NICHD, 2000). 교사가 문자 패턴을 소리에 매핑함에 있어서 체계적이고 유창하게 구축(예: "e"는 /ĕ/와 /ē/)하는 방법과 철자에 맞게 소리(/ā/는 a, a_e, ai, ay, ei, ey, ea)를 연결하는 방법은 학생들의 읽기 능력을 극적으로 증가시킬 수 있다(Torgese, 2005). 반대로 음소에 유창하지 않고, 글자 패턴에 대한 이해가 제한적이며, 음소와 글자 패턴을 난이도로 체계적으로 가르치는 계획이 없는 교사들은 읽기를 배우는 데 어려움을 겪고 있는 학생들에게 필요한 세밀한 교육을 할 준비가 되어 있지 않다. 따라서 읽기 보충학습의 선택과 전달은 우연이 될 수 없으며(예를 들어, 2학년 전체, 동일한 읽기 보충학습 프로그램을 받는 2단계 교육의 학생), 단순히 더 많은 양의 1단계 교육(더 오랜 기간, 더 자주 전달)을 반영할 수 없다. 읽기 보충학습을 교육적으로 의미 있는 AET로 만들려면, 학생의 고유한 요구에 따라 매핑된 문해력(literacy)의 상호 관련 구성 요소(그림 10.3 참조)에 대한 이해를 반영해야 한다.

고군분투하는 학생들의 AET를 증가시키는 첫 번째 단계는 능력과 필요 영역을 결정하기 위해 진단평가를 수행하는 것이다. 예를 들어 2단계 교육의 필요성이 확인된 일부 학생은 음운론적 결함을 가질 수 있다. 그 결과 학생들은 단어를 세분화할 수 없고(예: trip=/tr//ip/), 철자에 맞게 소리를 낼 수도 없다(예: Tabel="tebel", walked="wocd"). 이와 같은 학생의 수업에 대한 우선순위는 음소에 대한 인식을 강화하고 음소-문자소 사이의 관련성 인식을 강화하고, 해당 지식을 맞춤법에 연결하는 것이다. 2단계 교육이 필요할 것으로 예상되는 다른 학생들은 관계항, 비문해적 진술과 복잡한 구문 등으로 이해에 어려움을 겪을 수 있다. 이러한 학생의 경우 수업의 우선순위는 글의 형태와 구조에 초점을 맞추는 것이다. 그러나 문해력의 상호 관련 구성 요소를 고려할 때, 읽기의 보충학습은 단순히 읽기 능력 개발의 한 측면(예, 유창함)에만 초점을 맞추지는 않는다. 오히려 특정한 결핍을 가진 학생들은 필요한 영역에서 더 많은 양의 교육을 받는 동시에 보완적 기술(예, 형태론)의 교육을 받게 될 것이다.

학생의 읽기 능력에 대한 윤곽이 정해지면, 교사는 읽기 보충학습의 인터벤션을 선택하거나 제작할 수 있다. 연구자들은 읽기에 장애가 있거나 실패의 위험이 있는 학생들에게서 중요한 읽기 인터벤션의 몇 가지 주요 특성을 확인하였다(Poorman et al., 2016). 이 특성을 "구조화된 문해력"이라고 하며, (1) 명시적, 체계적, 순차적 수업, (2) 높은 수준의 집중 및 분산 연습, (3) 프롬프트, 교정적 피드백, (4) 개념 개발을 위한 예시 및 비사례 사용(Spear Swerling, 2019)을 포함한다. 이러한 특성을 읽기 인터벤션에 적용하기 위해, 교사는 순서를 결정하는 것(즉, 전제조건과 보완을 위한 기술에는 무엇이 있는가?, 가장 논리적인 수업 순서는 무엇인가?)으로부터 시작하여 명시적이고 교사 주도적인 수업(즉, 교사의 모델링과 학생의 연습)을 계획한다. 연습에서는 학생이 새롭게 배운 것을 이전에 학습한 것과 통합하는 지속적인 연습(광범위한 연습)뿐만 아니라, 여러 가지 초기 노출이 이루어지도록 계획된다. 일반적인 OTR 기술 전달과 유사한 피드백은 신속하고 교정적이다(예, eigh의 문자 패턴은 썰매(sleigh)와 이웃(neighbor)에서처럼 /ā/로 발음되며, /ā/ 소리를 말하는 동안 칠판에 eigh의 철자를 세 번 쓰도록 한다). 마지막으로 예시와 비사례(예: 닫힌 음절과 열린 음절 단어의 구분)를 통해 개념을 가르치고 강화한다. 구조화된 문해력의 특성을 반영한 계획은 수업이 학생의 요구에 적합할 뿐만 아니라 학문적 접근이 가능하도록 한다.

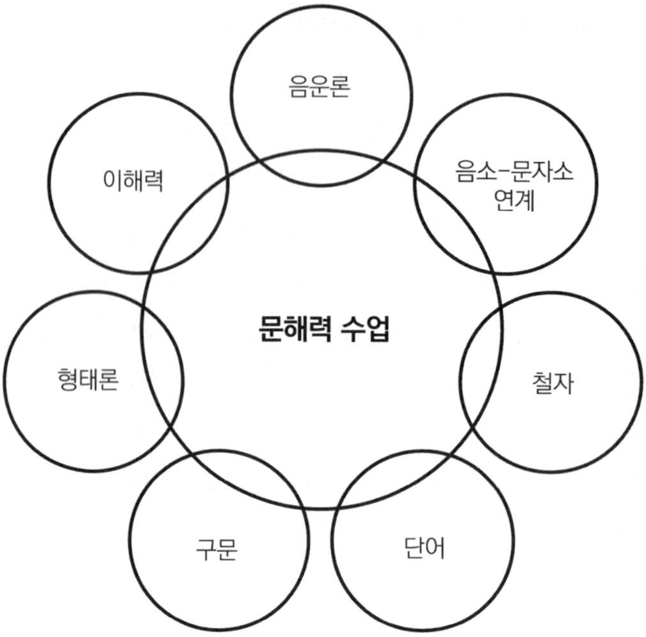

그림 10.3 ▮ 문해력 수업의 구성 요소

마지막으로 2단계 교육의 요구사항을 해결하기 위해 교사가 구매할 수 있는 프로그램이 많이 존재한다. Reading Rockets(https://www.readingrockets.org/pdfs/Reading- intervention-programs-chart.pdf), 미국 연방 연구소의 읽기 인터벤션 프로그램(https://charts.intensiveintervention.org/chart/instructional-intervention-tools?field_subject%5B%5D=reading). 이들은 각 프로그램에 대한 정보를 제공하며, 프로그램에서 실행된 연구의 엄격성을 평가한

다. 이외에 많은 주 웹사이트들은 읽기 인터벤션의 목록을 제공한다. What works Clearing house(https://ies.ed.gov/ncee/wwc/)와 Best Evidence Encyclopedia(http://www.bestevidence.org/)와 같은 웹사이트들은 인터벤션 프로그램에 대한 광범위한 리뷰를 제공한다. 인터벤션의 선정은 나이, 능력의 수준, 수업의 초점(예: 알파벳, 유창성, 이해력)에 따라 달라진다. 구조화된 문해력의 동일한 원칙이 이러한 사이트에 의해 권고되는 인터벤션 프로그램의 선택, 평가 및 실행에 적용될 수 있다. 앞에서 언급한 바와 같이, 한 가지 능력(예: 음소)에만 초점을 맞춘 프로그램은 숙련된 읽기에 필요한 능력을 구축하기에 불충분하다. 그러나 교사는 수업의 다른 필수 요소가 존재하는지 확인을 위해 보충학습 프로그램을 선택하거나, 보완적인 활동을 개발할 수 있다. 보충학습의 인터벤션을 위한 의미 있는 AET는 (1) 학생 능력 발달에 대한 교사의 지식, (2) 개별 학생의 능력에 대한 이해, (3) 명시적이고 체계적이며, 순차적인 수업의 원칙을 반영하는 일련의 수업 활동을 통해 만들어진다.

요약

효과적인 교육과정 없이 교사가 학생의 학업적 성장을 최대화할 수 없다. 그러나 효과적인 교육과정이 필요한 전부는 아니다. 학생의 학습을 극대화하려면 교사는 학생이 학업적 과제를 완료하기 위해 반드시 갖춰야 하는 능력, 교실에 있는 학생들이 그러한 능력을 갖추고 있는지에 대한 여부, 각 학생의 성공적인 과제 완수를 위해 필요한 능력, 그리고 어떤 결과가 AET를 선택하기 위해 각 학생의 선택을 강화하는지에 대한 지식을 갖추어야 한다. 또한, 교사는 (1) 학생에게 제시할 적절한 자료를 선택하고, (2) 학생들의 반응을 구하며, (3) 학생의 답변을 그들의 능력을 평가하는 수단으로 사용하고, (4) 효과적인 피드백을 제공하며, (5) 학생의 다양한 기술 영역에 따라 수업/내용을 수정할 수 있어야 하며, (6) 학생들의 교실 내 행동을 효과적으로 관리해야 한다. 이 중 어느 분야에서든 지식이나 기술이 부족하면 AET의 수준이 낮아질 가능성이 크다.

수많은 읽기 인터벤션 프로그램은 해당 프로그램이 필요한 학생들이 또래의 수준을 따라잡을 수 있다는 주장을 통해 판매되고 있다. 그러나 인터벤션 프로그램은 학생의 개별적 능력과 요구에 맞게 선택되는 것이 중요하다. 궁극적 목표는 학생의 이해 능력을 향상하는 것일 수 있지만, 학생의 수업 요구가 발음 중심 교수법(Phonics) 영역에 위치한다면, 이해 전략을 목표로 하는 인터벤션은 효과적이지 않을 것이다. 더불어 학생이 수업을 들을 수 없을 때, 학업적으로 몰입하지 않을 가능성이 있는 것처럼, 그들 능력에 대한 요구에 부합하지 않은 읽기 프로그램을 제공한다면, 그들은 학업적으로 몰입하지 않을 것이다.

다른 장에서 언급한 바와 같이 학업적 몰입은 다차원적 구조이다. 이번 장에서 우리는 넓은 구조 속 한 측면에 초점을 두고 살펴보았다. 이는 교실 내 학생의 행동을 의미한다. 구체적으로는 우리는 의미 있는 학교 공부를 수행하는 그들의 선택에 초점을 두었다. 최악의 상황에서 학생은 차별화되지 않은 수업과 능력에 맞지 않는 과제를 받기 때문에 학업적 몰입에 대한 기회가 주어지지 않는다. 최상의 상황에서 교사는 학생에게 충분한 능력을 갖출 수 있는 과제를 제공하고, 교사는 모든 학생이 연습과 성공을 경험할 수 있도록 수업을 차별화하여 학생의 AET를 강화해야 한다. 이번 장에서는 학생의 AET 선택 촉진에 초점을 두었으나, 교사가 학생 간 능력의 차이를 이해하고 수용하며 학생의 학습과 몰입을 강화하는 교실 환경은 모든 학생의 다차원적인 몰입이 높은 환경이 될 가능성이 크다.

제 11 장

학생의 수학적 주도성과 몰입을 위한 학생 중심 실천

제11장

학생의 수학적 주도성과 몰입을 위한 학생 중심 실천

서론

학교와 관련된 많은 장애물은 학생들이 수학 수업에 몰입하지 못하게 만든다. 교사의 신념과 편견, 할당된 수학 과제의 유형, 수업방식, 수업문화, 그리고 학생 자신과 또래들의 수학적 능력에 대한 학생들의 인식은 모두 학생 몰입에 영향을 미친다. 이번 장에서는 일반적인 수업 절차가 어떻게 학생들을 수학 수업에 몰입하지 못하게 만드는지에 대해 살펴보고, 교사, 보조교사와 관리자가 학생의 수학적 몰입 및 성공을 촉진시키기 위하여 사용할 수 있는 수학 지도를 위한 두 가지 교육적 체제인 인지 안내 교수(Cognitively Guided Instruction: CGI)와 복합 교수(Complex Instruction: CI)의 실천을 공유한다. 이러한 각 체계에 대한 많은 증거와 함께, 이 장에서는 인지 안내 교수(CGI)를 활용한 초등학교 사례와 복합 교수(CI)를 활용한 중등학교 사례를 중점적으로 다룰 것이다. 그러나 인지 안내 교수(CGI)와 복합 교수(CI)의 철학은 서로 보완적이며, K−12 교육 기간 전체에 걸친 수업에 정보를 제공하기 위하여 사용될 수 있다.

이 장에서 공유되는 교수 실천은 본 입문서에서 안내하는 세 가지 가정을 다루고 있다. (1) 몰입은 다차원적이며 수업 절차와 교수 실천을 설계할 때, 행동, 정서, 인지와 같은 세 가지 차원이 고려되어야만 한다. (2) 개개인의 학생과 모든 학생의 몰입을 높이는 것은 중요하며, (3) 몰입에 관한 연구를 실천으로 옮겨야 할 필요가 있다. 이것을 위해서, 인지 안내 교수(Carpenter, Fennema, & Franke, 1996) 및 복합 교수(Cohen, Lotan, Scarloss, & Arellano, 1999; Horn, 2012) 체계에 맞춰진 실천은 모든 학생이 높은 몰입 수준으로 수학을 학습하게 되는 학생 중심의 수업을 만들기 위한 유용한 전략을 제공한다.

수학적 주도성 향상 커뮤니티

이 장에서 공유되는 수업 실천 및 절차는 캘리포니아 남부의 다양한 학생 집단에 서비스를 제공하는 17개교 40명의 교사가 속한 네트워크인 수학적 주도성 향상 커뮤니티(Mathematical Agency Improvement Community: MAIC)에서 교사들에 의해 실험되었다. 2년 동안 MAIC 교사들은 학생 중심 수학 실천을 공유된 목표로 실험하고 확장하였다: 2018년 6월까지, 참여 수업의 학생 중 80%가 향상된 수학적 주도성과 성공을 경험할 것이다. 네트워크 내의 교사들은 향상 과학(improvement science)을 이용하여 일부 학생들이 왜 수학에서 어려움을 겪는지에 대한 문제를 더 깊이 이해하였고, 어떤 실천이 효과가 있는지, 어떤 학생에게 효과가 있는지, 어떤 조건에서 효과가 있는지를 학습하기 위하여 빠른 주기로 연구에 참여하였다(Bryk, Gomez, Grunow, & LeMahieu, 2015).

수학적 주도성

MAIC 내에서, 학생 주도성은 성장 마음가짐(나는 노력하면 학습할 수 있다), 소속감(나는 수학 공동체의 일부분이다), 관련성(나는 도전적이고 지적으로 몰입하는 것을 느낀다)을 가진 학생으로 개념화되었다. 자기결정성 이론에서 서술된 동기부여의 세 가지 측면인 유능감, 자율성, 관련성은 주도성의 이러한 개념화를 명시해준다(Ryan & Deci, 2000). 자기결정성 이론은 개인이 성공할 수 있다고 느끼는 경우(유능감), 과제 수행 방법을 보유하고 있는 경우(자율성), 과제가 흥미롭거나 현재의 정체성과 관련이 있다고 발견하는 경우(관련성)에 더 적극적으로 몰입할 수 있다고 주장한다.

MAIC 교사들은 학생 주도성을 사실상 사회적 구성주의로 개념화하였다. 학생의 소속감은 학생의 과거 경험, 미래에 대한 희망, 그리고 가장 중요한 학생들의 환경과의 일상적인 상호작용에 의해 형성된다(Emirbayer & Mische, 1998). 주도성에 대한 이러한 관점은 교사들이 학생 주도성을 지원하는 학습환경을 만드는 것의 중요성을 인식하도록 도움을 주었다. MAIC 교사들은 그들의 통제 범위 내에 있는 구조에 초점을 맞추었고, "어떤 수업 실천을 채택하여 학생들이 그들의 수학적 주도성을 발전시키는 데 도움을 줄 수 있을까?"라는 의문을 제기하였다. 이러한 질문을 탐구하기 위하여, 네트워크 내 교사들은 성장 마음가짐과 소속감을 촉진시키며, 학생들이 문제 해결과 비판적 사고와 같은 지적으로 관련 있는 기술을 요구하는 수업 실천을 실험하였다.

수학적 주도성과 학생 몰입

주도성과 몰입은 서로 연관된 이론적 구성 요인이다. 주도성은 학생이 행동할 수 있는 능력으로 개념화되어 있는 반면에, 몰입은 학생들이 행동할 동기를 얻었을 때 취하는 행동(action or behavior)으로 개념화된다(Skinner & Pitzer, 2012). 몰입은 행동적, 정서적, 인지적 몰입의 세 가지 관련 차원으로 정의된다. 대체로 행동적 몰입은 학생의 학교에서의 참여와 관련이 있으며, 정서적 몰입은 학생의 또래 및 교사들과의 관계와 학습환경에 대한 소속감을 포함하며, 인지적 몰입은 학업과 관련된 인지적 관련성과 학습환경에서 접하는 복잡한 아이디어를 이해하기 위한 심층학습 전략에 대한 학생의 적극적 활용을 의미한다(Fredricks, Blumenfeld, & Paris, 2004).

몰입의 세 가지 차원은 MAIC에서 교사들이 사용하는 주도성의 개념화와 관련이 있다. 만약 학생들이 수학적 활동에서 성공할 수 있다고 믿는다면, 그들은 그것에 더욱 몰입할 가능성이 있다. 마찬가지로 학생이 환경에 대한 소속감을 느낀다면 정서적으로 몰입할 가능성이 크고, 학생이 지적으로 자극을 느끼고 과제가 적절하다고 판단될 경우 인지적으로 몰입할 가능성이 크다.

이 장에서 중점적으로 다뤄진 실천은 몰입이 성공 피드백 순환으로 작동한다는 개념과 일치한다. 몰입이 성공이나 능숙한 느낌을 불러올 때, 그것은 더 높은 수준의 몰입으로 이어진다. 만약 몰입이 성공이나 능숙한 느낌을 불러오지 않는다면, 학생들은 몰입하려는 경향이 떨어지고, 대신에 비몰입이 발생한다(Guthrie & Wigfield, 2000; Reschly, 2010).

몰입에 대한 장애물

학생 몰입에 영향을 미치는 장애물은 누가 수학을 잘하느냐에 대한 사회적 신념과 편견, 그리고 탐구되어야 할 개념적인 생각보다는 수학 그 자체의 본질, 특히 수학은 가르쳐야 할 일련의 과정이라는 생각을 포함한다.

수학을 둘러싼 사회적 신념과 편견

수학은 수학을 잘하는 사람도 있고 그렇지 않은 사람도 있다는 가정에 근거한다(Boaler, 2014; Dweck, Ceci, & Williams, 2006). 불안하게도, 이러한 편견은 인종, 성별, 사회적 계층에 따라 불균형적으로 학생들에게 영향을 미친다(Leslie, Cimpian, Meyer, & Freeland, 2015). 이러한 편견들은 가족친척의 메시지, 수업 경험, 수학의 본질에 대한 사회적 관념, 수학을 잘하는 사람 또는 그렇지 않은 사람 등 수학과의 수천 가지 상호작용과 경험을 통해 구성된다. 성공한 남성 수학자에 대한 묘사는 언론에서 많이 나타났지만, 성공한 여성 수학자 혹은 유색인종 수학자의 예는 드물다. 이처럼 누가 수학을 잘하느냐는 고정관념에 맞지 않은 유색의 여성이나 학생들은 백인 남학생들보다 편견에 의해 더 악영향을 받는다.

수학을 잘하는 것은 “재능”이다.

수학을 잘하는 것이 “재능”이라는 생각은 수학 수업에서 어떠한 유형의 지식이 특권인지 알려주는데, 대개 탐구 혹은 이해의 깊이가 아닌 절차적 속도이다. 협동적으로 과제를 해결하는 것을 중시하고, 자신을 전달자로 보고, 깊이 이해하고자 하는 학생들은 수학 수업이 스스로 발전시키려고 하는 정체성과 일치한다고 느끼지 않으며, 궁극적으로 그들이 “수학은 체질이 아니다.”라고 결정한다(Boaler & Greeno, 2000; Jones, Howe, & Rua, 2000).

수학을 개념이 아닌 절차로 보는 관점

수학 수업을 변경하는 데 있어 또 다른 장애물은 절차적 유창함이 종종 문제 해결과 연관되어 있어, 그 결과 외워야 할 일련의 절차로써 수학을 가르친다는 것이다. 교사들이 절차적 유창함을 강조할 때, 많은 학생은 수학이 그들의 삶과 관련이 없고 거의 가치가 없다고 느낀다. 절차를 빨리 이해하고 실행하는 것이 어렵다고 생각하거나 지적인 자극을 통해 반복적으로 동일한 유형의 문제를 푸는 반복성을 찾지 못하는 학생들은 종종 어려움을 겪거나 몰입하지 못한다(Murray, Mitchell, Gale, Edwards, & Zyngier, 2004). 또한, 제한적으로 정의된 문제에 대해 “정답을 얻는 것”에 초점을 맞추면, 학생들의 고정적인 사고방식을 촉진시키고, 성취도가 낮은 학생과 성취도가 높은 학생 모두를 포함한 많은 학생이 자신이 소속해 있지 않다고 느끼는 분위기를 조성한다(Moser, Schroder, Heeter, Moran, & Lee, 2011; Solomon, 2007). 물론, 절차적 유창성에 대한 이 제한된 초점이 수학 개념에 대한 더 깊은 이해 혹은 더 높은 시험 점수로까지 이어지지 않는다. 국제학업성취도평가(PISA)에 참여한 전 세계 1,300만 명의 학생 중 암기 전략에 의존한 학생이 가장 낮은 점수를 받았다(Boaler, 2015; Organisation for Economic Co-operation and Development, 2014).

뇌가 어떻게 학습하는지에 대한 증거가 늘어나는 것은 이러한 유형의 수업이 핵심 개념에 대한 깊은 이해를 형성하는 데 비효율적이라는 것을 암시한다(Thurston, 1990). 학습의 핵심 요소는 우리의 뇌가 하나의 맥락에서 다른 맥락으로 기술을 전이할 수 있도록 복잡한 개념을 사용 가능한 체제로 압축하는 방법이다. 연구에 따르면, 개념은 뇌에서 압축될 수 있지만 절차는 압축될 수 없다고 한다(Gray & Tall, 2007). 이는 절차 지향적인 수학 수업이나 이와 유사하게 제한적인 수학 교정수업에 참여하는 학생들에게 커다란 학습영향을 미친다. 절차적 유창함에 집중함으로써(흔히, 문제를 해결하기 위한 전략 혹은 ‘요령’을 암기함으로써) 교육자들은 문제 풀이와 계산 속도를 우선시하고, 궁극적으로 기초수학에 대한 깊은 개념적 이해를 형성하는 학생들의 능력을 제한한다.

수준별 수업(Tracking)

이해보다는 속도에 집중하는 것도 수준별 수학 수업을 방해하는 장애물이다. 수준별 수업으로 발생하는 피해를 밝히는 수년간의 연구에도 불구하고, 많은 학교는 여전히 수학적 능력을 인식하는 것에 기반을 두어 학생들을 "상"반과 "하"반으로 분리한다(Loveless, 2013). 절차를 빨리 학습하는 학생들은 기초수학에 대한 개념적 이해의 수준과 관계없이 "상급" 수학 수업에 배치되고, 절차 지향적 지도의 비맥락성에 어려움을 겪는 학생들은 "하급" 수준의 수업에 배치된다. 이러한 실천은 일부 학생들에게 다른 학생들보다 특권을 주고 학생의 학습 기회에서 차별을 만들어 낸다(Marsh & Martin, 2011; Schoenfeld, 2002). 수준별 수업에 참여하는 학생들은 누가 수학을 잘하고 그렇지 않은지에 대한 해로운 메시지를 강화하는데, 이는 학생들이 그들 자신의 수학적 능력과 그들에게 열려 있는 교육적 선택에 영향을 미칠 수 있다(Boaler, 2009; Boaler & Sengupta-Irving, 2006).

이러한 어려움에도 불구하고, 연구는 교사들과 학교가 학생 중심의 학습 접근 방식을 채택할 때 소외된 학생들이 혜택을 받는다는 것을 보여주었다(Kisker et al., 2012; McKenzie, Skrla, Scheurich, Rice, & Hawes, 2011). 신경과학 연구에 따르면, 모든 사람은 수학적 추론에 몰입할 수 있는 능력을 갖췄다고 하며, 수학(우리를 둘러싼 세상을 이해하는 양식 및 방법의 탐구)은 인간의 심오한 활동이라고 한다(Carpenter et al., 1996; Gutierrez, 2012). 이러한 이해에 비추어 볼 때, 우리는 학생들을 위하여 수학의 인간성을 회복시켜 주는 것이 중요하다. 교육자들은 우리의 사회적 편견을 만들고 모든 학생의 감각과 선천적 문제 해결 능력을 인식하고 향상시키고 개발하는 데 이롭지 않은 이야기들을 분석해야만 한다.

이번 장의 나머지 부분에서 탄탄한 수리적 기반을 구축하고 수학적 개념에 대한 협력적 이해에 있어서 학생들의 몰입을 지원하는 것으로 보이는 실천을 강조한다. 이러한 실천은 모든 학생이 높은 수준을 달성할 수 있고 "수학이 체질이다."라는 것을 인식하면서, 학생들의 타고난 수학적 능력을 존중한다.

학생 몰입을 지원하는 수업 구조

사례 11.1의 가상 사례가 친숙하게 느껴질 것이다. 그것은 수백 건의 수업관찰 때문에 알려졌으며, 미국의 많은 전통적인 학교에서 발견되는 시나리오를 나타낸다. 그러한 수업은 "I do, we do, you do(나는 한다. 우리는 한다. 너는 한다.)"라는 틀을 따르고, 교사가 학생들에게 문제를 해결하기 위한 단계를 보여주고, 그리고 교사가 또 다른 예를 만들어 낸 다음 학생들이 개인적으로 실천할 수 있는 시간으로 수업을 끝낸다. 우리는 이러한 방식으로 학습하는 것이 왜 학생들을 몰입하지 못하게 만드는지에 대해 분석할 것이고, 학생 몰입을 촉진하는 대안적인 수업전략을 제안할 것이다.

사례 11.1

일반적인 3학년 수업

세바스찬은 다른 3학년 학생들과 함께 양탄자 위에 앉아 있다. 그의 교사인 콜린스는 종이 차트가 있는 이젤 옆 교실 맨 앞에 앉아 있다. 그녀는 종이 차트에 다음과 같이 적었다.

$$\begin{array}{r} 872 \\ -\ 395 \\ \hline \end{array}$$

콜린스는 "우선 2에서 5를 빼야 해. 하지만 2에서 5를 뺄 수는 없으니, 그 말은 곧 10의 자리로부터 빌려와야 한다는 뜻이야. 또 그 말은 내가 7에서 1을 빼서 6으로 만들고 2에 10을 주겠다는 뜻이야. 그러면 10 더하기 2가 무엇일까?"라고 묻는다.

학생들은 모두 "12"라고 외친다.

콜린스는 "맞아! 이제 12 빼기 5가 되었어. 그러면 뺄 수 있을까?"라고 묻는다. 학생들은 다시 "예!"라고 외친다.

세바스찬은 콜린스가 선을 그어 지우고 그 위에 다른 숫자를 쓰는 것을 지켜본다. 세바스찬은 양탄자 위에서 종이 클립을 집어 들고 구부린다.

콜린스는 "잘했어! 이제 우리는 10의 자리에도 똑같이 할 필요가 있어. 고개를 돌려 짝꿍에게 다음에는 무엇을 할 것인지 말해 볼래?"라고 묻는다.

세바스찬은 그의 친구인 저스틴에게 고개를 돌리며 구부러진 종이 클립을 보여준다. 저스틴은 세바스찬의 손에서 그것을 빼내려고 한다. 세바스찬은 웃으면서 손을 확 낚아챈다. 저스틴은 다시 한번 "나도 보여줘!"라고 말한다.

콜린스가 학생들을 다시 불러 그들이 다음에 무엇을 할 것인지를 말할 때, 세바스찬은 종이 클립을 그에게 던진다.
***

개인 과제 시간 동안 세바스찬은 책상에 앉아 뺄셈 문제로 가득 찬 종이를 본다. 첫 번째 문제는 다음과 같다.

$$\begin{array}{r} 436 \\ \underline{-\ 58} \end{array}$$

콜린스가 그가 시작하지도 않았다는 것을 알아차리고, 십진 블록을 가지고 와서, "이것들은 답을 알아내는 데 도움을 줄 수 있는 도구들이야. 선생님과 함께 첫 번째 문제를 풀어보자."라고 말한다.
콜린스는 436을 만들기 위하여 십진 블록을 내려놓았다. 그리고 그녀는 "이제 8을 빼야 해. 그렇게 할 수 있니? 우리는 블록 여덟 개를 가지고 있을까?"라고 묻는다.
세바스찬은 블록을 힐끗 쳐다보고 나서 그의 종이를 내려보고 연필을 들고 안절부절못한다.
콜린스는 "그래, 그럴 수 없지, 맞지? 오늘 우리가 양탄자 위에서 같이 했던 것처럼 10의 자리에서 더 빌려야 해."라고 말한다. 또, "우리는 열 개의 막대기를 열 개의 블록으로 교환해서 하나의 기둥에 넣을 수 있을까? 맞아! 이제 여덟 개를 가져갈 수 있어. 이해했니?"라고 묻는다.
세바스찬은 책상에 앉아 있는 학생들이 자신을 지켜보고 있는 것을 알아차리고 얼굴이 뜨거워지는 것을 느낀다. 그는 책상 위의 블록을 밀어내고 종이에 힘 있게 낙서하기 시작한다.

사례 11.1에서 3학년인 세바스찬은 큰 수를 빼는 방법을 학습하고 있었다. 그러나 세바스찬의 행동으로 보아 그 문제에 접근할 수 없었거나 교수법을 이해하지 못했음이 분명하다. 또한, 그는 수량과 그것들의 관계에 대한 자신의 이해를 바탕으로 문제를 이해할 기회를 제공하지도 않았다. "I do, we do, you do" 방식의 수업은 학생들의 타고난 문제 해결 능력 혹은 학생들이 수업에 적용할 수 있는 이전의 어떠한 수학적 이해를 고려하지 않는다. 또한, 그의 친구들은 그 문제에 대해 어떻게 생각하고 있는지와 같은 다른 해결 전략을 보거나 들을 기회도 없었다.

학생들이 학습 내용에 접근할 수 없을 때, 그들은 학습 기회를 이용할 수 없다. 만약 이것이 계속된다면, 학생들은 불공평한 학습 결과를 일으키고 향후 몰입을 저해하는 탄탄한 수리적 감각을 발달시키지 못할 것이다. 불행하게도, 교육자 대부분이 이러한 문제를 "고치기" 위하여 사용하는 전략은 단지 그것을 강화하기 위하여 사용된다. 학습 내용에 어려움을 겪고 있는 학생들을 지원하는 일반적인 대응책은 "빠른" 학생들과 다른 느린 속도를 가진 학생들이 사용할 수 있는 구체적인 문제 해결 전략을 직접 가르치는 것이다. 문제 해결과 비판적 사고는 학생의 일이 아닌 교사의 일이 된다. 이 시나리오에서 학생들은 그들 자신의 타고난 문제 해결 능력에 의존하거나 개발하는 것을 학습하지 않는다. 이는 교사가 수업에서 유일한 수학적 권위자이며 수학이 이해가 아닌 완성이라는 해로운 사고방식을 강화한다(Carpenter et al., 1996; Henningsen & Stein, 1997).

구성주의 관점의 수학

아이들이 직관적인 수학 문제 해결사라는 증거는 게임을 위한 팀을 만드는 방법을 결정하는 것에서부터 통밀 크래커를 친구들과 나누는 것까지 우리 주변에 있다. 아이들은 실제 상황에서 놀고 상호작용할 때 정량적인 추론을 사용한다. 아이들의 수학적 사고에 관한 연구에 따르면, 아이들은 일상적인 상황에 대한 무형식적인 지식을 이끌어냄으로써 직접적인 교수 없이 문제를 해결할 수 있다고 한다(Carpenter et al., 1996). 학생들이 수학적 문제를 해결하는 방법에 대한 아이디어를 선천적으로 가지고 있다는 생각은 수업 중심적인 수학적 권위자로서 교사를 배치하는 전통적인 수업 구조에 도전한다. 그러나 인지 안내 교수(CGI) 교실에서는 학생들이 그들 자신의 직관적인 문제 해결 전략에 기초하여 그들 자신의 표현을 구성하는 것에 초점을 맞추고 있으며, 수학적 권위자로서의 교사로부터의 이탈이 일부에게 불안정하다고 느껴질 수 있지만, 자기결정성 이론에서는 학생들이 자신의 문제 해결에 어떻게 몰입하는지에 대해 자율성을 가질 때 동기가 증가한다고 말한다(Carpenter et al., 1996; Ryan & Deci, 2000). 다른 사람의 전략을 보기 전에 학생들에게 스스로 문제를 해결하는 방법을 고민할 시간을 제공하면 학생들이 그들 자신만의 독특한 문제 해결 능력을 인정하고 자신을 스스로 수학자라고 볼 가능성이 커진다(Carpenter et al., 1996).

학생들이 개인적으로 문제를 풀 시간을 갖는 것이 중요하지만, 수업의 수학적 권위자가 교사에서 학생으로 바뀔 때 학생들이 서로 학습할 시간을 갖는 것도 마찬가지로 중요하다. 구성주의 학습의 중심에는 "학생들이 자신의 생각을 공유하고, 다른 사람들의 생각을 듣고 비평하며, 다른 사람들이 문제 해결 접근법을 비판하도록 함으로써 학습한다."라는 생각이 있다(Smith & Stein, 2011, p. 69). 수업 시간이 학생들의 해결 전략과 수학적 아이디어에 대한 그들의 근본적인 이해를 표면화하고 검토하는 데에 사용될 때, 수업 담론은 수학적 학습의 기초가 된다[National Council of Teachers of Mathematics(NCTM),

2009, 2014]. 담론을 통해 학생들은 수학을 이해하도록 격려를 받고 그들의 생각과 이해를 다른 사람들의 생각 및 전략과 연결한다.

학생 몰입을 지원하는 수업 구조

토의 수업이 궁극적으로 수학적 개념들 사이의 관계를 표면화하고 학생들의 이해를 심화시키는 한 가지 방법은 도입·탐구·토의 수업 구조를 사용하는 것이다(Lappan & Phillips, 2009). 사례 11.2는 MAIC 교사 중 한 명의 수업을 참고하고 있으며, 이러한 유형의 교수법은 더욱 전통적인 "I do, we do, you do" 수업 구조와 어떻게 다른지 예를 제공한다. 도입·탐구·토의 수업 구조 등을 이용한 수업 영상은 MAIC 웹사이트(http://www.mathagency.org)에서 확인할 수 있다.

사례 11.2

학생의 문제 해결 및 담론에 집중한 5학년 수업

교사 올리버의 5학년 학생들은 양탄자 위에 앉아 있다.

"좋은 아침이야 얘들아! 우리 학교의 소풍이 점점 더 가까워지고 있어! 모두가 가져올 것들을 준비해왔어." 올리버는 양탄자 위에 앉아 있는 학생 중 한 명을 가리키며, "애나벨은 아빠가 소풍을 위해 컵케이크를 만드는 것을 돕고 있었어. 애나벨은 네 명의 학생을 위하여 세 개의 컵케이크를 만들었어. 학생들이 컵케이크를 골고루 나눠 먹는다면 학생 한 명당 컵케이크를 얼마나 받을 수 있을까?"라고 묻는다.

학생들은 컵케이크와 다가올 소풍에 대한 생각으로 흥분해서 중얼거린다.

올리버는 이젤에 쓰인 문제를 보여주고 그 문제를 읽으면서, 동시에 그 단어들을 가리키고 있다.

올리버는 문제를 다루며 세 명의 학생에게 자신들의 말로 그 이야기 문제를 다시 말해달라고 요청한다.

학생들이 그 문제를 다시 말한 후에 올리버는 학생들에게 각 학생이 컵케이크를 한 개 이상 혹은 그 이하를 가진다고 생각하는지 물어본다. 학생들은 손을 들고 올리버는 요셉에게 그의 추론을 공유하라고 요구한다.

요셉은 "한 개보다 적을 것 같아요. 왜냐하면 … 네 명의 학생이 있기 때문이에요."라고 말한다.

올리버는 "요셉이 한 말에 대해 어떻게 생

각하니?"라고 묻는다.

클레어는 손을 들고, "저는 학생이 네 명이고 컵케이크가 세 개뿐이니까 요셉의 생각에 동의해요. 모든 사람이 자기 것을 가질 수 있을 만큼 컵케이크가 충분하지 않아요."라고 말한다.

올리버가 "좋아. 그럼 각 학생이 얼마나 받을 수 있는지 알아보자. 오늘 개인 과제 시간에 문제를 해결하기 위하여 가능한 다양한 방법을 보여주는 것을 기억하렴."하고 말한다.

학생들은 책상으로 다시 이동한다. 어떤 학생들은 공책에 글씨를 쓰기 시작한다. 어떤 학생들은 정육면체를 집어 들었고, 다른 학생들은 그 문제를 다시 읽는다. 올리버는 학생들의 전략이 담긴 클립보드를 집어 들고, 학생들이 어떻게 시작하는지 살펴보며 교실을 돌아다니기 시작한다. 그녀는 두 명의 학생이 있는 책상에 잠시 멈추고 클립보드에 담긴 전략 옆에 이름을 적는다.

그녀는 또 다른 그룹으로 옮겨서 종이에 아무것도 적지 않은 학생 옆에 무릎을 꿇는다. "조쉬, 오늘 이야기 문제가 무엇인지 말해줄 수 있겠니?"라고 그녀가 조용히 묻는다.

조쉬는 도움을 청하기 위하여 공책에 적혀 있는 문제를 흘끗 보면서 이야기를 다시 말한다.

올리버는 "이야기 속에서 무엇이 먼저 일어나고 있는 걸까?"라고 묻는다.

조쉬는 "애나벨과 그녀의 아빠는 컵케이크를 만들고 있어요."라고 재빨리 말한다.

올리버는 "맞아. 너의 종이에서 어떻게 보여줄 수 있어?"라고 묻는다.

조쉬는 그의 종이에서 세 개의 원을 그리며, "이것이 세 개의 컵케이크예요."라고 말한다.

올리버는 "알았어. 그다음에는 어떻게 되니?"라고 묻는다.

조쉬는 종이에 적힌 문제를 보며, "그것들은 네 명의 학생들에게 나눠어야 해요."라고 말한다.

올리버는 "어떻게 그걸 표시할 수 있니?"라고 묻는다.

조쉬는 멈췄다가 막대로 네 명의 학생을 그린다.

올리버는 고개를 끄덕이며 그 문제를 반복하며, "그럼 각 학생은 컵케이크를 얼마나 받을까? 알아낸다면 내가 다시 찾아올게."라고 말한다.

올리버는 계속해서 학생들이 과제를 해결하는 것을 살피고 클립보드에 메모한다. 간혹 그녀는 학생들에게 그들의 생각을 자신에게 공유해달라고 부탁한다.

타이머가 울리면, 8분 동안 개인적으로 생각하는 시간이 끝났다는 것을 의미한다.

올리버는 "자 여러분, 지금 진행 중인 전략을 마무리 짓기 위하여 1분 더 줄게요."라고 말한다.

로슬린이 양탄자 앞에서 자신의 수학 과제를 들고 서 있다. 로슬린이 자신의 생각을 설명하면서 올리버는 로슬린의 생각을 정확하게 나타내기 위하여 조심히 자신의 전략을 종이 차트에 적는다.

그러자 올리버는 두 명의 학생을 더 불러내 그 과정을 반복한다. 세 명의 학생은 각각 다른 전략을 공유했고 올리버의 종이 차트는 그림 11.1의 내용과 같다.

올리버는 "우리 세 명의 친구들이 이 문제

에 대해 어떻게 생각했는지 자세히 살펴보자. 그들의 전략은 무엇이 같고 무엇이 다른가요?"라고 묻는다.
학생들은 그 그림을 열심히 살핀다.
올리버는 "옆 사람에게 돌아가서 눈에 띄었던 한 가지를 나누세요."라고 말한다.
학생들은 짝꿍에게 돌아가 나눔을 시작한다.
조쉬는 "로슬린은 나처럼 컵케이크를 세 개 그렸지만, 페르난도는 나누었어."라고 그의 짝꿍에게 말한다.
조쉬의 짝꿍은 "로슬린과 C.J.는 컵케이크를 나눠 먹었지만, 다른 방식으로 나누어 먹었다고 말한 것 같아."라고 말한다.
잠시 후 올리버는 "그러니까 여러분, 이 전략들은 무엇이 같고 무엇이 달랐나요?"라고 묻는다.
학생들은 손을 들었고 올리버는 토의를 시작하기 위하여 조쉬를 선택한다. 그는 자신의 생각을 친구들에게 말하고 싶어 한다.

표 11.1 ▌ 도입 단계 동안 학생들이 문제를 이해하도록 지원하는 교육적 실천

교육적 실천	예
학생들에게 흥미롭고 학생과 관련된 맥락으로 문제를 구성하라.	"여러분, 여러분의 친구인 세바스찬이 오랫동안 스티커를 모아왔다는 사실을 알고 있었나요? 무려 436개의 스티커를 모았어! 어제 그는 여동생에게 58개의 스티커를 주어서 그녀도 직접 스티커를 모을 수 있게 되었어요. 그럼 세바스찬에게 스티커가 몇 장이나 남았을까?"
학생들이 수학적 관계를 이해하는 데 도움이 될 수 있도록 과제의 맥락에 맞는 상상 속 이미지를 만들도록 권하라.	"세바스찬이 무엇을 하는 것을 보았니? 그가 스티커로 무엇을 하고 있는지 상상했니?"
세 명의 학생이 이해하였는지 점검하기 위하여 문제를 다시 말해보라고 요청하라.	"클라라, 그 문제를 다시 말해 줄 수 있겠니?"
학생들의 과제에서 수학에 대한 이해를 증명할 수 있는 질문을 함으로써 (아직 해결하지 않았지만) 학생들의 이해를 확인하라.	"세바스찬이 그의 여동생에게 58개의 스티커를 준 후에는 스티커를 436개보다 더 많이 가지고 있을까요? 아니면 더 적게 가지고 있을까요?"

도입 단계

과제에 대한 이해는 수업의 도입 단계 중 가장 중요한 사항이다. 사례 11.2에서 교사 올리버는 학생들에게 친근한 상황과 사람들을 사용하여 학생들에게 문제를 제기함으로써 수학 수업을 시작한다. 문제를 구성하기 위하여 학생들과 친근한 요소를 사용하는 것은 학생들이 과제 속에서 일어나는 것을 시각화하도록 돕는다. 문제를 소개하는 동안 올리

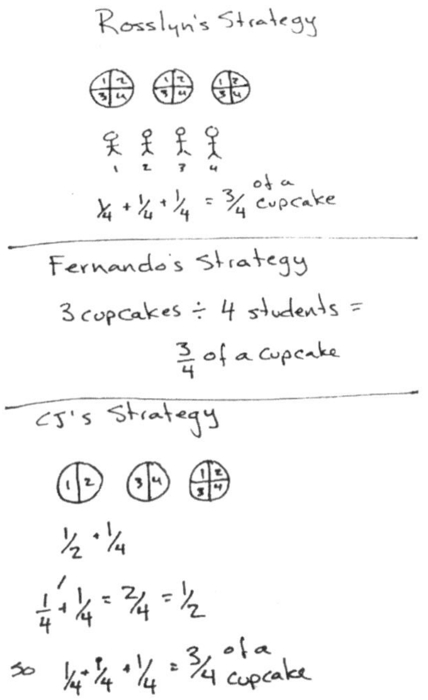

그림 11.1 ▍ 교사 올리버의 학생 전략 차트

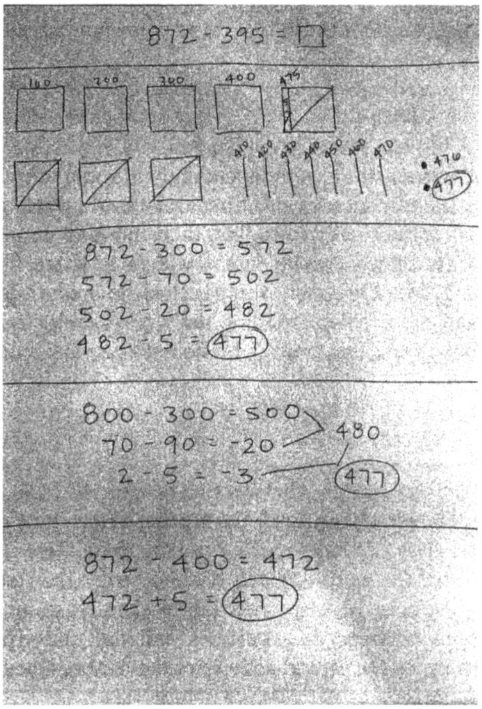

그림 11.2 ▍ 뺄셈 문제의 가능한 학생 전략

버의 초점은 특정한 문제 해결 전략이 아닌 문제 시나리오에 대한 학생들의 이해력에 맞춰진다. 그녀는 문제를 반복하고 학생들이 문제를 듣고 이해하는지를 확인하기 위하여 문제를 반복하도록 요청한다. 그 후 "각 학생에게 컵케이크가 한 개 이상 혹은 그 이하가 될 것인가요?"라는 폭넓은 이해 질문을 한다. 후속된 이해 질문을 하는 것은 학생들이 문제 속 수량 사이의 근본적인 관계를 이해했는지에 대한 추가적인 정보를 제공한다. 학생들이 문제를 이해하도록 지원하는 교육적 실천은 표 11.1에 설명되어 있다.

탐구 단계

수학의 탐구 단계에서 학생들은 독립적으로 문제를 해결하고 8－12분 동안 문제를 해결하기 위한 여러 가지 방법을 탐구한다. 교사는 학생들이 그 과제에 대하여 생각하고 있는 다양한 방법을 알아차리기 위하여 이 시간을 활용하고, 그들의 생각을 설명하기 위하여 개별적으로 설명하도록 학생들을 참여시킨다. 학생들의 사고에 대한 이러한 관찰과 설명으로부터 교사는 토의를 시작하기 위하여 그들의 문제 해결 전략을 공유할 2－4명의 학생을 선발한다. 사례 11.2에서 올리버는 조쉬가 그 문제에 대하여 어떻게 생각하는지를 그려달라고 부탁함으로써 조쉬에게 그의 생각을 시각화하도록 격려하였다. 그 과제가 눈에 보이도록 만들면, 문제를 해결하기 위한 학생들의 과제에 대한 기억을 확보할 수 있다. 학생들이 탐구 단계에 참여하는 것을 돕기 위한 전략은 표 11.1에서 찾을 수 있다.

토의 단계

토의하는 동안 교사는 서로 다른 전략을 가진 두 명 혹은 네 명의 학생을 전략적으로 선발하여 친구들에게 공유하도록 요구한다. 초등학생 수준에서 교사는 학생들이 그들의 생각을 공유함에 따라 종이 차트에 그 전략을 그려 넣어 친구들이 그것들을 더 쉽게 비교할 수 있게 만든다(그림 11.1과 11.2). 이보다 더 높은 학년의 학생들은 토의할 때 이미지 변환기기를 사용하여 학생들의 과제를 공유하거나 학생들이 그들의 전략을 화이트보드 위에 나타내어 서로 공유할 수 있다. 토의를 시작하기 위하여 교사는 학생들이 전략과 기초적인 수학적 생각 사이의 연관성에 대하여 생각하도록 유도하는 개방형 질문을 한다. 학생들의 문제 해결과 토의가 수업의 중심 활동이 된다. 토의 수업을 촉진하기 위한 질문은 표 11.2에서 찾을 수 있다.

표 11.2 ▌ 학급 전체의 토의를 촉진하기 위한 개방형 질문

"이 전략들은 무엇이 같고 무엇이 다르니?"
"이 전략은 우리가 이야기하고 있는 문제와 어떻게 관련되었니?"
"이 전략으로 숫자 문장을 만들 수 있니?"
"조금 더 말해줄 수 있겠니?"
"왜 그러한 생각을 하니?"
"세바스찬이 한 말에 대해 어떻게 생각하니?"
"그것에 동의하니, 동의하지 않니?"
"그 두 가지 생각이 모두 사실일 수 있을까?"
"그 방법이 왜 통할까?"

표 11.3 ▌ 인지 안내 교수(CGI) 수업 구조

수업 구성 요소	교사	학생
계획	• 예상 계획 • 수업목표를 결정한다. • 과제를 선택한다. • 가능한 학생의 전략을 예측한다. • 학생의 이전 전략 및 오해를 고려한다.	
도입 (5－10분)	• 문제 및 관련된 맥락을 제시한다. • 학생들이 문제/과제에 대한 상상 속 이미지를 개발하도록 권장한다. • 학생들이 문제/과제를 듣고 볼 수 있는 다양한 기회를 제공한다. • 학생들이 문제/과제를 이해하였는지 확인한다.	• 상상 속 이미지를 개발한다. • 이해도를 높이기 위하여 과제를 다시 말해본다.
탐구 (8－15분)	• 관찰 • 학생 사고를 이해한다. • 선택 • 수업목표와 일치하는 전략을 결정하고 담론 선택을 위하여 예측 계획을 활용한다.	• 문제 해결에 참여하고 그 전략을 시각적으로 표현한다.
토의 (15－30분)	• 순서화 • 선택된 학생들이 자신의 전략을 공유하고 수업에서 시각적으로 표현하도록 요청한다. • 연결 • 개방형 질문을 사용하여 토의를 진행한다. • 토의를 촉진하기 위하여 학생들이 정해진 문장을 사용하도록 권장한다.	• 전략들을 연결한다. • 다른 사람의 생각을 재진술하고 덧붙인다. • 유사점과 차이점을 알아낸다. • 주장하고 추측한다.

도입 · 탐구 · 토의 수업 구조를 지원하는 실천

학생들의 생각에 기초한 토의를 촉진시키는 것은 복잡한 일이다. Smith와 Stein(2011)은 효과적인 수학 토의를 조율하는 필요조건을 강조한다.

> 관련된 수학적 내용, 그 내용에 대해 생각하는 학생의 지식, 그리고 교사가 특정한 상황에서 신속하게 이 모든 것을 적용할 수 있는 능력과 함께 유익한 방향으로 토의를

이끌 수 있는 미묘한 교육적 "움직임"에 대한 지식이 필요하다(p. 7).

학생 담론을 촉진시킬 때 교사 임기응변의 필요성을 줄이기 위한 다섯 가지 실천은 풍부하고 의도적인 학생 중심의 토의를 이뤄내는 데 사용될 수 있다. 표 11.3을 보면 이러한 실천에는 학생 사고와 수학적 개념의 예측, 관찰, 선택, 순서화 및 연결이 포함된다(Stein, Engle, Smith, & Hughes, 2008).

예측

수학적 아이디어에 대한 토의를 촉진시키기 위하여, 교사들은 먼저 수업의 수학적 목표를 파악한 다음 학생들이 그 아이디어를 탐구할 기회를 제공하는 문제를 결정한다. 일단 문제/과제가 결정되면, 교사들은 가능한 많은 다른 방법으로 문제를 시도함으로써 학생들의 생각을 예측한다. 학생이 어떻게 이 문제를 시각적으로 해결할 수 있을까? 학생들이 이 문제에 대해 또 어떤 생각을 할 수 있을까? 교사들은 예상된 해결 전략(예상 계획)을 지침으로 사용하여 어떠한 전략이 수학적 목표를 가장 잘 강조하고 학생들이 토의에서 탐구할 수 있는 유사점과 차이점에 대한 흥미로운 점을 제공하는지 생각한다. 예를 들어, 그림 11.2는 '872－395＝?'이라는 문제에 대하여 가능한 학생의 전략을 나타낸다. "이 전략과 무엇이 다르니?"라는 질문을 하면서, 교사들은 학생의 전략을 세 자리 숫자 뺄셈의 또 다른 방법에 대한 토의 수업의 기초로 사용할 수 있다.

초등학교 교사들에게 유용한 자원은 '아동의 수학'이라는 책이다. 학생의 해결 전략에 대한 예를 제공하고, 수학적 문제의 유형에 어떻게 연결하는지, 학생들이 시간이 지남에 따라 다른 전략을 어떻게 진행하는지를 보여주는 것이 인지 안내 교수(CGI)이다(Carpenter, Fennema, Franke, Levi, & Empson, 2015). 학생들이 어떻게 수학적 개념을 발전시키는지를 이해함으로써 교육자들은 의미 있는 학생 토의를 더 쉽게 촉진시킬 수 있다.

관찰

탐구 단계에서 학생들은 문제 해결에 적극적으로 참여하는 반면에, 교사는 학생들의 생각을 관찰하고 얻어내려고 한다. 교사들은 이해를 촉진시키기 위한 방법으로 학생들의 생각과 수학적 추론을 질문하기 위하여 해결 전략에 대한 사전 이해를 사용하지만, 학생의 생각을 이끌거나 직접적인 지도에 의존하는 것을 피한다.

선택 및 순서화

탐구 단계에서 교사는 여러 가지 방법으로 수업의 수학적 목표에 대한 이해를 증명할 수 있는 몇 가지 학생의 전략을 의도적으로 선택한다. 수학적 개념에 대한 철저한 이해는 교사가 모든 학생을 이해시키는 방식으로 학생 전략의 순서를 정하도록 돕는다. 전형적으로, 이것은 개념적 이해를 증명하는 과제의 구체적인 시각적 표현과 전략을 공유할 학생을 선택함으로써 이루어진다. 그 후 이러한 이해에 기초하는 다른 전략들이 공유되며, 이는 더욱 추상적인 표현일 수도 있다(그림 11.1). 아니면 시각적인 표현을 마지막으로 공유하여, 더욱 추상적인 학생들이 생각한 알고리즘을 위한 "증거물" 역할을 할 수 있다.

연결

선택된 학생들이 그들의 전략을 공유한 후에, 교사는 학생들에게 전략들 사이의 유사점과 차이점을 찾아보라고 요구한다. 토의하는 동안 교사는 학생 간의 상호작용을 극대화하기 위하여 질문과 또래 간의 대화를 사용하는 반면에, 학생과 교사의 상호작용은 피한다. 교사들은 단지 절차 혹은 해답이 아닌 전략들 사이의 연결에 초점을 맞추어 학생들이 근본적인 수학적 아이디어와 수업목표에 관련된 생각을 표면화할 기회를 최적화한다. 예를 들어, 올리버는 그녀의 학생들이 분수와 나눗셈 사이의 관계를 탐구하기를 원하였다. 그녀는 부분/전체 관계에 대한 학생들의 과거의 시각적 이해에 초점을 맞추었고 이 수학적 개념이 학생들의 나눗셈에 대한 이해와 어떻게 비슷하거나 다른지를 토의하도록 자극하였다.

MAIC 초등학교 교사들은 이러한 실천의 일관된 사용이 수학 수업 동안 학생들의 몰입을 증가시킨다는 것을 발견하였다. 때때로 이러한 구조들을 갖추었음에도, 학생들은 특히 직접적인 지도로부터 멀어지는 초기 단계의 교실에서는 어려움을 겪었다. 고등학생들에게 숫자를 세거나 나누는 것과 같은 기초적인 기술이 부족한 경우, MAIC 교사들은 학생들이 이러한 기술을 연습할 수 있는 추가적인 기회를 제공하는 것이 유익하다고 생각하였다. 이럴 때 교사들은 개개인의 학생들 혹은 소그룹이 협력할 때 동일한 구성주의 교육을 사용하여 학생들의 몰입을 저해하지 않도록 주의하였다. 그들은 또한 추가적인 연습이 예정된 수학 수업과 중복되지 않는 것을 확실히 하여 어려움을 겪는 학생들이 수학 수업의 학급 전체 토의에 여전히 참여할 수 있었다. 도입·탐구·토의 수업 구조와 비슷한 방법을 사용하는 개개인 혹은 소그룹을 위한 지원을 사용함으로써 학생들은 놓쳤던 개념적 이해와 기술을 함양시키고 더욱 복잡한 문제에 이를 적용할 수 있었다.

이질 학급(Heterogeneous Class)에서의 조별 과제

도입 · 탐구 · 토의 수업은 유치원부터 12학년까지 사용될 수 있지만, 많은 교사가 특히 중 · 고등학교 수준의 수업 절차에 그룹 활동으로 포함한다. 교사들이 학생 중심의 구성주의 교육으로 전환하면서 직면하는 한 가지 도전은 학생 집단 내에서 생산적인 학생 간의 대화를 촉진시키는 방법이다(Horn, 2012). 집단에 참여하는 학생들이 더 많이 학습한다는 증거가 있다. 그러나 서로에게서 효과적으로 학습하기 위해서는 학생들은 집단대화에 포함되어야 하며, 그들의 생각을 공유하는 것이 안전하다고 느껴야 하고, 다른 사람들의 아이디어를 들어야 할 필요가 있다(Cohen & Lotan, 2013). 복합 교수(CI)는 교사가 긍정적인 조별 과제 문화를 형성하기 위하여 사용할 수 있는 연구 지원 교육적 체계이다(Cohen, 1998; Cohen et al., 1999).

중 · 고등학생의 경우, 또래들이 자신들을 어떻게 인식하는가는 그들이 그들 자신의 정체성에 대한 통합적 감각, 즉 시간과 다양한 사회정체성(예: 인종/민족, 직업, 문화, 성별, 종교)을 초월하여 내적 일관성을 구성하려고 할 때 점점 더 중요해진다(Nagaoka, Farrington, Ehrlich, & Heath, 2015, p. 2). 결국, 통합된 정체성은 "선택을 위한 내부적 체계"의 역할을 할 수 있고, "세상 속에서 행동할 수 있는 안정된 기반"을 제공할 수 있다(Nagaoka et al., 2015, p. 2). 그러나 이 전인적인 자아감으로 향하는 경로는 길고 사회적 비교의 고통스러운 순간들로 가득 차있다.

학생들은 수업 및 학교에서의 경험을 사용하여 또래들 사이에서 사회적 지위를 확립한다(Berger, Rosenholtz, & Zelditch, 1980; Cohen & Lotan, 2013). 만약 학생이 특정한 맥락에서 낮은 학업 수준이라고 느낀다면, 그들은 사회적으로 행동하는 것과 같은 다른 방법을 통하여 지위를 얻으려고 시도할 수 있다. "그 학급의 놀림거리"와 같은 꼬리표는 또래 앞에서 사회적 지위를 얻거나 유지하고자 하는 학생을 식별한다. 다른 낮은 학업 수준의 학생들은 "모르는 척해달라"고 할지도 모르며, 그들의 학습 기회를 제한하면서 의미 있게 토의에 참여하거나 공동의 문제 해결에 몰입할 기회가 제공되지 않는다. 이러한 경우에 학생들은 몰입하지 못하거나 수학은 그들의 정체성과 관련이 없다고 느끼는 경향이 많다. 복합 교수(CI) 실천은 학생들 사이의 이러한 학업 수준의 차이를 고려하고 모든 학생이 조별 과제 중에 학습에 더 많이 접근할 수 있도록 설계된다.

복합 교수

협력적 학습환경은 더 높은 수준의 학생 성취와 향상된 사회적 기술과 연결되어 있다(Johnson & Johnson, 2009; Lumpe, Czerniak, & Haney, 1998; Michaelsen, Fink, & Knight, 1997). 그러나 많은 중·고등학교 교실의 생산적인 조별 과제에서 제공하는 학습 기회는 과제의 제한된 성향 혹은 협력적 학습문화의 부족으로 감소되어서 오해, 좌절, 비몰입을 이끌어낼 수 있다. 복합 교수(CI)는 "학문적으로, 언어적으로, 인종적으로, 민족적으로, 그리고 사회적으로 이질적인 학급에서 높은 지적 수준으로 가르치기 위한 교육적 접근법이다(Complex Instruction, https://complexinstruction.stanford.edu/). 복합 교수는 교사들이 학생들 사이에서 발생하는 학업 수준의 문제를 처리하고, 모든 학생이 참여하여 조별 과제 학습 기회로부터 이익을 얻는 탄탄한 협력적 학습환경을 조성하기 위하여 사용할 수 있는 전략을 제공한다.

공통적인 학업 수준 인터벤션은 모든 학생이 수학에 접근할 수 있는 집단적 가치가 있는 과제를 사용하며, 협동을 지원하는 조별 과제의 규범을 명시적으로 가르치고, 학생들이 서로의 수학적 능력을 인식하기 위하여 학생의 사고를 공개적으로 강조하며, 수학적 의미가 무엇인지에 대한 학생들의 이해를 넓히는 것을 포함한다. 이러한 학업 수준 인터벤션을 통하여, 교사들은 모든 학생이 중요한 수학적 아이디어를 이해하고 수학을 학습하는 능력에 대한 강한 믿음을 개발할 기회를 얻을 수 있는 안전한 학습환경을 조성한다(Cohen & Lotan, 2013; Horn, 2012).

사례 11.3은 집단적 가치가 있는 과제, 집단 역할, 학업 수준 인터벤션 등 복합 교수의 일관된 사용이 학생들을 위한 탄탄한 학습문화를 형성하는 데 도움이 된다는 것을 발견한 MAIC 교사의 사례이다. 조별 과제와 학급 전체 토의를 포함하는 도입·탐구·토의 수업 구조를 사용함으로써 그의 학생들은 특정한 해결책에 궁극적으로 동의하기 전에 이 사례에 나오는 것과 같은 문제에 대한 모든 수학적인 아이디어들을 분석하기 위하여 몇 번의 수업 시간을 갖는다.

생산적 조별 과제

학생 중심의 학습문화를 조성하는 것은 도전적인 일이다. 베테랑 교사들조차 신뢰와 안전을 확립하기 위하여 고군분투한다. 그래서 학생들은 또래들 앞에서 학습하고 실수하는 것을 편안하게 느낀다. 경쟁보다 협업을 중시하는 수업문화를 만드는 것이 중요한 첫 걸음이다(Johnson & Johnson, 1989). 많은 교사가 다른 사람이 말할 때 경청하고, 서로 이야기할 때 친절하고 존경스러운 어조를 사용하고, 자원을 공유하는 등 수업에서 서로 교류하는 방법을 이해할 수 있도록 학생들과 함께 규범을 정한다. MAIC 교사들이 학생들에게 집단으로 문제를 해결하는 것을 어떻게 선호하는지를 물어봤을 때 학생들은 모든 사람이 질문할 권리가 있고, 집단은 모든 사람이 이해할 때에만 움직여야 하며, 모든 사람은 그들의 생각을 공유해야 한다고 느낀다는 것을 발견하였다. 사례 11.3에서 교사 벨은 학생들이 협력적 문제 해결에 몰입하기 전에 조별 과제에 대한 기대를 재정립하기 위하여 세 명의 학생들에게 조별 과제의 규범을 상기시킬 것을 요청한다.

사례 11.3

생산적 조별 과제

교사인 벨은 9학년 학생들에게 "어제 나는 80갤런짜리 어항이 천천히 새고 있는 것을 깨달았어. 나는 그 물과 물고기를 나의 100갤런짜리 예비 수조로 옮기기로 결정했어. 나는 100갤런의 수조에 19갤런의 물을 채워 80갤런의 어항 바닥에 놓은 다음 80갤런의 어항에 있는 호스를 100갤런의 수조와 연결하였어. 약간의 흡입과 중력을 사용하여, 80갤런의 어항에서 분당 4갤런의 속도로 100갤런의 수조로 물이 흐르기 시작했어. 나는 '모든 수조에 같은 양의 물을 담을 수 있을까? 만약 그렇다면, 언제? 그렇지 않다면 왜 안 될까?'하고 궁금해지기 시작했어."라고 문제를 제시한다.

벨이 그 문제를 반복한 다음 두 학생에게 그들 자신의 말로 문제를 다시 말해달라고 부탁한다.

두 명의 학생이 문제를 반복한 후에, 벨은 "우리는 5분 동안의 개인적으로 생각할 시간을 시작할 거야."라고 말한다.

어떤 학생들은 연필을 만지작거리며 생각에 잠긴 듯 보였고, 다른 학생들은 시나리오 그림을 그리기 시작하였다. 벨은 책상을 지나 조용히 학생들이 과제를 해결하는 모습을 바라보았고, 이따금 자신의 클립보드에 메모한다. 5분 후, 학생들 대부분은 그들의 예비 아이디어를 종이에 적는다.

벨은 "놀랍게도, 나는 그 문제에 대한 정

말로 창의적인 시각적 표현과 흥미로운 수학적 생각을 보았어. 이 과제를 함께 해결하기 위해 어서 책상을 정리하렴. 혹시 누가 조별 과제의 규범이 무엇인지 상기시켜 줄 수 있을까?"하고 물었다.

맨 앞줄에 앉은 학생이 그녀의 손을 든다. 벨은 "아리엘?"하고 말한다,

아리엘은 "모두에게 공유하세요. 모든 사람은 자신의 생각을 공유할 권리가 있어요."라고 말한다.

다른 학생이 손을 들자 벨이 그의 방향으로 고개를 끄덕인다.

그 학생은 "아무도 남겨두지 마세요. 모든 사람이 다른 사람의 생각을 이해하도록 하세요."하고 말한다.

벨은 "훌륭해! 하나 더 말해볼래, 샬롯?"하고 물으며 손을 든 채 다른 학생을 향하여 동작을 취한다.

샬롯은 "내용에서는 엄격하게, 사람들에게는 부드럽게. 누군가의 생각에 이의를 제기할 때는 눈을 마주치고 친절한 톤으로 말하세요."하고 말한다.

벨은 두 손으로 박수를 치고 웃으며, "집중하세요. 시작하겠어요. 조원들에게 오늘의 집단 역할과 책임을 꼭 일깨워 주세요."라고 말했다.

샬롯과 아이작, 그리고 호세가 함께 책상을 옮긴다. 샬롯은 친구들에게 "나는 오늘 회의론자니까 질문을 많이 할 거야. 너는 네 생각이 이치에 맞도록 설득해야 해."라고 말한다.

아이작은 자신의 역할을 지정하며, "나는 팀장이야. 준비되면 벨 선생님을 불러서 어떻게 답을 얻었는지 설명해 줄게."라고 말한다.

호세는 "나는 코치야. 그래서 모두가 아이디어를 공유할 수 있도록 할 거야. 샬롯, 너부터 시작해볼래? 그 문제에 대해 어떻게 생각하고 있니?"라고 묻는다.

샬롯은 공책을 친구들 쪽으로 돌려서 자신의 그림을 묘사하며 "나는 두 개의 수조를 그렸어. 나는 첫 번째 수조가 80갤런을 담아야 한다는 것을 알고 5x2x8이라는 치수를 재었어. 두 번째 수조는 5x2x10이라는 치수를 사용한 다음 아래쪽에 음영 처리를 해서 이미 넣은 19갤런을 표현했어."라고 말한다.

아이작은 "왜 그러한 치수를 선택했어?"라고 물으며, 그 치수를 지적하였다.

샬롯은 "각 수조에 담긴 물의 양이 5x2x8=80갤런, 5x2x10=100갤런이기 때문이야."라고 설명한다.

아이작은 "그걸 알아내야 할지 모르겠어."라고 말하며 회의적인 표정을 짓는다.

호세가 "왜 그렇게 생각해?"라고 묻는다.

아이작은 공책을 돌려서 그의 생각을 보여주며 "100갤런의 수조를 채우는 데 얼마나 걸릴지 알고 싶어서 80을 4로 나누어서 20이라는 값을 얻었어. 물을 아래 수조로 옮기는 데는 20분이 걸릴 거야. 그리고 윗 수조가 배수되려면 20분이 걸릴 테니 10분 후 각 수조에 같은 양의 물이 있어야만 해."라고 말한다.

샬롯은 아이작의 공책을 가까이 보며 "그런데 100갤런짜리 수조에는 19갤런의 물이 이미 들어 있었어. 그걸 설명해줄래? 호세, 너는 어떻게 생각하니?"라고 묻는다.

호세는 다른 친구들이 그의 생각을 볼 수

있도록 공책을 돌리며 "나는 표를 그릴 거야. 이것은 처음의 19갤런의 물이 담긴 100갤런의 수조야. 그리고 이 열은 80갤런의 물이 담긴 80갤런의 수조야. 그러면 1분마다 4갤런씩 물이 올라가고 4갤런씩 물이 내려가."라고 말한다.

샬롯은 그의 표를 본다. 그리고 100갤런의 수조를 나타내는 열을 가리키며 "그래서 7분에서 8분 사이에 숫자가 바뀌었고 이 수조의 물은 점점 많아지고 있어."라고 말하고, 80갤런의 수조를 가리키며 "그리고 이 수조의 물은 점점 줄어들고 있어."라고 말한다.

아이작은 고개를 끄덕이며 "그래서 7.5분이면 모든 수조가 같은 양의 물을 담고 있을 거야!"라고 말한다.

호세는 이에 동의하며 "벨 선생님을 부를까?"하고 묻는다.

샬롯은 "답은 7.5분이 아니라 7분 30초야. 우리는 시간의 단위를 잘 사용해야 해."라고 말한다.

벨은 다가와서 "너희 조의 생각은 무엇이니?"라고 묻는다.

아이작은 호세의 표를 벨에게 보여주며, "우리는 모든 수조가 7분 30초에 동일한 양을 담고 있을 거라고 생각해요. 보셨죠? 표를 그려 1분마다 4갤런씩 줄어들고 1분마다 4갤런씩 올라가는 것이 보여요. 7과 8 사이를 서로 지나가요."하고 말한다.

벨은 공책에 그려진 그들의 표를 보며 "여러분 조의 주장은 7분 30초라는 거지?"하고 묻는다.

아이작은 공책을 다시 보며 "7과 8의 중간에 있고 윗 수조는 아래 수조가 채워지는 속도와 같은 속도로 배수되고 있으므로 …"하고 말한다.

샬롯이 연필을 갉아 먹으며 "하지만, 7에 가깝거나 8에 가까우면?"하고 묻는다.

호세는 "15초만 사용하자. 그게 도움이 될지도 몰라."하고 제안한다.

벨은 공책을 아이작에게 돌려주며 "여러분 조는 다른 전략을 갖고 있는 것 같네."라고 말한다.

5분 후, 벨은 그 조에게 그들의 표를 공유할 것을 요청한다.

이 조는 그들의 답을 7분 30초와 7분 45초로 좁혔다. 또 다른 조도 공유를 요청받는다. 그들은 7과 8의 x값을 교차하는 두 개의 선이 있는 그래프를 만들었다. 그 선들은 8에 약간 더 가깝게 교차한다.

벨은 "우리는 이 문제에 대한 몇 가지 흥미로운 수학적 표현을 발견했어. 샬롯, 호세, 아이작, 먼저 생각을 공유해줄래?"라고 묻는다.

두 조가 생각을 공유한 후에 벨은 반 학생들을 향하여 "이 전략들은 어떻게 같고 어떻게 다른가요? 우리의 문제에 대하여 그들이 무슨 말을 하는 걸까요?"라고 묻는다.

참여 퀴즈

이러한 규범들이 바람직한 행동이며 수업 시간에 가치가 있다는 것을 강화시키기 위하여, MAIC 교사들은 참여 퀴즈라고 불리는 수업전략을 사용하였다(Boaler, 2016). 참여 퀴즈에서 학생들은 3－4명으로 구성된 조를 이루어 집단적 가치가 있는 수학 과제를 받는다. 과제를 하는 동안 교사는 학생들의 상호작용을 관찰하고, 학생들이 함께 문제를 해결하는 특정한 행동과 사례를 기록하고, 학생들을 개선시킬 방법들을 기록한다. 협력적 문제 해결 시간이 끝났을 때, 교사는 각 조에서 그들이 잘한 것과 개선하는 방법을 강조하는 피드백을 공개적으로 제공한다. 피드백 단계 중에 강화될 수 있는 긍정적 조별 과제 행동의 예는 다음과 같다.

- 학생들이 서로 눈을 마주치고 말을 들을 때
- 학생들이 책상 중앙에서 과제를 수행하거나 자신의 조가 따라갈 수 있도록 과제를 공유할 때
- 조원들이 서로 명확한 질문을 하거나, 서로의 생각을 기반으로 하거나, 이의를 제기할 때

참여 퀴즈의 마지막에 피드백을 제공할 때, 과제의 계산이 아닌 협력적 행동에 초점을 맞추는 것이 중요하다. 참여 퀴즈의 목표는 행동을 통해 명확하게 의사소통하고 함께 과제를 수행하는 것의 중요성에 피드백을 주는 것이다.

집단 역할

효과적인 조별 과제를 위한 또 다른 전략은 회의론자, 책임관리자, 코치, 팀장과 같은 집단 역할을 사용하는 것이다. 집단 역할을 효과적으로 사용하는 것은 각 역할의 목적과 책임을 설명함으로써 그들의 소개를 스캐폴딩하도록 요구한다. 그리고 행동 혹은 질문의 구체적인 예를 공유하는 것은 조별 과제 동안 그 역할을 맡을 때 사용한다(Boaler, 2015; Milvidskaia & Tabelman, n.d.). 일관적으로 사용될 때, 역할은 생산적으로 협력하는 동안 각 학생에게 책임감을 부여하고 강력한 학습문화를 구축한다(Boaler, 2016).

사례 11.3에서 벨은 학생들에게 집단 역할과 책임을 서로 나누도록 요청함으로써 조별 과제를 시작한다. 집단 역할은 학생들이 말문이 막혔을 때, 생산적으로 상호작용하기 위하여 사용할 수 있는 문장 틀과 행동을 제공한다. 사례의 경우, 시간이 흘러 호세가 코치로서 모든 학생이 목소리가 내었는지를 확인하였고, 샬롯이 회의론자로서 캐묻는 질문을 하였고, 아이작이 해결책을 얻었다고 생각하여 벨을 불렀을 때 행동은 내면화된다.

학업 수준 인터벤션으로서 집단 역할

집단 역할은 또한 집단 내에서 특정 학생들의 지위를 바꾸는 데 사용될 수 있다. 숙련된 교육자들은 학생들이 자신을 새로운 방식으로 볼 수 있도록 돕고 또래들이 그들을 집단의 성공에 필수적인 부분으로 인식하도록 돕기 위하여 각 역할과 관련된 책임을 사용한다. 예를 들어, 더욱 조용한 학생들은 그들이 질문하고 다른 사람들의 생각에 이의를 제기하도록 격려하기 위하여 회의론자 역할을 부여받을 수 있다. 학업 수준은 낮지만, 사회적 지위가 높은 학생에게 책임관리자의 역할을 부여하여 집단 내의 모든 사람이 논의하고 있는 수학적 아이디어를 이해하도록 할 수 있으며, 사회적·문화적 지위가 낮은 학생은 팀장, 즉 교사에게 질문하고 자원을 회수할 수 있는 유일한 역할을 부여받을 수 있다.

수학적 개념의 확장

학생들은 종종 무능하다고 판단될까 봐 또래들 앞에서 실수하는 것을 두려워한다. 이러한 불안은 속도와 정답을 우선시하는 수업에서 더욱 심화되고 있다. 극단으로 치달을 때, 사람들 앞에서의 실패에 대한 이러한 두려움은 철회하는 행동을 취함으로써 비몰입 상태로 나타난다. 불행하게도, 많은 교사가 이러한 환경에서 수학을 배웠기에 대안적 교육 실천을 따르지 않는다면, 그들은 동일한 독이 되는 학습문화를 재현하게 된다.

또 다른 학업 수준 인터벤션은 수학이 의미하는 바를 넓혀 수업이 수학자들이 하는 일을 더 정확하게 반영하도록 하는 것이다. 여기에는 학생들이 실제적인 수학적 실천에 몰입할 때 관심을 기울이고 공개적으로 견해를 밝히는 것이 포함된다. 수학적 실천의 공통적인 핵심 표준은 표 11.4에서 확인할 수 있다(2010, http://www.corestandards.org/Math/Practice/). 학생들은 문제에 대해 깊이 생각하고, 명확하게 의사소통하고, 질문하고, 모형을 그리고, 추측하고, 반증에 관하여 생각하는 것과 같은 기술과 성향을 개발할 필요가 있다. 교사들이 이러한 기술들을 인식하고, 칭찬하고, 집중하면 학생들은 이러한 실천들이 가치 있다는 것을 인식하고, 더 자주 그것에 몰입한다. 표 11.5는 교사들이 수학적 개념을 확장하는 데 사용할 수 있는 전략의 개요를 설명한다.

표 11.4 ▌ 수학적 실천의 공통적인 핵심 표준

문제를 이해하고 인내심을 갖고 그것을 해결하라.
실행 가능한 주장을 구성하고 타인의 추론을 비평하라.

수학적 모형을 활용하라.
추상적이고 정량적으로 추론하라.
적절한 도구를 전략적으로 사용하라.
정확하게 처리하라.
구조를 찾고 활용하라.
반복적인 추론에서 규칙성을 찾고 표현하라.

표 11.5 ❙ 학생들의 수학적 개념을 확장시키는 전략

전략	예
학생이 지적 위험을 감수할 때 인정하고 칭찬하라.	학생들이 질문하고, 또래들 앞에서 틀릴 위험이 있거나, 타인의 생각에 이의를 제기할 때 강조한다. "정말 재미있는 생각이야. 프란치스코, 타냐가 그 수업을 위하여 생각하고 있는 것을 다시 말해줄 수 있겠니?"
실수를 정상화하고 이를 학습 기회로 활용하라.	"우리가 그 실수로부터 얼마나 많은 것을 배웠는지 보렴! 우리 뇌가 정말 많이 성장했단다."
학생이 수학적 실천에 몰입할 때 인정하고 칭찬하라.	학생이 인내심을 갖고, 수학적 추론을 사용하고, 주장을 분명히 표현하고, 타인의 추론에 이의를 제기하고, 그들의 생각을 표현하기 위하여 시각적 표현/모형을 사용하거나, 유용한 방법으로 정보를 구성할 때, 공개적으로 인정한다.
성공적인 조별 작업을 촉진하는 행동을 인정하라.	"타냐, 잭에게 자신을 설명하라고 한 것은 정말 고마운 일이야!"
문제 해결 전략 및 추측 옆에 학생의 이름을 작성하라.	"프란치스코, 너의 추측은 일단 x의 관점에서 하나의 방정식을 풀면 그것을 다른 방정식으로 대체할 수 있다는 거야. 왜 이것이 작동할까? 누가 반례를 생각할 수 있을까?"
성장 및 개념적 이해를 가치 있도록 만드는 평가 전략을 개선하라.	과제의 포트폴리오를 사용하고, 새로운 학습에 반영한 평가를 수정하기 위한 기회를 제공한다.

집단적 가치가 있는 과제

절차에 초점을 맞추는 것은 학생들이 절차가 왜 효과가 있었는지, 절차가 어떠한 조건에 유용할지, 혹은 그것이 그들의 생생한 경험으로부터 상황과 어떻게 관련될 수 있는지에 관한 생각에 몰입할 기회를 제공하지 않는다. 게다가 일단 단계를 암기하면 반복은 더 높은 수준의 사고를 필요로 하지 않는다. 이 암기학습은 기초적인 수학적 개념에 대한 깊은 이해 혹은 학생들의 문제 해결 능력 개발에 거의 도움이 되지 않는다(Boaler, 2015; Organisation for Economic Co-operation and Development, 2014).

이와는 대조적으로, 여러 가지 방법으로 해결할 수 있거나 이전에 계산된 알고리즘에 쉽게 의존하지 않는 과제는 학생들이 복잡한 문제 해결에서 함께 협력할 기회를 제공한다. 이러한 과제들은 더 몰입시키고 모든 학생을 더 깊은 수학적 이해로 이끈다(Boaler, 2015; Henningsen & Stein, 1997). 연결된 수학 프로젝트(중학생)(What is CMP, https://connectedmath.msu.edu/; Banilower, 2010) 혹은 상호적인 수학 프로그램(고등학생)(Webb, 2003; Wolff, 2001)과 같은 탐구 기반 교육과정은 이러한 유형의 교수에 적합한 응집력 있는 교육과정에 대한 접근을 제공한다. 또한, 두 가지 탐구 기반 교육과정 자원(중학생용 그림을 넣은 수학, 고등학생용 새로운 비전의 수학 교육과정)을 이용할 수 있다.

많은 교사가 집단적 가치가 있는 과제가 거의 없는 한정된 수학 교육과정의 활용에 의무화되어 있다. MAIC 교사들은 수학적으로 너무 한정되었다고 인식된 기존의 문제들을 개선할 수 있는 자원(https://www.teacherarium.org/modifying-problems.html)이 사용되어 수학적 추론과 정당화에 학생들이 몰입할 수 있는 과제를 시작하는 것에 흥미가 있다.

시각적 과제

우리의 뇌가 수학을 학습하는 방법에 대한 연구는 수학적 문제를 해결할 때 시각적·물리적 표현의 중요성을 강조하였다(Boaler, Chen, Williams, & Cordero, 2016; Hall & Nemirovsky, 2012). 우리가 수학적 문제 해결에 몰입할 때, 공간추리를 담당하는 두정엽과 앞뒤 부분의 시각 경로를 포함한 뇌의 많은 영역이 사용된다(Hubbard, Piazza, Pinel, & Dehaene, 2005; Menon, 2014). 학생들이 서로 다른 시각적 표현들을 만들고 연결할 때, 그들은 다른 방식으로 수학을 이해하며 기초적인 개념에 대한 더욱 탄탄한 이해를 발전시킨다. 많은 양의 시각적 수학적 과제들은 http://www.youcubed.org에서 찾을 수 있다.

학생 중심의 수학 수업을 채택하기 위한 도전과 고려사항

수학 수업에 몰입하기 위한 체제적 장벽을 해소하려면, 수학의 본성에 대한 도전적인 믿음과 수학에 뛰어난 사람, 그리고 그것을 학생들에게 가르치는 최고의 방법이 필요하다. 이것은 교육자의 정체성 속 뿌리 깊은 측면, 특히 전통적인 구조를 통하여 성공을 발견한 사람들을 위협할 수 있다. 새로운 실천을 채택하기 위하여 교육자들은 오래된 방법들을 잃어버린 것에 대해 슬퍼할 여유를 주어야 한다. 믿음 체계와 궁극적으로는 수업 실천을 바꾸는 것은 새로운 것을 시도할 수 있는 안전한 환경, 동료와 리더십의 지원, 그리고 실행과 반성의 여러 기회가 필요하다.

MAIC 회의의 필수적인 부분은 이번 장에 설명된 수업 구조를 사용하여 함께 수학을 하는 것을 경험하는 것이다. MAIC 교사들은 협력적인 수학적 경험에 참여함으로써 학생 중심의 수학 수업에서 학생이라는 느낌이 어떤지 본능적으로 이해하게 되었고, 공유된 경험은 수학이 무엇이 될 수 있는지에 대한 네트워크 비전을 제공하였다. 교사들은 학생으로서 수학을 경험하는 것 외에도 수업 연구에도 참여하였다. MAIC 교사들은 함께 수업을 계획하고, 서로 가르치는 것을 관찰하고, 학생들의 과제 혹은 몰입의 자료를 보면서 함께 보고를 듣는다. 이러한 구조들은 궁극적으로 학생들의 수학적 몰입을 크게 높이는 새로운 수업 실천을 탐구할 수 있는 안전한 환경을 제공하였다.

결론

협력과 이해에 집중하는 수업문화를 창조하는 것은 수학 수업에서 학생 몰입의 가능성을 크게 높일 수 있다. 학생들을 수학적 권위자로 두고 학생들이 높은 수준의 수학적 추론에 몰입하는 시간을 늘리는 도입·탐구·토의 수업 구조를 사용하면 학생들의 주인의식과 지적 참여의식을 함양하는 데 도움이 될 수 있다. 수업의 담론을 절차적 속도와 답안 도출 대신 서로 다른 문제 해결 전략을 비교하고 대조하는 것에 집중하면 모든 학생이 거대한 수학적 아이디어를 이해하는 데 몰입할 기회를 제공한다.

영향력이 높은 5가지 실천은 교사들이 도입·탐구·토의 수업 구조를 사용하는 데 도움이 될 수 있다. 수업목표를 파악하고, 문제를 선택하고, 학생들의 반응을 예상하는 계획은 교사들이 학생들의 생각과 문제 해결 전략을 관찰할 때 수업의 탐구 단계에서 사용할 지침을 제공한다. 공유할 학생 전략을 선택하고 순서화시킨 후에, 교사는 학생들이 서로 다른 수학적 전략 사이를 연결하도록 격려하는 학급 전체 토의를 촉진시킨다.

조별 과제는 또한 학습문화를 형성하고 학생들이 경쟁자가 아닌 자산(resources)으로 서로를 바라보도록 격려하는 데 사용될 수 있다. 조별 과제의 규범을 명시적으로 가르치고, 집단 역할을 사용하며, 수학적 개념을 확장하는 등 복합 교수(CI)의 도구를 사용하여 학생들은 타고난 문제 해결 능력을 받아들이고, 그것들이 수학적 공동체의 소중한 일부라는 것을 학습한다.

제 12 장

학교에 몰입할 수 있는 신념의 변화 : 학교 전환 시기에 학생 몰입 증진을 위한 통합된 사고방식 인터벤션 사용

제12장

학교에 몰입할 수 있는 신념의 변화 : 학교 전환 시기에 학생 몰입 증진을 위한 통합된 사고방식 인터벤션 사용

서론

지난 20년 동안, 학생 몰입의 주제는 학업성취도 향상과 중도탈락률 감소의 가능성 때문에 많은 관심과 흥미를 받았다(Wang & Degol, 2014). 연구에 따르면, 학생들이 학교에 다닐 때 그들이 도전에 더 지속적으로 직면하고, 보다 더 잘 수행할 가능성이 커졌다는 점을 보여준다(Fredricks, Blumenfeld, & Paris, 2004). 게다가 학생 몰입은 학습 상황에 따라 변하기 때문에, 인터벤션의 소재로서 엄청난 잠재력을 보유한다(Wang & Degol, 2014). 학생 몰입의 유연성에도 불구하고, 모든 학생을 대상으로 하는 이론과 증거 기반의 보편적 인터벤션 프로그램이 학교 환경에서 개발되고 실행되는 경우는 거의 없다.

최근, 학교를 기반으로 한 심리사회적 인터벤션(예: 성장 사고방식 인터벤션, 사회적 소속 인터벤션)이 학생들의 동기부여 신념을 변화시킬 수 있다는 연구가 증가하고 있으며, 이는 학생 몰입을 향상시키고 학업 성공을 증가시킬 수 있다(Blackwell, Trzesniewski, & Dweck, 2007; Lin－Siegler, Ahn, Chen, Fang, & Luna－Lucero, 2016; Walton & Cohen, 2011). 그러나 이러한 인터벤션은 개인 및 인구통계학적 수준에서 영향을 제한하는 두 가지 중요한 장벽과 도전에 직면하게 된다. 첫째, 학생 몰입을 목표로 한 이전의 인터벤션 작업은 학교 전환과 관련된 심리사회적 스트레스 요인을 구체적으로 다루지 않았다. 둘째, 많은 인터벤션이 유사하게 기본적인 메시지를 공유하고 있음에도 불구하고 지금까지 잘 검증된 심리사회적 인터벤션의 핵심 요소들을 통합한 것은 거의 없다. 중학교와 고등학교 때 다양한 학업 및 사회적 스트레스 요인이 동시에 일어나므로, 학교 전환 시기에 해당하는 학생들을 돕는 것은 학생 몰입 경로에 장기적으로 영향을 미친다.

이 장에서는 스트레스 요인에 대한 생각, 다른 사람과의 상호작용, 학교와 학교를 넘어서 성공하는 방법에 대한 학생의 사고방식, 감정 및 신념을 변화시키는 것과 연관되지만 구분되는 세 가지 심리사회적 인터벤션 접근법을 설명한다: (1) 유명한 과학자들의 투쟁 스토리텔링(Hong & Lin-Siegler, 2011; Lin-Siegler et al., 2016), (2) 체계적인 글쓰기 연습과 함께 학생의 모범 사례를 통해 증명된 소속감 사고방식 인터벤션(Walton & Cohen, 2011), (3) 지능의 성장 가능성에 대한 사실적인 설명을 제시하는 성장 사고방식 인터벤션(Blackwell et al., 2007; Yeager, Romero, et al., 2016). 비록 다양한 심리사회적 인터벤션의 세부사항은 다르지만, 인터벤션은 각각 학생들이 학교에서 학업적 몰입을 유지하거나 촉진하는 방법으로 학생들이 도전과 역경에 대응할 수 있도록 돕는 것을 목표로 한다. 이론적으로 근거를 둔 세 가지 접근법을 함께 개념화함으로써, 학생들의 학업 및 행동 성장 이야기를 목표로 하는 새로운 인터벤션의 기초로 사용할 수 있는 공유된 심리사회적 '구문(syntax)'을 식별할 수 있을 것으로 기대된다.

먼저, 우리는 이러한 특정 인터벤션이 중등학교로의 전환 후 학생 몰입을 촉진하기 위한 인터벤션으로 적합한 이유에 대한 이론적 근거와 경험적 증거를 검토한다. 그런 다음 우리는 잘 검증된 세 가지 심리사회적 인터벤션의 핵심 요소를 통합한 새로운 성장 사고방식 인터벤션 모델을 소개한다. 마지막으로, 우리는 이러한 통합된 사고방식 인터벤션의 개발과 실행에 대해 설명하고, 시사점에 대한 논의로 마무리한다.

심리사회적 인터벤션을 위한 이론적이고 실증적인 기초

학생 몰입의 개념화에는 차이가 있지만, 연구자들은 이를 행동, 정서 및 인지적 요소를 포함한 여러 가지 구별이 가능한 특징들의 집합체로 인식한다(Fredricks et al., 2004; Wang & Degol, 2014). 이 틀 안에서, 행동적 몰입은 학교 규범 준수, 활동에 대한 적극적인 참여 및 문제 행동(파괴적 행동장애)이 없다는 측면에서 정의된다(Fredricks et al.,

2004). 긍정적인 학업 성과를 달성하기 위해서는 행동적 몰입이 중요하다(Finn, 1989; Skinner, Wellborn, & Connell, 1990). 정서적 몰입은 학교 활동에 대한 긍정적인 정서 반응과 학업 내용에 대한 관심과 평가 모두를 의미한다(Voelkl, 1997). 정서적 몰입은 학생들의 수업에서 이루어지는 학습에 대한 애착을 높이고, 그 일을 하려는 의지에 영향을 미치는 것으로 가정한다(Skinner, Kindermann, Connell, & Wellborn, 2009). 인지적 몰입은 학습에 대한 학생의 정신적인 투자 수준으로 정의된다. 자기 조절, 심층학습 전략을 사용하고, 복잡한 아이디어를 이해하기 위해 메타인지 전략을 사용하는 것을 포함한다(Zimmerman, 1990). 최근, 학자들은 학교 몰입의 세 가지 요인 개념화에 사회적 몰입을 추가하였다(Rimm-Kaufman, Baroody, Larsen, Curby, & Abry, 2015; Wang, Fredricks, Ye, Hofkens, & Linn, 2017). 사회적 몰입은 동료 및 교사와의 상호작용의 질뿐만 아니라, 학습 중에 관계의 형성과 유지에 투자하려는 의지를 포함한다(Wang et al., 2017).

중등학교 기간 동안 학교 전환에 따른 인터벤션

연구에 따르면, 학생 몰입은 중·고등학교에 걸쳐 여러 번 전학을 경험하게 되면서 현저하게 감소하는 것으로 나타났다(Eccles et al., 1993; Wang & Eccles, 2012a). 초등학교에서 중등학교로의 전환은 학생들이 일반적으로 더 크고 덜 개인적이며 더 공식적인 학교로 이동하기 때문에 학업적 및 사회적 어려움을 겪게 한다(Eccles & Roeser, 2011). 중학교는 초등학교보다 또래 간 비교가 증가하고 교사와의 의미 있는 관계를 발전시킬 수 있는 기회가 감소한다. 중학교로 전환 이후, 학생들은 고등학교로의 전환을 거듭하는데, 이는 학생들의 심리적 기능과 학교 성적을 낮춘다(Benner & Graham, 2009). 실제로 학생들은 학업 과정 추적, 학업 성과별 학생 순위 및 대학에 입학하기 위해 성공해야 한다는 압력에 점점 더 노출되고 있다.

또한, 연구 결과에 따르면 학교 전환 과정에서 청소년은 종종 발달에 필요한 것과 학교 환경에서 제공하는 기회 사이에 불일치를 경험하므로 학생들의 행동적 및 정서적 몰입이 감소하는 것으로 나타났다(Eccles et al., 1993). 교육과정의 복잡성과 학업 요구가 증가함에 따라 일부 역량의 학업 실패를 경험하는 것은 중등학교 학생들에게 더 흔한 일이 되었다. 학생들은 자신의 환경에서 부정적인 단서(예: 한 등급에서 열악한 점수를 받는 것)와 그들이 소속되지 않는다는 생각과 연관시킬 수 있으며, 종종 이러한 불변의 원인을 외부적 또는 융통성 없는 조건(예: 적절한 전략의 부족) 대신 내부 및 변화 불가능한 특성(예: 재능 부족)에 귀속시킨다. 이러한 특징은 부정적인 피드백 루프(악순환 고리)를 형성하고 학생들의 학교에서의 몰입 감소로 이어질 수 있다. 결과적으로, 학교 전환을 경험하는 학생들은 학업 실패와 사회적 평가에 대한 민감도가 높은 발달 단계에서 소속의 불확실성, 부적절한 능력에 대한 자기 인식, 내면화된 학업적 의심의 순환이라는 더 큰 위험에 처하게 된다(Eccles & Roeser, 2011).

이러한 사실들은 학교 전환을 중요한 기간으로 만들기 때문에 학생들의 동기부여적 신념을 목표로 하는 인터벤션에 최적일 수 있는 중요한 시기가 될 수 있다. 교육적 인터벤션에 관한 연구에 따르면 시기가 중요하며(예: Cohen & Sherman, 2014), 세심하게 조작된 적절한 인터벤션은 학생들의 장기적인 학업 경로를 변화시킬 수 있는 가능성을 가지고 있다(예: Goyer et al., 2017). 따라서 청소년들의 학교 전환과 관련된 도전과 스트레스 요인을 관리하도록 돕고, 지나친 생각이 장기적인 학업 성공을 저해하는 확고한 신념이 되는 것을 막기 위해서는 충분히 이른 시기가 중요하다.

동기부여 접근법을 이용한 인터벤션

동기부여는 성공적인 학습을 위해서는 필수적이다. 동기와 결정적으로 관련이 있는 것은 성공과 실패를 어떻게 평가하느냐에 달렸다. 귀인 이론(Attribution theory)은 자신의 성과의 원인에 대한 사람들의 판단이 몰입에 중요한 영향을 미친다고 주장한다(Weiner & Kukla, 1970). 많은 연구가 열심히 일하는 노력의 중요성(능력 대비)이 성과와 학업적 자기효능감을 향상시킬 수 있음을 보여주었다(Blackwell et al., 2007; Yeager & Dweck, 2012). 그러나 학업적 학습의 점진적인 성격에도 불구하고 학생들은 학습을 열심히 하고, 노력하고 지속적으로 하는 것보다는 적성과 유전적 능력에 뿌리를 둔 것으로 간주하는 경향이 있다(Ahn et al., 2016). 학교에서 우수한 성적을 거두려면 탁월한 선천적인 능력이 필요하다는 믿음은 학생들의 의욕을 꺾을 수 있으며, 특히 학생들이 어려움을 겪을 때 학습에 대한 학생들의 행동적 몰입을 약화시킨다. 학습에 대한 학생의 몰입을 유지하기 위해서 연구자들은 학생들이 이러한 정신적 장애에 대처할 수 있도록 동기부여 방식을 활용하였다.

접근법 1: 투쟁 스토리텔링 접근법

귀인 이론은 자기 자신과 타인의 성과에 대한 사람들의 판단이 몰입에 중요한 영향을 미친다고 가정한다(Weiner & Kukla, 1970). 특히, 자신의 실패를 불충분한 노력으로 간주하는 사람들은 어려운 일을 당하고 좌절을 겪지만, 그 일을 지속할 가능성이 더 크다. 이 사람들은 자신의 결과를 얼마나 노력을 기울이느냐에 달렸다고 생각한다. 반면, 타고난 지능과 같은 통제할 수 없는 요인들에 자신의 실패를 돌리는 사람들은 장애물에 부딪힐 때 낮은 성취 노력을 보이고 쉽게 포기할 것이다(Dweck & Leggett, 1988). 예를 들어, 자신의 실패를 노력 부족이나 효과적인 전략을 갖추지 못한 탓으로 돌리는 학생들은 좌절에 직면하여 학습에 계속 몰입할 가능성이 높다(Yeager & Dweck, 2012). 귀인 이론의 연구자들은 학업성취도와 학업적 자기효능감을 높이기 위해 학생들에게 노력의 중요성(vs 능력)을 가르치는 것이 학습에 필수적이라는 것을 보여주었다. 그러나 문제는 어떻게 학생들이 학교에서 실제로 이러한 주요 메시지를 다루는가에 관한 것이다.

Lin−Siegler 등은 투쟁 스토리텔링 접근법을 사용하여 성공한 과학자들(예: Albert Einstein)이 노력과 끈기로 개인적이고 지적인 도전을 투쟁하고 극복한 이야기를 제시하였다. 이 이야기의 핵심 메시지는 다음과 같다. "지능적이고 성공적인 사람들이 어려움을 겪고 있다면, 내 자신의 투쟁은 그리 특별한 것이 아닐 것이다." 과학자들의 취약점을 노출할 때, 학생들은 과학자들을 감정적으로 연결할 수 있는 상대적인 역할 모델로 인식하면서 그들 스스로 과학자들과 크게 다르지 않다는 것을 알게 될 것이다. 궁극적으로, 학생들은 그들 자신의 투쟁은 흔한 것이며, 더 중요하게는 극복할 수 있다는 것을 깨닫게 될 것이다(Hong & Lin−Siergler, 2011). 학생들이 투쟁과 노력의 효과에 대한 긍정적인 믿음을 채택할 때, 배우려는 동기가 증가함에 따라 그들이 학교에 몰입하고 지속하려는 의지 역시 향상된다. 실제로 저소득층, 라틴 아메리카계 및 아프리카계 미국인 고등학생을 대상으로 한 Lin−Siegler 등(2016)의 인터벤션 연구 결과에 따르면, 투쟁 스토리 조건(즉, 과학자의 투쟁과 역경을 극복하기 위한 노력에 초점을 맞춤)에서 성적이 낮은 학생들이 통제 집단(즉, 과학자의 성취와 발견에 초점을 맞추는 것)보다 더 나은 과학 성적을 받았다는 것을 밝혔으나, 흥미롭게도 학생들의 사고방식이나 학업적 동기부여 신념에는 영향을 미치지 않았다. 대만 고등학생들을 대상으로 한 이러한 인터벤션에 대한 또 다른 평가는 이 프로그램이 학생들의 과학 성취에 기여했다는 점에서 유사한 결과를 발견했지만, 이 연구에서는 열심히 일하는 개인으로서 과학자들에 대한 관심과 인식을 향상시켰다(Hong & Lin−Siergler, 2011).

접근법 2: 소속감 사고방식 훈련

청소년은 소속되고 다른 사람들에게 받아들여질 심리사회적 욕구가 있다(예: Baumeister & Leary, 1995; Ryan & Deci, 2000). 연구 결과에 따르면, 청소년의 소속 욕구가 학교 환경에 의해 충족될 때 학생 몰입이 최적화된다는 것을 알 수 있다(Eccles et al., 1993; Ryan

& Deci, 2000). 그러나 소속감에 대해 고려해야 할 점은 왜 새로운 사회적 맥락으로의 전환이 개인에게 문제를 일으키는가가 이 문제의 핵심이 된다(Walton & Cohen, 2007). 중요한 것은 학업 전환은 지적 능력이 부정적인 고정관념을 가진 집단(예: 1세대 대학생)의 학생들에게 특히 문제가 될 수 있다. 이러한 학생들에게 학업 환경에서의 역경에 대한 경험은 비정형화된 동급생들과 개인적으로 다르다. 예를 들어, 고정관념을 가진 그룹 구성원들이 역경을 경험할 때(예: 예상보다 낮은 성적), 몰입과 학업 성공을 방해할 수 있는 주관적으로 그럴듯한 귀인이 있다: "아마도 내 배경을 가진 사람들은 여기에 속하지 않을 것이다." 또는 "내가 노력해도 성공하지 못하는 데에는 어떤 것이 있을 것이다." 이러한 귀인의 의미는 전환 후에 특히 유의하며, 이때 학생들의 환경에 대한 주관적인 이해가 아직 결정되지 않았을 때 특히 중요하다.

Walton과 Cohen(2007)은 짧은 길이(즉, 30분)의 소속감 사고방식 인터벤션으로 잠재적인 비몰입 귀인요인에 대응하려고 하였다. 이 인터벤션은 3개 대학에서 9,000명 이상의 학생을 대상으로 반복된 것으로, 학생들을 대학 입학 전에 통제 집단 또는 실험 집단에 배정되었다. 실험 집단에서 학생들은 소속에 대한 의심과 불확실성이 정상적이고, 시간이 지남에 따라 개선될 가능성을 전달하는 데 도움이 되는 정보를 받았다. 참여적 방법으로 인터벤션을 전달하기 위해 실험 집단의 학생들은 소속감에 어려움을 겪은 후, 구조화된 글쓰기 연습에 참여하여 정보를 내면화하는 데 도움을 준 이전 학생들의 증언을 받았다. 이 훈련은 소속감 사고방식을 만들어내기 위해 신중하게 고안되었다(예: "처음에는 새 친구를 사귀지 못할 것 같았지만, 시간이 지남에 따라 사라졌고, 이제는 내가 바라는 가장 좋은 친구가 몇 명 있다"). 인터벤션은 더 나은 성적과 더 높은 졸업률을 포함하여 위험에 처한 배경을 가진 학생들의 학업 결과에 다소 중대한 영향을 미쳤다. 특히, 이러한 영향은 학생들의 학교에서의 행동적 몰입에 의해 매개되었다. 즉, 소속감 사고방식을 가진 학생들은 그렇지 않은 학생들보다 캠퍼스에서 생활하고, 학업 지원 서비스를 이용하고, 비교과 활동에 참여할 가능성이 더 컸다(Yeager, Walton, et al., 2016).

여러 연구가 이러한 연구 결과를 되풀이했으며, 소속감 사고방식 인터벤션이 대학생 1학년들 사이에서는 특히 강력하다고 제시하였다(Broda et al., 2018; Hausmann, Ye, Scholfield, & Woods, 2009; Walton & Cohen, 2011). 게다가 이러한 인터벤션은 공대 여성들과 같은 고정관념적 위협 때문에 특정 과목 영역에 속하는 것에 대한 우려에 직면한 학생들 사이에 영향을 미치는 것으로 보인다(Walton, Logel, Peach, Spencer, & Zanna, 2015). 아직 청소년을 대상으로 한 소속감 사고방식에 대한 자료를 사용한 연구는 없었지만 이러한 인터벤션은 청소년들이 직면하고 있는 사회적 스트레스 요인, 특히 학교 전환기와 매우 관련이 있다. 실제로 학생들의 학교에서의 소속감은 중고교 전환 시기에 걸쳐서 감소하며(Benner & Graham, 2009; benner, 2011; Wang & Eccles, 2012a), 이에 따라 청소년들은 학교에서 사회적 통합을 되찾는 데에 도움이 되는 인터벤션으로 큰 이득을 볼 수 있다.

접근법 3: 지능적 사고방식 훈련

지능 연구에 대한 암묵적 이론은 개인의 성과를 형성하는 데 있어서 지능적 사고방식의 힘을 보여주었다(Yeager & Dweck, 2012). 지능은 사람의 유전적이고 변화할 수 없는 자질이라고 믿는 사람들에 비해 지능이 유연하다고 믿는 사람들은 그들의 학업성취도가 높은 성장을 보이는 경향이 있다(Kamins & Dweck, 1999; Mueller & Dweck, 1998; Yeager & Dweck, 2012). 이러한 연구에 따르면 개인의 지능적 사고방식은 학생들이 어려움을 겪을 때 어떻게 반응하는지에 영향을 미치기 때문에(예: 예상보다 낮은 성적) 교육 성과에 영향을 미친다. 학생들은 지능이 고정적이고 안정적이라고 믿을 때, 그들은 실패를 통해 그들이 성공할 만큼 충분히 똑똑하지 않다고 결론을 내릴 수 있다. 그러나 그들이 성장 지능 사고방식을 갖고 있다면, 실패는 지능에 대한 폐단을 증명하는 지표라기보다는 더 많은 노력과 집중이 필요하다는 것을 보여주는 지표로 볼 수 있다.

한 인터벤션 연구에서 Blackwell 등(2007)은 무작위 통제 실험을 통해 몰입에 대한 메시지와 토론을 반복적으로 전달하여 성장 지능 사고방식을 실제로 7학년 학생들에게 가르쳐줄 수 있음을 보여주었다(예: 두뇌가 학습할 때, 새로운 연결을 형성하고 지능이 근육의 성장과 유사하게 성장함, '똑똑한', '바보' 같은 이름을 부르며 정하는 것은 피해야 함). 성장 지능 사고방식 교육과정을 수강한 학생들은 통제 집단에 있는 학생들에 비해 인터벤션 후에 더 나은 수학 성적을 받았다. 7학년 학생들을 대상으로 한 또 다른 연구에 따르면, 성장 사고방식 인터벤션은 특히 여학생의 수학 성적에 도움이 되고 저소득층 소수 민족 학생 표본에서 독해 성취도를 향상시키는 것으로 나타났다(Good, Aronson, & Inzlicht, 2003). 게다가 준실험 설계를 적용한 최근의 지능적 사고방식 인터벤션 연구에서는(인터벤션은 교실 수준에서 무작위 배정되고 6주 이상 수업) 성장 지능 사고방식 메시지가 9학년 학생들의 학습에 대한 통제감과 흥미를 향상시키고, 학생들이 수업에서 행동적 몰입을 유지할 수 있게 돕는다는 사실을 밝혀냈다(Schmidt, shumow, & Kackar-Cam, 2017).

비록 이러한 지능적 사고방식 인터벤션은 직접 전달되어 다소 시간이 많이 소요되지만(예: 6-8주 수업), 더 최근의 연구는 단 하나의 수업(Debacker et al., 2018)이나 온라인 세션을 통해 동일한 지능적 사고방식 메시지를 전달하였다(Paunesku et al., 2015). DeBacker 등(2018)은 일회성 사고방식 인터벤션이 고등학생들이 성장 사고방식을 채택하는 데 도움이 된다고 했지만, Paunesku 등(2015) 및 Yeager, Romero 등(2016)은 사고방식 인터벤션이 고등학생의 평균 GPA를 향상시켰으며, 저학년 학생들에게 특히 효과적이라는 것을 밝혔다. 성장 사고방식 인터벤션은 실제로 세 가지 인터벤션 접근법 중 가장 널리 반복적으로 검증된 인터벤션이다. 즉, 사고방식 인터벤션은 대학생들(Aronson, Fried, & Good, 2002; Broda et al., 2018; Yeager, Walton, et al., 2016)과 미국 이외의 청소년(예: 노르웨이; Bettinger, Ludvigsen, Rege, Solli, & Yeager, 2018)들 사이에서 성취 결과가 개선되는 것을 보여주었다.

접근 방식의 통합

세 가지 인터벤션 접근 방식은 몇 가지 중요한 영역이 중복된다. 예를 들어, 세 가지 접근법의 숨은 의미는 학교에서의 성공과 학업적 특성을 이해하기 쉽게 돕는 데 초점을 맞추고 있다. 천재로 태어났기 때문에 성공을 거둔다고 믿는 학생은 사실 많은 유명한 과학자들이 항상 지능적이거나 유망한 것으로 여겨지는 것이 아니라는 사실에 놀랄 수도 있다. 마찬가지로, 소속감 사고방식 인터벤션은 어려움에 직면했을 때 자신이나 자신의 정체성에 잘못된 것이 있다는 믿음을 없애는 것을 목표로 하고, 문제가 있다는 믿음을 없앰에 따라 잠재적인 위험 가능성을 줄이면서 학업적 또는 사회적 역경에 따른 동기부여를 완화한다. 그리고 지능 사고방식에 대한 교육을 받는 학생들은 지능은 고정된 것이 아니라 노력을 통해 실제로 성장할 수 있다는 것을 배운다. 이 세 가지 접근법 모두 학생들이 학교와 성공을 인식하는 방식을 변화시킴으로써 학생이 이탈할 경우에 지속적인 행동적 몰입을 촉진하는 것을 목표로 한다. 세 가지 접근법 모두 학생들이 주요 메시지를 내재화할 수 있도록 반 직관적인 콘텐츠로 학생들의 관심을 끌기 위해 제공된다.

우리는 이것이 통합을 위한 비옥한 지형을 만든다고 믿는다. 다른 두 가지 인터벤션의 렌즈를 통해 각각의 인터벤션을 고려하면 새로운 전략에 대한 명확한 연결과 방향이 드러난다. 예를 들어, 소속감 사고방식과 지능적 사고방식은 학업적 환경에 기본적으로 연결되어 있으며, 지능을 성장시킬 수 있다고 믿는 것은 소속감을 강화할 수 있는 성과를 촉진할 수 있는 반면에, 소속감을 느끼면 심리적인 자원을 자유롭게 발휘하여 잘 몰입하고 수행할 수 있다. 한편, 유명한 투쟁 전략은 학생들이 소속감과 성장 사고방식 훈련을 받고 상황에 맞는 관련성이 있고 몰입할 수 있는 매력적인 수단을 제공한다. 종합적으로,

다른 인터벤션은 학생들에게 적응적 사고방식을 주입하는 등 동일한 목적을 향해 작용하여 서로를 강화시킬 수 있다. 우리는 이 세 가지 심리사회적 인터벤션의 유사점과 차이점, 그리고 각 인터벤션 접근법에 대한 경험적 연구의 특성을 표 12.1에 요약하였다.

이러한 통합적 사고방식 인터벤션을 통해 우리는 교실에서의 행동 문제 감소뿐만 아니라 학생 참여와 몰두와 같이 학생들의 학교에서의 행동적 몰입을 증가시키는 것을 목표로 하였다. 우리는 심리사회적 인터벤션이 궁극적으로 적응적 학교 행동에 동기를 부여하는 학생들의 신념을 다루는 데 맞춤화될 수 있기 때문에 행동적 몰입에 초점을 두었다(Blackwell et al., 2007; Lin-Siegler et al., 2016; Walton & Cohen, 2011). 게다가 행동적 몰입은 학생들이 학교 규칙을 준수하고 몰입하는 구성원으로 활동하려는 시도에 대한 가시적인 증거를 교사들에게 제공하므로(Wang & Degol, 2014), 이 몰입 차원은 학생들이 교사 및 학교 직원들과 긍정적인 관계를 형성하는 데 가장 큰 도움을 줄 것이다(Yeager, Purdie-Vaughns, Hooper, & Cohen, 2017). 이러한 사회적 유대관계를 확립하면 확장된 지원 네트워크와 증가된 학업적 자원을 통해 학교 성공을 위한 더 많은 기회를 창출할 수 있다(Wang & Eccles, 2012b). 실제로 연구에 따르면 학생들의 학업성취도와 학교 지속성을 가장 강력하게 예측하는 행동적 몰입 측면이 발견되었다(Archambault, Janosz, Fallu, & Pagani, 2009; Wang, Fredricks, Ye, Hofkens, & Linn, 2016; Wang et al., 2017).

통합적 틀로서 내러티브 활용

학생들이 공감하고 내면화할 수 있는 방식으로 메시지를 제시하는 방법과 관련하여 인터벤션에 대한 공통적인 도전이 존재한다. 많은 연구에 따르면 이야기와 내러티브가 사람들의 태도, 신념, 행동에 큰 영향을 줄 수 있으며, 가장 관련성이 높은 이야기는 일반적으로 개인적이며 역경(혹은 고난)과 관련이 있다(Kaufman & Libby, 2012; Zak, 2015). 만약 학생들이 내러티브를 자신과 연관시킬 수 있다면 그 이야기들이 과학자들의 인간적인 측면을 보여주기 때문에("그들은 항상 똑똑하다고 여겨지지 않았다") 또는 주인공들이 학생과 비슷하다고 보이기 때문에, 그들은 그러한 내러티브를 내면화하고 그것들을 통해 그들의 경험을 필터링할 수 있다(예: Mussweiler, 2003). 연구에 따르면 우리 자신과 우리의 능력에 대한 개인적인 이야기가 일반적으로 사회적 맥락 안에서 안정적으로 행동에 강하게 영향을 미칠 수 있다는 것을 보여주었다(Graybeal, Sexton, & Pennebaker, 2002). 그러나 주요한 인생 전환기에 인터벤션을 통해 자기 내러티브가 특히 유연해지는 경우도 있다(예: Cohen & Sherman, 2014; Yeager & Walton, 2011).

표 12.1 ▎심리사회적 인터벤션 접근법의 실증적 연구 및 비교

	투쟁 스토리텔링 접근법	소속감 사고방식 훈련	지능적 사고방식 훈련

실증적 연구	• Hong & Lin−Siegler(2011)
	  • 9학년 및 10학년 고등학생 271명
	  • 인종적으로 100% 대만인
	  • 남학생 85%
	• Lin−Siegler et al. (2016)
	  • 고등학생 402명
	  • 라틴계 36.8%, 흑인 31.4%, 혼혈인 11.4%, 아시아인 8.2%, 백인 7%, 기타 5%
	  • 남학생 60%
		• Broda et al. (2018)
		  • 미시건 주립 대학의 1학년 학생 652명
		  • 인종 다양
		  • 남학생 46%
		• Hausmann et al. (2009)
		  • 주로 백인 중심 대학의 1학년 학생 356명
		  • 백인 60%, 아프리카계 40%
		  • 남학생 41%
		• Yeager, Walton, et al. (2016)
		  • 3개 대학의 1학년 학생 9,500명
		  • 캠퍼스에는 흑인과 백인이 주로 분포함
		  • 남학생 53%
		• Walton and Cohen (2007)
		  • 1학년 학생 55명
		  • 흑인 45%, 백인 55%
		  • 남학생 32%
		• Walton and Cohen (2011)
		  • 1학년 학생 92명
		  • 흑인 53%, 백인 47%
		  • 혼성
		• Walton et al. (2015)
		  • 워털루 대학의 1학년 228명
		  • 백인 38% White, 동아시아인 34%, 남아시아와 중동인 20%, 기타 혹은 미상 8%
		  • 남학생 60%
			• Aronson et al. (2002)
			  • 대학생 79명
			  • 흑인 53%, 백인 47%
			  • 혼성
			• Bettinger et al. (2018)
			  • 노르웨이의 1학년 고등학생 354명
			  • 남학생 52%
			• Blackwell et al. (2007)
			  • 7학년 91명
			  • 아프리카계 미국인 52%, 라틴계 45%, 백인과 아시아인 3%
			  • 남학생 51%
			• Broda et al. (2018)
			  • 미시건 주립 대학 1학년 학생 6,529명
			  • 인종 다양
			  • 남학생 46%
			• DeBacker et al. (2018)
			  • 9학년과 10학년 고등 학생 698명
			  • 백인 67%, 흑인 10%, 아메리카/알래스카 원주민 11%, 아시안 5%, 라틴계 8%
			  • 남학생 42%
			• Good et al. (2003)
			  • 7학년 학생 138명
			  • 히스패닉계 67%, 흑인 13%, 백인 20%
			  • 남학생 55%
			• Paunesku et al. (2015)
			  • 9−12학년 고등학생 1,594명
			  • 히스패닉계 33%, 백인 23%, 아시아인 17%, 흑인 11%, 기타 및 혼혈 15%
			  • 남학생 50%
			• Schmidt et al. (2017)
			  • 7−9학년 학생 726명
			  • 히스패닉계 61%, 백인

	투쟁 스토리텔링 접근법	소속감 사고방식 훈련	지능적 사고방식 훈련
			19%, 흑인 12%, 혼혈인 (히스패닉계 제외) 6%, 아시아인 및 태평양제도 출신 2%, 아메리카 원주민 1% • 남학생 49% • Yeager, Romero, et al. (2016) • 9학년 고등학생 3,676명 • 히스패닉/라틴계 29%, 흑인/아프리카계 미국인 17%, 아메리카 원주민 3%, 백인, 비히스패닉 30%, 아시안/아시아계 미국인 6%, 기타 혹은 혼혈 집단 포함 15% • 남학생 52% • Yeager, Walton, et al. 2016) • 3개 대학의 1학년 학생 9,500명 • 남학생 53% • 캠퍼스에는 흑인과 백인이 주로 분포함
인터벤션 간의 유사점	학교에서의 도전과 역경에 대한 믿음을 변화시킴으로써 청소년의 학교 몰입 향상 이러한 도전이 일반적임을 보여줌으로써 청소년이 학교에서 경험하는 도전 일반화 그 내용을 흥미롭고 개인적으로 학생들에게 관련된 방식으로 전달 교육시스템의 주요 전환기(예: 고등학교로의 전환)에서 콘텐츠를 전달		
인터벤션 간의 차이점	유명한 과학자들이 학업 및 사회적 어려움을 얼마나 끈기로 극복했는지에 대한 이야기들을 공유	동료의 학업 및 사회적 어려움에 대한 증언과 이러한 도전이 시간과 지속성으로 해결된 방법에 대해 공유 쓰기 성찰 활동 포함	뇌는 지속해서 성장할 수 있고, 학업적 도전은 성장의 기회를 제공한다는 가르침을 제공

우리는 학생들이 초등학교에서 중고등학교로 전환하는 과도기가 학생들이 학업적 자기 내러티브를 형성하려는 시도를 통해 잠재적으로 지속적인 변화를 일으킬 수 있는 시기라고 주장한다(Benner, 2011). 최적의 학업적 자기 내러티브는 학생들로 하여금 인지적 구조를 갖추어 그들의 성공과 실패를 적응적인 방식으로 해석하고 이해하도록 하는 것이다.

통합적 사고방식 인터벤션에 대한 설명

우리의 통합적인 사고방식 인터벤션의 목표는 학생들이 학업 및 사회적 투쟁을 인식하는 방식을 바꾸는 것이다. 즉, 우리는 한 사람의 재능이 유전되고 고정적이며 안정되어 있다는 사고방식에 직면한다. 우리는 기술적 과제, 예시적 과제, 구조화된 글쓰기 과제를 이용하여 투쟁은 정상적이고 일시적이며, 노력과 끈기로 극복할 수 있다는 인식을 함양하고자 한다. 이러한 인터벤션 활동은 가장 뛰어난 과학자일지라도 성공하기 전에 도전을 경험하고 노력과 끈기가 지적 능력의 성장을 지원할 수 있다는 과학적 증거를 학생들에게 제공하여 그들이 공감대를 형성할 수 있는 사람들이라는 것을 보여주기 위해 고안되었다. 이 인터벤션에는 이를 위한 4가지 주요 요소들이 있다. (1) 유명 인사 및 과학자의 투쟁 이야기, (2) 소속감 사고방식의 인용문, (3) 성장적 사고방식 학습, (4) 성찰적인 글쓰기 연습. 아래에서는 각 구성 요소에 관해 설명하고자 한다.

인터벤션의 개요

선행연구(예: Walton & Cohen, 2011; Yeager, Walton, et al., 2016)를 통해 학교로의 전환 시기 학년 초에 인터벤션이 이루어졌다. 학생들이 컴퓨터로 인터벤션에 대한 프레젠테이션을 보기 전에 교사들은 연구자들로부터 프레젠테이션을 학교 전환 시기 동안에 들어오는 신입생들이 볼 수 있도록 소개하기 위한 대본을 받았다. 학생들은 학교 첫 몇 주 동안에 두 번의 인터벤션을 받았고, 각 세션은 완료하는 데 약 30분(한 개의 교실 기간)이 걸렸다. 사고방식 인터벤션 조건에 배정된 개인은 사고방식 내용(아래 설명된 세 개의 인터벤션 섹션 모두를 한 비디오 프레젠테이션에서 보는 것을 포함)을 두 번 받았으나 학습 기술 통제에 배정된 개인은 두 개의 학습 기술 프레젠테이션을 보았다.

인터벤션 섹션 1: 투쟁담의 서술과 글쓰기 성찰

인터벤션에 대한 프레젠테이션은 학생들의 등교를 환영하고 학교 전환 중에 학생들이 직면할 수 있는 다양한 유형의 도전을 설명하는 것으로 시작된다. 소개 후, 학생들은 (1) 많은 학생에게 잘 알려져 있고 (2) 역경을 이겨내고 성공하는 매력적인 이야기가 있는 우리가 선택한 유명 인사와 과학자들(예: J. K. Rowling, Neil deGrasse Tyson)의 학업적, 사회적 투쟁에 대해 배운다. 투쟁 이야기 인터벤션은 오직 과학자들만 사용했지만(Hong & Lin-Siegler, 2011; Lin-Siegler et al., 2016), 우리는 유명 인사들의 투쟁 이야기도 포함한다. 이러한 역할 모델(예: 과학자들과 유명 인사들)은 학생들의 인종, 성별, 그리고 사회경제적 다양성을 대표하기 위해 선택되었다. 역할 모델의 폭넓은 다양성은 유럽계 미국인의 역할 모델에만 의존했던 이전의 투쟁 이야기 인터벤션에서 개선된 것이다(Lin-Siegler et al., 2016). 우리의 접근 방식은 청소년이 역할 모델과 그들의 도전을 확인할 가능성을 증가시킨다. 이것은 특히 학업적으로 유명한 커리어를 가진 긍정적인 역할 모델이 적은 아프리카계 미국인 및 여성 학생들에게 중요하다. 우리는 각 역할 모델에 대한 정확한 전기적(biographical) 정보를 제시하는 동안, 학교 학생들과 교사들이 지적한 도전들에 필적하는 투쟁을 강조한다. 이야기의 마지막 부분에서 학생들은 역할 모델이 그들의 도전을 극복하기 위해 사용했던 다양한 전략에 대해 배운다.

이 섹션에서는 성공의 기본이 되는 과정에 대한 두 가지 핵심 메시지를 전달한다. 첫째, 우리는 학생들에게 심지어 유명한 역할 모델조차도 평생 소속에 대한 어려움과 의문에 직면했다는 사실을 학생들에게 알림으로써 성공하기 전에 일어나는 학업 및 사회적 도전의 발생을 일반화한다. 둘째, 우리는 역할 모델의 업적에서 노력과 성장의 중요한 역할을 강조하면서, 이러한 개인들이 선천적인 재능 때문에 성공했다는 통념에 도전한다.

글쓰기 연습 1: 내면화

일단 학생들이 유명 인사와 과학자들의 도전을 알게 되면, 학생들은 학교 전환 과정에서 그들 자신의 도전에 대해 생각해 볼 수 있는 기회를 얻게 된다. 특히, 학생들은 다음과 같은 글쓰기 조언을 받는다. "0학년 동안 직면한 한 가지 도전에 대해 쓰세요. 도전에 대해 쓴 후에는 이 도전을 극복할 수 있는 한 가지 방법에 대해 쓰세요." 이런 간단한 서면 답변은 학생들이 인터벤션 메시지를 내면화할 수 있도록 하기 위한 것이다. 선행연구에 따르면, 과제에 대한 글쓰기가 종종 문제 해결 전략을 촉진하고 청소년의 심리적 기능을 향상시킬 수 있음을 시사한다(Boniel-Nissim & Barak, 2011).

인터벤션 섹션 2: 소속감 사고방식 인용에 대한 설명

이 섹션은 소속감 사고방식 인터벤션의 활동에 관한 것이다(Walton & Cohen, 2011). 이 섹션의 대부분은 같은 학교의 학생들이 각 학년 전환 중에 소속 관심사와 관련하여 경험한 도전에 중점을 둔다. 우리는 학생 및 교사와의 예비 인터뷰를 통해 특정 고등학교로 진학하는 동안 학생들이 겪는 공통된 어려움을 확인하였다. 예를 들어, 학생들은 또래들에게 인기를 얻기 위해 행동을 바꾸라는 사회적 압력에 종종 시달리고, 처음으로 시험 성적이 좋지 않았으며, 수업이 지루하다는 것을 알게 되고, 아침 일찍 일어나기 어렵다는 것을 알게 되었다. 인터벤션을 위해 학생들은 교사와 학생과의 예비 인터뷰를 통해 학생과 교사가 제공한 여러 학생의 '추천글'을 읽었다. 이 중 학생용 추천글에는 세 가지 핵심 메시지가 포함되도록 주의 깊게 조작된다. 아래는 학생 인용문의 예를 제공한다.

첫 번째 학생 인용문은 학생들의 학업 도전과 전략에 초점을 맞춘다. 이 인용문은 원래 소속감 인터벤션과 유사하게(Walton & Cohen, 2011) 학업적 투쟁은 학교 전환 과정에서 규범적이지만 이러한 특정 학교 상황에 맞춰져 있음을 강조한다. "첫 시험에서 나는 정말 나쁜 점수를 받았다. 선생님은 나에게 너무 화가 나서 나는 실패자처럼 느껴졌다. 나는 그것을 좀 더 진지하게 받아들일 필요가 있다는 것을 깨달았다. 그래서 숙제를 할 수 있는 충분한 시간을 따로 두도록 했다."

청소년기의 또래 관계가 두드러지고 학교생활에서 새로운 친구를 사귀는 데 어려움을 겪을 가능성이 크다는 점을 감안할 때(Monahan & Steinberg, 2011), 두 번째 인용문은 사회와 관련된 과제에 대해 논의한다. "9학년이 되고 모든 것이 달라졌다. 내 친구들은 모두 변화하고 인기를 얻으려고 노력하고 있었다. 솔직히, 나도 그들처럼 되어야 한다고 생각했다. 진짜 친구들을 찾는 데 어려움을 겪었다. 하지만 많은 사람들도 그렇다는 걸 깨달았다. 나는 9학년 때의 나에게 '어울리는 것에 대해 걱정하지 마! 시간이 걸리겠지만, 곧 친구 그룹을 찾을 수 있을 거야.'라고 말했다."

마지막으로, 세 번째 학생 인용문은 성장 사고방식 인터벤션으로의 전환으로 사용되었다. 우리는 지금까지 프레젠테이션으로 과거의 학생 반응에 대한 인용문을 공유하였다. "과학자들도 도전했다는 것을 알게 되어 멋졌다." "처음에는 잘 못하더라도 열심히 일하고 성공할 수 있다." 그런 다음 우리는 성장 사고방식 수업에 대해 언급한 학생의 인용문을 포함하였다. "나는 사람들이 나를 상자에 넣고 '당신은 이것에 대해 현명하지 않다' 또는 '멍청하다'라고 말하지 못하게 할 것이다." 이전의 인터벤션과 유사하게(Byran et al., 2016; Yeager, Romero, et al., 2016), 우리는 청소년의 반응을 활용하기 위해 사회적 라벨을 거부하는 이런 종류의 인용문을 포함하였다. 예를 들어, "스마트" 또는 "천재"의 라벨과 같은 것 말이다.

> 사람들이 당신을 상자에 넣고 '이런 일에는 똑똑한 게 아니군'이라고 말하는 게 싫었다. 프레젠테이션에서 라벨이 방금 만들어졌다는 사실을 알게 된 것은 멋졌다. 내가 '천재'라고 생각한 사람들도 도전을 했다. 사람들이 당신을 의심할 때도 여전히 열심히 일하고 성공할 수 있다.

인터벤션 섹션 3: 성장 사고방식 수업

성장 사고방식 수업은 라벨과 고정관념에 대한 소속감 사고방식 인터벤션의 세 번째 인용문으로부터 만들어졌다. 특히, 본 섹션은 노력을 기울이면 학생들의 지능이 실제로 향상될 수 있다는 경험적 증거를 제공한다(Blackwell et al., 2007; Paunesku et al., 2015). 이 수업의 일반적인 메시지는 원래의 지능적 사고방식 인터벤션(지성은 노력으로 향상될 수 있음)과 동일했지만, 이 메시지의 보다 압축되고 매력적인 비디오 버전이다. 수업은 뇌가 근육과 유사하다는 점에서 시작한다. 뇌를 운동시킴으로 뇌를 강화시키고 더 효율적으로 활동하게 할 수 있다. 다음으로, 학생들은 뇌가 더 효율적으로 될 수 있다는 메커니즘에 대해 배운다. 도전적인 운동에서 뇌를 사용하면, 뉴런 간의 연결 수가 증가한다. 또한, 청소년들의 인지 능력과 한계를 점점 더 많이 인식하게 되었다는 것을 감안할 때(Eccls, 1999), 다음 단계는 학생들에게 뇌와 지능이 청소년기에도 여전히 발달할 수 있다는 증거를 보여준다(Blackwell et al., 2007). 그 후, 우리는 성장 사고방식 원칙(즉, 애플 고용주가 노력과 학습에 대해 긍정적인 태도를 가진 직원을 고용하기를 원한다는 것)의 실제 적용 사례를 포함하였다. 청소년들은 콘텐츠가 자신의 삶과 관련이 있을 때, 수업자료에 몰입할 가능성이 더 높기 때문이다(Eccles & Roeser, 2011). 마지막으로, 학생들이 노력하는 것이 단순히 같은 전략으로 더 열심히 노력하는 것 이상이라는 것을 이해하는 것이 중요하기 때문에(Blackwell et al., 2007), 우리는 학생들에게 학업적 성과를 증진시킬 수 있는 다양한 노력의 예를 제공한다(예: 방과 후 튜터링, 수업 참여).

글쓰기 연습 2: 말하는 것이 믿는 것이다

마지막 섹션에서, 학생들은 자신보다 한 살 어린 학생에게 인터벤션 내용을 담은 엽서를 쓴다. 구체적으로, 학생들은 다음과 같은 질문을 받는다. 특히, 학생들에게 다음과 같은 메시지가 표시된다. “오늘의 메시지를 0학년 학생에게 전달하고 싶습니다. 그러나 우리는 당신의 도움이 필요합니다. 고등학교 입학에 불안한 0학년에게 엽서를 보내주세요. 이 학생에게 0학년 때 직면할 수 있는 도전을 극복하기 위해 무엇을 할 수 있는지에 대해 알려주세요.” 이런 종류의 프롬프트는 ‘말하는 것은 믿는 것이다’의 접근 방식을 활용하여 학생들이 인터벤션 내용의 내면화를 높일 수 있다. 이 연습은 학생들이 자신이 아닌 다른 사람에게 메시지를 전해야 하기 때문에 인지부조화 과정을 통해 자기 설득으로 이어질 수 있다(Aronson, 1999).

변화 이론

우리의 인터벤션 모델은 학생 자신, 그들의 학교 환경, 그리고 학업적 성공에 기여하는 요인에 대한 믿음이 학교에서의 몰입에 영향을 미칠 수 있고, 궁극적으로는 그들의 학업성취에 영향을 미칠 수 있다는 심리사회적 이론과 연구에 대해 설명한다(Lin-Siegler, Dweck, & Cohen, 2016; Weiner, 1985). 그러므로 이러한 인터벤션의 주요 목표는 학교에서의 도전에 대한 학생들의 사고방식이다. 학교 전환기 중 스트레스(예: 좌절과 소속 불확실성 경험)로 인해 학생들이 실패를 내적 요소와 감당할 수 없는 요소로 잘못 귀속시켜 몰입과 학업성취도가 감소한다면, 학생들이 잠재적 도전/실패에 대해 생각하는 방법을 변경할 수 있도록 도움 주는 것은 학생의 성과를 향상시키는 핵심 수단이 될 수 있다. 사고방식 인터벤션은 학생들이 학교에서의 과제에 대해 더 긍정적으로 생각하는 방법을 제공하는 것을 목표로 한다. 이는 학업 및 사회적 도전과 투쟁을 일반화하고 재평가함으로써 학생들의 사고방식을 변화시킨다. 이 인터벤션은 이전 학생들의 경험을 투영하고 유명 인사와 성공한 과학자의 이야기를 읽음으로써 특정 학생이나 집단뿐만 아니라 중등학교에 입학하는 모든 사람에게 도전이 일어난다는 확신을 제공하고, 그 상황이 노력과 시간으로 해결될 것임을 시사한다. 학생들이 이러한 도전 과제를 시간이 지남에 따라 더 좋아지는 정상적인 현상으로 이해함에 따라 부정적이고 모호한 신호를 외부 및 변경 가능한 사고방식으로 재평가하는 것이 좋다. 학생들은 도전과 실패에 적응할 수 있다. 결과적으로 우리는, 학생들이 학교에서 행동적으로 몰입하는 데 유리할 수 있도록 준비를 갖출 수 있기를 기대한다. 마지막으로, 높은 수준의 학교 몰입은 학생들의 학업성취도를 향상시킬 것으로 기대한다(Hill & Wang, 2015). 이 변화 이론은 그림 12.1에 요약되어 있다.

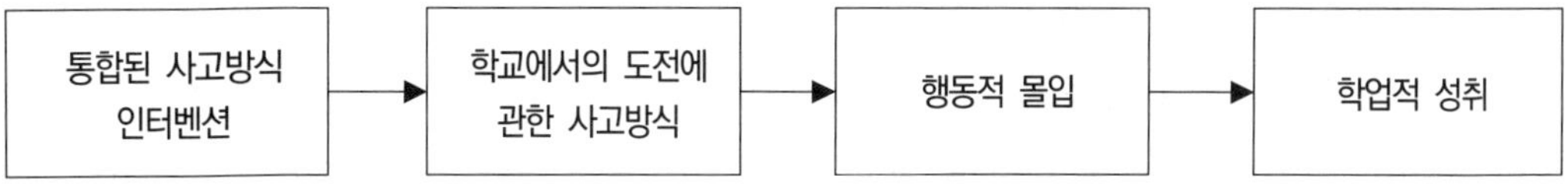

그림 12.1 ‖ 변화 모델의 이론

통제 프레젠테이션

표면적으로는 실험과 통제 조건을 비슷하게 만들었지만, 통제 조건에서는 사고방식에 대한 내용이 전혀 없었다. 통제 프레젠테이션에는 긍정적인 학습 성과와 관련된 다양한 학습 전략에 대한 토의와 기억에 대한 가르침이 포함되었다. 학생들의 학습 기술을 향상시키는 것이 이 인터벤션의 주요 의도는 아니지만, 이 자료와 함께 프레젠테이션을 제공한다고 해서 실험 조건에서 면제된 사람들의 성취나 동기에 해로운 것은 아니다. 또한, 다른 심리사회적 인터벤션은 학습 기술 훈련과 기억력 수업을 통제 조건으로 하여 성공적으로 활용하였다(Blackwell et al., 2007; Walton et al., 2015). 프레젠테이션은 인터벤션 프레젠테이션과 동일한 시간 동안 지속되며, 동일한 소개 및 설명으로 관리된다. 마지막으로, 통제 프레젠테이션에는 실험 조건에서의 쓰기 연습을 반영하였다. 첫째, 쓰기 활동은 학생들이 이전에 활용했던 성공적인 학습 전략을 되돌아보도록 요구하고 둘째, 쓰기 활동은 학생들에게 발표 자료를 성찰하도록 요구하고, 학교생활에 어려움을 겪고 있는 어린 학생들에게 구체적인 학습 전략을 제안하도록 요청한다.

통합된 사고방식 인터벤션 연구

이 섹션에서는 통합된 사고방식 인터벤션 연구에 대해 설명한다. 먼저 우리가 인터벤션을 어떻게 개발하고 맞춤화했는지를 설명한다. 다음으로 이것의 실행 절차를 상세히 설명하는데, 이는 심리사회적 인터벤션의 성공이 시기와 그것들이 조심스럽게 전달될 수 있는 정도에 달려 있기 때문이다(Yeager & Walton, 2011).

인터벤션 개발

인터벤션의 개발은 교사와 학생으로부터 피드백을 얻고 인터벤션 내용을 4단계로 수정하는 반복적인 과정이다. 첫째, 학교 내외에서 학생들이 직면한 학업 및 사회적 과제를 논의하기 위해 교사(각 포커스 그룹의 3-4명 교사)와 몇 개의 포커스 그룹을 구성하였다. 또한, 교사들에게 학생들의 수업에서 가장 어려운 측면에 관하여 물었다. 이 정보는 입문 섹션에서 학생의 도전과 학생의 소속감 인용문에 대해 알려주는 데 도움이 되었다. 또한, 성장 사고방식의 노력 사례 섹션에 대한 교사의 적응적 학습 전략 사례를 사용하였다. 둘째, 본 연구에서는 중·고등학교 초기에 학생의 학업과 사회적 과제를 공유할 수 있도록 하는 동시에 이러한 어려움을 극복하기 위한 성공적인 전략을 제시하는 등 유사성 있는 자극을 가진 학생 포커스 그룹(예: 각 포커스 그룹에는 3-4명의 학생이 포함된다)을 선정하였다.

셋째, 이론적으로 동기가 부여된 예비 인터벤션 프레젠테이션과 작문 연습이 몇몇 학생 포커스 그룹과 공유되었다. 프레젠테이션과 연습에 대한 학생들의 반응과 의견을 바탕으로, 준결승 버전(최종 이전 버전)의 인터벤션을 제작하였다. 중요하게도, 우리는 학생들에게 유명 인사 및 과학자들의 이야기 중 몇 가지 측면에 관하여 물었다: (1) 역할 모델의 인식 가능 여부, (2) 학생들이 성공하기 위해 역경을 극복하는 이야기에 관련이 있다고 느끼는지에 대한 여부. 넷째, 우리는 무작위 통제 설계를 사용하여 두 학급의 학생들과 함께 최종 컴퓨터 프레젠테이션을 파일럿 테스트하였다. 이 파일럿 테스트에서는 프레젠테이션의 명확성과 학생들이 프로그램에서 받은 메시지 및 프레젠테이션을 보다 매력적으로 만들기 위한 제안을 포함하여 인터벤션의 여러 측면에 대한 피드백을 학생들에게 제공하였다.

우리는 현재 프레젠테이션에 멀티미디어와 오디오 디자인 형식을 충족시키고자 전문 그래픽 디자이너와 협력하여 모든 콘텐츠를 애니메이션화하여 이야기와 성장 사고방식 수업을 실행하였다. 게다가 우리는 인터벤션의 모든 부분에 대해 내레이션을 하였다. 내레이션은 학생들에게 프로그램을 더 몰입하게 해줄 뿐만 아니라 낮은 읽기 능력을 갖춘 학생들이 인터벤션의 메시지를 획득할 수 있도록 해준다.

실행 절차 시기와 스텔스(stealth)

인터벤션을 완료하기 전과 무작위로 배정하기 전에 모든 학생의 학교 첫 달 동안 학생 몰입 및 동기부여 신념에 대한 기본 정보를 수집하기 위해 사전 인터벤션 조사를 완료하였다. 그런 다음 무작위로 사고방식 인터벤션 조건 또는 학습 기술 조건에 학생들을 배정하였다. 무작위로 배정한 후, 인터벤션에 앞서 두 집단의 청소년들 사이에 동질성을 보장하기 위해 여러 인구통계학적, 학업적, 행동적 특성(예: 성별, 인종, 성취도)에 대한 인터벤션과 통제 집단 간의 초기 비교가 수행되었다.

무작위 과제가 있은 지 일주일 후, 학생들은 제일 처음 컴퓨터 기반 인터벤션 또는 통제 프레젠테이션에 참여하였다. 학생들이 자신의 ID를 입력했을 때, 웹 기반 시스템은 그 학생이 실험 집단 또는 통제 집단에 속해 있는지를 인식할 수 있으며, 적절한 프레젠테이션과 작문 활동이 학생들에게 제시되었다. 실험 집단에 무작위로 선정된 학생들은 학교에서 개인적인 경험에 대해 읽고 반성하도록 요구하는 프레젠테이션과 작문 활동을 받았다. 통제 집단에 무작위로 분류된 학생들도 프레젠테이션과 작문 활동을 받았지만, 이러한 활동은 동기부여적인 내용이 없도록 설계되었다. 두 집단의 학생들을 위한 활동은 완료하는 데 약 30분이 걸렸다. 이러한 과정은 몇 주 후 가을 중반에 처치 촉진 프레젠테이션을 위해 반복되었다. 이 기간에 학생들은 아마도 학업 및 사회적 문제를 겪을 수도 있고, 곧 다가올 고득점 시험(예: 중간고사)을 겪을 수도 있다. 사고방식의 메시지를 강화하면 학생들이 이러한 과제를 재구성하고 인내하는 데 도움이 될 수 있다. 프레젠테이션과 연습은 정규 수업 시간에 실시되었으며, 학생들이 참여하는 학교에서 전학하지 않는 한 프레젠테이션과 연습을 완료할 기회가 주어졌다(즉, 무작위로 배정된 학생은 연구에서 제외되지 않았다). 중요한 것은 프레젠테이션은 학생들이 일반적으로 작문 과정에 참여하는 과정인 사회과 수업 중에 제공되었다.

우리는 '상향적 선순환'을 촉진하기 위해 중등학교로 전환할 때, 학생들의 사고방식에 대한 믿음을 목표로 삼았다. 긍정적인 사고방식을 갖춘 학생들은 새로운 학습환경에서 기회를 더 잘 활용할 수 있다(Blackwell et al., 2007; Yeager & Walton, 2011). 따라서 첫 번째 처치는 학년 초에 가능한 한 빨리 이루어져야 하며, 교육구 수준의 형성적이고 표준화된 시험과 같이 스트레스를 많이 받는 경험 직전에 한 번 더 반복된다. 우리는 또한 중등학교로의 전환을 활용하여 인터벤션의 내용을 학생들의 일상생활로 원활하게 통합할 수 있는 정도를 가리키는 인터벤션을 '스텔스(stealth)'로 만들었다. 특히 학교 기반의 심리사회적 인터벤션은 학교 환경에 잘 통합되어 인터벤션으로 인식되지 않을 때 가장 효과적이다(Walton, 2014; Yeager, Romero, et al., 2016). 그러므로 우리는 선생님들이 그 인터벤션을 모든 신입생을 위한 학교 전반의 프로그램으로 소개하도록 하였다. 이 자료는 또한 일반적이고 잘못된 믿음을 고칠 수 있는 정보의 집합으로서 제시되었는데, 이 정보는 지기 지신에 대해서는 득별하게 다루지 않았다. 교사들이 발표의 틀을 짜는 방식을 표준화하기 위해 우리는 교사들에게 어떻게 인터벤션을 정규 교과과정에 제시할 것인지를 보여주는 30분의 간단한 교육을 실시하였다. 또한, 인터벤션의 목적에 대해 학생들이 질문할 때 제시할 수 있는 답의 예시와 함께 교사들이 작업할 수 있는 소개 스크립트를 제공하였다. 이러한 훈련은 다른 연구자들이 은밀한 방법으로 심리사회적 인터벤션을 관리하기 위해 사용한 자료에 의해 알려졌다(Walton, 2014).

학생들이 프레젠테이션을 어려운 인터벤션으로 인식하지 못하도록 하기 위해, 우리는 컴퓨터를 기반으로 한 짧은 프레젠테이션(30분짜리 프레젠테이션 2회)에서 제시할 인터벤션을 개발하였다. 각각의 학생들은 프레젠테이션을 독립적으로 보았고, 컴퓨터에만 집중할 수 있도록 도와주는 헤드셋을 받았다. 실제로 학생들이 그들의 프레젠테이션을 같은 반 친구들과 비교하지 않는 것이 중요했는데, 이는 일부 학생들은 사고방식 인터벤션을 받았고, 다른 학생들은 학습 능력 통제 프레젠테이션을 받았기 때문이다.

요약하면, 학생들의 일상생활에 통합될 수 있는 형식으로 전달될 때, 사고방식의 인터벤션이 강화될 수 있으며, 비강압적인 방식으로 메시지를 전달할 수 있다(Walton, 2014; Yeager & Walton, 2011). 즉, 인터벤션과 관련된 오명이나 위협을 제거하는 눈에 띄지 않는 방식으로 인터벤션을 전달해야 한다. 더욱이, 특정 학교 상황의 독특한 도전을 경험한 이전 학생들이 콘텐츠에 정보를 제공할 때 사고방식의 인터벤션이 특히 매력적으로 보일 수 있다. 마지막으로, 우리는 프레젠테이션의 인지적 요구(예: 애니메이션과 내레이션된 콘텐츠를 통해)를 줄이면, 다양하게 읽고 쓸 수 있는 능력과 주의력을 가진 광범위한 학습자들을 참여시킬 수 있다고 제안한다. 우리는 인터벤션과 실행 과정을 표 12.2에 요약하였다.

표 12.2 ❙ 통합적 사고방식 인터벤션의 핵심 포인트

	요약
인터벤션 개발 및 맞춤화 과정	• 인터벤션이 이루어지는 학교의 교사와 학생들의 피드백을 통합하는 반복적인 과정 • 학생들이 직면한 학업 및 사회적 도전에 대해 토의하기 위해 선생님들과 함께 포커스 그룹을 만듦 • 학생들과 함께 포커스 그룹을 만들고 학업 및 사회적 도전과 그들이 사용한 성공적인 전략을 논의 • 학생 포커스 그룹과 인터벤션 프로토타입을 공유하고 피드백을 통합 • 무작위 통제 설계를 사용하여 소규모 학생 그룹과의 최종 컴퓨터 인터벤션을 파일럿 테스트 • 애니메이션 및 내레이션 프레젠테이션으로 인터벤션 설계를 개선할 수

	있음
통합적 사고방식 인터벤션	• 새 학교/학교로의 전환에 대한 환영 메시지와 함께 시작하기 • 투쟁 이야기: 과학자와 유명 인사의 고군분투 이야기를 공유하여 '천재'와 유명인들도 도전(어려움)에 직면해 있음을 보여줌 • 글쓰기 성찰: 학생들이 자신의 도전과 이를 극복하기 위한 전략을 숙고하도록 함 • 소속감 사고방식: 학교로의 전환과 함께 학생들의 도전 이야기 공유 • 성장 사고방식: 도전을 지속할 수 있는 전략을 수립할 때 뇌가 어떻게 변화할 수 있는지에 대한 사실 공유 • 말하는 것이 믿는 것: 인터벤션의 내용을 내면화하기 위해 프레젠테이션에 관한 글을 어린 학생들에게 쓰도록 함
실행 과정	• 중학교 또는 고등학교로의 전환과 같은 전환 시기를 활용 • 학교에서의 첫 달 동안에는 인터벤션 하기 전 미리 데이터 수집(예: 설문조사) • 학생들의 수준에서 학생 무작위 배정 • 교사들이 인터벤션을 실행하도록 훈련시키고, 인터벤션을 소개하기 위한 대본을 제공 • 학생들은 수업 시간에 제일 처음 컴퓨터를 기반으로 한 인터벤션 또는 통제 프레젠테이션을 완료(약 30분 소요) • 몇 주 후, 학생들은 두 번째로 수업 시간에 컴퓨터를 기반으로 한 인터벤션 또는 통제 프레젠테이션을 완료(약 30분 소요) • 인터벤션 후에 데이터 수집

결론과 논의

우리의 인터벤션 연구는 여러 검증된 심리사회적 인터벤션을 통합하고자 하며, 과거의 작업을 통합된 저비용의 실행하기 쉬운 인터벤션 프로토콜을 개발하기 위한 구성 요소로 사용한다. 이 인터벤션은 내러티브 체계를 사용하여 함께 결합할 때, 기존의 어떤 프로그램보다 학생 몰입 개선에 더 효과적일 수 있으며, 새로운 인터벤션 프로그램을 구성하는 중요한 인터벤션 요소들을 통합한 첫 번째 연구 중 하나이다. 여러 가지 사고방식 인터벤션이 유사한 기본 메시지(예: 일반화 및 재평가 과제)를 가지고 있음을 인식한 후에 우리는 이러한 메시지를 사용하여 학생들이 흥미롭고 기억에 남을 것이라고 생각하는 방식으로 서로를 강화하였다. 역할 모델의 힘든 이야기를 통해 핵심 사고방식 메시지(예: 노력이 성과를 거두는 것)를 예로 들면서, 우리는 노력과 학습을 통해 뇌가 어떻게 성장하는지에 대한 과학적 증거를 제공하는 성장 사고방식 수업을 맥락화하는 독창적인 접근 방식을 사용하였다. 자료에 이야기와 역할 모델을 통합하면 학생들은 실패를 통해 대리적으로 투쟁을 경험할 수 있다. 성공한 과학자조차도 성취 이전에 실패를 경험한다는 메시지는 학생들이 그들이 재능이 부족해서가 아니라, 그들의 학습에서의 어려움을 정상적인 것으로 해석하는 데 도움을 줄 수 있다.

또한, 우리는 이 프로그램에 참여하는 학생 집단을 위한 인터벤션을 맞춤화하였다. 즉, 인터벤션은 초등학교에서 중등학교로 전환하는 중요한 과정에서 직면하는 특정한 도전과 스트레스를 포함한다. 소속감 사고방식 인터벤션을 적용한 연구를 통해 학생들의 대학 진학 경험을 조사했지만, 초등학교에서 중학교 또는 고등학교로의 전환을 용이하게 하기 위한 맞춤형 인터벤션은 없었다. 본 연구는 일반적으로 학생들, 특히 위험에 처한 배경의 학생들이 중등학교로의 전환과 관련된 학업 및 사회적 스트레스 요인에 대처하는 데 도움이 되는 이전에 수행된 인터벤션 전략의 통합 및 발전을 나타낸다. 우리의 인터벤션 전략을 제시함으로써, 우리는 정책입안자, 교사 및 연구자에게 학생들이 학교 환경을 인식하고 이해하는 방식의 작은 변화가 학생들의 사회적 및 교육적 성과에 큰 영향을 미칠 수 있음을 설명하고자 한다.

제 13 장

만성 결석
: 학습환경에 투자하라는 신호

제13장

만성 결석: 학습환경에 투자하라는 신호

서론

저명한 고등교육기관의 연구자는 공립학교 교사들로 가득한 교실에서 출석률과 학업 성적의 상관관계 그래프를 제시하였다. 연구에 대한 긴 학술적인 설명 이후에, 청중 중 교사 하나가 매우 조심스럽 신념을 가지고 손을 들었다. "죄송하지만 교수님, 출석이 열악하여 학업에 실패한다는 것을 말하기 위해 멋진 차트나 논문은 필요하지 않습니다. 당신이 여기 없다면, 나는 당신을 가르칠 수 없습니다. 이렇게 단순합니다."

모든 교육자는 출석이 열악하면 학습 성과가 좋지 않다는 것을 이해하지만, 네 가지 좋지 않은 잘못된 가정을 지속한다. (1) 출석은 단순히 학생과 가족이 교육을 중요하게 생각하는 정도를 반영한 결과이다. (2) 학생 출석 개선은 교육자의 영향, 영역을 넘어서는 것이다. (3) 만성 결석으로 이끄는 주요한 요인은 학교 외부에 있다. (4) 잦은 결석에는 합당한 절차를 따르는 것이 가장 적절한 대응이다. 이러한 문제가 있는 가정에 대한 이해를 넓히기 위해 학교 환경 또는 학습환경(conditions for learning: CFL)의 기능으로서 만성 결석과 학생 비몰입 사이의 연관성을 조사하였다. 학습환경은 학교 커뮤니티 내에서 인간의 상호직용을 기반으로 나양한 느낌과 경험을 유도하였다.

다양한 요인들이 만성 결석을 완충, 약화 또는 강화할 수 있다. 이 장에서는 "학교 요인"을 교내 또는 내부에서 발생하는 것으로 정의하고, "커뮤니티 요인"을 학교 바깥의 외부에서 발생하는 것으로 정의하였다. 학교 요인과 커뮤니티 요인 모두 학교 결석에 중요한 요인으로 논의될 것이다. 학교 요인은 신체적 및 정서적 안전, 평등한 지원에 대한 유대감 및 접근성, 도전적이고 유의미한 교육, 또래 및 교육자의 사회정서적 역량과 관련하여 학생을 몰입하게 하는 학습환경과 관련 있는 측면을 포함한다(Osher & Kendziora, 2010). 몰입을 유도하는 학습환경은 사회적, 정서적, 학업적 역량을 포용하며, 모든 학생에게 긍정적인 변화를 이끌어 낼 수 있는 헌신적인 교육자들로부터 시작된다(Berabei & Brennan, 2014).

몰입하는 학습환경은 만성 결석을 줄이기 위한 강력한 지원 및 인터벤션 시스템을 위한 토대를 마련하였다. 이 장에서는 학생 몰입 및 출석에 영향을 미치는 학습환경을 구축하는 데 필요한 교육자 역량에 대해 논의한다. 먼저 현재 정책 상황 내에서 문제의 범위와 규모를 이해하기 위해 만성 결석 데이터를 검토한다. 다음으로 어떤 커뮤니티 및 학교 환경 요인이 학생 출석에 부정적인 영향을 미치는지를 살펴본다. 여기에는 네 가지 학습환경에 대한 심층적인 설명이 포함된다. 이 장은 다층 접근법(multi-tiered approach)으로 만성 결석을 줄이기 위한 실천을 기술하면서 마무리된다.

만성 결석: 점점 심각해지는 문제

미국 학생의 15%가 현재 만성적으로 결석하고 있다(Chang, Bauer, & Byrnes, 2018). 만성 결석은 어떤 이유에서든 -결석계 있음, 결석계 없음, 정학- 10% 이상 학교에 결석한 개인 학생으로 정의된다(Jordon & Miller, 2017). 만성 결석은 역사적으로 보다 더 일반적인 조치, 무단결석 및 평균 일일 출석률(average daily attendance: ADA)과는 다르다. 무단결석은 결석계가 없는 결석을 가리키는 것으로, 종종 처벌적 영향으로 학교 규칙의 일반적인 준수를 강조한다. 평균 일일 출석률은 매일 학교에 출석하는 학생의 비율을 학교 전체 비율로 계산한다. 무단결석과 평균 일일 출석률은 잃어버린 학습 시간을 드러내지 않는 반면(Bruner, Discher, & Chang, 2011), 만성 결석은 학교에서의 학생 비몰입을 나타내는 강력한 지표이다. 서류상으로 만성 결석은 학생이 놓친 총 수업 시간(이유가 있는 결석이든 무단결석이든)을 측정한다. 실제로 만성 결석에 대한 종합적인 척도는 학생들이 학교를 빠지고, 쫓겨나고, 중단하고, 정학당하는 것을 나타낸다.

만성 결석은 전국적으로 800만 명 이상의 학생들에게 영향을 미치며(Bauer, Phyllis Jordan, Chang, & Balfanz, 2018) 널리 퍼져 있고 매우 집중되어 있다. 만성 결석은 일부 학교에서는 다른 학교보다 더 많은 영향을 미친다. 만성 결석의 50% 이상이 전국 학군의 4%에서 발견될 수 있으며(Balfanz & Chang, 2016), 집중된 불평등이 부각된다. 최근 미국 내 데이터를 분석한 결과, 4개 학교 중 하나에서 2015–16년에 20% 이상의 학생이 만성 결석한 것으로 나타났다(Bauer, Phyllis Jordan, et al., 2018).

만성 결석은 실증적으로 학업 위험을 초래하는 이탈에 대한 조기 경고 신호를 나타낸다(Bruce, Bridgeland, Fox, & Balfanz, 2011). 1학년 이전에도 만성 결석은 학생들이 학교에서 배우고 성취 할 수 있는 능력을 약화한다(Erlich et al., 2014; Rhode Island Data HUB, 2015). 아이들이 3학년까지 글을 잘 읽지 못하고(Chang & Romero, 2008), 중학교 낙제(Balfanz, Herzog, & Mac Iver, 2007), 고등학교 중도탈락(Mac Iver, Plank, Durham, Farley–Ripple, & Balfanz, 2008; Utah Education Policy Center, 2012)할 가능성을 높인다. 고등학교에서의 만성 결석은 정시 졸업 가능성이 낮고, 9학년에 체류할 가능성이 높은 것과 관련된다(Allensworth & Easton, 2007; Mac Iver et al., 2008). 시카고의 데이터는 학교 결석률을 코스 성과의 가장 강력한 예측 변수로 보여준다. 이는 자체적으로 고등학교 졸업의 예측 변수이다(Allensworth & Easton, 2007). 연구자들은 2주 이상 결석이 낮은 시험 점수보다 낙제를 더 자주 유발한다는 점을 발견하였다(Allensworth & Easton, 2007). 미국 국가시험 데이터의 주(state)별 분석에 따르면 수업 시간을 놓친 학생은 표준화된 시험에서 점수가 더 낮음을 보여준다(Ginsburg, Jordan, & Chang, 2014). 이 관계에서는 놀랍게도 매일 학교 결석에 대해 표준화된 시험 점수가 거의 1점 하락한다(Balfanz & Byrnes, 2012).

이전에는 드물었지만 현 정책 배경하에서 만성 결석 데이터는 점차 널리 이용되고 있다. 최근 초·중등교육법인 연방의 모든 학생 성공법(The every students succeeds act: ESSA)이 재승인되면서 만성 결석에 대한 논의가 강조되었다. 모든 학생 성공법하에 만성 결석은 지역 및 주 성적표에 필요한 보고 지표이며, 학교 책임에 대한 선택적 측정이다(Chang, 2017). 주 모든 학생 성공법 계획에 대한 최근 분석에 따르면, 36개 주와 워싱턴 DC는 주 전체의 책무성 체제에 만성 결석 척도를 포함하였다(Bauer, Liu, Whitmore Schanzenbach, & Shambaugh, 2018; English, 2017; Jordon & Miller, 2017).

형평성에 영향을 미치는 만성 결석 수순을 활용하는 것에는 큰 가능성이 있다–해당 데이터를 통해 어떤 학교와 학생이 추가 지원이 필요한지를 쉽게 식별할 수 있다. 시간이 지남에 따라 만성 결석 데이터는 다음의 이유로 더욱더 유용해질 것이다. 첫째, 책무성 강화는 국가가 보다 더 정확하고 일관된 데이터의 수집을 보장할 수 있도록 장려한다. 둘째, 학교를 너무 많이 결석한 학생들을 예방하고 인터벤션하기 위하여 무단결석 데이터보다 만성 결석 데이터(학생이 어떤 이유에서든 학교를 결석했을 때 추적함)를 활용하는 것이 더 가치가 있음을 더 많은 사람이 인식한다. 셋째, 더 정확한 데이터와 요구를 확인하기 위한 데이터 효용성에 대한 인식이 증가하면서 해당 데이터는 보다 공평한 자원 분배를 알려줄 수 있다. 만성 결석은 복잡하다. 따라서 우리는 다음에 논의할 학습환경과 외재적 요인을 다루기 위한 다면적 해결책이 필요함을 상정한다.

커뮤니티 요인

학교 밖에서의 중대한 많은 장애물은 학생들의 학교 출결에 영향을 미친다. 정기적인 출석을 방해하는 외부 장애물에는 가족의 책임, 건강관리에 대한 접근 부족, 신뢰할 수 없는 교통수단 및 커뮤니티 폭력이 포함된다(Chang, 2017; Chang & Romero, 2008). 일부 지역의 만성 결석에는 화학적 위험(예: 납 페인트 또는 오염원과의 근접성) 또는 불안정한 주거와 같은 환경적 문제가 희미하게 나타난다. 이러한 커뮤니티 요인, 도시 문제(예: 제한된 교통 옵션) 또는 제한 지역(예: 안전하지 않은 이웃 근처)과 같은 기타 요인은 만성 결석 패턴에 영향을 줄 수 있다. 빈곤율이 높은 지역(도시 및 농촌 모두)에 노출된 커뮤니티는 외부 요인에 대응하기 위해 사회 보장 및 파트너십을 활용할 수 있는 실행 가능한 인프라가 부족할 수도 있다.

학교 안팎에서 위험 요소가 복합적으로 발생하면 학생들은 학교를 빠질 가능성이 더 높다(Chang, 2017; Mac Iver et al., 2008; Weissbourd, 1996). 불공평하게도, 학교 밖에서 장애물과 직면한 학생들은 학교에 도착하자마자 비몰입 환경과 마주할 가능성이 크다(Osher & Kendziora, 2010). 유색인종 학생, 가족의 소득과 부가 거의 없는 학생, 언어 및 문화적으로 다양한 배경을 가진 학생들과 같이 빈곤한 인구는 역사적으로 만성 결석에 영향을 받는 학교에 다닐 가능성이 더 높다(Balfanz & Chang, 2016).

학교는 외재적 요인이 교육자의 영향 영역에 인접하거나 그 이상일지라도 그 영향을 해결할 수 있다. 보편적인 실천을 구축하기 위해 교육자는 통제 밖에 있는 불리한 환경을 인지하기 위해 협력하고, 학교 내 장애물을 확인하여(예: 정학을 초래하는 지체된 정책) 기존 장애물을 제거하기 위한 대응 프로그램 개발에 중점을 둔다. 그동안에 보편적인 실천은 지역 상황을 기반으로 실행을 촉진하는 맞춤형 접근법으로 여러 환경에 적용할 수 있다.

학생들을 학교에서 멀어지게 하는 커뮤니티 요인은 학생들을 학교로 끌어들이는 지원적인 학교 환경에 의해 균형을 맞출 수 있다(Center for Public Education, 2005). 외부 요인에 의해 실질적인 장애물이 발생하지만, 학교 환경이 약화되거나 학교에서 멀어지면서 발생하는 만성 결석은 교사의 권한 내에 있는 비몰입을 나타낸다. 학교 내 상황에 따라 학교가 위험과 보호 요소로 기능함을 시사하는 증거가 많아지고 있다(Osher, Kendziora, Spier, & Garibaldi, 2014). 한 횡단 연구에서는 시카고학교 리서치 인덱스 컨소시엄(Consortium on Chicago School Research's index)(Kendziora, Osher, & Chinen, 2008)을 바탕으로 중도탈락할 위험에 처한 9학년 학생들을 보고하였다. 연구자들은 학습환경 설문조사를 실시하여 보고된 학생들(예: 중도탈락의 "위험이 있는")은 또래 학생보다 학습환경이 더 좋지 않음을 밝혔다(Kendziora et al., 2008). 이 결과는 학생의 비몰입이 지원적인 학교 환경의 영향을 받을 수 있음을 시사한다. 학생들을 멀어지게 하는 상황은 개선의 필요성을 나타낸다.

비몰입과 결석은 불안전하고 비우호적인 환경에서 활성화되며 최소한의 관련성으로 도전적인 수업, 제한된 지원, 약한 관계로 인해 발생한다(Spier, Garibaldi, & Osher, 2012). 슬프게도 많은 학교는 높은 비율로 성취도가 낮은 학교를 괴롭히는 엄격한 규율 정책처럼 비몰입을 촉진하는 행동을 묵과하거나 구조적 적용을 지속하고 있다(Lee & Smith, 2001; Yair, 2000). 비몰입에 대한 구제는 궁극적으로 학교 내에서의 개선(예: 안전성 향상, 계층 지원, 견고한 인간관계, 관련 교육과정, 문화적으로 대응하는 교육)에 달렸다(Attendance Works, 2018). 다음 섹션에서는 몰입과 출석으로 이어질 수 있는 학습환경을 설명한다(Osher & Kendziora, 2010).

학습을 위한 환경

특정 환경은 말 그대로, 비유적으로 학생들을 위해 학교의 문을 열어 놓는다. 몰입을 촉진하는 네 가지 학습환경은 다소 구분되나 상호의존적이며 상호적으로 강화한다(Cantor, Osher, Berg, Steyer, & Rose, 2018; Osher & Kendziora, 2010). 학습환경은 연구자 및 교육자가 학습환경의 인간 경험을 향상시키기 위해 측정, 모니터링, 인터벤션 하는 것을 지원했고, 지난 13년 동안 영향력을 유지했다(Berg & Osher, 2018).

우리는 비몰입에 따른 만성 결석을 줄이기 위한 예방과 인터벤션의 접근에서 주요 진입점으로써 학교 환경과 학생 몰입 사이의 직접적인 연결을 검토한다. 첫째, 출석에 가장 적합한 각 환경의 측면을 정의한 다음 자세히 기술한다. 안전 유대감 및 지원; 학업 도전과 관련 수업; 또래 및 교육자의 사회정서적 역량(social and emotional competencies: SECs)–(이것들이) 일치하는 조합일 때, 학교가 학생들이 원하는 장소가 되면서 학생이 효과적으로 몰입하게 된다(Osher & Kendziora, 2010).

1. **안전**: 얼마나 신체적으로, 정서적으로, 그리고 정체성이 안전한지에 대한 학생들의 느낌. 안전한 학교에 다니는 학생들은 학업에 몰입할 가능성이 크며, 학교를 결석하거나 유해한 행동을 할 가능성이 적다(Resnick et al., 1997).
2. **유대감과 지원**: 학생과 교사가 서로, 그리고 학교 커뮤니티에 대해 어떻게 연결되었는지. 학교에서 보살펴 준다고 느끼고 학교에 관심을 가지는 학생들은 더 몰입할 가능성이 크다. 학업 및 도구적 지원의 결합으로 학생들이 잠재력을 발휘할 수 있다(Bernabei & Brennan, 2014; Savitz–Romer, Jager–Hyman, & Coles, 2009). 최소한 강한 보살핌을 주는 한 명의 성인은 청소년에게 보호적 요소이며, 발달 및 학업 성과 향상으로 이끌어준다(Klem & Connell, 2004; Osher, Cantor, Berg, Steyer, & Rose, 2018; Pianta, Hamre, & Stuhlman, 2003; Rutter, 1990).
3. **학업적 도전과 관련 수업**: 학생들이 얼마나 관심을 가지고 도전정신을 느끼는지. 교육자들이 모든 학생에 대한 높은 기대치를 촉진할 때 구체적으로 견고하고 의미 있는 내용, 문화적으로 대응하는 교육, 발달 기회에 대한 접근, 기대에 부응하기 위한 공평한 지원을 통해 학생들은 학업에 대한 심층학습에 몰입할 가능성이 크다. 이러한 환경은 자신의 지능에 대한 학생의 생각을 구축한다–정답을 넘어서 노력과 성장에 대한 칭찬으로 인지적 위험 감수를 촉진함으로써 실패에 대한 두려움이 줄어든다(Hammond, 2015).
4. **또래 및 교육자의 사회정서적 역량**: 효과적인 개인 간, 개인 내, 의사결정 능력이 학교 환경에서의 상호작용에 스며드는 정도. 사회정서적 역량은 자신을 알고, 다른 사람과 관계를 맺고, 현명한 선택을 하는 데 필요한 기본 기술로 구성된다. 강력한 사회정서적 역량을 학습하고 체화하는 학생들은 보호 요소를 개발하고(예: 케어링 어덜트(caring adult)와의 관계) 출석에 대한 책임 있는 결정을 내리는 데 최적화된다. 사회정서적 역량은 교육자들이 스트레스가 많은 일에서 자신의 감정을 확인하

고 조절하며 자신의 편견을 인지할 수 있도록 돕는다(Osher, Cantor, et al., 2018).

안전

안전하고 존중하는 분위기에는 신체적, 정서적, 정체성 안전이 포함된다. 안전하고 존중하는 환경은 학습에 방해가 될 수 있는 생리적, 정서적, 인지적 요인을 줄임으로써 성취에 영향을 미친다(Gottfried, 2014). 안전하고 존중하는 환경은 몰입을 증가시킨다(Berabei & Brennan, 2014; Osher & Kendziora, 2010).

학생들은 서로의 안전에 대한 느낌에 영향을 준다. 직접적인 예로는 놀림, 괴롭힘, 그 밖에 학생 사이의 공격적인 행동이 포함된다(Ryan, 2000). 문화, 사회경제적 상태, 신체적 능력에서 또래와의 차이는 괴롭힘을 초래하는 것으로 나타난다(Scherr & Larson, 2010). 괴롭힘은 학교에서 또는 학교에 가는 길에 불안감을 느끼는 데 기여할 수 있으며, 안전한 길을 이용할 수 없는 경우에 출석을 방해한다. 특정 학생이나 학생 집단에 의해 학교에 또는 학교에 가는 길에 학대를 당할 것이라는 두려움(물리적 또는 정서적으로)은 성인이 이해하거나 이해할 수 없는 광범위한 위협이다. 학생은 특히 학생과 교사 간 관계적 신뢰가 낮은 학교에서 그러한 사건을 성인에게 보고하지 않을 수 있다(Bryk, Bender Sebring, Allensworth, Luppescu, & Easton, 2010). 이 견해는 학생들의 괴롭힘 인식에 관한 연구와 일치하는데, 이는 교사의 인식과 비교할 때 학생들이 괴롭힘을 더 두드러진 문제로 인식하고 있음을 보여준다(Bradshaw, Sawyer, & O'Brennan, 2007).

안전의 개념은 물리적 위협과 괴롭힘을 넘어 확장된다. 심리적 안전을 방해하는 명백한 관행에는 모욕하기 위해 의도된 개인적 공격, 의도하지 않은 미묘한 차별, 무심한 발언 또는 제도화된 인종 차별 관행(예: 상위 학습 과정, 우등 과정에서 유색인종 학생의 비율이 낮음)이 포함된다. 단절은 개인적이든, 의도적이든, 제도적이든 관계없이, 안전하지 않은 환경을 조성함으로써 발생하는 비몰입에 기여할 수 있다. 존중과 안전이 담긴 교실 커뮤니티를 구축하는 교육자들은 학급 전체 학생들이 함께 배울 수 있도록 학생이 또래와 생산적으로 몰입할 수 있고 존중하지 않는 상호작용이 아웃될 수 있는 기회를 제공한다.

댈러스 북부에 있는 학교의 학생들에게 교실을 보다 안전하고 질서 있게 만들기 위해 교사가 할 수 있는 일에 대해 물었을 때, 가장 많이 나온 두 개의 대답은 간단하면서도 심오하였다. (1) 나의 이름을 알고 그것을 어떻게 발음하는지 아는 것, (2) 나를 부끄럽게 하는 것이 무엇인지 아는 것(그리고 나를 그것으로부터 보호하는 것)(Osher, Moroney, & Williamson, 2018). 교사가 180일 동안 그들의 이름을 잘못 발음하거나 학생에게 별명을 제공하여 올바른 발음을 배울 필요가 없다고 상상해 보아라. 이것은 표면적으로는 받아들일 수 있는 인간적인 실수처럼 보일 수 있지만, 개인 정체성이 습관적으로 사라지는 것을 느끼면 비몰입이 일어난다. 반대로 식당을 신체적으로, 심리적으로 학교 내의 안전한 장소로 만들 수 있는, 학교 전체의 각 학생 이름과 그들의 알레르기[1]를 알고 있는 식당 직원을 생각해 보아라.

소외 계층의 청소년에게는 가족 가치와 주류 가치 사이에 갈등이 생길 때 혼란과 스트레스가 불협화음에서 비롯될 수 있다(Comer, 1988). 주류 문화가 그들의 성공을 지지하지 않는다고 느끼면(예를 들어, 개인적으로 규정한 특성 때문에 학자로 보이지 않음) 심리적 안전을 경험하지 못한다. Steele과 Cohn－Vargas(2013)는 모든 학생을 위한 자율성과 학생 목소리를 고취하고, 차이를 인정하는 학습 공간을 뜻하는 "정체성 안전 교실(identity safe classrooms)"이라는 용어를 만들었다. 정체성 안전 실천을 제정하는 교육자는 모든 학생을 존중하며 주체, 목소리, 유대감에 대한 그들의 요구를 인정한다(Berabei & Brennan, 2014; Eccles & Roeser, 2011; Osher, 2015). "정체성 안전 교수전략"을 갖춘 교실에서의 학생들은 주(state) 위임의 시험에서 뛰어났을 뿐만 아니라 학교를 더 좋아하는 것으로 보고되었다(Steele & Cohn－Vargas, 2013). 정체성 안전 교실은 학업적인 측면에서 도전적이며, 몰입이 이루어진다(Hammond, 2015; Steele & Cohn－Vargas, 2013).

유대감 및 지원

사용이 가능한 지원을 바탕으로 학교 환경은 실패를 줄이거나 높일 수 있다(Osher, Cantor, et al., 2018). 견고한 관계는 학생들에게 연결되어 지원받는 느낌을 줄 수 있는 한 가지 방법을 제공하는 것으로 출석, 학습 및 건강한 인간 발달의 핵심이다(Berabei & Brennan, 2014). 학교의 조직 구조는 인간관계를 중재한다(Osher, Cantor, et al., 2018). 따라서 학교 내 교실은 학생뿐만 아니라 교사를 지원하는 건강한 발달 관계를 구축하기 위한 이상적인 환경이다(Osher, Cantor, et al., 2018). 교사는 의도적인 학생 그룹화와 협업을 통해 수업 중 유대감을 촉진할 수 있다. 프로그램, 사회적 및 교육적 실천, 관계는 교육자와 학생이 유대감을 형성하고 서로의 발전에 영향을 미치는 메커니즘(보조요인)의 역할을 한다(Berg & Osher, 2018; Osher, Cantor, et al., 2018).

케어링 어덜트(caring adult)와의 관계는 학생의 학업적, 사회적, 정서적 발달을 지원하

---

1) 이 시나리오는 실제 사례에 기초한다. Philando Castile(1983－2016)은 J.J. Hill Montessori Magnet 학교에서의 20년에 걸친 경력 기간 동안 학교와 식당 환경을 크게 향상시켰다.

고 외상이나 스트레스와 같은 위험 요인의 부정적인 영향을 완화시킨다(Klem & Connell, 2004; Osher, Cantor, et al., 2018; Pianta et al., 2003; Rutter, 1990; Weissbourd, 1996). 케어링 어덜트와의 관계는 긍정적인 결과를 지원한다(Klem & Connell, 2004; Osher, Cantor et al., 2018; Pianta et al., 2003; Rutter, 1990). 케어링 어덜트는 성공과 실패의 시기에 개인적이고 강력한 지원을 제공할 수 있다. 어려운 상황에서 실패를 재구성하도록 돕고 아이를 보호; 아이에게 귀 기울이고 문제 해결 마인드로 문제에 대한 자신만의 해결책을 찾도록 도움; 법치에 따른 관계 구축과 같은 친사회적 행동에 대한 역할 모델을 수행한다(Schonert-Reichl, 2017). 견고한 관계는 소속감을 높이고 자기효능감을 구축하며 의미 있는 상호작용에 몰입할 기회를 제공한다(Schonert-Reichl, 2017). 교육자와 학생 사이의 강력한 관계는 학습이 무관하거나 달성할 수 없다는 느낌에 대처할 수 있다(Hammond, 2015; Osher et al., 2014). 케어링 관계는 학생의 위험 요소를 완화시킬 뿐만 아니라 성인과 학생의 관계에서 둘 다의 타고난 자산을 자극한다(Osher, Cantor, et al., 2018). 학생들과의 강력한 관계는 교사의 자기효능감을 강화시킨다(Schonert-Reichl, 2017). 자아는 다른 사람들에게 알려지고 인정받음으로써 발전하기 때문이다(Osher, Cantor, et al., 2018; Weissbourd, 1996).

관계는 학생들이 목표에 도달하거나 원하는 결과를 달성하도록 돕는 도구적 지원을 제공하고 이끌어낸다(Savitz-Romer et al., 2009). 예를 들어, 학생에게 관심 있는 교육자는 위협적이지 않은 방법으로 학생의 결석 패턴과 지각 또는 학교를 결석하는 이유에 대해 물을 수 있다. 이 교육자가 특정 학생이 직면한 구체적인 도전(예: 교통)에 대해 알게 되면, 이를 해결하기 위해 인터벤션하거나 지원을 요청할 수 있다. 필요한 경우, 학생의 강점을 바탕으로 학생의 요구를 충족시키는 추가적인 개인별 학업 지원이 동반될 수 있다.

알래스카에서 수행된 연구는 출석률이 낮거나 성적이 낮은 학생이 학교에 관심이 없다는 가정에 도전한다. 포커스 그룹 데이터(focus group data)는 더 많은 연결과 지원을 갈망하는 학생들이 "비몰입된" 것으로 간주함을 나타낸다. 그러나 출석률이 낮고 적어도 하나의 코스를 통과하지 못함에 따라 비몰입으로 분류된 학생들은 몰입이 높은 학생들보다 교사 및 또래에 대한 개인적인 존경과 유대감의 중요성에 더 중점을 두었다. 많은 학생이 문제가 발생한 후에 교사들로부터 "실패한 것으로 보는" 느낌을 받았다고 보고하였다(Spier et al., 2012). 이 보고서는 성취도가 낮고, 문제가 있으며, 비몰입으로 학습 기회가 적게 제공되어 결국에는 비몰입이 심화되는 경험을 하는 학생들에게 교사가 부정적으로 반응한다는 사실을 보여주는 실증적 연구와 일치한다(Hosan & Hoglund, 2017; Sutherland & Oswald, 2005). 이러한 결과는 비몰입에 대한 더 많은 지원과 유대감의 필요성을 시사한다.

많은 연구는 견고한 관계와 학생 성공 사이의 연관성을 보여준다. 학생들은 적절한 지원을 받고 교사가 자신을 걱정한다고 생각할 때 학습에 몰입하고 시험을 잘 볼 가능성이 크다(Ryan & Patrick, 2001). 학생의 학습 이득은 교실에서의 지원과 도전에 대한 학생 인식과 관련이 있다(Ferguson & Hirsch, 2014; Johnson, 2006; Johnson, Kraft, & Papay, 2012). 학생들에게 지속적인 피드백을 제공하는 것은 성취를 정의하는 데에 총괄 점수에 의존하기보다는 우수성을 기르는 데 도움이 될 수 있다. 필요한 지원은 학생마다 다를 수 있지만 인지적 엄밀성과 함께 학업 환경에서의 소속감을 확인하기 위한 내적 자기 대화 육성은 세 번째 환경으로 이어지는 학생 잠재력의 실현을 이끈다.

학업적 도전과 관련 수업

이전의 환경을 토대로 학업적 도전 관련 수업은 인지 수준의 요구를 교실 수준의 개별화된 지원과 연계한다. 도전은 학생들이 자신의 경험에 의미 있는 방식으로 탄탄한 수업을 통해 학습하는 것을 의미한다. 학습은 시험 목적뿐만 아니라 다양한 방식으로 일어난다. 적절한 지원이 보충된 도전적 학업 활동은 학생의 높은 기대치를 충족시킬 수 있다. 도전이 너무 크면 좌절감이 생길 수 있다. 반대로 도전 수준이 너무 낮거나 지원이 너무 많으면 권태감이 발생할 수 있다. Vygotsky(1978)는 (교사) 지도와 (학생) 투쟁의 최적의 교차점을 "근접발달영역"(zone of proximal development: ZPD)으로 명명하였다. 이 생산적인 투쟁 영역에서 뇌는 배우고 성장한다(Hammond, 2015). 근접발달영역에서 균형 잡힌 도전과 지원은 인지적 몰입을 위한 가장 큰 기회를 제공한다. 이는 실수를 실패가 아닌 학습을 의미하는 지적으로 안전한 환경으로 조성함으로써 학습자들을 몰입시킨다(Berabei & Brennan, 2014; Cantor et al., 2018; Hammond, 2015). 일부에서는 이 영역에 빠져서 시간을 완전히 소모할 수 있다고 설명한다.

지원적 교실 환경의 학생들은 더 복잡한 인지 활동을 선택하고(Howes & Smith, 1995), 성적(Rim-Kaufman & Chiu, 2007; Wentzel, 1998)과 표준화된 시험 점수(LaRocque & Mvududu, 2009)로 증명되는 더 나은 학업 수행을 보이는 경향이 있다. 더욱이 교육자가 학생이 생각하고 열심히 노력하고 최선을 다하며 그들이 학교에서 배운 내용을 학교 밖에서의 삶에 연결하도록 장려한다고 생각하는 학생들은 도전적이고 유관한 수업을 경험한다. 이해하기 쉽고, 흥미로운 방식으로 전달되는 수업은 학생 몰입을 장려한다.

한 연구에 따르면 고등학교를 중도탈락한 설문조사 학생의 3분의 2는 교사와 학부모의 높은 기대치가 그들이 학교에 머무르는 데에 영향을 미친다고 보고하였다(Balfanz, Bridgeland, Fox, & McNaught, 2008). 비몰입 환경은 학교에서 성공한 학생들이 학교를 그만두게 만들 수 있다: 중도탈락 학생의 88%가 합격점이었다(Reschly, 2017). 재능이 많고 능력 이하의 성적을 내는 학생들은 지루함 및 좌절의 경험을 행동으로 나타내며(Landis & Reschly, 2013) 반감을 표한다.

높은 만성 결석은 교사가 모든 학생의 다양한 학습 요구를 충족시키는 강력하고 도전적인 교육을 제공할 기회를 방해한다. 날마다 크게 달라지는 학습 출석은 교사들로 하여금 끝없는 따라잡기 게임을 하게 만든다. 이는 특히 페이싱 가이드(pacing guide), 필수 교육과정 및 표준화된 시험의 강압하에 몰입하는 수업과 긍정적인 환경을 제공하기 어렵게 만든다. 이 부정적인 순환 루프는 출석에 어려움을 겪는 학생뿐만 아니라 그렇지 않은 학생에게도 영향을 미친다. 학습은 사회적인 협업의 과정이기 때문에 학우의 부재는 배우기 위해 출석한 학생들을 위태롭게 할 수 있다(Cantor et al., 2018; Hammond, 2015; Osher, Cantor, et al., 2018).

또래 및 교육자의 사회정서적 역량

청소년은 일반적으로 또래들에 의해 좌우되며, 이는 학습환경에서 또래가 위험을 완충하거나 높이는 것으로 이어진다(Osher, Cantor, et al., 2018). 또래와의 개인 간, 개인 내, 의사결정 기술을 관찰하는 학생은 긍정적인 모델을 모방한다. 반면, 부정적인 또래 모델링, 강화, 사고방식도 위험을 유발한다(Ryan, 2000). 부정적인 또래 압력은 수업 시간에 제때 올지, 아니면 완전히 빼먹을지를 결정하는 것과 같은 출석과 관련된 학생 행동에 영향을 줄 수 있다(Landis & Reschly, 2013).

또래는 일관된 출석을 본보기로 삼을지, 괴롭힘에 저항할지, 반사회적 행위를 강요할지(Landis & Reschly, 2013)에 대해 서로의 발달과 학습환경에서의 경험에 영향을 준다(Osher, Cantor, et al., 2018). 교실에서 발생하는 긍정적인 또래 압력과 동료애는 만성 결석을 줄이기 위해 활용될 수 있다. 교실에서 당신이 놓친 것을 또래로부터 듣는 메시지는 성인을 통해 받는 것보다 강력하다.

긍정적인 학생 상호작용을 촉진하기 위해 교육자들은 학생과 효과적으로 의사소통하고 스트레스가 많은 교실 상황을 다룰 수 있는 강력한 사회정서적 역량이 필요하다(Osher, Cantor, et al., 2018).

다양한 프레임워크가 사회정서적 역량의 범위를 구성한다(Berg et al., 2017). 여기서는

CASEL(collaborative for academic, social, and emotional learning: CASEL)(2003)의 연구를 바탕으로 학생 발달과 학업성취에 기초가 되는 다섯 가지 주요 역량을 설명한다. 이러한 역량에는 학생들이 학교와 삶을 탐색하는 데 도움이 되는 자기 인식, 자기 관리, 사회적 인식, 관계 기술, 책임 있는 의사결정과 관련된 기술, 지식 및 기질이 포함된다.

우리는 동일한 많은 기술과 기질이 모든 구성원이 안다고 느끼고, 인정받고, 깊게 몰입하는 지원적인 학교 환경을 구축하는 데 있어 교육자 성공의 기초가 된다고 주장한다. 숙련된 교사는 매일 협업, 의사소통, 관점 취하기, 문제 해결과 같은 기술을 시연한다. 행동 지침을 설정함으로써 위협적인 처벌이 아니라 본질적인 동기를 촉진한다(Cantor et al., 2018). 학생의 요구에 맞춰 지도와 지원을 조정한다(Schonert-Reichl, 2017). 학생이 개인적으로 알아가는 것의 중요성을 이해하는 교육자들은 학생들의 흥미를 불러일으키게 만드는 것을 찾아내고 확인하게 한다(Benson & Scales, 2011). 청소년이 "그들의 학습을 맥락화하고 주도하는 삶, 경험, 흥미, 욕구 등"을 가지고 있다는 것을 쉽사리 인정하는 것(Osher, 2015, p. 1)은 몰입을 구축한다. 몰입하는 학습환경을 창출하고 유지하는 것에는 서로 다른 배경을 가진 학생과 또래를 연결하고 그들이 존재하고 반응할 수 있는 긍정적인 관계를 지속적으로 발전시키는 강력한 사회정서적 역량이 필요하다. 강력한 사회정서적 역량을 보유한 교육자들은 문화적으로 대응하는 실천을 수용하고 사회정서학습을 교육 및 교육과정에 통합하고 평가 없이 빈번한 피드백을 제공하며 스스로 지원하고 지도하는 데에 개방적이다. 사회정서학습은 학생이 또래 및 성인과 연결되어 학습에 몰입된 안전하고 지원적인 학습환경 내에서 명시적이고 통합된 지도와 강화를 통해 사회정서적 역량을 촉진한다. 정학의 대안(예: 회복적 사법(restorative justice))을 사용하고 사회정서학습 교육과정을 가르치는 교육자(Gregory & Fergus, 2017; Jennings & Greenberg, 2009; Osher et al., 2012; Schonert-Reichl, 2017)는 몰입하는 학습환경 구축을 돕는다. 강력한 사회정서적 역량은 교육자들이 학생과 교육자의 감정 사이에서 상호작용을 인식하고 이해하도록 돕는다(Gregory & Fergus, 2017). 그들은 자신의 감정 트리거를 알고 도전적이고 몰입하는 환경을 제공하기 위해 자신의 능력에 영향을 미칠 수 있는 스트레스 요인을 침착하게 다룬다.

불행히도 높은 수준의 전문적 스트레스와 불안은 교사로 하여금 학생 요구를 확인하고 해결하는 능력을 위협한다(Berg & Osher, 2018; Cantor et al., 2018; Osher & Berg, 2017; Osher, Cantor, et al., 2018). 교육자의 스트레스는 학생의 사회적, 학업적 발달에 부정적인 영향을 미칠 수 있기 때문에 위험성이 높다(Greenberg, Brown, & Abenavoli, 2016; Schonert-Reichl, 2017). 사회정서적 역량이 없으면 교육자는 효과적인 교실 수업에 관한 연구와 일치하는 지원적인 학습환경을 조성하거나 필요한 지원을 제공할 수 없다(Hamre & Pianta, 2001). 숙련된 교사는 교수(teaching) 스트레스를 처리하고, 자신의 감정을 관리하며, 압박 속에서도 책임 있는 의사결정을 모델링한다(Schonert-Reichl, 2017).

만성 결석과 관련하여 사회정서적 역량은 교육자가 자신의 가정을 확인하고 출석만으로 학생 또는 가족이 교육을 얼마나 중요하게 생각하는지에 대한 포괄적 가정을 삼가도록 돕는다. 학생의 외부 환경을 비난하는 것을 피하는 대신, 학교 안팎의 장벽을 줄이기 위해 창의적인 문제 해결에 투자한다. 학생이 수업에 빠진 경우, "무슨 문제 있어?"라고 묻는 대신 "무슨 일이 있었어?"라고 묻는다. 이러한 변화는 비난보다는 학교와 지역사회의 장벽을 줄이기 위한 케어, 관심, 지원으로 통할 수 있다.

사회정서적 역량의 습득 과정은 평생의 노력이다. 사회정서적 역량은 국가와 문화에 따라 약간 다르게 보일 수 있지만(Garner, Mahatmya, & Brown, 2014; Hecht & Shin, 2015), 모든 연령, 배경, 기술 수준의 사람들에게 학교 안팎에서 가르칠 수 있다. 이러한 기술을 갖춘 교육자와 학생 모두 자기 평가, 의미 있는 관계 형성, 학습, 성장할 수 있다.

모든 환경은 문화적으로 대응해야 한다

문화적 대응(cultural responsiveness)이라는 주제는 환경을 설명한 후 언급되는데, 그 중요성이 덜하기 때문이 아니라 문화적으로 대응하는 실천이 위에서 설명한 네 가지 환경과 통하기 때문이다. 사실 네 가지 학습환경은 학생 성과 향상에 중요한데, 특히 문화적, 언어적으로 다양한 배경을 가진 학생들에게 그렇다(Hammond, 2015). 심층학습은 문화적으로 대응하는 교수 실천에 기반한 심리적 안전(다른 변수 중에서)에 의존한다(Hammond, 2015). 자신을 이해하는 교육자에게 접근할 수 없는 학생들은 자주 정체성과 지적 안전에 대한 위협을 피해야 한다. 문화적으로 대응하지 않는 환경은 진정한 몰입을 방해한다. 자신이 소속되어 있지 않다고 생각되면, 새로운 자료를 배우는 데 집중하거나 생산적인 인지적 상태에 도달하기가 어려울 것이다. 환경이 안전하지 않다고 느낄 때, 학생들이 단절되거나 지원받지 못하다고 느낀다면 그들은 자신이 소속되어 있는지, 다르게 대우받는지, 부정적인 고정관념과 비교되는지에 대해 의문을 갖기 시작한다(Steele, 1992, 1997).

"빈힝"과 같은 주관적 위반으로 정학, 퇴학, 위탁의 처벌을 받는 아프리카계 미국인 남학생의 불균형은 특정 학생에게 비몰입하는 학습환경을 만드는 교육자들의 사회정서적 역량의 결여를 보여준다. 인종적으로 중립인 것처럼 보이는 설계자가 만든 규율 정책 또는 행동 강령은 오늘날에도 유색인종 학생을 과장되게 표현한다. 인종과 성별에 따른 불균형한 특수교육 위탁 또는 징계 격차(Artiles, Kozleski, Trent, Osher, & Ortiz, 2010; Osher et al., 2012)는 학생들을 잘못 분류하고 낙담시켜 잠재적으로 더욱 멀리 밀어낸다. 교육자로 하여금 백인 문화적 기준 틀에서 벗어난 학생 행동에 가혹하게 대응할 수 있게 하는 개인 신념과 구조적 편향 검토는 면밀하게 이루어져야 한다(Gregory & Fergus, 2017).

인식에서 행동으로 옮겨 가려면 사회적, 개인적 정체성을 인정하고, 진정한 몰입의 조성을 촉진하는 교수 실천을 배우고 사용하는 교육자의 의식과 양심이 필요하다(Steel & Cohn-Vargas, 2013). 교육자들이 잠재적인 단절, 행동 패턴을 명확하게 인식하고 자신의 편견과 특정 학생 집단에 해를 끼치는 제도화된 관행에 반성하는 사회적, 정서적 스태미나를 지닐 때, 세계관을 확장하고 학습환경 개선을 위해 노력할 수 있다. 문화적으로 대응하는 실천을 제정하는 능력은 제도적 지원과 함께 기술과 의지(의도적 노력)가 필요하다.

교육자 능력
기술 × 의지 × 지원

기술.

사회적, 정서적, 학문적 역량을 지닌 교육자

1. 규율에 대한 긍정적인 접근 이용
2. 문화적으로 대응하는 실천 수용
3. 사회정서학습을 교육과 교육과정으로 통합
4. 일방적 판단 없이 자주 도움이 되는 피드백을 제공 및 수용

의지.

모든 학생을 위한 헌신과 동기를 보여주는 교육자

1. 자신의 신념을 점검
2. 장애물과 관계없이 학교에서 그들이 학생을 변화시킬 수 있다고 믿음
3. 팀으로서 함께 일함
4. 성장, 실수, 지원, 지도를 수용(가족과 학생 포함)

지원.

다음과 같은 도움, 안내, 자원에 접근할 수 있는 교육자

1. 시간, 시설, 자원
2. 커뮤니티 지원, 참여
3. 교사 리더십 기회
4. 도구적 지원과 전문성 발달 기회와 함께 지원적 학교 리더십

그림 13.1 ▮ 교육자 능력. 교육자 능력을 구성하는 자산: 기술, 의지, 지원

교육자 능력. 몰입 환경과 비몰입 환경의 차이

몰입하는 학습환경은 만성 결석을 유발하는 커뮤니티 요인을 완충하거나, 완화하거나, 강화한다. 몰입하는 학습환경을 구축하기 위해 교육자들은 세 가지 자산이 필요하다: 기술, 의지, 지원 – (1) 사회적, 정서적, 학문적 기술(기술); (2) 모든 학생에 대한 헌신과 동기(의지); (3) 도움, 안내, 커뮤니티 자원에 대한 접근(지원)(그림 13.1에서 자세히 정의됨). 이러한 자산의 산물은 학습과 몰입을 촉진하는 환경을 만들고 유지하기 위해 교육자가 보유한 역량을 결정한다. 강력한 학습환경을 구축할 수 있는 교육자 역량은 몰입과 출석으로 이어진다.

기술: 강력한 사회적, 정서적, 학문적 역량

강력한 사회적, 정서적, 학문적 역량을 지닌 교육자는 교실 안팎에서 학생의 잠재력을 극대화하도록 지도한다. 또한, 효과적인 교육자는 깊은 내용의 지식과 학생 요구를 충족시키기 위해 수업을 조정할 수 있는 능력을 포함하여 학문적 역량을 보여준다. 그들은 비슷한 배경과 다른 배경을 지닌 학생들이 학습을 이해할 수 있도록 돕는다(Hammond, 2015).

교육자가 역량을 키우는 한 가지 방법은 다른 사람과 생산적인 소통, 감정 관리, 공감 표시, 스트레스 해소, 갈등 해결, 목표 설정, 일과 삶에서 성공할 수 있는 책임감 있는 결정을 내릴 수 있는 기술 개발 과정을 가리키는 사회정서학습을 통해서이다(CASEL, 2012). 사회정서학습은 모든 사람을 위한 것이다. 그것은 건강한 인간 발달의 기초를 제공한다. 학생 발달을 지지하는 사회정서학습 프로그램 기반의 증거는 무수하지만, 불행히도 사회정서학습 모델은 일반적으로 자신과 상호작용하는 성인보다는 학생을 중심으로 한다(Gregory & Fergus, 2017). 그러나 진부한 말처럼, 당신이 가르치고 있는 것을 모델링하지 않으면, 다른 것을 가르치고 있는 것이다. 따라서 자기 성찰과 역량 구축에 처음 참여하는 교육자에게 사회정서학습 기회는 학생의 행동에 더 효과적으로 영향을 줄 수 있다(Schonert–Reichl, 2017; Jones, Bouffard, & Weissbourd, 2013).

자기 인식과 더불어 관계적 신뢰는 교육자가 자신의 것과 다른 사람의 신념 및 가정을 비판적으로 확인함으로써 성장할 수 있도록 한다(Bryk & Schneider, 2003). 사회정서적 역량은 교육자가 서로 다른 배경을 가지거나 다른 가족 구조에서 자란 학생에 대한 자신의 가정과 신념에 의문을 갖도록 돕는다. 만성 결석과 관련하여 교육자는 학생과 가족이 교육에 가치를 두지 않는다고 주장하려면 반드시 증거를 인용해야 한다. 충분한 증거가 없는 교육자의 가정은 학생 동기를 꺾는 비몰입 학습환경에 기여한다. 다행히도 교육자들이 일반적인 가정을 풀 수 있게 하는 것으로, 자신의 신념에 맞서 만성 결석에 대한 건설적 대응으로 나아갈 수 있다.

의지: 모든 사람을 위한 학습환경을 구축하려는 강한 헌신과 동기

만성 결석을 이해하는 교육자들은 변화를 꾀한다. 몰입하는 학습환경을 조장하려는 그들의 욕구는 어려운 외부 장애물에도 불구하고 그들에게 동기를 부여한다. 교육자들은 집단적으로 일하고 만성 결석의 근본 원인을 이해하려고 노력할 때 그들의 헌신과 동기를 보여준다.

교육자와 학생은 몰입 환경에서 번창한다. 교육자들이 강력한 팀의 일원인 경우, 그들은 서로 유대가 있고, 인정하고, 지원하며, 이해할 가능성이 크다. 협력적으로 일하는 교육자들은 학생에게 최고의 동기를 부여하기 위해 서로 동기를 부여받는다. 자신의 신념을 확인하고, 성장을 수용하고, 위험을 감수하며, 실수하고, 지원을 제공하고, 가이드를 추구하는 헌신은 의지를 정의한다. 그러나 적절한 지원이 없으면 교육자에게는 이러한 사고방식을 기대할 수 없다.

지원: 도움, 안내 및 커뮤니티 자원에 접근

멘토링, 직장 복지, 커뮤니티 자원과 같은 도움, 안내, 커뮤니티 자원에 대한 접근은 교육자의 복지와 향상된 결과로 확장되어 학생의 혜택을 촉진한다. 교장의 지원은 교사가 학생을 가르치고, 결과적으로 학생의 학습을 도울 수 있도록 돕는다(Bryk & Schneider, 2003). 학교 리더는 교육자를 지원하기 위해 교육 환경을 만드는 데 책임져야 한다(Bryk & Schneider, 2003; Patti, Senge, Madrazo, & Stern, 2015). 적절한 교수 환경에는 정규 직무 누적보다는 자격을 갖춘 대체자의 이용 가능성(따라서 교사가 자신의 신체적, 정신적 웰빙을 무시하지 않음), 그들의 요구에 맞는 전문성 개발의 기회, 경력 발달을 위한 경로, 동료와의 협업 및 의사소통 시간, 추가적인 직무(예: 부모와 전화 통화)를 수행할 시간(Jennings & Frank, 2015) 등이 포함된다(그러나 이에 국한되는 것은 아님). 교수 환경을 강화함으로써 학교 리더는 의미 있는 피드백을 통해 수업에 영향을 줄 수 있는 추가 기회를 제공하는 관계적 신뢰를 구축한다(Bryk & Schneider, 2003; Kochanek, 2005; Patti et al., 2015).

학교는 교수를 위한 강력한 환경을 구축할 때 몰입하는 학습환경도 구축한다. 교사의 수행을 향상시키는 환경은 학생의 출석률을 높일 수 있다. 실제로 근무 환경을 긍정적으로 인식하는 교사는 학교에 남고, 그 직종에 남아있을 가능성이 더 크다(Center for Great Teachers and Leaders at the American Institutes for Research, 2014). 교사 소모에는 비용이 많이 들기 때문에 교사 유지는 학교에 상당한 재정적 이점이 있다. 교사 유지에 미치는 영향 외에도 몰입 환경은 교사의 효율성에 영향을 미친다. 긍정적인 교수 환경은 학생 성취도와 학습환경에서의 학생 인식을 예측한다(Ladd, 2011). 더욱이 학교 내 교사 유지는 일관된 기대와 몰입하는 학습환경을 유지하는 데 도움이 된다.

출석률 향상을 위한 단계적 접근법

Attendance Works(2018)는 다층적 프레임워크를 통해 만성 결석을 "체벌해야 할 행동이 아니라 해결해야 할 문제"(p. 1)로 다루는 실천을 장려한다. 다층 접근법은 긍정적인 또래 상호작용을 위한 정기적인 기회, 학교 전과 후 프로그램, 시력 검사 또는 체조와 같은 신체 건강 지원, 모든 학생이 가치 있다고 느끼도록 돕는 출석 확인에 대한 케어링 접근법, 교실에서의 아침 식사 제공과 같이 보편적인 지원으로 시작한다. 학교와 커뮤니티 요소가 결합하여 독특한 환경을 조성하기 때문에 창의적인 문제 해결에 몰입할 수 있는 교육자는 만성 결석을 줄일 수 있는 가능한 진입점을 결정할 수 있다. 문제 해결 사례에는 비공식적으로 이사한 학생을 위한 예비 버스 통행 확보, 이른 아침 교대 근무를 하는 학생을 위한 코스 일정 재조정 또는 노숙자를 위한 일시적 구제를 제공하기 위한 보다 복잡한 사회서비스를 활성화하는 것이 포함된다.

다층 지원 시스템(multitiered system of supports)에서 1단계는 출석 정책 및 절차에 대한 의사소통을 포함하여 가족에게 지원 활동을 촉진한다. 이 지원 활동은 긍정적인 메시지와 이유(즉, 우리는 당신의 자녀와 그들의 성공을 걱정합니다)를 동반할 때 가장 효과적이다. 모든 학생과 가족이 한 달에 최소 2회의 결석으로 최대 100시간 이상의 교육을 놓친다는 사실을 알고 있는 것은 아니다(Chang, 2017). 가족이 그들의 자녀가 1년 동안 얼마나 결석했는지를 이해하도록 돕고, 특히 그러한 정보가 명확한 케어링 방식으로 전달될 때, 학업 결과가 출석률을 향상시키는 데 도움이 될 수 있다(Rogers & Feller, n.d.).

출석에 대해 가족과 파트너십을 유지하기 위해서 교육자는 먼저 가족이 학교를 방문하거나 참여할 때, 안전하고 존중받으며 환영받는다고 느끼도록 노력해야 한다. 학생과 가족은 그들이 안전하고 가치 있다고 느끼는 문화적으로 대응하는 학교 환경, 풍부한 학습 경험, 숙련되고 안정적인 교사와 연결되어 있다고 인식할 때 학생이 만성 결석할 가능성은 적다(Chang, 2017). 가족이 직접 학교에 갈 수 없거나 학교에 오지 않아도 그들에게 다가가는 것이 파트너십의 핵심이다(Epstein & Salinas, 2004). 가족은 참여 수준과 관계없이 모든 부모/보호자가 자녀에게 최고인 것을 원하고, 통찰력을 제공할 수 있으므로 가족은 만성 결석 퍼즐의 핵심 요소이다(Epstein & Salinas, 2004).

단계적 지원은 서로를 기반으로 이루어진다. 장애물과 직면하거나 이따금 학교를 결석하는 학생은 1단계와 2단계 지원을 모두 받을 수 있다. 2단계에서 교육자는 많은 학생에게 동시에 영향을 미치는 근본 원인을 찾고 그에 따른 인터벤션을 결정한다. 외부 장애물들의 어려운 결합에 직면한 학생은 3단계에서 지원(예: 집중 사례 관리)이 필요하고, 종종 2단계에서의 학업 지원이 필요하며, 몰입하는 학습환경(1단계)의 혜택을 받는다. 이상적으로 커뮤니티 역량을 통해 학교는 소아과 의사, 정신건강 서비스 제공자 및 공중보건 파트너가 아동 학대의 근본 원인을 협력하여 해결하는 학제 간 접근 방식을 취할 수 있다(Stempel, Cox-Martin, Bronsert, Dickinson, & Allison, 2017). 광범위한 커뮤니티 자원이 없어도 단계적 접근법은 다양한 요구를 해결하는 데 도움이 된다.

일반적인 교육구 출석 정책에는 학교 결석 일수를 기준으로 취해야 하는 규정된 조치(예: 집으로 전화를 걸어 편지를 보낸 후 법정에 제출)가 포함된다. 그러나 체벌 정책은 연구로 뒷받침되지 않는다. 교육구 정책은 학교가 준수하는 것이 중요하지만 만성 결석의 근본 원인을 다루지 못하는 경우가 많다. 게다가 기존의 일부 정책은 출석에 추가적인 장벽을 만든다. 우리는 정책에만 의존하기 전에, 교육자가 지역 요인과 각 학교의 환경을 조사하여 만성 결석의 근본 원인과 일치하는 필요한 지원 범위에 대해 이해할 것을 주장한다.

아래 매트릭스는 지원 강도가 1단계에서 3단계로(왼쪽에서 오른쪽으로) 증가하는 만성 결석을 해결하기 위한 단계적 조치 샘플을 제공한다. 이 차트는 Attendance Works(2018)가 개발한 인터벤션에 대한 다섯 가지 접근법을 보여준다: 학생과 가족 몰입; 양호하고, 향상된 출석 인정; 출석 데이터를 모니터링, 개인화된 조기 지원 활동 제공; 출석 장애물에 대한 계획적 대응 개발. 세 가지 단계는 지원을 위해 예상되는 요구 수준을 반영하며, 다음과 같이 정의된다.

- 모든 학생을 위한 보편적 지원(1단계)은 예방 지향적인 관점으로 일반적인 장애를 해결하여 학생 출석을 높이고 유지하는 지원적인 학교 환경을 장려한다. 일반적으로 1단계에는 심리사회적 교육과 함께 격려가 포함되어 출석이 성취에 미치는 영향에 대한 이해를 향상시키고 학교 정책에 대한 인식을 높인다.
- 타겟 지원(2단계)은 조기 대응의 집단 인터벤션을 결합한다. 일반적인 장애물을 이해함으로써 교육자는 목표 설정, 행동 계획과 같은 실천을 활용하여 몰입을 높이고 한 번에 한 명 이상의 학생에게 도달할 수 있다. 2단계는 학교를 결석한 이력이 있거나 위험 요인(예: 천식과 같은 만성 질환)에 직면한 학생을 대상으로 한다.
- 집중 지원은 학교 결석이 잦은 학생들에게 개별적이고 전문적인 인터벤션을 제공한다. 3단계는 다양한 위험 요소에 직면한 학생(예: 아동 보호 시스템, 만성 질환, 노숙자 또는 수감된 부모가 있음)에 대한 지원을 제공하며 커뮤니티 요인을 다루기 위한 조정된 기관 간 대응을 포함한다.

유망한 실천적 다층 매트릭스는 학교의 단계적 인터벤션을 볼 수 있는 방식을 소개한다. 이 차트는 각 구성 요소 및 각 단계에 대한 아이디어를 제공하지만 계획을 실행하려면 추가 세부 정보(예: 실행과 의사소통 담당자)가 필요하다. 매트릭스를 재구조화하려면 지역적 사고를 활용하고 구성 요소에 대한 학교와 커뮤니티 맥락을 고려하라.

만성 결석을 줄이기 위한 다층 접근법(선별 사례)

	1단계	2단계	3단계
요소	모든 학생에게 제공 모든 학생을 위한 보편적인 지원은 예방 지향적 관점으로 학생 출석을 촉진하고, 유지하기 위해서 일반적인 장애물을 해결하는 지원적인 학교 환경을 조성함. 대략 1단계에는 심리사회 교육과 함께 격려가 포함되어 출석이 성취에 미치는 영향에 대한 이해를 향상시키고 학교 정책에 대한 인식을 제고함	10－19% 결석할 위험 타겟 지원(2단계)은 조기 대응의 집단 인터벤션을 결합함. 일반적인 장애물을 이해함으로써 교육자는 목표 설정, 행동 계획과 같은 실천을 활용하여 몰입을 높이고 한 번에 한 명 이상의 학생에게 도달 가능함. 2단계는 학교를 결석한 이력이 있거나 위험 요인(예: 천식과 같은 만성 질환)에 직면한 학생을 대상으로 함	20% 이상 결석할 위험 집중 지원은 학교 결석이 잦은 학생들에게 고도로 개별화되고 전문화된 인터벤션을 제공함. 3단계는 다양한 위험 요인(예: 아동 보호 시스템, 만성 질환, 노숙자 또는 수감된 부모가 있음)에 직면한 학생들에게 지원을 제공하며 커뮤니티 요인을 다루기 위한 기관 간 대응을 포함함
학생과 가족	• 학생 이름으로 인사함으로써 환영하는 출석 문화	• 만성 결석 학생과 그 가족에게 연락하여 교사가	• 학생이 학교를 결석할 때마다 배정된 직원이 학생

만성 결석을 줄이기 위한 다층 접근법(선별 사례)			
몰입	창출 • 모든 학생을 위한 관련 교육과정, 심화 활동을 제공(예: 프로젝트 기반 학습, 견학 등) • 의도적으로 관계를 위한 구조를 구축(예: 자문, 클럽, 팀, 멘토링) • 학생과 가족에게 정기적인 출석의 중요성을 알림 • 프런트 오피스에서 모든 가족을 따뜻하게 맞이함 • 긍정적인 출석 메시지를 게시 및 정기적으로 수정(예: 시각 자료, 게시판, 배너, 포스터)	우려를 표현할 수 있는 기대와 시간을 제공 • 출석률 향상을 위한 가족 전략 개발을 위해 결석에 대한 특정 장애물과 관련된 문제 해결 지원 • 출석 관련 장애물을 이해하기 위해 가정 방문	과 가족을 확인함 • 학생과 가족이 기관의 참여를 받을 자격이 있는지 확인하고 가능하다면, 서비스를 조정하고 가족과 의사소통함 • 학생이나 가족이 기관에 참여한 경우, 적절한 기관과 데이터를 공유하여 조정된 연속적 케어를 제공, 기관이 만성 결석 데이터를 모니터링하도록 장려
양호하고, 향상된 출석 인식	• 교사와 교실이 그룹으로서 양호하고 향상된 출석률을 인정받을 수 있도록 우호적인 기회 창출 • 주간, 월간, 주기적으로 개별 학생의 진도를 기념(예: 게시판, 인증서, 구두, 서면 승인) • 학생을 공개적으로 인정하고 가족을 특별 회의에 초대	• 시간 프레임 및 출석 이정표로 학생과 가족이 출석 목표를 함께 설정 • 학생에게 자신의 출석을 확인하는 방법을 가르침 • 교사와의 점심 식사, 리더십 기회(예: 스피커 발표)와 같은 비물질적 보상을 고려 • 학생의 나이와 관심사에 따라 전략을 개발하고 학생의 발언을 포함	• 출석이 향상된 학생들에게 개별적인 후속 조치를 취하는 교육자를 할당 • 개별화된 적절한 긍정적 강화를 통합
데이터 모니터링	• 진행/중간에 출석 자료(예: 수업 날짜와 시간) 및 성적표를 포함 • 학제간 팀은 전체 출석률과 만성 결석률, 경향, 학생군의 차이, 출석에 대한 공통 장벽을 확인하기 위해 정기적으로 데이터[a]를 검토 • 학교 풍토의 강점을 고려	• 학제간 팀은 하위 그룹 출석 및 만성 결석 데이터를 정기적으로 검토 및 모니터링하고, 수업 시간의 10~19%(예: 한 달에 2일 이상)를 놓친 학생을 위한 인터벤션을 맡음 • 팀은 단계별 지원 실행 및 효과를 정기적으로 모니터링	• 학제간 팀은 개인 출석 및 만성 결석 데이터를 정기적으로 검토, 모니터링하고, 수업 시간의 20% 이상(예: 일주일에 1일 이상, 매달 3일 이상) 결석한 학생을 위한 인터벤션을 맡음 • 팀은 단계별 지원 실행 및 효과를 정기적으로 모니터링
개인화된 조기 지원	• 몰입 기회는 더 높은 출석률에 기여하므로 학교 출석을 입학 기준으로 사	• 부재 시마다 알림(예: 편지, 전화 등) • 결석에서 돌아온 학생 환	• 정기적으로 계획/동의의 과정과 실행을 전개 및 모니터링

만성 결석을 줄이기 위한 다층 접근법(선별 사례)			
활동 제공	용 자제(예: 방과 전/후 프로그램) • 만성 결석에 대한 정보를 연간 학부모 프로그램 및 커뮤니케이션에 통합 • 신입생과 그 가족을 학교 커뮤니티와 연결하기 위한 전환(transition) 회의를 개최 • 모든 학생의 가족과 긍정적, 정기적으로 연락	영 및 학업을 따라잡는데 필요한 지원을 확인 • 출석 친구, 성공 멘토를 지정하거나 오전 체크인 또는 오후 체크아웃 사용을 고려 • 결석을 논의하고 계획에 동의를 위해 학부모/교직원 회의 편성	• 학생 결석에 기여하는 가족의 요구를 파악하고 자원/위탁을 제공(예: 식품 저장실, 의류 지원, 사회복지 서비스, 인적 자원, 주거, 의료 서비스, 문해 프로그램) • 가족 지원의 책무를 따름
장애물에 대한 계획적 대응 개발	• 교직원, 학생, 가족과 함께 학교 출석 정책을 검토 • 결석 후 학교 업무를 보충하는 방법에 대한 절차가 부족한 경우 학교 정책을 수정하고 학교에 가지 않는 시간을 체벌로 사용하는 징계 정책을 수정 • 천식 및 호흡기 질환에 영향을 미치는 위험을 제거하고 학교를 깨끗하게 유지	• 출석에 대한 일반적인 장벽을 해결하기 위해서 필요에 따라 공공기관 및 커뮤니티 파트너 및 자원을 참여시킴 • 의료 관련 결석에 대한 후속 조치와 함께 학교 간호사를 참여시킴 • 학생들이 학교를 빠질 때 학업을 따라잡을 수 있도록 지원	• 만성적 신체, 행동, 정신 건강에 문제가 있는 학생을 적절한 서비스, 외부 의료 기관과 연결 • 가족과 협력하여 가급적 법적 결과를 피할 것. 법원의 인터벤션이 필요한 경우, 결석 장애물을 극복하는 데 가족에게 도움이 되는 추가 프로그램이나 서비스 이용을 문의

[a] 검토할 데이터 유형: 출석 데이터, 학교 풍토 데이터, 근본 원인(예: 건강, 교통, 주거 등 출석 장벽, 아동 복지 또는 청소년 사법 시스템 개입)과 같은 질적 데이터를 고려함

결론

학생들이 자신의 요구를 명백하게 표현하든 조용히 학교에 오는 것을 중단하든, 만성 결석을 해결하기 위해 함께 듣고 협력하는 것은 교육자에게 달렸다. 협력이 없으면 교육자들은 각각의 모든 학생을 위한 개별 인터벤션을 설계하고 시도하려는 위험을 감수하지 않는다—이는 인적 및 물적 자원을 빠르게 압도하고 교사의 소모를 초래하는 접근 방식이다(Center for Great Teachers and Leaders at the American Institutes for Research, 2014). 개별화된 인터벤션은 규모에 따라 기능할 수 없다. 대신, 만성 결석하는 많은 수의 학생들이 1단계 실천에 투자가 필요하다는 신호를 보낸다. 이는 반직관적인 것처럼 보일 수

있지만, 보편적 실천은 예방 조치를 하여 표적 인터벤션이나 집중적 지원이 필요한 학생들의 흐름을 좁히는 데 도움이 된다.

학생의 비몰입을 줄이는 것은 강력한 사회정서적 역량을 모델화하고 실행하며, 문화적으로 대응하고, 사회정서학습을 교육에 통합하고, 일방적 판단 없는 피드백을 제공하며 지원에 개방적인 교육자에게 달려있다. 학생의 강점을 보고 학생을 비난하거나 학생의 사회적, 정서적, 학업적 요구를 무시하지 않고 요구에 응답하는 교육자는 출석과 몰입을 지원한다. 근본 원인을 이해한 후에 문제 해결에 에너지를 투자하는 교육자는 학생을 비난하거나 상황과 무관한 결과를 적용하는 대신 학생들을 지원하는 창의적인 방법을 찾을 수 있다. 몰입하는 학습환경을 만들 수 있는 기술, 의지, 지원을 가진 교육자들은 몰입과 출석의 열쇠를 가지고 있다. 위험에 처한 학생들에게 미치는 출석의 긍정적 영향으로, 모든 학생이 잘 성장하는 데에 필요한 환경을 만들지 못한 기관의 교육 실천을 정당화할 수는 없다.

우리는 만성 결석에 대한 잘못된 가정을 무효화하기 위해 네 가지 주요 메시지를 공유함으로써 결론을 내린다. 다음의 메시지를 함께 전한다. (1) 출석은 단순히 학생과 가족이 교육을 얼마나 가치 있게 여기는지를 반영하는 것이 아니라, 학생을 끌어들이는 대신 밀어내는 비지원적인 학교 환경을 나타낸다. 만성 결석은 학습환경 개선에 투자할 필요성을 시사한다. (2) 학생 출석 개선은 교육자의 영향력 내에 있다. 출석은 버스 운전사에서 수학교사까지 모두의 책임이다. (3) 학교 환경뿐만 아니라 커뮤니티 요인이 출석에 긍정적 또는 부정적인 영향을 줄 수 있다. 다행히도 지원적인 학교 환경은 만성 결석을 초래하는 커뮤니티 요인을 완화하거나 약화한다. (4) 법적인 결과를 초래하는 것은 불량한 출석에 대한 일반적인 반응이지만, 더 나은 결과는 만성 결석의 지역적 근본 원인과 일치하는 다양한 지원에서 비롯된다.

제 14 장

정신건강 인터벤션

제14장

정신건강 인터벤션

아동과 청소년의 정신건강 필요성

학생 개개인은 독창적인 환경 및 개인 상황에 따라 학습이 촉진되거나 방해될 수 있다. 학생들의 정신건강 수준이 좋지 않으면 이들의 학교에서 몰입하는 능력이 제한되기 때문에 정신건강 문제가 부분적으로 학습에 방해가 되는 것을 알 수 있다(Adelman & Taylor, 2010). 심리건강 및 질환 두 가지 모두 학생의 성공에 매우 중요한데 이 둘은 매우 밀접한 관련이 있으나 분리되기도 한다. 이를 이 장에서 살펴볼 것이다. 심리적 건강 및 질환을 2요인 모델로 적용하여 이번 장에서는 청소년 정신건강에 대한 최신의 정의를 제공할 것이다. 이 장에서는 정신건강의 지표와 관련해서 학생 몰입(행동, 정서 및 인지적 몰입) 측면을 조사한 관찰연구 결과를 종합해 학생들의 정신건강과 학생 몰입 간의 관계를 설명한다. 이후 학생들이 직접적으로 몰입하는 것을 목표로 하거나 학교 몰입에 긍정적인 영향을 미치는 것에 중점을 두어 보편적, 선택적, 집중적인 증거 기반 학교 정신건강 인터벤션을 검토해 본다.

정신건강은 무엇인가?

전통적으로 청소년의 정신건강은 내재적 문제(예: 우울, 불안, 사회적 장애) 또는 외현화 문제(예: 품행 문제, 비행행동, 건강을 해치는 약물중독이나 조기 성행동)로 개념화가 될 수 있는 다양한 형태의 정신질환의 증상에 초점을 두는 문제중심 관점으로 보았다. 시대가 바뀌고 긍정심리학이 발전함에 따라 점점 더 많은 학자들은 정신건강이 심리적 결함의 유무에 의해서만 정의되는 것은 아니라고 주장한다(Seligman & Csikszentmihalyi, 2000). 긍정심리학 내에서는 인지적 및 정서적 차원을 모두 포함하는 주관적 웰빙이 정신건강의 핵심지표이다. 주관적 웰빙에서 인지적인 측면인 동시에 제일 많이 연구된 분야인 삶의 만족감은 개인의 주요 영역(예: 학교, 가족, 친구, 생활 환경, 자기 자신) 또는 전반적인 삶의 질에 대한 전체적인 평가를 포함한다. 정서적 영향력은 어떤 긍정적인 정서(예: 명랑함, 즐거운, 활력)와 부정적인 정서(무서움, 분노, 슬픔)의 범위를 다양하게 경험하는 빈도를 뜻한다. 주관적 웰빙이 높은 학생은 자신의 경험에 만족하며 부정적 정서를 경험하는 학생보다 긍정적인 감정을 더 많이 느낀다. 정신건강의 2요인 모델 연구에 따르면, 최고의 학업적, 사회적 및 신체 건강 결과를 가진 청소년은 주관적 웰빙 수준이 높기 때문에 정신건강 수준도 매우 좋을 뿐만 아니라 정신 병리적 요소인 내재적 문제와 외현화 문제 또한 거의 없다고 나타났다(Suldo & Shaffer, 2008; Suldo, Thalji-Raitano, Keifer, & Ferron, 2016). 이 연구는 약 3분의 1의 학생들이 행복감이 저하되거나 정신질환 증상이 많이 나타남에 따라 이에 대한 정신건강의 필요성이 점차 증가하고 있음을 증명한다.

학생 몰입과 정신건강 간의 실증적 연관성

청소년 시기는 다양한 배경을 통해 신체적, 사회적 및 정서적 변화를 풍부하게 경험하는 중요한 전환기이다. 또한 이 시기는 학생들의 몰입이 감소하기 시작하고 다양한 정신질환이 더 많이 나타날 수 있는 시기이다. 이에 청소년 정신건강과 학생 몰입 사이의 관계를 규명하는 많은 연구가 초등 및 중등학생을 대상으로 진행되었다. 이 섹션에서는 2요인 모델에서 밀접하게 관련이 있는 청소년의 긍정적이거나 부정적인 정신건강에 대한 지표를 중점으로 연구된 학생 몰입의 상관관계를 요약하고자 한다. 학령기 청소년들에게 행동적, 인지적, 정서적으로 몰입할 수 있는 기회를 증진시키기 위한 이러한 교육은 전반적으로 부정적인 정신건강을 예방할 수 있을 뿐만 아니라 선택적이고 집중적인 정신건강 인터벤션에 대한 필요성 또한 강조할 수 있다.

학생 몰입과 학교 몰입은 종종 같은 의미로 사용되지만, 이 장에서는 학생 몰입에 중점을 두고자 한다. Appleton, Christenson 및 Furlong(2008)은 "학교는 학생들을 학습자로 참여시키고 이들은 다양한 정도로 참여하기 때문에 '학교 몰입'보다는 '학생 몰입'이 더 선호된다."라고 강조한다(p. 380). 또한 Appleton 등(2008)은 '학교 몰입'이 학교 환경을 더욱 강조하는 데 반해 학교 외부환경은 학생들의 몰입에 최소한으로 영향을 주는 것으로 간주하였다. 그러나 '학생 몰입'은 학생이 학교의 사회적 및 학업적 측면에 적극적으로 몰입하는 것을 나타내므로 학교가 아닌 학생들의 노력에 중점을 둔다(Fredricks, Blumefeld, & Paris, 2004). 학생 몰입은 일반적으로 정서, 행동 및 인지 차원을 포함하는 다차원 구조이다. 정서적 몰입은 학교에서 선생님이나 친구와 밀접한 유대 관계를 형성하는 학생을 포함하여 학교 및 수업에 대한 학생들의 정서적 반응을 뜻한다. 행동적 몰입은 학생들이 수업과 학교에 참여하는 것(예: 교과 활동에 참여하는 것)과 이에 대한 적절한 행동을 나타내는 것을 의미한다. 그리고 인지적 몰입은 일반적으로 학생들이 학습 또는 교육에 투자하는 것으로 나타낼 수 있는데, 이는 학생들이 학교에 대한 가치를 평가하거나 심층학습에 몰입하기 위해 다양한 자기조절 전략을 사용하는 것을 예로 들 수 있다(Chrstenson et al., 2008; Fredricks et al., 2004). 보통 학교에서 학생들의 몰입을 향상시키거나 유지하기 위한 메커니즘으로 학교를 중심으로 학생들의 정신건강 지원에 초점을 맞추고 있으나 학교 외 환경들(예: 가정, 지역 커뮤니티) 또한 이들의 정신건강에 영향을 끼친다. 이러한 관점을 고려해보면 정서, 인지 및 행동적으로 몰입을 방해하는 정신질환 및 증상을 경험하는 학생들에게 3차 기관(예: 정신질환과 관련된 지역 커뮤니티 기관)의 집중적인 치료가 제공될 필요가 있다. 따라서 지역 커뮤니티 기관이 학생들의 정신건강 인터벤션에 중요하며 이에 대한 논의를 뒷받침해 줄 수 있다.

내재적 문제

사회적 위축, 회피 및 무기력 등 내재적인 형태로 흔하게 나타나는 정신질환 증상은 논리적으로 생각하도록 돕는 학생 몰입을 방해한다. Conner와 Pope(2013)는 학업성취도가 높은 학교에 다니고 있는 청소년의 정신건강과 이들의 정서, 행동 및 인지적 몰입의 관계를 조사했다. 3개 차원(정서, 행동, 인지)에서 모두 높은 수준의 몰입을 나타낸 학생들은 무력감, 슬픔 및 낙담에 대한 감정이 현격하게 낮았다. Wang과 Peck(2013)은 정서, 행동 및 인지적 몰입 수준이 낮은 것으로 나타난 9학년과 11학년 학생들은 동료들보다 우울수준이 더 높은 것을 밝혔다. 몰입과 우울 간의 관련성 외에도 연구자들은 과도한 걱정과 같은 불안 장애와 관련된 증상들이 학생 몰입과 유의한 부적 관계가 있다는 것 또한 밝혔다(Conner & Pope, 2013).

외현화 문제

연구에 따르면 외현화 문제로 인해 학생들의 몰입이 방해받을 수 있다고 한다. 그 예로 높은 수준의 정서, 인지 및 행동적 몰입을 나타낸 청소년은 약물남용이나 성행동을 할 가능성이 현격하게 낮은 것으로 보고되었다(Carter, Mcgee, Taylor, & Williams, 2007; Li & Lerner, 2011; Simons−Morton & Chen, 2009). 또한 정서, 인지 및 행동적 몰입을 더 많이 나타낸 중고등학생은 폭행, 괴롭힘, 절도, 부정행위(예: 컨닝) 등과 같은 품행 문제나 비행행동 비율이 더 낮은 것으로 보고되었다(Carter et al., 2007; Conner & Pope, 2013; Li & lerner, 2011; Simons−Morton & Chen, 2009).

주관적 웰빙

많은 연구에서 학생들의 삶의 만족도가 이들의 정서, 행동 및 인지적 몰입과 정적 상관을 보였다. 반면, 학생들의 부정적인 정서 영향은 학생 몰입의 3가지 차원과 모두 반비례를 나타냈다. 예로, Reschly, Huebner, Appleton과 Antaramian(2008)은 7−10학년 학생을 대상으로 연구를 진행하였는데 학생들이 긍정적인 정서를 자주 경험하는 것은 높은 수준의 인지 및 정서적 몰입과 관련이 있었으며, 이에 반해 부정적인 정서는 학생 몰입의 낮은 수준과 관련이 있음을 밝혔다. 또한 긍정적인 정서적 영향(부정적 정서 영향은 없음)은 적응적 대처와 관련이 있었을 뿐만 아니라 긍정적인 정서적 영향이 학생 몰입 수준을 증가시킬 것으로 예측하였다. Reschly 등(2008)은 긍정적인 감정과 학생 몰입 간의 관계에서 적응적 대처가 부분적으로 매개역할을 하는 것을 밝혀냈다. 일부 연구에서는 학생들의 주관적 웰빙과 학교 몰입이 양방향 관계가 있을 수 있다고 시사했다. Backman(2016)은 5−9학년 학생들의 학교 행복감을 질적 연구를 통해 살펴보았는데 학생들은 행복감이 학교 몰입을 증진시킬 수 있으며 학교에 몰입하는 것 또한 자신의 행복을 증진시킬 수 있다고 보고하였다. 5개월 간격으로 두 차례 동안 행동, 정서 및 인지적 몰입을 평가한 중학생들을 살펴본 Lewis 등의 연구(2011)에 따르면 학생들의 삶의 만족도와 인지적 몰입 간의 관계는 양방향적인 관계로 나타났다.

정신건강 인터벤션

청소년의 정신건강 수준을 증진시키기 위해 많은 실험연구(주관적 행복감 수준을 증진시키거나 정신질환 증상을 예방 및 감소시키는 것)를 통해 계획된 인터벤션은 학령기 청소년들에게 학생 몰입의 다차원적인 측면을 모두 증진시킬 수 있다는 것을 뒷받침해 줄 수 있다. 정신건강을 증진시키고 정신질환을 예방하는 공공보건 방식을 적용하고(World Health Organization Department of Mental Health and Substance Abuse, 2004) 그와 동시에 학교는 3단계로 구성된 인터벤션을 통해 학생들의 정신건강에 필요한 것들을 해결해 나가고 있다. 1단계는 모든 학생들의 정신건강을 증진시키고 긍정적인 학생 몰입 향상을 보여 줄 수 있는 보편적인 학교 차원(학교 및 학급)의 예방전략이 포함된다. 2단계는 정신건강 문제의 위험 요소 또는 조기 증상을 보이는 학생들을 위해 선택적인 정신건강 인터벤션이 포함된다. 그 예로 이 장에서는 부정적인 학업 및 정신건강 결과에 취약한 학생들의 몰입, 정서적 웰빙 및 학업성취를 촉진할 수 있도록 동기를 부여하는 면담에 대한 인터벤션을 설명하고자 한다. 내재적 및 외현화 행동은 학생 몰입에 방해가 되는데, 3단계는 이를 겪는 청소년을 대상으로 실제 변화된 행동을 볼 수 있는 정신건강 인터벤션(예: 인지행동 치료)을 포함한다.

이 장에서 가장 적합한 인터벤션으로는 (1) 학생 몰입과 관련된 특정 정신건강 수준을 증진시킬 수 있는 지표를 목표로 하거나 (2) 심리적 전략을 사용하여 학생들이 학교에서 실제로 몰입을 할 수 있도록 하는 것이 포함된다. 이 장의 나머지 부분에 기술된 부분을 설명하기 위해서 청소년을 대상으로 한 임상 연구를 기반으로 몇몇의 사례 연구를 제시할 것이다(참조: 사례 연구의 모든 이름은 가명). 사례 연구의 연구 대상인 10대들 상당수는 AP/IB(Advanced Placement and International Baccalaureate) 과정에 참여하였다. 연구에 참여한 청소년들은 일반적으로 AP/IB 과정에 등록할 수 있을 만큼 학업성취도가 좋았으나, 까다롭고 철저한 교과과정으로 인해 발생하는 이들의 (잠재적인) 정서적 어려움을 학교에서 발견하기가 힘들 수 있다. 교육과정을 조기에 수강하는 학생들은 주로 학업 부담과 성공에 대한 압박감으로 인해 일반 교육과정을 듣는 학생보다 높은 수준의 스트레스를 보고하였다(Suldo & Shaunessy-Dedrick, 2013; Suldo, Shaunessy, Thalji, Michalowski,

& Shaffer, 2009). 학생들의 스트레스가 증가할수록 내재화 및 외현화 증상에 대한 위험이 높아지며 삶의 만족도 수준은 줄어든다(Suldo et al., 2009). AP/IB를 수강하는 약 2,300명의 학생들을 대상으로 한 연구에 의하면, 학업 스트레스를 효과적으로 대처하는 학생들의 동기와 몰입이 긍정적인 정신건강 및 학업 성과로 나타났다. 구체적으로 학업 동기에서 나아가 인지 및 정서적 몰입 형태는 더 높은 삶의 만족을 예측할 뿐만 아니라 더 낮은 정신질환과 학업 소진 또한 예측하였다. 이에 더해 동기와 인지적 몰입은 우수한 학업성취도를 예측하였다. 다변량 분석에서는 설명력이 매우 높은 예측적 변인이 아님에도 불구하고 행동적 몰입(학생의 학습 참여)과 삶의 만족도 간의 관계가 미미하게나마 정적 상관을 보이는 것으로 밝혀졌다.

교육과학 연구소(Suldo & Shaunessy-Dedrick, 2015)의 자금으로 AP/IB를 수강하는 학생이 성공적으로 교육과정을 달성하도록 필자와 동료들은 학생들이 조기(즉, 1학년 1학기)에 몰입할 뿐만 아니라 스트레스 대처기술까지 향상시킬 수 있는 등 보편적이고 선택적인 인터벤션을 개발하고 있다. 이 장의 후반부에서는 AP/IB를 수강하는 학생들의 적응(문제중심) 대처 전략(자주 나타나는 대처 유형과 긍정적인 학업 결과가 효과적인 것으로 판단됨)을 향상시키기 위해 개발된 대처 및 몰입 향상(Advancing Coping and Engagement; ACE) 프로그램을 설명한다. ACE 프로그램을 통해 부정적인 학업 결과와 그에 대한 경험을 연결시켜 비효율적으로 사용할 수 있는 회피 대처 전략을 제한시키고, 학교와의 연계를 통해 학생들의 비교과 활동 및 AP/IB 프로그램 참여를 촉진하도록 한다. 그리고 필자와 동료들은 중간 학년에서 정신건강이나 학업적 성공을 약화시키는 위험 요인을 가진 학생을 위한 선택적 인터벤션인 MAP(Motivation, Assessment, Planning) 프로그램을 설명하며 마지막으로, 몰입을 방해하고 정신건강 문제를 보이는 학생들을 지원하기 위한 접근법으로 인지행동치료(CBT)를 제시한다.

1단계: 정신건강 및 몰입을 목표로 하는 보편적인 예방전략

여러 단계로 구성된 구조에서 1단계는 현재 위험 수준에 관계없이 모든 학생에게 제공되는 프로그램이다. 이러한 인터벤션은 주로 학교 차원에서 주도하거나 특정 학급에서 진행한다. 교실 기반으로 하는 사회정서학습 교육과정은 주로 교사나 학교의 정신건강을 담당하는 담당자나 전문가 또는 학교 외부의 인터벤션을 담당하는 전문가가 주로 진행한다. 다음 섹션에서는 학생의 정신건강을 증진(정신질환 증상 예방 및 경감 또는 주관적 웰빙 증가)시키기 위해 개발한 보편화된 프로그램의 예시를 제공할 것이며, 필자와 동료들은 효능감 연구를 하면서 참가한 학생의 몰입 차원이 적어도 1개는 긍정적인 영향을 미치는 것 또한 발견하였다. 필자와 동료들은 학생들의 정신건강 수준을 증진시키기 위한 수단으로 학생 몰입을 중점으로 둔 프로그램의 두 가지 예를 제공하려 한다. 특히, 필자와 동료들은 조기 과정(AP/IB)을 수강하는 고등학생을 위해 이 장의 저자들이 최근에 개발한 인터벤션 프로그램(ACE)을 설명하려 한다.

주관적 웰빙을 증진시키기 위한 인터벤션

행복감을 증진시키기 위해 개발된 프로그램 및 전략법(긍정적인 심리적 인터벤션(PPIs))은 경험적으로 확인된 높은 주관적 웰빙과의 상관관계를 대상으로 한다. 이러한 상관관계는 사고방식(감사, 낙관성), 행동(일상에서 자신의 역량 발휘, 목표 추구), 가정 및 학교 사람들 간의 관계가 포함된다. PPI(Positive Psychology Interventions)는 개인에게 천성적으로 행복한 사람들의 특징을 모방하고 의도적인 사고 및 행동을 개발할 기회를 제공하는 활동을 포함한다. 예로, 감사 수준을 증진시키기 위한 40주의 PPI 기간 동안 초등학교 교사들은 학생들이 학교에서 감사하는 일지를 매일 쓰도록 하였다(Diebel, Woodcock, cooper, & Bringnell, 2016). 일반적인 학교행사에 대한 내용으로 일지를 작성한 학생 동료들에 비해 감사 일지를 매일 작성한 학생들이 예상한 대로 더욱 감사 수준이 높았으며 학교 소속감 또한 크게 증가하였다. 이러한 연구에서 학생들이 "오늘 학교에서 고맙거나 감사한 2−3가지를 적어야 한다"(Diebel et al., p. 123)는 학교에 대한 전반적인 PPI 감사 일지가 정서적 몰입을 촉진시키기 위한 증거 기반의 수행 방법으로 활용될 수 있음을 보여 준다.

개인의 역량을 인식하고 발휘하는 데 중점을 둔 '멋진 우리(Awesome Us)'는 인터벤션 전문가가 주도하는 주 6시간, 수업당 1시간 30분씩 진행하는 프로그램이다(Quinlan, Swain, Cameron, & Vella−Brodrick, 2015). 학생들은 당면한 과제와 목표를 수행하고 친구와의 관계를 강화하는 방법을 수립하기 위해서 자신과 타인의 강점 및 역량을 인식하여 이를 적절히 활용한다. Awesome Us에 참여한 5학년 및 6학년 학생들은 의도한 대로 강점 활용과 긍정적인 영향의 증가를 경험했을 뿐만 아니라 행동 및 정서적 몰입 또한 증가한 반면, 같이 진행하였던 통제 집단의 학생들은 몰입 경험이 감소하였다(Quinlan et al., 2015).

Maytiv 학교 프로그램(Maytiv school program)은 교육자와 학생 모두 긍정적인 정서, 감사, 목표 달성, 희망, 낙관성, 인내, 몰입 경험, 성격 강점, 온정 및 긍정적인 대인관계를 위한 활동을 함으로써 여러 PPI를 적용하는 보편적인 인터벤션 프로그램이다(Shoshani, Steinmetz, & Kanat-Maymon, 2016). 격주로 진행되는 90분짜리의 15개 워크숍에서 성인들을 위한 교육적인 자료와 경험적인 활동을 통해 교사들은 긍정심리학 기술을 배우고, 학생들과 워크숍의 내용 및 활동을 공유하는 방법 또한 습득한다. 워크숍이 진행된 바로 그다음 주에 교사들은 집단을 나누어 학생들에게 교육과정을 제공하여 PPI로 학생들을 교육한다. Maytiv 학교 프로그램에 참여한 중학생들의 경우 긍정적인 영향이 증가하고 부정적인 영향이 감소한 추이가 유의미하고 지속적으로 증가한 반면, 동시에 진행한 통제 집단 학생들은 주관적 웰빙까지도 감소하였다(Shoshani et al., 2016). 아울러 교사와 학생들은 몰입에 대해, 인지적 몰입뿐만 아니라 정서적 몰입에 대한 인터벤션이 긍정적인 영향을 끼친 것으로 보고하였다. 긍정심리학 프로그램과 실제에 대한 최근 문헌들을 종합해보면, 모든 학생들을 대상으로 하는 학교 기반의 PPI 적용이 의도적으로 이들의 정서적 행복의 측면을 증진시킬 뿐만 아니라 학생 몰입의 여러 차원에도 부가적으로 긍정적인 영향 또한 미칠 수 있다는 것을 시사한다.

정신질환을 예방하기 위한 인터벤션

심리적 문제를 경감시키기 위해 개발된 보편적인 프로그램 및 전략은 주로 정서적 고통과 관련을 짓는 것을 목표로 한다. 즉, 프로그램을 통해 감정을 파악하고 조절하며 스트레스를 관리하거나 대처하는 방식을 기를 수 있으며, 부정적인 사고에 직접 부딪칠 수 있는 기술을 개발할 수 있다. 예로, Transformative Life Skills 프로그램은 재학 기간 동안 학생들에게 호흡 방식 또는 마음 챙김 전략 등의 활동을 수업 시간에 제공함으로써 청소년의 스트레스를 경감시키는 것을 목표로 한다(Frank, Kohler, Peal, & Bose, 2017). Frank 등은 Transformative Life Skills에 참여한 중학생들을 살펴본 결과, 이들이 스트레스에 대처하고 몰입하는 데 Transformative Life Skills가 도움이 되었다는 것을 발견하였다. 연구 결과에서는 스트레스를 관리하기 위한 학생들의 적응적 대처 기술이 향상되었을 뿐 아니라, 행동적 몰입(결석 및 문제 행동 감소) 및 정서적 몰입(학교 애착 및 소속감) 또한 통제 집단에 비해 향상된 것으로 나타났다.

초등학생을 대상으로 하는 일상의 친구들(FRIENDS for Life) 프로그램은 10번의 세션으로 구성된 교육과정이다. FRIENDS for Life 프로그램은 이완 활동(relaxation) 및 인지

재구조화 등과 같은 인지행동전략을 통해 걱정거리를 인식하고 이를 대처하는 방법을 가르치면서 불안을 줄이기 위한 예방 프로그램이다(Ruttledge et al., 2016). 프로그램은 의도한 대로 불안 증상을 줄이는 데 긍정적인 영향을 미쳤으며 Ruttledge 등은 FRIENDS for Life에 참여한 학생들이 통제 집단에 비해 정서적 몰입(학교 소속감)이 지속적으로 향상한 것으로 보고하였다. 이러한 연구는 학습에 장애를 겪는 청소년의 정신건강 문제를 경감시킬 수 있는 인터벤션의 개발 자료로 활용될 수 있다.

정신건강 증진을 위해 몰입을 중점으로 하는 인터벤션

고등학교 연계 프로그램(The Bridges to High school program)은 전반적으로 가족을 중점으로 하는 인터벤션을 통해 특히, 멕시코계 미국 청소년에게 위험한 정신건강 문제와 학업 문제를 예방하는 것에 목표를 둔다. 저녁에 매주 2시간씩 총 9개로 이루어진 그룹활동은 정서 및 학업성취에 영향을 주는 4가지 요소를 향상시키기 위해 부모와 청소년을 대상으로 프로그램이 진행된다. 4가지 요소는 다음과 같다. (1) 효과적인 양육행동, (2) 청소년의 스트레스 대처 효능감, (3) 청소년기 몰입, (4) 가족응집력.

아울러, 학생의 몰입을 향상시키기 위해 부모님을 대상으로 "학교에 대한 기대감을 이해시키며, 부모-교사 간 커뮤니케이션 향상 및 학업적 성공과 관련된 양육행동 강화"를 목표로 한다. 이와 함께 청소년 대상으로는 "자아탐구와 학업 동기 및 몰입을 향상시킬 수 있는 방법을 모색하는 것을 목표로 한다"(Gonzales et al., 2012, p. 4). 가족들이 Bridges to high school에 참여한 7학년 학생들은 참여하지 않은 학생에 비해 정서 및 인지적 몰입(학교 가치 및 학교 소속감)을 더 많이 경험하였다(Gonzales et al., 2012). 또한, 이러한 학생 몰입의 긍정적인 영향은 1년 이후에 더 좋은 학업성취도뿐만 아니라 낮은 수준의 내재적 문제 또한 예측하였다. 5년 이후 프로그램의 효과를 조사한 결과, 학생 몰입에 대한 인터벤션은 긍정적으로 영향을 끼쳤으며 이러한 영향이 나아가 12학년들의 내재적 증상까지 간접적으로 경감시키는 것으로 나타났다(Gonzales et al., 2014). 이러한 연구는 정신건강에 취약한 집단에게 정신질환을 예방하기 위해 개발한 프로그램의 목표로 학생 몰입을 강조해야 한다는 것을 뒷받침해 준다. Bridge to high school 프로그램이 멕시코계 미국 청소년들을 대상으로 이들의 성공에 특히 중요한 요소로 볼 수 있는 특별한 역량을 신장시키기 위해 개발되었듯이, 필자 또한 엄격하고 철저한 교육과정 맥락에서 정서가 취약하고 낮은 수준의 학업성취를 보이는 소외된 학생들을 인터벤션하기 위해 ACE 프로그램을 개발하고 있다.

ACE(Advancing Coping and Engagement) 프로그램

ACE는 보편적인 인터벤션으로 (학생을 위한 12개 모듈 교육과정이며 부모님 및 AP/IB 교사들을 위한 구성 요소를 포함) AP/IB 학생들에게 효과적인 대처 방식과 학교에서의 능동적 몰입을 통해 학업 스트레스에 대응할 수 있는 역량을 길러주기 위한 활동을 담고 있다. 사전 IB 및 AP 수업에서 9학년 학생들에게 제공되는 수업 전체 교육과정은 학생 몰입에 중점을 둔 3가지 모듈(레슨)이다. 우리는 초기 연구에서(Suldo, Shaunessy- Dedrick, et al., 2018) 2,379명의 AP/IB 학생들의 정서 및 행동적 몰입과 최적의 학업 및 정신건강 결과에 대한 연관성을 찾아냈다. 이러한 연구 결과는 ACE 프로그램 교육과정의 중추이며 교훈적 활동으로 통합되었다. 이에 따라, ACE 프로그램의 1/4은 몰입을 다루고 있다. 이 모듈 내에서 우리는 학교 안에서의 학생들의 몰입, AP/IB 학습 프로그램, 그리고 수업들(모듈 A); 교사 및 교우와의 학습 관계(모듈 B); 비교과 활동에 대한 학습 참여(모듈 C)에 대해 다룬다. 이 교육과정 활동들은 더 높은 단계에 몰입할 수 있으며, 추상적인 사고가 가능하고, 선생님 또는 다른 인터벤션 실행자를 포함한 성인들에 의해 조기 교육과정을 학습받는 학생들에게 적합한 활동이다.

모듈 A: 학교 소속감

첫 번째 모듈에서 학생들은 "완전히 몰입된 학생"- (1) 학교, 프로그램, 선생님에 대해 긍정적인 감정을 가지고 있는; (2) 비교과 활동에 참여하는; (3) 무언가를 달성하는데 높은 동기가 있는; (4) 각 수업마다 배움의 경험을 즐기는 사람; 등 이에 대한 개념을 배운다. 모듈 A의 내용은 학교 소속감이라고 불리는 학생의 학교 및 프로그램, 선생님들에 대한 긍정적인 태도와 감정을 발달시키는 것을 강조한다. 학교 소속감을 의도적으로 형성하는 것에 대한 중요한 점을 전달하기 위해 필자들은 학생들이 팀을 형성하여 공부하고 이러한 학교 소속감은 학업 스트레스, 정신질환, 학업 소진 증상과 부적 관련성을 나타낼 뿐만 아니라 학교 소속감의 긍정적인 측면을 보여주는 바람직한 학생들의 성과(예: 삶의 만족, GPA) 등의 상관관계를 통하여 설명한다. 차후의 활동들은 학교, 학업 프로그램(AP/IB) 및 선생님들에 대한 긍정적인 정서 소속감을 향상시키기 위해 개발되었다. 각각의 학교마다 단점이 있는 것을 인지한 후, 학교 자부심은 학생들이 지각하는 학교의 장점 및 평판(예를 들어 관리자나 선생님의 독특한 특징, 전교생의 다양성, 건축 외관, 어려운 수업 제공, 심지어 자판기 사용 가능 여부)에 대한 관심을 통해 형성된다. 또한 학생들은 학생들이 교내 안팎에서 들었던 다양한 의견들을 학교의 자부심에 대한 증거로써 판단하는 것에 대해 비평한다. 이 모듈은 왜 그들이 계속해서 교육과정 프로그램을 진행했는지, 그리고 어떻게 그들이 이 경험들로 하여금 이로운 점을 얻을 수 있는지에 대해 상기시킴으로써 종료된다.

AP/IB 교과목에 참여하는 학생들은 AP/IB 교육과정을 선택할 뿐만 아니라 이와 관련된 개인적인 목표에 집중하고, 학교 소속감의 중요성에 대한 이해 또한 강화하기 위해서 목표를 정립하고 나아가 그 목표들을 AP/IB 수업의 참여와 연관시키기 위해 독립적으로 학습한다. 학생들은 단기 목표, 장기 목표라고 적힌 세로의 줄이 그어진 표와 학생들이 사회적, 학업적 및 직업적 그리고 삶의 목표를 도달하기 위한 방법들이 제시되어 있는 표를 제공받는다. 예를 들어 학생들은 심리학자가 되는 것을 자신의 직업적인 목표로 삼을 수 있다. 단기적으로 그들은 AP 심리학 교과목에 등록할 수 있고 장기적으로 대학교에서 심리학을 전공하는 계획을 세울 수 있다. 학생들이 현재 듣고 있는 AP 수업은 그들이 상위 레벨의 어려운 고등학교 AP 수업에 대해 미리 준비함으로써 이 목표에 도달할 수 있게 도와준다. 이 활동은 학생들에게 조기 교육과정에 대한 어려움이 그들의 생활을 힘들게 할 수 있으나, 그와 연계된 단기 및 장기 목표가 AP 교육과정에 참여하는 것이 장점으로 작용한다는 것을 상기시켜준다.

모듈 B: 학교 선생님, 또래, 그리고 다른 사람들과의 관계

이 모듈은 학생들에게 긍정적인 관계를 확립하고 유지하도록 하는 지도를 제공한다. AP/IB 학생들이 학업적으로 더 높은 수준일지라도 교육 커뮤니티 안에서 선생님과 다른 사람들 간의 네트워크를 구성하는 것에 대한 중요성을 학생들에게 알려줌으로써 학업 스트레스를 대처하기 힘들 때 학생들이 만든 네트워크를 활용할 수 있게끔 도와야 한다. 학생들에게 선생님과 반 친구들, 동아리 서포터들 또는 학교 내 커뮤니티 안에 있는 다른 개인들과 관계를 형성하는 방법을 인식시키기 위해 수업에서는 누가, 언제, 무엇을, 어떻게 등의 물음을 통해 관계 형성에 대해 논의한다. 학생들은 그들과 관계 형성을 할 가능성이 있는 다수의 사람을 인지하게 되고, 본인의 시간 관리를 위해 언제 학교 안의 사람들에게 다가가야 하는지, 관계 형성 초기에 어떤 주제가 적당한지, 그리고 이러한 관계를 시작하기 위해 어떻게 마음의 경계를 허물 것인지에 대해 알아가기 시작한다. 그리고 얻은 조언들을 통해 학생들은 모듈에서 제공되는 적절한 초기 질문들(예를 들어, 당신은 왜 AP/IB 선생님이 되었나요?)을 사용하여 그들의 선생님과 수업 시간 동안 그룹 인터뷰를 진행하게 된다. 몇 명의 지원자들은 선생님과 함께 수업 시작 전, 한 선생님과 두 명의 학생이 좋아하는 책, 여름방학에 어떻게 시간을 보냈는지, 그들이 방문한 공통되는 장소에 관해 대화하는 시나리오로 역할극을 한다. 그리고 난 후 선생님과 관계를 형성하기 위해 사용한 효과적인 기술들에 대해 정리하는 시간을 가진다.

스스로 학습을 위해 학생들은 의도적으로 그들이 처음 관계를 맺거나 더 관계를 강화할 대상을 찾아 다음 학습 단계를 계획한다. 어떻게 관계를 지속시킬 것인지에 관하여 학생들은 고비가 왔을 때 그 관계를 피하고 끊어버리는 것이 아닌 고난의 시기를 성공적으로 잘 극복할 수 있는 효과적인 방법이 있다는 것을 배우게 된다. 사회적 갈등이 있는 학생들을 지도하기 위해서 학생들이 그 문제와 모든 입장에서의 관점, 가능한 해결책, 적절한 해답의 장단점, 결과 반영을 어떻게 할 것인지에 대해 알아보는 것을 도와주기 위한 단계별 가이드가 제공된다(Joyce－Beauleau & Sulkowski, 2015; Kendall, 2012). 학생들은 추가적인 도움을 받기 전에 독립적으로 과제를 수행하라고 우기는 선생님, 자신과 매우 다른 작업 스타일을 갖고 있는 반 친구와의 그룹 프로젝트를 완성해야 하는 상황과 같은 다수의 시나리오를 통해 이 과정을 적용해보는 연습을 하게 된다. 각 수업 시간에는 학업적 과제 완성과 관계 유지의 범주에서 효과적, 비효과적인 방식을 통해 갈등을 인식하고 다룰 수 있는 사회적 문제 해결 단계에 대해 논의한다.

모듈C: 비교과 활동에 대한 투자

이 모듈은 학생들에게 하나 또는 그 이상의 비교과 활동이 학점, 시험 성적, 삶에 대한 만족도, 정신건강 관련 문제 감소와 같은 많은 긍정적인 결과와 연관이 있다는 정보를 제공한다. 또한 학생들은 이러한 긍정적 결과를 넘어서 다른 환경에서 새로운 기술을 배우는 것, 목적을 찾는 것, 자유 시간을 관리하는 것, 학업 스트레스를 받는 시기에 자신을 지지할 수 있는 동료나 어른들과 커뮤니티 형성을 하는 것과 같은 비교과 활동에 참여했을 때 얻는 장점에 대한 정보를 받게 된다(Farb & Matjasko, 2012). 이 모듈은 학생들의 학교에서 할 수 있는 스포츠, 공연예술, 학술동아리, 봉사동아리와 같은 다양한 종류의 활동들을 살펴보는 것으로 시작한다. 학생들은 자신이 참여할 활동이 포함된 비교과 활동 목록을 작성한다. 학생들은 반 친구들에게 그 활동에 대한 정보를 제공함으로써 선택할 수 있는 활동들을 더 많이 알도록 만든다. 그다음 진행자는 AP/IB 학생들의 비교과 활동에 대한 몰입과 학업 및 정신건강 결과와 관련된 데이터를 공유한다(Suldo & Shaunessy, 2010). 데이터는 전년도 학생들의 비교과 활동에 대한 범위(학생이 참여한 활동 유형)와 강도(일주일마다 할애한 활동 시간)에 따라 구성된다.

학생들이 그 데이터에 몰입할 수 있도록 자기진단 평가와 비교과 활동에 대한 몰입 강도, 연구 결과에 대한 예상 추측 게임(9학년 AP/IB 학생들이 평균 몇 개의 비교과 활동 유형에 참여했을까? 비교과 활동에 몇 시간 동안 참여했을 때 가장 높은 GPA나 삶의 만족도가 높다고 나왔을까?)과 같은 많은 전략이 사용된다. 그 후, 학생들은 AP/IB 학생들에 대한 연구 결과와 그들의 응답을 대조하여 확인한다. 또한 학생들은 비교과 활동에 사용한 시간과 관련한 긍정적인 결과와는 대조적으로 방과 후 아르바이트에 쏟는 상당한 시간은 학업과 정신건강에 거의 효과가 없다는 것을 학습한다. 비교과 활동 참여에 대한 장점의 증거에도 불구하고 일부 학생들은 참여를 위한 접근 장벽들(예를 들어 대중교통, 자금에 대한 제약), 개인적인 장벽(자신감의 부족), 사회적 장벽(동아리에 잘 참여하지 못할 것 같은 감정) 등을 경험하고 싶어 하지 않는다. 학생들은 그룹 활동으로 이러한 장애물들을 극복하는 방법에 대해서 브레인스토밍하고, 각 장애물 유형에 따른 가능성 있는 해결책 목록을 제공받는다.

프로그램 효과에 대한 증거

2017－18학년도 동안 ACE 프로그램은 8개 학교 내에서 인터벤션 조건에 무작위로 배정된 AP/IB 학생들을 대상으로 3개 교육구에서 총 16개 수업의 파일럿 테스트를 시행하였다(Suldo & Shaunessy－Dedrick, 2015). 인터벤션 조건에 있는 학생들의 전후 인터벤션 데이터는 지연된 인터벤션 통제 집단으로 할당된 7개의 학교에서 무작위로 선발된 학생들의 연말 결과와 비교하게 된다. 다음에 제시된 데이터는 (통제 집단 없이) 두 개 학교의 15개 학급에 ACE 프로그램이 보급되었던 2016－17학년도 실험에서 앞서 언급한 모듈의 타당성 및 수용 가능성과 관련된 결과이다.

실험 기간 동안, 우리는 331명의 9학년 학생들이 같은 구역에 있는 2개의 학교에서 IB 프로그램(n＝155) 또는 AP 인류 지리학 수업(n＝176)을 듣도록 하였다. 이 학생들은 매주 모듈이 끝난 후, 프로젝트 직원으로부터 받은 간단한 수용성 조사를 실행하였다. 수용도 조사에서 나온 데이터는 각 3가지 모듈의 인터벤션 내용과 내용 전달에 대해 만족도가 높았음을 보여 주었다. 예를 들어 Likert 척도로 측정 범위를 1(매우 동의하지 않음)부터 5(매우 동의함)까지 두었을 때 "수업자료가 이해하기 쉬웠다"라고 답한 학생들의 평균 평가는 IB 및 AP 학생의 경우 각각 3개 모듈에서 평균 4.2 및 4.3이었다. "나는 오늘 배운 것을 학교 안팎에서 사용할 것이다"라는 문항에서 학생들은 긍정적인 점수를 보였다(IB학생 평균＝3.8; AP학생 평균＝4.0). 학생들은 또한 모듈 목표 달성 정도를 평가했으며

73−90% 학생들은 "이 모듈은 학교에서 정서적 유대감을 만드는 것에 대한 효과에 대해 도움을 주었다"의 문항에 동의하거나 매우 동의한다고 답했다. 또한 "이 모듈에서 어떤 주요 내용을 배웠나요?"와 "어떤 부분이 가장 흥미롭거나 가장 유용하다고 생각했나요?"와 같은 주관식 질문에 답하였다. 모듈 A에서 몇몇 학생들은 (1) AP/IB 학생들과 관련하여 학교 소속감과 학업 및 정서와의 연관성에 관한 연구 결과를 활용하여, 그래프를 해석하는 게임을 좋아하였다; (2) 학교 소속감과 성적 및 행복감의 상관관계에 대해 학습하였다; (3) 학생들의 학업, 사회생활, 대학, 직업에 대한 단기 및 장기 목표를 세우는 시간이 있어 좋았고 AP/IB에 참여하는 것이 그 목표들을 돕는 데 어떻게 연관되는지 알게 되는 것을 좋아하였다. 모듈 B에서는 어떻게 대인관계를 시작해야 하는지에 대한 학습의 기회 제공에 대해 학생들이 긍정적으로 답하였으며, 갈등을 다루는 것에 대해 논리적 결정을 내리는 단계인 대인관계 갈등 해결의 6단계의 가치를 알게 되었다. 모듈 C에서는 비교과 활동 참여에 대한 많은 장점과 함께 아르바이트를 하는 것에 대한 장점이 많지 않다는 것을 학습하였다고 적었다. 대체로 학생들은 모듈을 잘 이해하는 것으로 나타났으며 수업 시간 활동으로서 각 모듈이 적절하게 구성되었고 학교 안과 밖의 생활에 모두 연관되어 있다고 답하였다. 학생들의 질적 피드백은 학생들이 가치 있고 중요하다고 여기는 주요 개념이 강조되어 있음을 확인해주었다.

사례 연구: Ms. Claxton의 학급 학생들의 IB 탐구기술을 위한 ACE 프로그램 실행

AP/IB 학생들과 작업하는 것에 추가하여 ACE 프로그램 연구팀은 실험 기간 동안 관련 현장에서 일하는 교육자들과 함께 협업하였다. 관련 현장의 선생님을 대상으로 2일에 걸쳐 AP/IB 학생들의 가을학기 수업 내용을 전달하기 위해 여름 워크숍을 진행하였다. 이 사례의 선생님인 Ms. Claxton(모든 이름은 필명으로 변환함)은 여름 워크숍에 흥미와 열정을 가지고 참여하였으며, 그녀가 맡은 반(IB Inquiry Skills) 학생들에게 모듈의 목적과 내용을 기꺼이 전달하였고, 모듈에 대한 실행 가능성과 수용성을 평가하기 위하여 많은 연구와 지원을 해 주었다.

Ms. Claxton은 대학 연구원팀들로 구성된 인터벤션 실행자들이 그녀가 맡은 IB Inquiry Skills 분야에 9월 셋째 주부터 11월 말까지 가을학기 내내 일주일에 한 번씩 지정된 1일 수업시간(약 1시간)에 함께 참여할 수 있게 허락하였다. 몰입 모듈은 학생의 교육과정 시작 전 3－5주에 시행하는 것으로 예정되어 있었으며 고등학교의 첫 학기 동안 유대감을 형성하는 데 필요한 기술과 동기화를 시키기 위해 전략적으로 학생의 학교 교육과정보다 앞선 기간에 시행되었다. 모듈 진행 장소를 살펴보면, 한 집단은 카페테리아에서(IB Inquiry Skills 24명의 학생과 21명의 Ms. Claxton 선생님 반 학생이 함께 수업을 받기 위해서), 다른 22명의 학생은 선생님의 교실에서 진행되었다. 인터벤션 실행자를 소개할 때 선생님은 학생들이 IB 학생들과 같은 즉각적인 학습과 장기적 성과를 갖게 하기 위해 ACE 프로그램의 가치에 대해 설명하였다. 모듈을 적용하는 동안 Ms. Claxton은 계획한 자료를 수업 중에 보충하였으며, 학생들의 경험을 더욱 자신의 것으로 만들기 위해 생각을 깊게 할 수 있는 말을 하였다. 또한 학생들이 너무 흥분되어 있거나 수업에 집중을 못할 때 학급 관리를 도와주었고, 내용 전달을 어떻게 극대화해야 할지에 대해 인터벤션 실행자들에게 피드백을 해 주었다(예: 학생들을 소그룹으로 편성하는 가장 좋은 방법).

수업 전반에 걸쳐 연구팀은 수업 전달에 있어 그녀의 소중한 역할에 대해 되돌아보고, 그 학습 경험이 인터벤션 실행자가 단독으로 모듈 내용을 전달할 때보다 그녀가 참여하였을 때 학생들에게 더 의미 있게 다가오는지에 대해 언급했다. Ms. Claxton이 참여하였을 때 학생들은 학생 몰입에 대해 더 큰 흥미를 보였으며 불성실한 행동들이 줄어들었다. 연구팀은 후속 모듈의 전달을 수정하여 교사에게 과도한 부담을 주지 않으면서도 귀중한 경험과 AP/IB 학생들과의 관계를 활용하는 방식으로 교사 전달과 투입이 지정된 섹션을 포함하였다. Ms. Claxton은 특히 ACE 프로그램 자료와 활동 그리고 탐구능력의 목적에 연관성을 인지했을 때 인터벤션 실행자들과 함께 다음 해에도 ACE 프로그램을 계속 사용하겠다는 것에 대해 논의하였다. ACE 프로그램 프로젝트가 더 이상 그녀의 반에서 진행되지 않았으나, 각 학년이 끝날 때 Ms. Claxton은 ACE 프로그램을 개인적으로 사용하기 위해 ACE 프로그램 촉진 가이드, 학생 수업자료 및 관련 프로그램 자료의 업데이트 버전을 요청하였다. 대학교의 인터벤션 실행자들과 함께한 모듈의 관찰자 및 공동 작업자로서의 그녀의 역할은 다양한 학생들에게 모듈을 직접 시행할 수 있는 사람으로 만들어 주었다. 선생님은 교실에서의 학습 활동을 통해서 1학년 학생들에게 체계적으로 학교에 대한 유대감과 행동적 몰입을 쌓게 하는 독립적인 실행자가 되는 법을 학습하였다. 학생 몰입이 AP/IB 학생들에게 더 나은 정서적 성과를 보여 준 것을 고려하여 보면, 이는 Ms. Claxton이 학생들의 주관적 웰빙을 촉진시키고 정신질환을 예방하는 방법을 제공한다는 것을 알 수 있다.

2단계: 정신건강과 몰입을 목표로 하는 선택적 인터벤션

다층 접근의 2단계(선택적 인터벤션)는 학업, 정서 및 행동장애의 위험을 갖고 있는 청소년들을 대상으로 하는 프로그램들을 포함한다. 인터벤션들은 개별적으로 진행되거나 소그룹 형태로 진행되고 상담가나 심리학자에 의해 자주 시행된다. 현재는 학생 몰입 촉진과 정신건강 결과 개선에 이중초점을 둔 증거 기반 인터벤션에 대한 연구가 한정되어 있다. 학생 몰입에 관해 언급하는 선택적 인터벤션에 대한 몇 개의 좋은 연구들도 있으나 다수의 인터벤션들은 학교를 중도탈락할 위험이 있는 학생들에게 집중되어 있거나 (Check & Connect; Christenson, Strout & Pohl, 2012) 또래 간 괴롭힘을 당하거나 따돌림을 당하는 학생들에 집중되어 있다(Espelage & Swearer, 2004). 우리는 고등학교 조기 교육과정에 있는 청소년을 위해 개발한 선택적 인터벤션－MAP 미팅－을 기술함으로써 이 문헌에 본 내용이 추가되기를 기대한다. 2016－17학년도 가을학기에 ACE 프로그램을 이수한 49명의 학생들을 대상으로 봄학기 동안 MAP 인터벤션 현장 실험을 시행하였다.

동기(Motivation), 평가(Assessment), 계획(Plan)의 MAP 미팅

동기(Motivation), 평가(Assessment), 계획(Plan)의 MAP 미팅은 AP/IB 교과목의 정서 및 학업적 성공과 연계된 건강한 대처 능력 및 학생 몰입 과정을 반영하고 더욱 발전시킬 수 있도록 하기 위한 것이다(Suldo, Shaunessy－Dedrick et al., 2018). MAP 미팅은 (1) 학업적 또는 정서적 문제 위험을 갖는 학생들을 식별, (2) 학생의 현재 대처 전략; 행동, 정서 및 인지적 몰입과 동기 부여, 그리고 인지된 양육행동에 대한 평가, (3) 협력적 행동 계획을 통해 학생의 능력을 향상시키는 것을 목표로 하는 1회 내지 2회 개별 동기부여 미팅에 학생과 함께 참여를 포함한 다중 단계 과정을 거친다.

학생 식별

MAP 인터벤션을 받을 수 있는 학생들을 식별하기 위해 다중 기법과 다중 원천을 이용한다(스크리닝 과정 설명을 원한다면 Suldo, Storey, et al., 2018 참조). 만약 학생들이 학업적 문제가 있는 것으로 보일 때(GPA 3.00 이하 또는 학기 성적 C 이하), 또는 정서적인 문제가 드러나는 증상을 보일 때(평가표에서 스트레스 지수 높음 또는 학교 만족도가 낮음으로 나올 때) "위험단계"로 식별된다. 추가적으로 선생님은 "AP/IB의 성공률을 낮출 가능성이 있다."라고 인식되는 학생들을 지명할 수 있다. 예를 들어, 학생들의 행동은 행동적, 정서적 및 인지적 몰입의 측면을 보여준다. 2017년 봄에 시행된 실험에서 40명의 학생이 위험단계로 식별되었으며 스크리닝 과정에는 나타나지 않았지만 추가적인 도움 기회를 받고자 수락한 9명의 학생 또한 적어도 하나의 MAP 미팅을 수행하였다. MAP 미팅1에 참석한 49명 중 42명의 학생(85.7%)이 MAP 미팅2에 참석하였다.

학생 몰입 평가

첫 MAP 미팅 전에 학생들은 현재의 대처 전략, 학생의 몰입 지수, 양육자의 양육행동에 대한 지각을 자필 질문지를 통해 작성하였다. 학생 몰입에 관한 질문은 (1) 행동적 몰입(몇 가지 종류의 비교과 활동을 하고 일주일에 몇 시간씩 비교과 활동을 하는지) (2) 정서적 몰입/학교에 대한 유대감(학생과 AP/IB 선생님과의 관계, AP/IB 수업에 대한 만족도, 학교에 대한 자긍심 관련 학생의 인식) (3) 인지적 몰입(AP/IB 수업에 대한 집중도와 흥미, 지속성, 고역량 수준) (4) 몰입을 위한 동기(학업적 자기효능감과 AP/IB 수업에서의 몰입 경험)를 포함한다. 인터벤션 실행자들은 2010년 보조금(Suldo & Shaunessy, 2010)을 통해 학생들의 조사 데이터를 컴퓨터화된 점수 시스템에 입력하여 2,000명 이상의 플로리다주 학생들의 표준 표본과 비교한다. 일단 학생의 등급이 각 요인별 T점수로 전환되면, MAP 코치(연구팀의 인터벤션 실행자, 심리학 석사 또는 박사)들이 학생들과의 50분 미팅을 편성한다.

동기(Motivation), 평가(Assessment) 및 계획(Plan) 미팅

우리는 다른 AP/IB 학생들의 표준 데이터베이스와 관련하여 학생의 현재 대처 능력과 몰입 수준을 판단하기 위해 동기화 인터뷰(MI)기법을 사용한다(Miller & Rollnick, 2012). 학생들은 동기와 인지, 행동, 그리고 효과적인 몰입의 형태와 같은 AP/IB 학생들의 다양한 성공 요인들과 연관된 그들의 강점과 약점에 대해 피드백을 받는다. 그런 다음, 학생들은 개선할 부분에 대한 목표를 정한다. MAP 코치와 학생이 함께 선택한 부분을 개선시키기 위한 행동 계획을 짠다. MAP 미팅은 4개의 주요 부분으로 나누어지는데 이는 동기화 인터뷰의 틀과 일치하는 단계: 몰입하기, 집중하기, 유발하기, 계획하기이다. 이후에 나오는 사례 연구는 네 가지의 주요 부분과 어떻게 그들이 학생들의 몰입과 정신건강을 촉진시킬 수 있는지 강조한다.

사례 연구: MS. Clasxton의 학급 학생들 중 위험군에 속한 학생들과 함께 MAP 실행

Allie는 IB 질문 스킬 수업의 중간 과정에 참여하고 있는 9학년 여학생이다. Allie의 스크리닝 자료는 높은 수준의 스트레스 지수가 나타났으며, 다른 고득점 학생 동료들보다 학업성취도가 낮았고(IB 생물 수업에서 C학점 받음) 학교에서의 만족감 수준 또한 낮은 것으로 나타났다. 선생님이 Allie를 추가적 지원을 받지 않아도 되는 상태로 분류했음에도 불구하고 높은 스트레스 지수와 IB 생물학에서 B 이하의 점수를 받았기에 연구팀으로부터 위험 상태로 분류되었다. Allie는 MAP 코칭미팅에 참여하는 기회를 제공받았으며 선택적 인터벤션에 대한 동의를 위해 부모에게 동의서를 서명받았다.

첫 번째 MAP 단계는 몰입 단계이다. MAP 미팅의 몰입 단계 동안 코치는 학생들과 긍정적인 관계를 형성하기 위하여 (1) 미팅 목표와 목적에 대해 복습 (2) 학생 성격의 장점, 가치, 목표 (3) 긍정적 변화가 필요한 주요 이유를 논의하였다. Allie는 가족과 우정 및 동료애의 가치를 '상황이 어려워질 때 나를 계속해서 움직일 수 있게 하는 사람'이라고 정의하였다. 그리고 성격의 강점은 호기심과 개방성이라고 답하였으며 두 가지의 강점 모두 IB 프로그램을 진행하는 데 도움을 주었다고 하였다. 그녀는 자신의 가족 중에 첫 번째로 대학에 진학하고 싶어 하였고 최종적으로는 선생님이 되기를 희망하였다. 그녀는 현재의 GPA와 이상적인 GPA 사이의 차이를 인정하며 학업적 능력의 부족이 자신의 장기적 목표를 달성하는 데 방해 요인이 될 수 있다고 말하였다.

집중 단계에서 MAP 코치는 AP/IB 학생들의 성공과 관련하여 Allie의 현재 수준에 대해 피드백을 제공하였다. Allie의 MAP 사전조사 질문지의 점수는 효율적 몰입(T=39), 인지적 몰입(T=31), 몰입을 위한 동기(T=43)로 나타나 다른 AP/IB 고등학교 청소년들의 점수에 비해 낮았다. 인지적 몰입에 대한 항목에서 그녀는 비교적 낮은 기준과 끈기를 가지고 있으며 학교에서 배운 것에 대해 공부하는 계획을 세우거나 스스로의 학습을 거의 하지 않았다. 반대로, 행동적 몰입(T=49)은 AP/IB 학생들과 유사한 수준을 보였다. Allie는 효과적인 대처(예: 시간 최소화와 과제 처리 전략) 점수가 비교적 낮았으며, 비효과적인 대처 전략 사용(예: 학교에 잦은 결석)의 점수는 높았고 부모님 및 가정에서의 Allie에 대한 애정 및 지원점수는 낮았다. 주관식 질문들과 반응적 경청(reflective listening)을 통해 MAP 코치는 Allie가 그녀의 실제적인 강점을 확인하고 개인적인 약점을 인정하도록 도왔다. Allie는 비교과 활동 참여가 그녀의 개인적인 강점이며 IB 단계 과정(예: 인지적 몰입)에 대한 집중 부족을 문제라고 인식하였다. MAP 코치는 “현재 너의 집중 수준이 IB 결과에 어떻게 영향을 미칠 것 같니? 수업 시간의 집중과 인내력 향상이 너의 목표와 가치와 어떤 연관이 있니?”와 같은 무언가를 제시하는 형태의 질문으로 그녀의 약점과 현재 상태의 차이를 줄이기 위한 동기부여 인터뷰 전략을 사용하였다.

3번째 유발 단계에서 MAP 코치는 그녀의 변화를 이끌어내는 질문을 제기했다. “수업 시간에 집중도를 높이는 것에 대한 장점 3가지는?”과 같은 질문은 그녀가 더 나아가고자 하는 요소의 긍정적 변화에 대한 그녀의 이론적 근거를 표명하기 위해 고안되었다. 이러한 질문들에 Allie는 수업에 더욱 집중하는 것은 수업의 내용에 대한 이해력을 높이고 수업 시간 내 토론을 할 때 참여할 수 있는 가능성이 더 커지며 선생님의 지시사항을 올바르게 이해할 수 있어서 학교 과제를 더 잘 할 수 있을 것이라 답하였다. MAP 코치는 그들이 왜 변화해야 하는지에 대해 인식할 수 있는 질문(네가 만약 수업 시간에 100% 집중한다면 어떤 일이 벌어질까?)들을 할 수 있다. Allie는 인지적 몰입을 향상시킴으로써 더 좋은 성적을 받을 수 있고 스트레스를 덜 받을 수 있을 것이라 답했다. 이 단계의 마지막 부분에 MAP 코치는 “1부터 10까지 중에서 학교 수업에 집중하고 IB 수업을 성공적으로 마치는 것은 얼마나 중요하니?”라는 질문을 하였고 Allie는 집중하는 것은 학교 선생님의 지시사항을 따르는 것에 도움이 될 뿐만 아니라 집에서 부모님들이 요청했던 일들을 기억하는 데 도움을 줄 수 있기 때문에 “7 또는 8”이라고 답하였다.

마지막 단계는 계획 단계이다. MAP 코치는 수업 시간에 더 잘 집중할 수 있는 능력에 초점을 맞춘 행동 계획을 세우는 데 도움을 준다(시간표를 가지고). Allie는 4가지 단계를 실행에 옮겼다. (1) 학교 숙제를 끝내는 것에 대한 결과를 생각하기(일주일 안으로), (2) 학교 숙제 끝내기(매일), (3) 숙제하면서 막히는 부분이 있으면 선생님에게 도움 요청하기(수요일 튜터링 수업), (4) 내 할 일을 끝냈을 때 스스로에게 보상해주기. MAP 코치와 Allie는 그녀의 목표를 달성을 저해하는 잠재적인 장애물들에 대한 문제 해결을 시도하였다. Allie는 “핸드폰 때문에 방해를 받는다.”라고 문제를 인식하였고 “학교 숙제가 끝날 때까지 부모님께 핸드폰을 맡겨 놓는다.”는 해결책을 내놓았다. MAP 미팅은 코치와 함께 Allie의 과거 성공을 검토하고, 그녀의 강점을 재확인하며, 이러한 변화에 대한 자신감을 높이는 것으로 끝났다. 마지막으로, 코치는 Allie에게 후속 지원으로 추가 미팅을 세공하고 개인별 행동 계획 복사본을 제공할 수 있도록 준비하였다.

MAP 미팅1 이후에 Allie와 MAP 코치는 각자 진행된 세션에 대한 수용 정도에 대해 점수를 매겼다. Allie는 "나는 오늘 논했던 개념들을 학교 안과 밖에서 사용할 용의가 있고 오늘 미팅에서 다뤘던 점을 긍정적으로 변화시킬 준비가 되었다."와 같은 강한 동의적 진술을 하며 미팅에 대해 긍정적으로 인식하였다. 주관식 답변에 관하여 가장 인상 깊었던 세션은 "내가 계속 집중할 수 있도록 계획을 세운 것"이라고 답하였으며 "나의 계획대로 스스로가 잘 따라갈 수 있기를 정말로 바란다."라고 말하였다. MAP 코치는 Allie가 세션을 듣고 변화를 얻은 듯 보이는 데 동의하였으며 Alllie가 "몰입하고 협조적"이었다고 답하였다.

MAP 미팅2(5주 후)에서 MI 단계의 핵심 4요소(몰입, 집중, 유발, 계획)가 동일하게 내용의 중심으로 잡혔다. 몰입 단계에서 MAP 코치는 Allie와 함께 다시 만난 것에 대한 반가움을 표현하며 긍정적인 관계를 재정립하였고; 그녀의 성격에 대한 장점, 가치, 목표에 대한 재확인을 시켰으며; 지난 회의 이후 그녀의 발전에 대해 논의하였다. Allie는 수업에 더 집중하겠다는 그녀의 목표에 대해 진척이 있었다고 말하였으나 숙제하는 동안 핸드폰으로 인한 집중력 저하와 숙제에 대한 질문이 있었음에도 불구하고 선생님에게 도움을 요청하지 않은 것을 포함한 몇 가지 장애물에 직면하였다. 코치는 Allie에게 (1) 새로운 행동 계획을 따르기 또는 (2) 초기 계획에 대한 장애물을 해결하기 중에서 하나의 미팅 방향을 선택하라고 제안하였다. Allie는 수업에 집중하는 것이 여전히 그녀에게 도전과제였기 때문에 수업 시간에 집중하는 단계(인지적 몰입)에서 머무르기를 원하였다.

MAP 코치의 변화를 이끌어내는 질문을 통해 Allie는 변화하고자 하는 다른 추가적인 이유들을 인식하였다("나는 모델이 되고 싶어" "나는 게으른 사람으로 보이고 싶지 않아" "나는 학교 친구들처럼 성공을 경험하고 싶어"). 계획 단계에서 MAP 코치와 Allie는 함께 새로운 행동 단계를 설정하였다. (1) 숙제하고 있는 중에는 말하거나 문자를 보낼 수 없다고 친구들에게 말하기 (2) 엄마에게 숙제에 필요한 부분을 요청하기 (3) 학교 시작 전 또는 후에 선생님께 숙제에 관한 질문하기 (4) 어려운 과목은 방과 후 튜터링 수업 듣기. 미팅의 후반부에 Allie는 강한 변화의 의지를 보였고 행동 계획 복사본을 갖고 떠났다.

첫 번째 미팅과 유사하게 Allie의 수용성에 관한 데이터는 그녀가 추가적 지원에 도움을 받았음을 보여 주었다. 그녀는 변화의 준비가 되어있음을 강하게 표현하였고 나의 계획을 다시 실행하고 목표에 도달하기 위해 더 많은 단계를 생성하는 것이 가장 유용한 부분이었다고 말하였다. MAP 코치 또한 그 부분을 긍정적으로 평가하였으며 이 미팅으로 Allie가 긍정적인 변화를 이끌어 나갈 수 있을 것임을 예상하였다. 코치는 Allie가 미팅1보다 더욱 몰입하고 사려 깊은 모습을 보여 주었고 Allie와 코치와의 관계가 깊게 형성되었다고 표현하였다.

학교 바깥에서 스트레스가 적고, 충분한 사회적 지지 및 학업적 지원을 받으며, 생물학적인 장애(예: 충동성)가 미미하거나 관리될 수 있는 학생들을 위해 MAP 미팅은 긍정적인 자기 관리가 계속될 수 있도록 충분한 내적 동기를 발생시키는 것으로 예상하였다. Allie의 사례의 경우 MAP 미팅에 대한 수용성이 높음에도 불구하고, 그해 연말에 그녀는 간단한 정신건강 측정에서 낮은 수준의 삶의 만족도와 증상의 악화로 인하여 언급된 바와 같이 열악한 정신건강 상태를 보여 주었다. 그녀의 태도에 대한 정확한 요인은 불명확하지만 빈번한 비효율적인 대처 행동, 가정에서의 지원 부족, 가족과 삶에 대한 높은 스트레스는 그녀가 ACE 프로그램의 전반적인 교육과정을 통해 제공받은 것 이상의 추가적 지원, 즉 선택적 인터벤션(MAP) 예방책이 필요하다는 것을 알 수 있다. Allie는 지속적인 관리가 필요했으므로 집중적 인터벤션을 다루는 정신건강팀에 회부되었다.

3단계: 학생의 몰입을 방해하는 외현화 및 내재적 증상을 목표로 하는 증거 기반 정신건강 인터벤션

보편적이고 목표 중심적 지원에도 불구하고, 몇몇 학생들은 일상 속에서 정신건강의 필요성을 더 중요하게 느낀다. 따라서 학생들은 몰입에 방해가 되는 내재적 및 외현화 증상에 집중하기 위해 학교나 지역 커뮤니티의 정신건강 치료사(Doll, Nastasi, Cornell, & Song, 2017)가 제공하는 치료적 도움과 같은 개인적이고 장기적 인터벤션을 더 필요로 할 것이다.

인지행동치료(Cognitive-Behavioral Therapy; CBT)

인지행동치료(CBT)는 어린이들이나 청소년들이 경험하는 다양한 내부적, 외부적 요인들을 치료하는 증거 기반 인터벤션으로 인정받고 있다(Hofmann, Asnaani, Vonk, Sawyer, & Fang, 2012). 성공적인 학교 기반 CBT는 학교 안에서 나타나는 우울, 분노, 그리고 공격성을 치료하는 것에 대한 가능성을 보여 주었다. CBT는 개인의 성과와 정신건강을 향상시키기 위해 자주 사용되는 다양한 변화 전략이 포함된다(Joyce−Beaulieu & Sulkowski, 2015; Kendall, 2012; Stark, Arora, & Funk, 2011). 모든 인지적−행동적 인터벤션 전략(어떻게 사용해야 하는지를 포함)에 대한 전반적인 설명이 이 장에는 없지만, 학교 기반 응용 프로그램의 적절하고 효과적으로 잘 성립되어 있는 일부 주요 접근법에 대한 설명이 다음에 기재되어 있다(CBT와 관련된 추가적 설명과 정보를 원한다면 Kendall, 2012 또는 Joyce-Beaulieu & Sulkowski, 2015를 보라).

심리교육

심리교육은 내담자(또는 학생)가 자신의 도전에 대한 본질과 도전을 관리할 수 있는 방법을 이해할 수 있도록 도와주는 것을 의미한다. 구체적인 집중 분야로는 청소년 자신의 감정에 대한 인식, 자극 또는 구체적인 자극에 대한 심리적 반응; 청소년들을 대상으로 증상이 일어날 때 대처할 수 있는 다양한 전략을 가르쳐 주는 것; 그리고 다른 사람의 생각, 감정, 행동들과의 연관성을 청소년들에게 이해시키는 것을 포함한다.

인지적 재구조화

인지적 재구조화는 역기능적 신념과 비합리적 사고가 다양한 정신건강 장애와 관련된 정서 및 행동을 유지하게 한다는 가정에 근거한다. 부정적이고 왜곡된 생각 패턴을 의심, 중지 및 재정립함으로써 개인의 기능을 향상시키는 것에 목적이 있다.

이완 훈련

이완 훈련은 가르치는 사람에게 강렬한 불안감 또는 분노와 관련된 높은 수준의 내적 흥분을 줄이는 데 사용할 수 있는 다양한 기술들을 가르치는 과정이다. 구체적으로 복식 호흡, 점진적 근육 이완, 생산적이며 이성적으로 생각하고 행동하는 것을 어렵게 만드는 신체의 긴장(예: 긴장된 근육)과 비정상적 신체반응(예: 빠른 호흡, 빠른 심장박동)을 관리하는 시각적 심상요법을 배운다.

문제 해결 및 사회기술 훈련

문제 해결 훈련은 청소년들이 건설적인 대처 기술 활용에 더 능숙해지는 방법을 가르쳐 준다. 청소년들은 어려운 상황에 대처하는 방법을 알려 주는 다중 단계 과정을 사용하는 방법을 배운다. 이 단계는 (1) 문제를 인식하기, (2) 문제 해결을 위해 다양한 해결책을 인식하기, (3) 각 해결책에 대한 결과를 생각해 보기, (4) 하나의 해결책을 골라 시행해 보기, (5) 선택한 해결책에 대한 결과를 평가하기가 포함된다(Kendall, 2012). 공격적이고, 불안한 또는 우울한 청소년은 건강한 대인관계를 갖는 것에 대해 어려움을 느낄 수 있기에 사회적 기술은 도움이 된다. 사회적 기술 훈련은 갈등 해결 방법, 적극적으로 의사소통하는 방법, 친구를 사귀거나 다른 사람의 행동 등을 정확하게 이해하는 방법 등 청소년들을 돕는 데 중점을 둘 수 있다.

그 외 다른 인지행동치료 전략

추가적인 CBT 전략은 구체적인 장애나 관련된 증상을 해결하는 데 사용될 수 있다. 예를 들어, 노출/반응 방지는 강한 두려움 느끼는 것을 극복하는 데 도움이 된다. 노출 및 반응 방지를 하는 동안 개인은 분노를 유발하는 경험에 노출되고 그 경험에 대해서 회피하거나 도망치지 않도록 장려 받는다. 행동 활성화는 개인이 우울한 기분에 대처할 수 있도록 실행된다. 행동 활성화[Kendall(2012)과 Stark 외(2011)가 언급한 대처 기술 훈련]의 목표는 내담자/학생의 기분을 나아지게 하기 위해 재미있고 주의를 딴 데로 돌리거나 생산적인 활동에 참여하도록 장려하는 것이다. 학부모 교육은 부모가 다양한 증상을 겪는 청소년을 지원하는 방법을 배우도록 돕기 위한 것이고(Kendall, 2012), 특히 청소년 공격성 치료와 관련이 있다. 공격적인 청소년을 위한 학부모 교육은 부모가 원하는 행동을 적절하게 강화하고, 문제가 있는 행동에 효과적인 결과를 제공하며, 효과적으로 의사소통하고, 경계선과 규칙을 설정하고, 스트레스 관리 전략을 사용하는 방법을 배우도록 돕기 위한 것이다(Joyce−Beaulieu & Sulkowski, 2015; Kendall, 2012).

정신건강 문제를 다루는 학교 기반 인지행동치료의 효과

정신 병리적인 내면화 증상과 관련하여 Hilt−Panahon, Kern, Divatia, Gresham (2008)은 우울증에 걸렸거나 우울증에 걸릴 위험이 있는 어린이와 청소년을 위한 학교 기반 인터벤션을 위한 CBT가 다른 인터벤션(예: 강화)과 비교하여 대부분의 CBT 연구에서 보고된 중간 수준부터 높은 수준의 효과를 보았으며 가장 자주 시행된 CBT이었음을 결론내렸다. 가장 자주 사용되는 CBT 전략은 인지적 재구조화, 즐거운 활동 스케줄링(행동 활성화) 및 문제 해결 훈련이었다. Cullen(2013)의 메타분석에 따르면 학교 기반 CBT는 불안 장애 및 관련 증상을 치료하는 데에도 효과적이라고 보고하였다. Cullen은 불안 장애에 대한 학교 기반 인터벤션의 영향을 조사한 9가지 연구의 효과를 검토하였다. 즉 CBT는 연구 전반에 걸쳐 주요 치료 접근 방식으로 사용되었다. 전반적으로 Cullen은 여러 연구에서의 치료 효과에 대해 중간 수준부터 높은 수준의 효과까지 보인 증거들을 발견하였다. CBT는 특히 심리교육, 인지적 재구조화, 노출 및 사회적 기술 훈련과 같은 여러 기술을 사용할 때 효과적이었다.

또한 연구에 따르면 학교 기반 CBT는 어린이와 청소년의 공격성과 같은 외현화 문제를 치료하는 데 효과적인 인터벤션이 될 수 있다. 예를 들어, 단기 목표의 인터벤션은 학생들의 높은 수준의 공격성(예: 자기 통제와 조기 약물/알콜 사용; Sukhodolsky, Solomon, & Perine, 2000)에 영향을 줄 수 있는 요인을 효과적으로 다룰 수 있다. Lochman과 Wells(2002)는 학교 기반의 CBT가 더 강한 수준으로 개입되면 청소년의 공격성이 크게 줄어들 수 있다고 말하였다. Lochman과 Wells(2002)가 간략히 기술하였던 CBT 인터벤션은 아동 및 부모 중심의 요소 또한 포함한다. 아동을 중점으로 한 구성 요소는 16개월 프로그램으로 심리교육, 문제 해결 훈련, 인지적 재구조화 및 이완 훈련에 중점을 두었다. 부모를 중점으로 한 구성 요소는 같은 기간 동안 제공되었으며 행동 관리 기술, 효과적인 의사소통, 가족 간 문제 해결 및 부모 스트레스 관리에 중점을 두었다.

Parker, Zaboski 및 Joyce-Beaulieu(2016)는 공격적인 행동을 보이는 중학생에 대한 학교 기반의 선택적 인터벤션의 영향을 보여 주는 비통제 사례 연구(noncontrolled case study) 결과를 보고하였다. 심리교육, 이완 훈련 및 인지적 재구조화와 같은 증거 기반 CBT 전략은 가정-학교 일일 카드 계획과 함께 인터벤션에 포함되었다. Parker 등은 인터벤션 기간이 끝날 무렵과 1년의 후속 조치 기간에 학생들의 공격적인 성향의 감소를 확인하였다. 요약하자면, 통제 및 사례 연구 접근 방식을 통해 평가된 학교 기반 CBT는 청소년들이 보여준 강한 공격성을 해결하는 데 도움이 될 수 있다고 볼 수 있다.

사례 연구: 학교에서 내재적 증상과 낮은 몰입을 보이는 학생을 대상으로 실시한 인지행동치료

Alex는 교사와 학생 동료들에게 환영받지 못하고 학교 과제 및 등교거부, 며칠간의 학교 결석 등을 경험한 이후, 학교 심리상담사에게 소개된 10학년 남학생이다. 학교 상담사는 Alex와 그의 선생님 그리고 부모님과 인터뷰를 진행하였으며, 수업 시간의 모습을 관찰하고, 그의 요구를 인식하는 데 도움이 되는 척도 평가를 실시하였다. Alex의 교사와 부모는 그를 복잡한 개념을 빠르게 이해하는 온화한 학생이라고 설명하였다. 하지만 그는 종종 영어 과제를 거부했고 수업에 거의 참여하지 않았다. 학교 상담사는 Alex가 대부분의 수업 시간 동안 비몰입하고 고립돼 있는 모습을 관찰하였다. Alex는 후에 그가 글 쓰는 것을 잘하지 못하기 때문에 영어 과제를 하지 않았다고 하였다. 아무도 그를 좋아하지 않고 학교에서 훌륭한 학생(10학년 되기 전 GPA가 3.8이었음에도 불구하고)이 되지 못하기 때문에 학교에 가는 것보다 집에 있는 것이 더 좋다고 말하였다. 우울증과 불안의 표준 점수는 상승하였으며 임상적으로 유의한 위험 범위 내에 속하였다. Alex는 학교 심리상담사와의 개별 상담에 참여하여 내면적 증상을 줄이고 수업 시간의 몰입을 높이기 시작하였다.

1단계: 심리교육과 인지적 재구조화

상담 인터벤션의 1단계는 심리교육과 인지적 재구조화에 중점을 두었다. 학교 상담사는 먼저 생각, 감정 및 행동의 3개의 관계에 대해 설명하였다. 그런 다음 Alex에게 자신의 감정과 행동에 영향을 미치는 일반적인 부적응 사고 패턴(인지 왜곡)을 인식하도록 가르치고, Alex에게 가장 일반적으로 겪는 인지 왜곡을 확인하도록 지시하였다. Alex는 다른 사람들이 자신에 대해 부정적인 생각을 하고 있다고 생각하는 경향이 있고(마음 읽기), 미래에 대해 부정적으로 예상하는 경향이 있다고 하였다(예언적 사고). 그는 자신의 생각이 어떻게 자신의 감정과 행동에 영향을 끼쳤는지 알아낸 후 인지 왜곡을 보다 건강하고 균형 잡힌 생각으로 바꾸는 방법을 배웠다. 교육한 개념에 대한 Alex의 이해와 적용을 강화하기 위해 상담 세션 중간중간에 과제를 제공하였다. Alex는 자신의 부정적인 생각을 유발한 상황(예: 협동 과제 수행 중 학급 친구와 작업해야 하는 상황)에 대한 생각(부적응 및 적응적 생각 모두 포함), 감정, 행동을 기록하였다. 상담사는 매주 일주일 동안에 발생한 일을 논의하고 그의 진행 상황을 강조하면서(즉, 부정적인 생각을 건강한 생각으로 자주 대체) 각 세션을 시작하였다.

2단계: 행동 활성화 및 이완 훈련

중간 단계의 목표는 기분을 좋게 만들어 줄 수 있는 재미있고 활동적인 시간을 늘리고 학교 공부를 하는 동안 침착함을 유지하는 데 도움이 되는 이완 기술의 사용을 늘리는 것이었다. Alex는 일주일 동안 참여할 목록을 작성하고 동그라미(학교 심리상담사는 미리 채워진 활동 목록을 가져왔다)를 그렸다. Alex는 각 활동 전과 활동 후에 자신의 기분에 대해서 관찰하기로 동의하였다. 이는 Alex가 혼자 고립되고 얌전하게 행동하는 것보다 활발하게 활동하는 것이 그의 기분을 향상시키는 데 도움이 된다는 것을 더 자세하게 이해하게 만들었고, 어떤 활동이 가장 유익한지 인식하게 하였다. Alex가 작성한 자기 보고서에 따르면 Alex의 불안감 수준이 매우 높은 수준이 아니었음에도 불구하고 선택한 과제를 완수할 때 그것을 성공적으로 끝낼 능력이 없다고 느꼈기 때문에 높은 스트레스 증상(예: 빠른 심장박동)을 보였다. 그 후, 그는 학업을 완수할 때 사용하기 위해 시각적 심상요법, 복식 호흡, 1에서 10까지 카운트다운과 같은 다양한 이완 기법을 배웠다. 학교 심리상담사는 Alex에게 '이완 기법들을 적절하게 사용할 수 있는 방법'을 가르쳐 주기 위해 모델링, 1:1 교육, 역할극, 그리고 교정적 피드백을 사용하였다.

3단계: 사회기술 훈련과 인지행동치료 인터벤션 평가

마지막 단계는 Alex가 적절하고 단호하게 도움을 요청하는 방법을 가르치는 데 중점을 두었다. 학교 심리상담사와 Alex는 도움을 요청하는 것이 왜 이로운지 이야기를 나누었고 학교 선생님과 학생 동료들에게 학업 관련 도움을 요청하는 몇 개의 시나리오를 가지고 역할극을 진행하였다.

상담 인터벤션이 끝난 후 참여 초기에 작성했던 임상척도를 통해 Alex를 재평가하였다. 우울증과 불안을 평가하는 척도에 대한 그의 점수는 평균 범위보다 낮았다. 이러한 증상 감소 이외에도, 그는 학생 몰입을 나타내는 행동에 대해서 호전을 보였다. Alex가 부여된 과제를 제출하는 빈도수가 높아졌으며 학교 출석을 더 잘하고 있다는 것을 학업성취도를 보고 알 수 있었다. 학업 및 정서적 결과가 개선됨에 따라 학교 심리상담사는 Alex의 상담을 종료하고 다음 학기의 진행 상황을 지속적으로 모니터링할 것을 권장하였다.

후속 연구 및 실행을 위한 논의

이 장은 학생 몰입이 학생의 건강 상태와 발달에 어떤 영향을 받고 어떤 영향을 주는지에 대한 것이다. 온전히 건강한 정신-주관적 웰빙이 높고 정신질환 증상이 거의 없으며, 2요인 프레임워크에 따라 평가 가능함(Suldo & Shaffer, 2008)-을 가지고 있는 학생들의 비율은 학생들의 정신건강을 위한 학교의 다층 시스템 기능의 강점에 따라 달라질 수 있다. 그러한 기반은 적절하게 실행되는 보편적 인터벤션을 필요로 하며 대중적으로 가장 흔한 위험 요소와 일치한다. 몰입, 정신건강, 학업적 성공에 대한 지표를 통하여 보편적 프로그램이 결과를 향상시키는지 후속 연구를 수행하는 것은 학생들의 정신건강 예방에 대한 이론적 근거가 더 견고해지는 길이 될 것이다. 성과 평가에서 청소년의 기능을 모든 측면에서 살펴보는 것은 구성 요소가 어떻게 연결되어 있는지 보여줄 뿐만 아니라 몰입 또는 정신건강을 높이는 지원들이 궁극적으로 학업성취도, 교과 진도 및 졸업, 고등교육, 직업 획득과 같은 관심사가 큰 교육 성과에 영향을 미치기 때문에 필요하다.

정신건강에 대한 문헌을 살펴본 결과, 주관적 웰빙 수준이 낮은 학생들을 대상으로 하는 선택적 인터벤션(2단계) 지원의 부족하다는 것이 드러났다. 실천가들에게는 낮은 행복감, 높은 정신질환 증상 또는 높은 스트레스나 낮은 몰입과 같은 위험 징후가 있는 학생들에게 효과적인 조기 인터벤션을 제공할 수 있는 방법에 대한 추가적인 프레임워크가 필요하다. 또한, 인터벤션을 진행하고 있거나 인터벤션 진행이 끝난 이후에 학생의 성공을 모니터링하는 모범 사례에 대한 지침이 필요하다. 이러한 지침을 통해 실천가는 학생들의 정신건강 변화 수준에 따라 분류하여 적절하게 지원을 할 수 있다. 정확도를 갖춘 증거 기반의 보편적 인터벤션과 선택적 인터벤션에 대한 지원이 증가함에 따라 높은 수준의 지원을 필요로 하는 학생들의 비율은 줄어들 것이라고 예상한다. 그러나 논리적 모델을 지원하려면 현장의 데이터가 필요하다.

다행스럽게도 이 문헌 검토는 교육자들이 학생의 주관적 웰빙을 체계적으로 장려하고 정신건강 문제를 줄이는 방법을 고려함으로써, 증거 기반 인터벤션의 옵션 수와 폭이 증가하고 있음을 보여준다. 이 장은 학생 몰입의 효과와 관련하여 평가된 정신건강 인터벤션에 중점을 두었다. 수많은 보편적 및 3단계 추가 프로그램과 실습이 학교 기반 정신건강 서비스의 다른 포괄적 설명에서 검토된다(예: Suldo, 2016; Werner-Seidler, Perry, Calear, Newby, & Christensen, 2017). 즉, 학교에서 학생 정신건강을 위한 다층 지원 시스템을 개발할 때 고려해야 할 인터벤션 옵션뿐만 아니라 상담사의 전문적인 지도 또한 점점 늘어나고 있다는 것을 알 수 있다.

제 15 장

집단따돌림과 주변인 행동

제15장

집단따돌림과 주변인 행동

전 세계적으로 집단따돌림에 대한 관심이 급격히 증가하였다. 최근에 미국에서 한 조사에 따르면 집단따돌림과 사이버 집단따돌림이 부모들의 가장 큰 건강상의 관심인 것으로 나타났다(Freed et al., 2017). 지난 20년간 미국의 여러 주는 집단따돌림을 자살과 폭력행위로 연결하는 뉴스와 연구 결과에 대해 반응하였고, 집단따돌림을 해결하려는 법을 제정하였다(Holt et al., 2015; Newman, Fox, Harding, Mehta, & Roth, 2004). 그러나 이러한 극단적인 결과만이 아니더라도, 집단따돌림은 학교 공동체의 기반을 약화시키고, 피해학생들을 그들의 또래들과 괴롭힘이 일어나는 것을 알지 못하거나 멈출 수 없는 어른들로부터 소외감을 느끼게 하는 문제가 있다. 집단따돌림에 연루된 학생들은 학교 교육(schooling)의 목적과 학생으로서 자기효능감에 대해 의문을 제기하게 하고 이는 학생들이 학교에 소홀하고 결석하게 하는 결과를 초래한다. 집단따돌림으로 인한 학교 비몰입에 대한 경험은 집단따돌림이 중단되고 난 이후에도 오랫동안 지속적으로 영향을 끼친다.

이 장에서는 첫째, 집단따돌림에 대한 연루(involvement)와 학생 몰입에 관련된 문헌을 검토한다. 집단따돌림에 대한 연루가 대상, 공격자, 주변인 등 학생 몰입의 감소와 관련이 있다고 주장한다. 둘째, 해당 프로그램이 학생 몰입 성과를 향상시키는지 여부를 구체적으로 조사한 집단따돌림 방지 프로그램에 대한 평가를 검토한다. 이 분야의 선행연구는 제한적으로, 본 연구는 학생 몰입을 높이기 위한 학교 노력에 도움이 될 수 있는 집단따돌림 방지 프로그램에 관한 향후 연구를 위한 몇 가지 방향을 제안한다. 마지막으로,

집단따돌림 방지 활동에 학생들을 참여시키는 데 있어 중요한 과제에 대해 논의한다. 그리고 몇 가지 혁신적인 집단따돌림 방지 시책을 강조하고, 집단따돌림을 방지하는 학생 몰입 증진에 대한 권고사항을 제공한다.

집단따돌림

집단따돌림은 동료에 대한 공격성의 한 유형이다. 반복적이고 의도적이며, 목표 대상과 공격자 사이의 힘의 불균형을 포함한다(Gladden, Vivolo–Kantor, Hamburger, & Lumpkin, 2014; Olweus, 1978). 집단따돌림은 신체적(예: 때리기, 밀기), 언어적(예: 집적거리기, 위협 주기), 관계적(예: 배제, 소문 퍼트리기), 전자적(예: 텍스트나 소셜미디어를 이용한 사이버 따돌림)일 수 있으며, 학생들이 자주 복합적인 형태로 연루된다고 보고된다(Modecki, Minchin, Harbaugh, Guerra, & Runions, 2014). 연구에 따르면 미국의 청소년 중 10–33%가 집단따돌림을 당했다고 보고했고(집단따돌림 피해자), 5–18%는 집단따돌림을 가했다고 보고했다(Bullying perpetration; Cassidy, 2009; Dulmus, Sowers, & Theriot, 2006; Perkins, Craig, & Perkins, 2011; Peskin, Tortolero, & Markham, 2006; Schneider, O'Donnell, Stueve, & Coulter, 2012). 더 나아가, 피해 및 가해는 상호 배타적이지 않으며, 학생의 1–12% 사이가 집단따돌림의 두 측면에 관여한다고 보고되었다. 이 학생들을 가해자–피해자(bully–victims)라고 부른다(Dulums et al., 2006; Nansel et al., 2001; Solberg & Olweus, 2003; Spriggs, Iannotti, Nansel, & Haynie, 2007). 집단따돌림에 연루된 것과 상관없이, 대략 70%에 해당하는 청소년은 집단따돌림을 목격했다고 보고한다(Bradshaw, Sawyer, & O'Brennan, 2007; Rivers & Noret, 2010; Trach, Hymel, Waterhouse, & Neale, 2010). 위와 같은 여러 연구에서 널리 퍼진 차이는 평가 방법, 맥락, 문화의 차이로 인한 것일 수 있다(Hymel & Swearer, 2015).

미국에서 집단따돌림과 문화 사이의 관계를 실험한 연구는 주로 비라틴계 백인과 비라틴계 흑인/아프리카계 미국 청소년들 사이의 차이점에 초점을 두고 있다. 이 연구는 일관적이지 않은 결과를 냈다. 예를 들어 대부분의 연구에서 흑인/아프리카계 미국 청소년들은 백인 청소년들에 비해 부당하게 집단따돌림을 당한다고 나타났지만(Goldweber, Waasdrop, & Bradshaw, 2013; Wang, Leary, Taylor, & Derosier, 2016), 다른 연구에서는 그와 반대의 결과가 나타났다(Lovegrove, henry, & Slater, 2012). 학자들은 인종/민족성과 집단따돌림에 대한 관계가 복잡하다는 것에 동의한다. 또한 학교를 이루는 인종과 민족적인 구성이 반드시 고려되어야 한다는 것에도 동의한다. 최근의 연구에 따르면 학교와 교실의 다양성은 다수 민족과 소수 민족 모두에게 더 적은 집단따돌림과 관련이 있는 것으로 나타났다(Benner & Graham, 2009; Felix & You, 2011; Graham, Bellmore, Nishina, & Juvonen, 2009). 오래된 연구에서는 백인과 흑인/아프리카계 미국 청소년들이 소수 민족이 있는 학교에서 희생될 확률이 더 높은 것으로 나타났다(Hanish & Buerra, 2000). 라틴계, 아시아인/아시아계 미국인, 중동 및 아메리카 원주민 학생들을 포함한 다양한 청소년 집단의 차이뿐만 아니라 그룹 내, 집단 간의 괴롭힘에 대한 차이점을 더 잘 이해하기 위해서는 추가 연구가 필요하다.

여러 연구에서 참여자(피해자, 가해자), 목격자(증인)로서 집단따돌림에 대한 연루는 부정적인 정서적/학업적 결과와 다양하게 관련이 있는 것으로 밝혀졌다(Holt et al., 2015; Hymel & Swearer, 2015; Rivers, Poteat, Noret, & Ashurst, 2009; US Department of Health and Human Services, 2013). 특히 집단따돌림에 연루된 학생은 불안, 우울, 자살 생각과 같은 위험이 증가하였다(Klomek, Marrocco, Kleinman, Schonfeld, & Gould, 2007; Kowalski & Limber, 2013; Wang, Nansel, & Iannotti, 2011). 최근 연구에서는 가해자와 피해자로 집단따돌림에 연루된 학생은 시간이 지남에 따라 집단따돌림에 관련해서 보고되지 않은 학생들에 비해 성적이 낮은 것으로 나타났다(Nakamoto & Schwartz, 2011).

아동기와 청소년기에 겪은 집단따돌림은 문서로 입증된 발달 유형의 특징이다. 아동기에 증가하고, 중학교에서 최고조에 달하며, 고등학교에 재학하는 동안 감소한다(Currie et al., 2012; Expelage & Swearer, 2003; Baillancourt et al., 2010). 연구에서는 남성과 여성이 보고한 집단따돌림 행동의 유형에서 일관된 성별 차이를 강조하였다. 일반적으로 남성은 여성보다 집단따돌림을 가할 가능성이 크다. 또한 여성은 남성보다 집단따돌림의 대상이 될 가능성이 높다(Hymel & Swearer, 2015). 피해자들의 보고에 따르면 남성은 신체적, 언어적 괴롭힘을 당할 가능성이 크지만, 여성은 관계적, 사이버 괴롭힘을 당할 가능성이 컸다(Bradshaw, Waasdorp, & Johnson, 2015; Dukes, Stein, & Zane, 2010; Popp & Peguero, 2011; Wang, Iannotti, & Nanse, 2009). 집단따돌림 방지 노력의 효과를 반영한 최근의 증거에서는 지난 10년 동안 집단따돌림의 유행이 감소했음을 시사한다(Waasdorp, Pas, Zablotsky, & Bradwhaw, 2017).

집단따돌림과 학생 몰입

학생 몰입과 긍정적인 학습, 학업성취 간의 연관성은 잘 확립되어 있다(Buhs & Ladd, 2001; Buhs, Ladd, & Herald, 2006). 집단따돌림이 학업성취도 감소와 관련이 있다는 점을 고려할 때, 집단따돌림이 학생 몰입에 부정적인 영향을 줄 수 있는지를 고려해 봐야 한다. 연구자들은 다음과 같은 세 가지 유형의 학생 몰입을 설명하였다: 행동적, 정서적, 인지적(Fredricks, Blumenfeld, & Paris, 2004; Ladd, Ettekal, & Kochenderfer-Ladd, 2017). 행동적 몰입은 학교 출석, 교실 규범 준수, 교실 활동 참여 및 과제 완료와 같은 행동을 포함한다. 반대로 학교 회피, 과제물이나 자료를 학교에 가져오지 않는 등의 행동은 행동적 비몰입의 예이다. 정서적 몰입에는 학교에 대한 학생의 태도와 학교에 대한 정서적 반응을 포함한다. 마지막으로 인지적 몰입은 학습과제 중 학생들의 정신적 노력을 말한다. 집단따돌림과 인지적 몰입 사이의 연관성을 밝힌 연구는 거의 없다. 한 가지 예외로 괴롭힘의 대상이 된 피해 학생들이 또래들보다 과제 집중과 주의력 조절과 같은 인지적 몰입 측면에서 어려움이 있음을 발견한 초등학생 대상 연구가 있다(Schwartz, McFadyen Ketchum, Dodge, Pettit, & Bates, 1998).

이 장의 뒷부분에 자세히 설명된 바와 같이, 이 연구는 집단따돌림에 대한 연루(대상, 공격자, 괴롭힘/희생자, 주변인)가 학생 행동과 정서적 몰입의 감소와 관련이 있는 강력한 증거를 제공한다. 이 연구의 결과는 희생자와 학교 기능 사이의 부정적인 연관성이 학생 몰입 수준의 감소에서 오는 것인지 질문을 제기한다(Buhs et al., 2006; Ladd et al., 2017; Nakamoto & Schwartz, 2010).

행동적 몰입

여러 연구에서 집단따돌림 연루와 학생 몰입의 행동적 지표 사이의 연관성을 탐구하였다. 예를 들어, 집단따돌림의 피해와 학교 회피 사이의 연관성은 문서로 잘 입증되었다(Dupper & Meyer-Adams, 2002; hazler, Hoover, & Oliver, 1991; Kochenderfer & Ladd, 1996). 긍정적 청소년 발달(Positive Youth development)의 4-H 종단연구에서는 집단따돌림에 연루되지 않은 동료들보다 공격자로 집단따돌림에 연루된 학생의 행동적 몰입 수준(예: 학교에서 요구하는 준비물과 과제 없이 학교에 오는 경우)이 더 낮다는 사실을 보고한다(Lynch, kalvin, Liu, & Lerner, 2011). 유사하게, Nakamoto와 Schwartz(2010)는 라틴계 초등학생들 사이에서 높은 수준으로 집단따돌림을 당한 피해자가 학업적으로 몰입하는 행동이 낮다는 것을 발견하였다(예: 제 시간에 숙제 완수하기). 이 연관성은 특히 공격적인 친구들을 가진 아이들 사이에서 강했다. 게다가, 행동적 몰입은 집단따돌림의 피해와 학업성취 사이의 연관성을 매개하며, 집단따돌림과 학업성취 사이의 연관성이 적어도 부분적으로 학생 몰입 감소에 의해 설명될 수 있다는 가설을 뒷받침했다.

최근에 또 다른 연구에서 유치원에서부터 12학년까지 약 400명의 학생들을 대상으로 하여 집단따돌림을 당한 피해자의 궤적과 학생 몰입을 추적하였다(Ladd et al., 2017). 이 연구자들은 학교에서 다양한 수준의 행동적 몰입과 관련된 피해자의 뚜렷한 궤적을 발견하였다. 학교에서 학업기간 동안 만성적으로 높은 수준의 괴롭힘을 경험한 학생들은 낮은 수준의 괴롭힘을 당한 학생들보다 학교 회피 수준이 상당히 높아지는 것을 보고하였다. 시간이 지남에 따라 초기에 괴롭힘을 경험하였던 학생들에게 높은 수준의 학교 회피 현상이 보이는 것으로 나타났다. 12학년까지는 학교 회피 수준이 낮은 수준의 괴롭힘을 경험한 학생들과 크게 다르지 않았다. 높은 수준의 만성적인 괴롭힘을 겪고 있는 학생과 중간 수준의 괴롭힘을 경험한 학생은 괴롭힘이 낮은 수준의 동료보다 학교 참여 수준이 현저히 낮았으며, 이 차이는 시간이 지남에 따라 지속되고 있다.

정서적 몰입

최근의 문헌에서는 집단따돌림과 정서적 몰입을 연결하고 있다. 2006년의 한 연구는 집단따돌림과 학교 연결고리 사이의 부정적인 연관성을 보여 준다(Buh et al., 2006). Li 등(2001)은 집단따돌림에 연루되지 않는 동료들보다 집단따돌림을 하는 공격자, 목표 대상, 희생자는 낮은 수준의 정서적 몰입(예: 학교에 관심을 덜 가지기, 덜 보살핌을 받는 느낌)을 하는 것으로 보고하였다. 같은 연구에서 Ladd 등(2017)은 피해자 궤적과 시간에 따른 정서적 몰입 사이의 연관성을 발견하였다. 만성적인 목표 대상인 학생들은 지속적으로 낮은 수준의 괴롭힘을 당한 학생들보다 '학교를 좋아하는 점수'가 현저히 낮다고 보고하였다. 또한 초기 괴롭힘을 당하는 경험을 한 학생들은 '학교를 좋아하는 점수'가 낮았지만 시간이 지남에 따라 증가하기 시작하였고, 12학년 그룹의 낮은 수준의 괴롭힘을 당한 학생들과 상응한다는 것을 보고하였다. 일반적으로 시간이 지나 집단따돌림이 감소할 때 정서적 몰입은 증가한다. 집단따돌림이 증가할 때 정서적 몰입은 감소한다(Ladd et al., 2017).

몰입 메커니즘

집단따돌림에 연루된 것과 학생 몰입 사이의 연관성이 잘 확립되어 있음에도 불구하고 이 관계를 기반으로 하는 메커니즘은 명확하지 않다. 따돌림의 대상이 된 학생들은 학교 회피 증가, 학교 활동에 대한 몰입 감소, 학교에 대한 애정 감소의 형태로 학교에 비몰입할 수 있다. 괴롭힘은 인지와 감정에 영향을 주는데 불안, 당황, 회피와 같은 감정은 학교 참여에 투자하는 시간과 에너지를 소모한다.

다른 사람을 괴롭히는 것과 학생 몰입 간의 관계를 연관시키는 메커니즘을 이해하는 것은 복잡하다. 한 가설은 학생들이 학교에 비몰입하기 때문에 다른 사람을 괴롭힌다는 것이다. 특히 학교의 친사회적 활동에서 비몰입한 학생은 주의를 끌고 사회적 지위를 높이기 위해 집단따돌림 행동에 몰입할 가능성이 높다. 반대로 반응적이거나 충동적인 공격은 우발적으로 가해 학생들을 동료 및 교사로부터 멀어지게 만들어 가해 학생들이 학교에 몰입하는 것을 더 어렵게 만들 수 있다. 가해 학생들은 배타적인 징계를 통해 학교에 비몰입하게 될 가능성이 있으며, 또한 교실에서 시간을 덜 보내고, 선생님 및 동료와의 상호작용도 감소하게 된다. 이러한 연관성을 이해하려면 더 많은 연구가 필요하다.

몰입과 학교 풍토

연구자들은 집단따돌림과 학교 풍토, 학생 몰입과의 연관성을 조사하기 시작했다. Metha, Cornell, Fan과 Gregory(2013)는 학교에서 더 높은 수준의 괴롭힘을 인지한 고등학교 1학년 학생은 괴롭힘을 덜 인식한 학생들보다 학교에 대한 헌신과 외부적인 활동에 대한 참여도가 눈에 띄게 낮다는 것을 발견했다. 학교 괴롭힘에 대한 개별 학생의 인식을 설명할 때도 집단따돌림 풍토에 대한 학교 전체의 인식은 학교 전체의 몰입 수준과 관련이 있다. Mehta 등(2013)은 집단따돌림에 대한 전반적인 인식이 학교 전체의 몰입 수준의 약 10%를 차지한다고 결론을 내렸다. 괴롭힘과 학생 몰입 사이의 연관성을 고려해 볼 때, 다음으로 우리는 개인과 학교 차원에서 집단따돌림 방지책과 이것이 학생 몰입 결과에 미치는 영향에 대한 증거로 시선을 돌린다.

집단따돌림 방지 및 인터벤션 프로그램: 학생 몰입에 미치는 영향

모든 50개 주에서 집단따돌림 방지법을 채택했으며, 이 법의 대부분은 집단따돌림 방지 프로그램이 공립 K−12 학교에서 실행되도록 의무화하고 있다. 집단따돌림에 대한 확산을 줄이기 위함이라고 가정한다면, 법의 주요 목표는 이와 관련된 프로그램이 집단따돌림의 행태와 가해자와 피해자를 줄이는 데 효과적인지에 대한 여부를 결정하는 것이다.

프로그램의 효과성을 확인하기 위한 검토 및 메타분석 결과는 전망이 밝아 보였지만, 다소 엇갈린 결과를 가져왔다. 예를 들어 한 메타분석에서 인터벤션이 피해 및 가해 비율을 감소시키지 않았다는 사실이 밝혀졌지만(Merrell, Gueldner, Ross, & Isava, 2008), 보다 광범위한 저널 검색을 사용한 다른 메타분석 결과, 가해자와 피해자(Farrington & Ttofi, 2009) 모두 감소한 것으로 나타났으며, 미국보다 유럽에서 더 강한 영향을 미쳤다. 특히 최근 조사 결과에서 집단따돌림 방지 프로그램은 청소년 학생들에게 효과적일 수 있다고 나타났다. 특히 Yeager, Fong, Lee와 Espelage(2015)의 메타분석에서 집단따돌림 방지 프로그램은 청소년인 7학년 학생까지 괴롭힘을 줄이는 데 효과적이지만 8학년 이상 학생들에게는 효과적이지 않았다. 이러한 연구는 종합적으로 프로그램 실행(Smith, Schneider, Smith, & Ananiadou, 2004) 및 충실도(Farrington & Ttofi, 2009)의 체계적인 모니터링과 같은 프로그램의 효과성을 향상시키는 요소뿐만 아니라 교사 연수 및 학부모 참여를 포함한 더 큰 효과와 관련된 프로그램 구성 요소를 규명하였다(Farrington & Ttofi, 2009).

집단따돌림 방지 프로그램이 집단따돌림 가해와 피해자 비율을 줄이는 정도에 대한 엇갈린 조사에도 불구하고, 인터벤션이 집단따돌림 감소와 관련이 없을 때에도 학생 몰입 개선을 촉진할 수 있다고 생각할 만한 이유가 있다. 특히, 긍정적인 학교 환경과 동료 지원 행동을 촉진하여 집단따돌림 방지 프로그램은 학생 몰입을 간접적으로 증가시킬 수 있다(학업적 기능, 학교 연결성; Bauer, Lozano, & Rivara, 2007; Polanin, Espelage, & Pigott, 2012). 예를 들어, Reyes, Brackett, Rivers, Salovey(2012)의 연구에서는 교실의 정서적 풍토와 학생 정서적 몰입 사이에 긍정적인 연관성이 있다고 보고하였다. 이와 같이 학자들은 집단따돌림 행동만이 아니라 학교 풍토를 더 폭넓게 다루는 집단따돌림 방지 프로그램의 관련성을 주장해왔다(Mehta, Cornell, Fan, & Gregory, 2013).

집단따돌림 방지 프로그램이 학교 풍토에 대한 학생 인식에 미치는 영향을 연구하는 것은 집단따돌림에 많은 학생 그룹들이 연루된다는 생각과 일치한다(Salmivalli, Lagerspetz, Bjorkqvist, Osterman, & Kaukiainen, 1996). 즉, 대부분의 집단따돌림 사건은 단 하나의 목표 대상과 공격자로 이루어지지 않는다는 것이다. 오히려 여러 명의 학생들이 함께 공격자로 행동할 수 있으며, 다른 학생(주변인)이 집단따돌림당하는 것을 관찰하거나 인식하여 이를 장려하거나 중단시키는 역할을 할 수 있는 상황이 더 흔하게 나타난다. 집단따돌림 방지 프로그램은 집단따돌림을 막기 위해 주변인이 개입하도록 준비하게 하는 프로그램이다. 이 프로그램은 집단따돌림 행동에 대한 규범과 태도를 바꾸려고 한다(예: 집단따돌림이 정상적이라는 관점에서 집단따돌림은 해로운 것이라는 관점으로 인식을 바꾸는 것). 다음으로, 우리는 괴롭힘을 줄이고 사회정서적 기술을 향상시키기 위한 프로그램이 학교 풍토와 학생 몰입의 지표를 개선하는 데 얼마나 효과적이었는지 설명한다(연구들은 표 15.1에 요약).

표 15.1 ▎ 4가지 증거 기반 집단따돌림 방지 프로그램에 대한 학생 몰입 연구 결과 요약

출처	프로그램	성과	연구 결과
Juvonen et al. (2016)	KiVa	학교 풍토	인터벤션 집단에 속한 학생들은 통제 집단에 속한 학생들에 비해 학교 풍토에 대한 긍정적인 인식이 더 높다고 보고하였다. 기준선에서 가장 많은 괴롭힘을 보고하였던 청소년들에게 특히 효과가 두드러지게 나타났다.
Karna et al. (2011)	KiVa	긍정적인 주변인 행동	인터벤션 집단의 학생들은 초기 후속 조치에서 통제 집단의 학생들보다 피해자를 방어할 가능성이 더 큰 것으로 나타났다. 인터벤션 집단의 학생들은 통제 집단의 학생들보다 괴롭힘을 지속하거나 강화하는 수준이 낮았다고 보고한다.
Karna et al. (2013)	KiVa	긍정적인 주변인 행동	8－9학년 학생들 중, 사후 검사에서 인터벤션 집단에 있는 사람들은 통제 집단의 청소년보다 피해자를 방어할 가능성이 낮았다.
Williford et al. (2012)	KiVa	학교 유대감	통제 조건에 있는 학생들에게는 감소하는 경향이 더 두드러지게 나타났지만, 모든 청소년에게서 동료 지원에 대한 인식은 시간이 지남에 따라 감소했다.
Bauer et al.	OBPP	학생 몰입	인터벤션에 참여한 중학교 학생들은 프로그램 완료

(2007)			후 향상된 학생 몰입이 보고되지 않았다.
Bauer et al. (2007)	OBPP	동료 지원 행동	인터벤션 조건에 있는 중학생들은 통제 조건에 있는 학생들에 비해 괴롭힘 사건에 적극적으로 개입하였다고 보고할 가능성이 더 컸다.
Bauer et al. (2007)	OBPP	학교 유대감	프로그램에 참여한 후 학생은 학교에서 동료나 어른의 지지를 받는다는 것을 느끼지 못했다.
Schroeder et al. (2012)	OBPP	동료 지원 행동	프로그램을 실행한 후 대부분의 학생들은 괴롭힘을 당하는 동료를 돕기 위해 더 큰 의지를 나타내는 것을 보고하였다.
Espelage et al. (2016)	Second Step	긍정적인 주변인 행동	장애가 있는 학생 중에, Second Step에 참여한 학생은 참여하지 않은 학생에 비해서 개입할 의사가 있는 것으로 나타났다.
Espelage et al. (2016)	Second Step	성적표 가정통신문 (Report card grades)	Second Step에 참여했던 장애 학생은 통제 조건에 있는 장애 학생들과 비교했을 때 성적이 향상되었다.
McMahon and Washburn(2003)	Second Step	학교 유대감	프로그램 실행은 학교에 속한 구성원이라는 의식 향상과 관련이 없다.
Brown et al. (2011)	Step to Respect	학교 풍토	인터벤션에 참여한 초등학생들은 통제 집단과 비교했을 때 학생 풍토가 개선되었다고 보고하였다.
Brown et al. (2011)	Step to Respect	학교 유대감	프로그램 실행은 학교 유대감의 개선과 관련이 없다.
Brown et al. (2011)	Step to Respect	긍정적인 주변인 행동	학생들은 프로그램 참여 후 긍정적인 주변인 행동에 몰입할 가능성이 더 컸다.

학교 풍토 효과

다수의 방지 프로그램은 특정 집단따돌림 행동을 추가하여 전체 학교 풍토에 영향을 미칠 수 있도록 설계된 활동을 통합한다. 예를 들어 KiVa 집단따돌림 방지 프로그램(핀란드에 위치한 투르쿠 대학에서 개발; the University of Turku, Finland; http://www.kivaprogram.net/)은 특정 집단따돌림을 대응하기 위해 설계된 특정한 행동과 일반적인 활동(예: 학생 수업, 온라인 게임)을 통합한다. 예를 들어, 집단따돌림 사건 이후에 학생들과 학교의 KiVa팀은 일련의 논의에 참여해야 하며, 동료들은 해당 친구를 지원하도록 요청을 받는다. KiVa 자료에는 교사와 학부모를 위한 가이드, 영상과 온라인 게임, 포스터, 학생과 직원이 작성해야 할 설문조사가 포함된다. 보편적 활동이 집단따돌림을 목격하거나 알게 된 급우들의 지원적인 대응을 촉진하기 위한 것이라는 점에서 최근 KiVa 집단따돌림 방지 프로그램에 대한 평가를 위해 학교 내 안정감과 학교 환경에 대한 만족감 등 보살펴주는(caring) 학교 풍토에 대한 인식을 중심으로 프로그램 참여 효과를 탐구했다(Juvonen, Schacter, Sainio, & Salmivalli, 2016). 연구 결과, 기준 평가 12개월 이후 4－6학년 인터벤션 조건에 있는 학생들이 통제 조건에 있는 학생들에 비해 학교 풍토를 더 긍정적으로 인식한 것으로 나타났다. 특히, 기준선에서 가장 많은 괴롭힘을 당했다고 보고했던 학생들에게서 효과가 특히 눈에 띄게 나타났으며, 저자들은 가장 피해를 많이 입은 청소년을 위한 정신건강 개선이 학교 풍토를 개선하는 데 기인할 수 있다고 주장하였다.

Step to Respect의 평가 일부로 유사한 연구가 수행되었다(어린이를 위한 위원회가 개발함; developed by the Committee for Children; http://www.cfchildren.org/program/bullying－prevention/). 존중의 단계(Steps to Respect)는 Second Step의 한 부분이며, 집단따돌림 행동을 줄이고, 8학년들의 사회정서적 기술을 향상시키고 조기 학습환경의 학생들을 지원하기 위해 고안된 학교 전체 집단따돌림 방지 프로그램이다. 이 목표를 달성하기 위해 Second Step은 직원 교육, 교실 수업, 비디오 및 가족에 대한 자료들을 통합했다. 예를 들어 주변인 책임감에 대한 수업은 학생들은 동료들이 집단따돌림 행동을 관찰하는 비디오를 보여주는 것과 비디오에서 시연되었던 다양한 주변인 역할을 토론하는 것을 포함한다.

이 활동을 통해서 학생들은 학교에서 주변인의 역할을 효과적이게 할 수 있는 방법, 집단따돌림을 감소시키는 방법에 대해 학습한다. 프로그램을 평가한 이후 사후 검사에서 인터벤션 조건에 있는 학생이 통제 조건에 있는 학생에 비해 학생 풍토(student climate)를 개선할 가능성이 크다는 것이 발견되었다.

학교 유대감 효과

학교 유대감, 소속감, 정서적 몰입의 지표 등 학생 감정에 미치는 집단따돌림 방지 프로그램의 효과는 더 많이 혼재되어 있다. 예를 들어 존중의 단계에 해당하는 평가를 할 때 프로그램 실행은 학교 유대감 면에서 눈에 띄는 향상을 보이지 않았다(Brown et al., 2011). 존중의 단계에 대한 또 다른 사전－사후평가에서는 인터벤션과 통제 집단 사이의 학교 구성원으로서의 의식 차이를 발견하지 못했다(McMahon & Washburn, 2003). 유사한 연구로 Olweus 집단따돌림 방지 프로그램(OBPP; Olweus Bullying Prevention Program, Http://olweus.sites.clemson.edu/)이 수행되었다. OBPP는 집단따돌림 방지를 위해 폭넓게 실행된 학교 차원의 접근 방식이다. 이 방식은 모니터링된 자료, 학교 차원의 활동, 교실 교육과정, 개인적 인터벤션을 사용하여 집단따돌림을 줄이는 것을 추구한다. 예를 들어 학교는 집단따돌림 행동에 대한 명확한 기대 사항을 게시하고 학생들의 포용적인 행동에 대해 보상을 한다. 포괄적인 접근방식을 고려해 볼 때, 연구자들은 OBPP 실행과 관련하여 학교 유대감을 평가할 만한 변화에 관심이 있었다. 그러나 결과에서 프로그램에 참여한 이후 학교에 있는 또래와 어른들에게 지원을 받았다는 학생들의 인식이 개선되지 않은 것으로 나타났다(Barue et al., 2007). 유사하게 KiVa의 평가에서는 시간이 지나면서 모든 청소년의 동료 지원에 대한 인식이 감소한 것으로 나타났지만, 인터벤션에 참여한 학생들보다 통제 조건에 있는 학생들이 더 감소하여 그 결과가 두드러지게 나타났다(Williford et al., 2012). 이 결과는 인터벤션이 더 나쁜 결과를 방지할 수 있음을 시사하고 있다.

집단따돌림 방지 프로그램이 어떻게 학생 유대감에 영향을 미치는지에 초점을 둔 연구는 많지 않지만, 이 결과는 특별한 관련이 있다. 집단따돌림의 대상이 되는 학생은 단순히 괴롭힘당하는 것이 아니라 조직적이고 의도적으로 또래 사회 구조로부터 거부당한다. 방지 프로그램이 명백한 형태로 해결할 수 있겠지만, 학생이 만성적으로 제외되고 단절된 느낌을 받게 되면 집단따돌림을 줄이는 것만으로 충분하지 않을 수 있다. 괴롭힘을 당했던 학생을 적극적으로 포용하는 환경을 만드는 방법과 오랜 시간 동안 많은 또래들에게 거부됐던 학생들의 유대감을 강화시키는 방법과 같은 중요한 질문에 대한 답은 아직 없다.

동료 지원 행동 효과

정서적 몰입의 다른 지표는 학생들이 동료의 지원을 받는 정도이며, 집단따돌림의 경우 주변인 행동에 반영될 수 있다. 학교 기반의 주변인 인터벤션 프로그램에 대한 평가는 전망이 밝은 결과를 냈다. 특히 메타분석에서 집단따돌림 방지 프로그램에 참여하는 것이 청소년의 주변인 인터벤션과 관련이 있으며, 특히 고등학생에게는 두드러진 효과가 있다는 것을 발견하였다(Polanin et al., 2012).

앞서 설명된 OBPP 평가에서 인터벤션 조건에 있는 중학생은 통제 조건에 있는 학생들에 비해 집단따돌림에 동료들이 적극적으로 개입했다고 보고할 가능성이 높다(Bauer et al., 2007). 최근 주변인 행동을 증진하는 데 OBPP의 효과를 지지하는 연구가 있었다. 프로그램을 시행한 후 3개월이 지났을 때 초, 중, 고등학생의 한 집단이 집단따돌림을 당하는 동료를 도울 의지가 더 크다고 보고하였다(Schroeder et al., 2012). 앞서 설명했던 존중의 단계 평가 결과, 학생들은 프로그램 참여 후에 긍정적인 주변인 행동에 참여할 가능성이 높았다(Brown et al., 2011). 그로 인해 Second Step(http:// www. secondstep.org/ second-step-suit)과 유사한 연구가 수행되었다. 이는 초, 중학생을 위해 설계된 학교 차원의 사회정서학습 프로그램이다. 장애를 가진 학생들 중에 Second Step에 참여한 학생은 참여하지 않은 사람들에 비해 개입할 의지가 더 큰 것으로 나타났다(Espelage, Rose, & Polanin, 2016). 이것은 부분적으로 OBPP의 평가에서 나온 결과들에 반영된다. 이는 2년 동안 OBPP에 노출된 학생들이 괴롭힘을 당하는 또래를 도울 가능성이 더 높다는 것을 보여주었다(Schroeder et al., 2012).

마지막으로 KiVa 프로그램은 주변인 행동을 향상하는 것으로 나타났다. 예를 들어 4학년에서 6학년 학생들을 대상으로 한 연구에서 인터벤션 그룹의 학생들은 초기에 후속 조치를 취해 피해자를 방어할 가능성이 더 높았다(Karna et al., 2011). 또한, 이러한 효과는 데이터 수집의 최종 단계에서 나타나지 않았지만, 인터벤션 집단의 학생들은 통제 집단의 학생들보다 집단따돌림을 동조하거나 강화하는 정도가 더 낮았다고 보고됐다. 그러나 최근 KiVa의 조사 결과에서는 프로그램 참여를 통해 나이가 든 청소년의 주변인 행동을 향상시킬 수 있는지에 대한 의문을 제기하였다. 구체적으로 Karna 등(2013)은 인터벤션 조건에 있는 8-9학년 학생들이 사후 검사 후 통제 조건 청소년들보다 피해자를 방어할 가능성이 적다는 것을 발견하였다.

집단따돌림의 상황에서 동료에 의한 사전 인터벤션이 어렵다는 것은 분명하다. 학생들은 상황을 평가하고 인터벤션의 필요성을 파악하고, 책임을 지며 가장 효과적으로 인터벤션하는 방법을 찾아야 한다(Darley & Latane, 1968). 대부분 주변인 연구는 낯선 주변인들이 행했던 행동을 파악하기 위해 공공 환경에서 수행되었다(Wissenberg et al., 2013). 또는 미래의 다른 사람들과의 상호작용이 불가능한 대규모 대학 캠퍼스에서 수행되었다(Coker et al., 2011). 이러한 상황에서 적극적으로 개입하거나 방어하는 사람들을 대개 "선한 사마리아인"으로 보거나 심지어 영웅으로 본다. 반대로 학교에서 주변인 행동은 동료 관계가 진행되는 상황에서 발생한다. 집단따돌림의 대상이 되는 학생들을 옹호하는 것은 집단따돌림을 막는 것이 아니라 대상자, 공격자, 방어 및 개입에 관련된 사람들에게 영향을 미치면서 동료 관계를 바꿀 수 있게 되는 것이다. 예를 들어, 피해 학생들이 자신을 옹호하는 사람들을 친구로 인식하는지, 우정을 시작하려는 의사가 상호적인지에 대해서 확실하지 않다. 피해 학생들을 방어해주는 것이 다른 관계에 어떠한 영향을 미치는가?

향후 집단따돌림의 경우 방어자들은 어떤 자세를 취하는가? 이러한 관계는 집단따돌림 인터벤션 이후 다음 주, 다음 학년도에 어떻게 발전하고 변화하는가? 이러한 질문은 다음의 내용을 조명하고 있다. 집단따돌림 방지 프로그램은 피해 학생을 방어해주는 학생들에게 자신의 행동을 통해 어떻게 관계를 변화시키는지와 그러한 변화를 탐색하는 방법을 확인하는 데 도움이 될 수 있는지에 초점을 맞추고 있다. 몰입의 관점에서 볼 때, 이러한 사회생태학 측면의 변화는 그들의 학교 환경에서 느낄 수 있는 수용감과 동료 몰입에 중요한 영향을 미칠 수 있다.

학업적 성공 효과

앞서 기술된 것과 같이, 집단따돌림은 학업적 성공과 부정적으로 관련되어 있는 증거가 있다(Hymel & Swearer, 2015). 반면에 학생 몰입은 학업적 결과와 긍정적으로 관련되어 있다(Buhs et al., 2006). 버지니아에서 수행한 OBPP의 대규모 평가에서 프로그램 웹사이트의 결과로 인터벤션 학교의 학생들은 수학과 영어를 포함한 여러 영역에서 시험 점수가 향상되었음을 보여준다(www.violencepreventionworks.org/public/virginia_study.page). 더 나아가 프로그램이 특정한 학생의 하위 그룹에 학업적 기능을 증진한다는 몇몇 증거가 있다. 예를 들어, Second Step에 참여하였던 장애가 있었던 학생은 통제 조건에 있었던 동료 장애 학생들에 비해 점수가 더 향상하였다(Espelage et al., 2016).

집단따돌림 방지 프로그램이 학업 성적 향상과 연계되는 정도를 설정하고 방지 프로그램으로부터 가장 이익을 얻을 가능성이 높은 학생들의 하위 그룹을 식별하기 위해서는 더 많은 작업이 필요하다. 예를 들어, 연구 결과 내재화된 행동(예: 우울, 불안의 증상)이 동료 피해자와 학업적 성공 사이의 관계를 중재한다고 나타났다(Espelage, Hong, Rao, & Low, 2013). 이러한 결과는 내재적 문제를 해결하는 집단따돌림 방지 프로그램이 우울하고 불안한 청소년들의 결과를 개선하는 데 효과적이라는 것을 시사한다. 집단따돌림 방지 프로그램을 학업 성과와 연계시키는 것은 집단따돌림 방지 시책(initiatives)에 대한 관심과 자금을 모으는 옹호자들에게 가장 중요한 일 중 하나일 수 있다. 학교가 학생들의 학업적 성공, 시험 점수, 졸업률, 대학 입학에 중점을 둔 범위 안에서, 프로그램이 긍정적인 학업 성과를 촉진할 수 있다는 연구 결과는 교식원이 사회정서적인 괴롭힘 방지 프로그램을 실행하는 데에 장기적인 자원을 투입하도록 장려한다.

인터벤션 연구의 향후 단계

집단따돌림 행동을 강조하는 집단따돌림 방지 프로그램에 대한 평가는 현실적이지만, 결과적으로 집단따돌림 방지 프로그램이 학생 몰입을 높이는 데 효과적인지에 대한 문헌은 제한적이다. 학생 몰입이 학교 성과와 집단따돌림의 관련성을 매개한다는 증거를 고려할 때, 이러한 연구는 청소년을 위한 핵심이 되는 결과에 대해 중요한 정보로 제공될 수 있다. 또한, 이 장에서 인용된 연구들에서 여러 집단따돌림 방지 프로그램은 집단따돌림 행동을 줄이는 데 중간 정도로 효과적인 것으로 나타났다. 몰입을 포함하여 다른 학생의 성과에 주의를 기울여보면, 프로그램 효과에 대한 추가적인 증거로도 볼 수 있고 잠재적으로 어떤 학생이 방지 시책을 통해 혜택을 볼 수 있는지에 대한 단서로도 볼 수 있다. 우리는 이제 집단따돌림 방지 프로그램의 효과성을 뒷받침하는 하나의 잠재적인 메커니즘, 즉 학생들이 집단따돌림 방지 활동에 참여하는 정도로 넘어가려고 한다.

집단따돌림 방지의 과정에서 학생 몰입

학교 몰입이 낮은 학생들이 학교에서 교육과정과 보편적 방지 프로그램에 통합되었을지도 모르는 집단따돌림 방지 노력에 덜 몰입할 것이라는 것은 당연하다. 집단따돌림 방지 노력에 대한 학생들의 몰입이 부족한 것은 학교 직원들과 집단따돌림의 대상이 되는 학생들에게 중요한 도전이 될 수 있다. 집단따돌림의 대상이 되었다고 상상하고 나서 그 주제로 모인 모임에 앉아서 반 친구들이 발화자(The Speak)를 조소하고 조롱하는 소리를 듣는 모습을 상상해 보자. Cunningham 등(2016)의 최근 연구에서는 많은 학생이 집단따돌림 방지 프로그램이 중단되고 있다고 인식하고 있으며, 방지 프로그램이 진행되는 동안에 많은 학생은 동료들의 무관심(부주의)하고 때로는 반항적인 모습을 경험하였다고 한다. 이 결과는 집단따돌림 방지 노력에 대한 경험을 묻는 12개 학교에서 5−8학년 97명의 학생들이 참여한 포커스 그룹에서 나왔다. 참가자들은 집단따돌림 방지 프로그램(예: 조례, 프레젠테이션, 포스터)을 실행하기 위해 사용하였던 대부분의 전략이 따분할 수 있는 메시지로 효과적이지 않게 자주 반복되고 있는 것을 발견하였다고 말하였다. 부정적으로 담긴 단어 메시지(예: "괴롭히지 말아라")는 학생들이 불쾌해 하였고, 일부 연설자들은 제한된 신뢰도를 갖고 있었다(예: 교사들이 발표 자료를 제시해 주지 않았고, 학생들은 외부 발표자와 관계가 없었다). 더 나아가 학생들은 집단따돌림 방지에 대한 노력이 비몰입되고 파괴적인 동료에 의해 부정적인 영향을 받는다고 설명했다(유사한 응답은 Cunningham, Cunningham, Ratcliffe, & Vaillancourt, 2010의 포커스 그룹에서 보고되었다). 실제로 일부 학생들은 집단따돌림 방지 노력이 있고 난 후 더 악화되었다고 표현하였다. 이러한 부정적인 반응은 심리적 반응 이론으로 설명될 수 있는데, 여기서는 메시지 수신자(이 경우 집단따돌림 방지 메시지에 노출된 학생)가 그러한 메시지에 의해 위협을 느끼고 따라서 반대 입장을 채택하거나 출처를 훼손함으로써 그들의 자유를 회복하는 경험(Brehm & Brehm, 2013; Rain, 2013)을 뜻한다.

이러한 연구 결과는 집단따돌림 방지 프로그램의 실행에 대해 몇 가지 의문을 제기한다. 일부 연구자들은 학생들이 이미 집단따돌림에 대한 중복적인 정보를 많이 가졌기 때문에, 학생들이 나이가 들수록 집단따돌림 방지 프로그램의 효과가 떨어질 수 있다고 제안하였다(Espelag, Low, Polanin, & Brown, 2015). 대부분 주에서 K－12 집단따돌림 방지와 인터벤션의 노력을 의무화하는 것은 모든 연령대에서 집단따돌림을 다루기 위한 움직임일 수 있다. 그러나 잠재적인 결과로 볼 때 교육과정 순서를 염두에 두지 않는 학교들의 경우 의도하지 않게 중복 프로그램을 제공할 수도 있다는 것을 의미한다. 연구들은 청소년 시기에 도달하면, 집단따돌림 방지 프로그램이 효과가 떨어지는 경향이 있다는 것을 발견하고 있다(Yeager et al., 2015). 예를 들어, “집단따돌림”이라는 용어 자체가 청소년들과 무관하다고 느낄 수 있는 것이다(Allen, 2015; Bellmore, Huang, Bowman, White, & Cornell, 2017). 연구에 보고된 청소년은 데이트 폭력과 성폭력과 같은 다른 피해(괴롭힘)의 유형의 대화에 더 참여하기를 원한다(Holt et al., 2015).

집단따돌림의 방지와 주변인의 역할

모든 학생들을 집단따돌림 방지 활동에 참여하게 하는 것이 학교에게 중요한데, 이는 집단따돌림을 효과적으로 방지하고 친사회적 주변인 행동을 장려하기 위해 고안되었기 때문이다. 앞서 언급한 바와 같이, 연구에서 주변인 행동을 목표로 삼은 인터벤션이 집단따돌림을 멈추는 데 가장 성공적인 것으로 나타났다(Polanin et al., 2012). 또한, 대부분의 집단따돌림 방지 프로그램은 청소년보다 어린이에게 더 효과적이다. Polanin 등(2012)은 주변인에 대한 인터벤션 프로그램이 청소년에게 유일하게 효과적인 프로그램 중 하나라는 것을 발견하였다. Low, Van Ryzin, Brown, Smith와 Haggerty(2014)는 학생 몰입과 Steps to Respect 프로그램 성과 간의 연관성을 연구했다. 연구 결과에서 프로그램 참여도가 높을수록 학교 집단따돌림이 감소하는 것과 학교 풍토가 개선되는 것이 관련이 있다는 것을 나타냈다(Low et al., 2014). 이러한 결과는 주변인 중심의 시책에 대해 특히 접근하기 어려운 청소년을 대상으로 학생 몰입에 대한 관심과 고려가 필요하다는 것을 시사한다.

혁신적이고 몰입하는 프로그램

앞에서 설명한 것처럼 교사가 집단따돌림 방지 프로그램에 대한 학생 몰입을 높게 인식한다는 증거가 있지만(예: Brown et al., 2011), 많은 학생이 방지 활동에 참여하지 않았다고 의심할 만한 이유가 있다(Cunningham et al., 2016). 집단따돌림에 대한 수준과 유형 관계없이 모든 학생을 몰입시키려고 노력하는 학교 전체의(1단계/보편적) 인터벤션에 해당하는 경우, 몰입이 특히 어려울 수 있다. 방지 행동을 주변인 행동에 초점을 맞춘 이유 중 하나는 주변인 행동이 대상자, 공격자의 행동 변화에 초점을 맞춘 인터벤션보다 본질적으로 넓은 학생 집단과 관련이 있기 때문이다. 마찬가지로, 사회정서적 웰빙에 더 중점을 둔 프로그램(예: 학교 환경, 감정 조절, 갈등 해결)은 모든 학생과 관련된 콘텐츠를 제공하면서 집단따돌림 행동을 해결할 수 있다. 학교 일부의 건강 계획으로 위험한 행동의 감소(예: 약물 사용)를 목적으로 삼는 것보다 웰빙에 초점을 맞추는 것과 같은 집단따돌림 방지 시책은 단순히 괴롭힘의 피해(희생)를 줄이는 것이 아니라 긍정적인 동료 관계 강화를 강조할 수 있게 된다.

몇몇 연구자와 조직에서는 집단따돌림 방지 시책의 참여를 강화하기 위해 혁신적으로 고안된 프로그램을 개발하였다. 예를 들어 Arthur Interactive Media Buddy Project는 PBS Show Arthur의 인기 있는 어린 시절 만화 캐릭터를 사용하는 것이다. 이 프로그램은 학생들에게 집단따돌림에 대한 디지털 만화를 제공하고 학생들이 집단따돌림을 감소시키기 위해 동료들과 대화할 수 있는 틀을 제시한다(Batanova et al., 2016). 또 다른 예로, 뉴잉글랜드 스포츠 박물관(New York Sports Museum of New England)은 보스턴 지역 스포츠 유명인의 비디오를 사용하여 집단따돌림 방지에 대한 기본 개념을 논의하는 집단따돌림 방지 프로그램인 Boston vs. Bullies를 개발하였다(http://www.bostonvsbullies.org). 가수 레이디 가가(Lady Gaga)는 Born This Way Foundation을 통해 집단따돌림 방지를 시작하였다. 집단따돌림과 동성애 공포증에 대한 인식을 높이는 데 "Born Brave" 버스 투어를 사용한 것이다. 마블 엔터테인먼트(Marvel Entertainment)는 집단따돌림을 멈추고 The Avengers, Spider-Man 및 Guardians of the Galaxy와 같은 영웅을 모으는 데 중점을 둔 이야기로 만화책을 개발했다. 향후 연구단계에서는 아직 연구되지 않았지만, 혁신적인 접근 방식에 대한 연구 증거를 확보할 것이다. 청소년들에게 가장 매력적인 인터벤션을 제공할 수 있는 가장 최신에 해당하는 것으로 말이다.

학교 직원들을 위한 제안

다음으로 우리는 연구 기반 권장사항 목록을 제공한다. (1) 집단따돌림 방지 프로그램을 활용하여 학생 몰입을 향상시키고 (2) 집단따돌림 방지 시책 안에서 학생 몰입을 높이기 위해 향후 수행해야 할 과제가 있다.

학생 몰입 향상을 위해 집단따돌림 방지 프로그램을 이용하기

1. 주변인 인터벤션 프로그램의 선택을 고려해야 한다. 앞에서 설명한 것처럼 주변인 인터벤션 프로그램은 특히 청소년들 사이에서 학교에서 따돌림을 줄이기 위한 가장 효과적인 인터벤션 중 일부이다(Polanin et al., 2012). 주변인 인터벤션과 관련하여 학생 몰입 성과를 체계적으로 연구하지는 않았지만 학교 차원의 집단따돌림 방지 프로그램이 개선될 가능성을 감안해 볼 때, 주변인 인터벤션을 선택하는 것은 집단따돌림 방지를 통해 학생 몰입을 향상시키는 유망한 방법인 것으로 보인다. 그러나 주변인 자신을 포함한 모든 관련 당사자의 주변인 행동과 학생 몰입 성과의 연관성에 대한 더 많은 연구가 필요하다.
2. 집단따돌림 방지 프로그램 평가에 학생 몰입 처방을 포함하는 것이 필요하다. 집단따돌림 방지 프로그램 평가의 주요 성과는 집단따돌림 안에서 일어나는 공격과 희생을 감소하게 하는 것이다. 그러나 집단따돌림 방지 프로그램과 다른 성과의 연관

성 및 대상 공격자로 직접 참여하지 않은 학생들을 위한 더 많은 연구가 필요하다. 성과 평가로 학생의 행동 및 정서적 몰입을 측정하는 것은 집단따돌림 방지 프로그램의 광범위한 영향을 평가할 기회를 제공한다. 특히, 집단따돌림 행동에 대한 평가는 최대 3분의 1 정도 청소년의 경험에서 포착되는 것이지만 학생 몰입에 대한 평가는 모든 학생과 관련이 있다.

집단따돌림 방지 시책에서 학생 몰입을 증가시키기

1. 효과적이고 모든 학생과 관련이 있는 광범위한 사회정서 프로그램을 통합해야 한다. 집단따돌림 방지 시책에 대한 주요 관심사는 공동체의 모든 구성원에게 의미 있는 시책으로 인식되지 않는다는 것이다. 학교에서 보편적 사회정서 프로그램의 효과에 대한 강력한 증거가 존재한다(Domitrovich & Greenberg, 2000). 이 프로그램은 그들이 가르치는 핵심 기술(예: 갈등 해결, 감정적 조절)에 적극적으로 초점을 맞추는 프로그램(예: 집단따돌림을 감소시키는 것이 아닌 웰빙을 증진하는 데 중점을 둠)으로 모든 학생과 관련이 있는 것이다. 이러한 프로그램을 집단따돌림 방지 시책과 결합하면 학생 몰입도가 높아질 수 있다.
2. 학생들을 방지 및 홍보팀의 적극적인 구성원으로 참여시킨다. 여러 집단따돌림 방지 프로그램은 학생들을 인터벤션 시책 및 실행으로 통합한다. 예를 들어, OBPP에는 학생을 포함하여 지역사회 구성원으로 구성된 집단따돌림 방지 조정 위원회가 있다. 미국 정부의 집단따돌림 방지 웹사이트(www.stopbullying.gov)에서는 집단따돌림 방지 노력에 리더십을 가진 학생들을 포함시킬 것을 권장하고 있다. 학생들이 집단따돌림 방지의 노력에 의미 있는 역할을 하도록 하면 참여 및 프로그램 효과가 향상될 수 있을 것이다.
3. 집단따돌림 방지 교육과정의 순서를 고려하고 여러 해에 걸친 중복을 줄여야 한다. 학교가 학업 역량을 위해 몇 년간 교육과정 계획에 참여하는 것과 같이 학생들이 중복자료를 받지 않도록 집단따돌림 방지와 사회정서적 교육과정의 범위, 순서를 계획하는 것도 마찬가지로 중요하다.
4. 발달학적으로 적절한 구조를 사용하고 성별에 근거한 성폭력과 데이트 폭력을 포함하여 청소년기에 가장 관련이 있는 피해의 형태에 중점을 둔다. 프로그램과 인터

벤션은 발달학적으로 적절할 수 있게 구성되어야 한다. 예를 들어, 청소년을 위해 구성된 인터벤션은 동료 리더십 기회의 증가, 역할 정체성에 대한 집중, 주변인 인터벤션의 미묘한 차이와 도전에 대한 깊이 있는 대화를 제공할 수 있다. 청소년기에 이르면 청소년들은 성적 괴롭힘, 성적인 공격, 데이트 폭력 등 새로운 형태의 희생자에 대해서도 점점 더 의식할 것이다. 현재의 집단따돌림 방지 프로그램은 이러한 형태를 다루지 않는다(Espelage et al., 2013). 새로운 형태의 피해자(희생자) 유형과 관련된 정보와 예를 포함하면 집단따돌림 방지 자료에 대한 학생들의 몰입을 증가시킬 수 있으며, 또한 피해자화, 공격성, 동료 관계 논의를 위한 광범위한 플랫폼을 제공할 수 있다.

5. 다른 분야의 전략을 사용하여 심리적 반응을 이해하고 인터벤션에 대한 학생 몰입을 높이는 방법을 식별해야 한다. 심리적 반응의 경험을 포함하여 학생들이 집단따돌림 방지 메시지를 거부할 수 있는 몇 가지 이유가 있다(앞에서 설명함; Brehm & Brehm, 2013; Cunningham et al., 2016; Rains, 2013). 매스커뮤니케이션과 같은 다른 분야의 연구는 청소년을 위한 메시지를 개선하고 향상시키기 위한 전략을 제공할 수 있다(Siegel, Lienemann, & Rosenberg, 2017). 예를 들어 우울증에 걸린 사람들 사이에서 도움을 구하기 위한 메시지를 비교한 연구에 따르면, 의사소통 기술(예: "우울증이 있는 친구가 있습니까?")은 직접적인 의사소통(예: "우울증이 있습니까?")보다 도움을 구하는 행동에 긍정적인 영향을 주기 위한 설득력 있는 전략이었다. 이 경우 자기 낙인이 증가한 것이다(Siegel, Lienemann, & Tan, 2015). 시책에 최대한 참여하고 효과적임을 보장하기 위해, 그리고 괴롭힘 방지를 위해 메시지를 비교하는 유사한 연구를 수행할 수 있다(Cunningham et al., 2016).
6. 혁신적인 시책을 평가해야 한다. 마지막으로 위에서 언급했듯이 집단따돌림을 해결하기 위해서 훨씬 창의적이고 혁신적인 시책을 개발하였다. 집단따돌림 방지에 대한 대중의 관심을 고려할 때, 다양한 방법과 매체를 사용하여 집단따돌림을 줄이기 위해 여러 계층의 집단에서 계속 노력할 것이다. 따라서 종종 새로 등장하고 끊임없이 변화하는 혁신적인 집단따돌림 방지 노력을 평가하는 방법을 고려해야 한다. 재정지원 체계는 유망한 프로그램을 평가하기 위해 유연한 방법을 사용하고, 대응적 연구를 가능하게 하며, 학교와 지역사회에서 제공되는 많은 방지 프로그램의 효과를 판가름하는 데 중요하다.

결론

집단따돌림 연루와 학생 몰입 사이에는 분명하고 강력한 연관성이 있다. 이러한 연관성은 학생 몰입을 강화하려는 학교가 집단따돌림 방지와 인터벤션 노력에 몰입해야 함을 제안한다. 그러나 집단따돌림 방지 프로그램이 실제로 학생 몰입을 높이는 데 효과적인지 여부에 대한 연구는 거의 없다. 집단따돌림 방지 노력에 대한 향후 연구는 학생 몰입 지표를 포함하는 성과 측정 방법을 확대하여 혜택을 받을 수 있기 때문에, 연구자들은 집단따돌림 방지 시책이 어떻게, 누구에게 가장 성공적인지에 대한 핵심적인 질문을 해결할 수 있을 것이다. 또한 혁신적인 집단따돌림 방지 시책은 학생들을 새롭게 몰입시킬 수 있는 기회를 제공할 수 있다. 또한 이러한 프로그램에 대한 연구는 학교에서 집단따돌림을 줄이기 위한 유망하고, 새로운 전략을 식별할 수 있을 것이다.

제 16 장

흘러넘치기(Spilling over)
: 방과 후 조직화된 활동 참여는 학생들의 몰입을 예측하는가

제16장

흘러넘치기(Spilling over)
: 방과 후 조직화된 활동 참여는 학생들의 몰입을 예측하는가

청소년은 깨어있는 시간의 절반 이상을 학교 밖에서 보낸다(Larson & Verma, 1999). 연구자, 실천가, 정책입안자들은 청소년들이 이 시간을 선택하는 방식과 학교에서의 몰입과 성취 그리고 그러한 결정들이 미치는 영향에 대해 점점 더 많은 관심을 기울이고 있다. 여러 연구가 방과 후에 조직화되지 않고 자유로운 상황에서 시간을 보내는 것이 낮은 학업성취도와 낮은 학교 출석률과 관련이 있다는 것을 보여준다(Osgood, Anderson, & Schaffer, 2005). 반면에, 관리를 받는 체계화된 조직적인 방과 후 활동에 참여하는 것은 높은 학업성취, 보다 건강한 마음 상태, 낮은 위험 행동과 관련이 있다(Bohnert, Fredricks, & Randall, 2010; Feldman, Farb, & Matjasko, 2012; Mahoney, Vandell, Simpkins, & Zarrett, 2009). 아동과 청소년은 새로운 기술을 개발하고 적용할 수 있는 활동에 참여할 뿐 아니라 성인 및 또래들과 긍정적인 관계를 형성할 기회를 만들 수 있는 조직화된 활동 환경에서 시간을 보냄으로써 이득을 얻을 수 있다(Eccles & Gootman, 2002).

방과 후에 청소년이 참여할 수 있는 조직화된 방과 후 활동에는 크게 다음과 같은 세 가지 유형이 있다: (1) 스포츠 및 예술과 같은 학교 기반 비교과 활동, (2) 방과 후 프로그램, (3) 소년·소녀 클럽(Boys and Girls Clubs)과 같은 지역사회 기반 청소년 개발 프로그램. 이러한 각 범주 내에는 활동 유형과 프로그램 목표에서 차이가 있다. 예를 들어, 방과 후 프로그램에 전념하는 유일한 연방 자금원(funding source)인 '21세기 공동체 학습 센터(CCLC: 21st Century Community Learning Centers)'의 주요 목적은 빈곤율이 높고 성과가 낮은 학교에 다니는 학생이 학업 기준을 충족할 수 있도록 돕는 것이다(Mahoney & Zigler, 2006). 그와 대조적으로 다른 방과 후 프로그램과 청소년 개발 프로그램의 확실한 초점은 사회정서학습(Social and Emotional Learning: SEL)에 맞추어져 있다(Durlak, Weissberg, & Pachan, 2010). 또 다른 학교 기반 비교과 활동들은 참가자들에게 스포츠나 예술과 같은 특정한 흥미나 기술을 탐구하고 개발할 수 있는 기회를 제공한다. 비록 활동 유형과 프로그램의 목표에는 차이가 있긴 하지만, 이러한 활동들은 다음과 같은 몇 가지 일반적인 특징을 공유한다: (1) 어른에 의한 감독, (2) 적절한 구조, (3) 학교 외 시간 동안 정기적인 참여 일정(예: 매일, 매주), (4) 다른 참가자들의 존재, (5) 특정한 역량 개발에 중점(Eccles & Gootman, 2002; Gardner, Roth, & Brooks-Gunn, 2009). 지금부터 우리는 세 가지 광범위한 조직화된 방과 후 활동 유형 모두를 지칭하기 위해 '조직화된 방과 후 활동(organized after-school activities)'이라는 용어를 사용하며, 우리는 기존 연구의 많은 부분에서 세 가지 방대한 유형을 풀어내기 어렵다 하더라도 그것이 가능할 경우에는 비교과 활동, 방과 후 프로그램, 청소년 개발 프로그램이라는 보다 구체적인 용어를 사용한다.

이 장에는 몇 가지 목표가 있다. 첫째, 우리는 조직화된 방과 후 활동 참여가 청소년의 학교 성취, 몰입, 출석에 미치는 영향에 관해 연구한 내용을 검토한다. 둘째, 우리는 개인적 특성, 몰입 수준, 프로그램 특성에 따라 이러한 관계들이 어떻게 변화했는지를 설명한다. 셋째, 우리는 이러한 방과 후 활동에 참여하는 것과 사회정서학습(SEL)을 포함한 학업적 성과 사이의 연관성에 대한 다양한 설명들에 대해 논의한다. 넷째, 우리는 이 분야에서 직면한 일부 방법론적 과제에 대해 다루고 향후 연구를 위해 이러한 검토가 가지는 의미에 대해 간략히 설명한다. 우리는 조직화된 방과 후 활동을 개선하기 위한 연구 결과의 실질적인 의미에 대해 논의하고, 보다 매력적으로 조직화된 방과 후 활동을 만드는 전략에 특별히 주의를 기울이는 것으로 마무리한다.

학업 적응

많은 연구가 조직화된 방과 후 활동에 참여하는 것과 긍정적인 학업적응 지표 사이의 긍정적인 연관성을 증명하고 있다. 실제로, 학업적 성취를 측정하는 것은 종종 자금조달

(funding)을 정당화하기 위해 수행되는 프로그램 평가의 핵심적인 측면이다. 여기에서, 우리는 총 세 가지 유형의 조직화된 방과 후 활동(즉, 비교과 활동, 방과 후 프로그램, 청소년 개발 프로그램)에 참여하는 것이 높은 학업성취도, 학생 몰입, 출석률과 직접적으로 관련되는 이유를 설명하는 과거 연구의 요약을 제공한다.

학업성취도

일반적으로 다양한 조직화된 방과 후 활동에 참여하는 것이 학생들의 학업성취도를 높인다는 사실을 시사하는 연구들이 있다. 이러한 관계들에 대한 이점이 비교과 활동의 유형에 따라 다르다 하더라도 비교과 활동에 참여하는 것은 더 높은 성적과 표준화된 시험 점수를 예측하게 만든다(Bohnert et al., 2010; Mahoney et al., 2009 검토 참조). 예를 들어 Im, Hughes, Cao, Kwok(2016)는 스포츠 활동이 아닌 공연 예술 참여가 학생들의 성적을 예측한다는 사실을 밝혀냈다. 또한, 비교과 활동 참여는 학교 중도탈락의 낮은 가능성, 높은 대학 출석률, 높은 교육 수준과 관련이 있다(Eccles, Barber, Stone, & Hunt, 2003; Mahoney & Cairns, 1997). 예를 들어, 최소 하나의 비교과 활동에 참여하는 경우, 아무런 활동에도 참여하지 않는 경우에 비해 중도탈락률이 18% 감소하였다(Crispin, 2017).

이러한 연구의 결과가 서로 혼재되어 있음에도 불구하고 몰입의 학업적 이점에 대한 추가적인 증거는 방과 후 프로그램의 평가에서 비롯된다. 예를 들어, '텍사스 21세기 CCLC와 높은 성취도(Texas 21st CCLC and Higher Achievement)'와 같은 대규모 프로그램에 참여하는 학생들은 통제 집단보다 높은 학교 성적, 표준화된 시험 점수, 교육 수준을 포함한 더 많은 학업적 성과를 보여준다(American Institute of Research, 2016; Herrera, Grossman, & Linden, 2013). 이와 대조적으로, 다른 연구들은 방과 후 프로그램 참여로 인한 학업적 성과를 보여주지 못하였다(Bissell, Dugan, Ford-Johnson, & Jones, 2002; NICHD, 2004). 예를 들어, 전국의 '21세기 CCLC 프로그램'에 무작위로 배정된 초등학생과 프로그램에 참여하지 않은 학생들 간의 1년 후 및 2년 후 학업성취도에는 유의한 차이가 없었다(James-Burdumy et al., 2005). 이러한 혼재된 연관성은 프로그램 품질, 몰입 수준, 학업 초점, 학생 등록 시기의 차이 등으로 인한 변화의 결과일 수 있다(Simpkins, 2015).

방과 후 및 청소년 개발 프로그램에 대한 메타분석에서는 표준화된 시험(예: 국가 성취도평가, 기본 기술 종합시험)과 학교 성적이 학업적 요소가 포함된 프로그램에 가장 큰 영향을 미치기 때문에 이에 대한 효과의 크기가 0.05-0.34임을 제시한다(Durlak et al.,

2010; Gardner et al., 2009; Lauer et al., 2006). 이러한 효과의 크기들은 청소년이 청소년 개발 및 방과 후 프로그램에서 보내는 시간의 양이 정규 학교 교육보다 훨씬 짧다는 것을 감안했을 때 의미가 있으며, 청소년들은 이러한 프로그램들을 통해 스포츠, 예술·공예, 학술 활동과 같은 수많은 활동에 참여하며 시간을 보낸다(Gardner et al., 2009). 한 학년 동안 매일 방과 후에 제공되는 추가적인 한 시간의 수업은 읽기 및 수학 성취도에 있어 0.05의 효과 크기를 산출할 것으로 예상된다(Kane, 2004). 그러나 여러 개의 방과 후 및 청소년 개발 프로그램에 참여하는 경우는 그리 많지 않고 대부분 참가자가 주당 5시간 미만의 추가적인 수업에 참여하는 것이 현실이다.

학생 몰입

몰입은 행동적(예: 수업 참여, 노력, 긍정적 행동), 정서적(예: 흥미, 가치, 소속감), 인지적(예: 자기 조절, 학습전략의 사용) 구성 요소를 포함하는 다차원적 개념이다(Fredricks, Blumenfeld, & Paris, 2004). 학생들의 행동적 및 정서적 몰입에 비해 학생들의 인지적 몰입에 대해서는 알려진 바가 적다 하더라도, 조직화된 방과 후 활동에 참여하는 것은 학생 몰입의 세 가지 구성 요소 모두와 긍정적인 관련이 있다(Dotterer, McHale, & Crouter, 2007; Grossman et al., 2002). 예를 들어, 연구들은 비교과 활동 참여를 더 많은 노력, 더 많은 숙제 시간, 더 적은 문제 행동을 포함한 행동적 몰입 지표와 연결시켰다(Eccles & Barber, 1999; Feldman et al., 2012; Fredricks & Eccles, 2008; Marsh & Kleitman, 2002). 방과 후 프로그램인 21세기 학습 프로그램(21st Century Learning)에 대한 평가 또한 행동적 몰입에 대한 긍정적인 영향을 보여준다. 교사들은 위스콘신, 로드아일랜드, 뉴욕, 뉴햄프셔에서 이러한 프로그램들에 참여한 청소년들의 경우, 과제 완료율, 수업 몰입, 수업 시간 주의력이 상승하였다고 보고한다(Afterschool Alliance, 2015, 2017). 게다가, 질적 수준이 높은 35개의 방과 후 프로그램에 대한 연구는 이러한 프로그램에 참여한 학생들이 중도탈락했거나 등록하지 않은 학생들에 비해 학습 습관(work habits)이 향상되었고, 지속성(persistence)의 수준이 높아졌으며, 부정행위가 줄어들었다는 사실을 발견했다(Vandell, Reisner, & Pierce, 2007). 또한, 이 연구는 비교과 활동 및 지역 커뮤니티 기반 청소년 개발 프로그램과 결합한 양질의 방과 후 프로그램에 참여한 청소년들이 일반적인 방과 후 프로그램에 참여한 청소년들보다 훨씬 더 개선된 학습 습관과 지속성을 보유하고 있음을 보여주었다.

또한 연구들은 정서적 몰입 지표에 대한 몰입의 긍정적 영향을 증명해 보였다. 연구들은 비교과 프로그램의 참여를 더 높은 학교 유대감, 소속감, 가치와 연결 지었다(Brown & Evans, 2002; Dotterer et al., 2007; Fredricks & Eccles, 2008; Knifsend & Graham, 2012). 프로그램 참여가 정서적 몰입에 미치는 영향에 대한 추가적인 증거는 방과 후 및 청소년 개발 프로그램의 평가에서 비롯된다. 예를 들어, 사회정서학습(SEL)에 중점을 둔 프로그램들에 대한 메타분석에서 Durlak 등(2010)은 학교 및 학교 유대감(school bonding)에 대한 참가자의 태도가 유의하게 향상되었음을 증명하였다.

마지막으로, 프로그램 참여가 인지적 몰입에 미치는 영향을 확인한 제한적인 실증적 연구가 있다(Akiva, Cortina, & Smith, 2014; 한 가지 예외로서 참조). 질적 연구는 참가자들이 자신의 학습에 대한 소유권을 가질 수 있는 개방형(open-ended) 프로젝트에 대해 노력할 때, 고품질의 청소년 개발 프로그램은 깊은 인지적 몰입을 위한 기회를 제공할 수 있다고 주장한다. 이 연구는 청소년이 이러한 활동들을 수행하는 동안 어떻게 책임감, 계획성, 전략적 사고 기술을 개발할 수 있는지를 보여준다(Larson & Angus, 2011; Wood, Larson, & Brown, 2009).

출석

연구 결과들이 엇갈림에도 불구하고, 조직화된 방과 후 활동에 참여하는 것은 높은 학교 출석률과 관련되어 있다. 방과 후 일들(After-School Matters), 종소리 너머(Beyond the Bell), 시민 학교(Citizen Schools), 최상의 LA(LAs Best), 방과 후 학교 기업(The After School Corporation, TASC), 21세기 CCLC 프로그램(21st CCLC Programs), 샌프란시스코 지역 학교 기반 방과 후 프로그램(San Francisco area school-based after-school programs)과 같은 대규모 고품질 프로그램에 대한 평가는 참가자들이 참가하지 않은 학생들보다 출석률이 더 높다는 사실을 보여준다(Afterschool Alliance, 2015; Public Profit, 2017a, 2017b). 그러나 최근 2건의 메타분석은 방과 후 및 청소년 개발 프로그램에 대한 출석이 학교 출석에 긍정적인 영향을 미친다는 것을 보여주지는 못하였다(Kremer, Maynard, Polanin, Vaughn, & Sarteschi, 2015; Durlak et al., 2010). 이러한 엇갈린 연구 결과는 연구 설계의 변화(Dooley & Schreckhise, 2016), 방과 후 프로그램의 질, 일부 프로그램들이 프로그램 참여를 전제로 학생들에게 학교에 출석할 것을 요구하는 것(Fiester, Simpkins, & Bouffard, 2005)에 대한 결과일 수 있다. 예를 들어, 나중에 본 장의 메커니즘 세션에서 설명하는 대로, 'No Pass/No Play' 정책은 특성 비교과 활동(특히 운동선수)에 대한 학교 출석 및 성과를 요구함으로써 비교과 활동과 학교 출석 간의 연관성을 복잡하게 만든다(Burnett, 2000).

참가자 및 환경적 특성에 따른 성과 차이

조직화된 방과 후 활동이 학업적 성과에 미치는 영향은 참가자의 특성, 몰입 수준, 프로그램 품질에 따라 다르다(Simpkins, 2015). 이러한 차원 전반에 걸쳐 변화를 고려하지 못할 경우 조직화된 활동 참여와 학업적 성과 간의 연관성에 대해 부정확한 결론에 도달할 수 있다. 예를 들어, Cosden, Morrison, Albanese, Marcias(2001)는 숙제 도움 방과 후 프로그램에 참여하는 것과 4학년 학생들의 표준화된 시험 점수 사이의 무관함을 증명하였지만, 참여 수준이 높은 청소년들 간의 시험 점수에는 유의한 영향을 미쳤다. 참가자들의 하위 그룹은 조직화된 방과 후 활동에 참여함으로써 얻을 수 있는 잠재력이 다르기 때문에 참가자, 몰입, 프로그램 특성을 고려하지 못할 경우 자원의 비효율적인 분배를 가져올 수 있다.

참가자 특성

어떤 학생들은 조직화된 방과 후 활동에 참여함으로써 다른 학생들보다 더 큰 학업적 성과를 경험한다. 가장 일반적인 발견은 학업적인 위험에 처한 학생들이 학업적 성취가 높은 동료들에 비해 방과 후 및 청소년 개발 프로그램에 참여함으로써 더 큰 이득을 얻는다는 것이다(Lauer et al., 2006; Vandell, Larson, Mahoney, & Watts, 2015 참조). 또한 그것이 학업적으로 위험에 처한 청소년에게 가장 강력한 효과를 발휘하기 때문에 비교과 활동 및 방과 후 프로그램에 대한 참여를 낮은 중도탈락률과 연결하는 증거가 존재한다(Huang, Kim, Marshall, & Perez, 2005; Mahoney & Cairns, 1997). 학업적인 위험 이외에도, 제한적인 자원으로 인해(예: 제한된 가족 소득, 가족 기능 부족) 부적응을 경험할 위험에 처한 학생들은 일반적으로 세 가지 모든 유형의 방과 후 활동에 참여함으로써 유의한 이익을 얻는 것을 경험한다(Crispin, 2017; Mahoney, Lord, & Carryl, 2005; Vandell et al., 2006). 예를 들어, 라틴계 이민자 가족 중에서 상대적으로 낮은 기능을 하는 가정과 학교에 대한 몰입도가 낮은 가정 출신의 학생들은 주로 멕시코계 미국인 학생들의 학교 낙제를 막기 위해 고안된 방과 후 프로그램인 'Generation Diez'에 참여한 후 표준화된 읽기 및 수학 시험에서 가장 큰 이득을 경험하였다(Riggs & Greenberg, 2004). 방과 후 활동에 참여하는 것은 위험에 처한 학생들에게 자신들의 삶의 다른 측면에서 직면하게 되는 가중된 사회적, 문화적, 경제적 불이익에 대해 보상할 수 있는 성장과 발전의 기회를 제공하기 때문에 그러한 학생들에게 더 큰 이득을 가져다 줄 수 있을 것이다(Covay & Carbonaro, 2010; Duncan & Murnane, 2011).

참여(Participation)

조직화된 방과 후 활동 참여와 학업적 성과 사이의 긍정적인 연관성은 또한 청소년의 몰입 수준에 달려있다. 일반적으로 청소년의 이득은 학생들이 더 많은 유형의 방과 후 조직화된 활동에 참여할 경우(참여의 폭이 더 큼), 더 긴 기간에 걸쳐 참여할 경우(더 높은 지속성), 학생들이 보다 더 참여적일 때(Bohnert et al., 2010 참조) 더 커진다. 청소년의 몰입 강도(주당 참여 빈도)와 관련된 패턴들은 더욱 엇갈린다. 횡단적 연구들은 조직화된 활동 참여 강도가 높을수록 더 바람직한 학업적 성과를 예측할 수 있다는 것을 보여주었다. 예를 들어, 연간 100일 이상 LA's BEST 프로그램에 참여하는 것은 출석률이 낮은 참가자와 비교하여 더 큰 수학 성취도 증가와 관련되어 있었다(Huang, Leon, La Torre, & Mostafavi, 2008). 이와 대조적으로, 자기 선택 특성을 통제하는 종단적 연구들은 비교과 활동의 강도와 학업 적응 사이에 훨씬 약하고 때로는 무의미한 연관성을 보여준다(Bohnert et al., 2010; Busseri, Rose-Krasnor, Willoughby, & Chalmers, 2006; Fredricks & Eccles, 2010). 이는 청소년들이 활동에 소비하는 시간의 양이 아니라 그들이 해당 시간을 사용하는 방식에 관한 것이다. 비록 참여의 다른 측면들보다 참여 자체에 관한 연구의 수는 적지만, 일부 연구에서는 방과 후 프로그램에 더 많이 몰입한 청소년이 덜 몰입한 청소년보다 더 높은 성적과 학업적인 동기를 보인다고 보고하였다(Mahoney et al., 2005; Shernoff, 2010).

프로그램 품질

고품질의 조직화된 방과 후 프로그램이 저품질의 활동보다 더 큰 영향력을 가진다는 것에는 연구 간의 의견 일치가 있다. 고품질의 프로그램들은 프로그램 참가자들 간, 프로그램 참가자들과 교직원들 간의 긍정적인 관계를 조성하고, 학업적·발달적으로 적합한 기술 향상 활동의 조합을 제공하며, 높은 수준의 학생 몰입을 촉진하고, 적절한 구조와 자율성 그리고 신뢰의 기회를 제공한다(Eccles & Gootman, 2002). 방과 후 사회정서학습 프로그램에 대한 최근의 메타분석은 SAFE 기준을 충족시키지 못한 프로그램과 비교하여

SAFE 품질 기준을 만족시키는 프로그램, 즉 (1) 차례로 배열된(연결되고 조정된) 일련의 활동들을 사용하는 프로그램, (2) 학습의 적극적인 형태를 가진 프로그램, (3) 최소 하나 이상의 프로그램 구성 요소를 개인 또는 사회적 기술 개발에 집중시키는 프로그램, (4) 목표로 하는 기술 또는 개발 영역에 대해 명시적인 프로그램의 경우(Durlak et al., 2010) 학업적 성과와 태도에 대한 이익이 더 컸다는 사실을 발견하였다. 또한 방과 후 프로그램 품질과 학업적 성취 간의 연관성은 학생들이 포함된 다른 교육 환경에 비해 프로그램의 품질이 높을 때 특히 강력해 보이는 것 같다(Shernoff, 2010). 저품질 프로그램들의 무의미한 효과에 의해 고품질 프로그램의 유의한 효과가 가려져 있을 경우, 프로그램 품질을 설명하지 못하더라도 평균적으로 최소한의 효과가 발생할 수 있다.

조직화된 활동 참여를 학생 몰입에 연결하는 메커니즘

중요하지만 아직 탐구되지 않은 주제는 방과 후 시간에 조직화된 활동에 참여하는 것이 청소년의 학업적 성과 및 학생 몰입에 기여하는 메커니즘에 관한 것이다. 조직화된 방과 후 활동들은 학교 참여를 위한 학업적 요구사항, 활동에 대한 학업적 구성 요소와(예: 숙제 도움) 같은 보다 학업 지향적 특성들을 통해 학생 몰입을 촉진할 수 있다. 또한 조직화된 방과 후 활동은 학생 몰입과 관련된 여러 심리사회적 과정에 영향을 미친다. 체계화된 학습 기회와 대인관계 유대에 대한 행동 유도성(affordances)으로 인해, 조직화된 방과 후 활동들은 청소년의 다양한 인지 및 대인관계 기술을 증진시킬 수 있는데, 이것이 학업성취와 학생 몰입을 위한 핵심이다(Covay & Carbonaro, 2010). 또한 조직화된 방과 후 활동들은 학교 교육과 관련된 긍정적인 가치와 기준들을 촉진한다. Smith, Akiva, McGovern, Peck(2014)은 청소년이 활동을 통해 습득한 기술과 믿음이 학교 환경으로 전환되어 학교의 성공을 촉진할 수 있다고 주장하였다. 본 섹션에서는 조직화된 방과 후 활동에 참여하는 것과 학업성취 및 학생 몰입을 연결하는 다양한 메커니즘에 대해 개괄하였다.

참여를 위한 학업적 요건

일부 학자들은 조직화된 방과 후 활동에 참여하는 데 따른 학업적 이점이 적어도 부분적으로는 학업적 자격 요건의 결과라고 주장한다(Lumpkin & Favor, 2012). 이 'No pass, No play' 정책은 비교과 활동 참여에 특히 잘 적용된다. 예를 들어, 학생들은 많은 방과 후 스포츠 팀에서 활동하기 위해 학업적 성취와 일관된 학교 출석을 보여주어야 한다(Callari, 2002). 또 다른 선행연구는 비참여 학생들과 비교하여 일반적으로 조직화된 방과 후 활동에 참여하는 학생들이 처음에 더 나은 학업성취도를 보이는 경향이 있다는 사실을 알아냈다(예: Busseri et al., 2006). 그러나 학업적 자격 요건은 좀처럼 조직화된 방과 후 활동 참여와 학업적 성과 간의 연관성을 설명하는 하나의 변수로서 검토되거나 포함되지 않았다. 또한 우수한 성적을 가진 청소년이 조직화된 방과 후 활동에 참여할 가능성이 높음에도 불구하고 선행연구들은 종종 선택적 편향을 설명하는 데 실패하였다(예: Good & Willoughby, 2011; Posner & Vandell, 1999). 따라서 조직화된 방과 후 활동에 필요한 자격요건을 충족하기 위한 욕구가 학생들을 학교생활에 참여하고 학업적으로 뛰어나도록 동기부여를 하는지 여부를 조사하기 위해 더욱 실증적인 연구를 수행할 필요가 있다.

활동의 학업적 구성 요소

방과 후 활동이 학업적인 준비에 뚜렷하게 중점을 두고 있거나 활동 내용이 학업적 교육과정(예: 수학 클럽, 과학 올림피아드)과 직접적인 관련이 있으므로 조직화된 방과 후 활동의 학업적인 이익은 학업적 지식상의 이득으로 인한 결과일 수 있다(Mahoney et al., 2009). 예를 들어, 21세기 공동체 학습센터(21st Century Community Learning Centers)에서 학업적 기준에 대한 요구 증가는 그러한 많은 방과 후 프로그램들이 튜터링, 숙제 도움, 인리치먼트 활동(enrichment activities: 학교생활을 풍부하게 만드는 활동)을 통해 학업적인 교정과 지원에 소요되는 시간을 늘리도록 이끌었다. 강력한 학업 구성 요소의 존재는 이러한 프로그램의 참여로부터 학업적인 이익을 얻는 것을 더욱 용이하게 할 수 있을 것이다(Durlak & Weissberg, 2007). 이와 마찬가지로, 언어 활동이나 수학·과학 그룹을 포함한 학업 중심의 비교과 활동에 참여하는 것이 학업성취도와 졸업률을 예측하는 것으로 나타났다(Eccles et al., 2003; Feldman & Matjasko, 2005; Marsh & Kleitman, 2002).

인지적 기술(Cognitive Skills)

조직화된 방과 후 활동에 참여하는 것과 관련된 긍정적인 학업 성과는 또한 청소년들이 몰입을 통해 익히게 되는 인지적 기술의 결과일 수 있다(Covay & Carbonaro, 2010). 다양한 유형의 조직화된 방과 후 활동에서 청소년들은 종종 프로젝트를 수행하는데, 이 때 그들은 목표를 설정하고 계획을 세울 뿐 아니라 계획을 시행하고 목표를 달성하기 위해 자원을 수집하고 조정해야만 한다(Larson & Angus, 2011; Larson, Hansen, & Moneta, 2006). 비교과 활동과 청소년 발달 프로그램에 대한 선행연구들은 몰입이 주의력 조절과 같은 인지적 기술을 개발하는 데 도움이 될 수 있다고 주장한다(Lynch et al., 2016). 비록 지금까지 방과 후 프로그램에 있어 인지적 기술에 대한 연구는 적었지만, 지역사회 및 학교 기반 방과 후 활동에 참여하는 것은 집중력 저하 문제와 문제 해결 효능감 향상과 관련성을 가지고 있었다(Akiva et al., 2014; Riggs, Bohnert, Guzman, & Davidson, 2010). 일단 청소년들이 인지적 기술을 배운다면 그들은 학교 학업에 인지적 기술을 적용해 볼 수 있으며, 이러한 연결의 검증에 더 많은 연구가 필요하다 하더라도, 결과적으로 청소년의 학습과 성적에 긍정적인 영향을 줄 수 있을 것이다.

학업과 관련된 긍정적 가치와 기준

조직화된 방과 후 활동들은 청소년을 학업 및 몰입과 관련된 긍정적인 가치와 기준에 노출시킨다. 첫째, 많은 활동은 그것들이 가진 내용 설계와 프로그램상의 임무에 친사회적 기준을 통합시킨다(Fredricks, Naftzger, Smith, & Riley, 2017). 예를 들어, 4-H 클럽과 같은 많은 청소년 개발 프로그램의 목표는 5개의 C, 즉 역량(competence), 자신감(confidence), 연결(connection), 특성(character), 배려(caring)를 개발하는 것이다(Lerner et al., 2005). 근면(hard work), 지속성(persistence), 강력한 작업 윤리(work ethics)의 가치는 프로그램 설계의 핵심적인 측면이며 종종 청소년들이 수행하는 과제에 내재되어 있다. 더욱 예측 불가능한 과제를 수행함으로써 발생하는 요구, 장애, 승리, 손실은 청소년들이 끈기, 높아진 책임감, 성취에 대한 열망을 포함한 여러 측면에서 성장을 경험할 수 있게 한다(Wood et al., 2009). 동시에 대부분의 조직화된 활동들의 적절한 구조와 유연성은 청소년의 내재적 동기를 촉진하는 것으로 밝혀졌으며, 이는 중요한 발달자원으로 간주된다(Larson, 2000).

관계

조직화된 방과 후 활동을 통해 학생들이 발전시키는 관계와 네트워크는 보다 유리한 학업적 성과를 설명하는 데 도움이 될 수 있다. 방과 후 프로그램, 비교과 활동, 청소년 개발 프로그램에서와 마찬가지로 활동 참가자들은 자신에게 학업적 및 사회적 지원을 제공할 수 있는 협력적인 성인, 교사와의 강력한 관계를 발전시킨다(Grossman & Bulle,

2006). 성인 리더와의 지원적 관계는 청소년의 반사회적 행동과 우울한 분위기를 줄여줄 수 있다(Mahoney & Stattin, 2000; Mahoney, Stattin, & Magnusson, 2001). 또한 비교과 활동에 참여하는 학생들은 참가하지 않는 학생들보다 학교를 중요하게 생각하는 학업 지향적 동료들과 상호작용하고 교류할 가능성이 더 높은 것으로 나타났다(Fredricks & Eccles, 2005; Sandstrom & Coie, 1999). 조직화된 방과 후 활동에서 이러한 동료적인 환경은 청소년의 학업 지향적 정체성의 형성을 지원할 것으로 보인다(Barber, Eccles, & Stone, 2001; Gibbs, Erickson, Dufur, & Miles, 2015). 비록 활동에서 유발된 가치와 기준이 학교로 이전되는 것을 조사한 실증적 연구는 거의 없었지만, 조직화된 방과 후 활동에서 획득하는 가치와 기준들은 학업적인 열망을 조성하는 데 학교 환경으로 전환될 가능성이 있다(Smith et al., 2014).

사회정서학습

마지막으로, 조직화된 활동에 참여하는 청소년은 의사소통, 동료들과의 친사회적인 상호작용, 갈등 해결을 포함한 사회정서적 기술을 배우고 실행할 기회가 있기 때문에 보다 긍정적인 학업적 성과를 가질 수 있다(Covay & Carbonaro, 2010; Durlak, Weissberg, Dymnicki, Taylor, & Schellinger, 2011; Wood et al., 2009). 많은 방과 후 프로그램이 이러한 기술들을 구축하는 데 학교보다 더 많은 유연성을 가지기 때문에 사회정서학습(SEL)에 중점을 두는 것은 그러한 방과 후 프로그램들에 대한 '전략적 적소(strategic niche)'를 의미한다(Fredricks et al., 2017). 메타분석에서 Durlak 등(2010)은 사회정서적 기술을 증진시키려고 하는 방과 후 프로그램 및 청소년 개발 프로그램 참여가 학생들의 시험 점수, 학교 출석, 학교 유대감의 증가와 관련이 있다는 것을 발견하였다. 이러한 잠재적 메커니즘을 조사하는 실증적 연구가 부족하기 때문에, 향후 연구를 위한 중요한 방향성은 조직화된 활동 참여, 사회정서적 능력, 학생 몰입이 연결 가능한 과정을 개념화하고 검증하는 것이다.

방법론적인 과제와 연구의 의의

연구 결과의 강도(strength)가 인구통계학적 특성, 개별 환경 수준 특성, 청소년 참여 기간에 따라 다르다 하더라도 일반적으로 연구들은 조직화된 방과 후 활동에 참여하는 것이 학생 몰입과 학업성취도를 높일 수 있다는 것을 증명한다(Granger, Durlak, Yohalem, & Reisner, 2007; Roth, Malone, & Brooks-Gunn, 2010). 그러나 기존 연구들은 너무나도 자주, 모든 활동이 모든 아동의 모든 성과를 높인다는 가정을 기반으로 진행되어왔다(Simpkins, 2015). 우리는 발달학적 연구(developmental research)로부터 이러한 가정이 매우 불가능할 것이라는 것을 알고 있다. 연구는 더 나아가 개인적 및 프로그램 수준의 특성이 조직화된 방과 후 활동에 참여하는 것과 학업성취도 사이의 관계를 어떻게 조절할 것인지에 대해 탐구해야 한다. 또한, '특정 유형의 청소년에게 다소 효과적인 방과 후 활동이 있는가?'라는 질문을 탐구하기 위해서는 개인-환경 간 부합하는(person-environment fit) 접근법을 채택하는 연구가 필요하다(Eccles & Midgley, 1989). 조절요인과 성과 모두에 대해 더 미묘한 차이가 나는 관점을 가지지 못할 경우 참여의 이익에 대한 부정확한 결론으로 이어질 수 있다.

연구들에 따르면 몰입 기간 또한 중요하다는 점을 시사한다. 그러나 프로그램의 종료를 뛰어넘어 참가자를 추적하는 종단적 연구가 거의 없으며, 이것은 더 많은 몰입이 참가자들에게 오랫동안 영향을 주는지 여부를 판단하는 것을 어렵게 만든다(Roth et al., 2010). 또한 연구들은 청소년이 세 가지 유형의 조직화된 활동 모두에 지속적으로 참여할 경우, 몰입에 대한 이익을 얻을 가능성이 더 높다는 것을 보여준다. 그러나 청소년들이 얼마나 오래 그리고 어느 정도의 강도(intensity)로 몰입해야 측정 가능한 효과를 볼 수 있는지에 대해서는 유효한 연구를 살펴보아도 명확하지 않다(Bohnert et al., 2010). 더욱이 새로운 기술을 배우는 것보다 강한 우정을 쌓는 데 더 많은 시간이 걸리기 때문에 이 질문에 대한 대답은 다양한 성과에 따라 다를 수 있다(Simpkins, 2015). 조직화된 활동 참여에 관한 문헌은 또한 한계 수준과 몰입의 시기 적절성에 관한 몇 가지 질문을 제기한다. 예를 들어, 원하는 성과를 달성하는 데 필요한 최소한의 몰입에 대한 최저 한계 수준이 존재하는가? 만남(meetings)의 빈도가 중요한가(몇 개월에 걸친 격주 만남 vs 1년 동안의 월간 만남; Simpkins, 2015)? 이러한 질문의 답은 긍정적인 효과를 보기 위해 필요한 조직화된 방과 후 활동의 최적 수준 및 빈도의 권장 내용에 대한 중요한 통찰을 제공할 수 있다(Roth et al., 2010).

대부분의 조직화된 방과 후 활동에 대한 참여는 자발적이므로, 몰입의 학업적 이점을 입증하는 데 있어 또 다른 도전은 선별 효과를 설명하는 것이다. 비교과 활동에 참여하는 청소년들은 사회경제적 지위가 높은 경향이 있고, 유럽계 미국인일 가능성이 높으며, 동료들에 비해 높은 성적과 더 많은 부모의 지지를 받고 있다(Feldman & Matjasko, 2005;

Mahoney et al., 2009). 이러한 선별 요인들은 또한 긍정적인 적응을 예측함으로써 혹자들이 비교과 활동 참여의 이익이 참가자와 비참가자 간의 기존 차이를 조정하지 못하는 연구에 의해 과장되었을 가능성이 있다고 주장하도록 만든다(Apsler, 2009; Fredricks & Eccles, 2010).

연구자들이 프로그램(실험 집단)에 참여하도록 참가자들을 무작위로 배정하거나 프로그램에 참여시키지 않는(통제 집단) 실험 연구는 선별 효과를 다루는 데 도움이 될 수 있지만, 방과 후 활동에 관한 문헌에서는 좀처럼 사용되지 않는다(Apsler, 2009; Gardner et al., 2009). 일반적으로 방과 후 프로그램은 학교에 다니는 특정 학년의 모든 학생에게 제공되고 이로 인해 실험 집단과 통제 집단에 학생들을 배정하기가 더 어려워진다(Apsler, 2009). 또한 대부분의 청소년은 다양한 조직화된 방과 후 활동에 참여하며, 방과 후 프로그램에 대한 평가는 대부분 다른 활동에 대한 참여 정보를 수집하지 않는다(Bohnert et al., 2010). 결과적으로 방과 후 프로그램의 효과에서, 프로그램에 참여하는 것이 자유롭게(감시자 없이) 집에 머무르는 것보다 '더 낫다'라거나 다른 방과 후 옵션에 참여하는 것보다 '더 낫다'는 것이 반영되는지 여부는 종종 확실하지 않다(Gardner et al., 2009).

방과 후 프로그램의 자발적 특성은 또한 참여를 중단한 사람들에 대한 연구 필요성을 제기한다. 청소년들이 방과 후 활동이나 비교과 활동을 중단하는 여러 가지 이유(예: 다른 유형의 프로그램으로 변경, 참여 자격 박탈, 아르바이트)는 방법론적으로 방과 후 학습의 중단을 도전적으로 만든다. 비록 일부 연구들이 비교과 참여와 학업성취도 간의 관련성이 학교를 중도탈락한 이후에도 1년 동안이나 유지된다는 사실을 알아냈다 하더라도(Im et al., 2016), 다른 연구들은 비교과 활동에 머무는 시간이 길어질수록 학업성취도가 높아진다는 것을 보여준다(Fredricks & Eccles, 2006).

현실은 모든 조직화된 방과 후 활동들이 긍정적인 성과를 달성할 수 있는 방식으로 설계되거나 실행되는 것은 아니라는 것이다. 비록 프로그램의 질을 높이기 위해 더 큰 노력이 이루어졌다 하더라도, 우리는 이러한 고품질 프로그램의 특징들이 어떠한지, 프로그램의 질을 개선하기 위한 방법이 무엇인지, 그러한 변화가 청소년의 성과에 영향을 미치는지(만일 그렇다면 어떻게 영향을 미치는지)에 대해 거의 알지 못한다(Granger, 2008). 이러한 질문들은 일부 학자들이 모든 학생을 위한 조직화된 방과 후 활동의 질을 높이기 위해 효과적으로 개입하는 방법을 배우는 것이 현장에서의 가장 중요한 문제라고 주장하게 만들었다(Granger, 2008, Yohalem & Wilson-Ahlstrom, 2010). 또한 우리는 프로그램의 질적인 측면들이 다양한 그룹 전반에 걸쳐 동일한 의미와 동일한 성과를 갖고 있는지도 조사해야 한다(Fredricks & Simpkins, 2012; Simpkins, 2015). 예를 들어, 다양한 배경을 존중하는 환경과 같은 차별화된 리더십 스타일이나 지표들은 청소년의 민족 전통적인 관계 및 소외된 상태에 따라 다소 중요할 수 있다(Fredricks & Simpkins, 2012).

마지막으로, 조직화된 방과 후 활동들은 학업적 강화가 주요 초점이 되는 정도 내에서 다양하게 변화한다는 사실에도 불구하고, 성과 측정을 프로그램 효과의 핵심적인 지표로 사용하는 것에 의존하였다. 예를 들어, 일부 조직화된 방과 후 활동들은 학업에 대해 우선순위를 정하고, 다른 활동들은 청소년 개발 및 리더십 목표에 중점을 두며, 또 다른 주요 활동들은 신체적인 활동이며, 마지막으로 많은 포괄적인 프로그램들은 이러한 목표들을 모두 결합한다. 청소년의 성취도 점수에 영향을 줄 수 있는 조직화된 활동의 잠재력은 그것들이 학업에 중점을 두는 정도에 달려 있다. 특히 그러한 환경 내에서 청소년들이 학업 중심 활동에 사용하는 시간의 양이 상대적으로 한정되어 있다는 점을 고려하면, 성취도 점수 또한 변화시키기 어렵다(Kane, 2004; Simpkins, 2015). 연구자들은 시간이 지남에 따라 성취와 긍정적으로 연관되는 중요한 성과에 있어서 더 즉각적이고 큰 이점에 대해 증명하려 할 것이다(Gardner et al., 2009; Simpkins, 2015). 학생 몰입, 학교 관련 태도, 사회정서적 기술과 같은 보다 다양한 범위의 성과 변수들을 포함하게 되면 조직화된 방과 후 활동들의 이점을 자금 제공자, 부모, 사회에게 보다 완전히 증명해 보일 수 있다.

정책 및 실행 의미

우리의 검토는 정책과 실행에 대한 몇 가지 의미를 가진다(표 16.1에 요약). 조직화된 방과 후 활동들은 특히 학업적인 위험을 가지고 있는 학생들에 대해 학교 몰입을 증진시키는 데 강력한 역할을 할 수 있다. 많은 방과 후 프로그램은 특히 튜터링, 숙제 도움, 인리치먼트 활동(enrichment activities)을 통해 추가적인 학업 지원을 제공한다. 또한 조직화된 방과 후 활동의 더 작고 유연한 구조는 수업하는 동안 그에 맞는 내용을 진행하면서도 자신의 흥미와 연결할 수 있는 보다 개인화된 학습 기회를 더 쉽게 제공할 수 있다. 그러나 모든 청소년이 고품질의 프로그램은커녕 조직화된 방과 후 활동에도 평등하게 접근할 수 있는 것은 아니다. 조직화된 방과 후 활동에 참여하는 것이 학업적으로 위험에 처한 학생들에게 특히 유익한 것으로 밝혀졌다 하더라도, 고품질 프로그램에 대한 접근이라는 측면에서 가장 불리한 것이 바로 그러한 학생들 그룹이다.

학업에 몰입하지 못하는 학생들은 자원이 부족한 지역사회에 살고 있으며 종종 세 가지 유형의 모든 조직화된 방과 후 활동에 접근성이 부족한 인종적으로나 경제적으로 다양한 가족 출신일 가능성이 높다(Vandell et al., 2015). 이러한 아동과 청소년들은 교통수단의 부족, 안전 문제, 몰입 이점에 대한 정보 부족, 조직화된 방과 후 활동 참여를 막는 자금 문제와 같은 장벽에 직면하고 있을 가능성이 아주 높다(Simpkins, Delgado, Price, Quach, & Starbuck, 2013). 아동과 청소년이 거주하는 이웃 지역에 활동들이 제공되고 정보가 다양한 언어로 제공되는 경우에 그러한 우려가 줄어들 수 있다. 프로그램을 개발할 경우, 지도자(leader)와 코치(coach)들은 학생들, 학생들의 가족, 지역사회로부터 의견을 구해야 한다. 가족-학교-지역사회 파트너십을 적극적으로 개발하는 것은 활동 지도자가 다양한 배경의 청소년들을 모집하고 유지할 수 있는, 문화적으로 대응하는 프로그램을 개발·실행하는 데 도움을 줄 수 있다.

표 16.1 ❙ 조직화된 방과 후 활동 실천가를 위한 권장사항

청소년의 모집과 유지
• 비용 절감, 장학금 제공, 교통편을 제공함으로써 프로그램의 접근성을 높인다. • 조직화된 방과 후 활동의 이점에 대해 익숙하지 않은 지역사회에 접촉하여 학생 모집을 다양화한다. • 동료 네트워크를 활용하여 청소년 모집을 돕고 그것을 유지하기 위해 그룹 기반 프로젝트를 수행한다. • 문화적으로 관련되고 의미 있으며 청소년이 느끼는 문제들을 해결하는 설계 활동을 수행하는 것이 중요하다. • 다양성을 축하하는 지원 프로그램 문화를 조성한다. • 학생 몰입 및 프로그램의 질에 대한 데이터를 수집하고 해당 데이터를 사용하여 자원을 할당하고 프로그램 설계에 활기를 불어넣는다. • 프로그램의 질을 유지하거나 개선하기 위해 증거 기반 실행을 활용한다. • 청소년과 그 가족의 문화를 존중하는 정책을 수립한다(예: 포용적 언어 정책). • 가족-학교-지역사회 파트너십을 육성한다.
몰입
• 학생들이 학교에서 배운 내용을 단순히 확장하는 것이 아니라 그것을 보완할 수 있는 다양한 발달적으로 적합하고, 고무적이고, 도전적인 경험을 제공한다. • 능력과 자주성을 키우기 위해 개인화된 요구에 맞게, 즉 "학생들이 있는 곳에서 학생들을 만날 수 있게" 활동을 조정한다. • 청소년에게 프로그램 내용 및 운영에 대한 조언을 제공할 기회를 줌으로써 프로그램의

중심에 청소년의 목소리를 배치한다.

- 참가자의 다양성을 반영할 수 있는 문화적으로 대응 가능한 교직원을 고용한다.
- 다름에 대한 중재자 역할을 하고 어려운 상황을 해결할 뿐 아니라, 매력적인 활동들을 만들어 내고, 양질의 관계를 구축하는 방법에 대한 교직원 교육을 한다.
- 전문성 개발, 네트워크, 기타 자원을 제공함으로써 질적 수준이 높은 교직원을 확보한다.
- 지원적인(협력적인) 어른 및 또래들과의 관계와 신뢰 구축을 위한 안정적이고 안전한 공간을 제공한다.
- 공동체 의식을 장려하고 프로그램에서 청소년이 하는 일이 그들과 그들의 지역사회에 중요하다는 인식을 심어줄 수 있는 활동을 구성한다.
- 청소년의 기존 우정을 지원하고 새로운 관계를 형성하여 관계성의 증진을 장려한다.

청소년이 조직화된 방과 후 활동에 접근할 수 있는 경우에도 사회적으로 혜택받지 못한 지역 혹은 학교의 프로그램들은 질이 낮은 경향이 있으며, 프로그램들이 제대로 잘 설계되지 않은 상태로 교직원들의 이직률도 높다(Gardner et al., 2009). 프로그램의 질과 학생 몰입 수준에 대한 자료를 수집함으로써 프로그램의 강점과 잠재적인 개선 영역을 식별할 수 있다(측정에 대한 검토를 위해 Fredricks et al., 2017 참조). 이러한 데이터들은 프로그램의 질을 개선하고 청소년의 몰입과 지속적인 참여를 높이는 궁극적인 목표를 위해 더욱 효과적으로 자원을 할당하는 데 사용될 수 있다.

일방향 프로그램들은 발달적으로 적합하고, 고무적이고, 도전적인 경험을 제공하고 교직원의 질을 개선함으로써 보다 매력적인 환경을 조성할 수 있다. 프로그램 구성 측면에서, 조직화된 방과 후 활동들은 학습 참여일을 연장하기보다는 그것을 필수적으로 보완할 필요가 있다. 같은 것이 더 늘어난다고 해서 반드시 더 좋은 것은 아니기 때문에 단지 수업일에 몇 시간을 추가하는 것만으로 더 긍정적인 결과를 얻을 수 있다고 가정할 수는 없다. 대신에, 조직화된 방과 후 활동들은 청소년들이 그들의 학습을 현실의 상황에 연결하고 스포츠, 시각 및 공연 예술과 같이 학교에서 자주 해볼 수 없는 체험 활동에 참여할 기회를 제공해야 한다. 실용적이고 직업 관련 기술과 직업 훈련을 제공하는 프로그램은 특히 고학년 학생들에게 매력적일 것이다. 게다가, 조직화된 방과 후 활동들은 점점 더 청소년들이 과학, 기술, 공학, 수학(STEM)에 대한 학습 기회에 더 많이 노출될 수 있도록 해주는 수단으로 인식되고 있다(After Alliance, 2013). 연구들은 이러한 조직화된 활동에 대한 참여가 STEM에 참여하기 위한 청소년들의 동기를 높여줄 수 있다고 주장한다. 예를 들어, '도시 과학 탐험의 개척자(Frontiers in Urban Science Exploration)'라는 다지점(multisite) 청소년 개발 프로그램에 참여한 학생들은 이 프로그램에 참여함으로써 더 높은 과학적 동기와 자신감을 얻었다고 보고하였다(Smith & Hoxie, 2010).

프로그램 직원과 긍정적인 관계를 발전시키는 것은 청소년의 지속적인 참여에 대한 또 다른 핵심 요소이며(Hirsch, 2005), 높은 몰입과 학업성취도, 낮은 위험 행동과 관련되어 왔다(Grossman & Bulle, 2006; Greene, Lee, Constance, & Hynes, 2013; Vandell et al., 2015). 일련의 연구에서, Reed Larson 등은 청소년 개발 프로그램의 교직원이 신뢰를 구축하고(Griffin & Larson, 2016), 청소년 동기를 유지하고(Larson & Walker, 2010), 성인이 되는 청소년을 준비시킴으로써(Larson, Walker, Rusk, & Diaz, 2015) 청소년과 긍정적인 관계를 발전시키는 과정을 탐구하고 있다. 불행히도, 방과 후 분야는 저임금과 높은 교직원 이직률이 특징이며, 이것은 양질의 관계 구축을 더욱 어렵게 만든다. 자원을 늘리고, 더 전문적인 인력을 개발하고, 의미 있는 전문성 개발을 위한 기회를 늘리고, 교직원이 협업하고 프로그램 설계와 실행에 있어 목소리를 낼 기회를 강화하려는 시도들은 이러한 관계를 강화하고 유지할 수 있는 전략이다.

조직화된 방과 후 활동들은 중학생을 모집하고 유지하는 데 있어 특정한 도전에 직면하게 된다. 청소년들은 자신들의 재량적인 시간을 보내는 방법에 대해 더 많은 선택권을 가지고 있으며, 학교, 학업, 형제자매를 돌보는 측면에서 종종 경쟁적인 압력에 직면하게 된다. 방과 후 청소년 개발 프로그램에 대한 청소년의 참여는 중학교 동안 감소하게 된다(Eccles & Gootman, 2002). 중·고등학교 동안 학생들이 프로그램을 중도탈락하는 한 가지 이유는 이러한 프로그램들이 청소년의 발달학적 요구 사항을 지원하지 않기 때문이다(Fredricks, Hackett, & Bregman, 2010). 청소년들은 비교과 활동 및 청소년 발달 프로그램에 참여하지 않기로 한 이유로 종종 지루함, 친구들과 함께하고픈 욕망, 프로그램 활동에 대한 불만을 언급한다(Borden, Perkins, Villarruel, & Stone, 2005; Dworkin & Larson, 2006; Fredricks et al., 2010).

프로그램은 청소년들의 유능감, 자율성, 관계성에 대한 요구를 지원해주는 구조화된 활동과 청소년들이 단순히 친구들과 휴식을 취하고 그들과 어울릴 수 있는 구조화되지 않은 활동 사이의 균형을 유지해야 한다(Gillard & Wilt, 2008). 일상적인 활동, 프로그램 내용, 조직상의 결정과 관련하여 의미 있는 결정을 내릴 기회가 있을 경우 몰입도는 높아진다(Fredricks, Bohnert, & Burdette, 2014). 더욱이, 또래 친구들은 비교과 활동, 방과 후 프로그램, 청소년 개발 프로그램에 참여하고 머무르게 되는 핵심적인 이유이다

(Fredricks et al., 2002; Hirsch, 2005). 관계성에 대한 청소년들의 욕구를 기반으로 하며, 청소년들에게 비가족(nonfamilial) 어른 및 또래들과의 관계를 발전시킬 기회를 제공하는 프로그램은 특히 청소년들이 나이가 들수록 청소년을 모집하고 유지하는 가장 좋은 기회를 얻는다.

저소득층 학생들에게 서비스를 제공하며 전국적으로 인정받는 방과 후 프로그램인 LA's Best는 매력적인 고품질의 방과 후 프로그램을 만드는 방법에 대한 예시를 제공한다. 이 프로그램은 교직원 모집과 교육에 많은 투자를 하였다. 프로그램에 참여하는 학생들의 민족성과 일상 경험을 반영하기 위해 지역의 이웃을 적극적으로 고용한다. 각 지역의 교직원들은 매력적인 활동을 제공하는 방법에 대한 교육을 받는다. 이 프로그램은 또한 청소년의 요구와 흥미를 지원하고 기획, 평가, 협업을 통해 프로그램의 질을 모니터링하고 실행 상태를 모니터링하는 것에 열성적인 노력을 기울이고 있다(Heckman & Sanger, 2013). 프로그램 평가에서 LA's Best 프로그램에 참여하는 학생들은 학교에 대한 더욱 긍정적인 태도, 높은 몰입도, 높은 출석률, 높은 성취도를 보이며 프로그램뿐만 아니라 학교에서도 낮은 중도탈락률을 보인다는 사실을 보여준다(Huang et al., 2005, 2008).

결론

요약하면, 우리의 리뷰는 비록 방과 후 활동을 통한 학업적 이점이 개인 및 프로그램 수준 특성에 따라 달라지더라도, 비교과 활동, 방과 후 프로그램, 청소년 개발 프로그램을 포함하여 다양한 고품질의 조직화된 방과 후 활동에 참여함으로써 얻을 수 있는 학업적 이점을 증명해 보인다. 방과 후 시간에 청소년이 조직화된 활동에 참여할 기회를 늘리는 것은 학교에 몰입하지 못하는 청소년에게 특히 유익할 수 있다. 그러나 비록 이 연구가 유망하더라도, 이 장은 청소년들이 이러한 학업적 이점을 얻는 데 필요한 정책 및 관행 변화와 우리의 지식 기반에는 격차가 있음을 요약하며 끝을 맺는다.

제 17 장

학생 몰입 향상을 위한 효과적인 학교 개혁

제17장

학생 몰입 향상을 위한 효과적인 학교 개혁

빈곤율이 높은 다수의 도시에서는 중·고등학교 학생의 학교 비몰입 현상이 만연하다. 어린 학생들과는 달리, 중등학생은 학교 수업, 교육과정, 관계 및 활동에 참여하지 않고 종종 결석 혹은 중도탈락을 계획하는 대담함을 보인다(NRC & IOM, 2004). 학교 밖에 존재하는 더욱 흥미로운 활동들로 인한 학교 비몰입은 (1) 가난한 도시지역 전체 중학생의 3분의 1과 전체 고등학생의 반 이상이 학교를 결석하는 현상(Balfanz & Byrnes, 2012, 2013)과 (2) 심각한 중등학생의 결석률과 저소득층 학생 76%가량의 매우 낮은 고등학교 졸업률(DePaoli, Balfanz, Bridgeland, Atwell, & Ingram, 2017)의 원인이 된다. 저소득층 학생들이 이와 같은 이유로 졸업을 하지 못할 때, 학생 자신뿐만 아니라 이들의 가족과 나아가 지역사회 전체에 사회경제적으로 심각한 결과를 초래하게 될 것이다.

학교 개혁자들은 빈곤율이 높은 도시지역 학교들의 상황 개선을 위해 학생 비몰입 관련 지표에 주목하고 있다. 학교나 수업 결석, 징계·정학과 같은 결과를 초래하는 수업에 지장을 주거나 참여하지 않는 행동, 성의 없는 과제로 과목낙제를 하거나 간신히 통과하는 행위 등은 학생의 소외와 비몰입 정도를 간접적으로 드러낸다. 이러한 행동 양상은 결과적으로 학교를 중도탈락하거나 학교에서의 인지적, 정서적, 행동적, 사회적 몰입을 부적절한 수준으로 하게 될 가능성이 높다는 조기경보지표로 증명되었다. 학교 내에서의 학생 몰입을 연구한 조사에서는 평균적으로 학생들이 정서적으로 상실감을 느끼며(가령,

학교 공부에 무관심해지거나 수업 시간에 배우는 것을 싫어하게 되는 경우), 행동적으로 의욕을 상실했다는(예를 들어, 학생들이 수업에 집중하고 학업을 완료하는 데 일관되지 않을 경우) 것을 보여준다. 이처럼 학생들의 자기 보고식 공부 습관과 전략은 높은 수준의 인지적 몰입을 반영하지 않으며, 학교 내에서 어른과 또래와의 사회적 몰입이 다소 보통 수준이라는 것을 보여준다(Corrin, Sepanik, Rosen, & Shane, 2016).

비몰입 현상과 낮은 성과 문제가 만연한 많은 중등학교를 개선하기 위한 단일 수단의 해결책은 이제 없다. 학교와 관련한 비참한 현실을 다루는 데에는 여러 문제가 존재한다. 이를 개선하기 위해선 '상호적으로 협력적이고 심사숙고하여 적용된 수단'이 요구된다(Stringfield, Schaffer, & Reynolds, 2017, p. 76).

이러한 학교들 내에서 학생의 비몰입을 막기 위한 포괄적인 계획은 통합적인 예방책과 계층적인 인터벤션 모델을 필요로 한다(Mac Iver & Mac Iver, 2010). 이러한 모델은 치명적인 전염병을 근절·제어하거나, 자동차 관련 사망률 감소, 직업 관련 건강상의 문제와 업무상 부상, 그리고 심장병과 뇌졸중으로 인한 사망률 감소와 같이 대규모의 문제들을 성공적으로 다루었던 공공 보건 개선의 초석이 되었다(CDC, 1999).

통합적인 비몰입 근절 모델은 학교 전체에 더욱 강력한 학습환경을 조성하고 모든 학생의 사회적 조건과 관계를 개선하는 보편적인 변화(1단계)를 통해 비몰입을 심화하는 기존 조건들을 예방하는 데 초점을 두고 있다. 하지만, 포괄적 모델은 2단계 구성 요소(특정 하위 집단 개입)와 3단계 구성 요소(사례 관련 심층 개입)를 통해 1단계 변화만으로 참여율이 높아지지 않는 학생들을 위한 추가적 지원을 제공한다. 문제가 많은 중등학교에 만연한 비몰입 수준에 따라, 1단계 개혁이 교육자들을 돕고 관계자들이 공통의 예방 가능한 문제들을 예측하고 발생하기 전에 일치된 행동을 취할 수 있도록 확립하는 것이 매우 중요하다. 그렇지 않다면, 학교 내 2단계와 3단계 지원 시스템이 집중적인 도움이 필요한 학생 수만으로 마비될 것이다.

이 장에서는 학교의 구조, 실행, 지원과 교육과정에 통합적, 전략적 변화 및 개선을 실행하기 위해 여러 수단과 다수 성인이 협력하는 5개의 증거 기반 개혁에 초점을 두고 있다. 본 연구진은 의도적으로 여러 다양한 개혁 방안을 선별하였다. 각각의 특징을 지닌 개혁 방안은 몰입 개혁 주요 장르의 전형적, 본질적 예시이다. 특정 장르와 사례를 선별하는 과정에서 본 연구진은 (1) 한 가지 이상의 엄격한 평가 연구로부터 효과가 입증되었고, (2) 실행 연구의 결과나 해당 장르를 포용한 중등학교의 수에 기반하여 다양한 지역에 적용·실행을 할 수 있는 방안들을 주목하였다. 각기 다른 강조, 구성 요소 및 범위에도 불구하고, 다섯 가지의 개혁 방안은 학생 몰입과 비몰입의 원인에 대한 유사한 통찰력을 반영하고 학생 몰입 문제를 해결하는 데 유사한 수단을 적용하고 있다. 각 방안에 대해 개혁에 필요한 구성 요소와 어떻게·왜 이러한 구성 요소들이 비몰입을 감소시킬 수 있는지 요약하였으며, 학생들의 결과에 따른 해당 개혁의 영향을 보여주는 연구 증거를 제시하였다. 그리고 가능한 경우, 실행 연구로부터 얻은 연구 결과들에 대하여 설명하였다.

Diplomas Now 모델

왜 Diplomas Now 모델이 효과적일까?

본 연구진은 중학교와 고등학교에 동시에 적용하기 위해 전국 단위 브랜드 이름을 선정하였다. 이 브랜드명은 전국에 있는 다른 지역에서 성공적으로 모방되고 각색되었다. 또한, 세 단계 모두에서 여러 인터벤션을 실행할 수 있는 학교의 역량을 높일 외부 파트너를 고용해 더욱 원대하고 통합적인 방안의 모범 사례가 되었다. 또한, 낙관적인 초기 영향과 실행 결과를 보인 전국 규모의 무작위 평가 연구의 대상이 되었다.

개혁

Diplomas Now(DN) 모델은 학교 중도탈락의 위험성을 가진 학생들의 계속된 비몰입을 반전시키기 위하여 동일한 학교를 대상으로 팀을 구성해서 각 기관의 고유 장점을 활용하고자 2008년 3개의 국가 기관–Talent Development Secondary(TDS), City Year(CY), Communities in Schools(CIS)–에 의하여 만들어졌다. 해당 모델은 국가 내 극심한 빈곤을 겪고 있는 도시지역에 있는 50여 개의 중학교와 고등학교에서 실행되었으며 (1) 문제를 개선하기 위한 교사들을 지원하고 (2) 학생들이 중도탈락 위협(낮은 출석률, 지속된 방해 행동 혹은 수업 낙제)의 조기경보지표(the early warning indicators: EWIs)를 심화하는 것을 예방하기 위해 데이터에 따라 구분된 학생들을 지원하며, 이와 같은 문제들을 회복하기 위해 학생 지원을 제공하는 학교의 역량을 높이는 데에 초점을 두었다(Allensworth & Easton, 2007; Balfanz, Herzog, & Mac Iver, 2007; Neild & Balfanz, 2006).

TDS 소속 관계자들은 전체 학교의 조직적, 교육적, 구조적 자료 지원을 제공하였다.

이러한 지원은 학교가 공통 학생들을 전담하고 공통의 계획 시간을 공유할 수 있는 교사팀과 함께 학생들을 소규모 학습 공동체로 구성한 후, 경력 중심 단위를 포함한 심층·실질적 학습 기회를 늘리기 위해서 각각의 핵심 내용 영역 내에서의 전문적인 학습 공동체를 이끌도록 학교 교육 지도자와의 협업을 도모한다. TDS는 또한 학교가 문학이나 수학과 같이 집중적인 도움이 필요한 학생들을 대상으로 과목 선택에 추가적인 도움과 교수적, 교육과정적 변화 실행을 지원하기 위해 교사들이 1:1 교습을 제공하도록 돕는다. 결과적으로, TDS의 학교를 기반으로 하는 변화 조력은 개인과 팀 규모에서 학생들의 요구를 확인하고 이에 대응하기 위한 인터벤션을 계획·감독하는 것이다. 이를 위하여 학교의 EWI 데이터 시스템과 EWI를 2주 간격으로 검토 및 대응하는 회의를 진행하도록 방향성을 지도한다. 아래 상자 17.1은 전략적 인터벤션이 계획된 데이터 시스템과 검토 및 대응 회의 내용을 설명한다.

상자 17.1

EWI 시스템과 운영 방식

TDS의 데이터 추적기는 학생들이 중도탈락 위험성(만성 결석, 방해 행동, 수학 혹은 영어 관련 수업 낙제)을 보인다는 것을 교사들에게 가능한 한 빨리 알려준다(Balfanz et al., 2007). 최소한 2주에 한 번씩, 공통의 학생 그룹을 공유하고 있는 다양한 분야의 교사팀과 지원 부서 관계자들은 데이터 추적기상에서 표시되었거나 교사들에 의해 비몰입과 관련하여 점진적인 신호가 포착된 학생들에 대해 논의하기 위한 EWI 검토·대응 회의를 갖는다. 논의 중 해당 팀은 본인이 가지고 있는 관련 지식을 동원하고 알맞은 지원을 제공하기 위한 계획을 세운다. 이후 계속된 회의에서 해당 팀은 맞춤형 지원이 문제 학생의 성공적인 몰입을 유발하고 출석률, 행동, 교과 성적이 개선되었는지 검토한다. DN에 파견된 현장 직원은 가장 전략적인 수준의 인터벤션을 식별하기 위해 각 팀의 관계자와 협업한다. 1단계 계획, 2단계 소그룹 개입, EWI팀이 DN 학교 내에서 학생들의 몰입을 향상시키고 졸업을 위한 길로 이끌기 위해 개발한 3단계 개인 맞춤형 지원 사례는 Fernandez, Mac Iver, and Sepanik(2015)에서 참고하길 바란다.

CY는 AmeriCorps팀에게 학생들의 활발한 참여 분위기를 조성하며 수업 시간 동안 함께 할 수 있는 다양한 지원을 제공한다. 이들은 아침부터 학생들을 기다렸다가 출석하지 않을 경우, 전화하며 소그룹을 통해 EWI 데이터에 따라 개별화된 학업적·사회정서적 지원을 제공한다. 또한, 등교 후와 방과 후에도 학업 관련 활동과 함께 지역 봉사활동, 동아리, 자기 계발 활동에 참여할 기회를 계획·실행하기 위해 관리자 및 DN 파트너와 협업한다. 가장 도움이 시급한 학생들을 대상으로 CIS에서 파견된 학교 현장 진행자나 지역 공동체 파트너는 사례 관리(case management)를 제공하고 학생과 그들의 가족, 지역사회 자원(상담, 건강관리, 식료품 및 의류 제공) 또는 지원 단체 간을 연결한다.

Diplomas Now의 진행 중인 평가에 따른 결과

2010년 존스 홉킨스 대학교는 DN 모델 확대를 지원하고 11개의 넓은 도시지역 학구에 위치한 33개의 중학교와 29개의 고등학교를 대상으로 해당 모델의 영향과 실행에 대한 무작위 할당 평가(MDRC에 의해 독립적으로 실시)를 실시하기 위한 i3 Validation(검증) 연구비를 지원받았다. 이 학교에서는 3분의 1 이상의 학생들이 한 달 이상 학교를 결석하였거나 유급 혹은 낙제를 받는 것이 통상적인 현상이었다. DN 파트너십은 학생 지원, 데이터 지원, 기관·구조적 개혁, 교육적 개선과 교사 지원을 하기 위해 무작위로 배정된 해당 학교와의 협업을 진행하였다.

MDRC는 총 111개의 구체적인 DN 구성 요소를 실행, 측정하여 해당 모델의 충실도를 평가하였다. 평균적으로, DN 학교들은 1년째에 61%의 구성 요소를 성공적으로 실행하였으며 2년째에는 62%를 달성하였다(Corrin et al., 2014; Sepanik et al., 2015). 이 학교들은 특히 교사와 학생 그리고 관계자(개선 노력을 주도하는 학교 개선 조력자와 교육적 개선을 실현하는 교사들을 지원하기 위한 교육 조력자와 코치, 기관, 구조적 변화를 돕기 위한 학교 및 학생 지원 조력자, 집중적인 사례 관리 감독을 위한 CIS 현장 조력자와 멘토링, 튜터링, 그리고 방과 전후 프로그램과 같이 덜 집중적인 학생 지원 서비스를 제공하기 위한 CY 기관 일원)에게 통합적인 현장 지원을 성공적으로 제공하였다. DN 학교들은 또한 학생 지원에 대한 단계별 인터벤션 모델 실행, 공통의 학생들을 공유하고 있는 협력적인 학제 간 교사팀 구성과 핵심 과목을 위한 연장 수업 제공에 있어 매우 성공적이었다(Sepanik et al., 2015). 반대로, 몇몇 학교들은 다른 수업 과정들이 지역 교육과정 정책에 의하여 정해지기 때문에 핵심 과목의 교육과정 개선 실행이나 인력 및 스케줄 문제로 인하여 수학과 영어에 어려움을 겪고 있는 학생들에게 추가적인 도움을 제공하는 데 비교적 덜 성공적이었다(Corrin et al., 2014).

Crrin 등(2016)은 학생들의 현재 상황(다년간의 인터벤션 중 첫 1년간의 프로그램 실행 이후)에 대한 DN의 즉각적인 영향에 대하여 보고하였다. 이들은 첫 1년 이후에 통제 학교들과 비교했을 때 DN 학교에 다니고 있는 학생들이 EWI를 더 적게 보여주고 있음을 확인하였다. DN의 즉각적인 영향은 9학년 학생들보다 6학년 학생들에게 더욱 강력하고 광범위하였으며, 이들의 만성적인 결석률이 감소하였고 과목 이수가 증가하였다(Corrin et al., 2016). 여러 EWI와 관련하여 전형적으로 6학년 학생들보다 9학년 학생들이 더 많이 비몰입되어 있기 때문에 1년 차 이후에 정상적인 범주 안으로 들어오기 위해선 더 큰 노력이 요구된다. 또한 전반적으로, DN 학교들은 통제 학교와 비교했을 때 더 나은 학습환경을 가지고 있으며, 더 많은 학생이 학교 내에서 긍정적인 관계를 맺고 있고, 학업에 초점을 두고 있는 방과 후 활동에 더 많이 참여한다. 또한 교사들의 경우 교육 및 학습에 더 나은 환경이 조성되었다고 보고하였다(Corrin et al., 2016).

EWI를 즉각적으로 감소시킴에 따라, DN은 잠재적 중도탈락 가능성이 있는 학생을 정기적으로 수업에 참여하며, 문제를 일으키지 않고, 과목을 이수하기 위한 학업 활동을 완료하는 고등학생으로 전환시키고 있다. MDRC는 학생들의 차후 학교 참여와 4년 동안의 DN 프로그램 실행에 대한 자료를 수집하고 있으며 장기적인 결과에 대한 영향을 보고할 예정이다.

뉴욕시의 Student Success Mentor 계획

왜 Student Success Mentor 계획이 효과적일까?

본 연구진은 DN처럼 여러 구성 요소에 따라 학교에 변혁적 변화를 요구하는 것이 아니다. 이들은 학교로부터 비몰입되는 학생들을 식별하고 이러한 학생이 성인과의 관계를 개선하고 학교 출석·몰입을 증진하도록 전략적으로 멘토링과 기타 지원을 할당하는 데 EWI 시스템을 사용하는 집중 개혁의 예시로서(만성 결석률 감소를 목표로 하는) 해당 계획을 선정하였다. 뉴욕시의 이러한 계획 또한 전 도시적인 규모의 접근 방식이며, 학교뿐만 아니라 시에 설립된 청소년과 가족들을 위한 모든 부서와 기관들이 관련되어 있다는 점에서 차이가 있다.

개혁

뉴욕시의 계획은 2010–2013년의 만성적인 결석률을 감소시키고 시 평균 이상인 100개의 학교에서 학생 몰입 높이기 위한 Bloomberg의 관련 기관 간 노력의 일환으로 진행되었다. 이 계획은 만성적인 결석률의 원인이 복합적이고 다양하다는 것을 인지하였다. 때때로, 학생들은 정기적으로 출석하기 힘든 상황으로 인하여 학교에 오지 않는 예(노숙, 만성 질환, 거주지 이동, 가족 부양)도 있다. 다른 이유로는 학생들이 학교에서 배우는 것이 가치 있다고 느끼지 않으며 소속감을 느끼지 못하고 학교 내에서 부정적인 상호 교류나 관계, 행사를 피하기 위함이 있다(Balfanz & Byrnes, 2012; Willms, 2003). 이에 따라 본 계획은 이러한 주요 원인에 대하여 다루고 있다.

해당 계획은, 만성 결석자를 기록하고 있는 초등학교(34%), 중학교(35%), 고등학교(50%), 편입 학교(중도탈락자 재입학)(91%)에서 전개되었다. 본 계획은 각 '만성 결석자'에게 (1) 전체 학년 동안 학교 출석이 어려운 어떤 상황을 생산적으로 처리할 수 있고, (2) 이들에게 소속감과 학교에서의 사회정서적 몰입을 배양하며, (3) 개인적으로 몰입할 수 있는 학습 기회, 상호작용 및 활동 연결을 돕는 멘토 제공을 목표로 한다. 이러한 전면적인 인터벤션은 다음과 같은 세 가지 구성 요소를 가지고 있다.

1. 지속적인 학교 기반 멘토링
2. 사례 관리 의뢰 및 학교 자원 연결
3. 시 전역 및 학교 내 차원의 노력
   (a) 학교 교육의 가치, 학교에서 가능한 기회 및 지원, 그리고 만성 결석에 따른 장기간에 걸친 개인적 결과에 대한 인식을 촉진
   (b) 멘토들에게 출석률, 학생의 행동 양상, 학업 성과에 대한 적시 데이터 접근 권한을 제공하고 사람들이 해당 학생을 얼마나 그리워하는지에 대한 긍정적인 메시지를 매 결석마다 즉각적으로 전달. 주 단위로, 학교 교장이 주도하여 학교 지도자, 파트너, 학생 지원 제공자들과 함께 EWI 검토 및 대응 회의 개최. 만성적으로 결석하는 학생들과 이들의 가족들에게 직접적인 원조 활동 제공과 같은 최선의 방식으로 만성 결석 방지(Balfanz & Byrnes, 2013).

상자 17.2

왜 해당 계획의 구성 요소가 결석 학생의 몰입을 증진시키는가

멘토링

멘토링은 몰입을 끌어내기 위한 학생 중심의 접근 방식이다. 멘토의 주요 역할은 멘티(학생)에게 의견을 전달하고 혜택과 지원을 제공하는 것이다. 멘토들은 학교 내에서 학생들의 강점을 잘 알고 있는 누군가를 제공하고, 이들에게 지속적인 관심을 보이며 문제들을 파악하고 해결 방안을 찾아내기 위한 정서적 지지 및 구체적인 원조를 제공한다(Appleton, Christenson, & Furlong, 2008; Toshalis & Nakkula, 2012). 만성 결석자와 졸업 이전에 학교를 중도탈락한 이들과의 인터뷰는 관계 형성이 이들의 학교 활동 재몰입을 끌어낼 수 있는 핵심 열쇠가 된다는 것을 시사한다(가령, Center for Promise, 2015).

사례 관리 의뢰와 학교 자원 연결

만성 결석자들과 졸업 이전에 중도탈락한 이들은 종종 여러 가지의 부정적인 삶의 경험에 직면하게 되며 도움을 요청할 수 있는 지원적 관계 형성에 취약하다(Center for Promise, 2015, pp. 10—14; Balfanz & Byrnes, 2012). 멘토들은 현재 멘티가 도움을 청할 수 있는 관계망 속 다른 성인들과 소통하며 학교와 공동체로부터 이들이 추가적인 도움, 자원, 그리고 기회를 받을 수 있도록 돕는다. 이는 따뜻하고, 사려 깊고, 편협하지 않은 방식으로 도움이 필요한 이들에게 종합적인 도움을 제공하기 위해 '집합적 멘토링(Hirsch, Deutsch, & DuBois, 2011)'과 학생과 가족을 아우를 수 있는 기관 및 지역사회 파트너가 이루고 있는 '공동체(Balfanz & Byrnes, 2012)'의 힘을 이용하는 것을 목적으로 한다.

지속적인 출석과 학교 출석의 가치 증진을 위한 폭넓은 노력

여러 설문조사와 부모 포커스 그룹에서 "거의 절반(49%)의 부모들은 자녀들이 한 달에 3일 이상 결석하더라도 학업적으로 뒤처지지 않는다고 믿고 있는 것"으로 나타났다(Ad Council, 2016, p. 1; Balfanz & Byrnes, 2013, p. 13). 뉴욕시의 성공 멘토 계획과 국가 성공 멘토 계획은 부모들을 대상으로 만약 자녀들이 한 달에 두 번 학교에 결석하게 된다면, 다른 아이들에 비해 뒤처질 것이며 졸업하기 힘들어질 것이라고 경고하기 위해 공익 광고를 동원하였다. 이와 같은 캠페인들은 학부모와 보호자들이 그들의 자녀들이 학교에 지금까지 몇 번 결석했는지와 결석의 원인(교통수단, 천식, 학교 폭력, 노인 돌봄, 혹은 학업적 도움 필요 등)을 알아보기 위해 지역사회 무료 제공 지원을 활용할 수 있도록 지원센터에 문의할 것을 장려하고 있다(전화 통화, 문자 메시지, 혹은 온라인을 통해; 예: http://absencesaddup.org/). 또한, 시 전체의 학교 출석 문화를 만들기 위한 노력의 일환으로 교직원이 만성 결석 학생의 가정을 방문하여 사전에 녹음된 유명인의 모닝콜(출석률이 향상되었을 경우 축하 전화 포함)을 신청하도록 장려하는 것이 있다.

상자 17.2는 왜 각각의 구성 요소가 만성 결석자들의 학교 몰입을 개선하기 위한 인터벤션으로서 '효과적인 요소'로 채택되었는지 설명하고 있다.

- **학교 기반 멘토링:** 이러한 인터벤션은 구체적으로 학교 기반 멘토를 만성 결석 기록이 있는 각 학생에게 연결하는 것을 목표로 한다. 각 멘토는 학생 및 가족과의 신뢰적이고 지원적이며 문제 해결 지향적인 관계를 개발하고, 긍정적인 참여 전략으로 각 결석에 즉시 대응하는 훈련을 받았다. 멘토는 데이터 공유 및 기밀 동의서에 서명하여 멘티의 실시간 출석, 행동 및 성과 데이터에 직접 접속하는 권한을 부여받았다. 이들은 세 가지 유형의 자발적인 멘토로 구성되는데, 이는 외부인원(기존의 비영리 파트너 및 CY 또는 Experience Corps 회원과 같은 커뮤니티 기반 조직, 실습에 참여하는 사회복지 학생과 근처 노숙자 보호소, 교회, 지역센터의 지도자 또는 청소년 그룹 리더), 내부 학교 관계자, (일부 학교에서) 고학년 자원봉사자들로, 리더십 클래스의 하나로 만성적으로 결석하는 9학년 학생들을 위해 '동료 모델'이 되도록 선별·훈련받았다.
- **사례 관리 의뢰 및 자원 연결:** 멘토와 학교 지도자는 지역사회에서 연수를 받고 사회복지 서비스는 멘티들과 가족들에게 다가갈 방안들을 지원한다.
- **지속적인 출석 촉진 및 만성 결석에 대한 인식 증진 그리고 지자체와 학교 규모에서 최적의 방안으로 이를 방지하기 위한 폭넓은 노력:** 지자체 규모의 노력으로는 (1) "이제 아침 9시입니다. 혹시 당신의 자녀가 어디 있는지 알고 계십니까?" 광고 캠페인, (2) "뉴욕시여 일어나라!"는 유명 인사와 또래 역할 모델을 동원하여 녹음한 모닝콜이며 이미 수만 명의 학생이 매일 아침 학교에 가기 위해 신청하였다. (3) 교장 및 학부모 아카데미와 네트워크 리더 아카데미 그리고 NYCDOE 웹사이트상에서 제공하는 연수가 있다.

각 학교의 교장은 본 계획을 실행하는 데 앞장서서 Success Team 리더와 학교의 학생 지원 및 행정 교직원 대표, 선별된 멘토와 각 학교 파트너 대표가 함께하는 주간 SST(School Success Team) 회의의 의장직을 맡는다. 해당 팀은 조기경보시스템상에서 인터벤션이 필요하다고 나타난 학생들의 개별사항과 만성 결석률의 유형을 알려주는 종합 보고서를 검토한다. 이후, 이들은 (1) 전 학교 규모의 캠페인, 메일 발송, 축하 전화, 그리고 조회를 통해 개선된 출석률을 인식하고 (2) 출석률이 여전히 낮은 학생들을 위한 개별, 집중적 지원을 하기 위하여 전략적으로 집단적 자원을 활용한다.

Student Success Mentor 계획 평가에 따른 결과

지난 3년 동안의 연구를 통해, 대책 위원회는 2010년에 25개, 2011년엔 50개, 2012년엔 100개 학교로부터 본 계획의 결과를 측정하였다. 충분한 수의 멘토를 영입·연수시키기 위해, 대책 위원회는 기존 내부 직원(지자체 학교, 보금자리, 부서 및 기관에서)을 재구성하고 많은 수의 새로운 직원과 자원봉사자를 모집하기보다 기본 외부 비영리 단체 파트너들을 재지정하는 데 크게 의존하고 있다(Balfanz & Byrnes, 2013). 대책 위원회는 학생들의 참여율을 높여 매일 출석하도록 하며 학창 시절에 성공과 긍정적인 관계를 경험할 수 있도록 돕는 데 초점을 두기 위해 기존 직원과 파트너를 동원하고 자격을 부여함으로써 본 계획이 확장되고 지속될 수 있도록 하였다.

해당 프로그램의 영향은 100개의 참가 학교 및 학생 구성과 이전 만성 결석률이 유사한 46개의 비교 학교로부터 학교 수준과 학생 수준의 데이터를 사용하여 예측되었다. 참여 학교 내에서 모든 만성 결석자를 위한 Success Mentor를 찾기 위한 프로그램의 최대 목표는 달성되지 못했다. 하지만, 만성적으로 지각하던 총 14,040명의 학생 중 6,037명(43%)이 멘토를 찾았다. 참여 학교는 2010－2011년에서 2012－2013년까지 만성 결석률 감소에서 비교 학교들보다 상당한 실적을 거두었다. 평균적으로, 멘토들과 짝을 이룬 학생들은 멘토를 받지 못했던 유사 학생들(매칭된 비교 학교와 참여 학교 내에서)보다 9일 이상 출석하였다. 더욱이, 멘토와 짝을 이룬 고등학교 학생들의 경우 더 나은 성적을 받았으며, 멘토가 없었던 학생들에 비해 52% 정도 학교에 더 오래 머물러 있었다. 참여 학교에 다니고 있던 학생들은 비교 학교 학생들에 비해 만성 결석률이 9%가량 낮았다. 끝으로, 만성적인 결석률을 감소시키는 데 있어 본 프로그램의 영향은 가장 취약했던 학생들(보금자리에서 생활 중이던 학생과 저소득층 학생)에게 특히 효과적이었다. 이와 같은 결과는 지자체 기관과 학교와의 연결(예방을 위한 사회복지 서비스 제공자와 학교를 연결하기 위한 더 나은 시스템을 만들고, 보금자리 내 학생 지원 서비스를 통해 학교와 가까운 보금자리로 학생들을 이주시키기 위한 노숙인 서비스 부서와 협업하며, 학생들의 출석 데이터를 보금자리·기관에 제공 및 책임을 지고 이들이 학교에 다니도록 함으로써)에 성공적인 계획 실행을 반영하였다.

뉴욕시의 계획으로부터 초래된 긍정적인 결과는 지자체 규모의 프로그램이 참여 학교뿐만 아니라 수백 개의 학교에 추가로 확대될 수 있는 지역사회의 노력을 촉진시켰다. 이는 또한 국가적 차원에서 Success Mentor 계획(2016년 오바마 대통령과 USDOE에 의해 실행)의 출범을 야기하였고 29개의 도시와 2개의 지방으로 빠르게 확산하였다.

본 모델이 확산됨에 따라 뉴욕시의 Success Mentor 프로그램을 실행한 학교에서 이루어진 학생과 학교 성과에 대한 긍정적인 영향을 밝혀내기 위해, 국가적 차원에서 Success Mentor 계획의 실험적 평가가 진행 중이다(Success Mentor를 시행하기 위한 지역 내에서 도움을 절실히 필요로 하는 학교들의 임의 추출 진행, https://osf.io/ ed3k2/를 참조). 본 연구는 뉴욕시에서 매우 효과적으로 만성 결석률을 감소시키고 학생들의 학업적 성공을 높였던 비용 효율적인 Success Mentor 모델이 국가 전반으로 유사한 결과를 가지고 올 수 있을지 평가하는 것을 목적으로 한다.

Project SUCCESS

왜 Project SUCCESS가 효과적일까?

조직적 구조가 교사와 학생에게 영향을 준다는 것을 인지한(Bryk, Lee, & Smith, 1989; Eccles, Lord, & Midgley, 1991), 몇몇 개선 중인 중학교들은 6학년(혹은 6학년과 7학년)의 교육과정과 수업 세분화에서 벗어나고 있다. 이러한 변화는 교사들이 (1) 더욱 개인화되면서 학문적으로 다양화된 흥미롭고 효과적인 수업을 제공하도록 돕고 (2) 교사와 학생 간의 관계 질을 개선하며 (3) 모든 배경의 학생들이 사회적으로 환영받고, 유능하며, 지원받는다고 느낄 수 있는 공정성 및 다양성이 존중받는 교실 환경을 설계하기 위함에 있다. 하지만, 대부분 이를 실행 중인 학교들은 학생들의 성과에 대한 이들의 반세분화된 학제 간 프로그램의 효과에 관한 철저한 연구를 시행하지 않고 있다. 본 연구진은 Project SUCCESS(영어, 디지털 리터러시, 과학, 그리고 사회학을 결합한 학생 통합 교육과정)가 매우 철저하게 평가되어 왔으며 통합적인 학제 간 교육과정과 학생들의 이질적 집단화,

그리고 학생들의 학업적 성장과 사회적 몰입을 증진시키기 위한 노력으로 반독립적 수업을 결합한 중학교 수준 교육 장르의 전형적인 예이기 때문에 본 접근 방식의 대표로서 선발하였다. 세분화는 학생들이 독립적 혹은 반독립적 초등학교 교실을 떠나고 일반적인 중학교에 입학하면서 발생하는 몰입 감소의 원인으로 시사되어 왔다(Alspaugh & Harting, 1998; Eccles et al., 1993). 비록 세분화가 교사들로 하여금 전문성, 훌륭한 수업과 평가 과제들을 개발하는 데 초점을 두도록 하지만, "학생들의 관점에서 봤을 때, 전문화된 교사들은 가르치고 성공이나 실패에 대한 책임을 분담하는 데 개인적인 관심을 두기보다 감정 없이 채점하고 분류하는 데 더욱 흥미를 느끼는 것으로 보인다(Braddock & McPartland, 1993, p. 140)". 세분화된 스케줄에 따라 지도하는 교사들(총 145명 학생을 29명씩 5개의 반으로 지도하는)은 많은 수의 학생을 가르치기 때문에 각 학생에 대해서 알기 어려우며 이들의 학업적 · 심리사회적인 요구를 만족시키기 위한 맞춤형 수업을 실행하기 어려운 실정이다. 이와 비슷하게, 세분화된 스케줄에서 학생들이 종종 7개에서 8개의 각기 다른 반과 교사와 함께하며 각 반을 돌아다니면서 수업을 하는 것은 학생과 교사, 학생과 학생 간의 관계 발전을 저해한다.

수십 년 전, CSOS(Center for the Social Organization of Schools)는 중학교 입학 후 학업적 성취와 몰입의 감소 없이 성공적으로 학업을 이어 나가는 데 필요한 접근 방식을 알아보고자 기존 및 대체할 수 있는 조직적 방식의 다양성에 대한 장단점을 연구하기 위해 국가 수준의 데이터를 사용하였다(Becker, 1987; Epstein & Mac Iver, 1990; McPartland, 1990). 이 연구들은 폭넓은 흥미와 교육 훈련, 그리고 경험을 가진 교사들에게 다양한 내용 영역을 가르치기 위한 학제 간 지도 방식을 사용하도록 한 전략적 반세분화가 유망한 방식이라는 점을 시사하였다. 이는 이러한 다양한 학문을 익힌 교사들에게 날마다 여러 기간에 동일한 학생 소그룹을 지도할 기회를 제공하며, 학생들이 여러 내용 영역에서 학습 내용과 능력을 일관되게 통합하도록 돕고, 더 가까우며 상호적으로 도움이 되는 대인 관계 형성을 가능케 한다. 나아가, Becker(1987)의 분석은 6학년에서의 반세분화가 대부분의 과목에서 대다수의 학생, 특히 사회경제적으로 불이익을 받는 학생들의 학업적 성취에 도움을 준다고 시사하였다. 하지만, 유사 실험 연구의 방법론적인 한계로 인하여 Becker는 통제된 현장 실험을 이용하여 반세분화의 영향에 대한 더욱 철저한 연구의 필요성을 강조하였다. 그의 무작위 실험에 대한 요구는 Project SUCCESS가 미국 동부 연안의 큰 교외 지역에서 평가되기 전까지 주목을 받지 못하였다(Dodd, 2018).

개혁

Project SUCCESS는 학생 중심적 접근 방식으로서 초등학교에서 크게 세분화된 중학교로 학년이 올라감에 따라 발생하는 부정적인 영향을 감소 혹은 근절시키기 위해 계획되었다. 해당 접근 방식은 학교들의 일반적인 학생 세분화와 교실 구성에 대한 대안으로 각 학교 내에서 임의로 채택된 6학년 학생들을 대상으로 이질적으로 집단화된 반독립적 학습 공동체로 특징지을 수 있다. Project SUCCESS는 2014－2015년에 개발되었으며 이때부터 지속해서 실행되고 있다. 이는 두 개의 지역 내 중학교들 내에서 세분화의 대안으로서 인정받고 있다. Project SUCCESS에 참여한 학생들은 하루의 절반을 한 명의 교사와 또래 그룹과 함께 시간을 보내기 때문에, 중학교에 입학하고 첫 일 년 동안 이들이 접하는 교사의 수, 반 변경과 또래 집단화는 완전히 세분화된 수업 지도를 받는 다른 6학년 학생들과 비교했을 때 현저히 감소하였다. 따라서 Project SUCCESS는 더욱 강력한 관계를 형성하고 사회적 몰입을 증가시킨다. 더욱이, 해당 프로젝트에 참여한 학생들의 경우 한 명의 교사로부터 네 가지의 과목에 대해서 학제 간 수업 지도를 받았기 때문에, 해당 교사는 각 학생과 더욱 가깝고 생산적인 관계를 형성하는 데 상당히 많은 시간을 투자하였으며 학생들의 학습 요구를 충족시킬 수 있다. 각 교사는 세 가지 교육적 지원을 받는다(상자 17.3 참고).

상자 17.3

Project SUCCESS의 교사가 받는 지원

계획

각 Project SUCCESS 교사는 학교 내 다른 교사와 일주일에 최소 두 번 공통 계획을 세운다. 이를 통해 학제 간 연관성을 발전시킬 수 있으며, 학생들의 요구를 만족시키기 위해 수업 방식을 수정하고, 학생들이 학제 간 구성단위에 의해 유발된 질문들을 이해하고 답을 찾도록 돕는 일련의 학생 중심의 학습 기회를 개선할 수 있다.

교육과정

해당 교육구의 교육과정 담당 사무실에서 파견된 각 과목 전문가와 학교의 교직원 개발 교사는 기존 Project SUCCESS 교사들과 면밀히 협입하여 네 가지 과목을 통합시키고,

필수적인 질문들과 교육과정을 지도하는 데 상당히 중요한 이해를 구체화하는 9주 계획표를 제작한다. 이렇게 현재 사용되고 있는 교육과정 계획표는 Google 문서 형식으로 공유되고, 업데이트되며 매년 해당 구역의 Project SUCCESS 교사들에 의해 개선된다.

전문성 개발

Project SUCCESS 교사들은 매년 학기 시작 전 전문성 개발 지원(숙달 목표와 협력적인 학습을 강조하는 다차원적이고 지지적인 교실 공동체 구축)을 받는다. 또한 교사들은 교직원 개발 교사 혹은 Project SUCCESS 경험이 있는 관리자와 함께 학교 담당자로부터 현재 진행 중인 학교 내 전문성 개발과 계획 지원을 받는다.

Project SUCCESS의 평가 연구에 따른 결과

과목별 전문화, 학생과 교사 간의 제한적인 교류, 또래 집단 이동, 그리고 세분화된 교육과정에서 벗어나 중학교 내에서 6학년 구조가 변화함에 따라, 더욱 바람직한 학습환경을 만들고 학업적 성취, 성과, 그리고 또래 간 몰입에 있어 학년 이동에 따른 감소를 근절할 수 있을까? 이를 알아보기 위해서, Dodd(2018)의 무작위 연구는 2016년과 2017년 6학년들의 (1) 교실 환경에 대한 인식, (2) 학교 몰입, (3) 읽기에 대한 목표 성취 성장과 (4) 6학년 수업 성과(성적 평가 평균: GPA)에 대한 Project SUCCESS의 영향을 평가하였다. 연구에서 참고한 두 중학교는 모두 경제적·인종적으로 다양한 학생 집단을 보유하였다. 2016년 5월, 연구자들은 6학년이 된 학생 중 누가 Project SUCCESS에 배정되었으며 누가 기존의 세분화된 프로그램이었던 ATS(Achievement Through Specialization)에 배정을 받게 되었는지 결정하기 위해 학교별로 추첨을 진행하였다.

2017년 2월, 학생 설문조사는 각 학교의 환경에 대한 이들의 인식을 측정하였다. 예상했던 바와 같이, Project SUCCESS에 배정된 학생들은 ATS에 배정된 학생들과 비교해 교사들이 "똑똑한 학생들에게만 관심을 가지고", "성적에 너무 많은 신경을 쓰며 학생들이 학습하는 데 큰 관심을 가지지 않는다"고 인식하는 경향이 훨씬 낮았다. 게다가, Project SUCCESS에 배정된 학생들은 ATS 학생들에 비해 "모두가 최선을 다하면 좋은 성적을 받을 수 있으며, 얼마나 노력하는지가 중요하다"라는 인식을 더욱 강하게 가지고 있었다.

교사들의 보고서에도 Project SUCCESS와 ATS는 각각 차이점을 보였다. Project SUCCESS의 경우, 교사들은 학생들이 과제를 하고 있을 때 쉽게 시간을 허비하지 않으며 학생 스스로 과제를 하도록 더욱 유도하고, ATS 교사들보다 학생들이 무엇을 배우기를 원하는지 물어보며, 퀴즈와 시험을 위한 질문을 받는 것과 같이 학생들의 참여를 더 많이 장려한다. 결국, 이는 학생들이 또래들과 서로 더 많은 대화를 하도록 유도하고 도움을 주고받게 함으로써 상당한 또래 간 협력과 상호작용을 유발한다. Project SUCCESS 교사들은 또한, 사회적·개인적 문제에 대해 도움을 주며 그들의 삶에 대해 지속해서 물어보는 등 학생들에게 개별적인 사회적 지원을 더 많이 제공하고자 하며 숙제 점수를 크게 반영하지 않는다.

Project SUCCESS에 배정된 학생들은 학교생활을 통해 더욱 사회적으로 몰입하는 경향을 보인다. 이는 즉, 이들이 ATS 학생들보다 "또래와의 상호작용이 자신에게 있어 학교의 중요한 일부분"이라는 점에 동의한다는 것이다. 하지만, 이들 간에 인지적, 행동적, 그리고 정서적 몰입과 관련해서는 큰 차이를 보이지 않았다. Dodd(2018)의 연구에서 인용된 학교들의 경우, 도시 내 극빈곤층 자녀들이 다닌 학교를 통해 DN과 Success Mentor를 평가했던 것과 달리, 평균적으로 6학년 학생들은 준수한 인지적, 행동적, 그리고 정서적 몰입 수준으로 중학교에 입학하며 대부분은 비슷하게 몰입한다. 하지만, Project SUCCESS와 ATS에 배정된 몇몇 학생들은 어느 정도의 몰입 감소율을 보이기도 한다. 이러한 학생들은 학교가 숙달 목표 구조("모든 사람은 최선을 다하면 좋은 성적을 받을 수 있어")가 아니라 성과 목표 구조("교사들은 똑똑한 학생만을 챙긴다")로 되어 있다고 결론 내린다. 비록 Project SUCCESS 학생들이 ATS 학생보다 학교의 목표 구조에 대해 부정적인 인식하게 되는 경향이 적지만, Project SUCCESS 핵심 밖의 수업을 듣는 몇몇 학생들 또한 이러한 생각을 하고 있을 수도 있다. 따라서 Project SUCCESS는 학생들의 리터러시 개발에 더 큰 영향을 가지고 있다. 2017년 여름, Project SUCCESS 내 학생들은 ATS 학생들보다 4점 더 높은 리터러시 능력 점수를 받았다. 더욱이, Project SUCCESS 학생들은 ATS 학생들보다 측정된 모든 분야의 읽기 능력(문학, 정보 전달, 기초 어휘에 대한 이해)에서 상당히 높은 진전을 보였으며 6학년 GPA에서 또한 더 나은 학업적 성과를 보유하였다. 하위 집단 분석에서 Project SUCCESS는 특히 저소득층 학생들에게 특히 효과적이었으며 사회경제 그룹 간 성취와 성장 격차를 없앴다.

학교 혹은 부서 차원에서의 프로젝트와 문제중심학습

왜 프로젝트와 문제중심학습이 효과적일까?

대부분 학교에서, 학생들의 몰입은 한 곳에 집중되기보다는 제각기 흩어져 있다. 몰입을 학교 혹은 부서적인 차원에서 예외가 아니라 의무적인 규칙으로 만드는 것은 학생들에게 매 수업 시간 가지고 있는 지식을 반복적으로 사용하기보다는 스스로 구상하고, 흥미로운 현상을 탐구하며, 실제(혹은 실제와 같이 구성된) 문제를 해결하는 방안을 만들고 실험을 진행하고, 개인적으로 큰 영향을 가질 수 있는 새로운 아이디어를 발굴하고 널리 유용한 새로운 방식을 배우게 하는 것이다. 마지막으로 다른 이들이 기대하는 중요한 일을 맡은 책임감 있는 성인의 역할을 경험하도록 하는 과제와 문제들이 동원된 실제적 학습 기회의 실행을 요구한다(Condliffe, 2017; Darling-Hammond et al., 2008). 본 연구진은 (1) 몇몇 연구에서 프로젝트와 문제중심학습(Project-and Problem-Based Learning, PPBL)이 더 깊은 몰입과 학습을 유도함을 제시하며 (2) 개념 지식과 고차원적인 사고력 개발에 초점을 두고 (3) 어떠한 학문 분야에도 이를 실행할 수 있으며 (4) 500개 이상의 학교에서 진행 중인 Deeper Learning Network와 같이 학교 개혁에 가담하고 있는 대부분 중등학교는 학교 차원의 PPBL을 사용해왔으며(Huberman, Bitter, Anthony, & O'Day, 2014), (5) 이 방식을 채택한 이들을 돕기 위한 풍부한 양질의 교육과정과 전문성 개발 지원이 있으므로 PPBL 방식을 최종적으로 채택하였다.

개혁

문제중심학습(가령, Gijbels, Dochy, Van den Bossche, & Segers, 2005)과 프로젝트중심학습(가령, Thomas, 2000)은 공통적 접근 방식의 하위유형으로 여겨지는 핵심 원리가 밀접한 관계를 맺고 있다. 문제중심학습에서, 실제 혹은 가상의 사례 및 문제 유형들과 진짜 문제들은 직접 교수 혹은 각 교과단위 수업을 진행하기 이전에 학생들에게 주어진다(Barrows, 1996). 이러한 문제들은 학생들에게 수업을 통해 배우게 될 지식이나 기술들을 사전에 제공한다. 교사는 학습을 진행하면서 유용한 학습 안내와 자원뿐만 아니라 일련의 문제나 학생들이 문제를 해결하는 과정에서 도움이 될 만한 주제나 방식들에 관련된 정보와 힌트를 제공한다. 하지만 관련 문제 및 방법, 해결 방식의 이점과 문제점에 대하여 협력적인 비판이나 협의를 해야 할 수도 있지만, 이러한 학습 방식은 학생 주도적이며 소규모의 학습 그룹에서 이루어진다.

이와 비슷하게, 프로젝트중심학습(Barron et al., 1998; Condliffe, 2017; Liu & Hsiao, 2002)에서 학생들은 복잡한 문제나 유익한 학습 목표를 얻기 위한 질문을 끌어내는 데 초점을 둔다. 학생들은 이러한 역할수행에 필요한 열정을 키울 수 있는 프로젝트에서 필수적인 역할을 받거나 자의로 선택하게 된다. 프로젝트는 결국 학습과제를 해결하고 학생들이 자신의 이해력과 동시에 개성, 표현 방식, 목적의식, 그리고 선택 능력을 기를 수 있는 학습 기술과 학업적 내용을 동반하는 수단이다. 프로젝트를 완료하기 위해, 학생들은 종종 여러 시행착오를 겪을 수도 있는 문제 식별, 계획 개발, 실현 가능성 실험과 자기반성 과정을 거치게 된다(Wurdinger, 2016). 이러한 인지적으로 도전적인 프로젝트 과정은 학생들이 창의력, 자기 주도, 시간 관리, 그리고 근면성과 같은 능력들을 증진 시키는 과정에서 문제를 해결하도록 요구한다.

PPBL 중심 학교·부서 내에서, 학생들의 경험과 의견이 강조되며 이에 따라 학생들은 내용, 과정, 그리고 방식에 대한 중요한 결정을 내려 본인들의 강점을 발견하고 개발할 수 있을 것이다. PPBL의 공정한 학습환경은 이전에 무력감, 아무도 귀 기울이지 않거나 혹은 포기해야만 했던 감정을 느껴본 학생들의 당연한 비몰입을 방지할 수 있다(Gresalfi & Cobb, 2006). PPBL은 또한 학생들이 자신들이 가지고 있는 지식, 경험, 의견, 생각과 흥미를 실험해볼 수 있으며 적대적인 학습자 입장에서 내용 학습에 적극적으로 참여하며 지역 공동체에 긍정적인 변화를 불러올 수 있는 도구로서 지식을 쌓는 입장으로 전환하도록 돕는다(Tan, Barton, Turner, & Gutierrez, 2012). 학생들이 사전에 누군가에 의해 정해진 정보를 전달받아야 하며 학생 스스로가 알고 싶으며 시험 보고 싶은 지식에 대해 크게 다루지 않는, 도움 되지 않을 것 같은 기존 과목보다 PPBL 과목에 몰입할 수 있다고 느끼는 점이 놀랍지 않은가?

더욱이 학습이 학생들에게 가장 핵심적인 주변 환경과 관심 내에서 발생하며 PPBL이 실생활과 같은 맥락에서 체계적인 실험을 촉진시키기 때문에(Boaler, 2006; Schoenfeld, 2002) 학업 내용에 대한 학생들의 의미 있는 몰입이 PPBL에 의해 뒷받침된다(Takeuchi, 2015). 새로운 분야 개척을 위한 지식 증진이 여러 의견과 관점을 필요로 하므로 PPBL에서, 학생들의 의견, 관점, 경험은 교실 내에서 배우는 것들에 대한 정당한 요소가 된다(Dunleavy, 2015). 학업 내용에 대한 이해를 높이기 위해 자신들의 생각을 세공하여 집단으로 협업하는 것은 다양한 학생들로부터 다양한 지적 노력을 불러올 수 있다.

Newell(2003)은 완전한 교사 주도적 과정으로부터 학생 주도적 과정까지의 범위 내에서 프로젝트중심학습의 다섯 가지 변화를 제시하고 있다. 더욱 구조적으로 될수록, 교사 주도적 변화는 프로젝트중심학습이 익숙하지 않은 교육자들에게 용이할 것이다. 구분된 주제, 50분 수업 시간, 표준화된 시험에 기반을 둔 고위험 수행 측정으로 제한된 학교들은 교사 주도적 방식을 추진하며 교육자들이 학생 주도적 프로젝트를 진행할 수 있는 용이성을 제한하는 경향이 있다. 하지만, Newell은 프로젝트중심학습의 학생 주도적 변화는 학생들이 스스로의 열정과 목표를 기반으로 프로젝트를 완료하는 데 기득권을 가지게 되므로 교사 주도적 변화보다 더 효과적이라고 주장한다. 학생들이 자신의 흥미에 따라 프로젝트를 시작하고, 실제 문제를 다루며 직접적인 경험에 몰입하는 데 자율성을 가지고 있는 환경은 학생 본인들에게 더욱 흥미로우며 의미 있는 학습 경험을 조성한다.

아래 내용을 통해, 학교 혹은 부서 교육과정의 가장 중요한 항목으로서 그리고 학생들의 학습 과정의 원동력으로서 두 가지 성공적인 프로젝트중심학습 사용 예시를 보여줄 것이다.

High Tech High에서 학교 전반의 중심으로서 프로젝트중심학습

HTH(High Tech High)는 해당 산업에서 조건을 갖춘 졸업자의 부족 문제를 다루기 위해 40명의 첨단 기술 산업 선두주자들에 의해 만들어졌다(HTH에 관해서는 11장. 학생의 수학적 주도성과 몰입을 위한 학생 중심 실천 참조). 2000년 차터 공립 고등학교를 시작으로, HTH 네트워크는 유치원부터 12학년까지의 학생들을 대상으로 하는 14개의 학교로 성장하였다. HTH는 또한 교사 인가 프로그램과 대학원 서비스도 제공하고 있다.

다음은 HTH 학교 운영을 위한 네 가지 설계 원리로서 공통 지적 사명(mission), 성인 사회생활 연결, 개인화, 그리고 설계자로서 교사의 역할이 있다. 교사들은 학생들의 실생활 능력을 개발하고 학생들의 중등과정 이후 학습을 준비하며, 내용 영역에 전반적으로 학습을 연결할 수 있도록 하기 위한 학제 간 수업을 설계하고 전달하는 데 협업한다. HTH의 프로젝트중심학습 과정은 학생들의 흥미에 연관된 프로젝트이기 때문에 가이드라인과 교사들의 방향성에 따라 매우 개인화되어 있다.

Phoenix Park에서 부서 전반의 중심으로서 프로젝트중심학습

영국에 있는 Phoenix Park 학교에서, 수학과는 다양한 수준의 그룹 활동으로 학생들에게 일련의 개방형 프로젝트를 지도한다. 이러한 그룹들은 각 프로젝트에 연관된 실제 문제를 어떻게 풀 것인지 그리고 어떠한 정보가 필요한지 결정하게 된다. 이 프로젝트는 학생들이 추론하고 다양한 문제 해결 전략을 이용할 기회를 더 많이 제공하여 이에 익숙해지도록 하는 데 초점을 두고 있다. 교사들은 학생들에게 질문을 통해 문제 해결 과정들을 발전시키고 스스로 정당화할 수 있도록 하지만 이들에게 어떻게 진행해야 하는지는 공개하지 않는다.

PBL 평가 연구로부터의 결과

Boaler(2001)는 Phoenix Park 학교에서 사용한 프로젝트 기반 수학 교육 방식과 학생들이 교재를 통해 수업하고 교사들이 단순히 기법과 개념들을 알려주는 Amber Hill 학교의 전통적인 방식을 비교하는 연구를 진행하였다. Boaler의 3년 동안의 종단적 연구는 총 300명의 학생을 이전 성과, 인종, 사회 계층, 그리고 성별에 따라 연결해 진행되었다. 100번이 넘는 1시간 수업 관찰, 학생과 교사 인터뷰, 학생 설문조사, 그리고 여러 평가를 통해 데이터를 축적하였다.

여러 방식과 몰입도 있는 수학적 논의를 진행하는 그룹으로 개방형 프로젝트를 진행하여 수업을 학습했던 Phoenix Park 학교 학생들은 서로 다른 상황에 유연하게 적용할 수 있는 지식의 형태를 보여주었지만, Amber Hill 학생들은 개방형, 토의 기반, 혹은 상황 응용에서 수학적 지식을 활용하는 데 어려움을 겪었다. Phoenix Park 학생들은 국가 시험에서 Amber Hill 학생들에 비해 상당히 좋은 성적을 거두었다. 이 두 학교 학생들은 또한 수학과 관련하여 서로 다른 태도를 가지고 있는 것으로 나타났다. Amber Hill 학생들은 자신들이 수업 시간에 배우거나 사용한 것이 실생활에서 쓰이는 것과는 완전히 다르며 학교 수학은 수업 시간에서만 유용하다고 믿고 있었다. 반면, 4분의 3 이상의 Phoenix Park 학생들은 학교에서 배운 수학과 실생활 수학이 크게 다르지 않으며 종종 학교에서 배운 것들을 적용한다고 대답하였다. 본 연구는 수학과에서 수학적 모델링, 추론, 문제 해결을 위해 실질적이고 다양한 상황을 학생들에게 제공한다면, 학생들은 더욱 깊은 개념적 이해와 수학적 지식을 얻을 수 있고 수업 시간뿐만 아니라 다른 곳에서도 수학적 실천을 진행하며 수학에 대한 몰입도가 증가한다고 시사하였다. Boaler의 연구가 무작위 실험이 아니기 때문에, Phoenix Park 교사들이 만약 전통적인 방식을 적용하였다 하더라도 Phoenix Park 학생들이 Amber Hill 학교에 있는 또래들에 비해 더 나은 성적을 받을 수 있었을 거란 가능성을 배제할 수는 없다.

Condliffe(2017)와 Thomas(2000)는 학생들이 더욱 발전된 지식과 인지적 능력을 보였으며 이들이 더욱 수업에 몰입하게 되었고 학습한 것과 PPBL을 통해 어떻게 학교와 부서에서 학습하였는지에 대해 긍정적인 태도를 지니게 되었다는 여러 연구의 결과물들을 요약하였다. 이러한 연구들은 사회과학 분야에서 몇몇 무작위 연구를 포함하고 있다(Finkelstein, Hanson, Huang, Hirshman, & Huang, 2011; Harris, Penuel, DeBarger, D'Angelo, & Gallagher, 2014; Wirkala & Kushn, 2011). 예를 들어, Harris 등 몇몇 저자가 발표한 무작위 연구에서는 프로젝트 기반 탐구 과학을 시행하기 위해 배정된 학생들이 기존 과학 교육과정을 통해 수업한 학생들에 비해 과학 내용과 방식에 더 높은 이해도를 보였음을 시사하였다.

학생들이 보여준 성과에 대한 PPBL의 긍정적인 영향을 기록함과 동시에, 현존하는 연구는 PPBL이 학생과 교사 모두 신념과 방식을 변화해야 하기 때문에 실행하는 데 있어 쉽지 않음을 보였다. 학생과 교사가 새로운 접근 방식에 익숙해지는 데 어느 정도 시간이 소요된다. 학생들은 PPBL에서 새로운 인지적·사회적 요구에 직면하게 된다. 이와 비슷하게, 교사들은 교실 내에서 본인의 역할에 변화를 주어야만 하며 학생이 그룹별로 활동함에 따라 생기는 환경적 변화(소음, 이동, 협력)를 받아들일 수 있다.

다행스럽게도, 몇몇 연구들은 프로젝트 진행을 꺼리는 학생들과 교사들이 PPBL에 익숙해짐에 따라 만약 적절한 지원을 받게 된다면 이들을 설득할 수 있다고 시사한다(만약 학생들과 교사들이 프로젝트 수행을 위한 학급 규칙을 만들거나 유지할 때, 만약 학생들이 서로를 도와주고 배울 수 있도록 PPBL이 학교 전체 혹은 부서 전체 노력의 일환으로 진행될 때, 그리고 만약 이들이 최적의 자원 멘토링, 그리고 교육연수를 받을 때). 비록 PPBL에 익숙하지 않은 교사들이 학급 관리의 문제나 부정적인 행동의 증가에 대하여 걱정하게 되더라도, Mergendoller와 Thomas(2000)는 PPBL 경험이 있는 교사들이 이러한 문제들을 보고하지 않았다는 점을 발견하였다.

지속적인 CCA 및 CTE 교육과정

왜 지속적인 CCA 및 CTE가 효과적일까?

본 연구진은 학생들이 본인의 흥미와 강점을 반영하는 학습 과정을 선택할 수 있는 널리 적용 가능한 모델로 고등학교 교과 과정을 재설계하여 학생 몰입을 높일 수 있는 방식을 대표하는 개혁 방안들을 채택하였다.

개혁

지속적인 CCAs(college and career academies)가 개설된 고등학교들은 고학년 과정이 학습 공동체와 직접 연결될 수 있도록 학생들을 소규모 학습 공동체에 등록하게 하였으며, 대학교 전공과 경력 선택 사항들을 학생들이 찾아볼 수 있도록 도와주는 신입생 세미나를 개최하고 있다. 9학년 말에, 학생들은 10학년에 올라가서 들어야 하는 CCA를 선택하게 된다. 비록 이들이 원하는 전공과 경력이 변화함에 따라 다른 곳으로 이동할 수 있지만, 일반적으로 졸업하기 전까지 동일한 CCA에 속하게 된다. 각 CCA는 넓은 범위의 경력 테마에서 기술적, 학업적 교육과정을 결합하였으며 지역 회사와의 파트너십을 통해 직업 기반 학습 기회를 학생들에게 제공하고 소규모 학습 공동체를 구성한다. CCA는 학생들이 대학교 교육과 취업을 준비하는 과정에서 참여할 수 있는 수단이다. 학생들이 자신의 미래에 대하여 희망찬 선택을 내릴 수 있도록 하고 고학년 프로그램과 연동함으로써, CCA는 학생들이 열정과 지원, 도전정신을 느끼도록 돕는다.

비록 CCA를 개설하지 않더라도 학교는 문제 해결, 협력, 연구, 그리고 비판적 사고력을 증진함과 동시에 학생들의 진로와 이들의 흥미 목표를 연계할 수 있는 CTE(career and technical education)를 제공함으로써 학생들의 몰입을 증가시킬 수 있다(Brand, Valent, & Browning, 2013). CTE 과정은 경력 기반 프로그램과 기존 내용 사이의 연관성을 강조하며 학생들에게 응용 맥락 학습과 체험 및 가치 중심 경험들을 제공한다. 학생의 개인적인 흥미와 관련된 맥락적 지식을 제공함으로써, CTE는 학생들이 더욱 몰입할 수 있도록 도와준다. CTE의 목표는 다른 고등학교 과정에 적용될 수 있는 폭넓은 분야의 능력을 개발함과 동시에 학생들이 대학교, 특정 자격증, 혹은 2년제 프로그램을 준비할 수 있도록 도와준다(Brand et al., 2013; Gottfried & Plasman, 2018).

CCA와 CTE 과정에 관한 평가 연구

미국의 9개 도시지역 고등학교에서 진행된 15년 동안의 무작위 할당 연구는 CCA 모델이 학생들의 몰입을 향상시키며(Quint, 2016) 고등학교 이후에도 지속적인 성과와 취업 기회를 이끌어낸다는 것을 발견하였다(Kemple & Wilner, 2008). CTE와 관련한 연구는 중도탈락 가능성을 낮추는 데 영향을 주며(Gottfried & Plasman, 2018; Plank, 2001; Plank, DeLuca, & Estacion, 2008) 다른 일반 학생들과 같은 시기에 졸업하고(Gottfried &

Plasman, 2018) 수학 능력(Stone, Alfeld, & Pearson, 2018), 학업 성과(Plank, 2001) 및 더 나은 수업 환경(Gentry, Rizza, Peters, & Hu, 2005)을 만드는 데 일조한다고 시사하였다.

요약 및 논의

표 17.1은 앞에서 언급했던 개혁 방안에 적용한 여러 수단에 대한 요약을 제공한다. 모든 개혁 방안들은 학교 내 더욱 개인화된, 공평한 학습환경을 만들고 사회적 조건을 개선하기 위해 설계되었다(Balfanz, DePaoli, Atwell, & Bridgeland, 2018). 따라서 각각의 개혁 방안은 모든 학생들이 빠져서는 안 되는 핵심 과목, 선택 과목, 학생 중심 교육, 그리고 방과 후 활동들을 자신의 현재 관심사와 미래 목표를 연결 짓고 이들이 실생활 문제에 더욱 잘 이해하고 대응하며 내일을 준비하는 데 가치 있는 실제 프로젝트, 활동이나 인턴십에 참여할 수 있도록 하는 것을 목표로 한다. 이를 성취하기 위해선, 조직적이고 구조적 변화를 요구한다. 개혁 방안에 따라, 이러한 변화를 위해선 (1) 기존 수업 시간을 새로운 유형의 학습 기회로 만들기 위해 확장된 수업 시간으로 변화하고 (2) 교육자의 고립을 없애기 위해 같이 계획하고, 학생 관련 데이터를 검토하며, 전략적 집단행동을 취할 수 있는 통합된 팀을 구성하여 교직원들을 지원하며 (3) 세분화 대신 더욱 작은 단위로 구성된 학습 공동체, 커리어 아카데미, 혹은 깊은 관계, 또래와의 상호작용, 그리고 개인화된 수업 방식이 빛을 볼 수 있는 CTE 경로로 대체해야 한다.

물론, 학생들의 요구를 만족시킬 수 있는 성인들의 집단적인 능률과 역량을 강화하지 않고선 성공적으로 학교 내 학습환경과 사회적 조건을 개선할 수 없다. 따라서, 해당 문제를 개혁하기 위해선, 인식, 이해, 동의, 헌신(마지못해서 하는 묵인과 준수보다는)을 통해 홍보 캠페인을 동반해야 한다. 더욱이, 이러한 목표를 실행하고 개선하기 위한 성인들의 집단적 능률 및 역량은 전문성 개발, 교육과정 지원, 그리고 동료 간 코칭과 격려와 같이 지속적인 실시간 전문성 성장 경로를 필요로 한다. 이러한 개혁을 이끌기 위해선 '책임감'을 위한 데이터보다는 대응적이고 지속적인 개선을 가능하게 하는 데이터가 필요하다. 물론, 여러 개혁 방식들을 할 수 있다는 자세를 가진 학교의 기존 교직원 혹은 지역 공동체 파트너를 전략적으로 재배치하는 추가적인 인력 채용이 필요하다. 만약 관계자가 해당 문제와 관련한 교육을 잘 받았으며 관심이 있고 헌신할 의사가 있다면, 추가적인 인력 채용은 학생들의 비몰입을 줄이는 데 큰 변화를 불러올 것이다. 이러한 개혁 방안들의 전체적인 그림은 바로 화기애애한 관계, 상호 신뢰, 책임과 행동 분담 그리고 협력적인 학습이 이뤄질 수 있는 대응적 구조와 학생들과 교육자들의 주도성, 흥미, 요구 및 의견을 결합하는 것이다.

주요 과제

이러한 개혁 사항 중 한 가지 어려움은 바로 학교와 교육구, 지역사회에서 영향력을 가지고 있는 사람들 사이에서 자연적으로 발생하는 이상적 차이를 협의하는 것이다. 사람들은 당연히 개혁 방안을 받아들이거나 거부하는 데 영향을 주게 되는 서로 다른 의견, 신념, 감정적 반응, 가치관 그리고 기득권을 가지고 있다. 학생 시절에 프로젝트를 수행하는 것에 대해 좋지 않은 경험을 한 이해관계자의 경우, 팀 구성원과의 마찰, 불충분했던 가이드라인, 수업, 스캐폴딩, 교사의 절차적 실행으로 인하여 여러 실수와 함께 많은 것을 배우지 못하게 되기 때문에 학생들의 몰입을 개선하고 더욱 유연하고 적용 가능한 지식 및 심화 교육을 제공할 수 있는 PPBL의 잠재력에 큰 의문을 가지게 되고 이는 결국 프로젝트의 불확실한 가치와 불분명한 목표 의식에 마주하게 될 것이다. 만약 고등학교 때 높은 성적으로 대학교 입학을 앞에 둔 학생들만 챙기는 커리어 아카데미를 경험한 교육자라면, 이들은 넓은 범위의 학생들을 보살피고 관심 있는 경력 분야에 대한 기초 경험을 제공하여 대학교로 입학시킬 수 있는 각 아카데미의 형평성과 능력에 대해 의구심을 가지게 될 것이다. 따라서, 이는 각 지도자(leader)로 하여금 이들의 후임자들이 개혁 방안의 실질적인 잠재력을 경험하기 위해 모범 사례 학교를 방문하거나 경험 많은 전문가로부터 지속적인 연수를 받으며 그가 사용했던 최적의 자원들을 시도 혹은 검토하는 등 이전에 열정을 가지고 효과적으로 수행했던 다른 이들과 네트워킹을 통해 여러 기회를 제공하여 일체감과 열정을 조성하도록 하는 것이 필수적이다. 또한, 홍보 캠페인을 통해 이해관계자들로부터 각각의 이러한 개혁 방안들에 대한 의견 일치를 얻는 것 또한 또 다른 난관이다. 비록 학생들의 만연한 비몰입을 줄이는 것이 급선무이지만, 로켓처럼 준비, 과정, 훈련, 혹은 자원이 불충분하다면 발사하는 즉시 폭파할 수 있으므로 계획 실행 이전에 여러 활동, 집단적 계획, 그리고 지속 가능한 양질의 전문성 개발을 통해 충분한 합의를 구하는 것이 필수적이다.

학생들의 사고력과 사회 능력을 배양하고 이러한 높은 수준의 능력을 실제 상황에 적용하기 위함을 목표로 하는 계획을 실행할 때 또 다른 어려움은 교실 내에서 학생들이 부정적인 경험을 깨기를 바라고 학생들의 학업 및 사회적 요구 때문에 부담감을 가지고 있는 교사들에게 희망을 불어넣는 것이다. 해당 개혁 방안에 희망을 품기 위해서, 교사들은 증가하고 있는 교육 관련 기대 심리가 더 큰 지지를 불러올 것으로 바라볼 필요가 있다. 따라서, 학생들과(2단계 계획은 학생들의 능력을 강화하고 일반 수업 과정을 따라잡을 수 있는 학기별 선택 '만회 수업'을 지원하고, 3단계의 경우 심각한 도움이 필요한 학생들을 지원한다) 교사들에게(개혁 방안을 가능하게 할 계획, 교육과정 및 전문성 개발 지원) 가능한 지원을 통해 학업적 열정과 몰입을 심화시킬 수 있는 교수적, 교육과정적 변화를 동원해야만 한다.

다른 주요 어려움은 더 큰 지속 가능성과 어렵게 얻은 이익의 안정성을 유지하는 것이다. 교육자, 교장 및 교직원들의 높은 이직률은 여러 도시의 극빈곤층 지역에서 찾아볼 수 있으며 교육구의 예산 삭감 또한 가장 성공적이고 비용 효율적인 개혁 방안을 위협하고 있다. 그렇다면, 최근 몇 년간 얻은 성과를 잃지 않기 위해 어떻게 안정적으로 우리 사회의 학교와 지역의 자원(재정 및 인적)을 사용할 수 있을까? 이 현실적인 문제를 해결하는 방안은 미국 내 여러 지역사회 내 집단적 능률, 관계적 신뢰, 문제 해결 능력을 개발했던 여러 사람으로 구성된 헌신적 팀들에 의해 연구되고 있다. 하지만, 이들은 추가적인 인력이 필요하다. 오늘날 이러한 상황에서 "나는 변화의 주도자가 아니야!"라는 관점을 "어떻게 도울 수 있을까?"라는 관점으로 변경하는 것을 선택해야 한다.

표 17.1 ▎ 학교 개혁에 활용되는 다양한 수단

	더욱 강력한 학습환경 조성 및 학교 내 사회적 조건 개선을 위한 수단		학생들의 요구를 만족시키기 위한 성인의 집단적 능률 및 역량 배양 수단			
증거 기반 개혁 모델/계획/방식	교육, 교육과정, 방과 후 변화	조직적, 구조적 변화	행동과 인식 향상을 위한 홍보 캠페인	전문성 개발 및 코칭	데이터 지원	학생, 교사 및 직원들을 지원하기 위한 추가적 혹은 재동원 인력
Diplomas Now	• 심층적 학습 기회/프로젝트 문제 해결/경력 기반 학습/실제 탐구 • '추가 도움'을 주는 선택 과목 • 공평한 기회 : 모든 학생은 본인이 관심 있는 대학 및 경력을 준비하는 데 필요한 교육과정을 받을 수 있음. • 지역사회 프로젝트 및 방과 후 프로그램 확대	• 개편된 마스터 스케줄은 새로운 학습 기회 제공에 필요한 시간을 할당하기 위해 필수 과목의 수업 시간을 연장함 • 학제 간 과목별 공통 계획 시간 • 주간 혹은 격주 EWI 회의	• 9–11월. 전체 출석률, 개선률, 그리고 이전 출석률 대비 가장 큰 개선을 보인 모든 DN 학교들을 대상으로 상을 주어 출석의 중요성에 대한 캠페인 실시	• 직업 관련 교수적 코칭, 전문성 학습 공동체, 일관된 전문성 개발 절차	• EWI 데이터 접근 권한 • 국가 및 주정부 기준에 따른 형성 평가 • 대학 및 취업 준비도에 대한 학생들의 진행 사항 관련 데이터 보고	개혁을 위한 지속적 개선 및 학생들의 필요조건에 대한 단계적 대응은 • 모델 실행 및 개선을 관리하는 현장 학교 변화 담당자에게 위임 • 목표 대상의 학업적, 사회정서적 지원과 방과 후 활동을 제공할 성인 팀에게 위임 • 도와야 하는 학생과 가족들에게 사례 관리 지원을 제공할 수 있는 현장 코디네이터/사회복지사에게 위임
뉴욕시 Student Success Mentor 계획	• 멘토는 자신의 멘티에게 추가적인 지원을 위한 성인과 연결하며 매일 학교를 오도록 하기 위한 이유를 제공하고 이들의 흥미와 '절대 빠져서는 안 될' 과목, 클럽, 그리고 방과 후 활동을 이어줌	• 교장은 Success Team이 EWI 데이터를 검토할 동안 'Student Success 회의'를 주관하고, 계획을 짜며, 자원 및 지원을 효율적으로 사용	• 지자체 규모의 공익 광고 및 학교 차원에서의 봉사활동 캠페인은 학부모와 학생들에게 정보 및 지원을 제공(모닝콜 & 전화 상담 서비스)	• 멘토는 '멘토가 되는 법'에 대한 연수 이수 • 각 학교 교장은 자원을 사용하는 법과 Success Team을 이끄는 법에 대한 연수 이수	• 멘토들은 각 멘티에 대한 적시 데이터에 대한 직접적인 접근 권한을 가지고 있음	• 외부 지원 인력, 내부 교직원 혹은 11학년 12학년으로부터 학교 기반 Success 멘토들을 영입
Project SUCCESS	• 한 명의 교사가 교차 필수 문제와 중요 이해에 초점을 두는 학제 간 교육 방식을 통해 네 가지 과목에 대한 통합된 핵심 교육과정 • 구글 문서로서 교사들 간에 공통으로 공유된 교육과정을 가지고 지속해서 업데이트 및 개선 • 체육교육/건강, 수학은 통합된 핵심이 아님	• 학생들은 소규모 이질적 학습 공동체를 이루어 한 명의 교사에 의해 학업 스케줄의 반을 영어, 디지털 리터러시, 과학, 그리고 사회학을 학습 • 교사는 학생들의 요구와 흥미를 통해 수업을 개인화함	• Project SUCCESS의 혁신적인 교육 프로그램과 학제 간 교육과정, 차별적인 소규모 학습 공동체, 6학년 학생과 학부모에게서 얻은 긍정적인 결과물을 설명하는 연간 캠페인을 개최	• 숙달 목표에 초점을 두는 상호적으로 지지적이며 형평성 있는 환경 조성과 같은 사회적 차원과 또래 상호작용, 자기 성찰 및 선택을 내릴 수 있는 협력적인 소규모 그룹을 형성	• 목표 구조에 대한 학생들의 평가는 성과 목표(분류 및 순위)에서 숙달 성장 및 노력과 관련한 목표로 전환하고 있는 학교의 진행 상황에 대한 피드백을 제공	

	더욱 강력한 학습환경 조성 및 학교 내 사회적 조건 개선을 위한 수단		학생들의 요구를 만족시키기 위한 성인의 집단적 능률 및 역량 배양 수단			
증거 기반 개혁 모델/계획/방식	교육, 교육과정, 방과 후 변화	조직적, 구조적 변화	행동과 인식 향상을 위한 홍보 캠페인	전문성 개발 및 코칭	데이터 지원	학생, 교사 및 직원들을 지원하기 위한 추가적 혹은 재동원 인력
프로젝트 및 문제중심학습	• 학생이 선택하고, 함께 설계하거나 진행 방향을 결정할 수 있는 개방형 실제 프로젝트를 중심으로 교육과정 구성	• PPBL을 위한 연장 수업을 포함하는 기본 일정 계획은 학생 주도적 계획을 가능케 함	• 성공과 지속 가능성은 PPBL과 이것의 이점을 설명하기 위한 협력을 통해 개선	• PPBL 교사들은 계획 지원, 교육과정 지원 및 전문성 개발 지원 필요	• 교사들은 개선된 사항을 가르치기 위해 지표 데이터를 받음(Bryk, 2018)	
지속적인 CCA를 개설한 학교 혹은 다양한 양질의 미래 지향적 경력 및 기술 교육과정을 제공하는 기타 학교	• 교육과정은 학생들의 경력 관련 흥미를 연계하여 이들에게 실질적인 경험을 얻을 기회를 제공하며 역할 놀이, 문제 해결, 모의실험, 인턴, 그리고 직업 체험에 참여 가능	• 학생들은 매일 비슷한 경력 분야와 기술적인 흥미를 느끼고 있는 여러 다양한 재능을 가지고 있는 또래 그룹과 함께 시간을 보냄 • CCA 혹은 CTE 내에서 교사들의 공통 계획 시간은 지속적인 발전으로 이어짐	• 성공과 지속 가능성은 학부모와 이해 관계자들에게 CCA와 CTE의 가치를 설명하는 노력을 통해 개선	• 졸업과 대학 입시를 위해 필요한 학업적 과목과 넓은 범위의 경력 테마로 만들어진 교육과정 선택을 통합하는 과정과 함께 고학년 프로그램을 위해 CCA를 재설계하기 위해선 신규 교육과 계획 기간이 필요함	• 커리어 흥미 검사 데이터는 9학년들로 하여금 자신들이 가지고 있는 흥미와 개성에 맞는 커리어와 전공을 고르고 고학년 CCA 혹은 CTE를 선택하는 데 도움을 줌	• 학교 측은 인턴십, 체험 및 멘토링을 지원하기 위해 산업, 정부 및 대학교 관계자와 자문 위원회를 구성

CCAs, College and career academies; CTE, career and technical education; DN, Diplomas Now; EWI, early warning indicator; PPBL, project– and problem–based learning; SUCCESS, Student Unified Curriculum Combining English, digital literacy, Science and Social Studies.

제 18 장

Check & Connect의 시행
: 두 가지 국제적인 효과성 실험의 교훈

제18장

Check & Connect의 시행 : 두 가지 국제적인 효과성 실험의 교훈

서론

20년 혹은 50년 전보다 학교 중도탈락률이 비교적 많이 줄긴 했지만, 서양 역사상 이 정도로 이 문제에 사로잡힌 적은 없었다. 지식 경제에 점점 더 의존하는 현시대에서 전례 없는 기술적 변화에 의해 형성된 교육은 그 어느 때보다 개인과 집단의 부 그리고 행복의 중요한 기둥이 되었다(Freudenberg & Ruglis, 2008; OECD, 2012). 이러한 맥락 속에서 학교에 끈기 있게 남는 것과 이를 일반화시킬 수 있는 방법을 찾는 것이 학교 교육자, 관리자, 그리고 정책입안자의 주요 업무가 되었다. WWC(What Works Clearinghouse)는 현재까지의 연구를 검토하고 최적의 교육적 인터벤션을 알아보면서 이 업무를 수행하려고 노력했다. 2006년경 Check & Connect(C&C)는 WWC에 의해서 증명된 몇 안 되는 학업중단 예방 프로그램이다. 이러한 인식은 C&C에 대한 관심을 미국뿐만 아니라 다른 나라에서도 급격히 증폭시켰다.

이 장에서는 북미(몬트리올, 캐나다) 그리고 유럽(루앙, 프랑스) 총 두 개의 프랑스어권 도시에서 C&C를 시행하는 과정에 관해 설명한다. C&C의 평가 연구 대부분은 C&C 평가가 최적의 조건 이래 진행되있다는 전제하에 효과 분석이 이루어졌으며, 연구자들은 최대한 잠재적으로 혼란을 줄 수 있는 요인들을 통제했다(Gottfredson et al., 2015). 여기에 제시된 두 개의 연구는 C&C를 실제 상황에 실행한 것을 평가했다는 점에서 효과적인 실험들이며, 연구자들에 의해 실행 과정에서 최소한의 통제가 이루어졌다. 이 연구들은 C&C가 최소한의 외부 지원을 통해 각각 다른 맥락들에 시행될 때, C&C의 질과 지속력을 극대화하기 위한 조건들에 대한 정보를 제공하기 때문에 풍부한 정보를 가지고 있다. 또한 연구를 통해서 인터벤션과 그것의 실행으로 인한 영향 관계(중재의 효과)를 관찰할 기회를 제공한다.

효과 실험의 중요성

연구 결과는 증거 기반 인터벤션(Evidence-based interventions: EBIs)이 연구와 실행을 정확하게 이어주지 않는다는 것을 보여준다(Gottfredson et al., 2015). EBIs는 보통 채택되지 않거나, 채택되기까지 오랜 시간(평균 17년)이 걸리며(Green, Ottoson, Garcia, & Hiatt, 2009), 부정적인 결과로 이어지기도 한다(예: 서비스 질의 차이, 자원 낭비). 더 나아가서 채택되었다 하더라도 낮은 품질로 시행되거나 오랜 기간 유지되지 못했다. 또한 인터벤션의 효과 크기가 실행의 품질에 달려있다는 것을 알 수 있다(Durlak & DuPre, 2008). 지난 10년간 단순히 인터벤션 효과에 대한 연구를 넘어서 효과적인 EBI의 실제 실행에 필요한 전략적 요소를 발견하는 중요성에 대한 관심도가 증가하였다. 이러한 경향에서 SPR(Society of Prevention Research)의 표준 증거(standards of evidence)(Gottfredson et al., 2015)는 EBI가 채택, 실행, 그리고 유지되는 과정과 시스템에 대한 연구의 진행이 예방적 중재에 있어서 인터벤션 효과 입증만큼이나 주요 요소라는 것을 입증했다. 그뿐만 아니라, 대규모 보급은 실행 조건에 대한 정보가 없으면 성공적이지 못한다는 것이 입증되었다.

SPR 프로젝트팀(TF)은 실행·중개 연구를 위한 연구 의제를 설정하고(Spoth et al., 2013), 노력 확대의 성공에 영향을 줄 만한 요인에 관한 연구가 각각 EBI의 개발과 시범 단계에서 포함되어야 한다고 강조했다. 이 연구를 수행할 수 있는 하나의 주된 방법은 프로그램 효과성과 실제 환경에서의 실행 두 가지 모두 연구하는 것이다(Curran, Bauer, Mitman, Pyne, & Stetler, 2012). 이러한 계획은 인터벤션이 실제로 효과가 있는지 실험하는 데 있어서, 그리고 현실에서 실행하는 것과 나타나는 효과에 영향을 끼칠 수 있는 조건과 전략을 찾는 데 매우 유용하다. 필자가 이 장에서 내리는 결론은 이 연구 분야에 해당한다. 현재 C&C의 효과성이나(즉, 실제로 실행되었다는 조건으로) 성공적인 실행에 필요한 가장 중요한 조건과 과정에 관한 연구가 부족한 상황이다. 이러한 지식의 부족은 C&C가 널리 보급되는 것을 제한시키는 주요 원인이다.

CHECK & CONNECT와 효율성

학생들의 비몰입은 학교 중도탈락의 근간이 되는 주요 발달과정(단계) 중 하나로 여겨진다(Archambault, Janosz, Fallu, & Pagani, 2009; Christenson, Reschly, & Wylie, 2012; Rumberger, 2011). C&C는 비몰입의 초기 증상을 보이는 학생(예: 낮은 출석률, 비행, 낮은 성적)과 중도탈락 위기에 처한 학생을 목표로 하는 예방 프로그램이다. 본래 중등학교에서 개발된 이 프로그램은 현재 유치원부터 12학년까지 적용되고 있다. C&C는 총 4개의 구성으로 이루어져 있다(Christenson, Stout, & Pohl, 2012).

1. 멘토는 최소 2년 동안 한 학생에게 배정되어 학교 가치의 내재화를 촉진하고, 학교에서 학생의 정서적, 인지적, 행동적 몰입을 지원하기 위한 굳건한 믿음의 관계를 형성해야 한다.
2. 멘토는 학생의 몰입을 주기적으로 꾸준히 관찰하고 확인해야 한다(Check의 요소). 이러한 관찰은 일반적으로 학교의 행정상 관찰 시스템에 의한(예: 출석률, 성적, 태도 진단) 주간 보고를 통해 이루어진다. 관찰 과정을 통해서 학생과 논의할 문제들을 파악하고, 학생 본인이 자신의 진척 정도를 알 수 있도록 해주면서 전체적인 개선 과정을 관찰한다. 이러한 C&C의 반복 속에서 멘토는 동료 멘토와 C&C를 이수하고 있는 학생의 선생님에게 학생의 수업 몰입 정도에 관한 짧은 설문조사를 매주, 혹은 한 달에 두 번씩 요청한다. 학생의 몰입 향상(참여도를 높이는 것)과 더불어, 이 프로그램은 학생이 필요한 것들에 관해서 교사들 간의 소통과 협업을 증가시킬 것으로 예상된다.
3. 멘토는 Connect 부분도 시행해야 하는 의무가 있으며, 이는 학생의 요구를 중심으로 시의적절하고 주기적인 개인 맞춤형 인터벤션을 포함한다. 멘토는 문제 해결 접근법을 고수하여 학생에게 자발적인 문제 해결 능력을 키울 수 있도록 힘을 실어준다. 멘토는 가능한 모든 방법을 동원하여 학생에게 동기를 부여하고 교육의 중요성을 강화하도록 한다. 멘토는 학생의 지지자로서 개인의 개별적 도움이 필요한 부분

들을 가능하게 한다(학교 혹은 공동체 안에서).

4. 마지막으로 멘토는 부모님들과의 건설적이고 신뢰 높은 관계를 쌓아야 하며, 가족과 학교 사이의 대리인이 되어야 한다. 멘토는 그들의 모든 역량과 자원을 동원하여 해당 자녀의 학업에 관하여 가족의 참여를 도와주고 지지해주어야 한다.

여러 연구가 학생들의 몰입, 사회적 적응, 학교에서의 끈기를 높이는 C&C의 효과성을 입증한다. 물론 학업적 성과나 졸업에 대한 긍정적인 효과는 각기 다르다. 대부분 연구는 중·고등학교에서 실험 혹은 유사 실험 설계로 이루어졌다(예: Lehr, Sinclair, & Christenson, 2009; Maynard, Kjellstrand, & Thompson, 2014; Sinclair, Christenson, & Thurlow, 2005). 초등학교에서 이루어진 몇 가지 C&C 평가는 동기와 참여도, 학교 소속감, 정서적 적응, 부모의 지원 측면에서 긍정적인 영향을 보인 것으로 나타났다(Archambault et al., 2016; Lehr et al., 2009).

그런데 몇몇 엄격한 연구 결과는 C&C가 충실히 실행되었음에도 불구하고 어떠한 긍정적 효과도 나타나지 않은 것으로 드러났다. 가령, Heppen 등(2017)은 3년간 C&C 종단적 평가를 276명의 일반 교육 학생을 대상으로 9학년의 후반기부터 진행하였다. 이를 통해 긍정적 결과의 부재를 설명할 만한 두 가지 시행착오에 관한 문제점이 발생했다. 첫째로, 해당 연구를 위해 섭외된 학생들은 위험도가 높은 일반 교육 학생들이었다. 긍정적인 결과들이 나왔던 이전 연구의 대상이었던 학생들은 특별 교육 프로그램들을 받고 있었다. 이러한 학생들은 중도탈락할 위기가 더 컸음에도 불구하고, 동시에 추가적인 자원과 지원을 통해 얻는 것이 많았다(Sinclair et al., 2005). Heppen 외(2017)의 연구의 경우에는 그렇지 않았다. 이러한 결과는 C&C가 학생들의 학습이나 심리사회적인 어려움에 대해 추가적인 도움을 받지 못한 학생들에게는 효율이 떨어질 수도 있음을 시사한다. 둘째로, 해당 연구는 10학년 직전에 시작했지만, 이전 연구는 7, 8, 9학년을 대상으로 진행되었다. 그 때문에 C&C가 이미 비몰입 과정이 많이 진행된 학생들에게는 맞지 않다고 해도 타당하다. 이러한 결과들은 C&C가 어떠한 조건 속에서 최대의 긍정적 영향을 학생들에게 발휘할 수 있는지에 대한 이해를 강조한다.

C&C 시행착오에 초점을 맞춘 연구는 보기 드물다. 본 연구진이 아는 한, 두 개의 발표된 연구가 이 문제를 다룬다. Powers, Hagans와 Linn(2017)에 따르면, 프로그램 실행 채택과 계획 과정에서 학교 교사진의 참여 부족이 교사들로부터 제대로 된 지지를 받지 못했으며, 이는 실행 과정에 있어서 중대한 제도적 장벽이 되었다. 학생들에게 그들이 필

요한 것들을 제도적 및 팀 기반 접근을 통해 제공하지 못한 학교의 문제 해결팀의 취약함 역시 하나의 장애물이었다. 학생과 교사의 1:1 미팅을 위해 주간 스케줄을 맞추는 것 역시 어려웠다. 이 부분에서는 출석률이 안 좋은 학생에게 특히 그러했던 것이, 교사가 이 학생의 멘토링 시간을 위해 교실을 나가는 것을 꺼렸기 때문이다. 또 다른 연구에서는 Hartwig와 Maynard(2015)가 C&C의 실행에 대한 멘토들의 태도를 조사하였다. 멘토들은 실행 전 교육과정, 계속되는 상담, 매주 개인 교습 등이 주로 실행을 용이하게 해준다고 말했다. 멘토들은 또한, 부모님들에게 동의서를 받는 것에 대한 어려움과 출석 문제에 관하여 학생들과 연락이 안 되는 부분, 부모의 낮은 참여도 혹은 자녀의 참여에 대한 낮은 관심, 학생들의 무관심, 시간적 제약, 많은 담당 건수와 기타 업무, 많은 서류작업, 학생의 성과를 관찰하는 데 필요한 데이터를 다른 사람들(예: 출석 관리자, 선생님들)에게 의존해야 한다는 점 등 여러 가지 문제점이 드러났다.

EBI 시행 분야에서 향후 연구는 C&C의 성공적인 실행의 원인이 되는 요소에 관한 지식을 넓힐 수 있다. C&C 시행의 더 자세한 조사는 학교 및 사회단체와 실무자가 어떻게 하면 이 EBI를 효과적으로 실제 현실에 적용할 수 있을지 탐색하는 데 도움이 된다(Hartwig & Maynard, 2015). 본 연구는 다음 질문에 답을 찾는 목적을 가지고 있다. (1) C&C는 연구팀의 최소한 외부 지원과 통제만으로도 다른 사회적, 조직적 문화들에 성공적으로 실행될 수 있는가? (2) C&C는 그런 맥락에서 긍정적인 결과를 만들어낼 수 있는가? (3) C&C 실행의 질을 최대한 좋게 하는 조건들은 무엇이 있는가? (4) 인터벤션에 의한 효과 크기와 실행의 충실도가 서로 관련이 있는가?

방법

실행의 맥락, 멘토, Check & Connect 코디네이터

몬트리올(퀘벡, 캐나다)에서는 C&C가 2012년과 2015년 사이에 두 개의 별도 교육위원회에 속해 있는 10개의 중등학교에(SB1 소속 5개, SB2 소속 5개; 여기서 교육위원회는 미국의 교육구와 동일하다) 도입되었다. 이 연구의 주요 목적은 프랑스계 캐나다 학교 환경에서 C&C의 효과성을 평가해 보는 것이다. 또한 관련 자원들이 부족하지만, 본 연구진은 실행 과정에 있어서 이를 용이하게 하거나 방해하는 조건들에 초점을 두었다. 평가는 2012

년—SB1에서 14개 그리고 2013년—SB2에서 15개 진행되었으며, 교육위원회로부터 최소한의 금전적 지원만을 승인받았다. SB1은 소속 학교들에 해당 프로그램을 실행하는 것에 대하여 상당량의 정부 지원금을 받았으며 대부분 멘토의 연봉과 조직에 자금을 대는 데 쓰였지만, SB2는 직접 자본을 투자하여 프로그램을 실행하였다. 두 학교 이사회들 모두 프랑스어로 번역된 프로그램 매뉴얼 속 가이드라인들을 따라 프로그램 실행을 하였다(Christenson et al., 2012). 기존 프로그램에 적용된 주요 변화는 (1) 학생의 학교생활 설문을 사용하여 잠재적 중도탈락자들을 가려내는 것(Archambault & Janosz, 2009; Janosz, Archambault, Lacroix, & Levesque, 2010), (2) 경험적으로 얻은 유형 분류 체계를 통해 중도탈락자로 선별된 학생들의 요구와 강점을 파악하는 것이다(Janosz, Le Blanc, Boulerice, & Tremblay, 2000). 멘토들은(SB1 23명, SB2 20명) 대부분 정규직 교사(82%)로 업무 시간 중 20%(평균적으로 주당 7시간)를 C&C 참여에 활용했다(평균적으로 학교당 4명의 멘토). 모든 멘토는 자원봉사자였다. 전문교육 기술자(8%)와 전문직 종사자(10%)로 멘토팀이 이루어졌다. 모든 멘토는 시행 전 2일간 교육 프로그램을 이수했으며 평균적으로 3명(SB1)에서 8명(SB2)의 학생을 담당하였다. 각 SB는 C&C 프로그램에 명시된 대로 멘토에게 학교에서 직접 지속적인 교육이나 감독을 제공해야 했으며, 실행과 평가 관련 활동들을 계획하였다. SB1은 코디네이터를 주당 2회, SB2는 주당 1.5일을 제공했다. 코디네이터는 매달 최소 두 번은 각 멘토, 교장들과 만나려고 노력했다. SB1에서 이러한 미팅은 개인적이었던 반면, SB2에서는 그룹과 개인 미팅 모두 이용했다. 두 코디네이터 모두 학교 심리교육자였다. 연구팀은 코디네이터, 멘토, 교장과 한 해에 3－4회 만나서 실행과 평가에 대해 보고했다(예: 관찰 체크리스트, 평가 설문 내용).

루앙(프랑스)의 Academie de Rouen(큰 규모의 교육구)에서도 같은 목표와 방식을 따랐다. 하지만, 이 연구에서는 실행 과정에서 촉진요인과 장애요인을 연구하는 데 더 많은 자원이 투여되었다. C&C는 2015년과 2017년 사이에 아홉 개의 중학교에서 실행되었다. C&C의 시행은 자원봉사 교사를 시간제 멘토로 활용했다(N＝23 in 2015 and N＝32 in 2016). 그들은 평균적으로 다섯 명의 학생들을 맡았으며, 학교마다 세 명의 멘토가 있다. 모든 멘토는 몬트리올팀이 현장에서 제공한 2일간의 교육을 실행 시작 전에 받았다. 현지 교육학 고문이 코디네이터로 활동했으며, 평가 활동을 편성하는 것뿐만 아니라 지속적인 교육과 지원을 멘토(개인·그룹)에게 제공했다. 몬트리올팀은 멘토, 교장, 코디네이터와 함께 실행과 평과 문제를 해결하기 위해 첫해에는 다섯 번의 화상회의가 진행됐다. 둘째 해에 세 번의 화상회의를 진행했다. 교육과 평가에 필요한 금전적 지원은 교육구에서 제공되었다.

평가 접근 방식과 전체적 설계

해당 연구에 대한 질문에 답하기 위해, 본 연구진은 동일한 과정과 방법을 적용한 두 개의 실험을 이용했다. 캐나다와 프랑스 사이의 대학-지역사회의 협력 문화와 교육시스템 조직문화의 차이를 고려할 때 실험 간 불일치는 불가피했다. 그런데도 모든 참여 학교들은 통제 집단을 포함한 2년간의 종단적 평가에 참여하는 것과 충실한 실행의 과정을 기록하는 것에 동의하였다. 충실한 실행을 평가한다는 것은 프로그램이 정확히 시행되었는지를 뜻한다. 이는 계획된 것(예: 미리 규정된 프로그램)과 실제로 나온 결과 간의 차이를 평가하는 것을 뜻한다. 하지만, 충실도는 결코 완벽하지 않으며 특히 프로그램들이 실제 상황에 실행되었을 시에는 더 그렇다. 실행 과정들은 정확한 실행이 이루어지는 데 있어서 용이하게 하거나 방해하는 요소들을 뜻한다. 이는 인터벤션을 통한 성공적인 실행이 왜 이루어지는지 혹은 왜 그렇지 못하는지를 설명해준다. 이런 요소들을 파악하는 것은 다른 이들이 더 높은 성공의 확률로 예방 프로그램을 실행할 수 있는 가능성을 높여준다.

학생 선정 관련 실험과 통제 조건

중도탈락 위기에 처한 학생들은 2단계 판별 계획을 통해서 프로그램에 참여하도록 선택되었다. 첫째로, 모든 학생은 동기와 학업적 성취를 평가하는 짧은 온라인 자기 보고 설문 DPI(Dropout Prediction Index)를 통해서 평가되었다. DPI는 자기 보고 성적(프랑스어, 수학), 성적 유지, 일반적인 동기에 관한 7개의 항목이 포함되어있다. 그밖에 본 연구진은 학교 비행에 관한 측정(5개 항목: 부정행위, 수업을 빼먹는 행위, 선생님에 대한 무례한 행위, 수업 방해, 잦은 결석)을 추가로 포함하였다. 이는 중도탈락 위기에 처한 학생들을 잠재적 중도탈락 유형 분류 체계를 따라 구분하는 데 도움이 되었다.

- 유형 A (낮은 성적, 평균 이상 동기, 낮은 학교 비행)
- 유형 B (매우 낮은 동기, 평균 성적, 평균 학교 비행)
- 유형 C (매우 낮은 성적, 매우 낮은 동기, 평균 학교 비행)
- 유형 D (매우 낮은 성적, 매우 낮은 동기, 높은 학교 비행).

둘째로, 학교들은 분류된(유형 A/B/C/D) 중도탈락 위기에 처한 학생 이름 목록을 수령했다. 일반적으로 해당 목록은 해당 학기 동안 멘토들이 맡을 수 있는 학생 수를 초과했다. 따라서 멘토, 교장, 코디네이터들은 기타 전문가들과 선생님들의 도움과 함께 우선순위에 있는 학생들을 먼저 맡았다. 나머지 학생들은 대기 명단에 포함이 되었다. 이런 과정은 기존의 학교 서비스들 사이에서 C&C의 위상을 파악할 수 있었다. 처음에는 유형 분류 체계를 사용하는 것에 대한 조짐이 없었다. SB1과 진행된 몬트리올 실험의 첫해에는 대부분 선생님인 멘토들이 가장 위기가 높은 유형 D 학생들을 최우선으로 생각했다. 이해 가능한 입장이지만, 본 연구진은 많은 교사가 극심한 정서적, 행동적 장애가 있는 학생들을 멘토링하는 전문 교육을 받지 않았다고 빠르게 결론지었다. 많은 교사가 학생의 과도하고 다양한 요구에 의해 압도되었다고 말했다. 그들은 무능하고 가망 없다고 느꼈다. 이로부터 모든 차후의 교육에서 본 연구진은 멘토들이 본인들의 전문 분야에 충실하여 유형 A/B/C 학생들에게 집중하는 것을 추천하였으며, 만일 유형 D 학생들을 맡기로 했을 시, 반드시 전문가의 지원을 받는 것을 추천했다(예: 학교 심리상담가, 사회복지사).

선택된 위기 학생들은 선택되지 못한 위기 학생들과 성별, 나이, 성적, 성적 유지, DPI, 유형에 따라서 짝 지어졌다. 이러한 짝 지어진 학생들은 통제 집단을 이루었다. 통제 조건에 속한 학생들은 학교가 일반적으로 제공하는 도움과 서비스를 받았다. 통제 조건과 인터벤션 조건에 해당하는 학생들에게는 부모님의 동의를 구했다.

몬트리올 샘플은 2년간의 학사일정 동안 멘토에게 맡겨진 167명의 학생(인터벤션 집단)과 통제 집단(SB1 48%; 남학생 56%; 평균 나이 14.1세; 7학년 및 8학년 65%; 학년 재이수자 55%; DPI 평균 0.60)에 속한 170명의 학생으로 이루어졌다. 성향 점수 매칭은 학생들의 기본 성향의 나머지 차이점들을 조정하기 위해 쓰였다. 마지막 샘플은 각자 그룹에 속한 151명의 학생으로 이루어졌다. 루앙에서는 1년의 학사일정(2015−16 또는 2016−17) 동안 멘토가 154명의 학생을 맡았으며, 149명의 학생(총 303명 학생; 남학생 55%; 평균 나이 11.5세; 6학년 78%; 재이수자 30%; DPI 평균 0.56)이 통제 집단에 속했다. 두 번째 해의 소모 값(학교 변화)과 손실 자료로 인해 본 연구진은 루앙에서의 C&C 영향에 대한 보고를 오직

1년 기간으로만 보고하였다. 대부분의 기준 측정치는 C&C와 통제 학생들 간에 비슷하였다(91%). 그 외의 차이점은 기준 측정치의 확률적 통제를 통해 다루어졌다.

실행 평가: 절차와 방법

정확한 실행 평가는 멘토가 매주 작성하는 체크리스트에 의존했다. 이 체크리스트는 멘토가 해당 주간에 각자의 학생들에게 프로그램의 어떤 요소들이 적용되었는지 표시해 주는 알림판이 되어주었다. 가령, 멘토가 학생을 만났는지, 얼마나 자주 그리고 얼마나 오래 만났는지, 멘토가 몰입 지표들을 파악했는지(예: 지각, 결석, 벌, 정학), 학생들과 상의했는지, 학생과 멘토가 만났다면, 성공적인 학교생활에 대한 중요성을 말했는지, 문제 해결 접근 방법이 사용되었는지, 멘토가 가족 구성원과 연락을 했는지 등을 모니터링한 체크리스트는 연구팀들에 의해 매달 작성되었으며, 이를 통해 작성한 보고서를 멘토와 코디네이터에게 보냈다. 모든 멘토의 체크리스트에서 얻은 자료를 이용하여 프로그램의 6개의 중요 요소와 연결 지어, 정확한 실행에 관한 6개의 부가 항목들을 만들었다. (1) 학생 몰입 모니터링, (2) 학생 면담, (3) 모니터링 양식 자료를 통한 학생 관찰, (4) 모든 면담 시 학교의 중요성에 관한 강조, (5) 면담 시 문제 해결 접근 방식을 이용하는 것, (6) 가족 구성원과 연락. 각 항목은 비율로 작성되었다. 각 항목은 실행된 횟수 나누기 멘토가 학생을 지원한 총 주수를 계산하였다. 국제적 실행 충실도 지수(global implementation fidelity index)는 6개의 부가 항목들을 이용하여 계산되었다(a=0.81). 루앙의 경우에는 필자들은 7번째 지표를 추가했다. 프랑스 멘토는 매년 학사일정이 끝났을 때, 빈도수와 지속성을 학교 연도 수로 나누어, 5점 만점을 기준으로 각 학생에 대한 본인들의 지원을 점수 부여하였다(국제적 충실도 지수: a=0.72).

실행 과정에 대한 평가는 질적 자료와 참여 관찰을 토대로 이루어졌다. 몬트리올에서는 매 2년 프로젝트가 끝날 때마다 반구조적 인터뷰를 진행하였다. 루앙에서는 여섯 명의 교장들이 개인 인터뷰에 참여하였다. 더불어, 루앙 멘토는 학생 선정에 대한 그들의 관찰점과 생각, 교육과 지원, 교사·가족·파트너와의 관계, 문제점 및 개선점에 대한 철저한 보고서를 작성하였다. 멘토, 코디네이터, 교장과의 인터뷰의 녹음파일들은 기록되었다. 멘토의 연간 리포트와 인터뷰 기록들은 질적 주제 접근 방식을 통해 분석되었다.

효과에 대한 평가: 절차와 방법

C&C 영향에 대한 평가는 반복적 자기 보고 방식, 행정 자료(학교 성적표), 교사 관찰(격주 관찰)로 이루어졌다. 매 학사일정의 시작과 끝에 부모 동의서를 얻은 학생들은 AKPD(Assessment Kit for Potential Dropout)[1]와 DPI를 작성했다(Janosz et al., 2010).

AKPD는 학업적 기능(12개 지표, 예: 자기 보고 성적, 유능감, 몰입 등), 학업적 지원 및 사회적 관계(6개 지표, 예: 부모의 학업 지원, 교사 지원, 학우의 학교 몰입 등), 그리고 학업 및 심리사회적 어려움(5개 지표, 예: 부주의, 반사회적 행동 등)을 평가하기 위한 온라인 설문조사이다. 교사는 학사일정 동안 격주마다 인터벤션 집단에 속한 학생을 위한 관찰 체크리스트를 작성하여, 학생의 수업 내 몰입도를 평가했다. 비록, 루앙의 경우 데이터 누락이라는 중대한 문제가 발생했지만, 학교 성적표 데이터(프랑스어와 수학 성적, 무단결석, 정학)가 수집되었다.

분석 전략

학생 성과에 대한 C&C의 영향은 성별 및 나이의 통제와 실험 집단과 통제 집단을 비교하는 반복적 편차 분석을 통해 가늠되었다. 교사 체크리스트를 이용한 학생 몰입에 미치는 C&C 영향에 대한 평가는 프랑스 샘플로만 국한된다.[2] 이러한 일반적 영향을 분석한 후에 본 연구진은 실행의 질에 따라 어느 정도까지 관찰된 영향이 이전 국제적 실행 지수(global implementation index)에 의해 측정된 것에 비해서 달라졌는지 알아보았다.[3] 몬트리올 연구에 대해서, 필자들은 두 학교 이사회에 두 집단의 실행 차이를 고려해서 영향이 동일했는지 물었다. 결과는 서론에 작성한 연구 목표와 연구 문제에 따라 작성되었다.

---

1) 특정 척도 및 심리 측정 특성에 관한 자세한 내용은 부록 18.1을 참조
2) 데이터가 멘티에 대해서만 수집되었기 때문에, 대응표본 t검정이 수행되었다.
3) 선형 회귀 분석을 수행하여 기준선에서 결과를 통제하고, 충실도 지수를 하위 집단 분석에 사용했다(통제 집단의 학생에게는 C&C 실행 지수에 대해 0점을 부여).

결과

Check & Connect는 연구팀의 최소한 외부 지원과 통제만으로 다른 사회적, 조직적 문화들에 성공적으로 실행될 수 있는가?

이 질문은 몬트리올과 루앙에 프로그램이 어느 정도로 정확히 실행될 수 있는지를 통해 조사되었다.

몬트리올에서 실행 충실도

SB1에서 학생들은 2년간의 학사일정에서 평균 65.1주 동안 멘토의 관리를 받았으며(min=20, max=80, SD=13.1), SB2에서는 평균 44.5주 동안 관리를 받았다(min=12, max=68, SD=17.2). 멘토들은 SB2에서 멘토링을 시작하는 데 시간을 더 많이 소비했다. 충실도 수치는 각 요소가 학생에게 실행된 주의 비율을 나타낸다. 프로그램의 C&C 구성요소는 모든 요소 중에서 가장 잘 실행된 구성 요소였다. SB1과 SB2 각각 45%와 68%의 주간 모니터링(Check) 평균치를 보였으며, SB1는 65%, SB2는 68%의 주간 학생 면담(Connect) 평균치를 보였고, 프로그램 준수 요소는 다른 요소에 비해 더욱 제한되었다. 학생들에게 Check 데이터에 대한 피드백 제공(52% SB1 vs 47% SB2), 면담 중 학교 성과에 대한 옹호(55% SB1 vs 52% SB2), 문제 해결 접근 전략(38% SB1 vs 19% SB2), 그리고 가족 구성원과의 소통(45% SB1 vs 29% SB2) 등 몇몇 충실도 수치는 두 집단 간에 상당히 다르게 나타났다. SB2에서 Check 요소가 더 빈번했으며,[4] SB1에서 문제 해결과 가족과의 소통이 더 빈번한 것으로 나타났다.[5]

루앙에서 실행 충실도

1년의 학사일정 동안(2015–2016년 학생과 2016–2017년 학생 포함), 학생들은 C&C로부터 평균 23.6주간 도움을 받았다(최소 7, 최대 41, 표준편차 7.5). Check 요소가 최대 평균 충실도 수치(83%)를 보여주며 실행되었으며, Connect 요소(59%), Check 데이터에 대

4) $F(1,165)=65.56$; $P<.001$.

5) 문제 해결 $F(1,165)=46.71$, $P<.001$, 가족과의 의사소통 $F(1, 165)=31.74$, $P<.001$

한 피드백(48%), 학교 성과에 대한 옹호(48%), 그리고 문제 해결 접근 방식(33%)이 뒤를 이었다. 가족 구성원과의 소통이 평균 21%로 제일 낮은 충실도 수치를 보였다. 멘토에 의하면, 학생의 47%는 빈도수와 지속성인 측면에서 매우 도움을 받았으며(5점 만점), 28%는 4점, 25%는 2－3점으로 도움받아야 했을 만큼 받지 못했다고 평가했다. 평균 충실도 수치는 2015－2016년도 학생(평균 78.7, 표준편차 9.6/평균 56.8, 표준편차 13.7)과 비교해 2016－2017년도 학생(평균 90.1, 표준편차 16.4/평균 63.5, 표준편차 21.3)이 상당히 높았다.[6)]

종합적으로, 중요 변화가 나타나긴 하지만, Check & Connect 요소가 학교에서 실행되기에 제일 쉬운 것들로 보인다. 몬트리올과 루앙 모두 학생 면담 빈도수는 비슷했으며 주 중에서 평균적으로 60%를 차지했다. 학생들에게 주간 모니터링 데이터를 이용한 피드백 제공과 학교에서의 끈기와 성과 옹호는 평균적으로 50%의 비율로 두 군데에서 비슷하게 나타났다. 문제 해결 접근 방식과 가족과의 소통은 두 도시 모두 가장 낮은 일관성을 보인 요소였다. 이러한 이유로, 실행 충실도가 완벽하지 않음에도 불구하고, 실제 상황에서는 멘토가 미리 정해진 C&C 요소들의 최소 2/3는 실행 가능했다고 볼 수 있다. 그러나 이것이 학생들의 학교생활에 예상했던 영향들을 만들어내는 데 충분했을까?

Check & Connect는 학교들이 이를 실행하는 데 높은 자율성을 가져도 긍정적인 결과를 만들어낼 수 있나?

부록 18.1은 아래 축약된 결과를 자세하게 설명한다. 필자들이 여기에 명시하는 확률은 그저 관찰된 영향들의 상대적인 임상적 중요성을 나타내는 데 도움을 주는 영향 크기의 지표이다(Cohen's d). Cohen(1992)에서, 0.20의 d 값은 소, 0.50은 중, 그리고 0.80은 대를 뜻한다. Hattie(2012)는 교육에서 의미 있는 인터벤션의 영향 크기는 대략 0.40일 것으로 추정한다.

몬트리올

2년간의 C&C 멘토링은 학생들의 학교에 대한 가치(d=0.27), 프랑스어에 대한 유능감(d=0.20), 프랑스어(d=0.33)와 수학(d=0.17)을 배우는 것에 대한 의향, 자기 조절 전략(d=0.15), 교사 지원(d=0.41), 학우들의 학교 몰입도(d=0.16), 반사회적 행동(d=－0.31),

---

6) Check 요소(t=46.23; P<.001), Connect 요소(t=7.92; P<.01)

그리고 중도탈락과 관련된 이점에 대한 인식(d=−0.22)과 중도탈락 위험(DPI)(d=−0.18)과 관련 있다.

루앙

프랑스 학생들은 통제 집단의 학생들과 비교해서, 1년의 C&C 참여 후에 몇 가지 긍정적인 효과를 보고했다. 이러한 자기 보고 효과는 프랑스어에 대한 유능감(d=0.22), 부모의 학업적 지원(d=0.24), 부모의 학교 인식에 대한 안정화(d=0.31), 교사 지원(d=0.45), 학우들의 학교 몰입도(d=0.33), 주의력 문제(d=−0.33), 우울한 감정(d=−0.33)을 나타낸다.

결론적으로, 실행의 충실도가 완벽하지 않더라도, C&C로부터 혜택을 받은 학생들은 일반적인 학교의 지원을 받은 학생들과 비교했을 때, 학교생활과 여러 심리사회적 지표에서 향상을 보였다. 루앙의 결과는 고작 1년만으로 긍정적인 효과를 나타낼 수 있다고 보여준다. 다만 효과 크기는 그리 대단하지 않았다. 인터벤션의 효과에 대한 실행충실도의 가설적 영향을 보고하기 전, 실행 과정 평가에서 나온 결과들을 알리는 것이 중요하다. 확실히 이는 충실도를 극대화해 줄 촉진요인과 장애요인에 대한 정보를 줄 뿐만 아니라, 본 연구자들의 충실도 지수에서 나오지 않는 실행의 요소들에 대해 이해할 수 있도록 도와준다.

부록 18.1 | 학생 성과: 심리학적 특성 및 상세 결과

학생 성취	심리측정 요소		몬트리올 실험					루앙 실험			
			국제적 효과		SB와 상호작용			국제적 효과		충실도 효과	
	문항수	α	F (1,299)	d	F (1,298)	d SB1	d SB2	F (1,299)	d	β	df
학생 학업적 기능											
프랑스어 자기 보고 성적	1	–	0.13	–	4.54*	–	0.28	0.84	–	0.06	–
수학 자기 보고 성적	1	–	1.76	–	13.29***	–	0.54	0.56	–	−0.02	–
프랑스어 학교성적 (성적표)	1	–	0.14	–	5.58*	–	0.47	–	–	–	–
수학 학교성적 (성적표)	1	–	0.03	–	9.27**	–	058	–	–	–	–
학교에 대한 가치	4	0.76	6.77**	0.27	3.88*	0.45	–	0.01	–	0.10†	–
프랑스어에 대한 유능감	5	0.85	4.74*	0.20	0.63	–	–	3.23†	0.22	0.12*	0.34
수학에 대한 유능감	5	0.9	2.40	–	1.36	–	–	0.02	–	0.00	–
교육적 열의	1	–	1.61	–	2.72†	–	0.29	0.05	–	0.01	–
정서적 몰입	6	0.84	0.78	–	0.04	–	–	0.39	–	0.07	–
프랑스어 학습 의향	3	0.86	12.20**	0.33	0.04	–	–	0.13	–	0.05	–
수학 학습 의향	3	0.75	3.18†	0.17	0.97	–	–	0.10	–	0.13*	0.12
자기 조절 전략	7	0.88	3.53†	0.15	4.93*	–	0.21	0.47	–	0.07	–
학교 출석률	1	–	1.50	–	0.08	–	–	0.18	–	−0.04	–
규율	6	0.71	0.01	–	0.34	–	–	0.08	–	−0.01	–
수업 몰입도 (교사 평가)	7	0.90	–	–	–	–	–	–	–	0.15*	0.32
학업적 지원 & 사회적 관계											
부모의 학업 지원	3	0.80	1.32	–	4.41*	–	0.28	2.94†	0.24	0.13*	0.54
부모의 학업 감독	3	0.80	0.48	–	0.15	–	–	2.10	–	0.11*	0.43
부모의 학교 인식에 대한 안정화	4	0.78	–	–	–	–	–	4.71*	0.31	0.18**	0.42
교사 지원	3	0.85	16.77***	0.41	1.10	–	–	10.22**	0.45	0.20***	0.52
교사–학생 관계	3	0.81	0.05	–	0.76	–	–	0.72	–	0.06	–
학우 학교 몰입도	3	0.71	3.08†	0.16	2.86†	–	0.33	6.71*	0.33	0.11*	0.39
학업 및 심리사회적 어려움											
부주의	4	0.60	0.62	–	0.84	–	–	5.77*	−0.33	−0.11†	−0.38
중도탈락의 이점 인식	8	0.83	5.00*	−0.22	1.80	–	–	1.10	–	−0.10†	−0.48
반사회적 행동	5	0.67	9.95**	−0.31	1.49	–	–	0.71	–	−0.07	–
우울한 감정	6	0.83	–	–	–	–	–	5.40*	−0.33	−0.14**	−0.32
중도탈락 예측 지수(DPI)	10	–	5.56*	−0.18	8.44**	–	−0.44	0.58	–	−0.05	–

N.S. = not significant; †P < .10; *P < .05; **P < .01; ***P < .001; df was calculated by comparing high fidelity sub–sample (fidelity index > 0.6) to control group.

어떠한 조건들이 Check & Connect 실행의 질을 최대한 좋게 하는가?

해당 섹션에서는 실행 과정 관찰을 통해 주요 결과들을 종합하였으며, 이는 두 개의 각기 다른 프랑스어권 문화(몬트리올과 루앙)에서 어떻게 실행이 되는지에 대한 이해를 도와준다.

몬트리올

몬트리올에서 첫 주요 결과는, C&C 시행 전에 학교팀들이 동원되거나 안 된 것이 멘토들과 그들의 동료들 간의 협업에 영향을 끼친 것을 나타낸다(Goulet, Archambault, Janosz, & Christenson, 2018의 a full discussion of implementation in Montreal 참조). SB1에서 C&C는 정부의 특별 지원을 받았으며, 교육위원회 관리자들에 의해 주요 예방 프로그램으로 전 구역에 채택되었다. 모든 교장은 파트타임 멘토로 일할 교사들의 자리를 대신할 대체 교사들의 채용을 하거나 파트타임 전문가(예: 심리 전문가)의 시간을 늘리기 위해서 일정량의 추가 자금을 받았다. 학교팀들은 프로젝트에 관하여 거의 공지 받은 것이 없었다. SB2에서는 별도의 지원이 추가되지 않았다. 참여하고 싶은 학교들은 직접 자본을 투자해서 참여해야 했다. 프로젝트는 이사회 관계자들과 학교 C&C 코디네이터들에 의해 학교 교장들에게 선보여졌다. 그리고 관심 있는 학교 교장들은 C&C 코디네이터의 도움을 받아 프로젝트를 각각 학교 직원팀들에게 제시했다. 프로그램의 채택 여부는 총회에서 투표로 정해졌다. C&C 시행을 강화하는 데 필요한 학교팀의 프로그램에 대한 정보, 프로그램 의도에 대한 이해, 그리고 접근 방식에 대한 지지 등이 설문 참여자들에게 명시되었다.

프로젝트 채택 과정은 C&C를 통한 학교 내부의 협업과 밀접한 관련이 있어 보인다. 총회를 통해 프로그램이 채택된 SB2에서는, 모든 학교 직원들이 프로그램에 대해서 알고 있었으며 저항 역시 금세 사라졌다. 수업 몰입도에 관하여(관찰 체크리스트를 통해) C&C 학생들에게 멘토 피드백을 제공하는 선생님들은 자발적인 참여로 선정이 되었으며 전적으로 그들의 헌신에 따랐다. 반면에, SB1에서는 교사들이 프로그램을 부정적으로 받아들였다. 멘토들은 프로그램이 그들의 동료들에게 생소하고, 이해되지 않는다고 느꼈다. C&C에 대한 멘토들 간의 각자의 비전에 대한 불화도 주목할 만하다. 그뿐만 아니라, 몇몇 교사들은 C&C 학생들에 대한 피드백을 멘토들에게 제공하는 것을 시간 부족을 이유로 거부했다. 종합적으로 두 교육위원회를 보면, 동료 간 관계(특히 교사와 멘토)와 협업이 프로그램의 조화로운 실행을 위한 주요 과정으로 강조되었다.

세 번째 요인은 멘토의 선택과 멘토와 학생들 간의 매칭이다. SB1에서 일부 교사들은 그들의 교육 업무가 줄어들고 C&C 멘토로서 활동할 수 있도록 요청되었다. 앞서 말했듯이 멘토들, 특히 교사들은 평균에서 높은 수준의 정서적, 행동적 문제를 가지고 있는 학생들을 선정하는 경향이 있다. SB2에서는 멘토의 프로그램에 대한 관심도, 중도탈락 위기와 관련되어 여러 문제점을 맞닥뜨린 학생들을 도울 수 있는 전문성 교육과 능력 등을 고려해서 멘토가 선정되었다. 또한, 멘토가 맡게 될 학생들의 문제점과 필요성에 관련 있는 전문 분야의 교육과 능력에 따라 배정되었다.

C&C 실행에 도움이 되는 4번째 주요 요인은 멘토의 지속적인 교육과 관리다. SB1에서 멘토는 C&C와 요소들에 대한 초기 교육과정을 받았으나, 이는 부담스러운 학생들의 행동 문제점들을 고려한다면 필수적인 실험 혹은 인터벤션 관련 훈련에 대한 내용을 제외한 내용이었다. 학교 C&C 코디네이터의 전문 경험은 대부분 초등학교 학생들의 행동 문제 수준이었다. 단체 관리 미팅은 실행 2년차부터 늘어났다. 그럼에도 멘토는 이러한 미팅들이 요구를 충족하지 못하고, 그들의 어려움을 평가받는다고 느꼈다. SB2의 코디네이터 전문 분야는 주로 중학생들의 정서적, 행동적 장애와 더불어 학습 장애의 분야까지 포함되었다. 첫해에 각 멘토에 알맞은 최적의 학생을 찾는 데 필요한 많은 예비 작업이 수행되었다. 게다가 코디네이터는 기본적인 C&C 2일 교육(예: 동기 관련 인터뷰)에서는 제공되지 않는, 관련 분야에 대한 추가적인 교육이 이루어질 것을 주장했다. 최종적으로 코디네이터는 학교 교장들이 참여하는 개인·단체 관리 세션들로 꽉 찬 일정을 2년 동안 유지했다.

양쪽 교육위원회에 의해 지목된 주요 방해 요인은 부족한 시간이었다. 멘토들은 모든 C&C 관련 업무들을 수행하기에 충분한 시간이 주어지지 않았다고 느꼈다. 기존 교사들을 멘토로 활용하는 것은, 전문성 발전과 학생 참여에 관해 교사들 간 협업 문화를 조장하는 것이라고 많은 이들에게 받아들여졌다. 하지만, 멘토 교사는 일반적으로 주중에 특정된 시간대에만 학생들과 만났으며, 정규 멘토나 헌신적인 멘토에 비해 유연하지 못했다. 이러한 일정의 차이는 멘토가 학생들을 지원하는 데 있어 중요하다고 생각하는 유연성과 마찰이 일어나게 된다.

마지막으로, 정서적·행동적 장애를 가지고 있는 학생들, 즉 수업을 방해하는 학생들(유형 D), 학습 장애로 인해 매우 낮은 성과를 보여주는 학생들(유형 C)을 우선시하는 것은 멘토에게 많은 부담을 지웠다. 이는 특히 프로그램이 잘 설명되어 있지 않거나 학교

팀에 의해서 프로그램이 제대로 받아들여지지 않은 학교들에서 더 명확히 나타났다. 이러한 이유로, 멘토 교사가 일반적으로 유형 A와 유형 B 학생들을 맡기에 더 적합했음에도 불구하고, 이들은 유형 C와 유형 D 학생들에게 더 많은 시간을 쏟아야 한다는 부담감에 휩싸였다. 그 결과, 학생에게 시간을 더 많이 할애한다는 것이 반드시 인터벤션 과정이 더 낫거나 더 잘 시행된다는 것은 아니라고 판명되었다. 이는 그저 학생이 더 많은 문제점이 있다는 것을 시사한다. 이러한 결과는 필자들이 충실도 지수를 만드는 데 방해되는 하나의 중요 장애물로 강조된다(특히 몬트리올 실험을 통해서). 물론 본 연구의 자료는 몬트리올의 C&C 학생들이 루앙의 학생들에 비해서 확실히 비행 수준이 높았다.[7]

루앙

학교팀 내에서 결속, 교사들의 프로그램에 대한 지지, 멘토들과의 협업과 멘토와 교사 간 협업, 그리고 학교 교장의 리더십과 프로그램 코디네이터의 지원 등이 C&C 시행에 주요 성공 요인들로 파악된다. 프랑스의 경우 학교 교장과 프로그램 코디네이터의 지원이 확실한 장점이라고 파악됐지만, C&C에 대한 교사들의 지지와 참여를 높이는 것은 더 큰 어려움이었다. 멘토들은 학생들에게 2개월마다 해주는 피드백에 대한 교사들의 도움을 얻는 것이 어렵다고 보고했다. 그와 동시에, 도움을 받게 되었을 때는 이것이 다른 동료들에게 학생들을 다르게 받아들이고 힘을 주는 데 도움이 되었다고 말했다.

몬트리올의 경우에는 시간적 제한이 장애물로 인식되었다. 비록 필수적임에도 불구하고 교사의 역할로부터 전체적인 제외가 아닌 부분적인 제외는 멘토들이 좋은 결과를 내기에 시간이 불충분하다고 느꼈고 이로 인해 불만을 표출했다. 교사 일정과 학생들을 만나는 것을 동시에 수행하는 것은 어려움이 많았다. 학생들을 수업 시간 중에 빼내오는 것 역시, 그들이 학습 장애를 갖고 있다는 점을 고려했을 때, 의문점을 낳았다. 이에 대한 해결점은 제시되었지만(가령, 수업 시간 외에 학생들과의 면담), 이는 교사들의 개인 시간의 희생을 뜻했다. 멘토들의 역할에 대한 헌신은 C&C 실행에 있어서 주요 강점이었다. 그러나 그들의 과도한 업무량은 때때로 과중한 부담, 피로, 그리고 병가로 이어졌다. 프랑스의 경우에는 멘토들의 이직률이 실행 과정에 있어서 상당한 장애물이었다.

멘토들과 교장들은 C&C 실행에 있어 감독과 평가 도구들의 기여를 강조했다. 이는 그들의 권한을 부여받기 위해 번거롭지만 동시에 중요한 부분이었다. 연구 기반 설문을

7) 교실 내 비행 비율(the classroom misbehavior scale): 몬트리올(평균 0.48, 표준편차 0.37) vs 루앙(평균 0.25, 표준편차 0.31)

통해 프로그램에 참여할 학생들을 선정하는 것은, 학생들의 요구에 대한 이해를 넓히고 과정을 객관화함으로써 자칫하면 간과될 수 있는 학생들을 식별할 수 있도록 해주었다. 교장과 교사들이 여러 종류의 자료(학생 설문과 Check 요소에 관한 개별 보고서)를 통해 학생들의 상황을 모니터하는 것은 프로젝트를 통해 얻을 수 있는 큰 이점이다.

직무 교육과 정기 교육을 통해 멘토의 실력을 향상하는 것은 성공적이고 만족스러운 C&C 실행에 필수적인 조건으로 여겨졌다. 이러한 워크숍에 교장들의 참여는 대단히 환영받았다. 2년 차에 멘토들이 정기적으로 교류하고 아이디어와 전략 교환을 할 수 있도록 계획을 세우는 것은 멘토들에게 많은 도움이 된 모양이다. 마지막으로, 멘토들은 프랑스의 교사가 지식 전달자로부터 교육자 혹은 돌봄 지도자의 입장으로 전환되는 어려움을 강조했다. 이는 흥미로운 전환으로 보였지만, 동시에 매우 불안정했다. 많은 멘토가 놀랍게도 본인들이 주위 동료들에게 교사의 근본적인 역할에 대해서 상기시키는 것을 느꼈다고 한다. 또한 설문 응답자들에 의하면, 매년 더 많은 교사가 멘토의 역할을 시도해보고 싶어 하는 것은 학교 서비스의 향상을 위한 긍정적인 움직임이라고 했다.

실행의 품질과 Check & Connect의 효과는 관련성이 있는가

이 마지막 질문에 대한 답은 두 가지 단계로 다루어진다. 첫째로, 이전 실행(충실도와 과정) 결과에 나오듯이, 몬트리올 실험에 참여한 두 개의 교육위원회는 서로 양적으로, 질적으로 차이점들을 나타냈다. 충실도 부분에 있어서 SB1과 SB2가 서로 비슷한 수준이었지만, 전체적인 부분에서는 특히 학교 동원 측면에서나 멘토 지원 측면에서 SB2가 더 월등한 것을 볼 수 있다. 이러한 이유로, 본 연구자들은 몬트리올 교육위원회의 실행 과정에 따른 전체 영향 보고를 살펴보았다. 둘째로, 필자들은 실행 충실도의 수준이 결과에 영향을 미쳤는지 파악해보았다. 다른 이들에 의한 발표와 마찬가지로(Durlak & DuPre, 2008; Gottfredson et al., 2015), 더 나은 프로그램 실행은 결국 더 좋은 효과로 나타난다.

교육위원회에 따른 효과

예상대로, 몬트리올 실험의 C&C 효과에 대한 전체적인 설명은 교육위원회 실행 과정을 고려했을 때 바뀐다(부록 18.1 참조). 더 많은 효과를 발견할 뿐만 아니라, 효과 수준 역시 증가했으며 대체로 SB2가 우호적이다. 통제 집단에 속한 중도탈락 위기 학생들에 비하면, C&C 학생들은 프랑스어($d=0.28$)와 수학($d=0.54$)에 관련하여 더 나은 자기 보고 성적을 보였으며 성적표에 명시된 성적 역시 프랑스어($d=0.47$), 수학($d=0.58$)으로 더 나은 성적을 받았다. 자기 조절 전략(d=0.21), 학우 학교 몰입도(d=0.33), 교육적 열의(d=0.29), 부모의 학업 지원(d=0.28), 전체적인 중도탈락 위험(DPI)(d=−0.44)에서 긍정적인 결과들을 볼 수 있었다. SB1에서는 오직 하나의 긍정적인 영향이 보였으며, 이는 학교 가치에 대한 인식(d=0.45)이다. 몬트리올 C&C의 영향은 대체로 작거나 중간 크기 정도였으나, SB2에서는 규모가 더욱 컸으며, 수적으로 더 많았다.

충실도 지표에 따른 효과

이 새로운 분석은 몬트리올에 색다른 결과를 가져다주지 않았다. 이는 이전에 발견된 영향들을 재확인하였으며, 실행 과정에 반해 효과 크기나 긍정적인 효과의 개수에 큰 차이가 없었다. 하지만, 고작 1년의 실행 내에서도 학생들이 C&C를 통해 변화를 겪은 루앙의 경우에는 달랐다. 첫째로, 하나를 뺀 모든 긍정적 효과들의 크기가 증가하였다. 프랑스어에 대한 유능감(d=0.34 vs d=0.22), 부모의 학업 지원(d=0.54 vs d=0.24), 부모의 학교 인식에 대한 안정화(d=0.42 vs d=0.31), 교사 지원(d=0.52 vs d=0.45), 학우 학교 몰입도(d=0.39 vs d=0.33), 주의력 문제(d=−0.38 vs d=−0.33)이다. 유일하게 우울한 감정에 대한 영향(d=−0.32 vs d=−0.33)만이 바뀌지 않았다. 둘째로, 4개의 긍정적인 영향이 추가로 발견되었다. 프랑스어 학습 의향(d=0.11), 부모의 학업 감독(d=0.43), 중도탈락 이점에 대한 인식 감소(d=−0.48), 수업 몰입도에 대한 교사 평가(d=0.32)가 있다.

시사점

이 연구를 통해 무엇을 알 수 있는가? 첫째로, C&C는 학교가 자체적으로 실행할 수 있는 예방 프로그램으로써 최소한의 교육, 외부 지원, 그리고 충분한 충실도로 학생들의 학교 적응에 실질적인 영향을 끼칠 수 있다. 해당 연구는 보기 드문 효과성 연구 중 하나로, 확고한 유사 실험 설계를 통해, 기존 교육위원회의 지원과 함께 자발적으로 C&C를 실행하는 학교들은 중도탈락 위기에 처한 학생들에게 긍정적인 영향을 끼치는 게 가능하다는 것을 보여준다. 또한, 멘토들이 정규직의 심리사회 전문가 혹은 대학원생 같은 '전문적인 멘토'가 아닌 일반적인 교사들인 점 역시 주목할 만하다. 몰입도와 성적에서뿐만 아니라 부모와 교사의 사회적 관계, 그리고 심리사회적 적응 지표(반사회적 행동, 우울증)에서도 긍정적인 효과를 나타내었다. 그뿐만 아니라 기존의 규정은 멘토들의 2년 동안의 참여를 권장하지만, 단 1년 만에 긍정적인 효과가 드러났다. 이러한 결과들은 서로 다른 사회적, 조직적 문화에서 나타나며, 결코 사소한 결과가 아니라는 것을 나타낸다. 종합적으로, 필자들의 연구 결과는 최소한 서양의, 혹은 선진국들에서는 C&C가 긍정적인 잠재력을 나타낸다고 볼 수 있다.

두 번째로 이 연구에서 실행의 질적 수준을 보장하기 위해 쏟은 노력과 시간은 학생들에게 더 많은 혜택으로 이어진다는 것을 입증한다(Durlak & DuPre, 2008). 어떻게 실행하고, 실제로 무엇이 이루어지는지, 그리고 누구와 같이 진행하는지 등이 모두 고려해야 할 주요 부분들이다. C&C와 같이 엄격히 규제되어 있지 않은 프로그램 인터벤션에 대한 실행의 질을 간단히 평가하는 방법은 없다. 멘토들은 학생의 요구를 고려해 유연하게 맞춰야 하며, 이러한 요구들은 학생마다 각자 다르다. 그런데도, C&C의 설계자들은 4개의 주요 요소를 파악했다. 이는 멘토, Check 요소(모니터링), Connect 요소(문제 해결과 능력 형성 접근 방식에 근거하여, 개인에 맞춰진 데이터 기반의 시기적절한 개입), 그리고 부모·가족과의 관계이다. 이 연구에서 연구진은 마지막 3개의 요소에 관하여 인터벤션 지표를 설정하였으며, 결과적으로 이에 해당하는 인터벤션은 학생들의 성과에 긍정적으로 작용한다는 것이 나타났다. 해당 결과는 프로그램의 효과성을 설명하는 것에 있어 이러한 요소들이 중요하다는 것을 입증하며, C&C를 시행하는 사람들이 어떠한 방식으로 실행하는지 신중히 관찰해야 한다는 것을 의미한다. 이는 결코 멘토 부분이 중요하지 않다는 것을 말하는 것이 아니다. 오히려, 연구진은 멘토들의 선택, 의미 있고 서로 위하는 관계 형성, 그리고 학생을 절대 포기하지 않는 것이 제일 중요하다고 말하고 싶다. C&C 프로그램 개발자들은 관계 형성, 학생에게 지속적인 지원, 그리고 문제 해결 의욕이 떨어진 학생들을 도와주는 것이 C&C의 주요 부분이라고 강조했다(Christenson et al., 2012). 실행 지표에 이 요소를 넣지 못한 점에서 본 연구 결과를 일반화하는 데 일부 한계가 있다.

세 번째로 학교 관리자, 교장, 그리고 멘토들이 어떻게 하면 실행의 질을 극대화할 수 있을까? C&C 실행을 용이하게 하거나 방해하는 몇 가지 조건들로 이루어진, 실행 과정에 대한 결과를 통해 이 문제에 대한 몇 가지 답은 제공할 수 있다. C&C 실행 과정에 포함된 작용요인들에 따라 이러한 교훈을 검토해본다. 그전에, 필자들이 발견한 여러 어려움과 훌륭한 실천들이 미국에서 진행된 다른 연구들에 나타났다는 것은 주목할 만한 점이다. 예를 들어, Hartwig와 Maynard(2015) 역시 필자들과 마찬가지로 부모·가족과 꾸준한 연락을 취하고 유지하는 것이 어렵다거나, 성공의 주요 원인이 지속적인 감독과 교육이라는 것 등을 발표했다. 실은 이러한 요소들은 이미 C&C의 교육 매뉴얼에 승인된 내용이다(Christenson et al., 2012). 각기 다른 문화와 교육 단체에서 확인된 비슷한 어려움이나 용이하게 해주는 점들이 이러한 요소들의 중요성을 뒷받침해준다.

교훈

1. **훈련과 지원**: 실행의 질을 극대화하는 것에 있어 제일 중요한 요소 한 가지는 실행 전 교육과 지속적인 지원, 그리고 멘토들에게 상담과 코칭을 제공하는 것이다(Christenson et al., 2012; Fixsen, Naoom, Blase, Friedman, & Wallace, 2005; Hartwig & Maynard, 2015 참조). 학교 관리자들은 멘토들이 프로그램의 여러 요소를 실행하는 과정에 있어서 그들을 지원하기 위한 인적 자원을 제공해야 한다. 이미 상담, 동기부여 인터뷰 기술, 혹은 행동에 관한 접근 방식 등에 자격이 있는 몇몇 전문가들에게는 2일의 초기 교육만으로도 충분할 수 있다. 안타깝게도, 이는 대부분의 교사 멘토에게 해당하지 않는 사항이다. 특히, 문제 해결 접근 방식 사용에 관한 초기 전문 교육의 부족이 프로그램의 해당 부분이 실행이 잘 안 된 이유를 어느 정도 설명해준다. 그렇지만 이것만이 유일한 원인은 아니라고 본다. 물론, 교사들이 학생들이 문제 해결 방식을 통해 가능한 해결책들을 찾을 수 있도록 허락하는 것이 얼마나 어렵고 반직관적인지 모든 교육위원회 코디네이터들이 보고하였다. 교사 멘토들의 가장 큰 어려움은 학생들에게 '정답'을 알려주고 싶은 경향으로 보였다. 문제 해결 능력을 통해 학생들을 발전시키는 것과 능력 형성 지원을 할 수 있도록 지속적인 관리가 필수적으로 보인다.
2. **학교 팀 동원**: 교육 매뉴얼(Christenson et al., 2012)과 다른 연구자들에 의해 강조되었듯이, C&C 실행(정보, 지식, 이해, 프로젝트 채택, 그리고 집단적 지지) 전에 시간을 들여서 학교팀을 동원하는 것은 성공의 필수 조건이다(Hartwig & Maynard, 2015; Powers et al., 2017). 이러한 과정은 학교에서 기존 프로젝트와 서비스 간에 협력을 용이하게 한다. 이를 통해 C&C의 위치 설정과 그만의 독특한 가치와 목적을 고려한다. 이는 C&C에 관한 정보를 속속히 이해하고 인터벤션의 실행과 크게 관련이 없는 교직원들과의 협력을 용이하게 해준다. 이 과정에서 교장의 교육적 리더십이 핵심이다.
3. **교사들의 파트타임 멘토 채용**: 교사들에게 파트타임 멘토를 요청하는 것은 장단점

이 있다. 이미 C&C 교육 매뉴얼상에는 정확하게 어떤 사람들이 멘토가 되어야 하는지 명시되어 있다(Christenson et al., 2012). 대부분의 평가 연구에서 멘토는 해당 역할을 위해 따로 채용되었다(지역사회 전문가들 혹은 대학원생들). 하지만 실제로 학교들은 안정된 예산으로 정규직 멘토들을 채용할 자원이 없다. 이러한 이유로 교직원 내에서 멘토를 찾는 것이 좋은 선택지가 되었다. 두 개의 실험에서 나온 학교들은 각각 소수의 학생을 맡는 다수의 멘토를 선정하는 C&C의 추천을 적용했다. 대부분의 멘토가 본래의 업무에서 부분적으로 제외된 교사들이었다. 장점 측면에서, 해당 전략은 학교들이 C&C를 실행하는 것을 더 현실적으로 만들었다. 게다가 C&C가 학교팀이 동원됐다는 전제하에 실행될 시, 교사로서의 근본적인 역할에 대한 의문을 갖거나 수업 행동 문제를 가진 중도탈락 위기에 처한 학생들에게 온전히 집중하는 것과 같은 보살핌의 문화가 긍정적인 전염 효과로 퍼지는 것을 발견했다. 하지만 이러한 동원이 없을 시 교사 멘토들은 고립되고 혼자서 분투하는 느낌을 받는다. 게다가 앞서 설명했듯이, 교사들은 주중에 학생들과의 유연한 면담 스케줄이 불가능했기 때문에 시간 관리가 큰 어려움이었다. 일주일에 1.25명당 1시간을 멘토링하는 일반적인 처방은 시간제 교사 멘토에게는 적어도 첫해에 기량을 발전시키는 동안 너무나도 부족한 시간이다. 필자들은 이러한 멘토들이 매주 학생당 최소 1.5시간은 보장받아야 한다는 것을 알아냈다. 만약 현실적이지 않을 경우, 어떠한 급여 보상 혹은 단체 내에서의 혜택이 그들에게 제공되어 학생들과 주기적으로 만남을 가질 수 있는 유연성을 늘릴 방안이 만들어져야 한다(방과 후 학교 면담 혹은 점심시간 면담).

4. **학생 선정과 매칭**: C&C의 실행 안에서 필자들은 목표 학생 선정 과정에 2개의 추가적인 단계를 넣었다. 프로그램에 의해 규정된 첫 번째 단계는 학교 가변 지표를 통한 중도탈락 위기 학생 판별이다(Christenson et al., 2012). 그다음 2개의 단계는 멘토들에게 매우 도움이 되고, 유지되어야 한다고 평가받았다. 두 번째 단계는 팀으로써(멘토, 다른 교사들, 교장, 코디네이터, 그리고 기타 학교 전문가들) 목표 학생의 명단을 검토하고 그들의 학교 자료와 앞서 설명된 잠재적 중도탈락자 유형 분류 체계를 통해 분류된 등급을 본다. 이러한 작업은 학생들의 요구 평가를 개선하고(가령, 과거 학교/심리사회적 문제, 과거에 받았던 혹은 현재 받는 지원의 종류, 그리고 가족 협력 이력) 어떤 학생들이 이 프로그램을 통해 최고의 효과를 얻을 수 있을지 찾았다. 이는 난도가 높아 보다 집중적이고 전문적인 인터벤션이 필요한 학생들을 식별하는 데 도움을 줬다. 이는 첫 번째 판별 과정에서 허위양성의 가능성이 있는,

상대적으로 그다지 심각해 보이지 않는 학생들과 요구가 다르게 접근될 수 있는 학생들을 식별해주었다. 세 번째 단계는 최대한 멘토의 강점과 전문 분야를 학생들의 특성과 요구에 맞추는 것이다. 어떤 멘토들은 정서적 혹은 행동적 문제가 있는 학생들을 다루는 경험이 더 많았다. 또 다른 멘토들은 학습 장애에 대해 전문성을 띠고 있었다. 여기서 전반적인 목표는 최대한 목표 학생과 멘토 간의 궁합을 잘 맞춰서 학생들이 멘토의 신속한 도움을 받고 있음을 느끼고, 한편으로는 새로운 멘토가 무능력이나 무력함을 느끼지 않도록 해주는 것이다.

5. **객관적 자료를 위한 모니터링과 평가:** 프랑스계 캐나다인과 프랑스 멘토들 모두 학생 몰입도 관찰이나 학생 성과 평가를 위해 만든 도구의 사용에 180도 다른 변화가 있었다. 초기 몇 달 동안, 혹은 가끔 인터벤션 첫해 동안에도, 많은 멘토가 이러한 도구를 사용하는 것에 대한 부담을 느꼈다. 실제로 매주 몇 분밖에 걸리지 않음에도 불구하고, 학생 성과에 대한 객관적인 데이터를 수집하는 노력(C&C의 Check 요소)은 매번 너무 큰 대가를 치러야 하는 것처럼 보였으나, 어느 시점에서 불평이 멈추었다. 비록 필자들이 처음에는 이것이 교사들의 체념이라고 생각했지만, 실제로는 대다수의 멘토가 반복되는 데이터 수집 과정에 익숙해진 것이었다. 더 나아가, 그들은 수집한 자료를 중요하게 여기기 시작했다. 그들은 객관적 수치를 통해 얻는 자료가 학생들에게 피드백을 주거나 동료들 혹은 가족들과 소통을 할 때 매우 쓸모있다는 것을 깨달았다. 놀랍게도 필자들이 모니터링이나 설문조사의 빈도수를 줄이는 것을 제안했을 때, 멘토들은 가볍게 제안을 거부했다. 확실히 작업에 있어서 비용-편익이 완전히 바뀌었다. 처음에는 단순히 시간의 부족으로 보였던 것이 프로그램의 효율성과 직접적으로 관련된 인터벤션의 철저함으로 바뀌었다. 다시 말해서, Check 요소의 장점이 충분히 인정받기 위해서는 어느 정도의 시간이 걸린다는 것이다. 하지만, 인정받은 후부터는 돌이킬 수 없다.

결론적으로 이 연구는 C&C가 각기 다른 시스템과 문화를 가진 학교들이 꽤 높은 자율성을 띠고 실행하여 좋은 결과를 얻을 수 있는 예방 프로그램이라는 것을 입증하였다. 그러나 실제 가이드라인과 예방 프로그램 실행 과정에 대하여 가장 잘 알려진 연구를 따라서 충실히 실천하려는 노력이 결국 이 프로그램의 성공적인 결과를 결정하는 요인이다.

제 19 장

돌봄 교실과 학교 공동체 만들기 : 사회정서학습 프로그램과 실천으로부터 얻은 교훈

제19장

돌봄 교실과 학교 공동체 만들기
: 사회정서학습 프로그램과 실천으로부터 얻은 교훈

서론

학교 및 교실 상황은 아동과 청소년의 발달 궤적을 형성하는 데 특히 중요한 역할을 한다(Hamre & Pianta, 2010). 아이들이 4-5세에 학교에 입학하여 졸업할 때까지 평균적으로 최소 15,000시간을 학교 환경에서 보낸다는 것을 고려하면 이것은 놀랄만한 일이 아니다(Pianta, Belsky, Houts, Morrison, & NICHD ECCRN, 2007). 수십 년간의 연구에 따르면, 배려하고 지지하는 학내 분위기는 학생들의 사회정서적 역량과 웰빙 증진뿐만 아니라 학생들의 학업성취도 향상의 토대가 되는 것으로 나타났다(Hamre & Pianta, 2010). 실제로, 학생들은 그들이 안전하고 안심할 수 있으며 서로 친밀하고 보살핌을 받는다고 느끼는 교실 상황에 있을 때 잘 배우고 성장할 수 있으며, 그러한 환경에서 학생들의 사회정서적 역량이 길러지고, 학업적 성장이 이루어진다(Jones & Kahn, 2017).

그렇다면 우리는 그러한 환경을 어떻게 구축할 수 있을까? 사회정서학습(Social-Emotional Learning: SEL) 분야에서는 이 질문에 대한 몇 가지 답을 제시하고 있다. 지금까지 학교의 주된 목적은 아동과 청소년이 읽기, 쓰기, 수학, 과학, 사회와 같은 내용 영역에 숙달하도록 교육하는 것이었지만, 교육자들과 정책입안자들 그리고 일반 대중들 사이에서 갈수록 더 포괄적인 교육 비전을 위한 의견이 모이고 있다. 그러한 교육 비전은 학생들의 사회정서적 역량 강화와 함께 학업적 성취를 높이는 데 초점을 둔다(Bushaw & Lopez, 2013). 경험에 기반한 교육과정이 학생들의 문제 행동을 억제할 뿐만 아니라 사회정서적 기술과 웰빙을 향상할 수 있음을 나타내는 근거가 뚜렷해짐에 따라(예: Durlak, Weissberg, Dymnicki, Taylor, & Schellinger, 2011), 국내외적으로 많은 학교가 학생들의 사회정서적 역량을 강화하는 보편적 SEL 프로그램을 교육과정에 포함하고자 노력을 쏟았다. 보편적 접근 방식이 더 많은 이들에게 공공 건강(health) 혜택이 돌아가도록 할 것이므로 현재 문제 상황에 놓인 아이들만을 대상으로 하는 것보다는 보편적 인터벤션에 초점을 맞춰왔다(Greenberg, Domitrovich, Weissberg, & Durlak, 2017).

이 장에서는 교실과 학교 전체 수준에서 학교 시스템 내에 돌봄 공동체를 조성하려는 노력을 탐구한다. 아동 발달과 회복 탄력성을 형성하는 데 있어 환경의 역할을 강조하면서, 학생들의 사회정서적 역량과 학업적 성취를 향상하는 방법으로 돌봄 교실과 학교 환경 조성에 주목하는 사례를 제시하면서 시작하고 있다. 그런 다음 SEL의 정의와 그것을 구성하는 다차원적 요소들을 규정함으로써, SEL 증진과 돌봄 교실, 학교 환경이 중심이 되는 학생과 교사들을 위한 증거 기반 프로그램에 대한 설명을 제공한다. 이 장은 SEL에 대한 이해가 돌봄 교실과 학교 환경을 향상시키고자 하는 우리의 생각에 미치는 영향과 이 분야의 향후 진행 방향에 주는 시사점으로 끝난다.

학교에서 사회정서적 역량 증진을 위한 논의

아동의 사회정서적 역량 향상에 대한 교육자나 부모, 정책입안자 및 기타 사회단체의 관심이 증가한 것은 어느 정도 청소년들의 정신건강에 대한 우려가 증가했기 때문이다. 역학(epidemiological) 보고서는 아동과 청소년 5명 중 1명은 정신건강 서비스를 받을 만큼 심각한 심리적 장애를 겪는 것으로 추정한다(U.S. Public Health Service, 2000). 이런 측면에서 학생들의 학업적 성취와 사회정서적 역량을 증진하는 지지적인 학교와 교실 분위기를 만드는 것에 초점을 두는 것이 점차 긍정적 정신건강과 학교 성공을 위한 기초로 인식되고 있다(Domitrovich, Durlak, Staley, & Weissberg, 2017).

공동체에서의 아동 발달

아동의 긍정적 성장과 웰빙을 위한 방법을 생각할 때, “개인 내부에는 개인의 발달 과정에 영향을 미치는 여러 수준의 구조(예: 유전자, 동기, 인지능력)가 있다” 그리고 “발달에 기여하는 사회 생태계 내에는 다른 수준의 구조(예: 가족, 학교, 이웃)가 있다”와 같이 “인간 발달은 양방향으로 일어나며, 개인↔맥락의 관계적 과정”이라는 시스템 관점을 취하는 것이 중요하다(Theokas & Lerner, 2006, p. 61). 아동들은 이러한 많은 상호작용 맥락 속에서 중첩된 삶을 경험하며, 각각의 상황 안에서 다양한 공동체(예: 학교, 가족, 교회)에 의해 양육될 수 있다. 또한, 이러한 환경 내의 상호작용은 아동 개인의 특성, 시스템 내의 구조(가족, 학교, 지역사회), 대중문화와 같은 요인들에 의해 영향을 받는다(Bronfenbrenner, 2005). 회복 탄력성에 관한 연구에서는 어떻게, 왜, 혹은 어느 정도까지 인생 사건이 발달에 영향을 미치는지 밝히면서, 맥락적 요인의 상호작용이 어떻게 아동의 삶에서 중요한 역할을 하는지 보여주었다(Ungar, 2015). 회복 탄력성은 단순히 위험을 감소시키는 요인이기보다는 성공으로 이끄는 요인을 식별하는 틀을 제공하기 때문에 예방이나 방지를 위한 노력에 적용되는 개념이다. 그러므로 아동의 회복 탄력성을 높이는 것은 아이들이 피할 수 없는 인생의 도전에 직면할 수 있는 능력을 갖추기 위해 적극적으로 길러져야 하는 중요한 과업이 된다.

아동의 회복 탄력성을 증가시키는 정확한 방식은 없지만, 연구 결과에 의하면 특정 맥락적 요인들이 회복 탄력성 향상과 높은 상관관계를 갖는다(Luthar & Brown, 2007). 그러한 요인들은 자산 또는 자원으로 간주하며, 아동이 역경에 부딪혔을 때 긍정적 결과를 촉진하거나(촉진 요인), 충격을 완화하고 보호해준다(보호 요인)(Masten & Motti-Stefanidi, 2009). 회복 탄력성을 촉진하는 것으로 알려진 자산은 보살펴주는 어른과의 긍정적 관계, 자기 조절 능력, 유능한 교사와 학교 시스템이 포함된다(Sapienza & Masten, 2011). 돌봄 관계는 이러한 영향력을 가진 자산의 토대가 되며, 각 환경 안에서 돌봄 공동체의 설립으로 이어진다. 인간관계가 돌봄 교실과 학교 공동체의 핵심이라는 점을 고려해볼 때 연구자들이 돌봄 교실을 정의하는 특성과 학생들의 회복 탄력성 증진 사이의 연관성을 발견했다는 것은 놀랄 일이 아니다(Hamre & Pianta, 2006).

돌봄 교실과 학교 공동체의 특성 정의

학습과 발달은 대체로 사회적 과정이다(Pianta, 1997). 인지적, 사회적, 정서적이긴 하지만 아동이 배우는 것은 사회적 공간을 공유하는 다른 사람들과 연계된 지식의 조정을 통해 촉진된다(Resnick, 1994). 이 관점을 통해 학교를 학습자들의 공동체로 쉽게 생각할 수 있다. 아동은 인간의 욕구가 충족되는 공동체 안에 안전하게 둘러싸여 있을 때 가장 잘 배울 수 있다. 따라서 학습이 일어나기 위해서 가장 먼저 보살핌의 환경이 확립되어야 한다(Noddings, 1992). 아이들과 어른들이 배우고 함께 성장하기 위해 만나는 장소로서, 학교를 하나의 공동체로 간주하는 것은 학교가 교사와 학생의 학업적, 사회적, 정서적 욕구를 보다 효과적으로 충족할 수 있는 프레임워크를 확립하는 것이라고 주장되고 있다(Battistich, Solomon, Watson, & Schaps, 1997).

Battistich 등(1997)에 의해 확립된 공동체의 정의는 학교와 교실 수준에서 돌봄 공동체를 개발하고 유지하는 데 요구되는 필수 구성 요소를 탐구하는 틀을 제공한다. 공동체는 구성원들이 (1) 서로 보살피고 지지하며, (2) 단체 활동에 적극적으로 참여하고 몰입하고, (3) 단체 의사결정에 발언권이 있다고 느끼며, (4) 소속감과 정체성을 가지고, (5) 규범, 가치관, 목표에 대한 의식을 단체와 공유하는 장소로 정의된다. 간단히 말해서, 학교는 모든 개인 사이의 상호작용이 아동 발달 형성에 중요한 역할을 하는 관계적 맥락을 제공한다.

사회정서학습(SEL)의 정의

SEL은 개인이 자신의 감정을 이해하고 관리하는 데 필요한 지식, 태도, 기술을 습득하고 효과적으로 적용하며, 타인에게 공감하고 감정을 표현하며, 긍정적 목표를 수립하고 달성하며, 긍정적 관계를 형성하고 유지하며, 책임 있는 결정을 내리는 과정을 포함한다[Collaborative for Academic, Social, and Emotional Learning (CASEL), 2013]. 사회정서적 역량은 사실상 인간 기능의 모든 측면을 뒷받침하는 '숙련 기술'로 간주된다.

SEL은 아동 발달, 교실 관리, 예방, 그리고 자기 인식에서 뇌의 역할에 대한 새로운 지식, 공감, 사회인지 발달에 대한 작업으로부터 만들어진다(Weissberg, Durlak, Domitrovich,

& Gullotta, 2015). SEL은 아이들이 화가 났을 때 스스로 침착함을 유지하고, 친구를 사귀고, 갈등을 정중하게 해결하며, 윤리적이고 안전한 선택을 할 수 있도록 하는 기술에 초점을 맞춘다. 나아가 SEL은 학생들이 '테스트의 삶이 아닌 삶의 테스트'에 더 잘 준비할 수 있도록 교육자, 가족 그리고 지역사회에 관련된 전략과 실행을 제공한다(Elias, 2001, p. 40). SEL은 때때로 '잃어버린 퍼즐 조각'이라고 불리는데, 이는 SEL이 학교의 성공과 불가분의 관계에 있는 교육 일부분에 해당하기 때문이다.

사회정서학습: 역량

시카고 일리노이주에 있는 비영리 단체인 CASEL은 사회정서학습을 위한 협의체[The Collaborative for Academic, Social, and Emotional Learning(CASEL; www.casel.org), 이하 CASEL]로 SEL의 증진을 위해 국내외적으로 앞장서고 있는 조직 중 하나이다. CASEL은 사회적 역할과 삶의 과업을 효과적이고 성공적으로 수행하게 돕는 대인관계 및 인지 부분의 5가지 핵심 역량을 발견했다. 이러한 역량은 서로 밀접하게 관련되며 SEL의 인지, 정서, 행동 차원을 반영한다(CASEL, 2013).

1. **자아 인식**(Self-awareness): 자신의 강점과 도전을 인식하고, 목표와 가치를 알며, 충분한 자기효능감과 낙관성을 지니고 있고, 실패를 통해 배울 수 있다는 성장형 사고방식을 가지는 것을 포함하여 자기 자신의 감정, 생각을 인식하고 그것이 행동에 미치는 영향을 깨닫는 능력을 말한다. 높은 수준의 자아 인식은 생각과 감정 그리고 행동이 어떻게 상호 연결되어 있는지 인식할 수 있는 능력을 요구한다.
2. **자기관리**(Self-management): 스트레스 관리, 만족감 유예, 충동 조절, 동기부여를 포함하여 자신의 감정, 생각, 행동을 효과적으로 조절할 수 있는 능력을 말한다. 또한, 사회적 상호작용 내에서 자기 관리를 포함한다.
3. **사회적 인식**(Social awareness): 다양한 배경과 문화를 가진 타인들의 관점을 수용하고 공감하는 능력으로 가족, 학교 및 지역사회에서 자원과 지지 기반을 인식하며 사회·윤리적 규범을 이해하는 능력을 포괄한다.
4. **관계 기술**(Relationship skills): 긍정적이고 건강한 관계를 형성하고 유지하는 능력이다. 명료하게 의사소통하고, 적극적으로 경청하며, 갈등을 해결하기 위해 건설적으로 타협하고, 다른 사람들과 효과적으로 문제를 해결하고, 필요할 때 도움을 주고 구할 수 있는 능력을 포함한다.

5. **책임 있는 의사결정**(Responsible decision-making): 안전 의식, 윤리 기준, 사회·행동적 규범, 선택의 결과, 자신과 타인의 행복을 고려하여 자신의 행동과 사회적 상호작용에 대해 건설적으로 선택하게 하는 지식, 기술, 태도를 말한다.

SEL 프로그램과 접근 방식은 다양한 이론적 관점에 바탕을 두고 있다(Mayer & Salovey, 1997). 이러한 모든 것들은 감정을 처리하고 논리적으로 판단하며 적절히 사용하는 능력이 인지적 활동(생각과 의사결정)을 강화하고, 사회적 관계의 발전과 유지를 촉진하며, 개인의 성장과 행복을 증진할 수 있다는 개념에 근거한다(Brackett, Reyes, Rivers, Elbertson, & Salovey, 2012). 또한 SEL은 관계성이 우선적임을 강조하는 이론에서 도출되었으며(Ainsworth & Bowlby, 1991), 학습은 학생들이 교사와 협업하고 동료와 상호작용하는 과정에서 발생하는 사회적 과정이라는 이해에 기초한다. 따라서 최고의 학습은 학습을 도전적이고, 매력적이며, 의미 있게 만드는 지지적 관계의 맥락에서 나타난다.

사회정서학습: 연구 증거

학생들의 사회정서적 역량 및 학업성취도 향상에 있어 SEL 프로그램의 중요성에 대한 가장 설득력 있는 증거는, 유치원생부터 고등학생까지 270,034명의 학생이 참여한 213개의 학교 기반 보편적 SEL 프로그램을 메타분석한 Durlak 등(2011)의 연구에서 찾을 수 있다. SEL 프로그램을 경험한 학생들을 그렇지 못한 학생들과 비교했을 때, (1) SEL 기술 (2) 친사회적 태도 (3) 긍정적 사회적 행동 (4) 행동 장애 (5) 정신적 스트레스 (6) 학업성취도 측면에서 눈에 띄게 향상한 것으로 드러났다. 더욱이 SEL 참여 학생들은 비참여 학생과 비교했을 때 학업성취도 지표에서 11% 더 높은 수행을 보였다. 이러한 결과는 학생들의 사회정서적 기술, 태도, 행동을 기르는 데 있어 SEL 프로그램의 '부가 가치'에 대한 강력한 실증적 증거를 제시하며, 학생들의 SEL을 촉진하는 데 들이는 시간이 학업적 성취에 부정적일 것이라는 주장에 반박한다.

가장 최근에 Taylor, Oberle, Durlak과 Weissberg(2017)는 학생들의 긍정적 성취를 입증하는 근거가 상대적으로 부족한 SEL 프로그램의 장기적 효과를 증명하기 위해 체계적 문헌 고찰을 실시하였다. 이 시도는 학교에서 SEL에 할당한 예산 정보를 제공하고, 프로그램의 투자 비용 편익에 관한 중요한 질문을 다루기 때문에 중요하다. 도시와 농촌 지역을 아울러 인구통계학적으로 다양하게 분포된 유치원에서 고등학교까지, 97,406명의 학생을 대상으로 2014년까지 발간된 총 82개의 학교 기반 보편적 SEL 프로그램이 검토되었다. 결과는 다음과 같다. SEL에 참가한 학생들은 사회정서적 기술, 긍정적 행동, 학업성취 면에서 지속적 향상을 보였으며, 품행 문제나 정신적 고통, 약물 사용량은 프로그램 종료 후 약 4년 동안 지속적으로 감소했다. SEL을 받지 못한 학생들은 이 반대 양상을 띠었다.

사회정서학습 프레임워크의 구성 요소

연구에서는 잘 실행된 SEL 프로그램이 긍정적 발달을 촉진하고, 문제 행동을 줄이며, 학생의 학업 수행, 시민 의식, 건강과 관련된 행동을 증가시킨다는 것을 보여준다(Schonert-Reichl & Weissberg, 2014). 그러한 능력은 고등학교를 제때 마치고, 대학 학위를 취득하고, 안정된 직장에 들어가는 것과 같은 중요한 삶의 결과를 예측한다(Jones, Greenberg, & Crowley, 2015). Durlak 등(2011)의 메타분석에서는 SEL 실천가가 지속성, 활동성, 집중성, 명확성(SAFE)과 같은 아래 절차를 따를 때, SEL 프로그램이 학생들의 더 바람직한 학습 성과를 촉진하게 한다는 명백한 근거를 제시한다. (1) 연속적으로 나열된 단계적 훈련 접근법을 취한다. (2) 학생들이 새로운 기술을 연습하도록 요구하는 적극적인 형태의 학습을 강조한다. (3) 기술을 개발하는 데 있어 구체적인 시간과 주의에 집중한다. (4) 그들이 증진시키려는 사회정서적 기술을 명확히 정의한다. Durlak 등(2011)은 또한 담임 선생님들과 그 밖에 내부 교사들이 SEL 프로그램을 효과적으로 실행한다는 것을 발견했다. 이 결과는 SEL 프로그램이 일상적 학교 관행에 포함될 수 있고, 프로그램을 성공적으로 전달하기 위해 외부 직원들이 필요하지 않음을 시사한다.

많은 SEL 접근 방식은 환경과 사람 중심의 관점을 취한다(Zins, Weissberg, Wang, & Walberg, 2004). 이런 이유로 SEL은 사회정서적 기술에서 특정 능력에 초점을 맞추는 것 외에도 배려하고 지지하며 학생들의 요구에 반응하는 학교와 교실 공동체를 만드는 과정이다. 나아가 효과적인 SEL 인터벤션과 기술 개발은 교사들이 안전하고, 배려하고, 지지하고, 세심하게 관리되는 환경을 조성하는 필수적인 사회정서적 기술을 보유하고 있을 때 일어난다. 따라서 성공적인 SEL 시행을 위해서는 다르면서도 밀접하게 관련된 (1) 긍정적 학습환경 조성 (2) 학생들의 SEL 촉진 (3) 교사들의 SEL 증진 세 가지 차원을 다루는 데 주의를 기울여야 한다. 그림 19.1에서 나타난 바와 같이 이 세 가지 차원은 각각의 다른 차원과 상호 연결되어 있음을 보여주고, 서로 영향을 주고받는 것을 강조하기 위해 원을 그려 설명하고 있다. 이 장의 앞부분에서는 학생들의 학습환경과 SEL이 논의되었지만, 이제 우리는 SEL의 틀 안에서 교육자들이 수행하는 중요한 역할에 대해 논하고자 한다.

교육자들의 사회정서학습

교육자들은 교실과 학교에서 SEL 프로그램과 실천을 이끄는 엔진과 같다. 교육자(교사, 학교 관리자, 교직원까지 포함)의 SEL 역량은 학습환경에 영향을 미치고 학교에 SEL이 도입되는 데 중요한 역할을 한다(Jones, Bouffard, & Weissbourd, 2013). 교사-학생 관계가 온화한 교실은 심층학습이 이루어지게 하고(Merritt, Wanless, Rimm-Kaufman, Cameron, & Peugh, 2012), 학생들이 교사와 학생 동료들에게 편안함을 느낄 때 어려운 학습 과제를 해결하려고 노력하며, 더 집요하게 파고든다. 반면, 교사들이 사회정서적 욕구를 제대로 관리하지 못할 때 학생들은 낮은 수준의 수행을 보이며 시키는 대로만 행동하게 된다(Marzano, Marzano, & Pickering, 2003). 따라서, 교사들의 교실 성과와 학생들에게 제공되는 SEL 증진 능력을 최대화하기 위해 교사들의 사회정서적 역량 개발을 지원하려는 노력이 필수적이다(Jennings & Frank, 2015).

그림 19.1 ▎ SEL(사회정서학습)의 세 가지 구성 요소

사회정서학습 촉진: 증거 기반 프로그램과 교실에서의 전략

구성 요소 1: 보살피는, 안전한, 협력하는, 참여적인 그리고 포용적인 환경

교실과 학교는 시스템으로 운영되며, 수십 년에 걸친 연구에 의하면 교실과 학교의 독특한 문화와 풍토가 학생들이 어떻게 그리고 무엇을 배우는지에 영향을 미친다고 한다(Thapa, Cohen, Guffey, & Higgins-D'Alessandro, 2013). 학교 문화는 일련의 규범, 신념, 관행 또는 '주변에서 일이 처리되는 방식(Hemmelgarn, Glisson, & James, 2006, p. 75)'을 말하지만, 학교 풍토는 '규준, 목표, 가치, 대인관계, 교수 학습 실천, 조직 구조'를 반영한다(National School Climate Council, 2007, p. 4). 문화와 풍토는 결합하여 학교관리자, 교사, 교직원, 학생들 사이의 관계와 상호작용 그리고 그들의 교육과 학습에 대한 접근 방식에 영향을 미친다(Gottfredson, Gottfredson, Payne, & Gottfredson, 2005). 그러므로 SEL 증진을 위한 어떠한 접근 방식이든 학교 문화와 풍토를 고려해야 하며 SEL을 학교 구조에 체계적이고 의도적으로 포함해야 한다.

SEL 인터벤션과 기술 개발은 지지적인 교실과 학교 환경에서 이루어져야 하며, 그러한 분위기를 조성하는 데에도 도움이 된다. 덧붙여, 성공적인 SEL과 관련된 학교 및 교실 활동은 학생들이 의사결정이나 문제 해결, 평생학습 참여에서 적극적인 목소리를 낼 수 있도록 교육한다. 이러한 교육 방식은 학생들이 실제 상황에서 적용할 수 있도록 프로그램 구성 안에 새로운 기술과 행동을 연습할 수 있는 반복적인 기회를 제공한다. 즉, 교실 수업 내에서 연습할 기회를 제공하는 것이 중요하지만, 실제 상황에서 연습할 수 있는 실질적 기회는 훨씬 더 큰 영향을 줄 수 있다(Durlak et al., 2011).

"보살핌과 신뢰의 관계는 학문적·도덕적 교육의 기초가 된다"(Noddings, 2006, p. 20)는 Nel Noddings의 말처럼, 실제로 돌봄 네트워크 수립과 강화 그리고 돌봄 공동체의 의도적인 노력은 돌봄 학교 문화의 가장 핵심 역할을 하는 것들이다. 학생, 학생과 학교 내의 어른, 교직원 또는 학교 밖에서 학부모나 보호자들 사이에 상호 교류가 일어나는 것과 상관없이 교류 자체가 존경과 배려를 반영한다. 그런 공동체가 형성될 때 구성원들은 환영받는다고 느낀다. 표 19.1은 긍정적 학생-교사 관계와 돌봄 교실을 조성하기 위해 교육자들이 사용할 수 있는 명시적 전략의 목록을 제공한다.

표 19.1 ❙ 긍정적 학생 육성을 위한 전략(교사 관계와 돌봄 교실)

교사의 행동	학생/교실 이점	실천의 예
매일 일과가 시작되기 전 학생들과 긍정적 교류를 나누기 위한 의도적 노력으로 교실에 들어오는 학생들에게 인사한다.	학생들이 매일 보살핌 받고 관리받는다고 느끼기 시작하는데 이것은 교실에서 돌봄 환경을 배우고 함양하도록 돕는다.	• 문 앞에서 학생들에게 인사하거나 수업 전 학생들과 가까워지기 위해 교실을 돌아다닌다. • 상호작용은 학생들에게 새 배낭이나 신발에 관해 묻거나 전날 밤 농구 경기가 어땠는지 물어보는 것만큼 간단할 수 있다.
학생들의 학교 밖의 삶에 대해 알고자 한다.	교사가 학생들이 교실 안에 있든 밖에 있든 중요한 존재라는 것을 보여줌으로써 그들은 보살핌을 받고 있다고 느낀다.	• 이는 연초에 공식 면담을 통해 또는 비공식적으로 매일 확인하는 방식으로 이루어질 수 있다. • 학생들에게 고민이 있는지 방과 후에는 무엇을 하는지 질문한다. • 학생들과 그들의 강점, 도전, 관심, 꿈·목표에 관해 이야기한다. • 학생들에게 그들이 학교에서 잘 지내기 위해 선생님으로서 무엇을 할 수 있는지 물어본다.
학생들의 말을 적극적으로 경청하며 관심을 보인다.	학생들과 두터운 신뢰 관계를 구축한다.	• 진정한 경청은 학생의 말을 듣고 이해한 것이 맞는지 다시 확인함으로써 이루어진다.
학생들이 교실에서 의사결정에 참여할 수 있도록 한다.	교사들은 학생들의 피드백을 고려함으로써 그들의 의견과 경험이 가치 있다는 것을 보여준다. 이는 학생들이 자유롭게 질문하고 시도해도 된다고 느끼는 교실 문화를 만들어내며, 그들의 학업적 성취뿐만 아니라 SEL 기술 또한 증진한다.	• 학생들에게 물리적 환경의 구성과 조직에 대해 의견을 제시할 기회를 준다(예: 교실 게시판에 무엇을 올릴지, 좌석을 어떻게 배치할지, 액티비티 센터를 어떻게 구성할지와 같은 것). • 학생들이 학급 규칙을 개발하고 긍정적 교실 분위기를 조성하는 데 참여하도록 정기적인 학급 회의를 개최한다. • 학년 초에 전체 학급과 함께 학생들이 요구하는 것에 대한 의견을 담은 '학급 규칙'을 제정한다. 공동체의 각 구

교사의 행동	학생/교실 이점	실천의 예
		성원이(학생과 교사) 그러한 환경 개선에 어떻게 이바지할 수 있는지 토의한다.
회복적 정의 실천이 요구되는 경우 교실 공동체를 바로잡는다.	회복적 정의를 실천하는 것은 학생들이 언쟁하고 감정을 관리하는 것 같은 실제 삶의 도전에 대한 문제 해결을 할 수 있게 한다. 학생들은 실수를 통해 배우며 그것은 그들을 폄하하거나 낙인찍는 것이 아니라 다음에 더 잘하도록 배우는 기회를 제공한다(Yeager, Dahl, & Dweck, 2017). 그러한 훈육 방식으로 접근하는 것은 공동체 내에서 관계를 발전시킴으로써 아이들의 회복 탄력성을 길러주고, 존중받는 문화를 확립하며, 자아개념을 강화한다. 공동체를 구성하는 관계 회복에 초점을 두고, 회복적 정의 관점 내에서 사용된 훈육 또는 행동 관리 노력은 전혀 징계처럼 보이지 않는다. 오히려 "잘못"을 저질렀을 때, "잘못한" 개인은 그것을 적절한 방식으로 바로잡을 기회를 얻는다(Teasley, 2014).	• 연초에 학급 규칙을 제정할 때, 잠재적 갈등을 평화적으로 해결하고 완화하려는 방법을 학생들과 브레인스토밍한다. 이렇게 사전에 결정된 전략을 수립하고 연습하는 것은 학생들에게 실제 문제가 발생했을 때 문제를 평화롭게 해결해 나갈 수 있도록 하는 능력을 길러주는 것이다. • "잘못"을 저질렀을 때, "잘못한" 개인에게 적절한 방식으로 바로잡을 기회를 준다. 예를 들어, 학생을 처벌하기 위한 타임아웃으로 몰아넣는 대신, "잘못"에 관련된 모든 학생과 함께 문제에 대한 해결책을 브레인스토밍한다. • 공동체로서 학생들은 언쟁의 배경과 오해의 근거를 설명하면서 문제 해결 상황을 배운다.

구성 요소 2: 증거 기반 프로그래밍을 통한 사회정서학습 기술의 명시적 교수

최근 몇 년 동안 SEL 프로그램에 관한 문헌들은 사용되는 SEL 기술의 범주, 인터벤션 설계, 교과 내용, 주요 대상(예: 초등학교 vs 중학교 vs 고등학교), 프로그램의 효과성을 지지하는 연구 증거 측면에서 상당한 다양성을 가지고 발전되어 왔다. 일부 SEL 프로그램의 수업은 학생들의 SEL 역량에 대한 분명한 교수법에 초점을 두지만, 다른 프로그램들은 SEL 내용을 핵심 교과목(예: 국어)에 통합시킨다. 몇몇 SEL 프로그램과 접근 방식은 안전하고, 배려하며, 몰입하고, 학교에 대한 학생의 애착, 학습 동기 및 학업성취를 촉진하는 참여적 학습환경을 조성하고 증진하기 위해 교사의 교수행동과 교육(pedagogy)을 명시적 대상으로 삼는다(Zins et al., 2004). 연구에 따르면 가장 유익한 프로그램은 음향 이론 및 연구에 기반을 두고 있으며, SEL 기술 가운데 순차적이고 발달상 적절한 교육을 제공하는 것으로 나타났다(Bond & Hauf, 2004). 연구는 유치원부터 고등학교에 걸쳐 조정된 방식으로 학교 전체에 실행되었다. 수업은 교실과 교외 활동 그리고 가정에서 강화되었다. 효과적인 SEL 프로그램에서 교육자들은 SEL 전문가 단계에 있으며, 학생들의 사회적, 정서적, 학업적 성취를 위해 학교와 가정이 협업한다(Nation et al., 2003).

표 19.2에서는 CASEL 'SELect' 프로그램으로 알려진 가장 널리 활용되고 연구된 SEL 프로그램 중 일부를 선정하였다(CASEL, 2013, 2015). 여기서는 각 프로그램에 대한 설명을 제공하고 그 효과성을 평가하는 연구에 관심을 기울이는데, 이는 유치원·초등학교 프로그램 또는 중학교·고등학교 프로그램으로 분류된다. 우리는 아래 기준에 따라 프로그램을 채택했다. (1) 프로그램은 긍정적 교육 환경 촉진에 중점을 둔 명시적 교육과정을 갖는다. (2) 프로그램은 학교 기반이며 일반 학생을 대상으로 단계적 수업을 제공한다. 즉, 특별 그룹의 아동을 대상으로 하지 않았으며, 프로그램은 보편적이고 일반적인 교실에서 모든 학생에게 실행되었다. (3) 프로그램 기간 중 1년에 최소 8개의 수업이 있다. (4) 프로그램은 상업적 이용이 가능하며 교실에 적용하기 전 교사는 교육을 받아야 한다. (5) 프로그램은 엄격한 사전 검사, 사후 검사, 대조집단 통제, 유사 실험 설계를 통해 효과성을 증명하는 실증적 근거를 갖는다. (6) 이 부분에 포함되지 않는 프로그램은 기술의 개발에 초점을 맞춘 프로그램이며 행동은 긍정적 교실 환경을 만드는 것과 관련되지 않는다. 그리고 프로그램 대상은 이미 확인된 사회정서적 문제(예: 우울증, 불안, 품행장애)를 겪고 있는 학생들로 더욱 집중적인 접근이 필요하다.

프로그램 전반의 공통점은 다음과 같다. (1) 프로그램의 모든 수업은 더 바람직한 학생 성과를 촉진하는 것으로 밝혀진 Durlak 등(2011)의 SAFE 기준을 포함한다. (2) 각 프로그램은 이론적으로 도출되었고 아동의 사회정서적 발달에 관한 연구를 통해 알려졌다. (3) 각 프로그램의 목표와 활동은 그룹 토의와 성찰 기회 제공에 중점을 둔 아동 중심 접근을 강조한다. (4) 수업 계획과 그에 수반되는 활동은 아동의 발달 수준에 맞게 조정되며, (5) 덧붙여 핵심 프로그램 수업과 확장 활동 및 자료는 교사들이 수업 콘텐츠를 수학, 과학, 언어, 사회와 같은 교과목에 통합할 수 있도록 하였다.

프로그램 전반에 걸쳐 몇 가지 차이점도 존재한다. 예를 들어, Caring School Community Program(돌봄 교육 공동체 프로그램), Responsive Classroom Approach(반응적 교실 접근법), RULER Approach(감정 인지 · 이해 · 분류 · 표현 · 조절 접근법)는 학생들이 긍정적 교실 공동체 만들기에 적극적으로 참여하는 데 목적을 둔 프로그램들이다. 그리고 Responsive Classroom Approach는 아침 미팅을 가지지만, RULER 학생들은 서로 어떻게 대해 주기를 원하는지, 학교에서 어떻게 지내고 싶은지 그들의 집단 목표를 확인하는 교실 선언문을 만들기 위해 함께 작업한다. 4Rs 프로그램(읽기, 쓰기, 존중, 문제 해결), RULER Approach, Facing History and Ourselves(역사와 정체성)를 포함한 몇 개의 프로그램은 교육과정에 통합된 프로그램들이다. 4Rs 프로그램은 언어를 가르치도록 특별히 설계되었으며, 갈등 해결과 SEL에 포괄적인 리터러시 기반 교육과정을 포함한다. 한편 Facing History and Ourselves는 사회학, 인문학, 어학 교육과정에 포함될 수 있다. 대부분의 SEL 프로그램을 담임 교사가 가르치지만, Roots of Empathy(공감의 뿌리: ROE) 프로그램은 월 3회 교실에 방문하는 ROE 전문 강사가 가르친다는 점에서 구별된다. 또한, ROE 프로그램에는 감정 지식, 조망 수용, 유아 발달에 관한 논의의 출발점을 제공하는 활동과 함께 유아와 부모의 월별 방문이 포함되어 있다는 점도 특이하다. 마지막으로 MindUp(마인드업)은 SEL 수업 외에 마음 챙김 활동의 통합을 포함하는 유일한 프로그램이다. 구체적으로 MindUp에서 아이들은 매일 3회씩 3분간 진행되는 마음 챙김 활동에 참여하게 되며, 프로그램은 한 사람의 호흡에 집중하고 하나의 공명음에 주의를 기울여 듣는 것으로 구성된다.

표 19.2 ▎ 학교를 위한 SEL 프로그램

유치원에서 중학교까지 SEL 프로그램		
프로그램명과 설명	**프로그램의 주요 요소**	**주요 연구 결과**
CSC 프로그램(이전에 아동 발달 프로젝트로 불림) 6학년 아이들의 핵심 가치, 친사회적 행동, 학교 전반의 공동체 의식 증진이 목적이다. 공동의 목적의식과 배려, 정의, 책임감, 학습과 같은 친사회적 규범과 가치에 대한 책무성을 함양하기 위해 교실 전체와 학교 전체의 광범위한 노력을 포함한다(Kohn, 1997).	1. 학생 간 대화 촉진을 위한 학급 회의 2. 학년을 떠나 짝을 맺고 관계와 신뢰를 쌓는 교차 연령 '버디' 프로그램 3. 참여 기회를 제공하면서 가정 참여를 장려하고 학부모의 학교 활동을 알리는 '홈사이드' 액티비티 4. 학교, 가정, 지역사회가 참여하는 학교 전반의 커뮤니티 구축 활동	CSC 프로그램에 참여하지 않은 학생들과 비교했을 때, 이 프로그램에 참여한 학생들은 다음과 같은 결과를 보였다. • 더 친사회적인 행동 • 덜 공격적인 행동 • 더 긍정적인 학교 성과 및 학습 의욕 유발 학생들이 학교를 돌봄 공동체라고 느끼는 인식에 대한 증가는 다음과 같이 반영되었다. • 학교 및 학습에 대한 긍정적 수용 태도 • 교사에 대한 상호 신뢰와 존중 • 친사회적 행동 및 사회적 기술의 전반적 향상 이러한 긍정적 영향은 공동체 의식이 가장 높은 빈곤 지역 고등학교에서 안정적이었으며, 고위험 환경에서 이 프로그램이 효과적임을 시사한다(Battistich, Schaps, Watson, & Solomon, 1996; Battistich et al., 1997).
4Rs 프로그램(읽기, 쓰기, 존중, 문제 해결) 유치원부터 5학년까지 아이들을 위해 설계된 학교 기반 인터벤션(http://www.morningsidecenter.org/) SEC 교수법과 기초 학업적 기술 사이의 교육학적 연관성을 제공한다. 갈등, 감정, 관계, 공동체의 포괄적 주제인 4Rs 교육과정을	1. 갈등 해결과 SEL이 포함된 통합적 리터러시 기반 교육과정(7개 단위, 학년별로 표준화된 교수 가이드 교사에게 제공) 2. 25시간의 교육 후에 한 학년에 최소 12번의 연락으로 학생들에게 4Rs 교육과정으로 가르치는 교사를 지속해서 지원하는 코칭	교사의 사회정서적 기능이 3학년 교실의 질적 차이를 예측한다. 연초에 교사 자신의 감정 능력에 대한 인식은 연말까지 교실에서 높은 수준의 사회적 과정을 만들어내는 자신의 능력을 유의미하고 긍정적으로 예측했다. 4Rs 프로그램에 참여하지 않은 학교와 비교하여, 참여한 학교는 학생들의 적대적 자기 편향, 공격적 대인관계 협상 전략, 우울에서 유의미한 향상을 보였다.

유치원에서 중학교까지 SEL 프로그램		
프로그램명과 설명	프로그램의 주요 요소	주요 연구 결과
강조하고 갈등 해결을 위한 교육 기회도 제공한다.		학생들의 주의력, 공격성, 사회적 유능감에 대한 교사들의 보고 또한 향상되었다.
교사들에게 일련의 SEL 기술과 개념을 소개하고 나서 학교의 다른 사람이나 관리자 그리고 교실의 학생들과의 일상적인 상호작용에서 이러한 기술과 개념을 사용하도록 지원했다.		프로그램은 교사들에게 가장 높은 행동 위험을 가진 것으로 확인된 아동들의 수학 및 읽기 능력 향상에 영향을 미쳤다. (Brown, Jones, LaRusso, & Aber, 2010; Jones, Brown, & Aber, 2011 참조).
Responsive Classroom(RC) 접근법	교사들의 사고와 행동을 안내하기 위해 고안된 7가지 필수 원리	연구는 RC 접근법이 다음 사항의 개선과 관련이 있음을 증명한다.
초등학생의 사회적, 정서적, 학업적 능력을 향상에 도움이 되는 안전하고 지지적인 교실 환경 조성을 위해 설계되었다. 가정과 학교 상황, 사회적 상호작용, 사회적 기술 그리고 과정 중심 학습에서 아동의 발달을 강조한다. RC 접근의 원리와 실천 측면의 훈련은 일주일에 걸친 포괄적 훈련 세션, 지속적 코칭 지원, 교육용 자료, RC 접근 뉴스레터를 포함하는 구조화된 교육 절차를 통해 나타났다.	1. 학업적·사회적 교육과정 강조 2. 학습의 내용과 과정 강조 3. 인지발달에서 사회적 상호작용의 중요성 4. 학업적·사회적 역량에서 사회적 기술의 중요성 5. 학생을 개별로 이해하는 것의 중요성 6. 학생의 가족과 협업하는 것의 중요성 7. 학교 교직원 풍토의 중요성	• 교실의 질 • 학생 성취도 • 교사의 효능감 RC 교실의 아이들은 학교에 대해 더 좋은 인식을 했고 교사들이 RC를 사용할 때 보다 높은 학업적·사회적 행동을 보여 주었다. 읽기와 수학 능력 향상은 RC 프로그램 참여와 관련이 있다. RC 실천의 높은 실행 충실도는 정서와 조직화 영역에서 교사-학생 간 높은 상호작용 질을 증명했지만, 교육적 상호작용은 효과성이 입증되지 않았다.
	이러한 원리를 촉진하기 위한 교실 실천에는 아침 회의 사용, 공동 규칙 작성, 상호작용 모델링, 긍정적 교사 언어 및 잘못된 행동에 대한 논리적 설명이 포함된다.	(Abry, Rimm-Kaufman, Larsen, & Brewer, 2013; Rimm-Kaufman, Fan, Chiu, & You, 2007 참조)

유치원에서 중학교까지 SEL 프로그램		
프로그램명과 설명	**프로그램의 주요 요소**	**주요 연구 결과**
Root of Empathy(공감의 뿌리) 공격성을 줄이고 친사회적 행동을 촉진하기 위한 노력으로 아동의 사회정서적 이해 발달이 가능하게 하는 보편적·예방적 인터벤션(Gordon, 2009). 매달 유아와 부모들이 참여하는 교실에 방문한다. 아동은 유아와의 상호작용과 관찰을 통해 유아기 성장과 발달에 대해 배운다. 아이들이 자신과 다른 사람의 감정을 이해하고 성찰할 수 있도록 한다.	훈련된 ROE 강사가 각 유아와 부모에게 다른 차원의 공감에 대해 논의하고 학습하도록 설계된 수업 계획을 따르게 한다. 수업은 다음을 포함한다. 1. 아기와 만나기 2. 울기 3. 아기를 위한 양육과 계획 4. 감정 5. 수면 6. 안전 7. 커뮤니케이션 8. 나는 누구인가? 9. 안녕, 잘 지내	ROE에 참여한 아이들은 그렇지 않은 아이들과 비교했을 때 다음과 같이 증명했다. • 정서적·사회적 이해 향상 • 공격적 행동 감소(특히 주도적 공격성) • 친사회적 행동 증가(예: 도움, 공유, 협력) • 교실 지원 및 소속감에 대한 아동 평가의 유의미한 향상 아동의 사회정서적 지식 변화는 공격적 행동의 감소와 친사회적 행동 증가와 연관되어 있다. 반면 ROE 프로그램 참여 아동은 한 학년에 걸쳐 공격성이 현저히 감소했지만, 대조집단 아동은 공격성이 두드러지게 증가했다. (Schonert-Reichl, Smith, Zaidman-Zait, & Hertzman, 2012 참조)
MindUp(마인드업) 유치원부터 8학년까지 아동들을 위한 통합적 교실 기반 프로그램으로 아동의 사회정서적 역량, 정신건강, 자기 조절을 증진하며, 반면 행동화나 공격성 감소를 목적으로 한다 (www.thehawnfoundation.org 참조). 인지신경과학, 마음 챙김 기반 스트레스 감소, SEL, 긍정 심리학 분야의 최근 과학적 연구에서 알려진 이론적으로 도출된 교육과정이다.	매일 호흡과 경청 운동은 아동의 자기 인식, 집중력, 자기 조절, 스트레스 감소를 목표로 한다. 15개 수업이 4개의 단위로 그룹화되었다. 구성 Ⅰ: 집중하자! • 뇌가 작동하는 법 배우기 • 마음 챙김 주의 이해하기 • 알아차림에 집중하기: 핵심 연습 구성 Ⅱ: 감각에 집중하기 • 마음 챙김 듣기 • 마음 챙김 보기 • 마음 챙김 냄새 맡기	MindUp 프로그램에 참여한 아동은 그렇지 않은 아동에 비해 아래 영역에서 향상을 보였다. • 교사가 주의력 및 사회적 역량을 좋게 평가함 • 자기 보고한 낙관성, 감정 조절, 공감성, 조망 수용, 친사회적 목표 및 마음 챙김 행동 • 동료 수용 • 자기 보고한 학교 자아 개념(즉, 인식된 학업 능력과 관심/흥미) • 교사가 보고한 수학 성취도 15% 증가 • 교실 내 공격적 행동/행동 조절 곤란 감소

유치원에서 중학교까지 SEL 프로그램		
프로그램명과 설명	프로그램의 주요 요소	주요 연구 결과
	• 마음 챙김 맛보기 • 마음 챙김 움직이기 I • 마음 챙김 움직이기 II 구성 III: 태도에 관하여 • 조망하기 • 낙관론 취하기 • 행복한 경험 맛보기 구성 IV: 신중하게 행동하기 • 감사함으로 행동하기 • 친절하게 행동하기 • 공동체 내에서 마음 챙기기	• 우울 증상 감소 MindUp에 참여한 아동은 또래들로부터 더 친사회적이고(예: 친절하고, 도와주고, 신뢰로운) 덜 공격적인 것으로 평가되었다. 행동 억제, 작동 기억, 선택적 주의를 요구하는 집행기능(EF) 과제에서 MindUp 참가자들의 평균 응답 시간이 눈에 띄게 짧았다. 반면 MindUp을 받지 않은 아동과 비교했을 때 동일한 정확도를 유지한다. MindUp 참가자의 하루 코르티솔 패턴은 사전 검사에서 사후 검사까지 가파른 경사를 유지했다. 반대로, MindUp에 참여하지 않은 아이들은 가파른 패턴에서 평평하고 둔화한 변화를 보여주었다. 이것은 MindUp이 학생들의 스트레스를 조절하는 데 도움이 될 수 있음을 시사한다(Schonert-Reichl & Lawlor, 2010; Schonert-Reichl, Oberle, et al., 2015 참조).
RULER 접근법 학업적, 사회적, 개인적 효과성을 촉진하는 최적의 학습환경을 조성하는 동시에 어린이와 청소년의 사회정서적 기술 향상을 목표로 한다.	감정 단어와 관련된 개념을 중심으로 한 구성과 수업을 통해 초등학생과 중학생의 사회적, 정서적, 학업적 학습 촉진을 위해 고안된 구조화된 다년제 교육과정	프로그램을 적용하지 않은 집단과 비교하여, RULER 접근법을 통합한 교실과 학교는 다음과 같은 결과를 갖는다.
교육에 체계적 접근법을 사용하여 학습자, 학습 과정, 학습환경이 모두 교육과정에 통합되어 있다(McCombs, 2004). 다양한 연령의 학생들을 위해 고안된 교육과정을 포함한다.	학생들이 감정 단어를 깊이 있게 이해하도록 돕기 위해 고안되었다. 단어는 흥분, 수치심, 소외감, 몰두와 같은 사람의 감정을 특징으로 묘사하였다.	• 더 높은 기말 성적 • 더 높은 사회정서적 역량(예: 리더십, 사회적 기술, 학업적 기술) • 교사와 학생 간의 더 높은 친밀도 및 유대감 • 학생들 내에서 자율성과 리더십 강화

유치원에서 중학교까지 SEL 프로그램		
프로그램명과 설명	프로그램의 주요 요소	주요 연구 결과
문학, 작문, 인간 경험의 이해에 중점을 두므로 ELA 및 역사 영역에 적용할 수 있다.		• 학생들의 흥미와 동기에 더 중점을 둔 교사 (Brackett et al., 2012; Rivers, Brackett, Reyes, Elbertson, & Salovey, 2013 참조)

중학교에서 고등학교까지 SEL 프로그램		
프로그램명과 설명	프로그램의 주요 요소	주요 연구 결과
Facing History and Ourselves (https://www.facinghistory.org) 역사, 문학, 인간 행동에 관한 연구를 윤리적 의사결정과 통합하고 학생들의 역사적 이해, 비판적 사고, 사회정서적 기술 촉진을 목표로 한다. 학생들은 역사를 성찰하고, 현재 사건과 연결하며, 그들이 직면하는 선택과 그들이 어떻게 세상을 변화시킬 수 있는지에 관해 토론한다. 6학년부터 12학년까지 적용할 수 있으며 사회학, 인문학, 어학 교과과정에 포함될 수 있다.	프로그램의 권장 훈련 기간은 2−5일이다. 교사들의 수행에 대한 지원이 가능하다. 교실 또는 학교 전체에 실행할 수 있으며 가정과 공동체를 참여시키기 위한 활동을 포함한다(예: 지역사회 구성원들이 그들의 경험을 공유하기 위해 교실에 참여한다).	Facing History and Ourselves는 학생들의 사회정서적 기술과 태도를 강화하고 교사의 교수 실천을 향상하는 데 효과적이라고 밝혀졌다(Barr et al., 2014).
두 번째 단계: 중학교에서 예방을 통한 학업적 성공 (http://www.cfchildren.org/second-step) 학생들이 또래 압박이나 약물 사용, 괴롭힘을 피하고 좋은 선	활동과 연습을 포함한 48개 수업으로 구성 프로그램 실행을 위한 교육은 각 30−60분씩 지속되는 4개의	사회경제적으로 혜택을 받지 못한 6학년 학생 그룹에서 폭력성, 공격성, 성폭력을 감소하는 데 효과적이다(Espelage, Low, Polanin, & Brown, 2013).

중학교에서 고등학교까지 SEL 프로그램		
프로그램명과 설명	**프로그램의 주요 요소**	**주요 연구 결과**
택을 할 수 있는 의사소통, 대처 능력, 의사결정 기술을 가지고 청소년기를 보낼 수 있도록 준비시키는 데 목적이 있다. 6학년부터 8학년까지의 학생들을 위해 설계되었지만, 개조된 유치원과 초등학교 버전을 사용할 수 있다.	가상 모듈로 구성된다.	
학생 성공 기술 (http://studentsuccessskills.com/programs) 학생들의 수행을 높이는 인지적 및 자기관리 능력을 개발하도록 설계되었다. 학교 상담가가 교실 수업을 통해 실행한다. 지원이 더 필요한 학생에게는 추가적으로 집단 상담을 제공한다. 학교 전반의 구성 요소를 포함하며, 가족을 프로그램에 연결하는 활동을 포함한다.	프로그램은 다양한 연령군(초등학교 이상부터 고등학교까지)에 맞게 조정된 8개의 세부 SEL 수업으로 구성된다. 프로그램 실행을 위한 교육은 하루 종일 이루어지며 일부 실행 지원이 가능하다(예: 프로그램 코치).	중학생들을 대상으로 한 실증적 연구에서 프로그램이 실행기능, 학업성취도, 소속감, 사회정서적 기술 향상에 효과적이라는 것을 보여주고 있다(Lemberger, Selig, Bowers, & Rogers, 2015).

CSC, Caring School Community; EF, executive functions; ELA, English language arts; RC, Responsive Classroom; SEL, social and emotional learning.

구성 요소 3: 사회정서적 역량 증진과 교육자의 웰빙

SEL에 대한 교사의 지식을 증진하려는 노력만으로는 성공적인 SEL을 실행하기에 충분하지 않다. 실제로 교사 자신의 사회정서적 역량(SEC)과 웰빙은 SEL이 교실과 학교에 도입되는 데 중요한 역할을 하는 것으로 보인다(Jones et al., 2013). Jennings와

Greenberg(2009)는 교사의 SEL 역량과 학생 성과의 연관성을 검토하면서 학생들에게 최상의 결과를 얻기 위한 투자량과 충실도뿐만 아니라 교사-학생 관계의 질, 효과적인 학생과 교실 관리 기술의 중요성을 지적한다. 이에 따라 그들은 교사들의 SEL 역량을 구체적으로 다루고, 교사 스트레스와 소진을 줄이며, 교사들의 복지 향상을 위해 설계된 프로그램의 개발과 실행을 권한다. 비록 한계가 있지만 지난 몇 년 동안 교사들의 SEL과 스트레스 관리 능력 증진을 구체적 목표로 한 인터벤션이 있었음을 보았다.

사회정서학습/마음 챙김 프로그램과 교사 전문성 개발

오래전부터 교육자들의 웰빙과 회복 탄력성 증진에 대한 요구가 있었다. Gallup(2014) 여론조사에 따르면 12학년 교사의 46%가 매일 높은 수준의 스트레스를 받는다고 응답했으며, 자기 일에 몰입하고 있다고 답한 교사들은 3분의 1도 채 되지 않았다. 과도한 스트레스와 부정적 감정에 대처하는 불충분한 준비는 종종 교육자들이 직장을 떠나는 이유로 언급된다(Schonert-Reichl, Hanson-Peterson, & Hymel, 2015). 가장 최근의 연구에서는 교육자들이 가르치는 것과 관련한 스트레스 요인에 보다 쉽게 대처하기 위한 방법의 하나로 그들의 SEC를 강화하는 것을 꼽았다(Jennings & Greenberg, 2009).

교육자의 SEC 이해를 목표로 한 연구는 여전히 진행되고 있다. 그러나 교육자들을 위한 증거 기반의 SEL 프로그램은 학생들에게 실행되고 있는 것에 비해 그 수가 턱없이 부족하다. 그런데도 교사들이 이용할 수 있는 SEL 프로그램은 교사 SEC와 웰빙 증진의 가능성을 보여주었다. 표 19.3에서는 교사의 SEC 개발을 목적으로 한 몇 가지 모범적 SEL 기반 프로그램에 관해 설명하고 있다. 아직 평가되지는 않았지만, 어느 정도 가능성을 보이는 교사 SEC 증진에 관한 다른 프로그램도 소개하고 있다(이 프로그램의 설명은 Schonert-Reichl et al., 2016 참조).

표 19.3 ▍ 사회정서학습/마음 챙김 프로그램과 교사를 위한 전문성 개발

프로그램명과 설명	프로그램의 주요 요소	주요 연구 결과
CARE for Teachers 교육자 SEC 능력 구축에 초점을 둔 마음 챙김 기반의 SEL 프로그램	마음 챙김 기반 운동은 방법을 제시함으로써 교육자의 사회적, 정서적 요구에 주목한다(Jennings, Turksma, & Brown, 2012).	CARE 훈련을 받은 교사들은 그렇지 않은 교사와 비교했을 때 다음과 같이 보고되었다.
인식 증가, 스트레스 감소, 존	• 침착성을 높이고 마음에 집중	• 적응적 감정 조절과 마음 챙

프로그램명과 설명	프로그램의 주요 요소	주요 연구 결과
재감 증가, 자기 자애 증가, 성찰과 영감을 통한 능력 향상을 통해 교육자의 SEC를 개발하고 강화하는 것을 목적으로 한다 (Jennings et al., 2012).	• 감정을 이해하고 조절 • 자기 인식, 자기 조절, 자기 공감 증가 • 학생과 동료와의 관계 개선 • 알아차림을 통한 교실 관리와 문화 개선	김 향상 • 심리적 고통의 감소 • 시간에 대한 절박감/압박감 감소 • 웰빙 및 효능감의 향상
참가자들에게 일상에서 쉽게 사용할 수 있는 일련의 마음 챙김 기반 운동을 제공함으로써 교육자의 SEC를 함양한다. 학생이 아닌 오로지 교육자에게만 초점을 맞추고 교육과정을 만들어 전달하는 몇 안 되는 증거 기반 SEL 프로그램 중 하나이다.	일반적으로 4-5주 사이에 펼쳐지는 워크숍을 통해 제시된다. 세션 중에도 강의에서 배운 내용을 수업에 적용하고자 할 때 교육자들은 휴대전화나 인터넷을 통해 CARE 조력자로부터 코칭을 받을 수 있다. 매년 여름 보습교육은 뉴욕 북부에 위치한 Garrison 연구소에서 제공된다(http://www.garrisoninstitute.org).	관찰을 통해 CARE 훈련을 받은 교사들이 정서적 지지 수준을 유지할 수 있는 능력이 더 뛰어났고, 반면 훈련을 받지 않은 교사들은 정서적 지지 수준이 낮아졌다. (Jennings et al., 2017; Jennings, Frank, Snowberg, Coccia, & Greenberg, 2013 참조)
SMART-in-Education	SMART-in-Education은 일반적으로 11주간 교육이 진행되며 8개 워크숍으로 제공된다.	SMART-in-Education 훈련을 받은 사람과 그렇지 않은 사람을 비교한 결과는 다음과 같다.
교육을 지원하기 위해 일하는 성인 대상의 마음 챙김 기반의 전문성 개발 프로그램으로 교사, 상담가, 부모와 같은 참여자를 포함 참여자들에게 웰빙을 지원하고 SEC 개발을 돕는 데 사용할 수 있는 일련의 연습을 제공한다. 참여자가 개인적 및 직업적 의미를 재연결하고, 균형을 찾고, 정서 지능을 함양하며, 정신건강을 증진하도록 지원한다(http://passageworks.org).	교육과정은 다음의 개발에 초점을 맞추고 있다. • 마음 챙김 • 자기 자비 • 자기 자애 • 용서 교육과정은 이러한 기술의 개발을 지원하기 위해 감정 이론을 사용한다.	• 현저히 줄어든 직업 스트레스와 소진감 • 직업적 자기 자애 증가 • 효능감 증가 • 타인을 용서하는 능력 증가 • 가르치는 것과 관련한 스트레스 요인 대처하도록 돕기 위한 더 많은 전략 채택 • 도전적인 학생들을 보다 긍정적 관점에서 평가하는 능력 향상 자기 자애가 우울과 불안 증상을 줄일뿐더러 스트레스 감소와 소진도 매개하는 것으로 확인되었다. 미국 그룹에서는 사후 프로그램 및 3개월 추적 관찰에서 우울과 불안 감소 효과가 큰 것으로 나타났다(Roeser et al., 2013 참조).

이론에서 실천으로

> 그 어떤 사회도 구성원들이 다른 사람을 돕고 돌보는 데 수반되는 민감성, 동기부여, 기술을 배우지 않는다면 오래갈 수 없다(Bronfenbrenner, 2005, p. 14).

내일의 시민을 위해 우리는 어떤 세상을 원하는가? Urie Bronfenbrenner는 다른 사람을 돌보는 법을 배우는 것이 사회의 생존을 위해 필수적이라는 것을 우리에게 상기시켜주고 있다. 그리고 학교는 의심할 여지 없이 이런 임무에 있어 중요하고 근본적인 역할을 한다. SEL 분야는 돌봄 교실과 학교 환경을 촉진하는 SEL 프로그램을 통해, 배려하는 어른과 학생들의 미래 세대를 양성하는 데 많은 기대를 걸고 있다. 지난 10년간 교실과 학교에서 학생들의 몰입을 촉진하는 전략적 SEL 프로그램과 모범 사례들을 통해 학생들의 사회정서적 기술을 증진하는 연구와 실천에서 상당한 진보를 목격해왔다. SEL을 성공적으로 실행하기 위한 실용 자원과 가이드라인이 교실, 학교, 교육구 수준에서 개발되었다. 연구에 따르면 실행의 질에 대한 세심한 주의가 차이를 만든다는 것이 입증되었다. 더욱이 분명하고 의도적으로 다루어져야 할 세 가지 필수 요소인 학습 맥락, 학생의 SEL, 교육자의 SEL이 존재한다는 것을 인지하는 것도 중요하다(그림 19.1 참조).

사회정서학습 실천하기: 실행의 중요성

SEL 프로그램을 효과적으로 확립하기 위해서는, 학교 리더들이 그러한 프로그램을 실행하는 가장 좋은 방법을 이해해야 한다. 효과적인 실행은 프로그램 성과에 영향을 미칠 뿐만 아니라 향상된 학생 성취도와도 관련이 있다(Durlak & DuPre, 2008). 나아가 SEL 프로그램이 일관되지 않거나 비효과적인 SEL의 실행은 바람직하지 않은 결과를 촉진하는 것으로 밝혀졌다(Elias, 2009). 이러한 연구 결과는 효과적인 SEL 실행의 중요성을 강조하고 있다.

앞에서 언급한 바와 같이 SEL 프로그램은 실천가가 SAFE 절차를 따를 때 보다 긍정적인 학생 성과를 촉진한다(Durlak et al., 2011). 효과적인 실행 과정은 다음을 따른다: (1) 의사결정을 돕기 위한 데이터 수집 및 사용 (2) 비전과 목표를 확실히 하기 위한 주요 이해관계자와의 논의(교사, 가족, 학교장 포함) (3) 수집된 데이터에서 결과에 기반하여 요구와 목표에 우선순위 매기기 (4) 명확한 요구와 목표에 기초한 SEL 프로그램 선택

(Jones, Bailey, Brush, & Kahn, 2018). 각 단계에 대한 철저한 검토는 이 장의 범위를 벗어난다. 다행히도 학교 지도자들이 실행 과정에 도움이 되는 다양한 자원을 이용할 수 있다. 효과적인 SEL 실행을 위한 준비라는 제목으로 간략하게 작성된 Jones 등(2018)의 보고서에서는 학교 지도자들이 SEL 프로그램을 효과적으로 실행하고자 할 때 사용할 수 있는 가이드라인을 제공한다. 효과적인 SEL 실행에 관한 자원은 Durlak, Domitrovich, Weissberg와 Gullotta(2015)의 연구를 참조하길 바란다.

SEL에서 성공 가능성이 큰 접근법은 체계적이며 학생 몰입 촉진을 위해 학교와 교육구 단위 모두를 대상으로 한다. 실제로 학구는 학생들의 학업성취, 고등학교 졸업, 대학 진학 준비를 촉진하기 위한 노력과 대등한 교육의 중요한 부분인 SEL을 홍보할 필요가 있다(Dymnicki, Sambolt, & Kidron, 2013). CASEL의 연구자들과 교육자들은 이러한 외침에 주목했고, 2011년에 SEL을 교육의 핵심에 체계적으로 투입하기 위한 획기적 프로젝트를 시작했다. '협력 교육구 계획'으로 명명된 CASEL은 학생들의 사회정서적 발달과 학업적 성취에 영향을 미치는 체계적 변화를 장려하기 위해 미국의 대도시 지역과 제휴하고 있다(https://casel.org/partner-districts/districts/ 참조). 가장 최근에 CASEL은 학교와 교육구에서 SEL의 체계적 실행을 위한 자원과 실질적 전략을 제공하는 온라인 학군 자원을 개발하였다(https://drc.casel.org/ 참조).

사회정서학습의 실천: 조찬 클럽(Breakfast club) 사례

이 장에서 추측할 수 있듯이, 돌봄 교실과 학교 공동체는 교사들이 증거 기반 SEL 프로그램을 실행하고 그들의 사회정서적 역량과 웰빙에 주의를 기울일 때 조성될 수 있다. 그러나 학생들의 SEL 촉진은 때때로 특정 증거 기반 SEL 프로그램의 밖에서 발생할 수 있다. 즉, 교사들이 학생들에게 돌봄 교실과 학교 환경 설립을 위한 목소리를 낼 기회를 제공할 때, 학생들의 SEL은 유기적으로 일어날 수 있다(표 19.1에서 언급된 바와 같이). 이것이 실천에서 어떻게 나타나는가? 다음 사례에서는 교사가 학생들을 돌봄 교실과 학교 환경 조성에 참여하도록 했을 때, 그리고 그들에게 이론을 실천할 수 있는 공간을 허락할 때 어떤 일이 일어날지 보여주고 있다.

2006년 캐나다 서부의 한 교사 그룹이 사회적 책무성에 관한 세션에 참석하였는데 그 세션에서 두 번째 저자(KAS-R)가 조력자로 역할하였다. 그곳에서 교사들은 행복에 관한 연구(Lyubomirsky, King, & Diener, 2005)와 행복이 어떻게 발전하고 증진될 수 있는지에 대해 배웠다. 논의된 연구 결과 중 하나는 개인이 이타주의(무작위 친절)를 추구할 때 더

건강해지고 행복해진다는 것이었다. 그 세션에 따라, 평소 문제가 많은 학교의 8학년 학생들을 가르쳤던 한 교사가 행복에 관한 연구를 자신의 학생들과 공유했다. 이것이 학생들의 호기심을 자극하게 되었고, 학생들은 다른 사람을 돕는 것이 자신을 행복하게 할 수 있는지 검증하기 위해 연구를 직접 수행하기로 했다. 그날 학교에서 학생들은 '무작위로 친절 베풀기'를 했다. 문을 열어줄 때 칭찬을 하고 다양한 프로젝트를 수행하면서 선생님을 돕겠다고 자원했다. 학교 수업이 끝나자 학생들은 매우 흥분한 채로 교실로 돌아와 선생님에게 무작위적 친절 베풀기가 "재밌었다!"고 말했다.

학생들은 계속 '실험'을 하면서 의미 없는 친절을 더 베풀고 싶어 했다. 그들은 자신을 '조찬 클럽'이라고 이름 붙이고, 모든 교사에게 얼마나 고마운지 알려주는 익명의 편지를 쓰는 것부터 시작해서 학교 선생님과 교직원들을 위해 계속 더 친절하게 행동했다. 학생들의 다음번 무작위 친절은 공동체를 돕는 것으로 이어졌다. 학생들이 물었다. "우리 선생님들이 진짜 좋아하는 게 뭐지?-스타벅스 커피!" 그리고 그들은 지역에 있는 스타벅스 매장으로 달려가 모든 선생님에게 커피를 기부할 수 있는지 물었고 스타벅스 직원들은 그렇게 하겠다고 대답했다. 그리고 학생들은 교장실 책상 위에 교직원 휴게실에 커피가 있다는 내용이 적힌 '조찬 클럽' 서명이 들어간 편지를 올려두었다.

학년을 거듭하면서 교사, 교직원, 학생 동료들을 위해 무작위 친절 행위를 하는 조찬 클럽의 열정과 참여가 꽃을 피웠다. 그들은 기부(예: 피자, 도넛, 초콜릿)를 통해 지역사회의 후한 지원을 받으며 친절 행위를 계속해 나갔다. 게다가 지역 신문은 그 활동을 알게 되고 조찬 클럽에 관한 이야기를 신문에 싣기도 했다. 익명의 후원자들을 포함하여 공동 기부가 쏟아졌다. 관리자, 교사, 교직원, 학생 등 학교 공동체의 모든 구성원은 조찬 클럽 구성원이 누구일지 추측하는 토론을 벌였다.

방학이 끝난 후 조찬 클럽은 더 노력을 쏟기로 했고 무작위로 친절을 베푸는 학우들을 더 모았다. 그들은 학교의 각 교실을 다른 교실에 '익명의 기부자'로 배정하고 교실마다 아침 식사로 이름을 붙였다(치리오스 시리얼, 블루베리 머핀). 그 직후 학교 전체에서 익명으로 친절을 베푸는 행위가 일어났다.

두어 달이 지나고도 조찬 클럽 학생들은 그들의 행동을 더 확장하기로 했다. 그들은 기부금을 지역사회에 퍼뜨리고 싶었다. 그래서 학교 구성원들에게 미션을 주기로 했다. "1,300개의 식료품을 지역 급식소에 준비해둬라. 그러면 우리 정체를 드러내겠다." 학교 내 모든 교실의 학생들이 달성량을 훨씬 초과했다. 졸업식에 음식들이 진열되었고 조찬 클럽 학생은 한 명씩 일어서서 전교생의 박수갈채를 받았다. 이 기쁨의 순간이 영상에 포착되어 다음 주소에서 볼 수 있다. https://heartmindonline.org/resources/random-acts-of-kindness-in-school-the-breakfast-club.

조찬 클럽 사례는 SEL에 중요한 교훈을 준다. 즉, SEL은 학교 교실 기반 프로그램 실행을 통해 학생들의 사회정서적 역량 증진에만 관심이 있는 것이 아니다. SEL은 학생들이 더 친절하고 자비로운 세상을 만들기 위해 그들의 마음을 따르는 힘, 사랑, 지지가 있는 맥락과 조건들을 만드는 데 초점을 둘 때 펼쳐질 수 있다.

결론

SEL 분야에서 직면하고 있는 가장 큰 과제 중 하나는 프로그램 효과에 대한 엄격한 연구로부터 얻은 지식을 정책과 광범위한 실천으로 변환하는 것이다(Greenberg, 2010). 이것은 SEL 접근법이 학교와 지역사회에 더 잘 통합될 수 있도록 하기 위해 필요하다. 그러한 노력은 양질의 수행을 촉진하고 지속 가능성을 배양하는 데 필요한 프로세스와 구조를 구축하는 데 도움이 될 수 있다(Weissberg et al., 2015). 이 장에서는, 연구를 요약하고 교육자가 돌봄 교실 및 학교 환경을 조성하는 데 필요한 실질적 도구로 교육자들을 도울 수 있는 프로그램과 실천을 확인하고 서술함으로써 분리를 해소하고자 했다.

모든 사람 사이에서 돌봄과 친절을 보이는 것이 가치이자 관행으로 특징지어지는 세상을 만들기 위해 교육자, 학생, 부모, 지역사회 구성원, 정책입안자가 장기적 변화를 이루기 위해 반드시 협력해야 한다. 단 하나의 분명한 해결책은 없지만, 긍정적인 사회정서적 발전을 촉진하고 아동과 청소년이 문제 행동을 그만두게 할 수 있는 여러 다른 접근 방법이 있다. 오늘날 복잡한 사회에서 우리는 젊은 사람들이 큰 잠재력에 도달하고 번창하도록 격려하고 촉진하게끔 특별히 보살펴야 한다. 그러므로 우리는 우리 사회의 아이들과 젊은이들에게 공감, 연민, 이타주의를 포함한 사회정서적 역량과 긍정적 인간 자질을 증진하는 교육적 맥락을 창조하는 데 있어서 의도적 자세를 취하는 것이 중요하다.

제 20 장

다양한 청소년 발달 모델이 학생 몰입과 학업적 성과에 미치는 영향

제20장

다양한 청소년 발달 모델이 학생 몰입과 학업적 성과에 미치는 영향

청소년을 참여시키기 위한 목적에서, 방과 후 프로그램들은 전통적 학교 경험을 풍부하게 하고 보완해왔으며, 질적으로 우수한 방과 후 프로그램에서의 몰입이 긍정적 학업 성과를 이끌 수 있다는 증거가 증가하고 있다(National Research Council and Institute of Medicine (NRC/IOM), 2002; Shernoff, 2010). 연구자들은 참여가 대인관계 기술의 발달, 사회적 관심, 교우 관계의 증진, 자기 조절과 같은 사회정서적 성과와 관련이 있다고 보고해왔다(Anderson－Butcher, Newsome, & Ferrari, 2002; Cosden, Morrison, Gutierrez, & Brown, 2004; Mahoney, Lord, & Carryl, 2005). 긍정적인 성과는 교육적 영역에서도 보고되었는데, 방과 후 프로그램이 자신과 학교의 관련성에 대한 인식의 증가, 학교에 대한 가치, 교육적 목표의 증진, 학업에 대한 열의, 출석, 문제 행동의 감소, 정학의 감소와 같은 학업적 인식과 행동에도 영향을 미치는 것으로 알려졌다(Anderson－Butcher, Newsome, & Ferrari, 2002; Cosden, Morrison, Gutierrez, & Brown, 2004; Mahoney, Lord, & Carryl, 2005).

위험 청소년의 교외 프로그램 참여에 대한 이점 또한 제시되고 있다. 실제로, 많은 연구에서 교외 시간과 감독이 되지 않는 시간에 방과 후 프로그램이 학생들의 위험한 행동을 저지할 요인이 될 수 있는 것으로 나다났다(Anderson－Butcher & Cash, 2010; Hirsch, 2005; Roffman, Pagano, & Hirsch, 2001). 교외 시간 참여는 학교 출석의 증가뿐만 아니라 외부적 행동의 감소와도 관련이 있다(Kremer, Maynard, Poulanin, Vaughn, & Sarteschi, 2015). 상담과 사회정서적 지지를 함께 묶은 학업적 지원은 청소년의 수많은 발달 과제와 요구 사항을 해결하면서 다양한 방법으로 고위험 학생들을 지원할 수 있다(Davies & Peltz, 2012).

이러한 결과들을 바탕으로, 정책입안자들은 긍정적 발달 및 학습 성과를 증진하기 위하여 방과 후 프로그램에 의지하고자 한다. 그러나, 방과 후 프로그램은 학습 성과만이 아니라 학업적 지원, 사회정서학습, 육체적 활동, 특화된 교육과정을 고르게 목표로 한다(Bartko, 2005). 그 결과, 일부 프로그램은 튜터링과 구조화된 과제 시간과 같은 직접적인 학업적 인터벤션만이 아니라 학습 습관 훈련을 통한 간접적인 교육적 지원도 함께 구성되어 있다. 교외 프로그램에 기반을 둔 청소년의 사회정서적 역량 증진을 위한 프로그램이 장려되고 있지만, 학교 환경으로 옮길 수 있다. 교외 활동에서 기술(skill)의 전이가 자동으로 이루어지는 것은 아니다(Shernoff, 2010). 게다가, 프로그램의 질과 참여에 변동이 있어서 청소년마다 프로그램의 성과는 각기 다르게 얻을 수 있다(Pierce et al., 2010). 다시 말해, 질 좋은 프로그램은 청소년의 몰입과 긍정적 성과를 위한 기회를 제공하지만, 몰입과 긍정적인 성과 모두는 방과 후 프로그램별 특성 차이에 따라 달라질 수 있다(Loes−Urbel, 2015). 연구 결과는 청소년이 질 좋은 프로그램에 지속해서 참여할 때와 그들이 관심과 프로그램의 목표를 위한 동기적 자원을 이끌어 내기 위한 영감을 받을 때, 가장 긍정적인 것으로 보고된다. 접근, 목표, 성과의 다양성의 측면에서 교외 시간의 학생들에게 제공되는 환경을 어떻게 구성할지에 대한 더 많은 정보가 정책, 연구, 실천 현장에 요구된다.

청소년의 몰입은 학교(NRC/IOM, 2004)와 커뮤니티 기반 환경(NRC/IOM, 2002) 모두에서 주된 관심사이며, 몰입은 정서적, 인지적, 행동적 차원으로 구성된다(Fredricks, Blumenfeld, & Paris, 2004). 학교에서 학생 몰입은 학업적 목표를 위해 활용되는 반면, 교외 활동에서 몰입은 긍정적 청소년 발달과 관련이 있다. 학교와 방과 후 환경 사이에서의 유사점은 교외 시간 프로그램에서 교실로의 관심, 생각, 기술의 전이를 가능하게 한다는 것이다. Fredricks, Hsieh, Liu, Simpkins(2019)는 방과 후 프로그램에서의 몰입이 학습과 성취에 영향을 미칠 수 있는 절차를 기술한다. 참여자들은 프로그램 코디네이터와 친해지고, 사회정서학습 역량, 인지적 기술, 학교 몰입에 우호적인 긍정적인 규범과 가치를 개발시킨다. 사회인지적 관점에서 보면, 몰입은 맥락적이고 개인과 학습환경 사이의 상호작용과 관련이 있다. 청소년의 몰입은 자율성, 소속감, 유능감의 인지된 수준을 포함하는 학습환경의 행동 유도적 기능이다(Ryan & Deci, 2000). 이것은 형식적 학교 환경뿐만 아니라 비형식적 학습환경에서도 마찬가지다. 또한, 높은 수준의 조직적, 사회정서적, 활동 지지에 의해 학생 몰입과 성취가 증진된다(Pianta 1999; Pianta & LaParo, 2004). 이에, 학습환경에서 긍정적 학습 성과를 촉진하는 것으로 알려진 다양한 요소를 고려하는 것은 중요하다.

방과 후 프로그램마다 프로그램의 질과 효과성에는 차이가 있다. 예를 들어, 학교 기반의 방과 후 프로그램, 포괄적인 커뮤니티 기반 프로그램, 멘토링 프로그램, 서비스 프로그램, 사회적 행동과 시민 행동주의 등이 있다. 더불어, 활동 기반으로 특화된 STEM, 문화 기반, 성별에 따른 방과 후 프로그램도 있다. 이러한 각 모델(프로그램)은 각각 강점과 약점을 가지고 있으며, 학교 몰입과 학습에 미치는 영향의 정도가 다르다. 이 장은 청소년 발달 모델의 선택이 학생 몰입과 교육 성과에 미치는 영향에 대해 탐색하며 다음의 주요 질문을 다룬다. 방과 후 프로그램 모델이 학업적, 개인적 성장을 증진하기 위해 학습환경, 대인관계적 상호작용, 풍부한 활동을 어떻게 조직하는가? 이러한 모델과 실행이 학교 몰입의 양상에 영향을 미치며 긍정적인 학업적 성과를 이끄는가? 이러한 검토에서, 프로그램 사례들은 실제를 맥락화하고, 목표와 접근의 다양성을 보여주고자 하는 목적에서 '사례 연구'로서 강조된다.

이 장에서는 일부 지배적인 모델(학교 기반 모델, 포괄적인 모델, 서비스 기반 모델, 멘토링·파트너십 모델)에서의 연구 기반 청소년 발달 프로그램을 규명하였다. 이러한 모델은 (예술 또는 스포츠와 같은 활동 중심 모델과 대조적으로) 학교 성과에 가장 직접적인 영향을 가지는 것으로 선택되었다. 모델마다 프로그램 사례에 초점을 맞추고, 사례 분석이 쉬운 프로그램 한 개를 선정하였다. 학습 과정과 성과 모두에서의 논의를 위하여, 엄격한 평가 데이터 및 프로그램의 맥락과 경험을 함께 제공하는 것에 중점을 두었다.

그 결과, 이 장은 학교 기반 프로그램[21세기 커뮤니티 학습 센터(21st Century Community Learning Centers, CCLC)], 포괄적인 프로그램(Boys & Girls Clubs), 서비스 기반 프로그램(PeaceJam), 멘토링 프로그램[Young Women's Leadership Program(YWLP)]에 주목하였다. 각 사례에서, 연구와 평가 결과, 그리고 이러한 프로그램이 실제로 청소년의 긍정적인 성과를 증진하기 위해 어떻게 프로그램을 구성했는지를 기술하였다(주요 결과를 요약한 표 20.1 참조). 이러한 접근은 청소년 발달 모델에 따른 차이를 평가하도록 하며, 넓은 범위에서 학업적 성과에 영향을 줄 수 있는 효과적인 과정, 실천과 관련된 사례가 무엇인지와 그러한 긍정적 성과를 가능하게 하는 학생 몰입의 구체적 양상들을 강조한다.

학교 기반 방과 후 프로그램

다수의 방과 후 프로그램은 학교 구역 내에서 학교 기반으로 운영된다. 이 모델에서는 학생들이 일과 중의 학업 활동과 교외 시간의 풍부한 기회에 몰입할수록 학교와 방과 후 시간은 자연스럽게 연계된다. 이러한 연계는 학교 전, 학교 중, 학교 후 활동과 함께 묶인 것으로 보일 수 있다. 이 모델의 사례로서 LA's Best 프로그램은 교외 시간에 청소년이 참여할 수 있는 안전한 공간을 제공하고 방과 후 심화 학습, 레크레이션과 교육적 프로그램을 제공한다. 학업적 지원에는 과제, 튜터링, 테크놀로지 프로그램, 독서 중 내용 중심 활동, 작문, 과학, 수학 시간이 있다. LA's Best 프로그램은 출석률, 성취, 교육적 열의, 학교 교육과정 이수에 영향을 미쳤다(Goldschimidt & Huang, 2007).

표 20.1 ❙ 청소년 발달 모델, 사례, 구성 요소, 참여자, 성과

모델	사례	프로그램 구성 요소	프로그램 참여자	프로그램 성과	선정된 참고문헌
학교 기반 프로그램	21세기 CCLC	• 학업적 풍부함 • 학생 지원 • 가족 지원	• K－12 • 11,000개 센터에서 1.7백만 이상 청소년 참여 • 72% 비백인, 28% 백인	• 읽기, 수학 점수와 성적 향상 • 향상된 행동 및 수업 참여 • 학교 출석 증가, 결석 감소	Afterschool Alliance(2017) Afterschool Alliance(2015) Weiss(2013)
포괄적인 프로그램	Boys & Girls Club	• 성격과 리더십 • 스포츠와 레크리에이션 • 교육과 진로 • 건강과 생활 기술 • 예술과 음악	• 5－18세 청소년 프로그램, 10－15세 사이 －50% • 4,000개 클럽에서 4백만 청소년 참여 • 69% 비백인, 31% 백인	• 학업적: 학업적 노력 향상, 결석 감소 • 성격: 성실성 향상, 공격성 감소 • 시민 의식: 커뮤니티 봉사 증가 • 건강한 선택: 더 긍정적인 동료 집단 형성, 위험 행동 감소	BGCA(2017) Deutsch(2008) Fredricks et al.(2010) Jones & Deutsch(2010) Hirsch(2005)
커뮤니티 서비스	PeaceJam	• 교육: 평화 교육과정과의 상호작용 • 영감: 노벨 평화상	• K－12 • 40개국에서 1.2백만 이상의 청소년 참여	• 목적과 의미에 대한 인식 • 자율성과 자기결정성 • 도덕적 정체성과	Jones(2017) Jones et al.(2013) Jones et al.(2014)

		수상자와의 상호작용 • 행동: 서비스 프로젝트를 통한 동료와 지역 집단과의 작업	• 61% 비백인, 39% 백인	행동 • 교육적 열의	Sicard(2014)
멘토링과 파트너십	Young Women's Leadership Program	• 1:1 멘토링 • 구조화된 집단 세션 • 리더십과 서비스 활동	• 10－14세 중학교 학생들 • 1,200명이 넘는 중학생들이 멘토가 됨 • 여성을 위한 성별 특수적인 프로그램	• 학업적 학습 습관 • 멘토와의 연계를 통한 관계 발달 • 자기 조절과 문제 해결 • 자기 이해와 인식	Deutsch et al.(2017) Deutsch et al.(2013) Enrlich et al.(2016) Leyton－Armakan et al.(2012)

연구와 평가 결과, 관련된 타 방과 후 프로그램에서도 유사한 성과가 제시되었다. 시카고의 After School Matters는 학교 출석이 요구되며 인턴십이 포함된 학교 기반 도제 모델이고, 과제에 열심히 참여하는 것에 가치를 둔다. 연구 결과에 따르면 참여는 출석률 증가, 수행 윤리 향상, 통과율 증가 등 최고의 결과에 영향을 미치는 몰두(involvement)와 관련이 있다(Goerge, Cusick, Wasserman, & Gladden, 2007). 프로그램은 학교와 직업 교육을 연계함으로써 학교를 위한 가치와 학교에서 배우는 내용과의 관련성을 더 인식할 수 있도록 한다. 인턴 배치는 소프트 스킬(soft skill)을 개발하도록 지원하고 수행환경 문화를 이해하도록 한다(Hirsch, Hedges, Stawici, & Mekinda, 2011). After School Matters의 연구에서는 학생들의 자기 조절과 문제 해결의 지표들에서 상대적인 감소가 나타났다. 학교 동일시(소속감)에 대해 보고된 성과도 있었으나 학업적 성취와 관련된 연구 결과는 없었다(Hirsch et al., 2011).

학교 기반 프로그램 사례 연구

21세기 CCLC는 학교 기반 방과 후 프로그램에서 가장 인지도가 높은 학교 기반 프로그램의 사례다(www2.ed.gov/programs/21stcclc/index.html). 이 프로그램은 교외 시간 중 긍정적 활동을 증진하기 위해 연방에서 지원을 받으며, 학습 경험의 전이를 위해 전통적 학교 구조에 기반을 두고 있다. 이 프로그램은 1994년 미국 의회에 의해 만들어졌으며, 국내 학교와 지역사회의 투자와 직결되어 있었다. 2002년, No Child Left Behind 구호 아래, 프로그램은 확장된 학습 기회를 제공하며 학생들이 주 교육과정 기준을 충족할 수 있도록 지원하는 것에 목적을 두고 발전하였다. 1.7백만 이상의 어린이들에게 방과 후와 여름 학교를 제공하였으며, 50개 주에 11,000개 이상의 센터가 운영되고 있다.

각 센터는 근접적(proximal) 요구를 충족하기 위해 지역 사정에 맞게 운영된 측면도 있으나, 센터들은 모두 학업적 풍부함과 보충적 서비스를 제공하기 위해 공통의 미션을 공유한다. 센터는 조직화된 프로그램과 레크리에이션 활동, 서비스 러닝, 건강과 예방, 상담, 커리어 탐색, 예술과 음악으로 구성되어 있다. 또한, 더 넓은 커뮤니티와의 파트너십을 바탕으로 보수를 받는 직원, 교사, 자원봉사자에 의해 운영된다. 21세기 CCLC 프로그램 학생들은 종종 교실 학습의 확장과 긍정적 청소년 발달을 증진하기 위해 설계된 조직화된 활동의 진행을 위해 선택된다. 일반적으로 센터는 1주에 5일, 하루 2.5－3시간, 한 학년에 대략 200명의 학생에게 서비스를 제공한다(James－Burdumy et al., 2005).

한 대규모 평가에서 21세기 CCLC 프로그램의 참여는 안전감에 긍정적 효과를 미쳤고, 학업적 성취에는 효과가 없으며, 학교 규율 참조서 발행, 정학과 같은 문제 행동의 증가에 영향을 미치는 것으로 나타났다(James－Burdumy et al., 2005). 이러한 결과에 대해, 평가의 방법과 타이밍 측면에서 의문이 제기되었다. Mahoney와 Zigeler(2006)는 표본이 신규 프로그램을 포함하였고, 교외 시간의 참여가 갖는 장점을 보고한 기존 연구 결과들의 추세와는 일치하지 않음을 지적하였다. 이전 대부분의 연구는 작지만, 긍정적인 효과를 보고하였고, 다른 연구자는 주, 연방 수준에서의 긍정적 결과를 보고하기도 하였다(Afterschool Alliance, 2017; Weiss, 2013). 프로그램은 다양한 이점에 영향을 주며, 고위험 참여자들이 가장 큰 혜택을 받는 것으로 나타나기도 했다(Afterschool Alliance, 2015). 실행 관점에서의 숙제(homework) 지원은 센터마다 실시되는 가장 일반적인 활동이다. 활동마다 추진체계에 대해 엄격한 규정이 없었기 때문에, 지역 학교와 커뮤니티는 각자 다양한 몰입 전략을 실험하였다. 이러한 점 때문에 주 범위의 평가 결과가 다양하게 나타났으며 시간의 흐름에 따라 실행과 결과에 변화를 초래하였다.

학교 기반 프로그램의 학업적 과정과 성과

학교 기반 모델의 프로그램들은 각자 다른 미션과 활동 형태를 보인다. 이러한 학교 기반의 방과 후 프로그램은 학교 몰입의 다양한 양상에 영향을 미치는 것으로 나타났다. 정서적 영역과 관련한 성과로는 학교의 가치에 대한 느낌, 긍정적 학교 동일시, 인식된 관련성, 긍정적인 교육적 열의가 보고되었으며(Goldschmidt & Huang, 2007; Hirsch et al.,

2011), 직업 윤리와 성취의 증가(Goerge et al., 2007), 참여, 긍정적 행동, 학교 출석의 증가와 같은 행동적 몰입의 지표에서도 방과 후 프로그램이 긍정적인 영향을 미치는 것으로 나타났다(Afterschool Alliance, 2017; Goldschmidt & Huang, 2007; Hirsch et al., 2011), 이렇듯 학교 기반 방과 후 모델은 몰입과 성취 수준에 직간접적인 효과를 미친다. 튜터링, 숙제 지원, 수업과 같은 학업적 활동을 통합한다면 다양한 학업적 성과를 높이기 위한 최고의 방법이 될 수 있다(Goerge et al., 2007).

학교 기반 센터가 겪고 있는 어려움 중 하나는 직원의 높은 이직률과 직원 및 교사 간의 업무 조정에서의 고충이다(James-Burdumy et al., 2005). 이직률과 업무 조정이 학업 성과에 영향을 미치기 때문에 이들은 센터의 중요한 고려사항이다. 청소년 발달 프로그램을 학교 맥락에서 실행하는 것은 학교 맥락에서 방과 후로 청소년 몰입의 전이에 도움을 줄 수 있다. 청소년 발달 전문가들은 학생과 교사의 학습 목표를 조정하는 역할로서 함께 협력할 수 있을 것이다.

포괄적인 청소년 발달 프로그램

일반적으로, 대부분이 방과 후 프로그램이라 하면 커뮤니티 내에서 사회적, 학업적 요구에 부응하고자 하는 포괄적인 센터의 이미지를 떠올릴 것이다. 포괄적인 센터는 학교 교육을 보완하거나 대체하며, 센터의 구조화된 활동에 참여하는 것은 청소년의 내재적 동기를 증진하며 청소년의 참여를 집중시킬 수 있다(Larson, 2000). 이러한 환경은 종종 학교 교육의 좋은 대안, 교외 시간에 심화 학습을 원하는 학부모들에게 좋은 선택지가 된다. 미국 커뮤니티 일부에 다양한 포괄적인 프로그램이 있으며, 학교 몰입과 성취에 대한 영향에 관한 관심이 증가하고 있다. 예를 들어, O'Donnell과 Kirkner(2014)는 건강한 삶과 생활양식을 강조하는 YMCA의 통제된 연구에서 영어와 수학 성취의 향상을 보고하였다. 청소년 리더십, 시민 의식, 생활양식을 강조하는 또 다른 포괄적 프로그램의 사례는 4-H다. 4-H 참여는 긍정적 커뮤니티 지향성과 학업적 유능감, 더 높은 학교 몰입과 같은 학교 성과에 영향을 미치는 것으로 보고되었다(Lerner et al., 2018).

포괄적인 청소년 프로그램 사례 연구

Boys and Girls Clubs of America(BGCA)는 포괄적 교외 프로그램이 어떠한지 보여

주는 사례다(www.bgca.org). BGCA의 미션은 "모든 청소년이 자신의 잠재력에 도달하고, 생산적이고, 주위를 돌봐주며, 책임감 있는 사람으로 성장하게 하는 것"이다(Boys & Girls Clubs, 2017, p. 33). BGCA의 역사는 1860년대로 거슬러 올라간다. 이 클럽에는 4백만 청소년이 참여하였으며 평균적으로 400,000일 이상 운영되었고(BGCA, 2017), 청소년은 구조화된 활동과 비구조화된 활동 모두에 선택적으로 참여할 수 있다(Deustch, 2017). 이 프로그램의 대안 프로그램으로는 건강한 선택, 관계, 발달을 강조하는 Smart Girls, Passport to Manhood와 같이 특정 성별을 위한 프로그램이 있다. 또한, Key Club과 같이 서비스와 커뮤니티 참여를 증진하는 프로그램도 있다. 일반적으로 클럽이 운영되는 날, 청소년들은 비형식적 동료 연대에 참여하며, 친구나 클럽 직원과 함께 농구나 탁구를 하고, 숙제에 도움을 받으며, 학교의 지원을 받고, 청소년 발달 프로그램에 참여한다.

연구자들은 BGCA 클럽 참여와 학업 성과의 관계를 보고하였다. Anderson－Butcher 등(2002)은 참여가 학업성취에 영향을 미친다고 하며, 정서적, 행동적 학교 몰입과 즐거움 향상, 위험 행동의 완화를 보고하였다. 국가 수준 결과 보고서(BGCA, 2017)에 따르면, 클럽 참여는 학교 이수, 미래 열망, 출석, 관련성과 학교에 대한 가치, 학업적 내용 영역에 긍정적 영향을 주었으며, 학업성취도가 국가 평균 이상으로 나타났다. BGCA에는 학교 몰입과 성공을 증진하는 많은 프로그램이 있다. Power Hour는 숙제 도움과 튜터링을 제공하며, 이 프로그램은 높은 수준의 자기 조절 학습을 이끈다(BGCA, 2017). Project Learn은 그러한 프로그램의 또 다른 형태로, 이 프로그램은 평균 점수의 향상과 학교 출석을 강화한다(Schnike, Cole, & Poulin, 2000). BGCA는 학교와 방과 후 프로그램의 연계를 강화하기 위해 노력해왔으며, Power Hour와 Common Core academic standards의 병행이 한 가지 사례다(BGCA, 2017).

클럽은 사회정서적 영역의 발달에 가장 큰 영향을 미칠 수 있다. Hirsch(2005)는 클럽을 청소년 회원을 위한 두 번째 집으로 묘사하기도 하였다. 청소년은 그들을 돌봐주는 성인과 연결되어 있고, 성인과의 연계는 청소년의 클럽 활동 참여로 확장되기 때문에, 청소년의 관계성 발달은 교외 활동의 주요 이점이다. 클럽 직원은 관계적 거리를 최소화하고 근접적 사회 네트워크에 밀접하게 주의를 기울인다. 이는 집단적 멘토링과 전반적으로 지지적인 문화의 형성에 이바지한다(Deutsch, 2017; Jones & Deutsch, 2010). 많은 청소년에게, 클럽은 안전한 공간이고 긍정적인 정체성을 탐색하고 발달시킬 수 있는 공간이 된다(Deutsch, 2008). 청소년은 클럽에서 더 높은 수준의 자율성과 그들의 진정한 자아를 표출할 자유가 향상된 것으로 인식하였다. 클럽에 참여한 구성원은 "클럽에서 나는 내가 말할 수 있는 것과 말할 수 없는 것을 알았으며… 나는 단지 나 자신이 될 수 있었다. 자유 그 이상이었다."(Deutsch, 2008, p. 66)라고 말하기도 하였다. Carruthers와 Busser(2000)는 BGCA 프로그램에 참여한 청소년들은 환경이 자신을 보살핀다는 인식이 높아졌으며, 긍정적 행동, 자아 존중감, 자기 확신이 증가하였다고 보고했다. 시간이 흐를수록 청소년의 발달적 요구가 변화함에 따라, 프로그램과 직원의 상호작용 역시 성숙한 것으로 변화한다. 예를 들어, 나이가 어린 클럽 회원들은 구조화된 프로그램과 활동 안에서 따뜻한 관계를 경험하는 반면, 나이가 많은 청소년들은 클럽에서 더 많은 자율성을 느끼고 직원과 동료 유형의 관계를 발달시킨다(Jones & Deutsch, 2013).

포괄적인 청소년 프로그램의 학업적 과정과 성과

포괄적인 방과 후 프로그램은 학교 몰입의 다양한 양상에 영향을 미친다. 학업적, 사회적, 물리적 활동의 결합은 긍정적인 자기 평가와 정체성의 구성을 촉진한다. 특화된 활동은 학생들의 학업적 관심, 가치에 대한 감각과 학교에서의 관련성을 높일 수 있다. 참가자의 행동 패턴 변화의 근거로 참가자의 성적 향상이 보고되기도 하였다(BHCA, 2017; Lerner et al., 2018; O'Donnell & Kirkner, 2014). 포괄적인 센터는 교육적 절차와 성과에 다양한 효과를 줄 수 있다. 그들은 숙제에 대해 도움과 학습 전략을 제공하고 사회적 기술 훈련 역시 함께하면서 청소년의 학업적 세계에 개입할 수 있다.

포괄적인 방과 후 프로그램은 관계적이고 조직적인 이점을 최대화하고자 하는 실천가들에게 많은 것을 제공할 수 있다. YMCA/YWCA, 4-H, BGCA와 같은 프로그램의 청소년 발달 전문가들은 더 높은 수준의 청소년 참여를 성취하기 위한 매개체, 클럽의 문화를 함께 모으는 '접착제(glue)'로서도 묘사된다. 프로그램의 다양성은 학생들에게 선택권을 주고, 학생들은 자신의 클럽 경험을 구성할 수 있다. 선택권을 제공하는 것은 자율성과 자기 결정성을 위한 학생들의 요구를 충족시킬 수 있으며, 청소년 발달 프로그램의 참여 지속과 몰입을 이끈다. 그러나 클럽 활동의 다양성은 지원에 대한 인식 수준의 차이에 영향을 미칠 수 있으며, 다수의 포괄적 프로그램은 높은 수준의 지원 제공에 미흡하다(Fredricks, Hackett, & Bregman, 2010). 게다가, 참여가 성취 결과에 영향을 미치는 것으로 나타났지만, 모든 청소년 참가자가 학업 지향적 프로그램과 포괄적인 프로그램의 여러 활동에서 능동적인 것은 아니며, 학업적 인터벤션의 혜택을 받는 것도 아니다(Anderson-Butcher et al., 2002).

커뮤니티 서비스와 시민 참여 프로그램

청소년의 학업적 몰입과 사회 지향적 성과를 증진하기 위한 수단으로써 커뮤니티 서비스에 대한 학교와 커뮤니티의 의존이 증가하고 있다. 커뮤니티 서비스에서의 학습 기회는 실생활 경험을 제공하고, 전통적 교실 영역을 확장하기 위해 더 넓은 커뮤니티를 활용하게 하며, 긍정적 커뮤니티 발달에 도움이 된다. 많은 학교구에는 서비스 러닝 프로그램이 있다. 그러한 학교구의 학생들은 보통 지역에 서비스를 제공하고, 어떻게 했는지를 기록하며, 경험을 성찰한다. 서비스가 교사들에 의해 조정될 때 가장 긍정적인 결과가 나오며, 교육과정과 실생활 목표 모두 연결되어 있다(Simons & Cleary, 2006). 서비스 기반의 청소년 발달 프로그램에는 청소년 봉사자 협회와 해비타트(Habitat for Humanity)와 같이 조직화된 서비스 러닝 경험을 제공하는 다양한 프로그램이 있다.

커뮤니티 서비스 프로그램 사례 연구

PeaceJam은 서비스 기반의 청소년 발달 모델의 사례로, 혁신적 프로그램이다(www.peacejam.org). 이 프로그램은 20년 전에 노벨상 수상자와 청소년을 연결한다는 단순한 아이디어에서 시작하여 평화 교육과 커뮤니티 서비스 분야의 국제적 운동으로 성장했다. PeaceJam은 "생각은 범지구적으로, 실천은 지역적으로(Think Globally, Act Locally)"라는 구호 아래 변화 주체자의 새로운 세대를 위한 행동에 영감을 주겠다는 사명으로 운영한다. 성인 멘토에 의해 촉진되고 K－12 교육과정에서의 몰입을 통해, PeaceJam 참여자('PeaceJammers')는 노벨상 수상자의 삶을 연구하고 자신의 학교에서 리더가 되며 지역 커뮤니티를 발전시킬 서비스를 조직한다. 청소년들에게 깨끗한 물과 환경의 지속 가능성, 따돌림 방지와 학교 문화 캠페인, 리터러시와 독서 친구 프로그램들과 같은 커뮤니티 발전을 증진할 수 있는 창의적 서비스 프로젝트를 계획 및 실행한다. 궁극의 활동에는 청소년 콘퍼런스, 워크숍 및 서비스 프로젝트의 완수, 노벨 평화상 수상자 주최 청소년 서비스 시상식이 포함된다. 콘퍼런스에서 청소년은 노벨상 수상자들과 상호작용할 수 있고 사회정의에 참여할 수 있다. PeaceJam은 관계적 지원이 있을 때, 그리고 미션 지향적인 서비스 과업에 몰입하는 청소년을 참여시킨다. 자기결정성 이론에 부합하는 것으로(Deci & Ryan, 1985; Ryan & Deci, 2000), PeaceJam 참가자들의 인지된 개인적 주도성, 관련성, 유능감 수준에 따라 몰입이 증가하는 것으로 나타났다(Jones, Bench,

Warnaar, Bench, & Stroup, 2013). 이러한 몰입은 긍정적인 심리적 경험과 결과를 유발한다.

참가자들은 구조화된 서비스 활동을 통해 탐색과 도덕적 정체성의 구성을 기술하고 '옳은 일을 하는 것'에 대해 학습하며 자신의 자아를 발전시킨다(Harter, 1999; Jones, Warnaar, Bench, & Stroup, 2014). PeaceJam 참가자들은 또한 청소년의 목적과 개인적 의미, 그들의 학업적 몰입과 커뮤니티 지향성에 영향을 미치는 과정의 발달을 보고하였다. PeaceJam 참가자들의 개인적 의미와 자기 가치의 직접적 연계는 Damon, Menon, Bonk(2003)가 기술한 목적의 구성에 일치한다. 청소년이 기술한 내러티브를 보면, 가치 부여와 학교 참여의 증가는 그들이 어떻게 학교를 더욱 자신과 연결하는지, 그들이 어떻게 교육적 목표를 재구조화하는 것에 영감을 받는지 나타나 있다(Jones, 2017). 한 PeaceJam 참가자는 "당신은 어떻게 그것이 적용되는지를 보고자 학교에서 이전보다 더 많은 주제에 관심을 가지기 시작할 것이고, 실제로 사회가 어떻게 돌아가는지를 볼 것이다."라고 말하기도 하였다(Jones, 2017, p. 60). 삶의 지향점에 대한 인식은 지속적 효과가 있는 것으로 나타난다. Sicard(2014)에 따르면 PeaceJam 졸업생의 참여는 대학 진학, 대학에서 연구 분야 선택, 직업 결정, 커뮤니티 자원봉사 결정에 긍정적으로 영향을 미치는 것으로 나타났다. 학습을 위하여 인지된 관련성의 정도가 더 높아질수록 목적도 확장된다. 게다가, 목적은 청소년의 정체성 탐색 및 발달과 관련이 있다. 청소년이 그들의 미래 포부를 결정할 때, 그들은 개인 신상, 교육, 그리고 그들이 스스로 가능한 직업적 양상을 고려한다.

커뮤니티 서비스 프로그램의 학업적 과정과 성과

서비스 활동 참여는 학습 과정의 관점에서 청소년의 참여에 긍정적인 영향을 주지만(Jones et al., 2013) 성취와 학업적 성과에는 직접적인 영향을 덜 주는 것으로 나타난다. 청소년들이 서비스와 학교생활을 연계하기엔 그 간극이 너무 크기 때문일 수도 있다. Powers(2009)는 교사가 서비스 러닝 경험을 정서적 몰입 증진 기회로 어떻게 결합할 수 있는지와 학생들이 개인적으로 자신과 교육과정을 연결하는 것을 어떻게 지원할지에 대해 탐색하였다. 교실과 교육과정을 유의미한 경쟁과 지역적, 국가적 또는 국제적인 기관에 개방하는 교사들은 좋은 학습을 위한 영감을 줄 수 있다(Powers, 2009, p. 53).

서비스 기반 방과 후 프로그램은 청소년에게 실생활 경험을 제공하고 어떻게 한 사람이 커뮤니티 참여를 통해 변화할 수 있는지를 보여줌으로써 실험적 접근의 잠재력을 학습으로 실현할 수 있도록 내용을 잘 구성하였다. 실천가들은 프로그램을 더 큰 세상에 연결하기 위해 장소(place), 프로젝트, 문제중심학습 활동을 조직할 수 있다(Wurdinger & Carlson, 2010). 성인 조력자들은 '뒤에서 이끌 수' 있고 청소년이 목소리를 내고 커뮤니티를 위한 행동을 할 수 있도록 힘을 불어넣어 줄 수 있으며, 커뮤니티 개발을 위한 학교·학교생활·개인적 미래 과제와의 관련성에 관심을 갖게 하는 계기를 제공한다.

멘토링과 파트너십 프로그램

멘토링과 파트너십 프로그램들은 청소년 발달 모델의 네 번째 유형이다. 청소년의 사회적 세상은 그들이 성숙할수록 성장하고, 청소년은 성장을 통해 그들을 보살펴주며 안내해주는 성인과 연결된다. 이러한 관계적 맥락은 보호적 요인(NRC/IOM, 2002)과 탐색할 수 있는 보증된 토대(Fredriksen & Rhodes, 2004)로서 기능한다. 아울러, 청소년은 성인-청소년 상호작용에서 발달하는 사회적 및 학업적 기술을 동료 집단, 학교, 커뮤니티와 같은 영역으로 전이할 수 있다. 청소년을 위한 환경에서 관계의 영향력을 고려하여(Rhodes, 2002; Rhodes & DuBois, 2006). 긍정적 청소년 발달을 증진하기 위한 파트너십과 멘토링에 초점을 맞춘 교외 시간 프로그램이 많아지고 있다.

1904년 이후, Big Brothers Big Sisters는 위험에 처한 청소년을 돌봐주는 멘토들과 연결하여 모든 학생이 인생에서의 성공을 성취할 수 있도록 하였다. Herrera, Grossman, Kauh, McMaken(2011)은 실험 연구에서 멘토링 프로그램 참여는 학업적 능력, 단기 학업 성과, 관계성의 긍정적 인식과 관련이 있음을 확인하였다. Girls On The Run 프로그램은 효과적인 멘토링 프로그램의 추가적인 사례를 제공한다. 이 조직은 개인적 자산을 형성하고 건강한 삶의 양식을 발달시킬 수 있도록 젊은 육상 선수와 코치를 파트너로 연결해준다. 그들의 코치로부터 높은 수준의 자율성을 인식한 참가자들은 코치로부터 돌봄을 받고 관계성을 인식하였다고 밝혔다. Weiss(2018)는 프로그램 참여가 감정 관리, 갈등 해결, 의사결정과 같은 생활 기술의 향상에도 영향을 미치는 것으로 보고하였다.

멘토링 프로그램 사례 연구

YWLP는 증거 기반의 질적 수준이 높은 청소년 멘토링 프로그램이다(https://womenscenter.virginia.edu/young-women-leaders-program 참고). 프로그램은 위험에 처한 청소년을 주요 대상으로 하고, 청소년의 자기인식을 변화시키고 그들의 인생 이야기를 새로 쓰는 것을 지원한다. 자기결정성 이론의 구인(예: 자율성, 소속감, 유능감)을 바탕으로 조직되며, 멘토와 멘티의 결합을 지원하고 높은 자율성을 지지하는 환경을 창조할 수 있도록 하는 교육과정으로 운영된다(Lawrence, Sovik-Johnston, Roberts, & Thorndike, 2011). 대학 멘토들은 집단과 1:1 멘토링 세션을 통해서 젊은 여성과 파트너가 된다. 멘토들은 서비스 러닝과 청소년의 발달에 대한 과정을 이수하고 멘티와 한 달에 4시간을 일할 것에 동의하고 조직화된 그룹 멘토링 세션에 참석한다. 버지니아대학교에서 이 프로그램이 최초로 성공한 이래, 세계적으로 많은 파트너 기관을 보유한 프로그램으로 성장하였다.

Rhodes와 Dubois(2006)는 가장 좋은 멘토링 성과는 가깝고, 꾸준하고, 지속적인 파트너십으로부터 도출된다고 하였다. YWLP에 대한 연구로부터 도출된 결과 역시 맥락이 일치한다. 멘토는 청소년의 발달을 촉진하고 가능하게 하며, 참가자는 가깝고 1년 이상 지속되는 관계가 그들의 프로그램에서의 경험과 그들의 삶에서 성인과의 관계에 영향을 미친다고 보고하였다(Ehrlich, Deutsch, Fox, Johnson, & Varga, 2016). 실제로 멘토-멘티 관계의 장점은 문제 해결과 사회적 인식과 같은 긍정적인 사회정서적 성과를 얻는 데 중요한 것으로 나타났다(Deutsch, Wiggins, Henneberger, & Lawrence, 2013). 효과성은 멘토의 특성에 따라 다양한 것으로 나타났다(Marshall, Lawrence, & Peugh, 2013). 예를 들어, 청소년 참가자와의 연계는 높은 수준의 학업적 자기 가치, 긍정적 부모 관계를 맺은 멘토에 의해 강화되며, 자율성 수준을 조절하는 것으로 나타났다(Leyton-Armakan, Lawrence, Deutsch, Williams, & Henneberger, 2012).

연구자들은 또한 YWLP와 학교에서의 몰입 사이에서 연결에 대하여 보고해왔다. 긍정적 성과는 프로그램의 행동 유도성(affordance)과 관계적 절차 모두에서 비롯된 것이다. YWLP 교육과정(Lawrence et al., 2011)은 목표 설정과 참가자의 내러티브에 반영된 자기조절을 증진하는 활동을 구조화한다. 한 참가자는 "YWLP는 나에게 학교가 중요하다는 것을 가르쳐줬다. 그들은 교실에서 게으름을 피우지 말라고 하며, 최소한 졸업, 그리고 이후 대학에 가라고 하였다"고 말했다(Deutsch, Reitz-Krueger, Henneberger, Futch, & Lawrence, 2017, p. 305). 멘토는 학습 전략과 관점을 공유하고, 과제 도움을 제공한다. 긍정적 학업 성과에 직접 연결되고 간접적으로는 사회적 성과(덜 수줍어지고 더 자신감을 느끼는)가 학업적 영역에도 영향을 주었다. 멘티는 관계적 발달과 자기 이해의 이점과 함께 학업적 학습 습관에서 긍정적 변화를 보고하였다. 이 연구는 또한 그룹 세션보다 1:1에서 학업적 영향력이 높다고 보고하였다(Deutsch et al., 2017).

멘토링 프로그램의 학업적 과정과 성과

효과적인 멘토가 역할 모델의 역할을 하고 청소년을 인도하며, 청소년이 장래 희망과 학교의 관련성을 재고하는 것을 지지해줄 수 있으나, 멘토링과 학교 몰입과 성취 사이의 경로는 복잡하다. Rhodes, Grossman, Resch(2000)는 멘토링이 학업적 성과에 영향을 줄 수 있다고 하였지만(결석 감소와 인지된 학교 유능감 증가) 부모와의 관계가 개선되어야만 효과가 있다고 하였다. 이러한 결과는 학습에서 부모와 안내자의 역할의 중요성에 주목하게 하였으며, 사회 생태계에서 겹치는 다양한 파트너들의 사이를 조정해야 할 필요성을 제기하였다. 게다가, 학교와 방과 후 활동에는 경쟁적인 역학 관계가 있다(Carruthers & Busser, 2000). 멘토링 프로그램이 관계적 발달과 자기 이해의 증진에 중요한 역할을 할 수 있다(Deutsch et al., 2017).

멘토링 프로그램에서 공통적 요소는 멘토와 멘티가 관계를 밀접하게 형성하는 것과 그러한 관계를 지원하는 것이다. 예를 들어, YWLP의 참여자가 언급한 긍정적인 교육적 성과는 성인과 청소년의 연결과 상호작용에 의도적으로 초점을 맞춘 교육과정에서 기인한 것이다(Lawrence et al., 2011). 학교 기반의 멘토링 프로그램은 학교와 방과 후 사이의 간극을 좁히는 것을 지원할 수 있고 청소년의 몰입을 파트너십 프로그램에서 학교로 최대한 전이하여 학업적 성과에도 영향을 줄 수 있다.

논의: 더욱 탄탄한 학교-방과 후 학교 연계의 가능성

청소년 프로그램과 교육에서, 몰입은 청소년의 학업적 기술과 개인적 발달을 지원하는 중요한 측면이다(Groga, Henrich, & Malikina, 2014). 아울러, 프로그램의 질은 긍정적 성과의 핵심 예측 요인이기 때문에 교외 시간에서 중요하게 고려되어야 한다(Shernoff, 2010). 양질의 방과 후 프로그램은 학생 몰입과 성취를 높이는 것으로 알려졌지만, 실제 프로그램의 질은 다양한 것으로 나타났다(NRC/IOM, 2002). 양질의 프로그램은 긍정적인 관계와 지속적인 참여와 몰입을 촉진하는 유의미한 활동과 함께 지원적인 환경을 제공한다. 프로그램의 질은 청소년의 경험, 출석률, 구체적 성과에 영향을 미친다(Loes-Urbel, 2015). 이처럼 청소년의 경험과 행동에 영향을 미치는 프로그램의 질에 대해 구체적으로 고려할 필요가 있다(Pierce et al., 2010). 다양한 청소년 발달 모델의 구성과 접근법에 따라 각 프로그램은 각기 다른 방법으로 운영된다. 예를 들어, 프로그램마다 비형식 학습환경의 구성, 조직 문화를 창조하는 방식, 청소년과 상호작용하는 방식, 개인적 성장을 촉진하기 위한 활동과 학업의 연계에 대해 초점을 맞추는 방식이 다르다. 이에 프로그램의 성과 평가에서는 프로그램의 질, 몰입과 함께 청소년 발달 프로그램의 유형과 구성이 고려되어야 한다.

이 장에서, 일부 사례는 청소년의 방과 후 프로그램 참여에서 학교 몰입과 학업적 성과에 이르기까지의 다양한 경로를 고려하여 검토되었다. 학교 기반 방과 후 프로그램은 교사와 청소년 발달 전문가 사이의 거리를 좁히고 학교와 방과 후 프로그램의 영역을 연결할 잠재력을 가지고 있다. 21세기 CCLC와 같은 프로그램은 의도적으로 직접적인 과제의 지원, 학습 기술 훈련을 제공하며, 방과 후 시간에 풍부한 활동을 조직한다(Afterschool Aliance, 2017; Weiss, 2013). BGCA와 같은 포괄적인 프로그램은 또한 Power Hour와 같은 프로그램을 통해 직간접적인 학업적 지원을 제공하며, 예술, 스포츠, 건강, 웰빙에 이르는 활동 범위를 제공한다(BGCA, 2017). 청소년이 서비스와 사회적 행동을 할 수 있도록 하는 프로그램은 청소년의 새로운 인생 포부의 발달에 영향을 줄 수 있다. 또한, 프로그램은 청소년이 그들의 향후 교육적 열망과 더 넓은 커뮤니티를 위한 지향성 모두를 고려하게끔 한다. PeaceJam과 같은 조직은 학생들이 서비스에서의 유의미한 경험 후에 자신들의 학교를 다시 보게 되면서, 유의미한 방법으로 이러한 구성에 영향을 미치는 것으로 나타났다(Jones, 2017; Sicard, 2014). 멘토링 프로그램 역시 멘토가 그들 자신의 교육적 경험을 공유하고 더 어린 학생들의 역할 모델이 될 수 있으므로 학업적 영역에 미치는 효과가 있다. YWLP와 유사한 청소년 발달 프로그램은 학생들의 가치에 대한 인식과 학교와의 관련성, 교육적 과정을 향상시킬 수 있다(Deutsch et al., 2017). 이러한 프로그램 모델과 사례는 청소년에게 학업에 대한 긍정적 감정, 생각, 행동을 증진할 수 있는 프로그램이 많음을 보여준다. 이 장에서 검토된 전체 네 가지 모델은 교육과정과 성과에 미치는 영향을 보고하고 있으며, 학교 기반 포괄적인 프로그램들은 특히 성취에 가장 큰 영향을 미치는 것으로 나타났다.

선행연구에서 교외 시간 활용은 학업적 성과에 정적 영향을 미치는 것으로 나타났지만, 그 효과는 작은 편이다(Durlak, Weissberg, & Pachan, 2010). 일부 연구에서는 프로그램 참여와 학업성취 향상의 정적 관계를 보고하기도 했지만, 일반적으로 다수 프로그램에서는 주요하거나 지속적인 학업적 영향이 거의 없거나 작은 편으로 나타나고 있다. 효과적인 프로그램은 청소년이 직면하는 사회정서적 현실에 주의를 기울이게끔 하며 청소년과 직원 간 상호 몰입이 최대화될 수 있도록 지원하는 환경을 구성하는 것이다. 이것이 교외 시간이 갖는 진정한 이점이며, 높은 질의 교외 시간 프로그램은 사회정서학습, 자기 조절, 유능감을 촉진할 수 있다. 방과 후와 학교 맥락 사이에서 학습 전이를 증진하기 위하여, 청소년 발달 전문가는 청소년이 몰입하고 즐길 수 있는 학습 경험을 조직화할 수 있다. 성찰적인 공간을 제공할 수 있으며 방과 후 학습과 교육적 과정을 의도적으로 연계시킬 수도 있다. 청소년 프로그램은 반드시 방과 후 시간의 주요 목표를 고려해야 하고 어느 부분을 바로잡아야 할지 규명해야 하며 목표와 활동이 적합하도록 지원해야 한다. 학생들은 학업 시간과 방과 후 프로그램 시간을 균형 있게 조절해야 한다. 몇몇 교외 프로그램은 학생들이 학교와 방과 후 프로그램의 목표를 모두 성취하도록 지원하기도 한다(Cosden et al., 2004).

몇 가지 이슈가 지속해서 제기되고 있음에도, 최근 학교와 방과 후 학교의 연계에 관한 연구는 증가하고 있다(Mahoney, Parente, & Zigler, 2009). 일부 연구는 무작위 실험을 하는 등 체계적이고 엄격한 평가에 대한 요구가 증가했다(Huang & Dietel, 2011). 후속 연구는 정서적, 행동적, 인지적 몰입 지표를 고려해 방과 후 학교의 이점을 분석할 수 있을 것이다(Fredricks et al., 2005), 자율성, 소속감, 유능감과 같은 학습환경 양상은 자기결정성과 학업 성과 모두에 영향을 미친다(Pianta & LaParo, 2004; Ryan & Deci, 2000). 이를 고려해, 학교 동일시, 가치, 관련성과 같은 사회정서적 지표를 통합함으로써 이점을 잘 활용할 수 있다. 관련하여, 실행에 도움이 되는 많은 자원이 있다(Lippan & Rivers, 2008). 예를 들어, 학교 몰입 척도는 직접적으로 정서적, 인지적, 행동적 지표를 평가한다(Fredricks, Blumenfeld, Friedel, & Paris, 2005). 프로그램 구성, 조직, 청소년 경험의 다양성에 대처하기 위해, 실행과 프로그램의 충실도에 대한 더 많은 정보가 필요하다.

유의한 학업적 영향력을 증진하기 위한 교외 시간 프로그램의 잠재력을 현실화하는 것에는 많은 도전적 과제가 있다. 학생들은 교외 시간에 학교보다 더 적은 시간을 할애하며, 학습 격차를 줄이기 위하여 상대적으로 적은 시간을 들인다. 대부분 교외 시간 프로그램은 그들의 개인적 안녕과 학업적 성장 등 다양한 목표를 위해 다양한 미션을 제공한다. 이러한 기조는 주로 학생들의 학업적 성과를 증진하는 것을 목표로 하는 정책입안자들에게는 도전이 된다. 학교와 교외 시간의 목표 사이에는 근본적인 차이가 있다. 예를 들어, 교외 시간 프로그램은 평가 혹은 학교의 표준 기반 교육과정에 참여할 것을 가르치지 않는다. 점점 더 많은 학교가 성취를 학습 목표의 이수로 정의할수록, 방과 후 프로그램은 그러한 성취에 영향을 덜 미칠 수밖에 없을 것이다. 학업적 목표가 목표의 위계와 성과에서 우위를 차지하고 있고, 목표 간 충돌을 방지하는 차원에서 방과 후 학습활동은 구체적인 교육적 양상을 목표로 해야 한다(Carruters & Busser, 2000).

방과 후 프로그램은 청소년의 개인적·학업적 성장에 영향을 줄 수 있도록 운영될 필요가 있다. 학교와 청소년에게 제공되는 환경 사이에 학업적 지원을 배치해야 한다는 요구에 따라, 주 정책과 에이전시는 방과 후 프로그램의 역할에 인센티브를 제공할 수 있을 것이다. 커뮤니티 재단은 인터벤션을 지원하기 위해 잘 되어 있고, 영향력 있는 프로그램과 실천의 이해를 위한 평가 연구를 시행한다. 대학에서도 청소년 발달 전문가를 위한 학업적 프로그램의 수가 증가하고 있고, 청소년 발달 분야를 전문화하기 위한 더 큰 움직임이 있다(Fusco, 2012). 이러한 프로그램은 청소년 발달 전문가가 학교 과정을 이해하는 것을 지원하고 학업적 영역과 청소년 몰입의 교육적 세계에 더 잘 참여할 수 있도록 지원한다. 학교와 방과 후 교실, 교사와 청소년 발달 전문가를 연결하는 것은 중요하다. 오직 학교와 교외 프로그램이 조화를 이룰 수 있을 때만 학업적 경험과 성취를 최대화할 수 있다. 함께일 때 그들은 두 조직 구조의 이점을 연계할 수 있고, 청소년의 학습과 발달에 관한 다양한 욕구를 충족하기 위한 노력의 조정방법을 고려할 수 있다.

제 21 장

학교에서의 효과적인 인터벤션 정보를 제공하기 위한 학생 몰입 측정

제21장

학교에서의 효과적인 인터벤션 정보를 제공하기 위한 학생 몰입 측정

서론

몰입을 측정하는 것은 학교에서 학생들에게 시기적절하고 효과적인 인터벤션을 제공하는 중요한 부분이다. 학교에서의 학생 몰입은 학생들의 학업성취와 심리적 웰빙(예: Sinclair, Christenson, Lehr, & Anderson, 2003; Wang & Holcombe, 2010)과 연계되어 있으며, 학생들의 학교에서의 성공을 지원하기 위한 인터벤션의 필수적인 요소다. 그러나 학교에서의 몰입은 복잡하고 여러 가지 방식과 다른 관점에서 측정될 수 있다. 몰입은 설명되는 방식과 달리, 학생 개인에 국한된 특성은 아니다. 즉, 학생은 한 개인으로서 몰입하거나 비몰입하지 않는다. 대신, 몰입은 활동이나 환경에 대한 참여의 질을 설명한다. 즉, 학생은 학교의 활동과 맥락에서 몰입하거나 비몰입하는 것이다. 이러한 관점에서, 인터벤션의 중요한 목표는 학교에서 학생들의 생산적이고 지속적인 참여를 지원하는 요인들에 대한 정보의 제공을 목표로 삼는 것이다. 몰입의 측정은 교육자가 인터벤션이 필요한 사람이 누구인지, 또는 누가 인터벤션의 혜택을 받을 수 있는지, 언제 인터벤션이 필요한지, 어떤 유형의 인터벤션이 효과적일지, 그리고 인터벤션이 효과가 있는지, 또는 더 많은 지원이나 다른 방식의 지원이 필요한지를 파악하는 데 도움이 될 수 있다.

이 장의 목표는 학교에서 효과적인 인터벤션의 실행과 관련된 몰입 측정의 개요를 제공하는 것이다. 이를 위해 이 장은 세 부분으로 구성된다. 첫 번째로, 몰입이 무엇이고 왜 중요한지를 검토한다. 두 번째로, 학생 몰입이 어떻게 측정될 수 있는지를 설명한다. 세 번째로, 몰입을 측정하는 인터벤션의 예시들과 몰입을 측정하는 방법과 이유, 그리고 이러한 자료들이 어떻게 학생을 지원하기 위해 사용되었는지를 설명한다. 그리고 몰입 측정을 위한 실질적인 고려 사항들을 요약함으로써 결론을 내린다.

1부: 학생 몰입

학생 몰입이란?

학생 몰입은 학생들이 그들의 학업과 학교에서의 참여를 위해 들이는 에너지, 목적 및 지속성을 설명한다(Christenson, Reschly, & Wylie, 2012). 몰입이 일반적인 용어로 설명되는 경우가 많지만, 선행연구들에서 몰입은 인지적, 행동적, 정서적 요인들로 구성된 다차원적인 것이다(예: Fredricks, Blumenfeld, & Paris, 2004; Skinner & Pitzer, 2012). 인지적 몰입은 학생들의 정신적 투자와 지적 노력을 말한다. 정서적 몰입은 학생들의 흥미, 가치, 그리고 긍정적이고 부정적인 정서적 반응에 대한 관심을 말한다. 행동적 몰입은 학생들이 학습과 학교에서 외현적으로 참여하는 것을 말한다. 몇몇 연구자들은 행동적, 학업적 몰입을 관찰 가능한 것으로, 정서적, 인지적 몰입을 학생의 내면적인 것으로 간주하는 등 몰입의 차원을 외적인 것과 내적인 것의 유형으로 분류한다(Appleton, 2012). 마지막으로, 몇몇 연구자들은 몰입에서 학생과 교사, 동료들과의 상호작용의 질을 나타내는 사회적 차원이 있을 수 있다고 주장한다.(Rimm-Kaufman, Baroody, Larsen, Curby, & Abry, 2015; Wang, Fredricks, Ve, Hofkens, & Linn, 2016). 이러한 특성에서, 연구자들은 이러한 몰입의 차원들이 학생들이 학교 맥락과 상호작용하고 시간과 노력을 투자하는 역동적인 방법을 설명하기 위해 함께 작용한다는 데에 동의한다(Fredricks et al., 2004).

비몰입은 다차원적인 것으로 여겨지지만, 비몰입이 몰입과 어떻게 관련되어 있는지는 서로 다른 견해가 있다. 일부 사람들은 비몰입을 몰입의 부재, 즉 몰입과 비몰입은 같은 기준의 서로 반대편에서 발생하며, 낮은 수준의 몰입이 곧 비몰입이라고 간주한다. 다른 이들은 비몰입을 긍정적인 몰입의 부재와 더불어 학교에서의 부정적인 몰입의 존재 모두를 포함하는 별개의 과정으로 본다(Skinner, Kindermann, & Furrer, 2009; Wang, Chow,

Hofkens, & Salmela-Aro, 2015; 7장. 학생들의 교실 몰입 향상을 위한 교사 중심 인터벤션 참고). 이러한 관점에 따르면, 비몰입한 학생들은 학교에서의 지속적인 참여가 부족하고, 학교를 그만두거나 규칙 위반을 저지르는 것과 같은 부적응적인 과정에 참여하며(Skinner et al., 2009), 이는 몰입의 영향과 관계없이 학교의 성과 결과에 부정적인 영향을 미친다(Jimerson, Campos, & Greif, 2003).

몰입은 학생들이 몰입하는 맥락에 내재하여 있다. 다시 말해 학생들이 무언가에 몰입할 때, 그들이 몰입하는 활동이나 환경의 특성은 그러한 활동과 환경에서의 몰입이 어떤 모습인지를 형성한다. 예를 들어, 화학 실험을 할 때 몰입의 의미·형태는 운동할 때 몰입의 의미·형태와는 크게 다를 수 있다는 것이다. 이러한 이유로, 몇몇 연구에서는 학교 몰입(예: Fredricks et al., 2004), 비교과 활동 몰입(예: Fredricks & Eccles, 2006), 그리고 수학, 과학, 독서와 같은 특정 교과목에 대한 몰입(예: Wang et al., 2016; Wigfield et al., 2008) 등 학교의 다양한 장면들에서 학생 몰입을 밝혀내었다. 추가적인 연구에서는 교실 복도와 식사 공간과 같은 미세한 맥락의 중요성에 집중했는데, 이것은 학교에서 학생들의 사회적 몰입에 매우 중요하고 독특한 맥락이 될 수 있다(Cash, Bradshaw, & Leaf, 2015).

마지막으로, 몰입은 유연하고, 몰입에 영향을 미치는 학교 환경의 특성을 대상으로 하는 인터벤션을 통해 형성될 수 있다. 학교 환경의 객관적 특성은 학교 풍토, 교육 및 학생과 교사의 상호작용 질(예: Downer, Rimm-Kaufman, & Pianta, 2007)을 포함한 강력한 몰입 촉진요인이 될 수 있다. 학생들의 고유하고 개별적인 요소들 또한 학생들이 어떻게 몰입하는지를 형성한다. 예를 들어, 학생들의 학업적, 사회적, 정서적 능력은 학생들의 학교 몰입 능력에 기여하며(Rimm-Kaufman & Hulleman, 2015) 학생들이 자신의 경험을 해석하고 반응하는 방식을 형성하는 동기부여적인 신념과 귀인은 학생들의 학교 몰입 의지에 영향을 미친다(예: Hulleman, Godes, Hendricks, & Harackiewicz, 2010; Yeager et al., 2014).

요약하자면, 몰입(및 비몰입)은 인간과 맥락 간의 역동적인 상호작용을 말하며, 다차원적이며, 몰입을 촉진하는 학교 환경의 변화에 유연하게 반응한다. 다음 섹션에서는 학교에서의 인터벤션을 지원하는 데에 있어 몰입의 측정이 어떠한 역할을 가지는지에 대해 탐색한다.

몰입의 측정을 통한 학교에서의 인터벤션 탐색 방법

우선, 몰입을 측정하는 것은 학생들이 학교에서 어떻게 지내고 있는지를 말해줄 수 있다. 몰입은 학생 참여의 질적 수준을 나타내기 때문에, 몰입 데이터는 어떤 학생이 학교에서 생산적으로 참여하고 있으며, 추가적인 도움이 필요한 학생은 누구인지를 아는 데 큰 도움이 된다. 모든 학생이 긍정적이고 예방적인 차원의 지원을 통해 혜택을 받으면서도(Christenson & Thurlow, 2004), 일부 학생들이 필요로 하는 지원의 유형과 수준은 다를 수 있지만, 몰입을 측정하는 것은 그러한 학생들이 필요로 하는 지원의 다양한 수준에 대한 답변을 제공해준다. 예를 들어, 계층적 인터벤션 시스템에서 보편적인 예방 차원의 지원 시스템은 다양한 수준과 유형의 요구를 충족시키기 위해 맞춤형 지원 수준과 결합한다(예: Maclver & Maclver, 2010). 먼저 1단계에서는 모든 학생에게 사전 예방 및 예방 전략을 제공하는 데 중점을 둔다. 2단계는 일반적으로 특정 그룹의 학생들을 돕기 위한 구조화된 인터벤션을 특징으로 하며 개별 학생을 위한 맞춤형 지원을 포함할 수 있고, 3단계는 보다 집중적이고 개별화된 지원을 포함한다.

몰입 데이터는 어떤 학생에게 지원이 필요한지, 어떤 수준의 학생에게 지원이 필요한지, 그리고 필요한 지원의 유형과 시기를 파악하여 계층화된 인터벤션 시스템에 정보를 제공할 수 있다. 몰입 데이터는 학생들이 학교에 대해 어떻게 행동하고, 생각하고, 느끼는지를 보여줌으로써, 미래에 있을 부정적 결과의 위험을 개선하기 위해 지원이 필요한 학생들(2단계)과 즉각적이고 집중적인 인터벤션이 필요한 학생(3단계)을 구별하는 데 도움이 될 수 있다. 게다가, 지속적인 측정을 통해 학생들의 요구가 변할 때가 언제인지를 알 수 있다. 예를 들어, 1단계는 학교에서 학생들의 몰입과 성과를 유지하는 학습 유형과 사회적 환경을 제공하기 위한 학교 또는 교육구 전체의 보편적인 노력을 특징으로 한다(Maelver & Maclver, 2010). 그런 다음 1단계 학생들의 몰입을 모니터링하여 2단계 또는 3단계에서 사용할 수 있는 보다 집중적인 지원이 필요한지를 평가할 수 있다.

몰입 데이터는 또한 학교나 학교 시스템에 대한 정보를 제공하기 위해 통합될 수 있다. 특히 낮은 수준의 행동적 몰입(예: 수업에 참여하지 않거나 숙제를 하지 않음)이나 비몰입 행동(예: 학교를 빼먹거나 문제가 될 만한 행동을 함)은 학교 풍토나 수업의 질, 또는 학생 지도에 문제가 될 수 있다(Attendance Works, 2014). 학교 수준에서, 낮은 수준의 행동적 몰입은 몰입하지 않은 학생들에게 부정적인 영향을 미치고 주변 학생들의 몰입마저 저해시키는 나쁜 몰입의 악순환에 기여한다(Attendance Works, 2014; Skinner & Pitzer, 2012). 이러한 경우에, 인터벤션은 시스템 수준에서 학생들을 지원함으로써 몰입을 개선할 수 있다.

마지막으로, 일단 인터벤션이 실행되고 나면, 몰입 데이터를 통해 인터벤션이 얼마나 잘 실행되고 있는지, 그리고 누구에게 도움이 되는지를 알 수 있다. 학생(예: 성별, 인종, 소득) 및 맥락적(예: 학교 또는 이웃) 특성에 의한 몰입을 측정함으로 효과성의 측면에서 중요한 차이가 있는지를 알 수 있으며, 이를 통해 인터벤션이 어디에서 효과적이며, 어디에 더 투자해야 하는지 또는 전략 수정을 해야 하는지에 대해 알 수 있다. 더욱이, 인터벤션의 성공을 확인하고 강조하는 것은 몰입이 유연하다는 사실을 강화할 수 있고, 효과적인 인터벤션을 구현하기 위한 노력을 우선시하고 동기를 부여하는 데 도움이 될 수 있다.

2부: 몰입 측정

몰입 지표

몰입을 측정하는 방법에는 여러 가지가 있는데, 모든 방법에서 학생들의 참여의 질을 평가하기 위해 지표를 사용한다. 지표는 척도로 함께 분류하거나 독립적으로 몰입의 증거로 사용될 수 있다. 예를 들어, 조사 척도나 몰입의 관찰적 방법은 몰입 차원에 대한 하나 이상의 여러 지표를 포함하는 반면, 출석 및 숙제 완료와 같은 행정 데이터는 행동적 몰입의 단일 지표다. 지표가 무엇이고 어떻게 작동하는지 이해하는 것은 교육자가 자신의 학교에서 몰입 측정을 위해 어떤 방법이 적합한지, 그리고 그들의 특정 인터벤션에 대한 노력 및 관심 결과와 관련하여 결정하는 데 도움이 될 수 있다.

첫째, 지표를 촉진요인 및 몰입의 성과와 구별하는 것이 중요하다(Sinclair et al., 2003 참조). 지표는 주어진 환경에서 몰입이 무엇인지, 또는 어떤 모습인지를 가리킨다. 우리는 촉진요인이 몰입에 영향을 미치는 요소라고 논의하였다. 성과(Outcomes)는 학교 몰입의 결과로서 일반적으로 교사가 학생(예: 성적, 표준화된 시험 점수, 졸업 또는 대학 등록)에게 지원하고자 하는 매트릭스나 기술을 가리킨다. 이 세 가지가 일반적으로 몰입을 측정하기 위한 지표로 사용되지만, 몰입의 측정에는 촉진요인(예: 동료 또는 교사 지원) 또는 성과(예: 상위 과정 등록 또는 졸업)가 포함되는데(Lam, Wong, Yang, & Liu, 2012), 이는 문제가 될 수 있다. 같은 판단 기준 아래에서 지표와 함께 촉진요인을 포함하면, 비몰입하는 학생을 식별하거나 인터벤션을 효과적으로 모니터링하기가 더 어려워진다. 그것은 또한 몰입 또는 비몰입의 원인을 식별하는 것을 더 어렵게 하는데, 이는 인터벤션이 몰입에 미치는 영향을 연구하는 것과 몰입 데이터를 사용하여 정보를 제공하는 것, 또는 인터벤션을 개별화하는 것을 제한한다. 또한 몰입의 측정에서 지표와 성과를 구분하지 못하면, 몰입이 결과에 어떤 영향을 미치는지에 대한 연구가 어려워질 수 있다(Lam et al., 2012). 따라서 몰입 데이터를 통해 교육자가 효과적인 인터벤션을 실행하는 데에 도움을 주기 위해, 측정은 학교에서의 학생 참여의 질을 나타내는 지표로 평가해야 하며, 참여의 질과 참여 요소(촉진요인)의 영향, 참여 요소의 효과(성과)를 구별해야 한다.

몰입 지표는 그들이 나타내는 증거의 크기나 범위에 따라 달라질 수 있다. 그것들은 매우 구체적일 수 있고 특정 맥락의 안에서 학생 참여의 질을 설명할 수 있으며, 또는 시간이 지남에 따라 지표가 더 일반적인 몰입의 증거를 나타낼 수 있다. 예를 들어 수업 중 행동적 몰입의 지표는 질문이나 답변, 집중, 노력 등을 포함할 수 있으며(Wang et al., 2016), 각 지표는 학생들 순간순간의 참여에 따라 달라진다. 한편, 숙제 완료율과 출석률도 행동적 몰입의 중요한 지표로 간주하는데(예: Appleton, 2012), 각각은 오랜 기간에 펼쳐지는 일련의 행동을 나타낸다. 지표의 범위 넓이에 대한 몇 가지 고려사항은 몰입 측정 방법에 대한 다음 섹션에서 알 수 있다. 일반적으로 큰 범위의 지표(larger grain sizes)는 이해하기 쉽지만, 학생에게 일어나고 있는 일에 대한 정보는 적게 제공하며(예: 출석) 작은 범위(smaller grain sizes)의 지표는 더 자세한 정보를 제공하지만, 학생들의 몰입에 대한 전반적인 평가를 위해서는 더 많은 지표와 측정 기회가 필요하다(예: 교실에서 답변하기, 노력 또는 제스처).

몰입은 맥락에 내재하여 있기 때문에, 몰입의 지표는 그들이 가리키는 학교의 맥락에 따라 달라질 수 있다. 많은 경우 지표의 핵심은 동일하며, 구체적인 내용은 특정한 환경에 맞게 조정된다. 예를 들어, 노력하는 것은 몰입의 중요한 측면이지만, '노력'으로 보이는 것은 서로 다른 유형의 학업적 과제나 과정, 비교과 활동 또는 학교 전반에 걸쳐 다를 수 있으며, 얼마나 쉽게 관찰할 수 있는지와 그것이 학생에게 얼마나 내면적인지에 대한 측면에서 다를 수 있다. 다른 경우, 지표는 특정 주제 영역 또는 학교 맥락의 일부에 특정될 수 있다. 예를 들어, 수학 및 과학 몰입의 지표에는 그룹 작업, 복잡한 문제 해결, 데이터 분석, 추상적 추론 및 논쟁에 대한 강조가 더 많이 포함될 가능성이 있다(Fredricks et al., 2016). 그러나 몰입의 주제나 내용적 특수성은 읽기, 수학, 과학에서 어느 정도 탐구되었음에도(예: Wang et al., 2016; Wigfield et al., 2008), 몰입의 측정은 교과목의 구분 없이 적용되거나, 학교의 맥락(예: 숙제 완료, 노력, 즐거움)에 적용되는 지표에 초점을 맞추는 경향이 있다.

몰입의 각 차원에는 자체적인 지표가 있으며, 몰입의 측정은 그들이 평가한 차원과 그들이 포함하는 지표의 유형에 따라 다르다(Fredricks & McColskey, 2012). 몰입 측정에는 각각의 몰입 차원에 대한 하위 척도가 포함될 수 있으므로, 교사는 학생들의 행동적, 인지적, 정서적, 사회적 몰입을 잘 이해할 수 있다(예: Reschly & Christenson, 2012). 또는, 종합적인 몰입의 측정은 모든 차원과, 차원의 하위 집합(예: '학업적 몰입'의 척도로서의 인지적 및 행동적), 또는 심지어 하나의 차원을 기준으로 전체 평가를 제공한다. 몰입 측정은 또한 몰입의 증거로 어떤 유형의 지표를 포함하느냐에 따라 다를 수 있으며, 때에 따라서는 동일한 지표를 다른 방법으로 분류할 수도 있다. 예를 들어 노력이나 주의를 기울이는 것은 일부 척도에서는 행동적 몰입의 근거로(예: Wang et al., 2016), 다른 척도에서는 인지적 몰입의 근거로 간주한다(예: Appleton, 2012). 측정에 있어 지표의 그룹화 또는 사용 유형은 부분적으로 몰입의 관점, 환경의 초점(예: 학교 vs 교실 몰입), 사용되는 방법의 유형에 따라 다르며, 다음 섹션에서 더 자세히 설명하고자 한다.

몰입 측정을 위한 다양한 방법

몰입을 측정하는 방법에는 여러 가지가 있으며, 각각 장단점이 있다. 이 섹션에서는 교육 환경에서 몰입을 측정하기 위해 사용할 수 있고, 또한 사용되어 온 방법을 검토하고 각각의 효과와 한계 및 실용적인 고려 사항을 설명한다.

학생 자기 보고식 설문조사(Student Self-Report Surveys)

몰입을 측정하는 가장 흔한 방법의 하나는 자신이 학교에서 잘 참여하고 있는지에 대해 학생이 직접 응답하도록 하는 것이다. 자기 보고식 설문조사에서 학생들은 몰입 지표에 대한 리커트식 질문에 답한다. 학생 설문조사는 편리하고 다용도로 쓰일 수 있으며, 이는 관리하기도 쉽고 비교적 저렴한 비용으로 다양한 환경의 학교 직원들에 의해 관리될 수 있다. 학생 보고는 안면 타당도가 높다. 쉽게 관찰할 수 없는 몰입의 측면을 유추해야 하는 교사나 관찰자와 달리, 학생들은 학교에서의 몰입에 대한 독특한 통찰력을 가지고 있다 (Appleton, Christenson, & Furlong, 2008). 학생들에게 자신의 행동, 태도 및 사고 과정에 대해 응답하도록 요구하는 것은 부정적인 결과로 어떤 학생들이 위험에 처할 수 있는지 그리고 추가적인 지원으로 어떤 학생에게서 효과가 나타날 수 있을지에 대한 중요한 정보를 파악할 수 있다.

그러나 학생 자기 보고식 설문조사에는 몇 가지 난점이 있다. 첫째, 학생 자기 보고식 설문조사는 몰입이 발생하는 맥락 밖에서 몰입을 측정할 수 있다고 가정한다(Greene &

Azevedo, 2010). 학생 자기 보고식 설문조사는 또한 몰입은 시간이 지남에 따라 안정적으로 된다거나 학생들이 자신의 평균 몰입에 대해 정확한 평가를 할 수 있다고 가정한다(예: "지난 2주 동안 얼마나 자주, 수업 시간에 있는 질문에 답했는가?" 또는 "다음 표현이 어느 정도 자신에게 해당하는 말인가: 나는 수업 중에 질문하거나 대답한다"). 그 결과, 학생 자기 보고식 설문조사는 종종 실시간으로 측정되거나 관찰되는 행동과 일치하지 않는다(Greene, 2015; Winne & Perry, 2000).

또한, 설문조사가 가능한 학생의 수도 제한되어 있으며, 기존의 조사에는 이미 몇 가지 한계점들이 있다. 대부분의 조사는 학교 수준에서의 몰입에 초점을 맞춘다(Fredricks & McColskey, 2012). 특정한 맥락이나 수업 밖의 활동에서의 몰입을 측정할 수 있는 조사는 적으며, 사회적 맥락에서의 몰입을 측정하는 조사는 훨씬 더 적다(예외적인 경우로 Wang et al., 2016을 참조). 그리고 학생들은 자신의 몰입에 대해 답하기 위해서는 충분한 독해력이 필요하기 때문에 나이가 어린 아이들은 일반적으로 조사에 참여할 수 없다.

따라서 대부분의 학생 설문조사는 초등, 중등 및 고등학생을 대상으로 하며, 학생들이 답변한 내용의 타당성은 학생들의 독해력에 따라 좌우된다. 일부 조사 방법들은 또한 다양한 차원의 몰입을 포착하지 못하거나 그 타당성을 뒷받침할 충분한 증거가 없다(Fredricks & McColskey, 2012).

교사 평가(Teacher Ratings)

개발된 몇 안 되는 교사 평가 척도는 학생들의 행동적 몰입을 평가하는 데 초점을 맞추는 경향이 있는데, 이것은 직접적으로 관찰할 수 있고 문제가 있는 행동의 선별과 모니터링에 중요한 역할을 한다(Lane, Menzies, Kalberg, & Oakes, 2012). 교사 평가는 운영하는 데 비용과 시간이 들 수 있다. 한 명의 교사는 수업 시간이거나 수업이 아닌 시간에도 다수의 학생의 몰입에 대해 평가할 수 있다. 그들은 또한 나이가 어린 학생들이나 자기 보고식 조사를 이해하고 완료하는 데 필요한 독해력이 부족한 학생들의 몰입을 측정할 수 있다(Fredricks & McColskey, 2012). 그러나 교사들은 학생들의 정서적, 인지적 몰입에 대해 평가하는 것에서는 어려움을 겪을 수 있는데, 이것은 교사가 학생들이 수업에서 행동하는 방식에서 학생들이 어떻게 느끼고 생각하는지를 추론하도록 요구하기 때문이며(예: Skinner et al., 2009; Wang et al., 2016), 또한 여러 학생의 몰입에 대해 구별하고 평가하는 것이 어려울 수 있기 때문이다. 그리고 학생 특성(예: 성취도, 사회경제적 지위)과 교사 특성(예: 내용 지식, 선행 경험)에 기반을 둔 교사들의 편견은 교사가 학생들의 행동을 해석하고 평가하는 것에 영향을 미칠 수 있다(Mason, Gunersel, & Ney, 2014).

면담 및 초점집단(Interviews and Focus Groups)

몰입을 측정하는 또 다른 방법은 학생들이 학교에 참여하는 것에 대해 직접 말하는 것이다. 면담과 초점집단에서 교수자들은 몰입을 평가하는 동시에 학생들에게 무엇이 그들의 몰입에 영향을 미치는지 물어볼 수 있다(예: Blumenfeld et al., 2005; Fredricks et al., 2016). 학생들은 이해하지 못하는 부분들에 대해 질문할 수 있고, 그들의 몰입과 경험을 그들 자신의 말로 설명할 수 있으며, 교수자들은 학생들의 이해와 몰입 경험에 대한 심층적인 정보를 얻을 수 있다(Johnson & Onwuegbuzie, 2004). 면담과 초점집단은 독해력과 관련된 문제를 극복하여, 다양한 능력과 연령의 학생들의 몰입을 평가하기에 적합하다(예: Ruzek et al., 2018).

한 가지 문제가 되는 점은 초점집단과 면담을 학교 수업의 흐름에 쉽게 통합할 수 없으며 학생의 답변을 분석하는 데 시간이 오래 걸릴 수 있다는 것이다. 그 때문에 면담과 초점집단은 제한된 수의 학생들로 진행되는 경향이 있다. 또한, 면담 진행자는 면담과 초점집단을 일관성 있게 관리하고, 편견을 배제하며, 학생들의 정확하고 심층적인 답변을 지원하고 촉진할 수 있도록 훈련을 받아야 한다(Fredricks & McColskey, 2012).

관찰적 방법(Observational Methods)

학생 몰입은 관찰될 수도 있다. 경청하기, 질문하기, 대답하기, 학습 활동에 능동적으로 참여하기 등과 같은 행동적 몰입의 긍정적인 지표와 과제를 하지 않거나, 문제 행동과 같은 부정적인 지표는 몇 가지 관찰 측정 도구에서 나타난다(예: Rimm-Kaufman, Curby, Grimm, Nathanson, & Brock, 2009; Volpe, DiPerna, Hintze, & Shapiro, 2005). 교실에서 개별 학생 또는 학생 집단 간에 행동적 몰입이 관찰될 수 있다. 교실의 질과 교사의 효율성에 대한 몇 가지 관찰 측정 도구에서는 학생 몰입의 지표들을 세부 요인에 따라 별도로 평가하지 않고 통합한다(예: Danielson, 2012). 다른 측정 도구들은 교실에서 학생들 사이의 전반적인 행동적 몰입을 평가하기 위해 종합적이거나 평균적인 행동 지표를 측정한다(예: Pianta, Hamre, & Mintz, 2012).

관찰적 측정은 맥락에서 발생하는 몰입을 평가하고, 양적 또는 질적으로 분석하고 이해할 수 있는 풍부한 정보를 제공한다는 장점이 있다(Fredricks & McColskey, 2012). 예를 들어, 리커트 유형으로 점수를 할당하는 관찰 측정 도구는 신뢰도가 높고 비교적 쉽게 조사를 수행할 수 있다(Kane, Kerr, & Pianta, 2014). 기술적이고 실제에 근거한 관찰 측정 도구들은 몰입 패턴이나 순서, 그리고 몰입이 학생 집단이나 특정 사례 내에서 일어나는 일과 어떤 관련이 있는지를 밝힐 수 있다(Renninger & Bachrach, 2015).

그러나 관찰을 통한 몰입 측정에는 몇 가지 문제가 있다. 첫째, 관찰은 한순간에 이뤄지는 것이기에, 따라서 어떤 시간(예: 연속적, 순간적 시간 표본, 부분적 또는 전체 간격의 기록)에, 어떤 분석 단위(예: 개별 학생 또는 교실)와 어떤 환경(예: 학급 전체, 소규모 그룹 활동, 개별 활동)에서 몰입을 측정해야 하는지에 대한 몇 가지 결정이 필요하다. 관찰은 또한 난해할 수 있으며(Waxman, Tharp, & Hilberg, 2004; Wood, Hojnoski, Laracy, & Olson, 2016), 실행과 분석에 시간이 소요된다. 그 결과, 적은 수의 학생이나 작은 크기의 장소를 대상으로 관찰을 하는 경우가 많은데, 이는 다양한 사회문화적 맥락의 배경, 학교에 소속된 학생들에게서 나타난 조사 결과를 일반화하는 것과 충돌하게 된다(Waxman et al., 2004). 더욱이 관찰 방법은 타당하고 신뢰할 수 있도록 훈련과 기술을 필요로 한다. 관찰자의 편견은 그들이 주목하는 것과 그것들을 이해하는 방법에 영향을 미칠 수 있다(Turner & Meyer, 2000). 실제로 관찰 측정 도구의 예측 타당도에는 몇 가지 의문점과 한계점이 있다(Fredricks & McColskey, 2012). 마지막으로, 관찰 측정 도구는 몰입의 행동 지표에 초점을 맞추는 경향이 있고 활동이나 환경에 대한 학생들의 사고와 정서적 반응을 측정하는 데 덜 효과적이다(Fredricks et al., 2004).

행정 데이터(Administrative Data)

출석, 문제 행동, 졸업률, 과정 등록 및 이수와 같은 행정 데이터는 학생 몰입의 중요한 지표로 간주할 수 있다(Appleton et al., 2008). 행정 데이터를 사용하는 데 있어 큰 이점은 학교 시스템 아래에 있는 모든 학생의 모든 학년별 정보가 정기적으로 수집된다는 것이다. 행정 데이터는 또한 실무자가 접근하고 이해하기 쉬우며, 데이터 관리 프로그램은 교육자가 관리 데이터를 구성하고 분석하여 결과를 해석하고 공유하는 데 도움이 될 수 있다(예: Attendance Works, 2014).

이러한 이점에도 불구하고 행정 데이터에는 몇 가지 한계점이 있다. 첫째, 이러한 데이터는 몰입의 행동 지표에 초점을 맞추는 경향이 있으므로 학생들의 정서적 또는 인지적 몰입에 대해서는 제한된 정보만을 제공한다. 행동 지표 중 몇 가지는 그저 시간이 지나면서 학생이 학교를 잘 다니고 있는지에 제한적인 식견을 제공하는 총체적인 행동(예: 과정 등록, 졸업)이다. 둘째, 몇몇 행동 지표는 비교적 객관적이고 신뢰성 있게 평가되기 쉽지만(예: 출석, 숙제 완료율 등), 문제 행동이나 무단결석과 같은 비몰입 행동의 일부 지표들은 인종이나 사회경제적 지위와 같은 학생의 특성에 따라 평가자의 편견에 치우칠 수 있다(Skiba, Michael, Nardo, & Peterson, 2002).

행정 데이터의 사용과 관련된 또 다른 문제는 교육자가 촉진요인, 성과 및 몰입 지표를 구별해야 한다는 것이다. 일부 관리 데이터는 인터벤션과 관심의 결과에 따라 촉진요인, 성과 또는 지표로 고려되거나 배치될 수 있다. 예를 들어, 상위 교과 과정에 등록하는 것은 몰입에 영향을 주는데, 왜냐하면 상위 교과 과정에 있는 학생들은 더 많은 활동을 하고 더 깊은 수준의 생각을 해야 하기 때문이다. 반면, 많은 학생에게 있어서, 그들의 능력이나 상위 교과 과정에 등록하려는 의지는 오랫동안 학교에서 몰입을 잘한 결과물이기도 하다. 그럼에도 학생들에게 상위 교과 과정에서의 성공을 위한 기술과 지원을 제공함으로써 학생들의 대학 준비를 목표로 하는 인터벤션의 맥락에서, 상위 교과 과정에 등록하려는 학생들의 선택은 인터벤션에 대한 그들의 몰입과 학교에서의 높은 몰입 수준을 나타내는 지표가 될 수 있다.

실시간 측정 방법(Real-Time Measures)

최근 교육학자들은 몰입의 동태와 변동을 포착하기 위한 실시간 측정 도구를 개발하기 위해 노력하고 있다. 다른 측정 방법과 달리 실시간 측정 방법은 순간순간마다 몰입에 관한 상세한 정보를 제공하는 것으로 정숫값을 취할 수 있는 객관적인 지표에 초점을 맞춘다. 예를 들어, 행동적, 인지적 몰입은 학생들이 토론 게시판에 글을 남긴 횟수, 페이지를 방문한 횟수나 페이지에 머물러 있는 시간 등의 특정 온라인 행동 빈도를 추적하는 로그 파일로 측정되었다(Azevedo, Moos, Johnson, & Chauncey, 2010; Gobert, Baker, & Wixon, 2015). 로그 파일은 또한 학생들이 과제를 하지 않는 시간이나 과제를 열심히 하거나 잘하는 대신 빨리 끝내고 싶은 욕구를 보여주는 행동을 모니터링함으로써 비몰입을 추적할 수 있다(Azevedo et al., 2010; Henrie, Halverson, & Graham, 2015). 시선 추적(eye tracking)은 학생들이 페이지에서 보는 위치, 페이지의 다른 물체를 보는 데 걸리는 시간, 놓치거나 건너뛰는 정보의 양을 추적함으로써 학생들의 행동적, 인지적 몰입의 지표를 측정할 수 있다(예: Miller, 2015). 학생들의 제스처와 표정에 대한 정보는 온라인 학습 중에 학생들의 감정적 반응에 대한 정보를 수집함으로써 정서적 몰입을 평가할 수 있다(Calvo & D'Mello, 2010; D'Mello & Graesser, 2010, 2012 참조).

학자들은 또한 집약적인 생리학적 데이터를 통해 몰입을 측정하기 위한 전략을 개발하고 있다. 예를 들어, 연구자들은 인지적인 노력을 평가하고자 학습과제를 하는 동안 뇌파검사를 통해 두뇌의 활동을 측정하였는데(예: Antonenko, Paas, Grabner, & Van Gog, 2010), 이것은 인지적 몰입의 중요한 지표다. 연구자들은 또한 학습 활동 중 학생들의 신경계 상태를 평가하기 위해 심박수, 혈압, 피층 전기 반응을 측정하였는데(Arroyo et al., 2009; Poh, Swenson, & Picard, 2010), 이는 학생들의 정서적 몰입에 대한 통찰력을 제공해준다.

실시간 측정 방법은 특히 과제, 사회적 상호작용 또는 학습환경에서 몰입이 어떻게 변화하는지 등 맥락 안에서의 학생 몰입에 대한 풍부한 정보를 제공할 수 있다. 실시간 측정 도구는 행동과 정신생리학에 기반을 둔 객관적인 측정 방법으로서, 사회적으로 인정받을 수 있는 방향으로 대답하려는 사회적 편향의 영향을 적게 받고, 데이터에 대해 적절한 분석과 해석을 하는 과정 외에는 추론적 오류에 대해 걱정할 일도 없다. 실제로 실시간 측정 방법은 관찰하거나 보고하기 어려운 몰입 측면에 대한 통찰력을 제공할 수 있다. 예를 들어, 사람들은 시간과 활동에 따라 그들의 감정이나 관심이 어떻게 변하는지를 항상 인지하고 있지는 않은데, 실시간 측정 방법은 어떠한 것에도 아무런 구애를 받지 않고 이것을 포착할 수 있다.

이러한 이점에도 불구하고, 실시간 측정 방법이 학교에서의 인터벤션에 대한 정보를 제공하는 데에 어떻게 사용될 수 있는지에 대한 몇 가지 과제가 남아 있다. 실시간 측정 방법은 일반적으로 실험실 환경 내의 구조화된 작업의 맥락에서 사용된다(Antonenko et al., 2010; Miller, 2015). 실시간 데이터를 수집하는 데 사용되는 장치와 기술은 비싸고 복잡하며 교실이나 학교 환경에서 사용하기 번거로울 수 있다. 특히 뇌파 측정 기술이나 심박수 측정 센서와 같은 생리적 장치는 학생이나 교사에게 방해가 될 수 있다. 생리학적 데이터는 일반적으로 움직이거나, 땀을 흘리거나, 말을 하는 등과 같은 다른 행동이나 생리학적 현상에 의해 영향을 받기 때문에 수집하고 분석하기가 복잡할 수 있다. 따라서 정확한 데이터 수집을 보장하는 방법, 대량의 데이터를 관리하는 방법, 그리고 인터벤션을 위해 정확하고 유용한 방식으로 결과를 해석하는 방법에 대한 몇 가지 과제들이 남아 있다(Henrie et al., 2015). 그럼에도 연구를 통해 얻은 기술적 진보와 지식은 실시간 장치의 실용화에 대한 경제성과 적용 가능성을 높이고 있다.

몰입을 측정하는 대상

몰입을 측정하는 대상을 결정하는 것은 사용되는 측정 방법, 측정되는 몰입의 측면,

지표의 측정 빈도, 그리고 학교에서의 인터벤션을 제공하기 위해 정보가 사용되는 방법에 달려 있다. 이 섹션에서는 다양한 유형의 정보 제공자와 관련된 고려 사항을 간략하게 검토한다.

학생

학생들은 설문조사, 면담, 초점집단의 방식으로 자신의 몰입에 대해 응답할 수 있다. 대체로 학생들의 응답은 교사들에 의해 촉진되며, 그들이 몰입에 대해 보고하는 방식은 그 방법들이 관리되는 방식, 관리되는 장소 및 관리하는 대상에 의해 영향을 받을 수 있다. 일반적으로, 학생들은 그들의 몰입이 이루어지는 맥락에서 설문조사, 면담 또는 포커스 그룹을 실시하는 경우(예: 수학 수업 시간에 수학 몰입에 관해 조사하는 것) 그들의 몰입을 더 정확하게 기억하고 응답할 수 있다. 학생들은 인지되거나 사회적인 또는 학업적인 실제 결과를 피하기 위해, 일반적으로 자신의 몰입에 대해 과장해서 응답하거나 몰입 또는 비몰입의 특정한 유형에 대해서 응답하기를 꺼리는 방식을 통해 사회적으로 바람직한 방식에 맞게 자신들의 몰입을 보고하는 경우가 많다. 교직원은 조사의 사용 목적에 대해 적절하면서도 학생들이 이해하기 쉬운 방식으로 설명함으로써 학생들의 응답을 도울 수 있다. 예를 들어, 교직원은 정보가 어떻게 사용될 것인지, 어느 정도의 익명성이 보장되는지를 설명할 수 있으며 학생들이 정직하게 대답할 때 그 응답들이 조사의 목적에 맞게 사용될 수 있다는 확신을 줄 수 있다(예: Appleton, 2012).

교사

교사들은 여러 가지 방법으로 몰입을 측정하는 데 참여할 수 있다. 첫째, 교사들은 출석, 숙제 완료 등 행정 데이터 수집에 앞장서고, 학생들을 관찰하고 평가하는 것을 통해 그들의 행동적 몰입에 대해 보고할 수 있다. 학생에 대한 교사들의 전문성과 지식은 학생들의 행동을 알아차리고 해석하는 데 도움을 줄 수 있다. 그러나 그들의 경험과 신념(예: 학생 능력에 관한 것)은 학생들의 몰입에 대한 인식과 관찰에도 영향을 미칠 수 있다. 또한, 학생들을 지도함과 동시에 좋은 수업을 하려면 교사의 주의를 필요로 하며 교실 전체를 보는 안목이 있어야 하는데, 이러한 것들은 학생들의 몰입을 관찰하는 역할로서의 교사들의 능력을 제한할 수 있고, 개별적인 학생의 몰입에 대한 인식이나 보고를 편향시키거나 제한할 수 있다.

교사들은 종종 학생 자기 보고식 설문조사를 실행토록 요청받는데, 이럴 경우에 수업 시간에 조사를 진행하는 경우가 많다. 하지만 진행되는 조사에서 학생들이 해당 교사에 대한, 또는 해당 수업에 대한 자신의 몰입에 대해 응답해야만 하는 경우, 학생들의 응답은 신뢰성과 유효성이 떨어지게 된다. 조사를 효과적으로 관리하기 위해, 촉진자들은 학생들의 참여를 살피고 학생들의 질문에 답할 수 있어야 하며, 조사의 진행 과정에 대해서 교사들이 개입하고 참여하는 것은 학생들이 사회적으로 바람직한 방법으로 그들의 몰입에 대해 응답하는 경향을 더 가중할 수 있다.

수업 지원 직원

중앙 부처(Central office)와 교직원이 몰입을 측정하는 데에 참여할 수 있다. 그들은 교육구 및 학교의 교육과정, 학업적 활동, 학습환경에 대한 깊은 지식을 가지고 있으면서도 교실 수업에 깊이 관여하지는 않는다. 교사들과는 달리, 그들은 상대적으로 학생들에게 덜 알려져 있으며 특정 학생이나 교실 상황에 대한 편견이 덜할 수 있다. 따라서 그들은 효과적이고 전문적인 관찰자와 조사 관리자가 되기 위해 학생들의 행동과 학교 환경에 충분히 익숙해져야 한다.

학생 지원 직원

학교 상담가, 학교 심리학자, 사회복지사, 인터벤션 전문가, 정신건강 전문가들은 지식이 풍부하며 학교에서의 몰입을 측정하기에 좋은 위치에 있다. 수업 지원 직원들과 마찬가지로, 그들은 교실에서 상대적으로 떨어져 있다. 그러나 수업 지원 직원과는 달리, 그들은 아동 발달과 학생들이 직면하고 있는 과제들에 대해 교육을 받고 있으며, 학교에서의 인터벤션이 필요한 학생들의 경험을 잘 알고 있고, 몰입 데이터를 학생들에게 필요한 행동적, 정서적 또는 학업적인 차원의 지원들과 연결 지어 생각할 수 있다. 또한, 그들은 이와 관련된 교육을 많이 받았으며, 학생들과의 의사소통 경험 또는 학생들과 관련된 경험이 있다. 이러한 특성은 학생 지원 직원이 학생 설문조사, 면접 및 포커스 그룹을 촉진하는 데 이상적일 수 있다는 것을 시사한다.

학교 관리자

학교 관리자는 몰입을 측정하는 대상들을 촉진하고, 지원하는 데에 중요한 역할을 한다. 그들은 측정과 인터벤션에 기울이는 노력을 우선시하며, 교직원이 데이터를 수집, 관리 및 분석하는 데 필요한 자원, 교육 및 지원을 확보할 수 있다. 그들은 몰입 데이터를 검토하고, 몰입 데이터를 이해하기 위해 교직원들과 협력하며, 교육구 및 학교 전체의 응답을 촉진하며, 몰입 데이터를 사용하여 학생, 교사와 학교를 식별하고 지원할 수 있다. 그러나 학교 관리자들은 또한 학생 몰입에 대한 조직적이고 장기적인 관점을 가지고 있는데 이는 학교 관리자들이 학교에서의 학생 참여에 대한 미묘한 변화를 놓치기 쉽게 한다. 그들은 또한 교사들의 효율성과 학교의 질에 대해 많은 책임을 지고 있는 이해관계자들이기 때문에 공정한 관찰자로서 해야 할 역할이 더 어려울 수 있다. 마지막으로, 학교 관리자들은 학생들에 의해 권위자로 보이며, 학생들이 사회적으로 바람직한 방식으로 그들의 몰입을 응답하거나 보여주는 경향에 영향을 미칠 수 있다.

기술(technology)

기술은 로그 파일, 행동 평가 및 생리적 평가를 통해 데이터 수집을 쉽게 한다. 온라인 또는 컴퓨터 기반 학습 활동 중 학생의 몰입을 실시간으로 모니터링할 수 있는 통합 기술이 개발되었다(예: D'Mello & Graesser, 2010). 기술은 또한 학생 자기 보고식 설문조사와 질문을 제공하고 응답을 수집함으로써 학생 몰입에 대한 교사 보고를 용이하게 한다. 그러나 이러한 기술을 효과적이고 유용하게 사용하기 위해선, 기술을 사용하는 측정에 있어 데이터를 수집, 분석 및 해석하는 방법을 이해하기 위한 장비, 프로그래밍, 기술적 지원 및 훈련이 필요하다.

요약

인터벤션의 제공을 위한 몰입 측정 활동에는 측정에 유용한 몰입의 측면, 필요한 데이터의 수준 및 주어진 환경에서 데이터를 수집하기 위해 가능한 방법 등에 대해 결정하는 것이 포함된다. 교육자는 1차원에서부터 여러 차원의 몰입을 측정할 수 있으며, 그러한 차원은 단일 지표 또는 여러 개의 지표로 나타낼 수 있고, 지표는 개별적으로 검토되거나, 차원으로 구성되거나, 학생들의 전반적인 몰입에 대한 평가를 제공하기 위해 구성될 수 있다. 모든 방법이 몰입의 모든 측면을 측정할 수 있는 것은 아니며, 그러한 방법은 학생들이 학교에서 어떻게 행동하고, 생각하고, 느끼는지를 정확히 파악할 수 있는 정도에 따라 다양하다. 예를 들어, 행동적 몰입은 여러 가지 방법으로 신뢰성 있게 측정할 수 있지만, 인지적 몰입과 정서적 몰입을 측정하기 위해서는 일반적으로 학생 자기 보고식 설문조사나 실시간 측정 방법과 같이 더 깊은 통찰력을 제공하는 방법이 필요하다. 이와 관련된 고려사항에 대해서는 표 21.1에 대략 설명되어 있으며, 이 표에서는 몰입 데이터를 수집하는 방법에 대한 개요를 제공한다.

일단 교육자들이 무엇을, 어떻게 측정해야 하는지를 알게 되면, 인터벤션을 제공하기 위한 측정 과정을 전략화할 수 있다. 실제로 교육자는 다양한 방식으로 몰입의 여러 측면을 검토할 수 있으며, 대부분의 측정 전략은 몰입 데이터를 수집, 이해 및 응답하기 위해 여러 사람이 함께 일하는 것을 전제로 한다. 예를 들어, 학생들이 설문조사에 참여하면, 지원 담당자들은 이를 관리하고, 학교 관리자가 제공하는 프로그램으로 조사 결과를 분석하며 관리자, 교육자와 가족들은 이러한 조사 결과를 해석하고 활용할 수 있다. 이와 같이, 학교 내 학생들을 효과적으로 지원하기 위한 몰입 측정에는 공동의 목적 아래에서 다수의 교직원과 이해관계자들의 노력과 협력이 필요하며, 이 중 몇 가지 예시들은 다음 섹션에서 검토된다.

표 21.1 ❙ 몰입 측정 도구 개요

방법	측정 수준a	학년 수준	운영 시 주의 사항	기타 고려 사항들
학생 자기 보고식 설문 조사	개인 수준 (합산)	초등 및 중등	• 교사 또는 관리자는 사회적 바람직성 편견을 높일 수 있음	• 학생들은 수업 시간에 자기 생각과 느낌을 아는 유일무이한 입장임 • 문항과 표현은 나이에 적합하고 문화적으로 민감해야 함 • 변화를 추적하기 위해 여러 시점에서 수행될 수 있음
교사 평가	개인 수준 (합산), 교실 수준	모든 학년	• 관리자의 개입으로 학생들의 몰입에 대한 교사 보고서의 이해관계가 어긋날 수 있음	• 교사는 교실에서의 행동적 몰입을 관찰할 수 있는 좋은 위치에 있음 • 교사는 개별 학생의 몰입에 대해 알리거나 보고하는 내용에 제한을 받거나 편견이 있을 수 있음 • 교사는 학생들의 인지적, 정서적 몰입에 대해 제한된 통찰력을 가질 수 있음
면담 및 학생 초점 집단	개인 수준	초등 및 중등b	• 교사 또는 관리자는 사회적 바람직성 편견을 높일 수 있음 • 지원 직원은 신뢰할 수 있는 면접관으로 교육받기에 유리한 입장임	• 학생들은 수업 시간에 자기 생각과 느낌을 아는 유일무이한 입장임 • 학생들의 몰입에 대한 자세한 설명을 얻을 수 있음 • 몰입의 촉진요인(잠재적 또는 실제적인 인터벤션의 대상)을 조사할 수 있음 • 시기적절한 관리와 분석 가능 • 일반적으로 특정 집단 또는 일부 학생을 대상으로 함
관찰적 방법	교실 수준	모든 학년	• 지원 및 관리 직원은 신뢰할	• 맥락에서 발생하는 몰입을 평가함 • 몰입의 유형 또는 순서를 밝혀낼 수 있음

			수 있는 학생 몰입 관찰자로 교육받기에 유리한 입장임	• 행동 지표는 쉽게 관찰 가능함 • 질적·양적으로 분석 가능한 풍부한 정보를 제공함 • 시기적절한 관리와 분석 가능 • 관찰자들은 학생들의 인지적, 정서적 몰입에 대해 제한된 통찰력을 가질 수 있음
행정 데이터	개인 수준 (합산)	모든 학년	• 여러 직원 간에 일관되고 조정된 노력과 신뢰할 수 있는 충분한 자원이 필요함	• 학교와 학교 시스템은 일반적으로 모든 학생으로부터 그리고 여러 시점에서 몰입의 각 행동 지표를 측정함 • 행동적 몰입의 단일 지표를 사용하는 경향이 있음(예: 출석)
실시간 측정 방법	개인 수준	다양함	• 기술적 장비와 소프트웨어에 의해 수집	• 수업 중, 또는 교실 안에서의 몰입의 변화와 역학을 포착하는 대량의 양적 데이터를 생성 • 데이터를 정확하게 분석, 해석 및 사용하는 데 어려움 • 기술 가용성과 데이터 분석 요구로 인해 대개는 특정 집단 또는 일부 학생을 대상으로 함

a. '합산'은 교실, 교사, 학교 또는 교육구 수준에서 몰입을 평가하기 위해 데이터를 종합할 수 있음을 나타냄
b. Ruzek et al. (2018)은 유치원 입학 전 학생들과 유치원 학생들과의 면담 프로토콜을 검증함

3부: 인터벤션에 대한 몰입 측정의 사례

몇몇 연구팀, 교육 기관, 그리고 학교 시스템은 학교에서 학생들을 지원하기 위한 노력의 일환으로 몰입을 측정한다. 이 섹션에서는 서로 다른 측정 목적과 전략을 설명하는 두 가지 사례를 언급한다. 각 사례에서는 몰입을 측정하기 위해 서로 다른 방법을 사용하고, 다른 결과에 대해 서로 다른 방식으로 몰입 데이터를 활용한다. 또한, 이러한 인터벤션이 학교 시스템 내에서 학생들을 지원하려는 것인지, 아니면 조기 인터벤션이 필요한 특정 학생을 식별하기 위한 것인지, 또는 추가적인 지원으로 이익을 얻을 수 있는 학생을 식별하기 위한 것인지는 각각의 사례들에 따라 다르다. 각 사례에서는, 무엇이 어떤 목적으로 측정되는지, 어떤 방법으로 몰입을 측정하며, 인터벤션에 대한 정보를 제공하기 위해 몰입 데이터를 어떻게 사용하는지에 대해 다룬다. 본 섹션의 끝부분에서는 주요 고려사항을 요약한다.

사례 1: 코네티컷주의 만성 결석

측정되는 몰입 지표와 목적

미국의 코네티컷주는 만성 결석을 평가하고 해결하기 위해 출석 데이터를 측정하고 분석한다. 만성 결석은 결석, 무단결석, 출석 정지 등 어떤 이유로든 학교 출석일의 10%를 결석하는 것으로 정의된다. 만성 결석은 학교에 몰입하지 못하도록 하는 행동이라는 점에서 몰입의 특별한 지표이다. 무단결석은 몰입의 부재(학교에 몰입하지 않는 것)와 비몰입(학교에 몰입하지 않기로 선택한 것)을 모두 나타낼 수 있지만, 만성 결석의 중요한 요소는 결석 또는 무단결석으로 인한 학습에 몰입하는 시간의 복합적인 손실이 낮은 학업성취도와 이후 출석률의 저하, 나아가 학교 중도탈락에까지 영향을 준다는 것이다(예: Connolly & Olson, 2012). 그러한 이유로, 만성 결석은 몰입의 특별한 지표임과 동시에 K－12 교육과정에 걸쳐 몰입과 수행의 촉진요인으로 다뤄진다.

코네티컷주에서는 먼저 국가 비영리 단체인 'Attendance Works'로부터 측정기준(metric)과 만성 결석의 잠재적 가치에 대해 알게 된 후, 만성 결석을 계산하고 다루기 시작했으며, 주 차원에서 지방 교육구에서의 노력을 지원하는 긴밀한 협력 관계를 지속해 왔다. 주 정부의 접근 방식은 'Attendance Works'가 체계적 변화를 위한 핵심 요소로 제시한 실행 가능한 데이터, 역량 구축, 긍정적 몰입, 전략적 협력관계 그리고 인터벤션에 대한 계층적인 접근 방식 및 공동 책임을 반영한다.

몰입 측정 방법

출석 데이터는 처음부터 끝까지 측정된다. 먼저, 교사들은 학생들의 일별 출석률을 파악하여 지역 데이터 관리 시스템에 입력한다. 출석 데이터는 코네티컷주의 공립학교 정보 시스템(Public School Information System: PSIS) 지침에 기술된 특정 표준 및 기준에 따라 코네티컷 PSIS에 보고된다. 교육구와 학교 관리자는 Attendance Works에서 개발한 도구(K—5 교육구 출석 추적 도구와 학교 출석 추적 도구)와 CSDE(EdSight)에서 개발한 온라인 데이터 포털을 사용하여 데이터를 구성하고 분석한다. 가장 최근에 코네티컷주는 1－6등급의 조기 지표 도구를 개시했다. 이 도구는 중요한 시점을 놓치거나 학교를 중도탈락할 위험이 있는 학생 집단을 식별하기 위해 통계적 방법을 사용한다.

인터벤션 정보 제공을 위한 몰입 데이터 사용 방법

관리자는 주 수준에서 매년 출석 데이터를 검토하여 만성 결석 문제가 있는 교육구나 학교를 식별한다. 결석률이 10%인 교육구 및 결석률이 15% 이상인 학교가 하나 이상인 교육구는 10일마다 교육구 및 학교 출석 검토팀을 소집하여 출석 데이터를 검토하고 대응하도록 한다.

교육구 출석 검토팀은 출석 데이터를 분석하여 만성적인 결석의 범위와 위치를 결정하고 교육구 전체의 대응을 알리기 위한 정보를 수집하는 교육구 수준 관리자와 지역사회 기관으로 구성된다. 이 과정에서 높은 만성 결석률과 관련된 학교, 학년, 학생 특성(예: 성적, 인종, 민족, 성별, 무료 혹은 할인된 급식, 장애, 영어 의사소통 능력)별 출석 데이터를 집계하여 교육구 내에 만성 결석 및 높은 출석이 어떻게 분포하는지를 분석한다. 마지막으로, 교육구 출석 검토팀은 만성 결석 발생의 영향을 학교와 공유하고 교육구 및 학교 인터벤션의 잠재적 요인이나 대상을 파악하기 위해 교육구 내 학교의 만성 결석 및 성취, 훈육 방침 사이의 관계를 조사한다.

학교 검토팀은 교육구 검토팀에서 제공한 정보나 학교 수준에서 이용할 수 있는 데이터를 사용하여 만성적으로 결석하는 학생이 몇 명이고 어떠한 학생들인지, 그리고 각 학년 및 만성적으로 결석할 가능성이 더 큰 학생들 사이에서 출석률이 더 높아지는지 또는 더 나빠지는지를 파악한다. 이 팀에는 학부모, 지역사회 파트너, 학교의 주요 인사들과 학생들이 결석하는 이유와 그들을 지원하는 방법을 해석하는 데 도움을 줄 수 있는 광범위한 이해관계자들을 포함한다. 학교 검토팀은 또한 (1) 시스템상에서 만성적으로 결석한 학생이 몇 명이고 누구인지 알기 위해 그들의 출석 데이터를 검토하고 (2) 적절한 대응을 위해 학생들이 만성적으로 결석한 이유를 이해하는 데 필요한 추가 정보를 수집할 책임이 있다.

인터벤션은 세 단계의 구조로 실행된다. 1단계는 결석률과 관계없이 모든 학생을 대상으로 하며, 출석을 지원하고 결석 방지를 위한 사전 예방적 전략과 긍정적인 메시지 전달에 초점을 맞추고 있다. 2, 3단계에서는 맞춤형 실행 계획을 세우고, 학생들을 멘토와 같은 자원에 연결하며(2단계, 결석률이 10%–19%인 학생의 경우), 외부 기관과의 협조를 통해 집중적인 접근법을 개발함으로써(3단계, 결석률이 20% 이상인 학생의 경우), 만성 결석을 직접적으로 해결한다. 학교 검토팀은 교육구가 제공하는 출석 보고서와 해당 학교에서 사용 가능한 출석 데이터를 사용하여 출석이 우수하거나 개선되었는지 확인하고, 만성 결석 수준(2단계 또는 3단계)에 따라 만성 결석 학생에게 인터벤션을 조치할 수 있도록 하며, 어떤 학년 또는 학생 그룹이 만성적으로 결석하고 있는지에 대한(1단계) 학교 전반적인 대응을 조정하고, 학교에서 사용 가능한 자원들이 학생들의 요구에 맞는지를 확인한다.

CSDE가 만성 결석과 차세대 책무성 시스템(Next Generation Accountability System)을 강조함에 따라, 주의 각 교육구는 학교에서의 만성 결석 문제를 해결하는 데에 최선을 다하고 있다. 예를 들어, 뉴런던의 교육구 데이터팀은 일부 개별 학교들의 만성 결석이 감소했음에도 불구하고 2014－15년과 2015－16년 사이에 그 교육구의 전반적인 만성 결석이 증가했다는 것을 발견했다. 지역구 데이터팀은 현재 실행되고 있는 조치들에 대해서 재평가가 필요하다고 판단했는데, 이는 과거에는 효과성이 입증되었던 전략들이 지금에 와서는 크게 성공하지 못하기 때문이다.

뉴런던 공립학교는 'Attendance Works'와 제휴를 맺고 교육구 전체의 평가를 시행하였다. 평가를 통해 드러난 사실은, 출석 검토팀이 마련되어 있었으며, 교육구는 만성적으로 결석하는 학생들을 확인하고, 그러한 학생들의 보호자들에게 편지와 전화 등의 연락을 취하고 있었다. 그러나 교육구의 이러한 노력은 주로 무단으로 결석하는 학생들에게 집중되어 있었고, 이로 인해 만성 결석에 큰 변화를 주지는 못하였다. 중앙 행정 직원들은 교육구와 학교가 공동의 목표를 향해 나아갈 수 있도록 다양한 영역에서 학교장을 지원해야 한다고 결정하였다. 다양한 영역에는 모범적인 실행사례를 찾고, 효과적인 팀을 설립하며, 데이터를 더욱 쉽게 이용할 수 있도록 하고, 과거에 시행되어 오던 전략들을 바꾸는 것에 데이터를 이용할 수 있도록 학교 직원들의 역량을 구축하는 것 등이 해당한다. 이것을 이루기 위해, 교육구에서 교육구 전체의 교육과 학교 개선 계획에 대한 조정, 대체 교사를 위한 교육, 데이터팀 지원, 재정 책임 및 소유권 공유, 교육구 캠페인 등을 포함한 교육구 전체의 전문성 개발 프로그램을 실행했다. 그 결과 뉴런던 공립학교(New London Public Schools)의 만성 결석 수준이 2013－14년도 22.1에서 2016－17년도 16.3으로 감소하였다.

사례 2: 시카고 공립학교의 몰입

측정되는 몰입 지표와 목적

시카고 공립학교(Chicago Public Schools: CPS)는 'Urban Education Institute'의

'UChicago Consortium on School Research' 및 'UChicago Impact'와 협력하여, 학교 품질과 학교 내에서 학생의 기능에 대한 광범위한 지표를 평가, 보고, 대응하기 위한 노력으로 학생 몰입을 측정한다(Bryk, Sebring, Allensworth, Easton, & Luppescu, 2010).

예를 들어, '5Essentials'라고 불리는, 그들의 학교 풍토에 대한 조사에서는 학교 풍토와 학생들의 끈기/그릿(grit), 학업적 압박(academic press), 공부 습관, 정서적 건강 등 학생 몰입에 영향을 미치고 그 결과로 생기는 다양한 요소들과 함께 학생들의 몰입을 평가한다. 몰입을 측정하는 것을 통해 교육구는 학생들이 학교에서 어떻게 행동하는지에 대한 수준과 추세를 모니터링하여 평가할 수 있고, 이를 통해 학생들이 어떠한 점에 추가적인 지원을 해야 하는지와 몰입 수준이 높은지, 몰입이 개선되고 있는지를 파악할 수 있다.

몰입 측정 방법

교육구 전체에서 6–12학년(몇몇은 4학년과 5학년)의 학생들을 대상으로 각 학년의 늦겨울이나 이른 봄에 설문조사가 진행된다. 이 설문조사는 "나는 내가 하는 일이 너무 흥미로워서 멈추고 싶지 않을 때가 있다"(정서적 몰입), "나는 이 수업을 기대한다"(정서적 몰입), "우리가 공부하고 있는 주제는 흥미롭고 도전적이다"(정서적, 인지적 몰입), "나는 이 수업에서 최선을 다하기 위해 열심히 노력한다"(행동적, 인지적 몰입) 등, 몰입의 다차원적인 지표를 측정한다. 문항 점수들은 학교 수준에서 몰입 점수를 산출하기 위해 집계된다.

학교를 지원하는 종합적인 접근 방법에서 CPS는 'Urban Education Institute'의 비영리 단체인 'UChicago Impact'를 통해 학교에 리더십 코칭을 제공한다. 학교장들은 UChicago Impact 5Essentials Leadership Development팀과 협력하여 개선이 필요한 부분을 파악하고, 어떤 경우에는 학교장들이 학교에서의 수업 관찰을 통해 양적인 데이터뿐만 아니라 질적인 데이터를 조사하고 그들이 향상하고자 하는 영역의 학생 몰입에 대해 확인하였다. 5Essentials Leadership Development팀은 학생들의 몰입을 높이기 위해 학생과 교직원 모두가 응답할 수 있는 열린 문항들(예: 학생의 경우 "수업에서 가장 많이/적게 몰입할 때는 언제인가요?", 교직원의 경우 "학생들의 흥미를 끌기 위해 어떤 전략을 사용하시나요?")을 포함하는 일련의 몰입 중심의 수업 과정 모니터링 도구와 학생과 교사들이 응답한 비몰입/몰입한 학생의 비율을 평가하기 위한 추가적인 설문 문항들을 설계하였다. 이러한 정보는 5Essentials 설문조사를 통해 얻은 데이터를 보강하고, 학생 비몰입의 원인을 더 잘 이해할 수 있도록 학교 통찰력을 제공했으며, 교사들이 학생들의 몰입을 증진하는 수업 방법에 대하여 성찰하게 했다.

또한, 5Essentials the Leadership Development팀은 교사들이 수업 중에 학생들의 몰입을 평가하는 데 사용하는 학생 몰입 관찰 도구를 개발했다(UChicago Impact, 2017 참조). 세밀한 관찰을 위해 교장이나 교감(예: 교사 리더)을 제외한 교직원들이 학교 전체에 걸쳐 수업을 관찰한다. 관찰하는 동안, 각 교직원은 무작위로 학생 3명을 선택하고 과제를 할 때나 하지 않을 때의 학생 몰입 정도를 포함하여 2-3분 간격으로 몰입의 세 가지 요소를 관찰한다. 이 도구는 각 구성 요소에 대한 특정 지표를 제공한다(예: 과제 중 행동 지표에는 지시 준수, 공부·과제의 완료, 토의 참여 및 집중하는 자세 등이 포함됨). 관찰이 끝날 때, 관찰자들은 몰입의 세 가지 요인 지표에 따라서 학생별로 전반적인 몰입 점수를 부여한다. 관찰자들은 수업 시간에 과제를 수행 중이거나 과제 수행을 하지 않을 때 깊이 몰입하는 학생의 비율을 나타냄으로써 전반적인 교실 내의 몰입에 관해 설명한다.

인터벤션 정보 제공을 위한 몰입 데이터 사용 방법

학생 설문조사 데이터의 경우, UChicago Impact는 척도에 따른 각각의 측정값에 대하여 학교 전체의 점수를 계산하고 빨간색(매우 약함)에서 노란색(보통)에서 녹색(매우 강함)까지 색상으로 점수를 표시한다(예: UChicago Impact, 2017). UChicago Impact에서 제공하는 기준점과 학교의 점수가 어떻게 연관되는지 컬러 코드에 반영되어 있다(예: '매우 강함'과 '매우 약함'은 각각 기준점보다 표준편차로 1.5점 이상 높거나 낮은 학생의 점수에 해당한다. 측정을 통해 나타난 전체적인 구성은 학교가 인터벤션에 대해 얼마나 체계적인지를 뜻한다). 그 데이터는 학생 성별과 학년 수준에 따라 볼 수 있다. 또한, 전체적인 학교 데이터에 대해서, 비교 정보는 학생의 몰입과 관련된 것을 포함하여 학교의 5Essentials Measure의 점수가 전체 CPS의 평균 및 유사한 학교의 평균과 어떻게 비교되는지를 보여준다. UChicago Impact는 한 해의 데이터를 뛰어넘어 특정 학교의 학생 몰입과 관련된 각 측정값의 4년간 동향에 대한 정보를 제공하며, 이는 성별과 학년 수준에 따라 세분화할 수 있다. 학교의 동향은 비슷한 수준의 다른 학교들의 동향뿐만 아니라 전반적인 CPS의 동향과 비교될 수 있다. 이러한 정보를 통해 학교 지도자들은 그들 학교의 몰입 동향에 대해 검토하고, 교육구 내의 다른 학교들과 비교할 수 있다. 또한, 데이터가 누구나 이용할 수 있도록 개방되어 있으므로 학부모들이 학교를 탐색하고 자녀에게 가장 적합한 학교를 결정하는 데 도움을 얻고자 데이터를 검토할 수 있으며, 이는 정확하고 질 좋은 정보에 접근하기 어려운 저소득층과 소외 계층의 문제를 해결하는 데에 도움이 된다(Perna, 2006).

학교는 학생들의 몰입을 향상하는 것을 목표로 하여, 몰입에 관한 학교 전체의 전문성을 높이는 개선 방안을 개발하였다. 이 부분에서 교직원들은 데이터 평가와 후속 계획 수립 과정에 참여하여, 변화를 끌어내기 위해 교육 활동뿐만 아니라 개개인에 대한 방침의 전반적인 변경에 대하여 광범위한 고려 사항을 제시하였다. 그 결과로, 교사들은 그러한 협력적이고 성찰적인 방안에 열심히 참여하였고, 학생들의 몰입을 강화하기 위한 전략을 확인했으며, 이를 위해 그들이 기존에 해오던 교육 방식을 조정하였다. 매년 CPS에서 조사 데이터가 수집되기 때문에, 교사들은 학생 자신의 몰입에 대한 응답에서 긍정적인 변화가 생겼는지를 평가할 수 있을 것이다.

요약

각각의 사례는 몰입 데이터를 사용하여 인터벤션에 참여할 학생을 식별하고, 인터벤션에 대한 학생들의 참여를 평가하며, 인터벤션 내내 학생들의 요구를 모니터링하고, 인터벤션의 효과를 평가할 방법을 보여준다.

표 21.2는 각 사례에서 인터벤션에 대한 정보를 제공하기 위한 몰입 정보 수집의 규칙과 고려 사항을 통합하여 보여준다.

표 21.2 ❙ 단계적 인터벤션 시스템을 위한 몰입 데이터 수집 시 규칙 및 고려 사항

인터벤션 요인	1단계 인터벤션	2, 3단계 인터벤션
	모든 학생을 대상으로 한 긍정적이고 예방적 차원의 지원	일부 학생들을 대상으로 한 집중적인 지원
학생 식별 및 선정	필요하지 않음(모든 학생이 참여)	인터벤션에서 중요하게 다루는 성과(예: 출석)와 밀접하게 관련이 있는 주요 지표 및 몰입의 차원을 측정 쉽게 행동 데이터, 학업 데이터를 사용할 수 있음. 하지만 지표와 성과의 연관성이 그다지 높지 않은 경우, 다른 차원의 몰입 지표를 측정하거나 다양한 정보를 사용하는 것을 고려해야 함 몰입이 성과에 기여하는 결정적인 시기를 목표로 함
참여도 평가	필요하지 않음(모든 학생이 참여)	인터벤션과 관련된 주요 지표 및 차원의 수준을 측정(예: AVID의 같은 대학 준비 프로그램의 상위 과정 등록)
학생이	필요하지 않음(모든	목표 성과와 밀접하게 관련 있는 주요 지표 및 차원의

필요로 하는 것에 대한 모니터링	학생에게 긍정적이고 예방적 차원의 지원이 제공됨)	수준 측정(즉, 단계적 응답 수준에 대한 영역의 재평가) 다양한 관점에서 다양한 차원을 측정하여 실행 가능한 정보를 제공함
인터벤션의 효과성 검증	인터벤션 및 목표 성과와 관련된 주요 지표 및 차원의 수준 측정	인터벤션과 목표 성과와 관련된 주요 지표 및 차원의 수준 측정 인터벤션의 사전, 사후 결과 측정

그러나 중요한 점은 각 사례에서 몰입 데이터들이 인터벤션의 여러 요소에 대한 정보를 제공하면서도 때론, 특정 목적을 위해 통합되는 경우도 보인다는 것이다. 몰입 측정에는 시간과 자원이 필요하며, 2, 3단계의 인터벤션에서 더 심층적인 데이터 수집 및 분석이 이뤄지는 경향이 있다. 위의 사례들에서 몰입 데이터는 인터벤션의 중요한 우선순위에 대한 정보를 제공한다. 코네티컷주의 만성 결석 사례에서 몰입 데이터는 지원이 필요한 학생들이 방치되지 않도록 한다. CPS의 몰입 사례에서 몰입 데이터는 학교 품질을 평가하고 개선을 위한 영역과 전략을 식별하는 데 사용된다.

또한, 위 사례들에서 몰입이 어떻게 측정되고, 그것이 인터벤션에 대한 정보를 제공하기 위해 어떻게 쓰이는지에 대한 '몰입 지향성'의 정도도 다양하다. 몰입 지향성은 학생들이 학교에서 어떻게 느끼고, 생각하고, 행동하는지를 평가하고, 통합하고, 반응하는 것을 포함한다(Reschly & Christenson, 2012). 실천가들은 행동적 데이터에 중점은 두는 경우가 많은데, 이는 비교적 측정이 쉽고, 학생들의 응답에서도 구할 수 있으며, 행동으로 나타나는 인터벤션의 성과와도 연계하기 쉽기 때문이다(예: 만성 결석을 다루는 데에 있어 중요한 측정값으로 사용되는 출석 데이터). 좀 더 몰입 지향적인 전략은(학생 몰입에 대하여 다른 요인들을 서로 보완하거나, 세 개로 구분하여 다양한 관점을 제공하는) 다양한 정보에서 얻은(학생 몰입에 대한 큰 그림을 제공하는) 다양한 차원을 측정하는 것을 포함한다. 예를 들어, UChicago Impact는 학생 설문조사와 관찰을 사용하여 교육자들의 학생 몰입 지원을 평가하고 그에 대한 정보를 제공한다.

마지막으로, 제시된 사례들에서는 교육자가 적절한 방식으로 몰입 데이터를 해석하고, 포함할 수 있도록 몰입 데이터와 그것이 발생하는 시스템과 연관 지을 방법에 대해 설명한다. CSDE/Attendance Works 및 UChicago Impact에서는 몰입의 서로 다른 수준과 변화하는 정도의 의미를 해석하고, 인터벤션이 필요한 대상과 시기, 그리고 추가적 지원인지 개인에게 맞춘 지원인지를 판단하기 위해 수준(교실, 학교, 교육구)에 따라 데이터를 집계하고, 학생 특성(예: 학년, 인종, 민족, 성별)에 따라 데이터를 세분화한다. UChicago

Impact는 또한 학생들에게 학교에서 설문조사했던 경험에 관해 묻고, 관찰 중 수업에서 일어나는 일들과 그들의 몰입이 어떻게 관련되는지를 평가함으로써 학생 몰입과 학교 환경의 관계를 평가했다.

결론

많은 측면에서 학생 몰입은 학교에서의 학생 교육과 발전의 기반이 된다. 학교 환경에 몰입하는 것은 학생들이 그 안에서 배우고 성장하는 방법이다. 교육자가 학교 교육의 중요한 요소들을 변경하는 경우(예: 새로운 교육과정을 채택하거나, 기존 수업관습을 개선하고자 전문성 개발을 지원하는 것), 그들은 학교의 수업이나 활동에 몰입하는 것이 어떤 의미가 있는지, 어떻게 여겨지는지를 바꿈으로써 학생들의 성과를 개선하고자 한다. 학교의 일상생활에서 교육자들은 학생들의 몰입을 조정하는데, 종종 학생들은 고도로 몰입하거나, 통과하기 위해 최소한의 노력을 기울이거나, 완전히 배제하는 직관적인 감각이 있다. 그들은 경험으로 학생들이 성공하기 위해 문제를 다루는 방식을 안다. 그러나 학생들의 몰입에 대한 평가가 학교에서의 학생들과 교육자들의 경험과 깊은 연관이 있음에도 불구하고, 그것은 대개 교육자의 추론이나 직관에 맡겨진다. 다행히도 몰입은 측정할 수 있는 것이며, 몰입을 측정하는 몇 가지 방법들은 이용하기 쉽고, 실행에 옮길 수 있는 정보를 제공한다. 학생 몰입에 대한 좋은 데이터를 가지는 것은 교육자와 학교의 다른 주요 직원들이 학생들의 학교생활과 환경에 인지적, 행동적, 정서적으로 상호작용하는 정도를 보다 정확하게 이해할 수 있도록 하며, 학교에서 학생들의 학업성취와 심리적 웰빙을 지원해줄 수 있는 인터벤션의 유형에 대한 중요한 통찰력을 제공한다.

제 22 장

평가와 인터벤션을 연계하는 도구로서의 학생 몰입 측정 도구 : 두 지역에서의 실행 사례 비교

제22장

평가와 인터벤션을 연계하는 도구로서의 학생 몰입 측정 도구 : 두 지역에서의 실행 사례 비교

학생 몰입 정보 사용의 이유

고등학교를 마치지 못하는 등의 부정적인 결과를 초래하는 학생 위험(student risk) 중에서, 인터벤션 실천가들은 학교의 영향을 가장 많이 받을 수 있으며 인터벤션 노력을 들이기에 유용한 부분에 집중한다(Christenson, 2008; Finn & Rock, 1997). 이는 학생이 몰입하지 못하는 이유에 대해 통찰력을 제공하며, 한 학생을 지원하는 여러 직원들 간에 보다 풍부한 데이터 기반의 대화를 가능하게 한다(Lovelace, Reschly & Appleton, 2017). 유사한 몰입 정보가 교직원들 간에 쉽게 접근되고 공유되면, 인터벤션은 더욱 적절하게 결정되고, 실행되고, 모니터링되며 수정될 수 있다(Davis, Herzog, & Legters, 2013).

연구에 따르면 저학년 때의(예를 들어, 1학년) 몰입과 추후 중도탈락 및 고등학교 졸업 간에 연관성이 있는데(예: Alexander, Entwisle, & Horsey, 1997), 졸업을 못하는 학생들의 절반 이상이 6학년 때의 몰입 지표에 의해 선별될 수 있었다(Balfanz, Herzog, & Mac Iver, 2007). 유년기의 변수들을 분석에 포함시켰을 때는 출석이나 예측되는 학력 같은 몰입 지표가 고등학교 졸업자와 졸업하지 못하는 학생들을 구별해냈다(Ou & Reynolds, 2008). 게다가, 몰입에 대한 학생의 자기 보고는 흔히 사용되는 행동 및 학업성취 예측 데이터를 넘어 정시 졸업과 중도탈락 여부까지 예측할 수 있게 한다(Lovelace et al., 2017).

학생 몰입은 학생의 교육적 성과에 미치는 영향들 중 가난과 같이 다루기 어려운 영향이 아닌 변화 가능한 영향을 나타낸다. 연구자들은 학생들의 인구통계학적 위험(demographic risk)과 학교가 집중하여 변화시킬 수 있는 기능적 위험(functional risk)을 구분하는 것이 중요하다고 강조했다(Christenson, 2008). 기능적 위험 또는 학생 몰입 지표들은 주요 평가-인터벤션의 연관성을 나타낸다. 일반적으로 접근 가능한 행동 및 학업 데이터가 학생들의 기능적 위험의 많은 부분을 설명하지만, 추가적으로 특수한 부분은 학생들의 몰입에 대한 자기 보고에 의해 설명될 수 있다. 이러한 인식들은 미래에 대한 열망과 목표 의식이 감소하여 학습 동기가 줄어 들고 낮은 출석률과 비행으로 발현되는 비몰입의 이유를 보다 섬세하고 종합적으로 이해할 수 있게 도와준다(Lovelace et al., 2017). 이 장은 학생 몰입 정보의 다양한 자료와 적절한 인터벤션과의 연관성을 설명하고(Reschly, Appleton, & Pohl, 2014; Reschly, Pohl, Christenson, & Appleton, 2017), 몰입 데이터를 활용하여 작업한 팀의 일반적인 실행 사례에 대해 언급할 것이다(예: Davis et al., 2013). 이 장은 또한 평가-인터벤션 과정의 반복적인 특성을 강조하고 두 개의 다양한 학교구 내에 실행된 실제적인 예시를 제시할 것이다.

학생 몰입과 학생 몰입 측정 도구

학생 몰입에는 측정이 유용하고 인터벤션 노력을 할 수 있는 몇 가지 차원의 하위 유형이 있다. Fredricks와 McColskey(2012)는 인지적 몰입을 어려운 내용을 숙달하는 데 필요한 자기 조절, 전략, 의지를 보여주는 학생들의 학습에 대한 투자라고 설명한다. 정서적 몰입은 교직원, 동료, 학습 내용과의 상호작용 또는 더 전반적으로는 학교 환경에서 상호작용할 때 발생하는 학생의 정서적 경험을 말한다. 행동적 몰입은 학생들이 학업 활동을 하거나 학습과 관련된 사회적 활동 및 비교과 활동을 할 때 들이는 노력으로 특징지어지는 참여라고 설명할 수 있다. 우리(Appleton, Christenson, Kim, & Reschly, 2006)는 행동적 몰입을 두 가지의 하위 유형으로 나누는 것이 유용하다는 것을 발견하였다. 하나는 학습 참여 시간과 같이 학습 활동에 중점을 두는 하위 유형(academic engagement)이고 다른 하나는 학습 및 학교 상황과 관련이 있지만 즉각적인 학업적 성과로 연결되지는 않는 행동에 중점을 둔 하위 유형(behavioral engagment)이다. 실제로 사회적 지표 혹은 비교과 활동 지표를 포함하는 높은 수준의 행동적 몰입은 학업적 활동에서의 적은 몰입을 감출 수 있다(Appleton, 2012를 참조).

학생 몰입 측정 도구(student engagement instrument: SEI)는 35개의 학생 자기 보고 항목을 통해 몰입의 인지적 유형과 정서적 유형을 측정한다(Appleton et al., 2006). 인지적 몰입의 요소에는 학교 공부의 통제와 관련성(CRSW), 미래 열망과 목표(FG), 내재적 동기(IM)가 있으며 정서적 몰입 요소에는 교사−학생 관계(TSR), 학교에서의 동료 지원(PSS), 학습에 대한 가족 지원(FSL)으로 각각 세 가지 항목으로 구성되어 있다. 학생 몰입 측정 도구를 인지적 유형과 정서적 유형으로 구성한 것이 표 22.1이다.

표 22.1 ‖ 학생 몰입 측정 도구(student engagement instrument: SEI) 요인과 문항

학생 몰입 측정 도구 요인과 문항
교사–학생 관계 (정서적 몰입)
3. 우리 선생님들은 내가 필요로 할 때 나와 함께 해주신다. 5. 우리 학교의 어른들은 학생들의 말을 잘 들어주신다. 10. 학교 규칙은 공정하다. 13. 우리 학교 선생님들 대부분은 나를 학생으로서만이 아니라 한 사람으로서 관심을 가져주신다. 16. 전반적으로 우리 선생님들은 나에게 개방적이고 정직하다. 21. 전반적으로 우리 학교의 어른들은 학생들을 공정하게 대한다. 22. 나는 우리 학교 선생님들과 이야기하는 것을 즐긴다. 27. 나는 학교에서 안전함을 느낀다. 31. 우리 학교 선생님들은 학생들을 보살핀다.
학교 공부의 통제/관련성 (인지적 몰입)
2. 나는 학교 공부를 끝낸 후에 그것을 올바르게 했는지 검토한다. 9. 알아야 할 중요한 것의 대부분은 학교에서 배운다. 15. 나는 학교 공부를 할 때 지금 공부하고 있는 것을 이해하는지를 점검한다. 25. 내가 학교에서 잘하고 있다면, 이는 내가 열심히 하기 때문이다. 26. 우리 교실에서 치러지는 시험은 내가 할 수 있는 것을 측정하는 데에 도움이 된다. 28. 학교에서 나에게 무슨 일이 일어나는지 말할 수 있는 기분이 든다. 33. 학습은 내가 무언가를 더 잘할 수 있게 되기 때문에 재미있다. 34. 내가 교실에서 배우는 것은 나의 미래에 중요할 것이다. 35. 우리 교실에서의 성적은 내가 할 수 있는 것을 판단하는 데에 도움이 된다.
학교에서의 동료 지원 (정서적 몰입)
4. 여기 있는 다른 학생들은 나와 같은 방식으로 나를 좋아한다. 6. 여기 있는 다른 학생들은 나에 대해 신경을 써준다. 7. 우리 학교에 있는 학생들은 내가 필요로 할 때 나와 함께 해준다.

14. 여기 있는 학생들은 내가 말하려고 하는 것을 존중해준다. 23. 나는 여기 있는 학생들과 이야기하는 것을 즐긴다. 24. 나는 학교에 친구가 몇 명 있다.
미래 열망/목표 (인지적 몰입)
8. 교육은 나에게 많은 미래 기회를 만들어줄 것이다. 11. 고등학교 이후에 학교에 진학하는 것은 중요하다. 17. 나는 고등학교 이후에 나의 교육을 이어나갈 것이다. 19. 학교는 나의 미래 목표를 달성하는 데에 중요하다. 30. 나는 나의 미래에 대해 희망적이다.
학습에 대한 가족의 지원 (정서적 몰입)
1. 나의 가족/보호자(들)는 내가 필요로 할 때 나와 함께 해준다. 12. 학교에서 좋은 일이 생기면 나의 가족/보호자(들)는 그것에 대해 알고 싶어 한다. 20. 내가 학교에서 어떠한 문제를 겪게 되면 나의 가족/보호자(들)는 나를 도와주고 싶어 한다. 29. 나의 가족/보호자(들)는 학교에서 힘든 상황에 처해도 내가 (포기하지 않고) 끝까지 해내기를 원한다.
내재적 동기 (인지적 몰입)
18. 나는 선생님이 나에게 보상을 줄 때만 학습할 것이다. (역문항) 32. 나는 나의 가족/보호자(들)가 나에게 보상을 줄 때만 학습할 것이다. (역문항)

이 학생 몰입 측정 도구는 학생 몰입을 모니터링하고, 비몰입 학생들에게 단계적 인터벤션을 적용하기 위한 용도로 높은 신뢰도와 타당도를 입증했다. 예를 들어, 6－12학년에 재학 중인 학생 2,461명을 대상으로 타당한 신뢰도와 타당도를 보였다(.70－.80의 신뢰도와 적절한 모형 적합도 지수, Betts, Appleton, Reschly, Christenson, & Huebner, 2010 참조). 학생 몰입 측정 도구는 또한 35,000명 이상의 학생에 해당하는 인구통계학적으로 다양한 표본에서 행동적 비몰입, 장애 유형 그리고 학업성취의 측정에서 충분한 동시 타당도를 갖는 것으로 나타났다(Lovelace, Reschly, Appleton, & Lutz, 2014). 조절 변인이 충분히 포함된 상태에서, 9학년의 학생 몰입 측정 도구 수치는 4년 뒤의 중도탈락과 정시 졸업을 예측했다. 또한, 학생 몰입 측정 도구의 예측 타당도에 대한 연구에서는 대학 입학이 예정된 졸업의 약 70%가 8학년 성적 변수의 조합으로 설명될 수 있으며, 학생 몰입 측정 도구가 설명된 분산의 많은 부분을 차지한다는 것을 밝혔다(Pearson, 2014). 이에 더해 핀란드와 포르투갈 학생들 표본에 대한 문화 간 안정성(cross－cultural stability)에 대한 예비 증거가 있다(Virtanen, Moreira, Dias, Oliveira, & Kuorelahti, 2013). SEI의 신뢰도와 타당도

에 대한 더 자세한 정보는 http://checkandconnect.umn.edu/research/engagement.html에서, 학생 몰입 측정 도구는 http://checkandconnect.umn.edu/research/sei_register.html에서 확인할 수 있다. 학생 몰입 측정 도구를 실전에서 사용할 때의 평가-인터벤션의 연관성에 관한 예시를 들기 위해, 우리는 두 개의 다른 교육구에서 실행된 사례를 제시한다.

배경

교육구 1은 남동부에 위치한 대도시권 지역으로 연간 약 180,000명의 학생이 재학 중이다. 교육구 내 학생의 50% 이상이 무료 또는 할인된 가격의 점심을 제공받으며, 학생들의 인종·민족 분포는 흑인 또는 아프리카계 미국인이 약 30%, 히스패닉계 약 30%, 백인은 25%이며 나머지 15%는 다른 4개의 인종·민족 범주에 해당한다. 연간 교육 예산은 약 20억 달러이며, 그중 94%는 주로 일반 교육을 담당하는 지역 학교에, 6%는 중증 행동·인지·신체장애 학생들을 담당하는 특수학교 또는 특수 교육과정을 제공하는 학교에 배정된다.

교육구 2는 연간 약 1,200명의 재학생이 있는 중서부의 작은 교육구이다. 실제 학생 수는 이 구역에서 제공되는 많은 특성화 프로그램으로의 높은 전환율로 인하여 이보다 훨씬 많다. 이 교육구는 중급 수준의 교육구로 알려져 있으며, 대도시의 넓은 지역에 걸친 11개의 교외 지역이 공동으로 소유하고 관리한다. 중급 교육구는 자체적으로 교육 서비스를 제공하기 때문에 비용이 비싸지 않고, 이 교육구에 해당하는 학생뿐만 아니라 주 전역의 다른 교육구의 학생들에게도 서비스를 제공한다. 이 경우 교육구 2는 대안 학습 센터, 연방정부에서 제공하는 IV 특수교육 프로그램, 18-21세 학생들을 위한 전환 프로그램(transition program), 홈스쿨 및 주거 약물 남용 치료 프로그램을 포함한 법적 처벌을 받은 청소년을 위한 교육 프로그램, 심각한 정신건강 문제를 겪는 학생들을 위한 부분적 및 전체적 입원 환자 프로그램 내의 교육 프로그램과 같은 다양한 프로그램을 제공한다.

각 교육구에서의 학생 몰입의 역할

우리는 학생 몰입 측정 도구(SEI)에 집중하지만, 학생 몰입도를 측정하기 위한 신뢰할 수 있는 다른 유효한 측정 도구가 몇 가지 존재하며(Fredricks & McColskey, 2012 참조),

그중 하나는 이 장에서 개략적으로 설명하고 있는 접근법으로 학생 몰입 측정 도구(SEI)를 대체할 수도 있다.

교육구 1에서 교육감은 학생 몰입이 학습에 중요하다고 믿었고, 몰입을 촉진하기 위한 프로그램 개발을 지원했다. 특별히 학생 조언 프로그램(Appleton & Thompson, 2009)을 통해 한 학생이 매주 15-30명의 학생 그룹과 함께 조언자와 30분 동안 상담할 수 있게 해주었다. 상담 프로그램 교육과정은 학생들과의 만남을 위한 지속적인 근거가 되지만, 조언자의 목적은 학생을 소속된 그룹 내 학생들과 연결하고 지원해주는 것이다. 학생 몰입 데이터는 소그룹의 학생들과의 상담을 지속하도록 이끌어주며, 조언자가 조언받는 학생에게 맞춤형 답변을 해줄 수 있도록 도와준다.

교육구 2에서는, 최근 전략적 계획 프로세스로, (1) 광범위한 학생 성과 측정 시스템을 개발·실행하고 (2) 성취 격차를 없애기 위해 체계적 불평등을 없애는 것을 핵심 전략으로 채택했다. 이 교육구가 종합적인 성과 측정 시스템을 구축한 목표는 학생 성과가 기대에 부응하는지를 확인하고, 성과 및 교육 접근성에 대하여 성과 미달 또는 불평등과 관련한 문제를 식별하는 것이다. 측정 시스템과 함께, 이 지역은 시스템 수준의 문제 해결 프로세스를 채택하고 있는데(Hyson, Kovaleski, Silberglitt, & Peterson, in submission), 이 프로세스에서는 시스템 수준의 데이터가 문제 식별, 문제 분석, 계획 개발·실행 그리고 계획 평가에 대한 정보를 제공한다(Bergen & Kratochwill, 1990).

사용 가능한 데이터를 처음으로 검토하는 동안, 교육구 2팀은 이러한 시스템 수준의 문제 해결 프로세스를 지원하기 위해서는 사회정서학습과 학생 몰입에 대한 더 탄탄한 측정 도구가 필요하다는 것을 발견했다. 이에 더해 이 팀은 학생들이 자기 인식에 대한 자기 보고를 할 필요성이 있음을 밝혀냈다. 이는 특히 평등을 지향하는 목표와 관련해서 중요했는데, 백인 직원과 지도자의 대다수가 다수 인종에 해당하는 학생들을 대상으로 하는 교육시스템에 영속되어 불평등이나 장애물을 해결하려 하지 않을 수도 있다는 우려 때문이었다. 학생의 자기 보고 데이터를 첨가한 것은 학생들이 이러한 잠재적인 이슈에 대해 직원의 인식을 높이는 방법을 최대한 많이 제공할 수 있다는 목표에 부합했다. 학생 몰입 측정 도구는 2016-2017학년도 가을에 지역 전반에 걸쳐 채택되었다.

실행 경로

교육구 1

학생 몰입 데이터의 주요 자료인 학생 몰입 측정 도구(SEI)의 결과는 그래프로 표시되어 교직원 포털에서 온라인으로 교육구의 교직원에게 제공되었다. 이러한 결과는 조언자들이 학생들을 대할 때나 학교 상담가들에 의해 자주 사용되었다. 교육구의 연구 직원은 학교급(초, 중, 고)별로 백분위 형식으로 학생들에게 SEI 결과를 제공하였다. 이러한 백분위 정도는 시간 경과에 따라 학생 몰입 측정 도구 요소(TSR, PSS, FSL, CRSW, FG, IM)에 의해 그래프로 표시되었다. SEI의 원점수는 학년이 올라감에 따라 가을부터 봄까지 감소하는 경향이 있기에(예를 들어, 6학년보다 8학년의 몰입도가 낮음), 백분위는 교육자들이 학생 몰입에서의 변화를 더 잘 이해하는 데 도움이 되었다.

몰입의 개별적인 지표(예: SEI 결과 또는 학생 출석률)를 고려하는 것은 중요하지만, 몰입의 하위 유형(즉, 학업적, 행동적, 인지적, 정서적 몰입)에 걸쳐 지표의 조합을 빠르게 볼 수 있는 능력은 몰입도가 낮은 학생들에게 개입하는 데 매우 유용하다. 교육구 1의 학업적 및 행동적 몰입도 조합에는 (A)출석, (B)행동 (C)과목 성과에 대한 지표를 포함한다. A와 B는 행동적 몰입의 지표이며, C는 학업적 몰입의 지표이다. 그림 22.1－22.4에서, 각각 다른 프로파일을 가진 낮은 몰입을 보이는 중학생과 고등학생에 대해 살펴보려고 한다. 출석, 징계 위반 및 과목 성과에 대한 기존 교육구 데이터에 행동적 몰입 및 학업적 몰입 데이터가 매일 업데이트되어 화면을 형성한다(예: 출석률, 수업 성적). 이러한 화면은 학생의 몰입에 대한 더 종합적인 이해를 제공하기 위해 연 2회 진행되는 인지적, 정서적 몰입에 대한 학생 몰입 측정 도구의 결과에 따라 보완된다. 개별적인 지표는 추가적인 인터벤션이 필요한 학생에 대해 학교와 교육구의 교직원에게 알려주지만, 몰입 지표에 대한 통합적인 관점은 더 종합적인 인터벤션 계획을 지원한다. 예를 들어, 과목 성과에 대한 학업적 몰입 지표 데이터를 출석·징계 위반에 대한 행동적 몰입 지표 데이터와 결합하는 것은, SEI 결과를 보완하고 낮은 몰입을 보이는 학생을 지원하는 조치에 더욱 많은 통찰력을 제공한다.

그림 22.1－22.5에서의 결과는(Appleton, 2018에서 채택됨) 자동으로 업데이트되는 웹 기반의 화면이나 자주 업데이트되는 독립형 보고서(standalone reports)로 나타날 수 있

다. 이러한 지표는 ABC 보고서라고 불리는 교육구 전체의 조기경보시스템(early warning system: EWS)에서 나온 것으로, 이는 비몰입 학생에게 개입하는 교직원에게 어떤 정보가 가장 도움이 되는지를 이해하기 위해 1년간 노력한 끝에 2013년 가을에 시행된 것이다. 그림 22.1–22.5에 제시된 결과는 접근 권한을 가진 교직원이 교직원 포털을 통해 볼 수 있다.

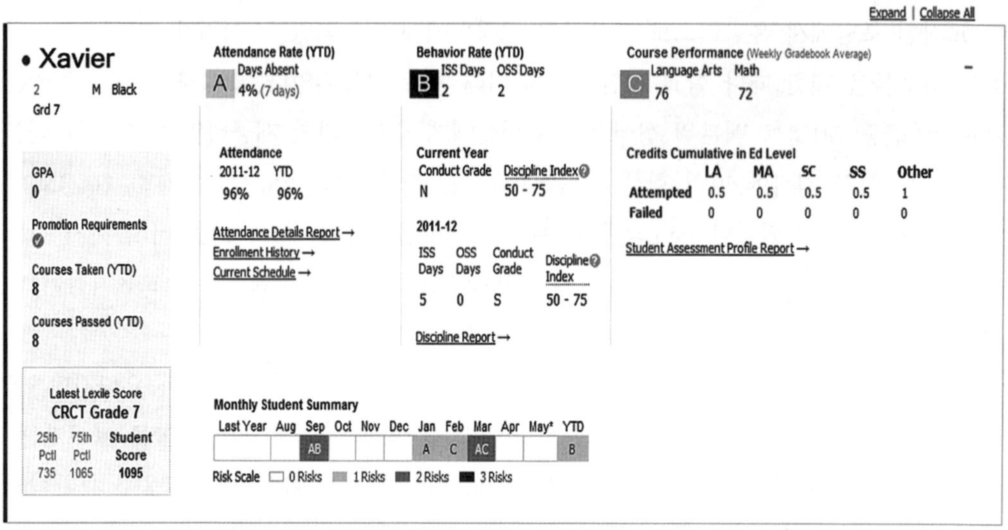

그림의 용어
- Attendance Rate: 출석률
- Days Absent: 결석일
- Behavior Rate: 행동률
- Course performance: 과목 성과
- Attendance: 출석
- Current Year: 현재 연도
- Credits Cumulative in Ed Level: Ed 수준의 누적 학점
- Monthly Student Summary: 월별 학생 요약
- Promotion Requirements: 진급 요건
- Courses Taken: 수강한 과목
- Courses Passed: 통과한 과목

그림 22.1 ❙ Xavier (7학년) 학업적 및 행동적 몰입 데이터

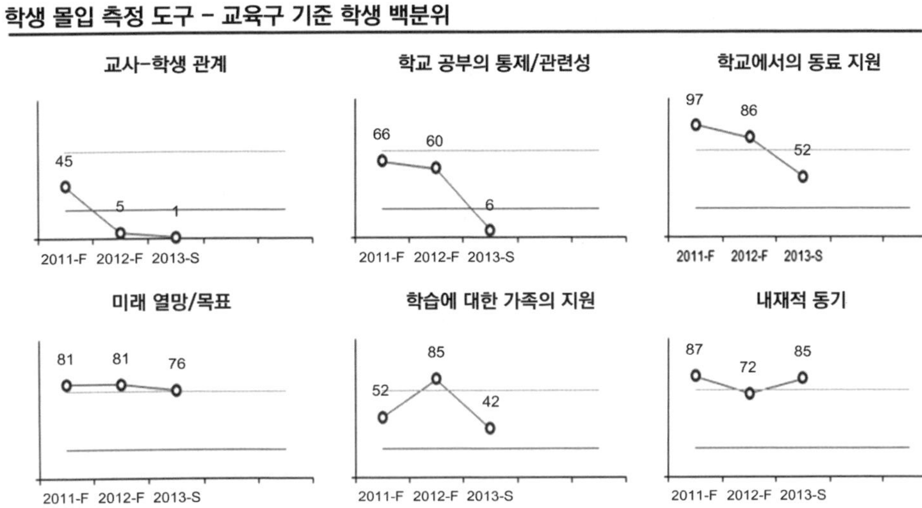

그림 22.2 ❙ Xavier (7학년) 인지적 및 정서적 몰입 데이터

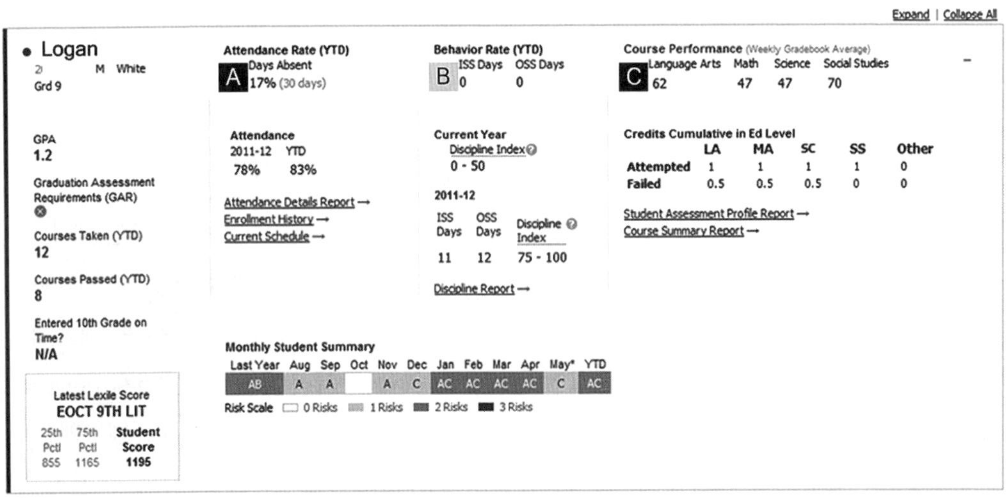

그림의 용어

- Attendance Rate: 출석률
- Days Absent: 결석일
- Behavior Rate: 행동률
- Course performance: 과목 성과
- Attendance: 출석
- Current Year: 현재 연도
- Credits Cumulative in Ed Level: Ed 수준의 누적 학점
- Monthly Student Summary: 월별 학생 요약
- Graduation Assessment Requirement: 졸업 평가 요건
- Courses Taken: 수강한 과목
- Courses Passed: 통과한 과목
- Entered 10th Grade on Time?: 정시에 10학년으로 진급하는가?

그림 22.3 ❙ Logan (9학년) 학업적 및 행동적 몰입 데이터

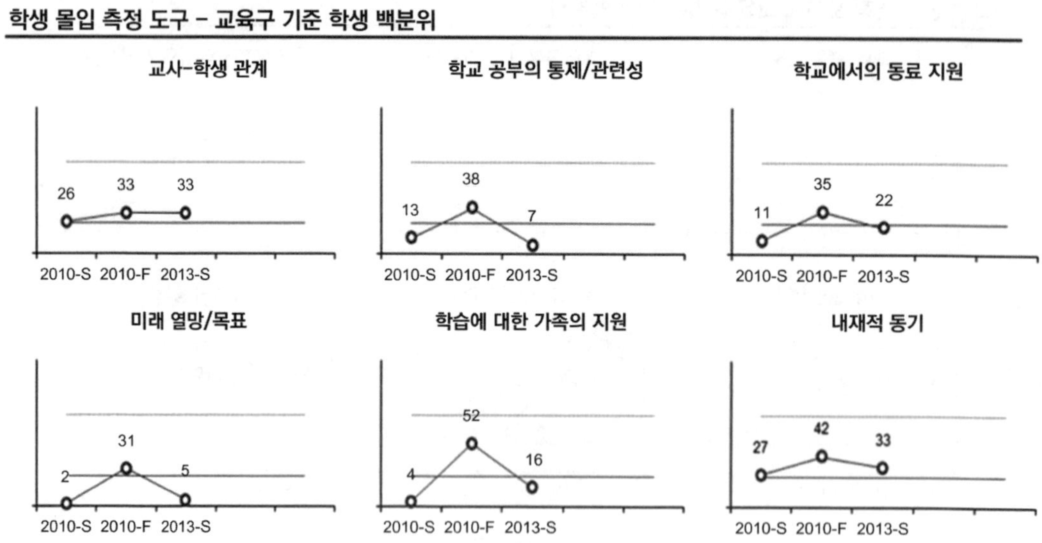

그림 22.4 ▌ Logan (9학년) 인지적 및 정서적 몰입 데이터

교육구 2

학생 몰입 측정 도구(SEI)는 하나의 도구로 다양한 목적의 평가를 가능하게 하는 특별한 기회를 교육구에 제공하였다. 매년 가을(또는 프로그램 시작 시)에, 학생 몰입 측정 도구는 9학년부터 전환 학년(개별 교육 계획하에 서비스를 받는 18–21세 학생들)까지의 학생들에게 제공되었고, 이후 몇 년 동안은 3학년부터 전환 학년까지의 학생들에게 제공되었다. 학생 몰입 측정 도구 데이터는 학업적 그리고 사회정서적인 보편적 검사(universal screening)의 일부로 사용되었다. 비몰입으로 우려되는 수준을 보이는 학생들에 대해 학생 몰입 측정 도구는 진단적 도구의 역할을 하기도 하였고, 일부 사례에서는, 겨울에 진행된 평가가 출석, 행동 그리고 수업·과제 완료 등의 학업적 및 행동적 몰입을 포함하는 전체적인 진척 과정을 모니터링하는 전략으로 사용되기도 하였다. 마지막으로 학생 몰입 측정 도구는 성과 평가로서 봄에 다시 모든 학생을 대상으로 실행되었다(또는 프로그램 종료 시에).

모든 프로그램의 관리 및 분석은 교육자에게 무료로 제공되는 소프트웨어를 사용하여 전면 온라인으로 이루어졌다. 구글 폼은 보고에 사용되었고 구글 스프레드시트는 학생들의 응답을 자동으로 요인과 전체 평균으로 편집하고, 그 평균을 비교 표준과 할당된 백

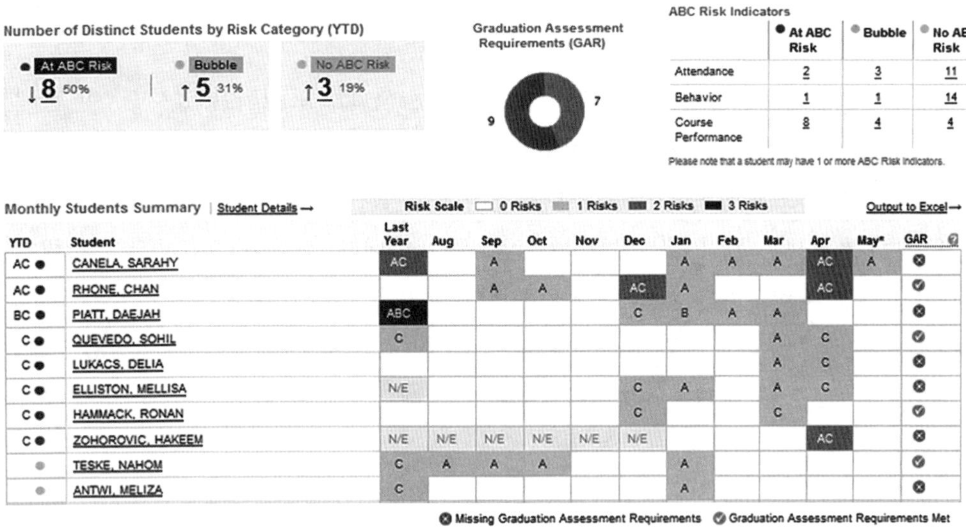

그림의 용어

- Number of Distinct Students by Risk Category: 위험 분류에 의한 교육구 학생 수
- Graduation Assessment Requirements: 졸업 평가 요건
- ABC Risk Indicators: ABC 위험 지표

그림 22.5 ❙ 학생 몰입 데이터에 대한 교사의 관점

분위 순위와 비교하고, 구글 시트와 구글 데이터 스튜디오로 시스템과 개별 수준별 그래픽 요약본을 제공하였다.

시각적 디스플레이(display) 및 학생 몰입 측정 도구 결과를 활용한 평가에서 인터벤션으로의 이동

교육구 1

몰입 데이터 결과와 평가-인터벤션 간의 관계를 설명하기 위해서, 우리는 7학년 한 명과 9학년 한 명의 사례에 대해 논의하기 위해 Xavier(가명)와 Logan(가명) 두 학생을 선발했다. 이 두 학생 모두 몰입 지표에서 위험 수준을 보였으나, 그들의 몰입 프로파일은 각각 다른 인터벤션의 필요성을 나타낸다. Logan에 대한 몰입 프로파일은 만연한 인지적, 정서적 비몰입과 함께(그림 22.3과 22.4) 만연한 학업적, 행동적 비몰입(즉 학업적·출석 위험)의 한 사례다. 이는 Xavier의 더 혼재된 몰입 프로파일과 다르다(그림 22.1과 22.2).

교육구 1에서 현재 사용된 몰입 데이터의 결과는 색깔로 표시되어 있지만, 이 장에서 보이는 결과는 회색 지표로 표시될 것이다. 그림 22.1의 맨 윗줄의 색깔 버전에서, 출석을 의미하는 A는 초록색이고, 행동을 나타내는 B는 빨간색, 과목 성과를 나타내는 C는 노란색이다. 초록색은 몰입에서 위험하지 않음을 나타내고, 노란색은 위험에 근접했지만 아직 위험 수준은 아니라는 것을 나타내며, 빨간색은 몰입이 낮거나 위험한 수준을 나타낸다. 같은 줄에서의 회색 지표 버전에서는, 글자 뒤의 가장 옅은 명암이 '위험하지 않음'을 나타내고, 조금 더 어두운 명암이 위험에 근접했음을 나타내며 가장 어두운 명암이 '위험'을 나타낸다.

그림 22.1에서 Xavier는 낮은 행동적 몰입을 보이며 '위험'을 나타내고 있고, 학업적 몰입에서는 '위험에 근접'하고 있다. Xavier의 데이터를 조금 더 면밀하게 살펴보면, 우리는 그의 학업적 몰입 위험이 주간 수학 수업 성적이 현재 D(70－73)거나 거의 F(70 이하)이기 때문이라는 것을 알 수 있다. 언어 예술(76)에서 C를 받았음에도 불구하고 Xavier의 렉사일(lexile) 지수(즉, 텍스트 읽기의 어려움 측정)는 75번째 백분위 이상이라는 것은 흥미롭다. 이러한 프로파일은 능력의 부족이 아니라 동기 또는 몰입에서 문제점이 있다는 것을 보여준다. Xavier는 올해(Year－to－Date: YTD)와 작년에 걸쳐 96%라는 상대적으로 좋은 출석률을 보였다. 우리는 작년에 나타나지 않았던(작년 0일 vs 올해 2일) 학교 밖 정학(OSS)의 문제를 발견했다. 이에 더해, 올해 행동 성적은 향상 필요(N)인 반면, 작년에는 만족(S)이었다. 이러한 학업적 또는 행동적 몰입 지표에 대한 추가적인 정보에는 밑줄이 그어진 하이퍼링크를 클릭하여 접근할 수 있다.

이 보고서는 Xavier를 가르치거나 지도하는 모든 교직원들에게 그 위험이 자신의 수업에서 발생했는지 여부와 관계없이 Xavier가 어떤 영역에서 몰입 위험을 보이는지를 알 수 있게 함으로 모든 학생의 몰입에 대한 집단적 책임을 갖게 한다. 이에 더해 '현재 일정(Current Schedule)' 하이퍼링크는 교직원이 학생의 일정과 관련하여 다른 동료와 협력하기 쉽게 만듦으로써 집단적 책임을 부여했다.

보고서 결과의 또 다른 특징은 발달적 관점인데, 이는 각 학생의 '위험'을 현재 시점에서의 단일한 값에 더해 시간 경과에 따른 궤적으로써 보여주는 것이다('월별 학생 요약(Monthly Student Summary)' 참조). 이는 대부분 학생들의 위험 상태를 알 수 있도록 명시해준다. 이러한 경로 추적의 관점에서, 더 어두운 음영이 나타나고 A, B, C 문자가 더 많이 누적되는 것은 제 시기에 졸업하지 못할 수 있는 '위험'을 나타낸다. 교직원은 과거에 효과적이었던 노력을 현재의 인터벤션에 포함시켜 현재의 '위험'을 줄이고자 하는데 이러한 경로 추적의 관점은 '위험'이 존재하지 않았던 과거의 기록을 볼 수 있게 하며 인터벤션을 위한 노력 방안에 대한 정보를 제공한다. 현재 '위험'과 위험 궤적을 모두 나타내기 위해, 먼저 초기 시점부터 이후의 졸업 결과까지 출석, 행동 및 학업 수행 값을 통계적으로 나열하고 낮은 수준의 위험과, 근접 위험과 위험에 대한 임계값을 설정하였다. 그 후 학생들이 임계값을 놓치기 전에 위험을 표시하고자, 해당 임계값의 근사값을 사용하였다(예를 들어, 수업의 학점은 수업 실패의 임계값과 비슷할 수 있음).

일부 지표는 학생들이 어떤 시점에서는 위험을 보이지만 시간이 지날수록 위험에서 벗어난다는 점에서 더 역동적이다. 행동적 몰입 지표인 출석이 이에 해당한다. 대부분은 일정 기간 꾸준히 출석하면 이 위험에서 벗어날 수 있다. 반대로 학교 밖 정학(OSS)같이 '지우기 힘든 지표(sticky indicators)'도 있다(예를 들어, 결석일 수와 달리 학교 밖 정학(OSS)은 시간이 지나도 '위험'에서 벗어날 수 없다). 이러한 지표는 한 번 겪더라도 실질적으로는 장기적으로 부정적 결과를 가져올 것으로 예측된다(Balfanz et al., 2007 참조). 그렇다면 문제는 개선을 위한 학생의 노력과 인터벤션을 지원하는 도구를 제공하면서, 어떻게 장기적인 결과에 대한 학생 몰입 위험의 최적 추정값을 명료하게 나타내느냐이다.

우리의 해결책은 월별 학생 요약 추적 궤도(a Monthly Student Summary Trajectory)를 제공하는 것이다(그림 22.1 참조). A, B, C 각각의 위험에 대한 문자와 위험이 누적될수록 더 어두운색을 보여주는 이러한 결과는 매달 재설정된다는 점에서 주요 지표와는 다르다. 이처럼 재설정은 아무리 '지우기 힘든 지표'더라도 궤적에서 매달 재설정될 수 있다는 것을 보여준다(주요 A, B 또는 C 결과를 '고수'하더라도). 이러한 재설정은 아무 '위험'도 나타나지 않았다면 인터벤션 전문가들과 학생들이 매달 개선에 대한 밝은 지점을 찾을 수 있다는 것과 보고서를 보는 누구나 학생들이 그들의 올해 값의 색깔에 기반한 결과를 낼 것이 아니라는 것을 의미하였다. 예를 들어, 7학년인 Xavier는 그 해의 남은 기간에 추가적인 행동적 위험이 나타나지 않았지만, 그 해 주요 패널에서 나타난 두 개의 학교 밖 정학(OSS)으로 인하여 9월에 높은 수준의 행동적 몰입 '위험'이 나타났다. 매 학년에서 주요 결과 위험값은 재설정되었고, 과거의 위험은 최대 2년 동안만 이월된다. 이 2년의 재설정은 자기 충족적인 예측을 지원하는 것을 피하기 위함이다.

학생에 관한 학업적 및 행동저 몰입 지표를 볼 때, 그 데이디에 인지직 및 정서적 몰입에 대한 정보를 보충하는 것이 유용하다(그림 22.2 참조).

그림 22.1 보고서에서, 하이퍼링크된 학생의 이름을 누르면 그들이 질문받았을 때의 연도와 계절과 함께 학생의 인지적·정서적 몰입에 대한 모든 데이터를 포함한 추가적인 정보를 얻을 수 있다[예를 들어, 2012-F(2012 가을), 2013-S(2013 봄)]. 이러한 그래프는 25번째 백분위를 나타내는 어두운 회색 줄과 75번째 백분위를 나타내는 옅은 회색 줄과 함께 각 데이터 포인트에 대하여 같은 수준(초등학교, 중학교, 고등학교)의 백분위를 보여준다. Xavier에 대해서 우리는 인지적·정서적 몰입에 대한 학생 몰입 측정 도구 측정 점수가 섞여 있는 것을 발견하였고, 행동적 몰입이 낮고 학업적 몰입이 섞였던 같은 학년에서 Xavier의 교사-학생 관계(TSR)와 학교 공부의 통제/관련성(CRSW)이 10번째 백분위 아래로 떨어진 것을 알 수 있다. 또한 낮은 백분위가 아니더라도, Xavier는 가을부터 봄까지 학교에서의 동료 지원(PSS)과 학습에 대한 가족의 지원(FSL) 백분위가 떨어졌다. 긍정적인 것은, Xavier는 꾸준히 높은 미래 열망/목표(FG)와 내재적 동기(IM)를 보였다는 것이다.

Xavier의 몰입 정보를 다루는 팀에는 상담가, 사회복지사 또는 학교 심리학자와 같은 지원 인력뿐만 아니라 그의 교사가 포함되어야 한다. 기술의 부족이 아니라 동기의 부족으로 인해 거의 낙제점을 받은 Xavier의 수업 성적을 고려해보면, 팀은 몰입 데이터 표시에 나열되어 있지 않은 수업 성적을 분석해보는 것이 좋을 것이다. Xavier가 성공적인 결과를 내었던 수업의 측면을 알아내고 되풀이하도록 시도하는 것이 유용할 것이다. 학교 밖 정학(OSS)이 0개에서 2개가 되게 만든 징계 사건의 유형에 대해 신속히 조사하는 것은 그의 학교 활동을 변화시키는 것이 성공적인 인터벤션 전략인가를 판단하는 데 도움을 줄 것이다.

학생이 보고한 교사-학생 관계(TSR)와 수업 활동의 통제 및 관련성은 학생과의 대화에서 발견될 수 있다. 이러한 분야에서의 낮은 몰입은 주로 Xavier가 좋은 결과를 내지 못하고 있는 수업의 영향을 받을 것이고, 이러한 수업에서 교사들은 학생과의 상호작용 패턴을 바꾸거나 수업 내용의 관련성에 대하여 고민하기를 원할 것이다. 인터벤션은 적절한 수준의 학교에서의 동료 지원(PSS)과 학습에 대한 가족의 지원(FSL)과 함께 Xavier의 강한 미래 열망/목표(FG)와 내재적 동기(IM)를 만들어낼 수 있어야 한다. 또한, Xavier가 몰입 위험을 나타내지 않았던 몇 달을 고려하면, 다른 달에는 위험을 나타냈던 반면 이 달에서는 성공적이었던 이유를 알아내기 위해 Xavier 및 그의 선생님과 면담을 해보는 것도 유의미할 것이다. 팀은 그들이 실행하는 인터벤션이 언제 첫 효과를 내야하는지를 구체적으로 정하고 그 날짜 이후에 몰입 결과의 향상도를 체크하기 위한 계획을 세워야 한다. 또한, 몰입 결과가 나빠질 경우 몰입 데이터를 계속해서 모니터링하는 것도 중요하다. 덧붙여, 더 자주 Xavier의 SEI에 대한 일정을 수행하는 것을 고려해야 할 것이다.

인지적 및 정서적 데이터(특히 시간의 흐름에 따른 추이 데이터)를 학업적 및 행동적 데이터와 결합하는 것은 추가적인 인터벤션과 팀 지원의 고려 대상자인 학생에 대한 더 풍부하고 다면적인 관점을 제공한다. 즉, 우리는 자주 수집되는 학업적 및 행동적 몰입 데이터로부터 도출한 위험 임계값으로 학생들을 필요한 지원 수준에 따라 여러 계층으로 분류할 수 있다. 일단 계층 분류가 되면, 인지적 및 정서적 몰입 데이터는 인터벤션 작업을 위한 보다 풍부한 가설을 세우기 쉽다.

Xavier와 다르게 9학년인 Logan은(그림 22.3) 학업적 몰입 위험(표시된 네 개의 수업 중 세 개의 수업에서 낙제)과 행동적 몰입 위험(현재 그리고 과거 학년 모두에서 90% 이하의 출석률)을 보인다. 작년에는 Logan이 11개의 학교 내 정학과 교육구의 최상위 사분위에 있는 징계 지수 값과 함께 학교 밖 정학(OSS) 12일을 받았던 반면, 올해에는 징계 수준의 행동적 몰입 위험은 없었다. 징계 지수는 학생의 징계 관련 기록을 보여주는데, 이는 (1) 사건 비율을 등록일로 변환 (2) 사건에 의해 받게 된 결과의 평균적인 심각도에 기반한 값 (3) 사건에 의해 받게 된 결과의 가장 높은 수준의 심각성에 기반한 값을 모두 합친 것이다. 이는 정시 졸업의 약 70% 정도에 대한 예측값이 되는 것에 더해, 제때 졸업하지 못하는 미래 학생들의 45%를 발견하게 해준다(정학은 단독 수치로 35% 이상)(Appleton, King, Reschly, & Long, 2019). Logan은 또한 낮은 점수를 보인 언어 예술 과목에서 높은 수준의 렉사일 지수를 보였는데, 이러한 경우는 F다. 마지막으로, Logan은 월별 학생 요약(Monthly Student Summary)에서 만연한 'A' 위험을 보였고, 또한 많은 양의 'C' 위험을 보였다.

그림 22.2(Xavier)에서의 인지적·정서적 몰입 프로파일과 대조적으로, 그림 22.4는 Logan이 이러한 몰입 하위 유형의 많은 부분에서 높은 수준을 보이지 않는다는 것을 보여준다. 모든 지표는 시간이 지날수록 낮아지거나 감소하였다. Logan이 언어 예술에서는 낙제점을 받았지만 Lexile 지수가 75번째 백분위보다 높은 것은 동기 부족의 가능성을 제시한다. 그가 SEI 요인에 대해 비몰입하고 있음을 자기 보고했고, 그의 주요 과목의 75%에서 낙제하며 꾸준히 낮은 출석률을 보였음에도 Logan은 급격하게 그의 행동을 바꾸는 모습을 보였다. Logan과 그의 선생님들은 Logan의 꾸준히 낮은 수준의 과목 성과와 출석률에 대해 알아보고자 시도했는데, 이러한 시도는 그이 행동을 개선히기 위해 어떤 조치가 이뤄졌었는지를 더 깊이 이해하려는 시도와 결합해야 한다. 이에 더해, 출석과

과목 성과 간의 연결이 간과되어서는 안 된다. 시간에 따라 향상의 지표로 과목 성과를 모니터링하면서, 출석률을 먼저 다루는 인터벤션의 순서를 따르는 것이 가치가 있다. 몰입 지표 보고서는 비몰입 학생을 역동적으로 발견하게 하고 비몰입에 대해 잠재적인 인터벤션이 더해지도록 정보를 편집한다.

직원이 한 학생의 학생 몰입 정보를 볼 수 있는 것처럼 또한 몰입 위험에 따라 모든 학생 리스트를 볼 수 있다. 그림 22.5는 한 교사가 16명의 학생들을 담당하는데 그중 절반(8명)의 학생이 '위험' 상태이고, 5명의 학생이 '위험에 근접' 또는 '약간'이라고 불리는 상태임을 보여준다. 3명의 학생은 '위험 없음'을 보였다. 학생들은 그들의 올해 '위험' 수에 의해 정렬되고, 선생님은 이 학생들에 대한 더 많은 정보를 알기 위해 '위험 없음' 하이퍼링크를 클릭하거나 개별 학생을 클릭할 수 있다. 이에 더해, 만약 A, B 또는 C분야에서의 인터벤션을 고려하면, 교사는 그 분야에 몰입 위험을 보이는 모든 학생을 클릭하여 볼 수 있다(예를 들어, 과목 성과[C]). 그리고, 여기에는 나오지 않은 다른 화면에서, 학교와 교육구 전반적으로 '위험', '약간' 그리고 '위험 없음'의 세 가지로 분류됨을 알 수 있다.

교육구 2

교육구 2의 인구는 대표적 표본 집단으로 삼기에는 수가 너무 적고 특수하기에, 교육구 2는 교육구 1에서 만들어진 더 크고 대표성이 높은 샘플로부터 형성된 표준 데이터와 지역 2 학생의 개인적 결과를 비교하는 '비교 기준(comparison norms)'을 사용하기로 하였다. 이는 개별 수준의 평균 점수(예를 들어, 특정 요인 내 모든 항목에 대한 리커트 등급의 평균)를 직접 비교할 수 없으므로 필수적이었다. 예를 들면, 10대 학생은 선생님을 얼마나 좋아하는지에 대한 것보다 그들의 미래 목표와 열망에 대한 것에 더 긍정적인 반응일 것이라고 예측할 수 있다. 이 예시에서의 일치도 비율에 대한 직접적인 비교는 성적 차이가 전체적으로 표준일 경우 교사-학생 관계(TSR)는 상대적으로 약점 영역이라는 것을 드러낼 수 있다. 또한, 때에 따라 그 차이는 예상보다 작을 수도 있다.

그러나 각 요인의 백분위 점수는 이런 걱정 없이 비교될 수 있다. 백분위 점수는 학생들이 나누어지는 '백분위 집단'에 관해서만 보고되었다(즉, 1-10, 11-25, 26-75, 76-90 또는 90 초과). 개별 학생의 결과는 우려 수준에 따라 코드화된 줄의 색상으로 그림 22.6에서 볼 수 있다-이 장에서는 회색으로 보이지만, 더 높은 우려 수준일수록 더 어두운 색이다.

Name	Overall SEI percentile	Teacher–student relationships percentile group	Peer support for school percentile group	Family support for learning percentile group	Control & relevance of schoolwork percentile group	Future goals and aspirations percentile group	Intinsic motivation percentile group
Example student 1	1-10	11-25	1-10	26-75	1-10	1-10	11-25
Example student 2	76-90	Above 90	26-75	76-90	76-90	Above 90	76-90
Example student 3	11-25	76-90	1-10	1-10	26-75	11-25	26-75
Example student 4	11-25	11-25	76-90	76-90	1-10	11-25	1-10

그림의 용어

- Overall SEI percentile: 전반적인 학생 몰입 측정 도구 백분위
- Teacher–student percentile group: 교사-학생 백분위 집단
- Peer support for school percentile group: 학교에서 동료지원 백분위 집단
- Family support for learning percentile group: 학습에 대한 가족의 지원 백분위 집단
- Control & relevance of schoolwork percentile group: 학교 공부 통제/관련성 백분위 집단
- Future goals and aspirations percentile group: 미래 목표와 열망 백분위 집단
- Intrinsic motivation percentile group: 내재적 동기 백분위 집단

그림 22.6 ❙ 개별 학생의 SEI 결과에 대한 스프레드시트

시스템 수준에서, 각 백분위 수 그룹의 학생 수는 합산되어 분석되었다. 그림 22.7은 입학과 졸업 시험을 실시한 일련의 프로그램 결과 예시를 제공한다. 이는 학생들이 프로그램에 등록한 동안 학생들의 몰입과 관련한 전체적인 증감 정도를 분석할 수 있게 해준다. 이에 더해, 이는 개별 프로그램 또는 인구 집단별로 분류될 수 있으며, 이러한 그룹과 성적 영역에 대하여 시간에 따른 추이를 이해하기 위해 SEI 개별적인 부분마다 분석할 수도 있다.

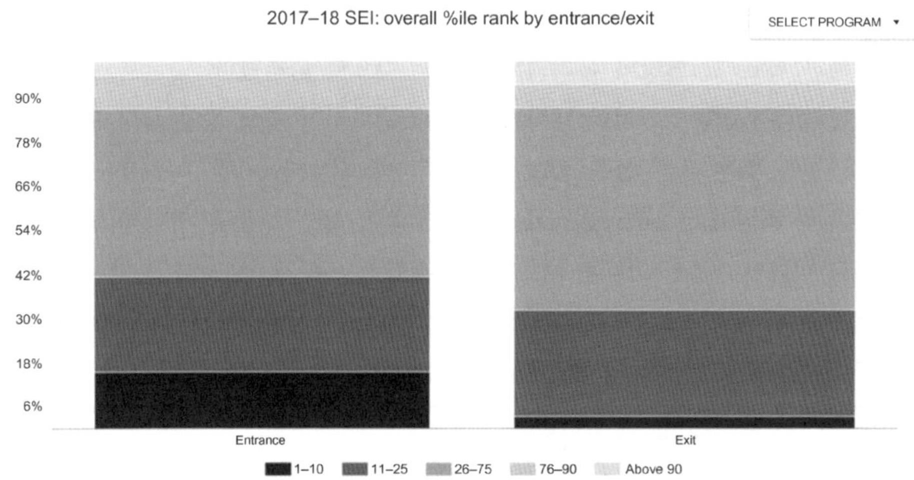

그림의 용어

- 2017-2018 SEI: overall %ile rank by entrance/exit: 2017-2018년 입학과 졸업에 의한 전반적인 배분위 등수

그림 22.7 ❙ SEI에서의 입학 및 졸업 성적 비교: 전반적인 백분위 등수

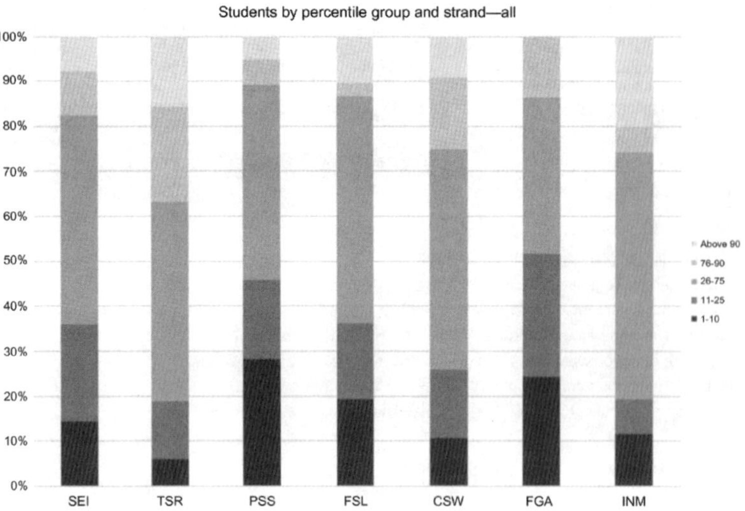

그림의 용어

- Students by percentile group and strand-all: 모든 요인과 백분위 집단에 의한 학생들

그림 22.8 ▎ 백분위 집단에 따른 학생 성적의 요인별 비교

공통 화면에서 학생 집단이 평가하는 프로그램에 대하여, 성적은 그림 22.8처럼 요약되어 나타날 수 있다. 이 그래프는 학생 몰입 측정 도구(SEI)의 각 요소뿐만 아니라 전체적인 학생 몰입 측정 도구에 대한 각 백분위 집단에서의 학생 수를 나타낸다. 이는 시스템 수준의 문제를 발견할 수 있도록 해준다. 교육구 2의 경우, 학교에서의 동료 지원과 미래에 대한 목표 및 열망이 우려되는 요소인 것으로 나타났다.

시스템 수준에서의 추가적인 분석에 대하여, 전반적인 학생 몰입 측정 도구 성적은 학년, 민족·인종 또는 다른 인구 집단에 걸쳐서 비교되었다. 가령, 9－12학년 학생들보다 전환 학년 학생들(transition students)에게서 더 높은 몰입 수준을 지닌 학생의 비율이 높은 것으로 나타났다(그림 22.9 참조). 그러나 전형적으로 저학년보다 고학년 학생들이 더 강한 몰입을 하는 것으로 나타났다. 이러한 학생들은 전형적으로 교육구에서 제공하는 제공되는 심화 프로그램에 더 많은 시간을 보냈다.

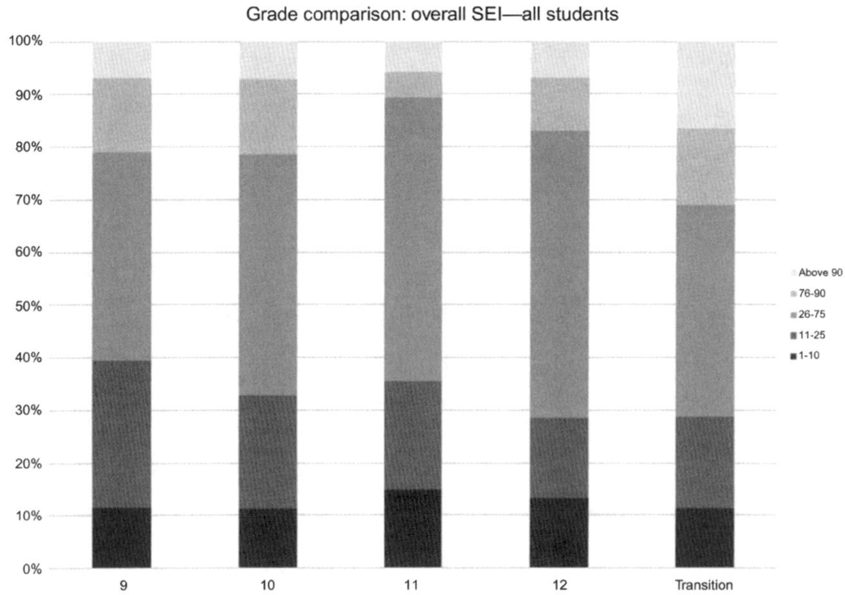

그림의 용어

- Grade comparison: overall SEI-all students: 성적 비교: 전반적인 학생 몰입 측정 도구-모든 학생

그림 22.9 ▎ 백분위 집단에 따른 학생 성적의 등급 비교

평가와 인터벤션 간의 연결을 지원하는 과정

교육구 1

위의 보고서는 팀 접근과 문제 해결을 모두 지원하는 조기경보시스템(EWS)의 일부다. 그림 22.10–22.12는 학술지의 특별호(Davis et al., 2013)에서 요약된 것과 같이 조기경보시스템을 중심으로 한 교육구 1의 팀 구성 단계에 대한 설명을 포함한다. 조기경보시스템 자체는 학생들을 모니터링하기 위한 사용자 친화적인 실시간 데이터 시스템을 형성하는 첫 번째 요구 사항만을 충족한다. 조기경보시스템의 성공은 대부분 그 도구를 사용하는 것에 대해 형성된 관행과 문화로부터 비롯된다(Davis). 그림 22.10에서 알 수 있듯이, 조기경보시스템을 넘어서는 추가적인 통찰력은 (몰입하지 못하는) 학생들을 효과적으로 식별하기 위해 사용되었다. 평가가 인터벤션과 연관되기 위해 팀은 집중해야 할 학생을 찾는 방법에 합의해야 하는데, 이 과정에서 명확하게 드러나지 않는 비몰입 학생들을

간과해서는 안 된다. 그림 22.10은 비몰입 학생의 그룹을 선별하는 팀의 일반적인 교육구 실행 사례를 묘사한다.

그림 22.11에서 설명된 실천 사례는 팀이 비몰입을 판정한 후 학생들에게 시도된 인터벤션의 효과성에 대해 숙고하는 시간을 갖고 다학문적인 관점을 만들어내는 방식을 상세하게 기술한다. 일반적인 회의 실행은 학생 목록을 관리하고 학생의 진행·변경 사항을 최신 상태로 유지하도록 자주 미팅 루틴을 갖는다. 회의에는 다양한 학문 분야의 교직원이 참여하며, 회의의 중요성을 강조하는 학교 리더십이 필요하다. 회의는 체계적으로 구성되고 집중 학생 목록을 통해 효율적으로 움직이고 인터벤션에 민감하게 주의를 기울일 때 최고의 기능을 발휘한다. 그림 22.12에서 명시된 바와 같이, 실행 충실도와 시도한 인터벤션의 효과성에 대해서는 반드시 기록해야 한다. 마찬가지로, 인터벤션은 단계적으로 제공되는 것이 좋은데, 이로써 학생의 위험 정보에 따라 사용되는 자원의 양이 증가하고 가장 높은 수준의 위험에 처한 소그룹의 학생들에게 더 집중적인 개입을 할 수 있기 때문이다(인터벤션에 대한 대응 및 다층 지원 시스템과 유사한 접근).

그림 22.10 ❙ 학생 선별에 대한 일반적인 실천

데이터를 활용하여 학생들을 선별하기
• 학생들을 모니터링할 수 있는 사용자 친화적이고 실시간 데이터 시스템을 구축하기 • "집중 학생들(focus students)" 리스트를 어떻게 선별할 것인지 결정하기 (ABC지표에 기반하거나 학생들을 위험에 처하게 하는 심각한 위기(예를 들어, 가족의 죽음)에 대해 알고 있다면 추가함) • 행동과 같은 위험들은 지나친 주의를 끌 수 있기에 팀원은 위험에 대해 더욱 객관적으로 대해야 함. 위험의 수준과 큰 변화들 모두 중요한 신호였음

그림 22.11 ❙ 팀 회의에 대한 일반적인 실천

팀 회의
• 팀은 주로 회의마다 6-8명의 집중 학생들을 분석하고, 각 학생에게 4분 정도 소요함 • 회의는 일반적으로 30-60분간 진행되며 주로 2주에 한 번 열림 • 팀 회의는 주로 조기경보 인터벤션에 초점을 둔 직원뿐만 아니라 수학, 영어, 사회 그리고 과학 교사를 포함하며, 지역사회에 기반한 자원으로부터의 구성원도 포함함; 관리자 또는 연락 담당자 • 대부분의 학교는 회의의 중요성을 이해시키고 일정을 조정하는 등의 일로 정기 회의에서

초기 어려움을 겪음
- 세션은 주로 (1) 인터벤션의 성공 여부를 확인하기 위해 지난주에 논의된 학생의 후속 조치에 대해 논의하고 (2) 집중 관리 대상 목록을 통한 작업을 하고 (3) 논의가 필요한 학생들을 추가적으로 지명하는 것으로 마무리
- 주요 제안: (1) 소수에게 집중되지 않도록 항상 학생 목록을 가지고 있을 것 (2) 목록 전체를 순환시키기 (3) 다음 회의에서 먼저 다루기 위해 논의가 안 된 학생의 이름을 굵게 표시하기 (4) 영향력 있는 인터벤션이 되도록 시간을 확보해주기 (5) 이야기를 계속하거나 불평하기보다는 인터벤션에 초점을 맞춘 대화를 지속하기

그림 22.12 ▎ 계층화된 인터벤션에 대한 일반적인 실천

계층화된 인터벤션
• 학생들에게 시도된 인터벤션 목록을 유지함
• 튜터링은 굉장히 효과적일 수 있고 지역사회 구성원의 도움을 받을 수 있음
• 회의록과 인터벤션 시기를 기록하기

교육구 2

데이터 정보 변화에 대한 체계적인 접근은 전략적인 계획에서 시작하여 순차적인 프로세스 추진 요인 세트(driver set)를 통해 달성된다. 학생 몰입 지표를 포함하는 핵심 성과 지표(key performance indicators: KPI)는 전략 계획에 관한 성과와 시스템 전체 및 각각의 부분이 기준을 충족하는지에 대한 질적인 정보를 제공한다. 학교 개선 계획(School improvement plans: SIP)은 가장 우선적으로 개선이 필요한 프로그램을 구축하기 위해 만들어졌고, SEI 및 특정 부분에서의 성과 향상이 SIP의 연간 공통 목표였다.

이러한 목표를 달성하기 위해, 구축 단계의 리더십팀은 시스템이 연간 목표를 달성할 수 있는 궤도에 올랐는지를 파악하기 위해 요구와 중간 목표를 점검하는 실행 계획을 세운다. 개별 전문 학습 커뮤니티는 학생 몰입 측정 도구(SEI)와 같은 데이터를 사용하여 (1) 개인 및 시스템 차원에서 변화가 필요한 곳을 파악하고 (2) 어떤 전략과 인터벤션이 가장 적절한지 결정하고, 이러한 전략과 인터벤션의 충실도를 어떻게 측정할 것인지를 결정하고 (3) 변화의 영향력을 팀이 어떻게 밝혀낼지를 이해한다. 그림 22.13은 이러한 순차적 프로세스에 대한 시각적인 설명을 제공한다.

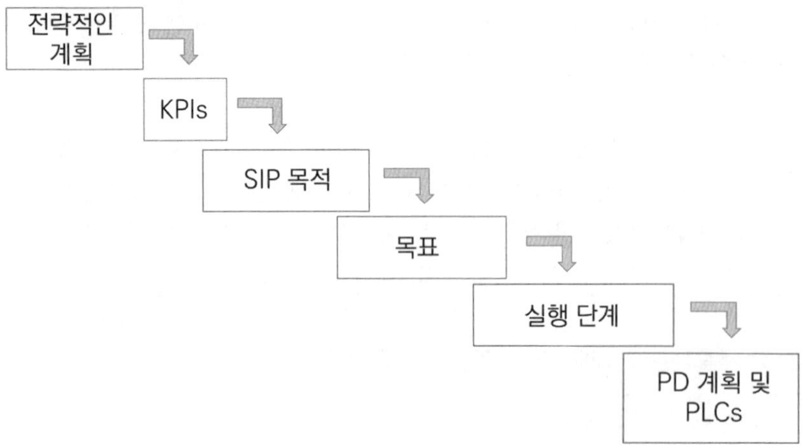

그림 22.13 ▌ 평가-인터벤션 연결을 지원하는 순차적 시스템 과정

교육구 1과 교육구 2 공통

교육구 1의 경우, 학생 몰입 정보에 대하여 회의를 하고 적절한 인터벤션으로 연결하는 과정은 학교 수준마다 달랐다. 이러한 과정을 설명하기 위해, 3개의 다른 학교(각 학교 수준마다 하나씩)는 학생 몰입의 실행과 인터벤션으로의 연결에 대해 풍부한 설명을 제공하였다. 이러한 학교들은 평가–인터벤션 시스템을 실행하면서 극복한 몇 가지 과제에 대해 묘사하였다. 표 22.2는 인구통계학적으로 다른 학교들이 (1) 학생 집중 관리 대상 목록을 작성하고, 이들에 개입하기 위한 회의를 구조화하고 (2) 기존 팀 구조를 사용하거나 인터벤션할 새로운 팀을 구성하였고 (3) 팀원들이 평가–인터벤션 작업에 지속적으로 동기부여될 수 있도록 한 과정을 보여준다.

두 교육구에서 학교는 몰입 정보와 관련하여 효율적이고 효과적인 팀 구성을 위한 인프라를 만드는 데 어려움을 겪었다. 또한, 그들은 몰입 지표와 증거 기반 인터벤션을 연결하는 학습 곡선을 경험했다. 몰입 지표는 집중해야 할 학생의 하위 집합을 결정하는 데 도움이 되기 때문에 평가–인터벤션 연결하는 팀에 대한 지원은 신중해야 한다. 해당 학생의 상황을 알고 있는 어른은 지표의 데이터를 적절한 인터벤션으로 연결하기에 가장 좋은 방법을 결정하는 데 필수적이다. 표 22.3은 두 교육구에서 몰입의 하위 유형 지표가 어떻게 적절한 인터벤션과 연관되는지에 대한 예시이다. 이 표에는 SEI 요인과 인터벤션 간의 연결이 포함되어 있다. 표에는 나와 있지 않지만, 이 예시에 인용된 자료는 학업적·행동적 몰입에 인터벤션하기 위한 제안도 포함하고 있다.

효과의 증거

교육구 1

중학교(6-8학년)에서 학생 몰입 측정 도구(SEI)로 측정된 몰입도와 출석, 행동, 학업성취 간의 지속적인 연관성이 있음이 발견되었다(Appleton & Reschly, 2019). SEI로 측정되었을 때 가장 몰입을 못한 학생들은 더 부정적인 성과를 산출했고(즉, 등록일 중 결석일의 비율, 행동 문제 그리고 학기당 정학일 수), 표준화된 성취도 시험에서 매우 낮은 수준의 평균 점수를 얻었다. 이러한 패턴은 모든 학년도에 걸쳐 지속되었다. 고등학교에서의 성과의 경우, 징계 사건에서의 차이는 더 확연하였고 정학일 수 차이는 중학교의 결과와 비슷하였다(Appleton & Reschly, 2019). 성취도 차이는 전반적으로 더 적었다. 마지막으로, 각각의 SEI 요인은 정시 졸업과 9학년에서의 중도탈락을 크게 예측하였다(Lovelace et al., 2014).

교육구 2

교육구 2의 프로그램에 등록한 학생들은 다양한 요인들로 인하여 낙제를 자주 겪었고, 첫 번째 등록한 프로그램에서 전형적으로 낮은 수준의 몰입을 보였다. 이러한 상황은 학교 전환과 관련한 스트레스와 결부되어 학생 몰입 측정 도구(SEI)를 지역 대응 시스템의 중요한 요소가 되게 하였다.

표 22.2 ▎ 학교 평가-인터벤션 과정

수준	대응
학교 인구통계학적 특성	
초등	17% 흑인, 71% 히스패닉/라틴, 60% ESOL, 95% 무료/할인 가격의 점심 제공받음
중등	30% 흑인, 53% 히스패닉/라틴, 13% ESOL, 90% 무료/할인 가격의 점심 제공받음
고등	39% 흑인, 37% 히스패닉/라틴, 2% ESOL, 46% 무료/할인 가격의 점심 제공받음

	집중 관리 대상 목록을 만들고 인터벤션 회의를 구성함
초등	위험에 처한 아이를 파악하기 위해 학생 몰입 조기경보시스템(EWS)을 활용함. 대부분 4, 5학년 학생들
	학생 몰입 측정 도구(SEI)와 학년 전환 데이터를 연결 지음
중등	매주 월요일, 수학 과목 리더 교사는 EWS 보고서의 A, B, C를 살펴보고, 각 선생님은 집중 대화 리스트를 만듦: "너는 지금 어디에 있니?" "너의 목표는 무엇이니?" "너는 그 목표를 어떻게 달성할 거니?" "목표를 달성하기 위해 어떠한 단계를 거쳐야 할까?(담당 교사의 도움과 함께)"
	모든 직원은 조기경보시스템 학생 몰입 지표와 관련하여 학생과의 목표에 초점을 맞춘 대화에 대한 훈련을 받음
	상담가는 학생들을 선별하기 위하여 매주 출석 회의를 이끎(화요일). 도전 과제가 어느 지점에 있는지 살펴보고 그 도전 과제를 극복하기 위한 계획을 논의함. 지난주 계획을 복습함
고등	모든 교사에게 조기경보시스템의 데이터에 대해 교육을 하고 적어도 첫 수업의 주도권을 확보하라고 요청함. 개별·그룹 학생들과의 대화를 이끌기 위해 높은 위험 수준의 학생을 발견하고, 대화가 시작될 때 조기경보시스템을 사용하여 적합한 학생들로 선별되었는지 확인함
	학생과 의미 있는 대화를 하기 위해 조기경보시스템과 학생 몰입 측정 도구 데이터를 활용함. 각 학생은 그들의 목표 달성을 도와주는 지원자가 한 명씩 있음
	이러한 학생들은 어른이 자신에게 관심을 보이고 자신과 함께 앉아서 계획을 세우고 그 계획이 잘 진행되는지 체크하기 위해 앉는 모습에 압도당함
	학생 성공팀(student success teams: SST): 학생 지원·책임
	조기경보시스템으로부터 도출한 비몰입 데이터는 학생들에 대한 기준을 설정하며, 직원은 학생들이 재몰입하고 '한계를 극복'했을 때 축하해 줌.
	조언 프로그램의 비전은 학생이 자신의 목표를 달성하도록 도와주는 긍정적인 옹호자를 만남으로써 실현됨
	인터벤션 팀을 만들거나 기존의 팀을 활용
초등	조기경보시스템 데이터에 기반한 인터벤션을 개발하기 위해 (학생 몰입 측정 도구를 포함하여) 14–15명의 인력으로 구성된 팀을 만듦(특수교육 인력 포함)
중등	협력적 계획팀(일주일에 3–5번 회의)과 개별 학생을 후속 조치하는 상담가와 함께 매주 출석팀 미팅을 활용함
	APs와 함께 리더십팀은 학년 등급 리스트를 모니터하였고 집중적인 작업을 위하여 각 학년당 10명의 학생에게 집중함
	만약 집중적인 대화와 매주의 회의가 잘 되지 않는 것처럼 보인다면, 같은 버스를 타고 다니는 이웃인 '버디'라는 친구를 짝지어주고, 서로에게 점검과 균형 시스템을 제공함
	출석 일수에 대해 인센티브를 제공함. 학생들은 서로를 점검해주는 것을 좋아하는 것처럼 보임
	학교 리더십팀은 교사가 방과 후에 남아 학생들이 숙제를 마무리할 기회를 주고 도움을 주도록 지원함

고등	검토를 위한 그룹을 만들고자 SSTs를 활용함. 운동 코치를 학생들과 만나게 해 함께 운동 경기에서 힘을 발휘하도록 함
	교사들은 첫 시간에 학생 몰입 데이터를 검토한 후, 모든 수업에서 사용할 수 있는지 물어 봄
	더 많은 선생님은 학생 성공팀, 인터벤션에 대한 대응(response to intervention: RTI) 그리고 504 회의에서 대화를 이끌기 위해 데이터를 사용함
직원들에게 위기감 조성	
초등	중도탈락률과 학생의 이름을 사용하여 교사들에게 위기감을 조성하고, 이를 통해 교사들이 많은 노력과 시간이 들였음에도 많은 학생들이 졸업을 못했음을 알림
중등	학생 몰입 데이터를 활용하는 것에 대하여 학교 전체를 교육함
	행정팀과 위원회(행정가, 상담가, 교사 콘텐츠 전문가)들을 교육함. 콘텐츠 보조 교장은 최소 일주일에 한 번 회의에 참석하였고, 집중 관리 대상 목록을 놓고 질문에 대답하며, 학생 몰입/조기경보시스템 도구를 연습함
	교사들은 콘텐츠 전문가에 의해 교육을 받고 학생들을 지원하는 데 학생 몰입 데이터/조기경보시스템이 얼마나 용이한지 확인함
	학생들은 더 높은 수준의 주인의식을 보임
고등	모든 교사는 교장을 만남. 교사들은 첫 시간에 가장 높은 수준의 위험에 처한 학생들과 함께 시작하였음
	교사들은 다른 교사들과 성공을 공유하였고, 교사 사이에서의 데이터 사용을 증가시키는 조기경보시스템 도구가 위험 수준에 따라 어떻게 쉽게 사용되고 인터벤션으로 연결되는지를 공유함(Reschly et al., 2014, 2017 참조)

* APs, Assistant principals; ESOL, english speakers of other languages; EWS, early warning system; SEI, student engagement instrument; SST, student success teams; RTI, response to intervention.

표 22.3 ❙ 학생 몰입 측정 도구 요인 및 하위 유형에 의한 몰입 핵심 전략 및 인터벤션$^{\alpha}$

몰입 하위유형	낮은 몰입의 예시 (학교 수준에서 관련됨)	전략과 인터벤션 예시
인지적	• SEI 요인(예: 동료와 비교하여 25번째 백분위보다 낮은 점수) – CRSW(중학교와 고등학교) – FGA – IM • 동료와 비교하여 10번째 백분위 이하에 있는 SEI 전체 점수(Appleton, 2012)	• 핵심 전략 – (FGA) 대학과 진로 준비 프로그램 (예: AVID) – (CRSW) 표준 기반 등급 및 평가 – (CRSW) 프로젝트중심학습 – (IM) 교실에 테크놀로지 통합하기 – (FGA, CRSW, IM) 높은 기대의 문화 – (CRSW) 자기 조절 학습 전략(Zimmerman, 2002) • 개별화된 인터벤션 – (FGA, CRSW, IM) PALS(Barton–Arwood, Wehby, & Falk, 2005; Fuchs, Fuchs, & Burish, 2000)

		– (CRSW) 자기 조절 전략 개발(Harris, Graham, Mason, & Friedlander, 2008) – (CRSW) 자기 조절 권한 부여 프로그램(Cleary, Platten, & Nelson, 2008)
정서적	• SEI–E 불만족(초등) • SEI 요인(예: 동료와 비교하여 25번째 백분위보다 낮은 점수) – TSR – PSS – FSL • 동료와 비교하여 10번째 백분위 이하에 있는 SEI 전체 점수(Appleton, 2012)	• 핵심 전략 – (TSR) 문화적으로 대응하는 수업 – (TSR) 트라우마에 민감한 학교 – (TSR, PSS) PBIS(https://www.pbis.org/) – (TSR, PSS) 회복적 정의 – (PSS) 협력적 학습 전략 – (FSL) 부모·보호자와의 봉사 활동 및 파트너십 – (TSR, PSS) 사회정서학습 전략 교육 • 개별화된 인터벤션 – (TSR, PSS, FSL) Check & Connect(What Works Clearinghouse: ies.ed.gov/ncee/wwc/interventionreport.aspx?sid=78) – (TSR, PSS, FSL) ALAS(Larson & Rumberger, 1995) – (PSS) PALS – (TSR) 성인 및 학생이 인간적인 관계 형성

α AVID, Advancement via individual determination; ALAS, achievement of latinos through academic success; CRSW, control and relevance of schoolwork; FGA, future aspirations and goals; FSL, family support for learning; IM, intrinsic motivation; PALS, peer–assisted learning strategies; PALS, peer–assisted learning strategies; PBIS, positive behavioral interventions and supports; PSS, peer support at school; SEI, student engagement instrument; SEI–E, student engagement instrument—Elementary; TSR, teacher–student relationships

학생 몰입 측정 도구(SEI)는 학생이 정서적으로, 인지적으로 비몰입하고 있는지에 대한 여부를 탐색할 수 있는 도구를 제공해주며, 만약 그렇다면 어떠한 방법으로 제공하는지에 대해서도 알려준다. 이는 인터벤션 계획에 도움을 줄 수 있는 진단적 정보를 제공해준다.

교육구는 또한 시스템 변화를 지원하기 위하여 학생 몰입 측정 도구(SEI) 데이터를 활용하는 것에 전념하고 있다. 예를 들어서, 학생들의 인지적 몰입 점수가 정서적 몰입에 비해 상대적으로 매우 약한 부분으로 드러난 한 프로그램이 있었다. 이에 더해, 이 프로그램에 참여한 학생들의 인지적 몰입 점수는 교육구 전체의 다른 비교 가능한 프로그램에서보다 훨씬 더 낮았으며, 미래 열망/목표와 학교 공부의 통제/관련성에서 나타나는 상대적으로 낮은 수준의 성적 패턴은 다른 비교 가능한 프로그램에서 나타난 패턴이 아니었다. 이 프로그램은 교육적 활동에 교수적, 문화적 관련성을 더 포함하고 특히 내용 분야에서 자격을 인정받은 특수교육 인력의 수업 계획에 대한 추가적인 지원을 제공하기로 하였다. 전문성 개발은 범위와 순서, 효과적인 수업 계획, 내용과 기준과의 연결 그리고 내용의 문화적인 관련성 확보에 초점을 맞춘다. 이러한 변화의 영향력은 향후 학생 몰입 측정 도구의 실행으로 계속해서 확인될 것이다. 이는 학생들이 교육적 관련성과 같은 주제에 대하여 믿을만하고 체계적인 방법으로 그들의 관점에 대하여 목소리를 낼 수 있게 하였다. 학생 몰입 측정 도구(SEI)는 교육과정 설계 접근법의 변화를 촉진하는 역할을 했다.

초등학교로의 확장

6-12학년에서의 학생 몰입 측정 도구(SEI) 사용에 대한 신뢰도와 타당도에 대한 증거는 많이 있으며, 이는 http://checkandconnect. umn.edu/research/engagement.html 에서 볼 수 있다. 추후 중도탈락과 관련된 비몰입 지표는 초등학교 학년에서 조기에 결정될 수 있다는 증거가 존재한다(예: Alexander et al., 1997). 따라서 Carter, Reschly, Lovelace, Appleton 그리고 Thompson(2012)은 학생 몰입 측정 도구의 하향 확장 버전을 개발하였고, 이는 SEI-Elementary 또는 SEI-E라고 불린다. SEI-E는 적절한 모형 적합도 지수와 .64와 .82 사이의 신뢰도 값을 보이며 몰입 모니터링 목적을 위한 적절한 신뢰도와 타당도를 보여준다. SEI-E는 3-5학년에서의 학생 몰입을 측정하는 데에 사용되고, SEI에 대한 보완적 학생 몰입 측정 도구로서 교육구 수집 데이터를 통해 도출한 학업적 및 행동적 몰입과 인지적 및 정서적 몰입의 측정 도구를 통합하였고 3-12학년에게도 적용 가능하다.

교훈

교육구 1

평가와 인터벤션을 연계한다는 측면에서, 통합적 관점의 몰입 데이터에 쉽게 접근할 수 있는 용이성과 다양한 가설을 생성하여 개입을 시도하려는 다학제팀은 둘 다 필수적이었다. 데이터에서 관찰되는 비몰입의 예상 가능한 여러 원인을 고려하면, 다른 지원 직원과 함께 학생의 교사들을 참여시키는 것은 유용했다. 가능한 원인이 제공되면서 팀원 개개인의 특수한 지식을 바탕으로 다수가 폐기될 수 있었다. 또한, 유효한 가설들이 등장하면, 팀의 다양한 관점은 인터벤션의 순서와 시기에 대한 합리적인 계획을 제공하는 방식으로 그 관점들을 의미 있게 연결하기에 유용하다. 다양한 유형의 비몰입 학생에 초점을 맞추는 훈련된 접근은 덜 강경하거나 덜 버릇없는 비몰입 학생들을 놓치는 것을 막는 데에 요긴하다. 또한, 학생 몰입을 식별하고 확립하기 위한 출처로서 그리고 성공적인 인터벤션의 증거로서 몰입 데이터를 자주 업데이트한 것이 팀 구성원을 조정하는 데 도움이 되었다.

조기경보시스템(EWS) 데이터를 적절하게 사용하고 외부로 드러나지 않는 문제로부터 비몰입의 신호를 선별하기 위해서는 많은 훈련이 필요하다. 즉, EWS는 정확히 무엇이 잘못되었는지가 아니더라도 무언가 잘못되었다는 것을 말해준다. 또한, 위험 임계치와 졸업을 통계적으로 연결하는 것도 중요하지만 많은 설명이 필요하다. 대부분의 데이터 시스템은 시간의 흐름에 따라 사실상 지금까지 일어나고 있는 정보를 포함한다. 통계적인 연결을 사용한다는 것은 미래에 일어날 가능성이 있는 것을 현시점에서 안내하는 것을 의미한다. 직원들은 교육을 통해 정시에 졸업하지 못할 위험이 있는, 낮은 수준의 몰입 학생들이 왜 결과적으로 졸업을 하는지 그리고 그러한 잘못된 분류가 왜 전체 EWS를 무효화시키지 않는지 이해할 수 있어야 한다. 우리는 교육구의 데이터를 활용하여 제시된 막대그래프처럼 조기경보시스템이 정확하게 또는 정확하지 않게 선별한 학생의 비율을 보여준다. 이러한 그래프들은 조기경보시스템의 타당성을 지원한다.

마지막으로, 팀 구성은 인터벤션 노력과 관련된 결과와 조치의 타당성을 기록하는 데에 중요하다. 팀 구성을 지원하고자 우리는 상담실의 리더들에 의해 진행되었던 녹화되는 화상회의에 초등학교, 중학교, 고등학교를 초대하여, 그림 22.10－22.12에서 설명된 단계 및 조기경보시스템의 사용 과정을 설명하도록 하였다.

교육구 2

전체 시스템에 걸쳐 새로운 평가를 채택하려면 평가의 정확성, 데이터 수집 및 소통을 위한 적절한 기술이 필요하며 평가의 목적에 따라 이해관계자 간에 평가가 어떻게 의사결정에 사용될 수 있는지 그리고 현명한 결정을 내리기 위해 정보를 어떻게 해석할지에 대한 높은 수준의 이해가 요구된다. 이 교육구에서의 실행은 처음 2년 동안 이러한 요구를 보다 효과적으로 충족시키기 위해 발전해왔다.

한 가지 교훈은 의사결정자들이 데이터에 대해 느끼는 이해와 자신감을 극대화하기 위해 제시된 학생 몰입 측정 도구(SEI) 결과 수를 줄이는 것이었다. 예를 들어, 데이터 결과는 전달되는 데이터의 양을 줄이기 위해 간소화되었으며, 평균 점수 및 10진수 수준의 백분위 순위 빈도수는 이전 그림에 표시된 5개의 개별 백분위수 집단의 누적된 막대 차트까지 계산된다. 또한 개별 학생 결과는 요인별 평균 응답 데이터 또는 개별 백분위 점수를 보고하지 않음으로써 간소화되었다. 오히려, 이전 그림에서 제시된 백분위수 그룹이 실무자에게 제공되었다.

이러한 변화는 사실상 데이터를 실제 사용되기 쉽게 만들었는데, 이는 이러한 변화들이 개별 의사결정자의 데이터 이해에 대한 자신감을 높여주었기 때문이다. 이 변화들은 또한 잠재적인 오역을 방지하였다. 예를 들어, 요인별 평균을 비교하지 않기 위해 경고 라벨을 도입하는 대신, 요인별 평균은 시각적인 표시에서 강등되거나 삭제되었으며 목표로 하는 인터벤션을 위하여 개별적인 요소가 발견되거나 성장 점수가 필요할 때만 사용되었다.

교육구 전반에 걸친 교훈에 대한 종합

학생 몰입 측정 도구(SEI)는 학생 몰입의 감소에 대한 보다 나은 이해와 사전 예방적 의사결정을 위한 도구로서 상당한 가치를 가지고 있다. 게다가, 이것은 중도탈락할 위험에 처해 있고 학업적 및 행동적 비몰입을 보이는 학생 집단에 효과적이라는 것이 입증되었다. SEI 데이터는 학업적 및 행동적 몰입과 다른 학교와 교육구 배경의 데이터를 넘어 미래의 중도탈락 또는 정시 졸업을 예측한다(Lovelace et al., 2014). SEI 데이터를 수집하고 결과를 쉽게 해석할 수 있는 형식으로 제공하는 것은 실무자가 미래의 결과를 더 잘 예측할 수 있고 그들이 지원하는 개별 학생을 더 잘 이해할 수 있도록 도와준다.

예를 들어, Xavier가 미래 열망/목표(FG) 및 내재적 동기(IM) 측면에서 강한 인지적 몰입을 보이고 학교에서의 동료 지원(PSS) 측면에서 강한 정서적 몰입을 보였다는 것을 이해하는 것은 인터벤션 실천가들이 보다 지속적인 행동적 몰입 문제를 해결하고 표면적인 학업적 몰입 문제를 방지하는 데 큰 자산이 된다. 더 나아가, Logan은 더 만연한 낮은 행동적 몰입과 낮은 학업적 몰입의 징후를 가지고 있었다. 게다가, 그는 낮은 정서적 몰입과 인지적 몰입을 가지고 있는 것처럼 보였다. Xavicr에 대한 인터벤션은 이러한 두 가지 하위 유형의 낮은 몰입 측면을 개선하는 것을 목표로 하면서 인지적 및 정서적 몰입의 강점을 활용하여 진행할 수 있다. 또한, Xavier가 동료와 미래에 대해 긍정적으로 생각하는 것을 아는 것은 낮은 몰입을 보이는 영역을 개선하도록 도와준다. 이와는 대조적으로 Logan의 자료는 그가 즉시 '집중 리스트' 학생의 선두가 될 수 있다는 것을 보여준다. 그의 SEI 결과가 전체적으로 학교에서의 몰입이 거의 없음을 시사하기 때문에 교사 또는 동료와의 교류를 생성하는 것은 다른 영역을 개선하려는 그의 수용성을 증가시키는 중요한 출발점이 될 수 있다. 종합적으로 하위 유형에서 자주 업데이트되고 측정되는 몰입 정보는 잠재적 인터벤션 경로뿐만 아니라 학생에 대한 풍부한 이해를 도우며, 인터벤션 실천가들은 보다 광범위한 몰입 데이터를 보유하고 있을 때 통찰력 있게 개입하고 진행 상황을 모니터링할 수 있다.

제
23
장

몰입하는 커뮤니티 구축하기
: 학교에서 학생들을 지원하는 실천사항과 인터벤션

제23장

몰입하는 커뮤니티 구축하기
: 학교에서 학생들을 지원하는 실천사항과 인터벤션

우리의 연구

이 장의 목적은 학교 안에 몰입하는 커뮤니티를 세우기 위한 노력을 설명하는 것이다. 우리는 교육경력을 쌓기 시작한 20년 전부터 지금까지 도시 및 교외 학군에서 항상 학생들을 몰입시키는 것을 목표로 가지고 실무자로서 근무해왔다. Anne Beaton은 미네소타에 있는 대안 학교에서 영어 교사로서 경력을 시작했는데, 그곳에서 그녀는 모든 학생들을 몰입시키고 학생들이 사고하는(think) 환경을 만드는 방법으로 문제를 해결하는 방식을 배웠다. Anne은 미네소타 대학에서 교육과정 및 수업 방법으로 박사학위를 받았다. 그녀의 연구는 비몰입하는 학생들을 몰입시키기 위해 교사가 겪어야 할 경험에 중점을 두었다. 그녀는 학교 및 교육 리더십 분야에서 학생들과의 인터벤션에 관한 연구를 했으며, 현재 고등학교 영어를 가르치고 겸임교수로 활동하고 있다.

Andrew(Andy) Beaton은 고등학교 사회교육 교사로 활동하며, 교육경력을 쌓기 시작했다. 그는 현재 미네소타주 에디나에 있는 에디나 고등학교(Edina High school in Edina, minnesota) 교장이다. Andy의 인터벤션 프로그래밍에 대한 연구는 'Educational Leadership' 학술지에 실렸으며 몰입 및 졸업 격차에 관한 연구는 미네소타 공영 라디오에서 소개되었다. 그의 주도로 블루밍턴 케네디 고등학교(Bloomington Knnedy High School)는 학업 성취도를 높이고 졸업률을 향상시켰으며, 고등학교 프로그램의 혁신으로 여러 번 상을 받았다. 학교 리더십에 관한 그의 접근 방식은 모든 학생에 대한 높은 기대, 연구 기반 교육, 모든 학생들이 자신의 가능성을 실현할 수 있는 학교 차원의 지원에 초점을 두고 있다.

이 장에서, 우리는 교실 내 그리고 학교 안팎에서 학생들을 가르치고, 교사들을 지원하며, 그리고 학교에서의 몰입과 성공에 대한 이론을 적용하는 데 필요한 실질적인 통찰력을 제공하는 지원 시스템(support syestems)을 만들고 관리하는 우리의 경험을 기술한다. 우리는 몰입의 '다면적인 성격(nature)'이 학생들의 정서적, 인지적, 행동적 측면을 포함하는 것으로 인식하고(Fredricks, Blumenfeld, & Paris, 2004), 교사나 학교에서 제공하고 있는 것이 학생들에게 효과가 없다면 —학생들이 비몰입을 어떻게 보여주고 있든지 간에— 시스템과 어른들은 모든 학생들의 요구를 충족시키기 위해 변화해야 한다고 주장한다. 이 작업은 커뮤니티를 구축하는 것으로 시작되며 문화적으로 관련된 시스템과 교육을 설계하여 심화한다. 마지막으로, 시스템 전반에 걸쳐 지원을 통해 변화가 지속될 수 있도록 한다.

몰입의 필요성

조용히 앉아서 순응하지 않고, 졸업장을 받을 때까지 시간을 들이지 않는 현재 학생들의 요구를 충족하기 위한 절박감이 급속도로 늘고 있다. 오늘날 많은 학생들이 출석률이 낮고, 집이 없고, 마약을 사용하는 등 학습의 중대한 장애 요소에 직면하고 있다. 연구에서는 학생 몰입이 학생 성공의 주요한 핵심임을 분명히 밝히며(Bowen, 2005; Schulman, 2002), 교육자들은 학생 몰입을 높이기 위한 바람으로 청소년들과 긍정적인 관계를 맺도록 권장한다(Easton, 2008). Barkley(2010, p. 3)는 "교사는 학생들을 몰입시키는 방법을 찾아야 한다"고 하면서 몰입 활동의 많은 부분이 스스로 문제를 해결해야 하는 개인의 몫으로 주어졌다고(개인이 책임을 져야한다) 하였다. 그러나 제공되는 자원이 줄어들고 있는 반면, 학교는 교사 역량, 문화적 능력, 교사 협력 구축과 같은 권장 사항들(proverbial plate)을 계속 추가하고 있다. 초등학교 교사들은 이제 막 유치원에서 올라온 아이들이 3학년에서 5학년 사이에서 실패하는 것을 지켜본다. 중학교 교사들은 비몰입한 학생들이 학습 내용을 배우지 못하고 교실에서 분리되는 행동 혼란에 쉽게 빠져서 필수적인 내용과 기술을 유지하지 못한다는 것을 알고 있다. 고등학교에서는 몇몇 학생들이 수년간 비몰입하여, 교사들에게 학습에 대한 열정에 불을 지피게 하는 특별한 도전 과제를 남겼다.

몰입은 성공적인 학습과 명확하게 관련되어 있다. Bowen(2005, p. 7)은 "학생이 [...] 몰입하면 어떤 종류의 학습도 보장될 것"이라고 주장했다. 그러나 모든 학생이 다 학습을 하고있는 것은 아니다. 왜냐하면 모든 학생이 몰입하고 있는 것은 아니고, 몇몇 학생들은 아예 비몰입하고 있기 때문이다. 면밀히 살펴보면, 우리는 비몰입이 후드티를 눌러 쓰고 뒷줄에서 잠을 자는 학생이나 수업이 끝나고 쏟아져 나갈 때 선생님께 욕을 하는 학생처럼 보일 수 있다는 것을 알고 있다. 또한, 비몰입은 과제에 최소한의 노력을 들이고 그저 통과할 수 있을 정도만 점수를 얻기 위해 가장 기초적인 정보를 앵무새처럼 되풀이하는 것처럼 보일 수 있다. 연구 결과들은 행동을 변화시키고 학습을 증진하는 잠재적인 해결책을 제시하지만, 이러한 발견은 학술지에 숨겨져 있거나 다음 교직원 회의 때까지 배운 내용을 공유하지 않는 참가자들이 참석하는 워크숍에서나 볼 수 있다. 학생들은 모든 연구가 완료된 후나 모두가 성인이 될 때까지 기다릴 수 없다. 훌륭한 교사들은 학생에게 즉시 대응하고, 비효율적인 전략은 조정되고 개선될 수 있음을 인정한다. 이러한 교사의 실시간 대응은 교사가 실행 연구(action research)의 모든 구성 요소를 관찰, 반영, 수행한 결과를 나타낸다. Sagor(2000, p. 3)는 실행 연구를 "실천가들에 의해 그리고 실천가들을 위해 행해지는 체계화된 조사의 과정"으로 정의했다. 실천가는 학생의 학습 측면에 중점을 두고 학생들에게 효과적인 변화를 만들 수 있는 주도성(agency)을 준다. 실행 연구는 일반적인 평가 데이터를 검토하는 교사팀과 함께 학교 전체에서 공식적으로 수행될 수 있으며, 침묵이 된 전체 토의수업을 조정할 때 각 학생을 다시 참여시키는 turn and talk startup(교사가 질문을 제시하고 파트너끼리 대화를 시키는 전략)을 사용하여 교실 내에서 비공식적으로 진행될 수 있다. 몰입과 학생 성취에 만병통치약은 없지만, 실행 연구를 시도, 실험, 인터벤션의 수단으로 사용하는 교육자와 학교는 실시간으로 개선될 수 있다.

우리는 현재 우리가 하고 있는 것이 모든 학생에게 효과가 있지 않다는 점에 동의한다. 학습을 지원하기 위해 현재 시스템 내 어떤 인터벤션을 실행하여 정서적, 행동적, 인지적으로 학생들과 더 잘 연결하여 학습을 지원할 수 있는가? 인터벤션을 실행하는 첫 번째 과제는 '인터벤션'이라는 단어에서 시작한다. 많은 사람에게 이 단어는 "교실에서 이 아이를 데리고 가서 고쳐주세요. 그리고 내가 요청한 것을 할 수 있도록 다시 제게 보내주세요."라는 의미이다. 학교 수준에서 유사한 정의가 존재하는데, 이는 학생들이 교무실로 불려가거나 정학을 당해 학습 시간을 더 많이 잃고 필수적인 기술과 내용을 습득하지 못하게 만든다.

무력감은 학습자들 사이에 존재하는 상당한 격차를 유지시키고 많은 이들이 자신의 잠재력을 발휘하지 못하게 한다. 한 번의 인터벤션이 전체 시스템 활용에 미칠 수 있는 영향력을 고려해보자. 일괄적인 교육과정이나 프로그램보다 인터벤션은 현 상황에 개입하여 교사와 학교가 수업을 변경하도록 허용하는 새로운 사고방식이다. 인터벤션은 교실 내, 학교 전체에서 모든 학생을 위한 1단계 수준에서 시작한 다음 2단계에서 소수의 학생과 3단계에서 개별 학생들을 위해 더욱 직접적이고 집중적으로 진행된다. 효과적인 인터벤션이 되기 위해서는, 시의적절하고, 직접적이며, 체계적이어야 한다(Buffum, Mattos, & Weber, 2012). 효과적인 인터벤션을 선정하고 실행하기 위해서 우리는 학생과 학습을 중심에 두며, 변화의 대상을 선생님, 관리자, 지원 직원이라고 본다.

변화의 대상을 바꾸고, 모든 학생을 끌어들이고, 무엇이 효과가 있는지 파악하려고 노력하기 위해서 교사와 학교는 각 학생의 잠재력을 볼 필요가 있다. 학생들이 스스로 몰입하기를 기대하는 대신, 가르침의 비전으로 관계(relationship)에 대한 것을 첫 번째로 두고 내용 및 범위와 순서를 그다음으로 두어야 할 것이다. 일부 학생들이 고군분투하고 있는 것은 예사롭지 않은 것이다. 최고의 교사와 학교는 먼저 학생들이 성공하는 데 필요한 핵심 기술과 적성을 갖추었는지를 파악한 후 그들을 위해 계획을 짠다. 또한 지속되는 학생 문제(struggle)가 종종 교사나 학교의 질과 관련이 없음을 인식하는 것도 중요하다. 학교가 학생들의 비몰입을 비난하고 조치를 거부할 때 진정한 실패가 찾아온다.

커뮤니티 구축하기

학생들에게 엄격한 교과 과정에 몰입하도록 요청하기 전에 어떻게 학생들을 학습자 커뮤니티로 이끌 수 있는지 고려해야 한다. 학생들이 몰입하려는 데는 다양한 이유가 있다. 일부 학생은 내용에 대한 즐거움, 부모의 기대, 교사의 신뢰를 위해 몰입한다. 하지만 몇몇 학생들은 우리의 손길이 필요하다. 이 학생들은 교실에 와서 "내가 왜 이곳과 이 사람들과 관계를 맺어야 하지?"라고 생각한다. 이 질문은 우리에게 어떤 방식으로 모든 학생들과 커뮤니티를 만들어나갈 것인지를 생각하게 한다. 우리는 관계를 구축하는 것이 중요하다는 것을 알고 있으며, 이는 환경 그 자체에서 출발한다는 것을 의미한다. 학생들이 성공하는 데 필요한 도구를 제공하는 것과 가장 높은 기대치를 유지하고, 안전한 공간을 제공하기 위해 어떻게 협력할 수 있는지에 대해 의문을 남긴다. 의도적으로 커뮤니티를 구축하기 위해서 우리가 어디에서, 어떻게 변화해야 하는지를 인식하기 위해 우리 자신, 시스템, 관행을 점검하게 만든다.

성인으로서, 우리는 즐겁고 자신감이 있는 곳에서 시간과 에너지를 소비하고, 덜 유능하다고 느끼는 활동에 대한 선택은 꺼린다. 그러나 학교에서는 종종 학생의 강점보다 결점과 실패를 다루는 데 중점을 두기 때문에 커뮤니티를 구축하는 데 어려움을 겪는다(Jackson, 2011). 커뮤니티를 구축하기 위해서 교사는 촉진자 역할로 전환하고 학생들은 학습 공동제작자로서의 역할을 부여받을 필요가 있다. 이것은 학교가 학생들이 교실에 가져올 수 있는 영향력을 확인하고 더 많은 역량과 자신감을 얻게 하도록 개선하는 것을 요구한다(Hollie, 2011). 시스템 수준에서 학교는 모든 학생에게 일률적이고 일방향의 경로를 통과하도록 강요하는 것이 아니라 성공의 여러 방법을 제공하는 경로에 대해 더 많이 생각해야 한다. 교실에서 교사는 학생들이 표준에 대한 역량을 입증할 수 있는 여러 가지 방법을 제공할 수 있다. 학교에서 최종 목표가 학생들에게 고등학교 이후의 삶을 준비하도록 하는 것이라면, 학생들이 대학 진학과 직업을 준비하는 상태를 보여줄 수 있는 유연함과 선택의 폭이 넓어져야 한다. 이 섹션에서는 학생의 강점에 중점을 두어, 학생들을 환영하고, 학생들과의 관계를 구축하는, 커뮤니티를 만들기 위해 학생들이 학교와 교실에 적응하도록 돕는 방법을 간략하게 설명한다. 이는 학생들이 학습에 몰입하기 위해 필요한 관계 구축에 필수적이다.

모든 학생을 환영하기

학생들은 학교에 접근하는 첫 순간부터 우리에게서 메시지를 받는다. 버스가 학생들을 앞에서 내리게 할지 뒤에서 내리게 할지 고려하는 것은 학생들이 학교에 소속감을 갖는 데 도움이 될 수 있을 것이다(Relerford, 2007). 학생들은 자신들이 만든 예술작품, 출신지를 나타내는 깃발, 학교 자부심의 표시로 꾸며진 깨끗한 공간에서 환영받는가? 관리자들과 지원 직원은 학생들이 학교에 들어올 때 인사를 할 수 있도록 아침에 일찍 모습을 드러내는가? 하루를 시작할 때 학교에 들어오는 학생들을 환영하는 것은 학생들에게 관심의 메시지를 전달하는 것이다. 다음은 우리가 학생들을 환영하기 위해 사용했던 추가적인 인터벤션을 정리한 표다(표 23.1).

표 23.1 ▌ 커뮤니티 구축을 위해 선택된 실천사항들

유형	인터벤션	설명
폭넓게 구축하기	'Link Crew' 리더십 프로그램	주니어·시니어 Link Crew는 교사와 함께 9학년 학생들이 학교에 적응하게 하고, 커뮤니티를 구축할 수 있도록 대규모 및 소규모 그룹 활동을 촉진한다(What is Link, 2011).
더 확장적인	새로운 학생 상담	늦게 등록한 반의 학생은 매주 교사, 상담가, 관리자와 만나 새로운 환경으로의 전환을 지원받는다.
	멘토 프로그램	고등학교 2학년과 8학년 학생들이 짝을 이루어 학업적 지원과 사회적 관계를 제공한다. 마지막 학년의 멘토는 계획된 학교 사교 행사에서 현재 9학년 학생들과 관계를 지속한다.
교실	학생들과 인사하기	교사는 교실에 들어갈 때 각 학생에게 인사하고, 중요하게 여기는 개인적 유대관계를 구축한다. 또한 다른 문화의 인사법을 가르치고 배우는 것은 학생을 확인하고 인정하는 데 도움이 될 수 있다(Hollie, 2011).
	이름을 정확하게 발음하기	교사는 학생의 이름을 부르기 위한 올바른 방법을 배우려고 노력하며, 관계를 구축하는 데 필요한 존중을 보여준다.

교사들이 교실로 들어가면서 학생 개개인에게 인사를 하는 것은 학생들을 집이나 복도에서 학습환경으로 옮겨올 수 있도록 도와주는 개인적인 유대관계를 만든다. 문가에서서 눈을 마주치며 "안녕? 오늘 만나서 정말 반갑다"라고 학생들에게 말하는 것은 중요한 일이다. 10대인 아들에게 실천사항에 관해 물었을 때, 아들은 교사들에 대해 이렇게 평했다. "좋은 선생님들은 모두 인사한다. 이는 그들이 학생들에게 관심을 갖고 있음을 보여주는 것이다. 나쁜 선생님들은 종이 울릴 때까지 그냥 컴퓨터에 앉아 있거나 게시판에 무엇을 해야 하는지 알려주는 메모를 적을 뿐이다." 우리는 학생들이 집에서 학교로 전환하도록 돕기 위해 어떤 방법으로 인사하는가? 우리의 비언어적 행동은 우리가 학생들을 신경을 쓰고 있는지 아닌지에 대해 학생들에게 전달되고 학생들이 우리와 학교에 연결되도록 돕는 역할을 한다. 특히 이것은 필요한 사전 지식이나 기술을 갖고 있지 않은 학생들에게 더 중요하다. 학생들은 지각하거나 숙제를 놓치거나 아예 수업을 빠지는 비언어적 의사소통을 한다. 이러한 행동들은 모두 "나는 이 반과 연결되어 있지 않다!"라

고 외치고 있는 것이고, 종종 잘못된 행동으로 인식된다. 교육자는 다음과 같은 질문을 해야 한다. 가장 단절된 학생들에게 여전히 우리가 그들이 학습 커뮤니티의 일부가 되기를 원한다는 것을 어떤 방식으로 보여주고 있는가?

학생들에게 인사하는 것과 같은 의식과 일상은 빠르게 커뮤니티를 구축할 수 있다. 이름을 정확하게 말하는 것은 마찬가지로 학습환경을 더 포괄적으로 만드는 간단한 방법이다. 발음하기 어렵거나 자주 발음을 잘못하게 되는 이름을 가진 학생들에게 별명을 지어주는 교사들은 그들에게 이 장소와 이 사람들과의 관계를 방해하지 말라는 신호를 보내는 것이다(McLacughlim, 2016). 관리자와 지원 직원이 복도, 식당, 교실에서 만나는 학생들의 이름을 익히고 사용할 때, 모든 학생이 커뮤니티에서 주목을 받고 가치를 인정받고 있음이 강화된다. 학생들이 학교와 학습환경에서 환영을 받으면 교사, 직원이 서로 연결되기 시작하고, 고립을 막고 성장을 촉진한다. 이러한 연결은 우선 공간과 커뮤니티, 학습에서 학생들을 몰입시키기 위해 작용할 수 있다. 그러나 가장 환영받는 환경에서도 즉시 연결되지 않고 더 많은 작업이 필요한 학생은 여전히 존재할 것이다.

학생들과 관계를 구축하기

학생들은 학교의 어떤 부분도 소유하지 않는다. 사실, 그들은 사물함을 빌리고 하루 내내 각각의 선생님들의 교실에 들어간다. 학생들이 선생님과 함께 인간적인 교류를 나누고, 열정을 탐구할 수 있는 자리를 찾아주는 것은 관계를 구축하는 데 도움이 되고, 그 결과 몰입을 증가시킬 수 있다. 여기 우리가 학생들과 관계를 구축하기 위해 사용해왔던 구체적인 인터벤션이 있다(표 23.2).

모든 직원들이 학생들에게 다가갈 수 있는 방법을 찾는 데에 가치가 있다. 보조교사가 음악 그룹을 이끌거나, 교장 선생님이 체육관에서 축구 대회를 개최할 수도 있다. 학교의 교실 밖에서 있는 동안에 학생들이 비학문적인 공간에서 그들의 동료를 알 기회를 만드는 것은 연결을 구축하는 데 도움이 될 수 있다. 관리자는 학생들을 커뮤니티로 끌어들이기 위해 사무실에서 나오고, 복도나 교실로 들어가 학생들과 이어질 수 있다. 일부 학생들에게, 자주 만나는 직접적인 지원은 더 깊은 대화와 신뢰를 쌓을 기회를 제공할 수 있다.

이러한 연결은 더 강한 관계와 교실 문화를 구축하고, 이것은 학생들이 학습에 몰입하는 데 필수적이다. 그러나, 일부 학생들에게 교실에 적응하는 것은 그들의 이익을 공유하는 그룹에 적응하는 것만큼 중요하지 않다. 학교 내에서 학생들을 학교에서 후원하는 단체와 연결하는 것은 학습에 관한 관심을 높이는 데 도움이 될 수 있다.

표 23.2 ▌ 관계를 구축하기 위해 선택된 실천사항들

유형	인터벤션	설명
폭넓게 구축하기	상담	교사는 학년별 또는 다른 지명자(신입생, 여학생 그룹 등)에 의해 지정된 소그룹의 학생들을 만난다. 상담 교육과정은 학업 진도, 사회정서적 건강 또는 대학과 직업 준비를 지원할 수 있다.
더 확장적인	교사들의 방과 후 행사 참여	교사는 자발적 혹은 의무적으로 게임, 콘서트, 기타 학생 행사에 참석하여 교실 외부의 학생들과 관계를 구축한다.
	'Check & Connect' 프로그램	멘토와 함께 매주 (또는 더 자주) 점검할 개별 학생을 배정한다: 교사, 학생지원자, 관리자, 학생과 1:1로 대화하고 신뢰를 쌓는 기타 교직원
	또래 지도	상급생들은 다른 학생들과 함께 학교 작문 센터에서 수학/과학 강사로 일하고 있다. 학생들은 특수교육 학생들을 위한 포용적인 환경을 지원하기 위해 통합된 체육교육 과정에 참여한다.
교실	교실 규범 공동 제정	교사는 교실 커뮤니티에서의 행동과 방식을 안내하는 커뮤니티 합의의 역할을 하는 학생들과 교실 규범을 공동으로 만든다. 예를 들어, "우리는 실수를 자축한다."
	학생 관심사 수렴	교사는 학생의 개인적인 관심사를 배우고, 그러한 관심사를 과제에 포함한다. 예를 들어 "kitties와 어휘" 슬라이드는 고양이 이미지를 단어와 연결하여 개념을 가르치는 데 도움이 된다.

표 23.3 ▌ 학생들이 적응할 수 있도록 돕기 위해 선택된 실천사항들

유형	인터벤션	설명
폭넓게 구축하기	엄격한 교육과정 제공	AP 시험을 준비하기 위한 고급 배치 과정은 교사가 학생들과 함께한다. 학생들은 함께 도전을 극복하기 위해 서로 의존하는 법을 배우면서 빠르게 가족이 되어 간다.
더 확장적인	AVID 프로그램	AP 과정과 대학 지원 절차를 탐색할 때 비판적 사고능력을 가진 1세대 대학생을 지원하도록 설계된 프로그램(AVID, n.d)이다.
	EL 및 SPED를 위한 협력 수업	콘텐츠 자격증이 있는 교사를 특수교육, 영어 교사와 짝을 맺어준다. 수업에는 주류 학생들과 더 높은 SPED 또는 EL 학생들이 포함된다.

	학교 클럽 및 그룹	학생들은 Trap Team과 Art Club과 같은 클럽에 가입하거나 GLBTQ 또는 Activists for Change와 같은 그룹의 회원이 되어 비슷한 관심사를 가진 급우들과 이어진다.
교실	토의	모든 학생이 말해야 하는 파트너/소규모 그룹/전체 토의이다. 예를 들어, 'Speed dating'은 학생들이 파트너를 바꿔가며 1분 동안 이야기를 나누거나 조종사/부조종사 형태로 앉아서 학생 연설자들이 얘기하면 두 명의 조력자가 듣고 지원을 제공하는 것이다.
	국제적인 그룹 워크	교사는 학생들이 협력적으로 일을 해야 하는 활동을 설계한다. 학생들이 서로 함께 일하는 의도적인 협동 그룹과 다르게, 그룹 작업은 학생들이 과제를 완료하기 위해 서로 의지해야 하는 것을 요구한다.

EL; English learner, SPED; special education

학생들이 적응할 수 있도록 돕기

교사나 관리자들이 개별 학생들과 연결되는 것은 강력한 효과가 있지만, 그것만으로는 커뮤니티를 이룰 수 없다. 대신, 모든 학생이 커뮤니티 안에서 그들 자신을 인식하고, 동료학생 및 어른들과 우정을 쌓고 관계를 맺으며, 이해관계의 기회를 얻는 환경을 조성하는 것이 중요하다. 다음은 학생들이 학교 커뮤니티에 적응할 수 있도록 학교가 구축한 기회의 예다(표 23.3).

각각의 경우, 프로그램, 클럽, 팀, 그룹은 더 큰 학교 커뮤니티 내에서 더 많은 학생과 더 많은 어른이 정서적으로 연결될 여러 방법을 제공한다. 각 기회는 학교 전체의 건강을 지원하는 작은 소우주의 역할을 하며, 이는 특히 2,000명 이상의 학생들을 보유한 학교에 가치가 크다. 우리는 클럽, 팀, 수업 및 그룹을 제공하여 각 학생을 연결할 수 있는 공간을 만들면서 커뮤니티의 어른이 공통 관심 분야의 학생들과 교류할 수 있는 공간을 제공한다. 학교 전체가 환영의 공간이 되기 위해 일한다면, 학생과 교직원은 정서적으로 몰입하고 학교와 서로 유대를 구축할 수 있다.

학교 수준에 더하여, 교사들은 교실에서 학생들이 서로 연결할 기회를 강화할 필요가 있다. 의미 있는 연결은 처음 접할 수 있는 사회규범을 의도적으로 가르치고, 움직임과 연결을 위한 정기적인 기회를 제공함으로써 이루어질 수 있다. 의미 있는 파트너나 작은 그룹의 활동을 만들기 위해 시간을 들이는 것은 외부인(outsider)처럼 느끼는 학생들을 끌어들이는 데 효과가 있을 수 있다. 어떤 학생들은 의도적인 그룹 활동 없이 다른 사람과 이야기하지 않고 학교에 있는 시간 내내 고립될 수 있다.

이러한 전략과 인터벤션을 사용하여 커뮤니티를 구축한 후에도 환영을 느끼지 못하는 학생들이 있을 것이다. 교실 안에서 게임, 활동, 그룹 작업을 통해 커뮤니티를 구축하고, 귀중한 시간을 보내는 것은 학생들이 서로에 대해 더 많이 배우도록 도울 수 있다. 또한, 공간에 있는 모든 목소리(의견)가 중요하다는 것을 강조할 수 있다. 교사들이 오로지 학습 목표와 기준에만 집중할 때, 학생들을 학습에 몰입시키는 일을 놓친다.

학생들은 학교 건물과 교실에 들어오면서, 계속해서 학교에 적응할 수 있는 방법을 찾고 있다. 학생의 관심사에 대한 연계를 제공하여 학습에 영향을 줄 수 있는 학생들의 소속감을 증가시킬 수 있다. 이러한 경험을 설계할 때는 자원(resources)을 활용하는 데 목적을 둘 필요가 있다.

커뮤니티를 구축하기 위해 극복해야 할 요소

정서적으로 학생들을 몰입시키는 커뮤니티를 형성하는 데 필요한 능력을 위협하는 것은 무엇일까? 학교 리더(leader)가 인식하는 가장 큰 장애 요소는 자원(resources)이다. 예를 들어, 많은 학생이 불안과 우울증과 관련하여 정신건강 지원이 필요하다는 데이터를 보여주면, 학교 리더는 학생의 장애 요소를 제거하기 위해 자원을 배분하는 방법을 결정해야 한다. 자원은 제한되어 있어, 관리자는 우선순위를 평가하고 자원과 관련하여 신중하고 의도적인 결정을 내려야 한다. 이러한 결정을 내릴 때 학생의 요구를 어른의 요구보다 우선시하려면 용기가 필요하다.

교사가 스트레스나 준비 부족 때문에 정서적으로 몰입할 수 없거나, 커뮤니티에 참여할 수 없으면 그들은 커뮤니티를 형성하는 일을 방해할 수 있다. 예를 들어, 학교에서 새로운 상담 프로그램의 세부사항을 배울 때, 한 교사는 "나는 아이들을 상담하는 것이 아니라 수학을 가르치는 데 고용되었다."라고 말했다. 어떤 사람들은 관계를 형성하는 것이 너무 많은 수업 시간을 빼앗는다고 생각하며 학습 내용과 관련이 없다고 본다.

행정부는 교직원 회의에서 커뮤니티 구축의 관행을 모델링하여 학교 문화에 대한 변화의 중요성을 강조하는 데 도움을 줄 수 있다. 전문성 학습(professional learning)을 지원하는 직원을 포함하고, 직원과 전문 지식을 공유하기 위해 직원을 활용하려는 집단적인 노력을 보여줄 수 있다. 이 노력은 학생과의 관계를 유지하는 데 필요한 작업을 수행하는 것을 말한다.

학생을 몰입시키기 위해 작업 전환을 시도할 때 교수적 코치(instructional coach)는 새로운 교사와 베테랑 모두를 지원하는 유용한 자원이다. 코치(coach)는 스스로 시도하기 전에 어떤 일이 어떻게 작동하는지 보는 것을 선호하는 사람들을 위해 브레인스토밍하고, 함께 가르치고, 새로운 전략을 모델화할 수 있는 교사와 파트너가 될 수 있다.

커뮤니티를 구축하는 데 느끼는 다른 위협은 역할과 책임이 명확하게 정의되지 않은 경우이다. 우리가 현재의 시스템을 방해하게 되면 관리자는 관리자의 직무보다 더 많은 것을 요구하는 교육적 리더십 역할을 더 많이 수행한다. 지원 담당자는 더이상 대기하거나 시스템 경계에 있는 것이 아니라 계층화된 지원 시스템에서 필수적인 역할을 맡는다. 명확한 초점을 맞추거나 함께 공유된 비전과 목표를 갖는 것은 학생들과 함께 커뮤니티를 구체화하는 데 도움이 된다.

관련성이 있고, 즉각 대응할 수 있는 시스템과 교수법을 설계하기

일부 학생에게 "왜 이것을 해야 하는가?"라는 질문은 그들이 숙제에 인지적으로 몰입하거나 과제가 완료되지 않은 채 수업에 나타나지 않도록 하고 또 행동 부족으로 인한 잠재적인 결과에 당황하지 않게 할 정도로 큰 경각심을 준다. 다른 학생들에게 "왜 이것을 해야 하는가?"는 시험 때까지 암기한 정보를 유지하는 것 이상의 더 많은 에너지를 투자하지 못하게 한다. 하지만, 정말로 왜 학생들은 의욕이 느껴지지 않거나 이해가 되지 않는 자료들에 관심을 가져야 하는가? 아무런 목적도 없는 활동을 완수하는 것은 무슨 의미가 있는가? 학생들에게 커뮤니티의 일부가 되라고 요구할 때, 우리는 각 학생에게 생각하도록 도전하면서, 학생들에게 엄격하고 적절한 학습환경을 제공하는 것에 교육자로서 스스로에 대한 기대를 높인다.

"왜 이런 일을 하는 데 신경을 써야하는가?"하는 질문에 어른들이 통제할 수 있는 부분은 바로 이것이다. 통제할 수 있는 것에 대해 가장 관심을 가져야 한다는 격언은 교육자들에게 가장 맞는 말이다. 인터벤션은 현재 속도에 지루해하는 학생들을 위해 시스템과 과정을 재설계하는 것이며, 뒤떨어진 학생을 지원해주는 것이다. 관련이 있고, 문화적으로 즉시 대응하는 시스템과 교수법의 핵심은 어른들이 학생들의 역동적인 요구에 반응하는 것이다. 즉 학생들을 학습에 연결하는 통합적인 방법이 필요하다는 것을 의미한다.

이것은 학생들에게 몰입히도록 요구하는 시스템, 과세, 활동 및 평가를 검토하는 것으로 시작할 수 있다. 때때로, 우리는 학생들의 바쁜 상태를 유지하게 하기 위해 '해야 할 것'을 생각하느라 꼼짝 못 하며, 성적표의 점수를 집계하여 학습의 증거로 보여줄 무언가를 가진다. Pink(2011)는 사람들이 자율성, 숙달성, 목적에 따라 동기를 부여한다고 제시했다. 그는 사람들은 당근(점수, 성적 등)보다는 선택할 수 있는 능력을 원한다고 설명했다. 그들은 자신에게 중요한 것을 지속해서 개선하고 자신보다 더 큰 것에 공헌하려는 노력을 원한다(Pink, 2011). 대조적으로, 전통적인 학교와 교실은 표준으로 맞춰진 종소리 스케줄로 시간을 표시하고 힘, 지식, 통제력을 바탕으로 교사를 선발한다. 기간이 끝날 때까지 학생이 무엇을 해야 할지 기다리기 위해 앉아 있게 한다. Robinson(2010)은 현재의 학교 시스템이 이러한 유형의 학습으로 공장에서 일할 사람들을 선별하고 준비시키고 있다고 한다. 학교의 기본 목적은 모두를 위한 높은 수준의 학습 및 몰입으로 전환하는 것이다. 반드시 같은 방식으로, 동시에 학습해야 하는 것이 아니다. 이 섹션에서는 학생들을 몰입시키기 위해 시스템과 수업을 재설계할 때 사용하는 모범 사례를 간략하게 설명한다(Pink, 2011).

학생 목소리와 선택

Jackson(2011)은 학생들이 학습 커뮤니티의 일원이 되는 방법으로 학생들의 목소리와 선택에 대해 설명했다. 학교 차원에서는 일률적인 모델에서 벗어나야 한다. '성공한 학생'이라는 좁은 정의에 의해 학생들을 분류하고 궁극적으로 모든 학생에게 동등한 혹은 '같은' 경험을 제공하기보다는, 대신에 학생들이 성공을 찾기 위한 특유의 방법으로 접근할 수 있도록 합리적인 환경을 만들 필요가 있다. 학생들에게 학교 수업 시간에 자신의 시간을 설정하고, 과제를 완료하거나 지원받을 기회를 제공하는 것은 학생들이 학습에 몰입할 수 있도록 장려하는 것이다. 다음은 학교에서 학생들의 목소리를 증폭시키는 방법들이다(표 23.4).

표 23.4 ❙ 학생 목소리를 통합하기 위해 선택된 실천사항들

유형	인터벤션	설명
폭넓게 구축하기	수업 재설계	교사팀은 무엇이 효과가 있는지 확인하기 위해 사전 수행과 교육과정에 대한 데이터를 검토한다. 교사들은 문화적으로 관련된 교재를 찾고, 몰입을 유발하는 수업을 만들며, 학생들의 선택과 목소리를 유도하는 활동을 추구한다.
	학교 자율학습	학생들은 예정된 학습 수업 시간(교시) 동안 어디에서 어떻게 공부할지를 선택한다. 선택지에는 감독하의 조용한, 협력적인, 혼자 작업

		가능한, 동료 또는 교사를 만날 수 있는 공간이 포함된다.
	학생의회	연중 내내 교장을 만나 학교 차원의 문제를 조언하는, 학교 내 다양한 그룹을 대표하는 모든 학년에서 선발된 다양한 학생 그룹
더 확장적인	시니어 캡스톤 프로젝트	캡스톤 프로젝트는 학생들 특유의 개인적 관심사를 추구한다. 이 프로젝트는 의사소통, 연구, 시민 몰입, 혁신, 동기, 건강을 중심으로 구축된 주(state) 역량과 일치한다.
교실	선택권 제공	교사들은 항상 전체 그룹을 가르치기보다는 학생들의 흥미와 요구에 맞는 주제, 교재, 좌석, 총괄 평가의 선택권을 제공한다.
	학생들을 대상으로 한 설문조사	교사들은 구글 폼을 사용하여 학생들을 조사하고, 개인적인 관심사나 난해한 분야에 대한 정보를 얻으며, 관심사를 수업이나 맞춤형 수업에 통합하여 환류한다.

표 23.5 ▌ 엄격함과 적절함을 장려하기 위해 선택된 실천사항들

유형	인터벤션	설명
폭넓게 구축하기	주의를 딴 데로 돌리기	명목상 엄격성을 높이는 과정 수준을 제거하지만 실제로는 행동으로 학생을 구분하는 역할을 한다.
더 확장적인	지원 수업	읽기 및 수학 능력을 갖춘 학생들의 학년 수준, AP 과정에서의 성공을 촉질할 수 있는 역량과 자신감을 키우기 위해 지원하는 선택 수업이다.
교실	실제적 청중	교사는 교실 내부, 외부에서 실질적인 과제를 만든다(예: 초등학생에게 읽어주기 위해 아동용 책을 쓰거나 학교위원회에 제출할 이웃 데이터 분석).
	NY's	교사는 D 또는 F를 부여하는 대신 NY를 배정하고 학생이 자신의 노력을 조정하고 숙련도를 입증하기 위해 다시 제출해야 하는 위치를 보여준다. 이 주기(cycle) 동안 교사는 다시 가르칠 수도 있다.

NY: Not yet

교사가 학생들의 의견을 경청할 때, 학생들의 열정을 발견할 수 있으며, 관심사를 활용하기 위한 학습을 설계할 수 있다. Jackson(2011)은 학생들이 높은 지적 수행에 도전해야 함을 주창하며, 결핍 모델(deficit model)로 가르치기보다는 학생의 강점으로 시작해야 한다고 제안했다. 그녀는 성공적인 수업에 필수인 '학생들의 삶에 대한 학습 상황'을 파악했으며, 이는 교사가 수업자료와 학생 사이의 연결을 만드는 도전을 의미한다(Jackson, 2011).

먼저 학생들의 말에 귀를 기울임으로써 학습의 엄격함을 높이고 학생들을 더 복잡한 사고 속으로 끌어들이기 시작할 수 있다. 더 큰 규모로, 시스템, 교과과정과 수업을 검토하는 것은 학습의 엄격함을 더욱 증가시켜 많은 학생들이 그들 스스로 가치있다고 생각하는 것을 채택하게 한다.

엄격함과 적절함

학교에 있는 시스템은 높은 기대치를 높이거나 낮은 기대치를 영속시킬 수 있다. 시스템을 검사하지 않고 남겨두면 일부 학생만 더 엄격한 학습에 접근하거나 일부는 지원하지 않는 채로 학생이 분리된다. 결국, 학생들을 몰입시키려는 학교의 노력에 무의식적으로 영향을 줄 수 있다. 다음은 학교에서 엄격함과 적절함을 높이기 위해 노력한 방법이다(표 23.5).

낮은 수준의 수업을 없애고 학생들을 추적하면 졸업 경로가 엄격해질 수 있고 더 많은 학생이 학년, 졸업 과정에 배치될 수 있다. 우리 학교에 속한 학생들은 처음에 선택할 수 있는 4가지 수준의 핵심 수업을 받았으며, 결과적으로 학생들은 분리 및 식별되었고 행동 문제를 가지고 있었다. 기술 수준이 낮은 반 학생들은 기대치가 낮았으며, 학년 수준의 내용을 배우지 못해 많은 학생이 주(state)시험 점수에 부정적인 영향을 받았다. 두 가지 과정 수준만 제공하면서, 학생들에게 고급 배치 수준과 정규 고등학교 수준 과정 중 하나를 선택하도록 하였고, 기대 수준을 높이고 행동 사건과 인종적 고립을 줄였다. 교실 내에서 앉아 있는 구식적인 관행을 개선하는 전략을 만들면 학생들은 수업에서 궁금해하고, 검토하고, 질문하고, 성찰할 수 있다. 엄격한 과정의 수업 시간에는 급우들과 이야기하고 공간에 있는 모든 목소리를 활용하고, 다양한 관점을 발굴할 기회를 제공하는 목적의 활동을 포함하고 있다.

우리는 학생들이 단계를 높여 더 엄격한 과정의 도전을 마주하는 것을 보았다. 우리가 세웠던 어떤 학교에서는 낮은 수준의 과정을 없앴을 때 AP 장학생 및 우수한 AP 장학생 수가 증가한 것처럼 졸업 비율이 증가했다. 예를 들어, 학생들이 우리가 그들의 글쓰기를 그저 할당된 일로서가 아니라 진심으로 봐주고 있다는 것을 알게 되면, 그들은 더 많이 노력하게 된다. 그러나 엄격성을 높이고 학습을 보다 적합하게 만들기 위해, 관리자와 교사들은 그들의 노력을 조정하고 학생들이 변화의 중심에 있도록 하는 것이 필요하다. 모니터링 결과를 통해, 학교와 교사들은 학생들이 성공하도록 조정해야 한다.

감독과 지원

목적에 부합한 직원 개발, 인터벤션에 대한 대응(Response to Intervention: RtI), 전문성 학습 공동체(Professional Learning Community: PLC) 시간의 효과적인 사용, 자원 활용, 공통 형성평가의 적용, 효과적인 평가 방법 분석, 평등 렌즈를 사용한 데이터 보기 등의 다층 지원 접근 방식은 효과적인 학교 개선의 필수 요소들이다. 이러한 각 사례는 관리자, 교사, 지원 직원이 계획, 실행, 연구, 조치해 필요 사항을 식별하고, 실시간으로 대응하고, 조율하고, 처방 연구 주기를 따라야 하는 공동 노력을 요구한다. 다음은 학생 학습을 감독하고 지원하기 위해 사용한 인터벤션의 예다(표 23.6).

효과적인 시스템이 있는 학교는 학생들이 자신의 잠재력을 충족시키지 못하게 하는 현실과 인지된 장벽을 제거하려고 시도한다. 학생 지원팀(Student Support Teams: SST)은 인터벤션에 대한 대응(RtI) 과정의 핵심 요소가 될 수 있다. 학생지원팀은 교직원, 학생과 가족 간의 의사소통을 증진시켰고, 그 결과 더 적은 수의 학생들이 뒤처지지 않게 되어 성과의 격차를 좁히는 결과를 가져왔다.

감독과 지원은 조용히 순응하는 것처럼 보이는 학생들이 발견되지 못한 채 뒤처지는 것을 방지할 수 있다. 수업에 참석하지 않거나 과제가 누락된 학생은 쉽게 찾을 수 있다. 그러나 학점을 충분히 취득했지만 내용을 완전히 이해하지 못한 학생들에게는 형성평가와 데이터 검사가 도움이 될 것이다. 그러나 문제를 발견한 후, 채택한 해결책이 학생들이 줄 맞춰 앉아 있는 교실과 전통적인 7일 기간에 해당하는 현 설계와 종종 들어맞지 않는다. 의도적으로 유연한 환경을 설계하는 것이 인터벤션 노력에 대한 지원을 제공할 수 있다.

표 23.6 ▌ 학습을 감독하고 지원하기 위해 선택된 실천사항들

유형	인터벤션	설명
폭넓게 구축하기	전문학습 공동체 공통 형성평가	교사는 학습 중에 학생의 이해를 확인하고 수업을 통해 다음 단계를 결정하기 위해 정확한 형성평가를 작성한다(Black & William, 2010).
	학생 지원팀	팀(상담가, 사회복지사, 학교 심리학자, 관리자, 기타 지원)은 정기적으로 교사, 교육 훈련, 실패 데이터를 수집 및 검토하고 개선을 촉진하기 위한 인터벤션을 할당한다. 학업적, 사회적, 행동적 요구가 고려된다.
더 확장적인	특정 집단	교사는 사석승이 있는 교사, 교수적 코치에게 더 많은 학생을 위해 개별적이거나 소그룹으로 수업을

		유연하게 제공하도록 요구한다.
교실	동반자 교사들	동일한 기간 동안 두 명 이상의 교사가 동일한 수업을 가르친다. 학생들을 그룹별로 분류하여, 개별화된 선택, 지원을 제공한다.
	빨강, 노랑, 녹색 빛	교사는 학생들이 학습하는 동안 이해력을 자기 평가하도록 요청하고 각 그룹에 대해 서로 다른 학습방식을 제공한다. 녹색=독립적 학습, 노란색=파트너, 빨간색=교사 지원
	성찰적인 보고	학습 분야를 마친 후에 학생들이 자신의 학습에 대해 메타인지적으로 생각하고 자신의 진도를 스스로 평가할 수 있는 성찰 활동을 주도한다. 교사들은 수업의 다음 단계를 알리기 위해 피드백을 사용한다.

표 23.7 ▎ 학습 지원을 위해 선택된 실천사항들

유형	인터벤션	설명
폭넓게 구축하기	학제간팀	교사들은 학생들을 공유하는 학제간 그룹에 배치된다. 교사들은 매주 만나 수업, 학생들의 관심사에 대한 회의, 실행하기 위한 설계 지원을 조정한다.
	수정된 블록 스케줄	수정된 블록 스케줄은 연구실 기반, 프로젝트 기반 학습을 허용하는 다른 요일과 시간을 생성한다. 교사들은 47분과 85분 블록을 계획한다. 이 스케줄은 유연한 인터벤션 블록에 대한 시간을 공개한다.
더 확장적인	Flex block 인터벤션	교사, 상담가, 관리자들은 평가, 행동, 출석 데이터를 사용하여 추가 수업이나 재수업이 필요한 학생들을 선정한다. 매주 예정된 Flex block 인터벤션은 학생들에게 학교 수업 시간과 함께 여분의 시간을 제공하여 교사들뿐만 아니라 학생들을 지원하고 있다.
교실	하이브리드 학습	테크놀로지는 학생들에게 더 많은 통제력과 독립성을 제공하고 수업 시간표에서 학습을 자유롭게 한다. 교사들은 학생들이 가상공간에서 공부하는 동안 직접 만나거나 작은 그룹과 만난다. 게다가 교사들은 학생들이 나중에 볼 수 있도록 강의를 캡처할 수 있고, 미술 교사들은 반복적인 검토를 위해 시연을 녹화할 수 있으며, 학생들은 과정의 독립적인 학습 부분을 완료할 수 있다.
	공간 재설계	교사들은 교실에서 무언가를 다른 방식으로 알리기 위해 가구를 재배치한다. 예를 들어, 원형은 대화하게 하며, 줄은 앞을

		주시하게 한다. 이동식 가구는 학생들이 학습과 관련이 있으면서 좌석에서 그들 자신의 목적을 결정할 수 있게 한다.

의도적인 환경

학교 리더(leader)는 마스터 스케줄을 재구성하여 교사들이 학습자의 요구에 대응하는 시간을 어떻게 사용하는지 지시할 수 있다. 예를 들어 관리자가 유연한 시간, 교사팀 구성 및 전문성 학습 공동체(PLC) 활동에 대해 생각할 때, 장애물을 제거하고 학생과 교사 모두가 성공할 기회를 만들 수 있다. 다음은 학습 지원을 위해 의도적인 환경을 만드는 데 사용한 인터벤션의 예다(표 23.7).

학생들이 교실 가구를 자신의 필요에 맞게 유연하게 옮기거나 테크놀로지를 활용하여 교실 경험을 바꿀 때, 학생들은 학습에 몰입할 수 있는 새로운 방식을 찾는다. 그러나 단순히 이러한 유연한 공간을 제공하는 것이 효과적인 것은 아니며, 모든 학생이 우리의 환경과 생각에 융통성 있게 대처하는 것은 관리자와 어른들에게 자체적인 과제를 안겨준다.

적절하고, 즉각 대응하는 시스템 및 수업설계에 대한 장애 요소 극복하기

시스템과 수업을 재설계하는 것은 어려운 일이며 관리자는 시간을 다르게 보고, 교사들은 학생들의 학습을 도울 방법에 대한 그들의 생각을 창의적이고 유연하게 할 수 있을 만큼 내용을 잘 알고 있어야 한다. 일부 교사들은 특정 과목을 가르칠 준비가 충분히 되지 않았을지도 모르며, 이는 더 많은 내용 지식을 가진 교사들과 함께 가르칠 때 스트레스가 가중된다. 어떤 교사들은 학생들을 위한 내용을 적절하게 스캐폴딩하는 수업 계획을 세우는 것에 고군분투할 수도 있다. 그들은 학생들에게 미리 읽어오게 하거나 수업 준비를 하기보다는, 읽을만한 기사를 즉석에서 나눠주거나, 매 수업 시간을 전날 내준 숙제의 두 문제를 복습한 뒤 다음 장에 대한 강의를 시작하는 똑같은 순서로 수업을 보낸다. 교과 내용의 지식을 쌓고 교수자로서 경험을 쌓으려면 충분한 시간과 실수를 확보할 의지가 필요하다.

어른은 새로운 수업(특히 테크놀로지)을 시도할 때 위험을 감수해야 하거나 취약할 수 있으며, 수업을 재설계할 때 학생들 앞에서 잠재적으로 실패할 가능성이 크다. 이는 교사와 학생들이 서로를 지원할 수 있는 건강한 학습환경을 조성할 필요성을 강조한다. 자신을 방 안에 있는 고독한 전문가라고 믿는 교사의 경우 위험이 너무 클 수 있으며 가장 좋은 의도를 갖고 있는 교사조차도 강의를 1년 더 재설계하는 것을 미룰 것이다. 교수적 코치는 가장 꺼려하는 교사를 위해 수업을 공동 계획, 코칭 또는 모델링하도록 제안하여 위험을 줄여줄 수 있다.

수업의 엄격함을 높이는 또 다른 과제는 한 공간에서 광범위한 학습자의 요구를 충족시키는 것이다. 교실 내, 교실 간 인터벤션은 학생들에게 스캐폴딩 역할을 할 수 있다. 예를 들어, 학생들에게 출구 전표(exit slip)나 빨강, 노랑, 녹색의 컵을 사용하여 자신의 이해를 스스로 평가하게 하면 교사에게 전체 수업 또는 소그룹으로 다시 가르치거나, 명확히 하거나, 확장하라는 신호가 될 수 있다. 형성평가를 사용하여 학생의 이해도를 확인하는 것은 실습이 필요하고, 학생이 어려움을 겪을 지점을 예측하고 다양한 방식으로 즉시 대응하는 능력이 필요하다. 이는 전반부에 필요한 작업인데 많은 교사가 이것이 학생들의 교실에서의 정서적, 인지적, 행동적 몰입에 영향을 미친다는 것을 인식하지 못한다.

재설계된 수업은 학생들을 지도하는 지원 직원이나 방과 후 학교 직원들에게 어려울 수 있는데, 왜냐하면 그들은 따라 하고 만들어내야 하는 매일의 과제가 없을 수도 있기 때문이다. 대신, 수업은 프로젝트 기반이거나 학생들에게 선택을 제공할 수 있다. 재설계된 수업에서 학생들에게 제공되는 유연성은 교사와 지원 직원 간에 의사소통의 필요성을 증가시키는데, 어떤 학생에게 추가 지원이 필요한지 평가하기 더 어려울 수 있기 때문이다. 교실과 학교가 관행을 바꿈으로, 전문성 학습은 교사와 지원 담당자가 하나의 커뮤니티로서 역량을 키우는 데 유용한 자원이 될 것이다.

시스템 차원의 지원 구축하기

행동적 비몰입은 비몰입의 세 가지 유형 중 교육자들에게 가장 눈에 잘 보이는 유형이다. 단순히 과제를 완수하지 못하는 것이나 수업 중 이어폰으로 귀를 막으며 조용히 저항하는 행동부터 교실을 가로지르며 고함을 지르거나 교사나 관리자의 요청을 격렬하게 거부하는 등 좀 더 노골적인 표시로 교사를 배제하는 행동까지 포함한다. 행동에 영향을 미치는 학교 차원의 성공적인 인터벤션을 실행하기 위해서는 학생, 학부모, 교사 및 현장 직원의 말에 귀를 기울여 인식된 장애물을 알아내야 한다. 교사들은 "학생들만 제시간에 내 수업에 도착한다면, 방해받지 않고 가르칠 수 있을 것이다."라고 말할 것이다. 아니면 "만약 학생들이 방과 후에도 머무른다면, 학생들에게 질문도 하고, 놓친 과제를 도울 수 있을 것이다." "－이면 좋을 텐데"라는 진술은 교사들과 직원들에게 실질적인 장애 요인이 무엇인지를 알려주는데, 이는 그들에게 학생들의 초점에서 벗어나 성공은 자신들의 통제 밖이라는 느낌을 갖게 한다. 한편, 몰입해야 할지에 의문을 제기하는 학생들은 "왜 내가 이런 식으로 해야 하는가?"라고 반문하거나, "이것은 너무 과해!"라고 외치며 한계를 시험하기 위해 끊임없이 경계를 넘나든다. 이러한 학생들의 진술과 행동 역시 시스템 안에 인터벤션이 필요한 영역이 어디인지를 알려준다. 학생들과 교사들이 잠재력을 발휘할 수 있도록 도와주기 위해서 구조적이고, 체계적인 변화를 통해 장애물을 제거해야 한다. 이 섹션에서는 학교에서 시스템 차원의 지원을 설정할 때 고려해야 할 요인을 개괄적으로 설명한다.

팀과 교실 기반 실행 연구

실행 연구(action research)는 교사들에게 그들 자신의 관행을 조사해 달라고 요청하며, 자료수집과 의도적인 성찰을 요구한다. 실행 연구자인 교사들은 미리 정해진 수업 계획을 제정하기보다는 특정 학습목표를 염두에 두고 수업을 계획한다. 이들은 어떻게 하면 학생들을 더 잘 몰입시키고 학습을 지원할 재교육(reteaching)을 개발할 수 있는지에 대한 통찰력을 얻기 위해서 수업 중이나 수업 후에 관찰과 학생들의 과업을 조사함으로써 수업에 대한 학생들의 반응을 연구한다. 학생들은 수업의 엄격함이 높아지면 고군분투할 수 있고 실행 연구는 교사들에게 학생들의 장애물을 없애고 가르치는 것을 더 쉽게 만들 수 있는 인터벤션을 정하게 한다. 다음은 실행 연구에 초점을 맞추기 위해 사용한 인터벤션 사례들이다(표 23.8).

인터벤션은 학생들에게 배울 기회가 된다. 수업이 진행되었다고 느끼는 대신, 인터벤션은 학생들을 다시 학습에 끌어들이고, 재몰입시킬 수 있다. 교사에게 실행 연구자로서 함께 일할 시간이 주어질 때, 교사들은 교수법을 차별화하는 새로운 방법들을 서로 배우면서 이익을 얻고, 아직 그 내용을 배우지 않은 학생들에게 추가적인 시간과 지원을 준다.

표 23.8 ▎ 선택된 실행 연구 인터벤션

유형	인터벤션	설명
폭넓게 구축하기	PLCs	공동의 PLC 작업을 통해 교사 및 지원 담당자는 학생 데이터를 검토하여 수업 및 계층적 지원으로 다음 단계를 파악한다(DuFour & Eaker, 2009).

	Teachers in classrooms	교사들은 다른 교사들의 교실을 방문하여 무엇이 효과가 있는지 직접 확인하고 자신의 환경에서 무엇이 효과적일 수 있는지에 대한 영감을 얻는다(Beaton, 2017).
더 확장적인	PLC 포스터 세션	PLC는 그룹별로 배치되어 연구 질문, 데이터 및 연구 결과를 서로 제시한다. 세션은 전문 학습일에 개최되며, 관리자가 진행한다.
교실	Four-day test cycle	학생들은 기초 시험을 본다. 학생들이 C학점 이하를 획득했다면, 교사와 함께 학습을 교정한다. 만약 C학점 이상을 획득했다면, 학생들은 학점을 유지하거나 A학점까지 더 많은 과업을 한다.

PLC, Professional Learning Community

교실 안에서, 자신의 인터벤션을 설계하는 교사들은 누가 자기 생각을 지지할 수 있는지 고려해야만 한다. 사용할만한 교실 안에서는 어떤 공간이 이용 가능한가. 일 년 동안의 기간을 고려해볼 때 한 학기에 있는 시간(또는 달력 연도 안에 있는 시간)과 하루의 시간을 고려하는 것은 가능성의 잠재적인 성패를 좌우하는 데 도움이 될 수 있다. 계획할 때 고려해야 할 또 다른 핵심적인 측면은 맥락에 있는 학생들이다. 2교시 수업에서 효과가 있는 인터벤션이 7교시에는 개인적 특성, 에너지 수준, 커뮤니티의 폐쇄성 때문에 이루어지지 않을 수 있다. 교사들이 무엇이 효과가 있는지 발견함에 따라, 그들은 학생들의 요구에 반응할 뿐만 아니라, 그 필요성이 어디에 있을 것인지를 예측하기 위해 각 수업과 하루의 구조에 맞게 의도적인 인터벤션을 구축하기 시작할 수 있다.

시스템적 접근

행동을 바꾸려면, 각 학생에게 적절한 양의 지원을 제공하기 위해 인터벤션이 시기적절하고, 직접적, 체계적으로 이루어져야 한다(Defour, 2004). 효과가 있는 인터벤션을 설계하기 전에 맥락을 확립하는 데 도움이 되는 몇 가지 고려 사항이 있다. 첫째, 시스템 내에서 이용 가능한 어른은 누구인가? 각자가 가지고 오는 재능과 기술은 무엇인가? 어떤 어른들은 방 안을 가득 채우는 사교적인 성격을 가지고 있지만, 어떤 어른들은 학생들과 1:1로 작업하는 게 낫다. 어떤 어른들이 수학에 강한지, 유머 감각이 좋은지를 아는 것은 전략적으로 사람들을 인터벤션과 일치시키는 데 도움이 된다. 현재 실행 중인 절차와 구조를 파악하는 것은 일부 '수행 방식(ways of doing)'에 도전하는 것이다. 절차나 구조가 부족할 때 실행(action)은 학생들의 필요에 비효율적으로 대응하고 어른들의 에너지를 불필요하게 사용하게 한다. 다음은 학교 차원에서 적용된 시스템이다(표 23.9).

일단 인터벤션이 시행되어 시스템이 바뀌기 시작하면(예: 더 많은 학생이 제시간에 초안을 가져오기 시작), 이전의 수행 방식으로 되돌아가려는 유혹이 있다. 우리의 한 학교가 인터벤션의 초기 성공을 거두었고, 이를 본 한 선생님이 관리자에게 말했다. "인터벤션이 행해지면 아이들에게 정말 효과가 있고 그러면 더이상의 인터벤션이 필요 없을 것이에요." 그는 이렇게 대답했다. "아니요. 죄송하지만, 인터벤션은 영원할 겁니다." 육아와 마찬가지로 일관성이 행동을 바꾸는 데 도움이 된다.

표 23.9 ▌ 학교 차원에서 선택된 실천사항들

유형	인터벤션	설명
폭넓게 구축하기	Tardy sweeps	벨이 울리면, 교사들은 교실 문을 닫고 잠근다. 관리자와 지원 담당자가 복도를 다니며 낙오자들을 찾는다. 학생들은 복도에서 전화로 학부모·보호자에게 연락한다. 직원들은 적시에 출석하는 것의 중요성을 설명하기 위해 어른과 이야기를 나눈다. 학생들은 빨리 수업에 보내진다. 비협조적인 학생들에게 결과가 주어진다.
더 확장적인	Grade report parent contact	성적 보고에 대한 계층화된 접근 방식은 4주마다 점수를 배포하고 누가 집에 전화하는지 조율한다. 한 가지 실패＝교사, 두 가지 실패＝상담가, 세 가지 이상의 실패＝관리자
교실	Bell－ringer	교사들은 도발적인 질문, 즉각적 질문 또는 활동과 함께 벨이 울린 뒤 수업을 시작하며, 학생들에게 정시에 수업하는 것의 중요성을 알려준다.
	데이터 유형	학습패턴을 알려주는 데이터는 교사들이 그들의 실행을 의심하도록 돕는다. 학생들이 시험에서 높은 점수를 받지만, 숙제를 제출하지 못하는 것을 알게 되면, 교사는 집에서 완료될 것으로 예상되는 학습의 유형을 조사하도록 지시할 수 있다.

학생의 가족들에 다가가기

Tardy sweeps(위의 표 참조)를 통해 집으로 전화를 거는 것은 우리의 한 학교가 1년 동안 지각 횟수를 2만 회 줄이는 데 도움이 되었고, 학부모를 참여시키는 체계적인 방법으로 확립되면서 자녀의 교육을 지원하기 위해 학교와 협력하는 것이 중요함을 부모에게 알릴 수 있었다. 예를 들어, 학생에게 F를 주기 전에 교사가 부모에게 전화해야 하는 정책을 시행하면 수업에 실패한 학생 수에 대한 교사의 인식이 높아져 교사가 그들의 관행을 중지하고 성찰할 수 있다. 실패한 학생 수에 대해 질문하는 교사는 채점 관행, 과제 수와 질, 재교육 주기에 대해 질문하기 시작할 수 있다. 또한, 학부모와의 의사소통은 학생을 돕기 위한 파트너십을 형성하는 데 도움이 될 수 있다. 학교가 체계적인 방법으로 부모에게 다가갈 때, 건강한 학습환경을 보장하기 위해 가족과 학생들의 예상되는 몰입 행동을 요구한다. 다음은 학교에서 부모에게 닿기 위해 활용하는 방법이다(표 23.10).

표 23.10 ▎ 학생의 가족들에 다가가기 위해 선택된 실천사항들

유형	인터벤션	설명
폭넓게 구축하기	뉴스레터	교장들은 주간 뉴스레터를 통해 현재 문제에 대한 관심을 끌고, 앞으로 있을 가족 참여 기회를 학부모들에게 알리고, 학생들의 성과를 부각한다.
	학교 메신저	교장 선생님은 가족들에게 다가오는 행사를 상기시켜 주거나, 학생들의 성적 저하를 알려 주거나, Flex block 인터벤션 동안 교사와 함께 일한다는 것을 알려준다.
	소셜 미디어	학교 웹 페이지, Twitter, Facebook은 학부모들에게 학교 행사, 학업, 가족 자원, 학생들의 학업 지원 등에 대해 알려주는 역할을 한다.
더 확장적인	교장 선생님과 커피	교장 선생님이 학교에서 일어나는 새로운 시책을 공유하고, 학부모의 질문에 답하고, 학부모들을 학교 건물 안으로 데려가 수업과 교실풍토를 경험하게 하는 단체 모임이다.
	참여 행사	인종 관계, 청소년 양육 또는 보건 등과 같은 지역사회 관련 문제를 다루는 참여 행사를 주최하는 것은 학업을 넘어서 학생과 가정에 관한 관심과 포용의 메시지를 전달한다.
교실	그룹 메시지	Schoology 또는 PowerSchool과 같은 학습관리시스템의 메시지 전달 기능을 사용하면 교사들이 수업 주요 내용을 사전에 업데이트하고, 중요한 마감일을 설명하거나, 다가오는 주제를 소개하여 학부모들을 학습에 몰입시키고 긍정적인 관계를 구축할 수 있다.

학부모가 Schoology와 PowerSchool과 같은 프로그램을 통해 자녀의 학업 향상에 대한 평가를 받을 때, 교사에게 걸려오는 전화는 커뮤니케이션 테크놀로지에 의존할 때 놓칠 수 있는 인간관계(human connection)를 명확화하고 구축하는 데 도움이 된다. 이제는 부모가 온라인으로 학생의 성적을 확인할 수 있으므로 콘퍼런스(화상회의)에 참여하지 않지만, 성적만이 아니라 학생에 대해 이야기하기 위해 콘퍼런스를 사용한 교사의 경우, 전화를 받은 학부모를 학습 커뮤니티로 초대하는 개인적인 유대감을 만들어 줄 수 있다.

시스템 차원의 지원을 구축하기 위해 장애 요소 극복하기

시스템의 일부가 되면 일상적인 작업을 수행하는 데 필요한 작업을 수행하여 시스템 작동 방식을 관찰하는 데 어떤 요소가 잠재적으로 목표를 방해하는지 알 수 없다. 시스템의 타성은 사람들이 똑같은 일을 반복하도록 하여, 알지 못하는 사이 우리가 마주하는 문제가 생겨날 수 있다(Meadows & Wright, 2015). 학생의 행동은 자주 시스템 설정 방식에서 나온다. 예를 들어, 교사는 항상 그렇게 했었기 때문에 수업 시작 때 출석체크를 한다. 수업 시작 10분을 출석체크를 하는 데 사용하는 것은 학생들에게 수업 시작 시각이 가치가 없다는 신호를 보낸다. 아무 일도 일어나지 않는다면 왜 제시간에 참석을 해야 한다는 것일까? 대신, 학생들이 움직이고, 말하고, 쓰는 오프닝 활동으로 수업을 시작한다면 학생들은 종소리가 울리면 제자리에 앉는 것의 중요성을 알게 될 것이다. 시스템 내에서 영향력 있는(지렛대) 지점을 식별하여 타성을 깨뜨려야 하고, 규명되지 않은 패턴을 더 나은 목적과 더 큰 영향을 주는 일상으로 전환하는 데 주의를 기울여야 한다.

이러한 노력의 핵심은 비전을 갖고 교수법에 대한 이해력이 깊은 학교 리더(leader)를 만드는 것이다. 관리에만 집중하는 학교 리더를 확보하는 것만으로는 이제 충분하지 않다. 자금 조달이 줄어들면서 오늘날의 관리자는 기존 자원을 전환하거나 더 잘 활용하여 학생의 학습에 더 큰 영향을 줄 방법을 찾아야 한다. 예를 들어 한 학생의 학급 규모를 늘리면 학생 대리인, 점심시간 감독관, 학교 기반의 일반 교육 사회복지사 또는 교수적 코치의 채용이 가능하게 될지도 모른다. 인사 결정은 학교 내 신속한 변화를 가져오는 추진력과 지원을 제공할 수 있다.

시스템 내의 모든 사람들이 학생들이 필요로 하는 변화를 만들기 위해 빠르게 움직이는 것에 만족하는 것은 아니다. 많은 조직은 모든 사람이 탑승할 때까지 기다렸다가 작업을 시작하기 전에 길을 잃으려고 한다. 강력한 학교 리더들은 위험성이 없는 대안은 없다는 것을 인식하고 있다. 행동을 취하면 실수가 생길 수 있지만, 행동을 취하기를 기다리고 있다는 것은 현재 학업을 수행하지 않고 비몰입하고 있는 학생들이 있다는 것을 의미한다. 학교 리더들은 혁신을 지원하는 문화와 관리자, 교사, 지원 담당 직원이 무언가를 시도하고 더 나아지기 위해 일하는 실행연구 사고방식을 구축해야 한다. 시스템 차원에서 지원된 문화는 필요하다면 교사들이 실시간으로 수업을 개선하고 학교가 급전환을 하도록 만든다.

직원 이직으로 역량을 쌓는 것은 어렵다. 교사들은 엄격한 수업이 명확한 목적을 향해 계획되는 것처럼 정기적으로 전문성 학습이 필요하다. 세션(session)은 목적적이고 모범적인 실천 교수법으로, 교사와 지원 담당자가 새로운 학습에 실용적인 방법으로 접근할 수 있도록 한다. 전문성 학습 공동체(PLC)에서 교사와 지원 담당자가 만날 수 있는 시간을 만드는 것은 학습 커뮤니티로서 앞으로 나아가는 데 필요한 협력 문화를 지원한다.

몰입하는 커뮤니티 구축의 시사점

오늘날 많은 아이들이 학교에서 잘 자라고 있지만, 어떤 아이들은 매일 아침 정문으로 들어와 교실에서 수동적으로 앉아 있거나 학습에 적극적으로 비몰입하고 있다. 주의를 끌 수 있는 디지털 미디어, 상호작용을 흐리게 하는 정신건강 문제 또는 소모되는 가정 내 스트레스 등으로 몇몇 학생들은 정서적, 인지적, 행동적으로 학교에서 비몰입하여 학업적 성공이 방해받고 있다. 학생들이 학교에서 비몰입하는 것은 현재 우리가 행하는 일이 효과가 없다는 것을 알려주는 피드백으로 보아야 한다. 교육자들은 학생들을 학습으로 끌어들이는 엄격한 수업을 제공하고 학생들을 의도적으로 지원하고 환영하는 환경을 만들어줌으로써 이러한 비몰입의 패턴에 개입하는 방법을 인지할 필요가 있다.

학생의 필요에 부응하고 학교를 몰입하는 학습 커뮤니티로 만들기 위한 실천으로 전환해야 하는 것은 성인이다. 교실 문 앞에서 인사로 학생들을 맞이하는 것과 같은 간단한 단계들은 우리가 학생들을 보고 그들과 개인적으로 연결되기를 원한다는 것을 보여준다. 멘토링 또는 자문 프로그램을 통해 의도적인 관계를 만들었을 때 교실 외부에서 일관된 상호작용을 통해 학년 수준의 학생들과 학교의 학생과 어른 간의 관계를 구축할 수 있다. 커뮤니티 형성은 모든 학생을 몰입시키는 데 필수적이며, 엄격한 수업, 학교 클럽·그룹을 제공하거나 학생들을 이끌 수 있는 수업 토의를 통해 학생들이 소속될 수 있는 자리를 찾도록 돕는 작업을 포함한다. 학생들이 다른 학생들 및 어른들과 정서적 관계를 맺는 것이 더 큰 커뮤니티 내에서 그들을 개인적으로 몰입시킬 수 있게 한다.

관리자, 교사 및 지원 직원은 자신이 있는 곳에서 학생들을 만나고, 높은 기대치를 향해 서로 협력하여 그들을 설득하는, 몰입하는 커뮤니티를 구축할 수 있는 잠재력을 가지고 있다. 학생들은 종종 학교의 목적을 의심하고 인지적 몰입은 중단된다. 학생들의 관심과 신념에 즉각 대응하여 학생들의 목소리를 들으며, 존중하는 조치를 취하는 것은 우리가 학생들을 신뢰하고 그들의 관점을 소중하게 여긴다는 것을 보여줄 수 있다. 문화적으로 관련된 교재를 채택하기 위해 과정을 재설계하거나 학생들이 좀 더 복잡한 사고방식을 향해 유연한 시간을 만들기 위해 마스터 스케줄을 다시 짜는 것이다. 행동으로 학생들을 본질적으로 분류한 낮은 수준의 반을 없애는 것이 전체 학습 커뮤니티 내의 엄격함을 높인다. 학생 지원팀(SST)과 같은 창출시스템(Creating system)과 부서를 나누는 것은 학생들을 엄격한 환경에 성공적으로 참여시키는 데 필요한 모니터링과 지원을 제공한다. 선택권을 제공하여 우리는 개인의 관심사를 수용하고, 학생들이 생각하도록 인도하며, 인지적으로 학습에 몰입할 수 있는 새로운 방식을 발견하도록 요청한다.

현재 시스템을 조사하여 기대할 수 있는 주요 도약 포인트를 발견하면 장애 요소를 제거하고 학생들이 교사의 말을 무시하거나 반항하는 대신 몰입을 유지하는 데 필요한 변화를 가속할 수 있다. 교사와 지원 담당자는 고립된 작업보다는 전문성 학습 공동체(PLC)를 사용해 데이터를 검토하고 협력하여 학생의 어려움을 예상하기도 하고, 학생의 반항을 예상하여 학습이 더욱 어려워질 때 학생을 지원하는 코칭 세션과 같은 인터벤션을 만들 수 있다. 관리자는 체계적인 접근 방식으로 Tardy sweeps를 통해 부모의 지원을 받고 학생들이 수업 시간을 놓치지 않도록 할 수 있다. 학교가 학부모와 함께 관련 문제를 해결하는 참여 행사를 제공하고, 뉴스레터, 트위터를 통해 정보를 알리거나 더욱 친밀하게 정보를 공유해 학생과 부모를 참여시키는 시스템을 만들고, 모든 학생을 지원하는 커뮤니티로 사람들을 끌어모으고 있다. 교육자들은 지속 가능성을 보장하고 학생들이 학습에 대한 행동 장애를 극복할 수 있도록 지속해서 지원하기 위해 그들이 만든 인터벤션과 구조를 육성해야 할 것이다.

몰입을 증진하는 일은 어렵다. 우리는 교사가 이 일의 효과를 의심하지 않고 모든 학생을 참여시킬 것을 기대한다. 수업은 권장 크기를 초과하며 학생들은 1년 내내 학교를 들어오고 나갈 때 불안정해질 수 있다. 교사가 단순히 스위치를 뒤집어 학생들을 전부 몰입시킬 수 있다면 좋겠지만, 그런 식으로 되지 않는다. 몰입을 증진하는 일에는 인간적인 요소가 필요하다. 교사가 제공하고 학생이 몰입 여부를 결정하는 실제적인 순간은 감정, 의심, 긴장, 질문, 활동, 비활동, 기다림으로 가득하다. 교사들은 학생들의 지적 학습과 정서적 유출을 될 수 있는 한 의미 있는 학습에 연결하려고 개인적 차원과 학급 차원에서 노력한다(Beaton, 2010). 몰입 작업을 고립하여 혼자 다룰 필요는 없다. 교실 외에도 지원 직원, 학교 관리자, 학교구 및 학부모는 모든 학생이 성공할 수 있는 환경을 만들기 위해 함께 노력할 수 있다.

교사, 관리자와 지원 직원이 학생들의 변화에 집중하는 대신 환경을 바꾸는 방법과 학생의 학습에 영향을 미치는 실행에 초점을 둔다고 상상해보라. 학습 커뮤니티에 속한 학생과 어른이 참여하면 문화는 긍정적이고 건강한 특정 에너지를 내뿜게 된다. 이 에너지는 지원적이고 창의적이다. 그러면 학교는 사람들이 원하는 곳이 된다. 커뮤니티의 학생과 어른은 도전에 직면하지만 성공을 추구하고 정해진 한계 내에서 자유를 누린다. 사람들은 관심을 받는다고 느끼고 복도와 교실은 웃음, 대화 그리고 "그러면 어떻게 될까?", "왜 안 되겠어?"와 같은 질문으로 왁자지껄하다. 복도는 학생들의 작품으로 꾸며져 있고 수업 후에 강당과 관람석이 행사에 참여하려는 학생, 부모와 지역사회 주민들로 가득 차 있다. 모든 학생과 직원에게 건강한 학습환경이 마련되어 있고, 그들은 관계를 맺고, 위험을 감수하고, 실패하고, 실수로부터 배운다.

제 24 장

MET 고등학교
: 한 번에 한 명씩 청소년 학생 몰입시키기

제24장

MET 고등학교: 한 번에 한 명씩 청소년 학생 몰입시키기

서론

이 장은 12년간 학생 중심 학교를 이끌었던 숙련된 고등학교 교장 선생님의 관점으로 기술되었다. 나는 수도권 경력 기술 센터(Metropolitan Regional Career and Technical Center: The Met High School)와 그 학생들의 성공에 기여할 수 있는 여섯 가지 인터벤션에 주목한다. 다음 추천서들은 수년간의 경험과 개발을 거쳐 만들어진 작품이지만 이 작업을 지지하는 학문적 큰 틀을 확인할 수 있다. 우리가 제안하는 추천서들은 학생과 교사의 관계(Hamre & Pianta, 2006; Roorda, Koomen, Spilt, & Oort, 2011), 실제적 학습(Bransford, Brown, & Cocking, 1999; Nemann & Wehlage, 1993), 프로젝트중심학습(Blumenfeld et al., 1991; Thomas, 2000), 학교 외 공간에서의 학습(Eccles & Gootman, 2002; Vandell et al., 2015), 그리고 학교 문화(Cohen, McCabe, Michelli, & Pickeral, 2009; Thapra, Cohen, Guffey, & Higgins-D' Alessandro, 2013)에 관한 연구물들이다. 우리는 이러한 인터벤션이 함께 어우러져 도시의 교육 위기를 타개할 방법을 설계하고 개발해왔다.

경력과 진학 준비를 위한 고등학교 교육에 어떻게 더 많은 학생을 몰입시킬 수 있을까? 개혁의 바람은 계속 변하고 있으며, 이 질문에 대한 대답 또한 계속 변하고 있다. 2001년에 시작한 낙제 학생 방지(No Child Left Behind)와 불평등이 드러난 교육시스템에 대한 책무성 강조는 질문에 대한 답을 개선하지 못하였다. 최근에는 공통지표(Common standards)에 초점을 맞추어 학교가 변할 수 있도록 돕고 있으나 대부분 학생은 이러한 혁신의 혜택을 잘 모르고 있다. 혁신 아젠다는 인지적, 정서적, 행동적 차원의 학생 몰입을 놓치고 있다. 학생들의 학습 몰입은 지속적 참여가 필수적이지만, 학교에 남아있는 학생들은 많은 10대처럼 "지루하다"라고 할 것이다.

위대한 선생님들은 주제를 흥미롭고 쉽게 다가갈 수 있게 하지만, 최고의 강의와 그룹 참여 활동에도 창밖을 쳐다보는 학생은 있기 마련이다. 수십 년 동안 교사 위주의 학습과 일률적인 교육의 대안이 있었고, 학생들의 심층학습을 위한 국가적 지시와 학생 중심의 핵심 요구 사항, 흥미 위주의 접근법들이 있었다.

이러한 학교 중 하나가 23년간 어떻게 학생들이 깊게 몰입하는지를 탐색해 온 로드아일랜드의 MET 학교(www.themethighschool.org)이다. MET 학교는 로드아일랜드에서 1개교에서부터 6개교까지 성장하였고, 미국 전역 57개 학교와 네트워킹하고 있다. 그뿐만 아니라 벨기에, 호주, 인도, 네덜란드, 캐나다, 이탈리아 등에 MET 학교 모델을 기반으로 한 학교들이 있다. 이 모든 학교는 이 장에서 설명할 핵심 몰입 전략 방법을 활용하는 비영리 네트워크 Big Picture Learning(www.bigpicture.org)의 일부분이다. 각 학교는 지역 맥락에 맞추어 각기 다른 방식으로 몰입 전략들을 채택한다.

표 24.1 ▎ 로드아일랜드 조사자료 2017

항목	MET 학교 (%)	로드아일랜드주 학교[1] (%)	주 평균 (%)
학교는 나에게 높은 기대감을 준다.	83	56	61
학교의 전체적인 면학 분위기는 긍정적이다.	73	43	45
학교는 심리적, 신체적으로 안전하다.	85	48	56
교사와 학생 간의 강한 유대감이 있다.	75	45	42

1) 로드아일랜드주에 있는 일반 학교를 의미함

표 24.2 ▎ 4년제 졸업률

학생 집단	2014	2015	2016
MET 학교	85	90	87
로드아일랜드주: 저소득층	71.1	75.6	74.8
로드아일랜드주: 전체	81	83	83

몰입 결과

2016－2017 로드아일랜드주 학교 풍토 조사(School Summary, 2017)에서 MET 학교는 로드아일랜드 교육부가 조사한 모든 영역에서 1등을 차지했다. 몇 가지 결과의 예시를 들자면(표 24.1) 수백 명의 Big Picture 졸업생들을 인터뷰한 보스턴 칼리지의 Arnold 연구원(2015, p. 2)은 “Big Picture Learning 모델은 긍정적인 관계를 조성하고, 학생들이 그들의 흥미를 추구하고 발견하며 고등학교 졸업과 대학 입학률을 높이는 데 매우 효과적이다”라고 추가적으로 긍정적 결과를 발견하였다. 표 24.2를 보면 MET 학교 졸업률이 저소득층 학생들과 비교해 일관되게 12－14% 높고, 전체 평균(로드아일랜드주 고등학교 졸업률: 2011－2016, 2017)보다 4－7% 높다.

나는 이러한 학교들에서 15년 넘게 근무하였고, 그중 12년 동안 교장으로 재임했었다. 나의 목표는 몰입하지 못하는 청소년들에게 사용했던 몰입 전략들을 공유하는 것이다. 각 섹션은 시행착오를 통해 결론지었다. 우리는 우리가 학습했던 가르침들이 다른 학교에 도움이 되기를 바란다.

이 장에서 논의할 연구 기반 몰입 전략들은 아래와 같다.

1. 학생－교사/가족－학교의 협력적 관계 발전시키기
2. 9학년부터 실제 세계에서 학생들의 흥미 탐색을 도와주기
3. 프로젝트중심학습 체계를 활용해 각 학생을 위한 개인 교육과정 발전시키기
4. 언제나 어디서나 학습하기를 격려하고 지지하기
5. 학생 주체성을 증진하는 학생 소유 학습을 지지하기
6. 위 모든 실천을 강화하는 학교 문화를 육성하기

역사와 맥락

1990년대 중반 로드아일랜드주는 저소득 유색인종의 학생들에게 매우 도전적인 곳이었다. 그들 중 많은 학생이 몰입하지 못하는 징후를 보였다. 지루해하거나, 참여하지 않고, 어른과 친구들로부터 소외되거나 자신만의 학습을 하지 못하였다. 또한, 젊은이들이 전문가에게 배우거나 함께 일하지 못하는 불공평한 기회를 포함하여 기회의 격차가 벌어졌었다. MET 학교는 브라운 대학의 Annenberg 기관, 주 교육장관, 지역사회 지도자들

이 기회 격차를 해소하고 새로운 로드아일랜드 학교를 만들고자 협력한 결과로 시작되었다. 이 학교는 설립자 Dennis Littky와 Elliot Washor의 혁신적이고 학생 중심적인 아이디어에 대한 개념을 증명한다. 4년 후, 빌 & 멀린다 게이츠 재단은 MET 학교의 비영리 단체인 The Big Picture Company(현재는 Big Picture Learning)의 관리하에 MET 학교 모델을 전국 50개 학교로 확장하는 데 자금을 지원하였다. 낙제 학생 방지(No Child Left Behind)와 'The Common Core'의 표준화 강조에도 불구하고, MET 학교는 강력한 학생 중심 철학을 가지고 지난 23년 동안 '한 번에 한 명씩' 핵심 임무에 전념해 결과를 얻었다.

MET 학교는 로드아일랜드의 모든 학생에게 개방된 국가 재원의 직업 및 기술 학교이다. MET 학교는 차터 스쿨(charter school: 공적 자금을 받아 교사·부모·지역 단체 등이 설립한 학교)과 유사하게, 학생들이 어떤 학교에 다니든지 사는 교육구에 따라 운영 자금을 받는다. MET 학교는 자동차 기술, 미용학, 보건학을 가르치기 위해 비싼 교실을 유지하는 전통적인 직업·기술 학교와 달리, 학생들이 배우고 일하는 지역사회 인턴십을 배치한다. 우리는 자금을 소규모 교사 대 학생 비율을 우선시하기 위해 투자한다(교사 1명당 16명 학생).

MET 학교에는 로드아일랜드 청소년 약 850명이 있지만, 학생들은 각각 140명 정도의 학생들로 6개 학교에 분산되어 있다. 이것은 우리 설계의 의도적인 부분이다. 우리는 모든 사람이 아는 공동체의 힘을 믿는다. 영장류와의 연구를 바탕으로 한 인류학자 Robin Dunbar는 인간이 약 150개까지 안정적인 대인관계만 유지할 수 있다고 제안했다(Dunbar, 1992). '던바의 숫자'는 MET 학교 성공에 중요한 핵심이다. 모든 학생은 직원들과 서로 알 수 있을 뿐만 아니라 학교 직원들도 한 교실에 들어가 큰 테이블 안에서 문제를 해결할 수 있다.

MET 학교 학생들은 누구인가?

MET 학교는 로드아일랜드의 작은 주까지 모든 학생을 추첨해 수용한다. 학생들은 다양한 이유로 학교를 선택한다. 대부분은 친구, 형제, 사촌이 MET 학교에 다녔거나 집에서 가장 가까운 학교였기 때문에 온다. 다른 이들은 암기, 기술 부족, 시험 준비에 중점을 둔 전통적인 학교에서 적응하지 못했기 때문에 MET 학교를 선택한다. 다른 사람들은 괴롭힘을 당하거나 안전하지 않다고 느꼈기 때문에 온다.

MET 학교의 학생은 50% 히스패닉, 30% 백인, 17% 흑인, 3% 아시아인/태평양 제도

주민 또는 아메리카 원주민이다. 히스패닉 학생들의 상당수는 도미니카인, 푸에르토리코인, 과테말라인으로 스페인어를 사용하는 가정 출신이다. 68%는 무료 또는 할인된 점심을 받고, 20%는 개별적인 교육 계획을 받고 있다. MET 학교는 로드아일랜드에서 가장 낮은 수입과 가장 높은 범죄 지역 중 하나에 있다. 지역사회에서 갱단 폭력을 줄이기 위한 중요한 작업이 있었지만, 빈곤과 제도적 불이익의 영향이 거리를 불안정하게 만들 수 있는 지역이다. 이러한 요소들은 청소년들의 고립을 불러일으키며, 고등학교 이수, 대학 및 이후의 삶을 준비하는 청소년들을 지원할 수 있는 강력한 학교들이 필요하다.

10년 동안 MET 학교에서 교장으로 일하면서, 나는 이 학교를 선택한 학생들이 누구인지 알게 되었다. 많은 학생들이 학교 생활에서 매우 비몰입한다. 그들 중 교육을 하찮은 경연 대회와 관료주의적 문제의 지루한 혼합체로 보는 학생들이 있다. 이 학생들은 관심을 기울이는 것처럼 행동하고, 최소한의 것을 실천하며 다음 학년에 합격할 수 있을 만큼만 외우는 기술에 잘 훈련되어 있다. 학교들은 학생들이 배우고 있던 내용에서 많은 선택이나 의견을 듣지 않기 때문에 단기적인 외적 보상을 넘어서면, 학생들은 그 모든 것의 요점을 알지 못한다. 다른 학생들은 동료들과 심지어 선생님들에 의해 괴롭힘을 당하는 것이 두려워 우리에게 온다. 이들 중 일부는 학교에 들어오거나 돌아다닐 때 극도의 불안감과 외상 후 스트레스 장애(PTSD)를 보인다. 이 학생들은 작은 규모, 신체적, 정서적 안전성에 대한 명성, 그리고 개인화된 접근법 때문에 MET 학교를 선택한다. 우리는 이 학생들이 배움에 다시 몰입할 수 있을 만큼 충분히 안전하다고 느낄 수 있도록 돕는 활동으로 각 학년을 시작한다.

다른 학생들에게는 상황이 훨씬 더 심각하다. 누가 성공할 것 같으며 그렇지 않은지에 대한 문화적으로 전달된 메시지가 그들의 학교, 가족, 그리고 그들의 자기 생각을 잠식하고 있었다. '절대 해내지 못할 거면 왜 몰입을 해?' 이런 희망의 부족은 유색인종에서 가장 비극적으로 보인다. 상처받는 메시지와 차별에 노출되는 것 외에도, 개인과 가족의 정신적 트라우마는 우리 학생들에게 깊고 골치 아픈 방식으로 영향을 미친다. 이러한 이력을 가진 학생들은 종종 싸움, 비행, 비활동 또는 침묵 상태를 보인다. 고맙게도, 누군가가 이 학생들을 MET 학교로 안내해 주었다(그리고 일부는 스스로 발견했다). 이런 다양한 배경의 학생들을 몰입시키기 위해, MET 학교는 다음에 상세히 서술된 전략을 사용한다.

인터벤션

깊고 진실한 학생-교사 관계

MET 학교 관계의 맥락

몰입 수준이 높은 학교에 필요한 핵심 요소는 진정성 있는 학생–교사 관계이다. 10대들은 그들의 부모가 아닌 어른들과 롤 모델 연결을 갈망하고 있다. 많은 학교에서, 학생들은 종종 교육이 스스로 즐기지 않는 어른들에 의해서 행해지는 것이라고 느낀다. 학생들이 몰입하기 위해서는, 주변의 어른들에게 알려져 있고, 학생들의 성공을 돕기 위해 일하는 옹호자들이 있다고 학생들이 느낄 필요가 있다.

MET 학교 교사들의 주된 핵심은 조언자이다. 그들은 4년 동안 함께 있는 16명의 학생을 위한 개인화된 학습 계획의 개발과 지원을 책임진다. 실제로 조언자들은 일주일에 3일씩 16명의 학생을 단체로 그리고 1:1 수업으로 가르친다. 그들은 또한 학생들의 직장 멘토와 함께 엄격하고 관련 있는 프로젝트 작업을 개발하기 위해 지역사회 기반 인턴십에 방문한다.

다년 관계의 중요성

학생들이 4년 동안 16명 동료의 조언과 조언자와 함께 배치되기 때문에, 서로를 잘 알 수 있는 시간이 있다. 함께 하지 않으면 학생과 교사의 깊은 관계는 좀처럼 발전하지 않는다. 4년 동안 소수의 학생에게 집중함으로써, MET 학교 조언자들은 학생들의 장기적인 성장을 목격하게 된다. 이러한 역동성은 긍정적인 피드백 고리를 만들어 내는데, 이 고리는 특정한 성공의 증거가 학생들을 위해 열심히 일하도록 동기를 부여하고, 학생들의 이익을 더 가시화한다. 이 능률적인 고리는 열심히 일하는 선생님들을 번 아웃에서 극복하게 한다. 비록 많은 학교가 '고리'나 다년 구조로 되어 있지 않지만, 다른 학교들의 교육자들은 수년에 걸쳐 학생들과 접촉하는 것을 강조하고 있다.

모든 학생을 주시하는 관계

모든 학생은 감시망을 뚫고 비행하는 데 어려움을 겪고 있다. 학생이 32명인 교실에서 하루에 45분씩 교사와 함께 있을 때, 조용히 있고, 휴식을 취하기가 쉽다. 하지만 그 학생이 같은 어른과 함께 더 오래 지속할 수 있는 작은 그룹에 있을 때, 그 어른은 비몰입을 평가할 수 있고 그 학생을 위해 개인화된 변화를 만들어 줄 수 있다. 교사는 학생들의 '이야기'를 알게 되고, 그녀가 '넋이 나간' 상태를 보게 되며, 지식을 이용하여 학생들이 다시 집중하거나 다시 따라가도록 도울 수 있다.

진정한 관계와 총체적 관계

우리는 학생들을 몰입시키는 데 있어서 진실하고 총체적인 관계의 중요성을 믿는다. MET 학교 교사들은 그 학생의 학업 성적보다 더 많은 것을 알고 있다. 그들은 그녀가 집에서 요리하는지, 그의 아버지가 추방당했는지, 그리고 전화 통화하는 것이 학생에게 불안감을 줄 수 있다는 사실들을 알고 있다. 1:1 대화, 팀 구성 활동을 통해 학생들을 전체적으로 알게 되면서 조언자들은 관계를 발전시키고 그들의 학생들에 대해 배울 기회를 찾는다. MET 학교 선생님들은 학생들에게 많은 질문을 하고, 그들의 답을 듣는다.

모든 학생을 위한 강력한 관계

물론, 모든 곳에서 선생님들은 학생들을 알고 그들과 확고한 관계를 형성하게 된다. 당신이 이 글을 읽을 때, 나는 우리 모두가 우리에게 특별한 관심을 가졌던 선생님을 기억할 수 있을 거라고 확신한다. 하지만 이런 유형의 관계는 모든 학생에게서 발전하지 않는다. 선생님들은 종종 가장 성취도가 높은 사람들, 가장 고군분투하는 학생, 또는 그들의 어린 시절을 떠올리게 하는 학생에게 끌린다. 그들은 단지 전통적인 학교 시스템 내에서 각각의 학생들과 의미 있는 관계를 형성할 능력이 없는 것뿐이다. MET 학교와 다른 Big Picture Learning 학교들에서, 각각의 학생들은 그 학생을 잘 아는 것이 업무인 조언자를 배정받는다. 졸업 후, 학생들은 자신의 조언자와의 관계가 졸업 후 삶을 준비하는 데 가장 중요한 사항이었다고 보고한다(Arnold, 2015).

옹호자로서 교사 그리고 '따뜻한 요구자'

최고의 조언자들은 옹호자들이며, 학생들이 자원과 경쟁적 기회를 찾도록 돕기도 하고, 때로는 외부의 불의에 맞서기도 한다. 최고의 조언자는 Bondy와 Ross(2008)가 말하는 '따뜻한 요구자(warm demanders)'이기도 하다. 조건 없는 긍정적 배려, 학생의 문화에 대한 호기심, 그리고 그들의 성공에 대한 명확한 높은 기대이 결합으로, 교사들은 학생들에게 신뢰를 얻고, 그 학생은 진정으로 그들이 보살핌을 받는다고 믿게 된다. 이것은 시간이 지남에 따라 그리고 일관된 지지를 통해서 일어난다. 그것은 또한 교사들이 교실 밖에서 자신에 대한 적절한 정보를 공유하고 적절한 때에 그들 자신의 취약점을 드러내 보임으로써 발생한다.

가족과의 관계 구축하기

우리는 학교가 시작하기 전에 이러한 관계를 조언자, 학생, 그리고 학부모-보호자 사이의 학습 계획 회의로 시작한다. 이 첫 만남은 종종 가정 방문이다. 학생의 집에 들어가면, 관계는 즉시 가까워질 수 있다. 교사는 학생의 흥미, 학교에서의 이력, 축적된 지식 그리고 생활 상황에 대해 알게 된다. 한 가족의 집에서 첫 번째 연결 고리를 가짐으로써, 학교와 가족의 파트너십 관계에 대한 이야기는 그 아이의 가족과 요구로부터 시작된다. 분위기가 준비되었고, 모든 사람은 암묵적인 메시지를 느낀다. 가족은 중요하고, 교사는 겸손하며 호기심이 많으며, 우리는 아이의 성공을 위해 함께 노력할 것이다. 이렇게 시작되기 때문에, 가정 방문/학습 계획 회의로 시작하는 가족들과의 관계는 거의 적대적으로 되지 않는다.

학생과 교사 간의 관계 발전

MET 학교 조언자들은 학생들의 성공에 투자한다. MET 학교는 자급자족하는 교사들을 위한 선택인가, 아니면 학교가 그들 모두에게 존재하거나 잠재되어 있던 것을 촉발하는가? 우리는 확실히 특정한 유형의 선생님을 선택하는데, 그들은 가르치기 위해 훈련받은 내용보다 학생들의 보살핌에 대해 더 신경을 쓴다. 우리는 행정부서와 다른 교사, 그리고 학생 패널이 시행한 면접을 통해 감성 지능과 성숙도를 지닌 후보자들을 선별한다. 나는 대부분의 교사가 학생들을 완전한 사람으로 알 진정한 기회가 주어진다면 학생들의 성공에 깊은 투자를 할 것이라고 믿는다. 모르는 사람보다 잘 아는 사람을 위해 시간과 힘을 쏟는 것에 더 관대해지는 것이 우리의 본성이다. 교사들이 이런 유형의 관계를 발전시킬 수 있는 구조를 만드는 학교들은 학생들의 성공을 돕기 위해 더 많은 에너지를 가진 교사들을 찾는다.

예시(이름은 가명으로 변경함)

Paul이라는 조언자는 8월 초에 9학년 학생 명단을 받아 집에 방문하기 위해 학생의 어머님께 이야기하고 Dannell의 학습 계획을 개발하기 위한 방문 계획을 세웠다. Paul은

Dannell과 그의 누나인 Mina의 환대를 받았고, Mina는 Paul을 거실로 안내했다. Mina는 Paul과 Dannell이 서로 알게 되는 동안 과자를 꺼내기 위해 부엌으로 들어갔다. Paul은 학생에게 다음과 같은 질문을 했다.

- 무엇을 하고 싶니?
- 고등학교 졸업 후 목표는 무엇이니?
- 너의 강점은 무엇이며, 네가 수행해야 할 영역은 무엇이니?
- 가장 잘 배우는 방법을 알고 있니?
- 어떤 어려움을 극복했었니?

그 조언자는 또한 가족들에게 이 질문들에 대한 그들의 관점을 물었다.

Paul이 준비하고 왔지만 인터뷰 같은 형식으로 질문을 하지는 않았다. 일부 가정들이 사회복지 기관과 인터뷰를 한 부정적인 경험을 가지고 있다는 것을 알고, Paul은 조사관으로서가 아니라 합법적으로 그들을 알기 위해 그곳에 있다는 것을 가족들에게 전달하기 위해 노력했다. 그는 그들의 반응을 듣고 이렇게 했다. 후속 질문, 흥미진진한 아이디어와 일화들을 묻고, 자기 자신에 대한 정보와 좋아하는 것을 공유했다. 그는 몇 가지 메모를 했지만, 그의 주의력과 시선은 항상 안정되고, 우호적이며, 편안하게 유지되었다.

Paul은 학생의 어머니가 비록 법적으로 일차적인 보호자이지만, 사고로 인하여 인지기능 일부를 잃었다는 것을 알게 되었다. Dannell의 누나는 현재 집안의 가장이었고 동생의 주된 연락책이자 지원자였다. 학년 후반에, Dannell이 정학을 받고 기대에 부응하지 못했을 때, Paul은 Dannell의 행동을 고치기 위해 Dannell에게 누나와의 관계를 부드럽게 상기시킬 필요가 있었을 뿐이었다. Paul은 또한 Dannell이 이전 학교에서 일어났던 사건에서 발찌를 착용하고 청소년 유치장과 보호관찰로 체포되었다는 것을 알게 되었다. 이 집의 안전하고 감정적인 공간에서 Paul은 이러한 결과를 초래한 상황에 대해 알게 되었고, 곧 있을 법정에서의 어려움을 통해 Dannell을 지지할 준비가 되어 있었다. 그는 또한 Dannell과 그의 가족이 그에게 가졌던 희망과 꿈을 발견하는 맥락에서 정보를 수집했다. Paul은 수업 시간에 발찌를 눈치채고 Dannell을 말썽꾸러기 혹은 그보다 못한 사람으로 보는 대신, 그의 어려움과 요구를 알고 교사의 관점만으로 그를 규정하지는 않은 채 전체적으로 그 청소년을 이해할 수 있었다.

4년 동안 Paul은 Dannell과의 관계를 더 깊게 활용해서 그를 동기부여할 수 있는 것들을 알아내 그의 장점을 살렸다. 결국, Paul은 Dannell이 그의 직업 목표를 추구할 수 있게 4년제 장학금을 받을 수 있도록 도왔다. MET 학교에서 우리는 각각의 학생들이 Paul과 같은 교사를 갖도록 하는 것을 목표로 한다. 나는 학생들이 역경을 딛고 미국 시민권을 얻는 것을 돕고, 취업에 도움이 되는 인턴십을 찾고, 힘든 날과 그 사이에 있는 모든 것을 학생을 위해 위로해 주는 교사들을 보아왔다.

어려움과 도전

깊고 진실한 관계에 많은 투자를 하는 학교에는 몇 가지 어려움과 도전이 있다. 가까운 관계의 어려움은 (1) 교사들이 윤리적으로 복잡하거나 책임감 있는 상황에 처해 있음을 알게 될 때, (2) 교사들이 헌신적으로 일해 소진될 때, (3) 교사들이 학생들을 교사에게 의존하게 만들고 행동할 때, (4) 학생들이 권위 있는 인물들에 대한 적절한 경계를 보이지 않을 때이다.

어려움 1: 교사들이 윤리적으로 복잡하거나 책임감 있는 상황에서 자신을 발견했을 때

관계가 더 개인적으로 되면, 그 관계의 경계가 바뀐다. 그러한 경계들에 대한 명확한 지침이 없다면, 선의의 교사들은 혼란스러워하고 잘못된 선상에 서 있을 수 있다. 전통적인 학교에서는, 관계가 개인적인 것이 되지 않도록 학생들과 어른을 분리하는 정책이 있다. 예를 들어, 교사들은 문자나 소셜 미디어를 통해 전자적으로 의사소통할 수 없다. 그러나 더 많은 개인적인 관계를 장려하는 학교는 서로 다른 정책을 시행하고 있어야 하며 (예를 들어, 교사들은 정보를 주거나 받기 위해 정기적으로 학생들에게 문자를 보낸다), 중요한 것은 잠재적으로 모호한 상황을 탐색하는 문제를 다루는 교사들에게 훈련을 제공해야 한다. 우리 선생님들은 확고하고 명확한 지침(예: "학생들 앞에서 술을 마시지 않는다" 또는 "학생들을 집에 혼자 두지 말라")이 필요하다. 중요한 것은 그들은 정책, 즉 애매한 영역과 상황에 대한 그들만의 전문적인 판단을 개발하는 데 도움이 필요하다. 매년 8월에 우리는 '경계 훈련'을 통해 정책을 검토하고 실제 이슈에 기반한 까다로운 시나리오를 논의한다. 최근, 우리는 이 훈련과정을 기회 삼아 정치, 당파, 교육학을 탐구했는데, 많은 사람이 국가 지도자들에게 악의를 느끼는 맥락에서 우리 학생들이 지지 받고 안전하게 느끼도록 해야 하는 의무와 정치적 중립, 그리고 학생들이 생각할 수 있도록 도와야 하는 다른 의무의 균형을 어떻게 맞춰야 하는지를 살펴보았다.

어려움 2: 교사들이 관계 또는 헌신의 강도로 인해 소진될 때

더 개인적인 그리고 더 긴 관계의 경계는 또한 많은 조언자의 지체로 이어질 어려움이 있다. 나는 한 학생을 위해 사회복지사와 가족 지원 역할을 맡는 조언자를 발견하자마자, 그러한 지원의 장기적인 성격과 그 조언자가 그 학생을 돕기 위해 다른 어른들과 기관들을 이용하는 것에 대해 질문을 하기 시작한다.

어려움 3: 교사들이 학생 의존성을 유발하는 방식으로 행동할 때

관계가 깊은 학교에서 교사들에게 또 다른 도전은 학생들이 지나치게 의존하게 될 때 일어난다. 선생님들은 학생들에게 그들이 아끼는 것을 보여주기를 원한다. 이것은 그들이 학교나 인턴십으로 가는 교통수단을 돕는 것을 의미할 수 있다. 학생이 교사에게 의존하게 되면, 그것은 교사가 학생이 독립하는 것을 돕지 않았다는 것을 의미한다. 나는 직원들에게 그들이 의존적인 행동의 경고 신호를 찾고 학생들이 점점 더 많은 책임을 지도록 격려하고 그들 자신의 학업을 위한 전략을 적극적으로 생각해 줄 것을 권고한다.

어려움 4: 학생들이 자신의 경계를 개발하지 않을 때 그리고 권위자에 대한 적절한 행동 방법을 배우지 않을 때

교사들과 친하게 느끼기 시작하고 그들을 가족으로 보는 학생들은 때때로 가족과 함께 있는 것처럼 행동하는데, 이것은 학교 환경에서 항상 적절하지는 않을 수도 있다. 교사들은 학생들에게 '코드 전환' 방법을 가르칠 필요가 있다. 학생들은 신뢰와 관계를 형성하며 발전해 온 익숙한 어조로 선생님과 대화할 때, 그리고 직업적인 어투로 전환할 때를 연습할 필요가 있다. 이것은 많은 10대에게 어렵다. 특히 학생들의 조언자가 개인적인 관계를 발전시킨 가족이 아닌 최초의 어른이라면, 그들이 코드 전환을 숙달하기 위한 연습과 피드백이 필요하다.

실제 세계에서 흥미 탐색하기, 9학년부터 시작

'구성주의자' 접근법

MET 학교에서 학생과 교사 관계는 학생들이 그들의 흥미, 진로, 학교 밖에서의 능력을 체계적으로 파악하고 발전시킬 수 있도록 돕기 위해 이용된다. 학생들은 종종 그들의 선생님들이 전달하고 있는 콘텐츠와 연관성을 찾지 못했기 때문에 MET 학교에 온다. '전달'의 비유는 종종 전통적인 교육을 묘사하는 데 사용된다. 즉, 교사는 지식을 가지고 그것을 학생들에게 전달한다. 계속 비유하자면, 소외된 학생들은 포장을 뜯지도 않고, 문에 대답도 하지 않으며, 심지어 배달을 받기 위해 집에 있다. 그래서 치밀하게 준비된 학문적 지식의 꾸러미는 종종 의도된 독자에게 도달하지 못한다.

MET 학교는 구성주의자, 관심 위주, 학습자 중심의 접근 방식으로 설계되었다(Fredricks, 2014; Meece, 2003). 내용부터 시작하는 것이 아니라 학생부터 시작한다는 뜻이다. 우리는 그가 무엇을 신경 쓰냐고 묻는다. 무엇이 그를 신나게 하는가? 그녀가 이미 알고 있는 것은 무엇인가? 그런 다음 우리는 학생들이 새로운 지식을 발견하고 만들 수 있도록 인도하는 다채로운 기회를 함께 개발한다. 우리는 학생들이 대학과 진로 준비 기술을 개발하는 실제 프로젝트와 조사를 할 때 그들을 지원한다.

'관심 없는 학생'이나 '비현실적인 진로 목표'는 무엇인가

일부 학생들은 진로 목표가 부족하다. 다른 이들은 목표를 향한 길을 전혀 알지 못하거나, NFL(National Football League, NFL)에 속해 있는 것과 같이 매우 도달하기 어려운 목표를 좁게 정의했다. 이 도전에 대해서 우리는 여러 가지 방법으로 다루었다. 첫째, 우리는 학생들에게 다양한 직업 전문가, 독서, 경험을 소개하여 학생들이 그들의 관심의 범위를 넓히고 그들 공동체에서 성공한 사람들과 관계를 맺도록 돕는다. 이것은 그룹과 개인 인터뷰, 수업 중 활동, 직업 체험(Job shadow), 현장학습에서 일어난다. 고등학교에서의 노력이 그들의 미래와 어떻게 연결되는지에 대한 명확한 감각을 가지고 있지 않은 학생들을 위해, 우리는 그들이 선택한 경로에서 전문가가 되는 것의 필요조건에 대해 배울 기회를 만든다. 우리는 그들에게 실제로 직업 생활에서 사용되는 기술과 지식을 관찰할 기회를 준다. 우리는 학생들에게 고등학교 때 직업 경력을 시작할 기회를 주고, 가장 좋은 경우에는 전문적인 역할 모델과의 멘토 관계를 발전시킬 수 있도록 도와준다.

관심사 탐색하기

우리는 모든 학생이 진로 탐색의 기회를 얻도록 보장하는 구조로 되어 있다. 학생들이 관심사나 성격 특성을 가능한 직업에 일치시키고 그 직업들을 연구하도록 돕는 많은 온라인 도구가 있다. 몇 가지 예는 다음과 같다.

- https://www.ontonline.org
- https://www.careeronestop.org

일단 학생이 흥미를 발견하면, 우리는 그녀가 인터뷰 일정을 잡는 것을 돕는다. 교사들은 학생들이 이런 종류의 일을 하고 있는 지역사회의 성인들을 찾고 연락하도록 돕는다. 고등학생들은 문자 메시지와 소셜 미디어에 의존하기 때문에 지도와 전화 통화 연습이 필요하다. 우리는 학생들이 작업장을 연구하고, 통찰력 있는 면접 질문을 개발하고, 면접을 연습할 수 있도록 도와줌으로써 인터뷰를 준비한다. 우리는 그들에게 자기소개서, 이력서, 전문적인 감사 노트를 쓰는 방법을 가르친다. 우리는 그들에게 그들이 경험을 통해 배운 것을 되돌아볼 것을 요구한다.

인터뷰에서 직업 체험(Job Shadow)과 인턴십까지

유용한 인터뷰가 잘 진행되면, 학생은 전문가와 하루를 보낼 수 있는데, 이것은 학생들이 그 기회에 대한 진정한 관심을 가늠하는 데 중요한 역할을 한다. 또한, 전문가는 학생들에게 더 나은 느낌을 주는 것을 돕는다. 대부분의 전문가가 그렇다고 말할 정도로 충분히 작은 요청이다. 직업 체험 일정(Shadow day)을 잘 보내면 우리는 종종 인턴십을 요구하는 것으로 진행한다. 지역사회 구성원이 고등학교 인턴의 멘토가 되는 것에 동의하면, 우리는 그 경험을 지원하며, 그들이 내년에 새로운 학생을 맡을 것인지 물어보며 해를 마감한다. 그 결과, 많은 학생은 탐색을 위한 연구와 냉담한 연락 단계를 건너뛰고 우리 학생들과 함께 일하는 경험과 성공을 가진 멘토와의 인터뷰로 시작한다.

소규모로 실행하기

모든 학생이 실생활 학습의 혜택을 받을 수 있도록 지원하는 제도가 많이 있지만, 한 번에 한 명의 학생에게 이런 인터벤션을 하게 하는 학교들이 있다. 정책과 법이 준수되고 있는지 확인하기 위해 교육자와 행정부서 간의 조율을 통해, 학교 직원들은 개별 학생들을 정보 탐색 인터뷰, 직업 체험 일정 또는 심지어 인턴십을 위해 직업 전문가들과 연결함으로써 그들을 참여시킬 수 있다. 이 일련의 인터벤션은 학생들이 더 큰 목적을 개발하도록 하고, 그들을 잠재적으로 삶을 변화시키는 멘토들과 연결하며 그들의 학업을 향상하기 위해 관심 있는 관계를 맺도록 도와주기 때문에 효과가 있다.

관심사를 학업과 연결하기

MET 학교 교육과정의 중요한 요소는 학생들에게 대학에 필요한 내용과 기술을 제공하기 위해 인턴십 기반 학습을 활용하는 방법이다. MET 학교 학생들과 교사들은 연구 논문, 역사적 조사, 그리고 학생들이 실제 세계에서 하는 일에 대한 경험적 조사 등을 수행한다. 학생들은 인턴십에서 배우고 있는 것과 미래의 포부 사이의 연관성을 볼 뿐만 아니라, 현실 세계 학습과 고등학교에서 숙달해야 하는 학업 능력 사이의 연관성을 탐구하고 있다. 이 장의 다음 섹션은 프로젝트중심학습을 더 깊이 있게 다루지만, 교육과정 부분 외에도, 조언자와 학생들은 학업과 직업 관련 학습을 연결하기 위해 다른 과제를 함께 개발한다. 학생들은 지역 출판물이나 그들의 인턴십 장소에서 사용되는 핸드북과 매뉴얼에 제출된 에세이와 같이 인턴십과 연결된 전문적인 글쓰기를 할 수 있다. 다른 경우에, 한 학급은 학생들이 선택한 직업의 역사적, 반사회적 맥락을 조사하기 위해 연구 논문을 쓸 것이다. 예를 들어, 수학 수업에서 학생은 새로운 기하학적 내용을 사용하여 인턴십 장소의 평면도를 만들거나 인턴십과 관련된 두 변수 사이의 관계를 보여주는 선형 방정식을 작성할 수 있다.

예시(이름은 가명으로 변경함)

Mallory는 학교에서 항상 힘든 시간을 보냈다. 그녀는 선생님들과 사이가 좋지 않았고 성적도 좋지 않았으며 종종 결석하거나 몰입하지 않았다. MET 학교에 도착하자마자, 선생님들은 그녀에게 그녀의 관심사를 알려 달라고 요청했다. Mallory는 그녀의 집을 애완동물로 채웠고 이웃의 말 마굿간을 돕는 데 주말을 보냈기 때문에, 그녀는 동물 보호를 선택했다. 그녀의 조언자는 동물 보호소와 병원을 조사하는 것을 도왔고, 그녀는 지역 동물 보호소에 전화를 걸어 정보 탐색 인터뷰를 요청했다. 수의사는 동물 복지에 대한 Mallory의 열정과 애완동물 질환에 대한 지식에 깊은 인상을 받았다. 그녀는 그 자리에서 Mallory에게 직업 체험 일정(Shadow day)을 제공했다. Mallory의 선생님인 Michelle은 수의사에게 전화를 걸어 "고맙다"고 인사한 후, Mallory가 인턴십을 할 수 있는지 물었다. 몇 달 후, 나는 Mallory의 실제 학습 전시회에 참석했다. 그녀는 병원 운영의 많은 측면, 송곳니 HIV의 과학, 그리고 생명체의 높은 유기율을 유도하고 개선하는 사회적 요소에 대한 깊은 지식과 통찰력을 보여주었다. Mallory는 이제 매우 몰입한 학생으로 그녀의 멘토처럼 수의사가 되려는 분명한 목표를 가지고 있었다. 수학 수업은 그녀가 졸업해서 수의사에 될 수 있으므로 의미가 있었다. 자신의 멘토가 매일 수학을 어떻게 전문적으로 사용하는지를 이해했기 때문이다.

일찍 시작하기

인턴십 경험을 제공하는 많은 학교는 고등학교 3학년에게만 인턴십을 제공한다. 안타깝게도, 많은 학생이 그 전에 휴학하고 중도탈락한다. 그러므로 신입생 시절 중반에 접어들었을 때부터 고등학교 생활에서 앞서 일련의 인터벤션을 고려하는 것이 중요하다. Mallory의 관심에 기초한 실제 학습이 없었더라면 그녀는 고등학교에서 돌아섰을지 모른다. 하지만, 23년 동안 MET 학교는 수천 명 학생이 그들의 목적을 찾고 진로의 단계를 명확히 할 수 있도록 강력한 멘토–학생 관계를 발전시키는 쪽으로 안내해 왔다.

어려움과 도전

실제적 학습에 자원을 투자하는 교육자들에게는 어려움과 도전이 있고 이를 피하고 극복하기 위한 전략도 있다. 여기에는 (1) 직업적 가능성을 잘 모르는 학생들이 종종 그들이 보거나 아는 것에 대해 기본을 두는 것, (2) 모든 멘토가 좋은 훌륭한 멘토가 되는 방법을 아는 것은 아니며 (3) 10대들은 결국 10대라는 것이 포함된다.

어려움 1: 직업적 가능성에 대해 잘 모르는 학생들은 종종 그들이 보거나 아는 것에 기본을 둔다.

무엇을 추구할 것인지 선택할 때, 학생들은 자신이 아는 사람의 직업을 모방하는 것이 일반적이다. 많은 저소득층 학생들은 식당, 소매업, 미용업 같은 저임금 서비스업에 종사하는 친구와 가족을 두고 있다. 그러므로 어린 나이에 학생들에게 진로를 선택하도록 요구하는 학교들은 이러한 지역사회 내에서 지속적인 가난을 초래할 어려움이 있다. 이러한 어려움에 대한 해결책은 두 가지이다.

1. 특히 인종적으로나 문화적으로나 그들과 같은 성공한 전문가들을 만나는 것을 통해서 학생들을 많은 선택사항 앞에 노출한다.
2. 학생들이 직업 내에서 가장 높은 '등급'을 이해하고 목표로 삼도록 돕는다. 예를 들어, 학생이 가족이 잘하는 것을 보고 그 일에 자부심을 가지고 있기 때문에 자동차 수리에 관심이 있다면, 그 직업의 최고 수준으로 그들을 안내하고, 학생들의 학습 계획의 핵심 구성 요소로 사업 소유권과 경영을 포함하고, 산업계에서 승인한 인증의 최고 수준을 포함한다.

어려움 2: 모든 멘토들이 좋은 멘토가 되는 법을 아는 것은 아니다

단지 어떤 직업에서 성공했다고 해서 그들이 성공적인 멘토가 된다는 것을 의미하지는 않는다. 어떤 경우에는, 형편없는 멘토링으로 인해 학생들이 잘 어울렸을 직업에서 멀어지게 하거나, 교육 시간을 낭비하게 될 수도 있다. 이러한 과제를 극복하기 위해 인턴 멘토들에게는 연락과 지원이 필요하다. 우리의 조언자들은 문제가 발생할 때마다 전화와 이메일을 통해 그들과 연락하며, 그들은 매달 인턴십 장소를 방문한다. 다른 Big Picture Learning 학교들은 멘토들을 위한 정기적인 그룹 훈련을 통해 이 작업의 일부를 수행한다. 뉴스레터와 다른 서면 자료는 멘토들에게 성공하기 위한 도구를 제공할 수 있다. 모든 인턴십이 잘 되는 것은 아니므로, 중도 포기 프로토콜을 가지고 학생으로부터 지속적인 피드백을 받는 것도 중요하다. 만약 학생이 긍정적인 멘토링 부족으로 인턴십에서 적응하지 못하고 있다면, 그 학생이 인턴십에서 빠져나와 다음 기회를 찾도록 돕는 것이 바람직하다.

어려움 3: 10대들은 결국 10대들이다

그렇다, 10대들은 지구상에서 가장 책임감 있는 사람들이 아니다. 뇌 과학은 생물학적 요인들이 어떻게 10대들이 늦게 자고, 충동적이고, 어려움을 감수하고, 조직과 투쟁하고, 사회적 수용에 과도한 에너지를 쏟는지 이해하는 데 도움을 주고 있다. 이러한 나이에 적합한 경향은 종종 성공적인 현실 세계 학습을 위한 어려움을 일으킨다. 또한, 기본적인 욕구를 충족시킬 자원이 부족한 학생들은 전형적으로 문제가 있는 10대들의 행동 중 더 높은 수준을 보일 것이다. 우리는 학교를 싫어하는 학생들이 직업적인 환경의 실제 세상에 있을 때 배움에 대한 열정을 발견하는 것을 자주 본다. 교사들에게 무례하고 수업에서 쫓겨나는 학생이 멘토팀에서 가장 소중하고 생산적인 일원이 될 수도 있다. 그래서 나는 항상 학교들에게 현실 학습에 관해 이러한 '힘든 아이들'에게 기회를 주라고 조언한다. 그것은 그들의 고등학교 경험을 바꾸는 것일 수도 있다. 하지만 일부 학생들은 망칠 것이다. 아예 모습을 드러내지 않고 늦게 나타나거나 업무 대신 전화로 시간을 보낼 것이다. 때때로, 학생들이 잘못된 행동을 극복하도록 돕기 위해 기대에 부응하고 다시 맞출 필요가 있을 것이다. 부모의 몰입은 그 학생을 올바른 길로 인도할 수도 있다. 그리고 때때로 그 학생은 인턴십에서 '해고'를 당해야 한다. 만약 조언자와 멘토가 협력해서 올바른 방법으로 수행한다면, 그 학생은 책임에 대한 강력한 인생 교훈을 얻을 것이다. 적절한 지원을 받는다면, 학생들은 다시 밖으로 나가 실제적 학습 경험을 성공적으로 해내도록 격려받을 것이다.

프로젝트중심학습

개요

모든 학교가 개인화된 실제적 학습 기회를 제공하는 것은 아니다. 그러나, 어떤 학교든 학제 간 평가 방식을 적용하여 해결해야 할 지역사회, 학교 또는 인턴십의 진정한 문제를 중심으로 PBL 구조 수업 경험과 학습 목표를 활용하는 프로젝트 및 커뮤니티 기반의 학습(PBL) 등 이론적 사고와 실제적인 기술(Blumenfeld et al., 1991)과 관련된 효과적인 참여 전략을 채택할 수 있다. 이러한 학습 경험들은 그룹 전체의 모험이나 개별적인 프로젝트가 될 수 있다. 프로젝트중심학습(PBL)에는 Expeditionary Learning(www.eleducation.org), Buck Institute of Education(www.bie.org), New Tech Network PBL(newtechnetwork.org) 등 다양한 모델이 있다. PBL의 필수 요소는 다음과 같다.

- 지역사회 조직이나 필요성과 연관이 있고 지속적인 질문을 유도하는 도전적이고 실제성 있는 문제여야 하며 학생들이 직접 선택 가능해야 함
- 프로젝트를 완료하기 위해 학생들이 필수적으로 알아야 할 핵심 내용과 기술·내용

에 대한 정리
- 21세기 역량 개발, 특히 협업 및 프로젝트 관리
- 평가를 통해 수정되고, 대중에게 어느 정도 이익이 되는 제품
- 핵심 학습, 프로세스와 다음 단계에 대한 성찰

MET 학교에서, 프로젝트중심학습은 문제점 발견에서 시작되는데, 개별 학생, 소그룹 또는 전체 학급이 지역 공동체(교실, 학교, 인턴십 장소 또는 마을)가 직면한 문제를 식별하는 지원 과정이다. 이 과정의 단계에는 때때로 심층적인 배경 연구와 실제 데이터 수집이 포함된다. 프로젝트중심학습의 다음 단계에서 학생들은 이 문제에 관한 연구 기반 해결책을 개발한다. 이를 '제품(product)'이라고 한다. 이 단계는 시제품 확인으로 학생들이 전문가나 동료들과 초안을 공유하거나 프로토콜을 사용하여 다른 사람들과 딜레마에 대해 상담함으로써 비평과 피드백을 받을 때 가장 잘 수행된다. 이러한 제품들은 학생들이 실제적인 기준에 따르고 제품들이 다른 사람들에게 진정한 영향을 미칠 때 가장 높은 수준의 품질과 학생 참여 수준에 도달한다.

PBL 공정의 마지막 단계는 분석과 성찰이다. 학생들은 제품에 대한 피드백과 자료를 수집한다. 그들은 또한 그 과정을 통해 얻은 통찰력에 관해 쓰고 말하고 다른 사람들을 가르칠 것이다.

예시(이름은 가명으로 변경함)

이것이 실제로 어떤 모습인가? Prince는 전통적인 고등학교에서 대부분 수업을 낙제하여 Denver Big Picture 학교에 왔다. 그는 배우는 것을 좋아했지만, 교사들이 배우기를 원하는 바를 배운 것은 아니었다. 그는 자주 학교 밖에서 자신에게 영향을 미치는 사회 문제에 몰두했다. 예를 들어, 그는 인종 때문에 어른들이 다른 사람들보다 더 자주 곤경에 처하는 것에 대해 불쾌감을 느꼈고, 그의 이웃을 순찰하는 경찰에 의해 타깃이 되기도 하여 사기가 떨어졌다. Prince가 비몰입 상태에 이르게 된 또 다른 요인은 그의 친구 중 한 명인 지적장애인이자 정신질환자인 Paul Childs라는 젊은이의 죽음이었다. Paul Childs가 상황을 완화하지 못하자 경찰관이 그를 죽였다. Prince와 그의 친구들이 그들의 조언자와 이 상황에 대한 분노를 나누었을 때, 그 조언자는 Prince에게 Denver 장애 센터에 연락할 것을 제안했다.

이 단체의 국장은 학교와 협력하는 데 관심이 있었고, 왜 Paul Childs가 죽었는지에

대한 학생들의 연구를 도왔다. 이들은 경찰이 정신질환을 앓고 있는 사람을 다루는 절차와 위기 관리팀, 그리고 전국의 경찰서에서 강압적인 정책을 사용하는 방법을 연구했다. 그들은 Paul의 가족과 경찰, 그리고 다른 지역사회 구성원들의 관점에서 상황을 고려하도록 안내되었다. 문제의 본질을 이해한다고 느꼈을 때, 학생들은 해결책을 개발하기 시작했는데, 그것은 Denver 경찰의 새로운 정책과 훈련 변화를 위한 로비를 하는 것이었다.

Prince 팀은 그들의 연구를 팩트 시트와 프레젠테이션에 추출한 다음(여러 차례 수정) Denver 경찰 간부 중 한 명과 회의를 준비했다. Prince와 다른 학생들은 그들의 연구를 공유했고, 그들의 친구 Paul처럼 죽지 않고 피할 수 있는 새로운 정책에 대한 권고안을 만들었다. 비록 그들은 그들의 권고가 바로 받아들여지는 것을 보지 못했지만, 시간이 흐르면서 시는 위기 인터벤션 팀을 개편했다. Prince는 성찰적인 글쓰기와 학교 구성원 대상 공개 전시회에서 시민 참여, 사회 정의, 그리고 교육에 대해 더 열정적으로 되었다고 말했다.

도전과 어려움

학습에는 몇 가지 도전과 어려움이 있을 뿐 아니라 이를 극복하고 피하는 방법도 있다. 여기에는 (1) 복잡하고 새로운 과제가 학생에게 충분히 이해되거나 스캐폴딩이 제공되지 않으며, (2) 프로젝트의 범위가 이용 가능한 자원과 일치하지 않으며, (3) 현실 세계가 방해되는 어려움이 있다.

어려움 1: 학생들에게는 복잡성과 새로운 과제가 충분히 이해되지 않는다

만약 학생이 어떤 행사를 개최하는 것과 같은 프로젝트를 하고 싶어도 이와 관련된 어떠한 경험도 없다면, 실천과 탐구를 통한 학습은 실패할 것이다. 만약 당신이 전에 그런 일을 해본 적이 없다면 복잡한 프로젝트의 단계를 계획하는 것도 거의 불가능하다. 학생 또는 학생 그룹이 새로운 것을 하고 싶을 때, 일정표를 계획하고 설정하는 실무의 기능적 단계에 대한 상당한 지원이 필요할 것이다. 교육자들은 학생들의 시간표가 각 단계별로 그들이 독립적으로 할 수 있거나 몇 가지 지침으로 단계를 완료할 수 있을 때 그들이 이 도전을 극복했다는 것을 안다. PBL 교육자들은 또한 학생들에게 기술적 지원을 제공하기 위해 지역사회 전문가와 멘토들과 함께한다.

어려움 2: 실제 프로젝트의 범위는 사용 가능한 자원과 일치하지 않는다

때때로 프로젝트는 실제보다 더 작게 보이고, 일단 그것이 진행되면, 교육자들과 학생들은 그들이 씹을 수 있는 것보다 더 많은 것을 물어뜯었다는 것을 깨닫는다. 나는 2시간짜리 장편 다큐멘터리 영화를 만들기를 원하지만 몇 가지 시행착오를 통해 그들(그리고 그들의 조언자)이 그 꿈을 실현할 전문지식, 시간, 다른 자원이 부족하다는 것을 알게 된 학생들에게 이런 일이 일어나는 것을 보았다. 나는 교육자들과 학생들에게 항상 양이 아닌 질을 목표로 하고, 작은 규모의 프로젝트 버전을 찾으라고 조언한다. 나는 또한 그들에게 아이디어를 내기 전에 그 프로젝트의 과정에 대해 전문가들을 인터뷰하라고 조언한다. 지역 단편 영화제나 공공 접근을 위한 공공 서비스 공지(PSA) 비디오에 참여하는 것은 훌륭하고 엄격한 결과물이 될 수 있는데, 특히 그들이 중요한 문제에 대한 인식을 높이는 것과 같이 실제 문제를 해결한다면 더욱 그러하다.

어려움 3: 현실 세계가 방해되다

프로젝트가 적절한 범위이고 잘 뒷받침될 때조차도, 삶은 방해가 될 수 있다. 아마도 당신이 지역사회에서 함께 일했던 파트너가 갑자기 그들이 희망했던 직업을 찾아 떠날지도 모른다. 일부 핵심 자료에 대한 기금이 예상외로 삭감될지도 모른다. 우리는 이러한 어려움을 기회로 보아야 한다. 나는 학생들에게 프로젝트의 목적(학습 목표와 진정한 문제 해결)으로 돌아가서 그것을 재설계하기 위한 창의적인 방법을 생각해내라고 조언한다. 이러한 위기의 순간들을 나중에 분석할 때, 강력한 학습은 종종 경험으로부터 나온다.

언제든 지원되고, 어디서든 학습하기

개요

인턴십 기반의 '실세계 학습'과 '프로젝트중심학습'은 모두 언제 어디서나 흔히 '학습'이라고 부르는 형태이다(The Students at the Center Framework, 2013). 이러한 우산 개념은 또한 온라인 학습, 독립 프로젝트, 확장 학습 기회 및 방과 후 학교 클럽과 같이 학생들이 그들의 관심사를 추구하거나 학점을 받을 수 있는 다른 방법들을 포함한다. MET 학교에서, 만약 학생과 선생님이 이것들을 표준에 맞추고, 문서화하고, 평가할 수 있다면,

학생들은 학점으로 활용할 수 있다.

예시(이름은 가명으로 변경함)

이 섹션에서, 나는 학생들이 교실 밖에서 배운 방법을 강조한다. 4학년 때, Mallory는 온라인 Penn Foster 수의학 조수 수업을 들었다. 그녀는 학교와 방과 후에 그녀의 독립적인 근무 시간 동안 일했었다. 2학년 때, James는 다양한 지역사회 행사에서 피아노를 연주했고 음악 공연 공로를 인정받았다. 또 다른 예로, Pascal은 신입생 때, 스크린 프린트 셔츠를 만들어 팔았고 지역 및 주 사업 계획 대회에서 우승하여 사업 및 예술 공로를 인정받았다.

실행 및 사고방식 전환

언제 어디서든 거의 무제한의 학습 몰입 인터벤션을 이용하기 위해서, 교육자들은 귀중한 학습과 직업, 대학 준비가 24시간 내내 그리고 학교의 벽 너머에서 일어난다고 믿어야 한다. 그들은 또한 교육에 대한 교사와 교과서적 패러다임에서 벗어나 학습자와 경험에 기초한 패러다임으로 전환해야 한다. 일단 교육자들이 뒤로 물러서서 학교 교육의 전통적인 구조를 학교의 실제 목적과 분리하면, 그들은 언제 어디서나 이러한 학습 몰입 인터벤션을 가능하게 할 수 있다. 사고방식 변화 외에도 학교는 언제 어디서든 학습 인터벤션을 실행하기 위해 그들의 설계에 두 가지 다른 변경사항을 적용해야 한다. 첫째, 학교는 학생들에게 일정한 유연성을 더 주어야 한다. 학교들은 다른 방법으로 이 도전에 접근한다. 예를 들어, 수업은 5일 대신 일주일에 4일을 만날 수 있고, 인턴십과 프로젝트를 위해 사용될 수 있다. 둘째로, 학교는 출석 시간 기반 카네기 학점(대학 입학을 위해 중등학교에서 필수 이수해야 하는 수업 단위) 시스템을 역량 기반 시스템으로 변경함으로써 가능성을 열어놓아야 한다. 이러한 진보는 교실에서 보내는 시간과 반대로, 핵심 역량에 대한 숙달(The Students of the Center Framework, 2013)에 기초한다.

도전과 어려움

비록 학습 기회의 내용이 높은 관심일지라도, 학생들은 성공하기 위해 다양하고 때로는 광범위한 기능적 스캐폴딩을 필요로 한다. 기획, 우선순위 설정, 조직화, 기타 집행기능을 담당하는 뇌의 부분이 완전히 발달하지 않았기 때문이다. 완전히 성숙했을 때도 모든 어른이 독립적으로 일할 때 자신을 잘 관리하는 것은 아니다. 그래서 학생들이 언제 어디서나 학습 기회를 잘 활용하고 대학과 취업에 대비하도록 지원하기 위해, MET 학교 교사들은 Gantt 차트(프로젝트의 시작과 끝을 알 수 있는 시각 자료)를 사용하여 플래너 사용, 구글 캘린더 사용, 디지털 파일 구성, 일정표 작성, 체크리스트 작성과 같은 기술을 직접 지도한다. 프로젝트 단계의 시작 및 종료 지점, 일주일 시간 및 예산 책정, 작업을 세분화할 수 있다. 직접 지도 외에도 교사들은 이러한 전략을 사용하는 학생들의 능력을 평가하고, 피드백을 제공하며, 그들이 필요로 하는 가장 잘 맞는 도구를 개별화한다. 실무 기능 교육은 반드시 이 장에서 언급한 다른 몰입 인터벤션과 연계되어야 한다.

학생 주도성의 증가

개요

모든 학생이 시간과 장소의 기회나 실제적 학습과 같은 몰입 인터벤션을 수용하지는 않는다. 특히 그들이 그들 자신의 학습 과정에 대한 책임감과 이해를 수용하는 '주도성'을 느끼지 못하는 경우이다(Mitra, 2004). 학생에게 행해진 수년간의 교육은 때때로 난해하게 그들을 수동적인 역할로 습관화시킨다. 이 학생들에게 배울 주제나 양식을 선택하도록 요청하는 것은 도움이 되지만, 일부 학생들에게 있어서는 이것만으로는 충분하지 않다. 그것은 닭이나 달걀 현상이다: 선택은 당신에게 더 많은 주도성을 주지만 선택권을 얻기 위해서는 주도성이 필요하다.

학생 주도 모임

MET 학교에서, 우리는 학생 주도 모임을 통해 주도성을 늘린다. 특히 학생들과의 만남은 운전석에 더 강하게 밀어 넣어야 하고, 더 높은 수준의 자기 주도와 책임감을 개발하기 위한 여정에 있는 모든 학생을 위해 필요하다. 우리는 개별 학생의 학습에 대해 다양한 체계적인 대화를 나눈다. 예를 들어, 3년마다 각 학생은 그들의 조언자, 부모/보호자와 학습 계획 회의를 한다. 이러한 모임은 부모/후견인에게 곧 있을 예정이며 진행 중인 학습과 경험에 대해 알리는 데 도움이 된다. 이 모임에서 참가자들은 학생들에게 개인화된 우선 순위와 목표를 정했다. 이 목표들은 그 학생 특유의 학습 계획에서 포착된다. 매주 학생들과 그들의 조언자는 더 큰 학습 계획 목표와 관련된 주 목표와 도전에 대해 15분에서 30분 동안 모임을 가질 것이다. 또한, 인턴십과 인턴십 기반 프로젝트를 통해 이루어지는 학습과 관련된 목표를 논의하기 위해 학생, 조언자, 멘토와 매월 모임을 한다. 매 3개월의 마지막에, 각각의 학생들은 교사, 동료, 부모/후견인 및 인턴십 멘토 패널에 대한 학습 및 성과를 선택한다.

이러한 모든 상황은 학생이 설계하고 촉진할 수 있다. MET 학교에서, 우리는 점차 조언자에서 학생에게로 책임을 전가한다. 우리는 학생들에게 템플릿을 제공하고, 학생들에게 이러한 대화의 작은 부분을 설계하고 촉진할 기회를 주는 것으로 시작한다. 그러고 나서 우리는 필요에 따라 스캐폴딩을 떼어내고 학생들의 역할 범위를 넓힌다. 궁극적으로, 우리는 학생과 조언자가 설계하고 학습을 감시하는 동등한 파트너가 되기를 바란다.

도전과 어려움

학생들에게 더 큰 주도성을 부여하는 것에 대한 한 가지 도전은 일부 교육자들이 학생들에게 권력을 이양하는 데 어려움을 겪는다는 것이다. 이러한 교육자들은 그들의 역할에 대한 사고방식을 리더에서 코치로 바꾸도록 하는 지원이 필요하다. 내성적인 학생이 성인 그룹을 이끄는 데 어려움을 겪을 때, 교사는 그룹이 너무 커지지 않도록 주의해야 한다. 나는 조언자들에게 부드럽게 유도하고 자극을 줘서 기다리는 시간을 활용하도록 지도한다. 또 다른 도전은 때때로 학생들의 학습에 대한 최소한의 리더십이 더 많은 초기 지원이 필요하다는 증거라는 것이다. 좀 더 상세한 노트와 연습 시간을 가진 그래픽 조직자(Graphic organizer)들은 종종 학생들이 이전에 그들이 불편하게 느꼈던 회의 리더의 역할로 뛰어드는 것을 도울 수 있다.

더 깊은 도전은 학생들이 이러한 모임이나 학습의 다른 부분에 대해 리더십을 갖기를 원하지 않을 때 일어난다; 그들은 무엇을 해야 하는지를 듣고 싶다고 말한다. 전통적인 학교에서의 수년간의 경험으로부터 강한 교사 의존성을 가지고 있는 이 학생들은 살살 유도하는 것과 기술적인 지원 이상의 것을 필요로 한다; 그들은 학생 주도성이 중요한 이유에 대한 집중적인 대화가 필요하다. MET 학교에서 우리는 이러한 대화를 고학년 학생들이 가장 잘 주도한다는 것을 발견하는데, 학생들은 학교와 학교 이후의 삶에서 성공하는 데 도움이 될 수 있도록 어떻게 그들 자신을 교육의 리더로 변모시킨 것인지에 대해 이야기할 수 있다.

학교 문화

'이상하다'는 것은 괜찮다

학생 개개인의 몰입을 높이려면, 학교의 어른들은 학교 문화에 신경을 써야 한다. 학생 몰입에 결정적인 영향을 미친 학교 문화의 차원은 개인 표현에 중점을 둔 것이다. 학생들은 '이상하다'라는 느낌이 편안해지도록 독려받는다. 우리의 복장 규정은 자기표현을 허용한다(전문적 복장이 필요한 학습 기회의 경우 예외이다). 우리는 그들이 공유하는 의견, 그들이 추구하는 독특한 관심, 그리고 그들이 보여주는 재능에서 건전한 위험을 무릅쓰는 학생들을 응원한다.

모든 형태의 성과 축하

우리는 우리의 상과 명예를 통해 MET 학교에서 성공할 수 있는 많은 방법이 있다는 것을 분명히 한다. 우리는 '모든 사람이 트로피를 받는다'는 상투적인 표현을 사용하지는 않지만, 성공은 여러 가지 면에서 정의될 수 있으며, 각각의 학생은 더 큰 사회에 도움이 되기 위해 육성되고 고용될 수 있는 재능을 가지고 있다고 믿는다. 우리는 학업성취, 더 큰 지역사회에 대한 기여, 개인적 성장, 학교 내의 리더십 등 성공의 모든 차원을 보여주는 학생들에게 매년 상을 수여한다. 또한, 각 학생은 졸업 전 주에 졸업생 대표 연설을 하며, 그들의 성공과 얻은 지혜를 성찰한다. 이러한 인정의 신호는 최고의 선수와 우등생들을 소중하게 여기고 우대하거나 학업성취도를 선택된 소수만이 승리하는 경쟁으로 바꾸는 학교만을 봐온 학생들에게 신선하다.

친절과 존경

우리 학교는 학생들의 과거 경험이나 이력을 고려하여 친절과 존경의 환경을 조성하는 데 큰 중점을 두었다. 학생들은 첫날에 문을 열고 들어서는 순간부터 친절과 존경을 느낀다고 말한다. 그들은 새로운 얼굴로 따뜻하게 맞이하고, 베테랑 학생들과 교직원들이 카페테리아에서 대화를 나누며, 더 경험이 많은 동료들의 프로젝트와 학업을 함께한다. 괴롭힘을 당하고 박해를 받고 있다는 생각에 교육구에서 도망친 학생들에게는 큰 변화이다. 학교 문화가 신체적, 정서적 안전의 수준을 급격히 높이면 학교 경험에서 소외감을 느꼈던 학생들이 다시 활기를 띠기 시작한다. 학교 문화는 바꾸기 어렵지만, 가능하다. 직원들 간의 대화는 시작하기에 좋은 소재로서, 그 과정에서 학생들의 목소리는 필수적이다. 문화를 시각적 상징, 의식, 축하, 그리고 전반적인 예절과 신뢰의 논조로 생각해야 한다.

전통적인 학교에서의 적용

MET 학교는 작고, 혁신적이어서, 더 크고, 더 전통적인 학교의 일부 제약과 구조로부터 자유롭지만, 모든 학교가 이 장에서 설명하는 몰입 인터벤션을 채택할 수 있는 많은 방법이 있다.

관계

교육자들이 100명 이상의 학생 수를 가지고 있을 때, 불연속적으로 학생들과 관계를 맺는 것은 도전적이지만, 중요하다. 학생들을 알기 위한 수업의 중간과 밖에서의 시간 외에도, 흥미와 '학습 선호 목록'을 사용하는 것이 효율적이고 체계적인 접근법이 될 수 있다. 학습 선호도 목록은 학생들이 무엇을 좋아하고 가장 잘 배우는지를 포함한 학습자 프로필을 작성하는 데 사용되는 조사로써, 평가·관찰 데이터와 함께 노트 카드나 간단한 차트에 이 데이터를 체계적으로 표시한다. 많은 무료 목록, 프로필 템플릿의 예시는 온라인에서 찾을 수 있다. 교육자들은 이러한 데이터를 정기적으로 검토하여 개별화 교육에 관한 결정을 내릴 수 있을 뿐만 아니라 학생들과 연결하는 방법을 개발하는 데도 사용할 수 있다.

관심 탐색

정보 탐색 인터뷰, 직업 체험 및 인턴십은 개별 교육자가 학생 그룹을 위해 독립적으로 시행하기에는 너무 어려운 인터벤션일 수 있다. 반면, MET 학교와 Big Picture 학교는 이러한 실천을 핵심으로 하여 설계되었으며, 상당한 인프라를 구축하고 있다. 그러나, 전통적인 학교의 교육자들은 학생들이 진로를 찾는 것을 돕기 위해 직업 목록을 사용할 수 있고, 학생들이 교실 내에서 관심사를 탐구하기 시작하도록 과제를 수정할 수 있다.

또한, 많은 학교에서의 인터벤션 과정에 대한 대응은 교사와 관리자가 함께 모여서,

개별 학생들을 위해 이러한 맥락 안에서 인터뷰, 직업 체험, 인턴십의 가능성을 탐구할 가치가 있다. 교육자 팀이 창의력을 발휘하여 어떤 일을 할 수 있는 방법을 찾는 데 개방적일 때, 그것은 가능하다.

프로젝트중심학습

많은 전통적인 학교에서 PBL과 같은 교육과정 접근은 학교로부터 지시받지만, 종종 개별 교육자들이 그들의 교육과정에서 PBL을 채택할 수 있는 여지가 없다. 교육자는 학습자를 자신의 환경에 참여시키는 PBL의 힘을 사용하기 위해 교육과정의 맥락 안에서 다음과 같은 질문을 스스로 던져야 한다.

- 우리가 하는 것을 어떻게 실제 지역사회 조직이나 필요성에 연결할 수 있는가?
- 나의 교육과정에 더 많은 선택과 의견을 포함하려면 어떻게 해야 하는가?
- 학생들이 작업할 수 있는 과제를 완료하기 위해 알아야 할 교육과정 목표는 무엇인가? 그들이 만든 결과물은 더 많은 대중을 위해 어떻게 비평하고 수정되고 있는가?
- 교실에서 배우는 것이 어떻게 더 협력적일 수 있는가?
- 학생들에게 학습 과정을 어떻게 성찰하도록 요청해야 하는가?

언제 어디서나 학습하기

전통적인 학교의 교육자들은 학생들이 여행 경험을 계획하거나 값비싼 인증 과정을 수행하는 것과 같은 특정한 형태의 학습을 언제 어디서나 지원하기 힘들 수도 있지만, 무료 온라인 도구는 교육자들이 학생들에게 수업 외의 웹에서 할 수 있는 활동들을 제공해준다. 비디오 튜토리얼이든, 수학 실습을 다양화하든, 친구와 가족을 인터뷰하든, 교육자들이 학교 밖에서 일어나는 학습을 지원하고 인정할 수 있는 많은 방법이 있다.

학생 주도 모임을 통한 주도성

대부분의 전통적인 학교들은 학부모-교사 회의를 하고 있으며, 이 학교들의 교육자들은 이러한 회의를 학생 주도로 옮기기가 비교적 쉽다고 생각할 수 있다. 수업 시간을 좀 더 일찍 세부적으로 편성하면, 교육자들은 학생들이 회의를 주도하도록 도울 수 있고, 이에 따라 학생들의 주도성 의식에 변화를 줄 수 있다.

학교 문화

학교 문화를 바꾸는 일은 천천히 일어나지만, 방향을 1-2도 바꾸어도 시간이 흐르면서 근본적으로 다른 목적지에 '배'를 착륙시킬 수도 있다. 전통적인 학교의 교육자들에게 학교 전체의 행사나 새로운 전통은 작지만 강력한 변화를 일으킬 수 있다. 먼저 학생들의 말을 들어야 한다. 그들은 학교를 몰입과 성취의 기반이 되는 더 큰 정서적, 신체적 안정이 보장되는 공간으로 변화시키기 위해 무엇을 하고 싶어 하는가. 예를 들어, 그들은 동성애자 단체의 필요성을 느끼는가? 당신은 계획을 주도하도록 그들을 지도할 수 있는 선생님인가? 만약 여러분과 여러분의 동료들이 학교 문화를 더 안전하고 학생 중심적으로 만드는 데 각각 작은 역할을 했었다면, 이 장에 기술된 몰입 인터벤션을 채택하는 것은 훨씬 더 성공적일 것이다.

결론

6가지 몰입 인터벤션인 깊고 진실한 교사-학생 관계, 실제 세계에서의 관심 탐색, 프로젝트중심학습, 언제든 지원하고 어디서든 학습하기, 학생 주도의 학습, 그리고 학교 문화는 아주 작은 전략이 아니라 학생 중심 학습을 위한 전체적인 비전의 일부분으로 가장 잘 실행된다. 그들은 서로를 보완하고 시너지를 만들어 학생이 도달할 수 있는 각각의 잠재력을 끌어낸다. 실행을 MET 학교와 비슷하게 할 필요는 없다. 각 학교는 그들만의 맥락을 가지고 있고 다른 변수 안에서 수행할 필요가 있다.

인구, 정책 또는 자원 상황의 차이와 관계없이, 모든 학습자를 몰입시키는 가장 중요한 요소는 교사와 학생 간의 관계, 그리고 학교 문화이다. 학생 중심의 인터벤션은 학생 중심의 관계와 이를 뒷받침할 문화가 없이는 존재할 수 없다. 위에서 설명한 모든 인터벤션에 영향을 미치는 사고방식이 있다. 예를 들어, 학교 직원들은 목표를 향한 여러 가지 길이 있다는 생각을 가져야 한다. 즉, 과정의 완성, 기술을 배우거나 신뢰를 쌓는 것이다.

학생뿐만 아니라 학생들에 대한 신뢰를 쌓는 것이 관건이다. 교육자들은 학생들이 학습 여정에서 취하는 비선형 경로에 대해 어느 정도 신뢰를 해야 한다. 때로는 실패, 좌절, 또는 중지처럼 보이는 것은 성장하는 과정의 일부분이다. 만약 교육자들이 학생들의 실수나 실수 과정에 대해 진정한 관용을 베풀고 있지 않다면, 이러한 인터벤션은 성공하지 못할 것이다. 교육자들이 학생 중심의 몰입 인터벤션에 관여하고, 그들 자신의 학습을 이끌 수 있는 학생들의 능력을 신뢰하고, 성공을 위한 두 가지 이상의 길이 있다는 것을 수용할 수 있을 때, 몰입할 수 있는 학생의 능력은 발휘된다.

제 25 장

결론: 학생 몰입 인터벤션의 상황

제25장

결론: 학생 몰입 인터벤션의 상황

학생 몰입은 광범위하게 주목받고 있다. 몰입은 교정하기 쉬운 태도와 행동을 상징하고, 성장기의 장·단기적 성과뿐만 아니라 학생 성취와도 관련이 깊다(Christenson, Reschly, & Wylie, 2012; Fredricks, Blumenfeld, & Paris, 2004). 학생 몰입은 가족, 학교, 동료, 그리고 지역사회 맥락 안에서 잘 변화한다(Appleton, Christenson, & Furlong, 2008; Christenson et al., 2012; Skinner & Pitzer, 2012). 학생 몰입의 중요성에 관한 지식과 관심이 높아지면서 학생 몰입 인터벤션의 개발, 실행, 그리고 평가에 대한 필요가 명확해지고 있다(Reschly & Christenson, 2012; Wang & Degol, 2014). 게다가 현재까지 많은 인터벤션이 개발되었지만, 대부분 이론적 근거가 부족하고 인터벤션의 실행이 필요하다는 실증적 증거에 한계가 있다(Wang & Degol, 2014). 본 입문서의 목표는 몰입을 높이기 위해 설계된 학업적, 행동적, 사회적, 정신건강 그리고 커뮤니티 기반 인터벤션과 관련된 이론과 연구를 검토하고 관련 문헌 간 차이를 설명하는 것이다. 개인뿐만 아니라 시스템 차원에서 몰입을 높이기 위한 실천적 연구 기반 전략을 확인하는 것이 특히 중요하다.

본 입문서에서는 몇 가지 가정을 제시한다. 첫 번째, 몰입은 3가지로 구별되지만 서로 연관성이 있는 행동적, 정서적, 그리고 인지적 몰입으로 이루어진 다차원적 구조를 가진다. 학자들은 몰입이 학교에서 학생들의 경험을 좀 더 풍부하고, 복잡하고, 정확하게 설명할 수 있는 모형이라고 말한다(Fredricks et al., 2004). 그러므로 인터벤션은 완전한 몰입을 목표로 삼는다(Christenson et al., 2012). 두 번째, 몰입을 높이는 것은 학교에서 중도탈락 위험에 처한 학생들뿐만 아니라 모든 학생에게 중요하다. 학교에 있는 많은 학생은 지루해하고, 몰두하지 못하며, 동료와 어른들로부터 소외감을 느끼고, 학습에 충분히 투자하지 않으며, 교실과 미래의 노력 사이의 관련성을 찾지 못한다(Fredricks, 2014). 이러한 상태는 교육자들에게 매우 분명하며, 모든 학생에게 몰입을 높이고자 하는 추진력이 된다. 세 번째, 몰입은 교실 안과 밖의 모든 요소에 의해 영향을 받는다(가족, 커뮤니티, 동료, 그리고 교실 환경). 따라서 인터벤션은 몰입의 다차원적 특성도 고려해야 하지만 환경이 어떻게 몰입을 향상 또는 약화시키는지 또한 고려해야 한다. 마지막으로 몰입 인터벤션이 가장 효과적인 조건과 대상을 잘 결정하기 위해서는 인터벤션의 실행과 효과성에 대한 더 많은 정보가 필요하다(christenson et al., 2012).

표 25.1은 해당 책의 장(chapter)들에서 설명한 인터벤션 프로그램을 개괄한 표이다. 이 표는 인터벤션, 연령, 효과성 평가, 실행 정보의 요인과 유형에 대한 정보를 포함한다. 이 표는 본 입문서의 다양한 장들에서 다루었지만, 공식적인 프로그램이 아닌 실천 연구 기반 전략과 실행은 포함하지 않았다. 이 입문서는 가족, 친구, 지역사회 등 학교의 안과 밖 맥락에서 몰입을 높이기 위한 인터벤션이 개발된 과정 그리고 프로그램과 실행의 효과성에 관한 연구를 소개한다. 이 책에서 소개된 인터벤션은 학생들이 학교를 떠나지 않도록 하는 것부터 시작해 성공적인 성인으로의 성장에 필요한 기술과 가치의 촉진까지의 전체적인 목표를 다룬다. 이러한 인터벤션들은 목표가 위기의 학생들에 대한 처방인지 혹은 위기에 처하는 것의 예방인지에 따라 달라진다. 많은 인터벤션은 가족의 낮은 교육적 기대, 문제 행동, 높은 결석률과 같은 중도탈락 위기에 처하게 한 위험 요소들과 학생들의 비몰입 상태를 반영한 위험 요소에 대한 처방을 목적으로 한다. 일부 프로그램은 아이들의 강점과 학교에 대한 잠재적 기여를 기반으로 하는 강점 접근 방식의 인터벤션을 활용한다.

이 장은 몇 가지 목표를 가진다. 먼저 공식적인 인터벤션과 실행을 모두 아우르는 주제를 살펴본다. 그리고 책의 각 장에서 다루지 못한 것들과 우리가 가진 지식의 차이를 개관한다. 마지막으로 향후 방향성에 대해 논의하는 것으로 마무리한다.

표 25.1 ❙ 공식적 인터벤션 모델 개관

인터벤션	목표/요소	유형	연령	평가	성과	실행
CHAPTER 2–개요						
Seattle Social Development Project	– 교실 관리 – 수업 – 사회적 기술 – 학부모 교육	보편적	1–6학년	종단적 준실험 종단적 설계	행동적 몰입 정서적 몰입	–
Iowa Strengthening Families Program	– 청소년 교육 – 학부모 교육	보편적	6학년 학생과 학부모	종단적 실험 설계	학교 몰입 (행동적, 정서적, 인지적)	–
Brides to High School Program/Projecto Puentes a La Secundaria	– 학부모 교육 – 청소년 효능감	선택적	7학년 히스패닉 학생과 학부모	종단적 실험 설계	학교 몰입 (행동적, 정서적)	약물과용(dosage) 데이터 (모든 세션에 참가한 가족 중 1/3)
Rotary Youth Program of Enrichment	– 청소년 교육 (숙달 지향)	선택적	14–16세	준실험 설계	행동적 몰입(예: 끈기) 정서적 몰입 (예: 학교에 대한 가치) 인지적 몰입 (예: 계획 및 학습 관리)	–
Collaborative Life Skills Programs	– 학부모 교육 – 교실 인터벤션 (교사와 학생 그룹의 만남과 개별 만남) – 아이들 교육	집중적 (ADHD)	–	무작위 통제 실험	인지적 몰입 (조직화 기술)	–
Check and Connect	– 멘토링 – 학생 태도, 행동, 그리고 성취에 대한 체계적 모니터링 – 개별적 인터벤션 – 학부모와의 소통	집중적 (중도탈락 위기에 처한 학생)	K–12학년	서로 다른 맥락과 국가를 대상으로 실험적 설계와 준실험적 설계	행동적 몰입 정서적 몰입 인지적 몰입	정확도 높은 실행, 적절하게 선발되고 면밀히 교육받은 멘토, 대상 학생의 폭넓은 네트워크 지원이 동반될 때 높은 효과
Career Academies	– 학교 안의 학교(같은 교사) – 학업적 교육과 직업적 교육이 통합된 교육과정 – 학교와 산업 간 협력 개발	다층식 (보편적 요소와 선택적 요소를 포함)	고등학생	무작위 통제 실험	행동적 비몰입 (예: 무단결석)	–
Link to learning	– 좋은 행동 게임 – 동료 지원 – 가족 인터벤션	다층식 (행동적 문제를 가진 학생에 대한 보편적&집중적)	4학년	다중 기법 다중 제공자 효과 연구	행동적 몰입	목표 기반 전략보다 보편적인 교실 기반 전략에서 더 적합함 가족 약물과용 데이터

인터벤션	목표/요소	유형	연령	평가	성과	실행
Achievement for Latinos Through Academic Success	– 문제 해결 – 출석 모니터링 – 상담 – 학부모 교육 – 지역사회 자원 간 협력	다층식 (선택적 유형과 집중적 유형)	라틴계 고등학교 학생	–	행동적 몰입 (예: 참여와 출석) 정서적 몰입 (예: 유대감)	–
PBIS	– 상호적 기술 지도 – 반발적 처벌의 감소 또는 제거 – 체계적인 강화 – 개별화된 인터벤션 지원	다층식 (보편적, 선택적, 그리고 인터벤션)	K–12학년	실험적 효과 연구	인지적 몰입 (자기 조절) 행동적 몰입	–
CHAPTER 6–또래와 몰입						
Social and Emotional Learning Programs	– 사회정서적 기술에 대한 수업	보편적	K–12학년	–	반사회적 행동 사회정서적 기술	효과성의 변동: 프로그램이 안전하게 실시될 때 좀 더 효과적임
My teaching Partner	– 교사–학생 간 상호작용 증진을 위한 교사 대상 전문성 개발	보편적	–	–	향상된 교사–학생 상호작용	–
CHAPTER 7–자율성 지원 수업						
ASIP	– 수업 – 교사 교육	보편적	초등학교 중학교 고등학교	실험적 종단적	학교 몰입과 비몰입에 대한 보편적 측정	교사 특성에 따른 효과성 환경을 아우르는 설명된 효과성 교사를 위한 적절한 교육과 지원에 따른 효과적 실행
CHAPTER 8–교수환경						
ENGAGEALL	– 수업	보편적	14–15세	다중 기법 연구 (설문, 관찰, 필기 작업)	Flow(감정적, 인지적 지표)	–
School Scene Investigators: The Case of the Mystery Power	– 수업(리얼리티 게임)	보편적	중학교	실험 연구	Flow(감정적, 인지적 지표) 공동 담론(collaborative discourse)	–
Pino–James (2015, 2017)	– 수업(협력적 소설 작성)	선택적	중학교	다중 기법 연구 (질문지, 인터뷰, 연구자 저널)	행동적, 정서적, 인지적 몰입	연구자가 설계한 학습 활동 교사와 실행 가능성에 대해 논의

인터벤션	목표/요소	유형	연령	평가	성과	실행
CHAPTER 9-학교 규율						
Restorative Practices	– 관계와 커뮤니티 형성 – 피해 회복 – 학생 목소리	보편적	다양함	상관 연구	행동적 비몰입(정학)	–
Empathic Mindset Traning	– 사고방식 교육	보편적	교사	실험적 연구	행동적 비몰입(정학)	–
My Teaching Partner	– 교수법 교육	보편적	교사	무작위 통제 실험	행동적 몰입	–
Manhood Development Project	– 수업 – 멘토링	보편적	고등학교와 중학교의 아프리카계 미국인 학생	인터뷰와 설문조사	사회적 몰입 성적	–
Reading, Writing, Respect, and Resolution Program	– 수업 – 사회정서학습	보편적	도시의 초등학생	실험적 연구	행동적 몰입(집중) 행동적 비몰입(공격적인 기술)	–
Virginia Student Threat Assesment Guidelines	– 학교 직원을 대상으로 한 대응 교육	보편적	알 수 없음	실험적	정학 상담 시도	–
Conjoint Behavioral Consultation	– 학부모, 교사 그리고 상담가와 팀을 이룸 – 4단계 문제 해결 모형(문제 확인, 문제 분석, 실행 계획, 그리고 평가 계획의 통합)	선택적	알 수 없음	실험적	교사가 보고한 행동	–
School–wide Positive Behavioral Supports	– 행동에 대한 학교 차원의 기대 – 유형적 보상	보편적	다양함	무작위 통제 실험	행동적 비몰입 (정학과 무단결석)	더욱 긍정적인 성과는 높은 충실도와 관련 있음
CHAPTER 11-수학						
Cognitively Guided Math Instruction	– 수업(문제 해결, 팀 작업, 개념적 이해 강조)	보편적	다양함	알 수 없음	알 수 없음	–
CHAPTER 12-사고방식 인터벤션						
Struggle Storing Telling	– 도전을 이루어낸 개인의 이야기	보편적	고등학교	알 수 없음	성적	–
Belonging Mindset Training	– 소속감에 대한 증명	보편적	대학생	무작위 통제 실험	성적 졸업율	–
Intelligence Mindset Training	– 사고방식 교육	보편적	다양함	무작위 통제 실험	성적	–

인터벤션	목표/요소	유형	연령	평가	성과	실행
Intelligence Mindset Intervention	– 내러티브 – 구조화된 쓰기 과제 – 성장 사고방식 수업	보편적	9학년 학생	알 수 없음	알 수 없음	–
CHAPTER 14–정신건강						
PPI(Awesome Us&Maytiv School Program)	– 생각/사고방식에 대한 방법 수업	보편적	알 수 없음	다양함(실험적 연구 포함)	행동적 몰입 정서적 몰입 인지적 몰입	–
Transformative Life Skills	– 마음 챙김 전략	보편적	사춘기 청소년	실험적	행동적 몰입 정서적 몰입	–
FRIENDS for Life	– 인지적 행동적/긴장 이완	보편적	초등학교	알 수 없음	정서적 몰입 (학교 유대감)	–
Bridges to High School	– 학부모 교육 – 청소년 교육	보편적	멕시코계 미국인 청소년과 가족	실험적	정서적 몰입 인지적 몰입	–
ACE	– 효과적 대응과 몰입을 위한 교실 수업	보편적	조기 국제 학력 평가 시험(IB) 대비 또는 선학점 이수(AP) 수업의 9학년 학생 교사 학부모	알 수 없음	–	충실도 수용성 실행 관찰 연구
MAP Meetings	– 위험에 처한 학생 인지 – 대응 전략의 평가 – 개별화	선택적	고등학교의 선학점 이수(AP) 수업	알 수 없음	–	사례 연구
Cognitive Behavioral Strategies	– 정신건강 교육 – 인지적 재구조화 – 긴장 이완	집중적	다양함	다양함	행동적 비몰입 (공격성)	사례 연구
CHAPTER 15–집단따돌림 인터벤션						
Kiva Bullying Prevention	– 학교 차원의 집단따돌림 방지	보편적	초등학교	종단적 실험	학교 풍토	학생 특성에 따라 다양한 결과를 도출
Olweus Bullying Prevention	– 학교 차원의 집단따돌림 방지	보편적	중학교	종단적 실험	주변인들의 긍정적 행동 학생 몰입 정서적 몰입 (학교 유대감)	–

인터벤션	목표/요소	유형	연령	평가	성과	실행
Second Steps	– 학교 차원의 집단따돌림 방지 – 학교 직원 교육 – 교실 수업 – 가족 자원	보편적	저학년 – 8학년 장애가 있는 학생	종단적 실험	주변인들의 긍정적 행동	–
Steps to Respect	– 학교 차원의 집단따돌림 방지	보편적	알 수 없음	종단적 실험	정서적 몰입 (학교 유대감) 주변인들의 긍정적 행동	–
CHAPTER 16–공동체 기반 프로그램						
LA's Best	– 방과 후 프로그램	보편적	5 – 12세	종단적	행동적 몰입 (출석)	–
CHAPTER 17–학교 개혁						
Diplomas Now	– 교수적 지원 (예: 실제적 학습, 경력 지원, 그리고 커뮤니티 서비스) – 데이터 기반 조기경보지표 – 소규모 학습 커뮤니티 – 일정 변화(교실의 확장과 시간 계획) – 학업적 지원, 사회정서학습을 목표로 함 – 가족 지원과 사례 관리	보편적, 선택적, 집중적	중학교 고등학교	학교 차원에서 무작위 할당을 통한 종단적 실험	행동적 몰입 (출석, 방과 후 활동 참여, 정학률) 정서적 몰입 (지원 담당자와의 긍정적 관계)	9개 학교에서 111개 요인으로 구성된 모형의 실행 측정
NYC Student Success Mentor Initiative	– 학교 기반 멘토링 – 관계 개선과 출석 증가를 위한 조기경보지표(EWI) 데이터 사용 – 학교 가치 개선을 위한 봉사와 캠페인	보편적, 선택적	중학교 고등학교	준실험 종단 연구 무작위 할당을 통한 실험 연구	행동적 몰입 (출석, 만성 결석 가능성, 중도탈락률)	실행 데이터 (멘토 찾기의 용이함)
Project Success	– 다학제 간 수업 – 반세분화 전략 – 소규모 학습 커뮤니티	보편적	중학교	무작위 할당을 통한 종단 연구	행동적, 정서적, 인지적, 사회적 몰입	교실 실천에 대한 교사의 기록
Project Based Learning(High Tech High and Phoenix Park)	– 프로젝트 기반 교육과정	보편적	영국의 중등학교	전통적 학교와 PBL학교를 비교한 종단 연구 다중 기법(관찰, 인터뷰, 설문조사)	수학에 대한 태도 수학 지식을 다른 상황에 적용할 가능성	–
Wall to Wall college and Career Academies	– 소규모 학습 커뮤니티	보편적	고등학교	무작위 할당을 통한 종단 연구	학생 몰입 졸업률	–

인터벤션	목표/요소	유형	연령	평가	성과	실행
CHAPTER 18–국제적 사례						
Check and Connect	– 멘토링 – 학생 태도, 행동, 그리고 성취에 대한 체계적 모니터링 – 개별화된 인터벤션과 가족과의 소통	집중적 (중도탈락 위기에 처한 학생)	캐나다와 프랑스에 있는 중·고등학교	종단적 무작위 통제 연구 질적 연구	학교 몰입에 대한 교사의 기록(보편적) 행동적 몰입 (주의 집중의 어려움) 정서적 몰입(교사 지원) 인지적 몰입 (자기 조절)	실행 충실도 (개별 학생 대상으로 실행된 주차별 요소의 비율) 촉진되고 방해된 실행 요인의 과정 연구
CHAPTER 19–돌봄 학교						
Caring School Community	– 커뮤니티 형성을 위한 학교 차원 프로그램 – 대화 촉진을 위한 교실 미팅과 수업 – 서로 다른 연령대의 친구 – 가족 참여 증진 활동	보편적	K–6학년	종단적, 실험적 연구	행동적 몰입 (친사회적 행동) 행동적 비몰입 (공격성)	–
The 4Rs Program (Reading, Writing, Respect, and Resolution	– 갈등 해결과 사회정서학습에 대한 리터러시 기반 교육과정 – 훈련과 지속적인 교사의 지도	보편적	K–5학년	무작위 통제 설계	행동적 몰입 (집중) 행동적 비몰입 (공격성)	–
Responsive Classrooms	– 긍정적 교실 환경 조성을 위한 교실 실천 – 아침 조회 – 상호작용적 모델링 – 학생의 잘못된 행동에 대한 개별화된 결과	보편적	초등학교	준실험 설계 군집 무작위 통제 실험	행동적 몰입	실행 충실도
Roots of Empathy	– 사회정서학습의 교실 수업 – 매월 학부모와 유아의 교실 방문	보편적	초등학교	중다 현장 평가 무작위 통제 실험	행동적 몰입 (친사회적 행동) 행동적 비몰입 (공격성)	–
MindUp	– 사회정서학습, 스트레스 감소, 마음 챙김 등과 관련된 교실 기반 교육과정	보편적	K–8학년	준실험 설계 종단적 설계	행동적 몰입 (공격성, 집중, 친사회적 행동) 정서적 몰입 (즐거움)	–

인터벤션	목표/요소	유형	연령	평가	성과	실행
RULER Feeling Words Curriculum	– 사회정서학습에 관련된 교실 기반 교육과정	보편적	초등학교 중학교	무작위 통제 연구	사회정서적 역량 (학습 기술, 리더십 기술)	–
Facing History and Ourselves	– 교실 기반 교육과정 – 가족과 커뮤니티 활동	보편적	6–12학년	무작위 통제 연구	사회정서적 기술과 태도	–
Second Step	– 교실 수업	보편적	6–12학년	무작위 통제 연구	폭력성과 공격성	–
Student Success Skills	– 교실 수업 – 그룹 상담 – 가족 지원	보편적 선택적	초등학교 고학년–고등학교	–	실무 기능 유대감 사회정서적	–
CARE for Teachers	– 교사를 위한 마음 챙김 기반 사회정서학습 프로그램	보편적	교사	실험 연구 관찰 연구	교사의 웰빙 교사의 심리적 스트레스	–
SMART in education	– 마음 챙김 전문성 개발 워크숍	보편적	교사 상담가 학부모	실험 연구	낮은 수준의 스트레스/소진 효능감 증가	–
CHAPTER 20–커뮤니티와 학교의 협력						
21st Century Community Learning Centers	– 방과 후 프로그램 – 학업 강화 – 학생 지원 – 가족 지원	보편적	K–12학년	–	행동 출석	–
Boys and Girls Club	– 학업적 지원 – 스포츠와 레크레이션 – 인성 개발	보편적	5–18세	–	행동적 몰입 (노력, 출석) 인지적 몰입 (자기 조절 학습)	프로그램이 학생들의 발달상 요구를 얼마나 만족시키는지에 따라 달라짐
Peach Jam	– 교실 기반 교육과정 – 노벨상 수상자와의 상호작용 – 지역사회 봉사활동	보편적	K–12학년	–	학교 가치 교육적 기대	–
Young Woman Leadership Program	– 1:1 멘토링 – 구조화된 교육과정 – 리더십과 서비스	보편적	10–14세	–	행동적 몰입 (결석과 학교 이수) 인지적 몰입 (자기 조절과 문제 해결)	멘토–멘티 간 강한 관계성과 멘토의 특성에 따라 효과성이 달라짐

ACE, Advanced Coping and Engagement; ASIP, Autonomy Supportive Intervention Program; CARE, Cultivating Awareness and Resilience in Education; ENGAGEALL, Engagement Model of Academic Literacy for Learning; MAP, Motivation, Assessment, and Planning, PBIS, Positive Behavioral Interventions and Supports; PPI, Positive Psychology Interventions; SAFE, sequenced, active, focused, and explicit; SMART, stress management and relaxation techniques.

공통된 주제

본 책의 장들은 몇 가지 주제를 제시한다. 이 주제들은 학생들이 몰입할 수 있도록 하기 위한 인터벤션의 중요한 요소들을 다루고 있기에 인터벤션 실천가들에게 매우 유익할 것이다.

핵심은 관계성

첫째이자 가장 중요한 것은 학생과 교사 간 긍정적이고 생산적인 관계성 확립, 지원부서 직원, 동료, 학부모는 인터벤션의 기본 요소라는 것이다. 각 장에서 제시된 인터벤션들은 관계성 확립을 지원한다. 이 관계성은 소규모 공동체, 자문 프로그램, 학교 동아리, 멘토링, 사회정서적 기술에 대한 수업, 그리고 교사와 학부모 교육 등을 통해 형성된다(표 25.1 참고). 또한, 관계성을 확립하는 많은 비공식적 방법도 제시되어 있다. 환영하는 공동체 만들기, 학생들의 의견을 표현하는 기회 제공, 그리고 소규모 그룹과 협력 학습 기회를 제공하는 것 등이 그것이다.

교사, 동료, 그리고 학교의 다른 어른들 간 관계성을 지지하는 것은 높은 몰입을 예측하며 특히 소수 인종 청소년이나 저소득 가정 청소년의 몰입에 중요한 역할을 한다는 사실을 밝힌 다수의 연구는 인터벤션에서 관계성의 중심적 역할에 대해 말한다(Christenson et al., 2012; Wang & Holcombe, 2010). 게다가, 학생들이 몰입할수록 그들은 교사와 동료들로부터 점점 큰 지원을 받으며 이는 또 더 큰 몰입을 끌어낸다는 연구 결과에서 증명하듯 몰입과 교사 및 동료의 지원 간 관계는 순환적이다(Skinner, Furrer, Marchand, & Kinderman, 2008; Furrer, Skinner, & Pitzer, 2014). 학생 몰입을 높이는 관계성으로는 돌봄, 신뢰, 지지, 존중, 학생 개개인의 욕구에 대한 대응, 그리고 자율성 지원 등이 있다. 우리는 인터벤션 실천가들, 지원 부서 직원, 교사, 동료들을 대상으로 특히 비몰입된 학생들과의 관계를 확립하고 지원하는 방법에 대해 교육해야 한다. 비몰입된 학생들은 긍정적인 관계 개발로 인해 많은 도움을 받지만, 이러한 지원을 받기가 사실상 어려우므로(Baker, Grant, & Morlock, 2008), 이는 매우 중요하다.

몰입에 대한 다차원적 접근이 필요한 인터벤션

두 번째 주제는 인터벤션을 설계할 때 몰입을 다차원적 구조로 보는 것이 중요하다는 것이다. 최근까지, 몰입과 비몰입을 행동적 지표로 강조하는 경향이 있었기 때문에 학생들의 정서적, 인지적 그리고 행동적 측면의 복잡한 관계성을 다루지 못하였다. 각 장의 저자들은 3개의 하위 유형의 몰입을 설명하기 위해 개발된 인터벤션을 제시했다. 예를 들어 몇 가지 인터벤션은 행동적 지표를 목표로 하였는데, 규율 인터벤션, 출석 모니터링, 그리고 조기데이터경보시스템(EDWS)과 같은 것들이 그것이다. 출석, 과제 이수와 같은 행동적 지표가 성적과 학업적 성과에 영향력 있는 요인이지만, 가장 긍정적인 결과는 인터벤션이 몰입의 3가지 요소를 모두 고려할 때 나타난다(예: 행동적, 정서적, 인지적)(Christenson et al., 2012). 또한, 많은 인터벤션은 정서적 몰입 또한 목표로 한다. 학교가치를 높이는 데 초점을 둔 교수적 인터벤션, 어른과 동료와의 관계를 개선하는 것을 목적으로 하는 인터벤션, 그리고 학생들의 사회적, 정서적, 정신건강 욕구를 다루는 인터벤션이 그것이다. 마지막으로 활동적 학습과 구성주의적 교육 접근을 활용하여 교수적 엄격성과 타당성을 높임으로써 인지적 몰입을 다루는 몇 가지 인터벤션이 있다.

맥락적 문제

세 번째 주제는 몰입에 영향을 미치는 맥락적 요인의 중대한 역할이다. 비몰입은 학생, 가족, 학교 그리고 지역사회 간 요인들의 복잡한 상호작용을 반영한다. 만약 우리가 비몰입의 가능성을 줄이고 싶다면, 인터벤션은 포괄적인 접근을 취하고, 학생들이 그들의 시간을 보내는 맥락을 목표로 하여야 한다. 또한, 학교에 몰입하게 하는 요인과 학교 밖의 학습 맥락을 고려하는 것도 중요하다. 본 책에서는 자기결정성 이론을 맥락, 동기 그리고 몰입 간 관계를 설명하기 위한 이론적 배경으로 활용한다(Ryan & Deci, 2017). 해당 이론은 관계성, 즉 타인과의 유대감, 자율성, 즉 외부에 의해 통제되기보다는 스스로 행동하고자 하는 욕구, 그리고 유능감, 즉 환경과 효율적으로 상호작용할 수 있다는 느낌과 기술 또는 지식에 숙달했다는 느낌, 이 세 가지에 대한 개인의 심리 욕구가 지지받는 환경에서 몰입이 더 높아진다고 가정한다. 관계성에 대한 욕구는 학생들이 어른과 동료들 간 긍정적이고 지원적인 관계가 형성될 때 충족된다. 자율성에 대한 욕구는 학생들이 그들의 행동을 결정할 자유와 발언권 가질 때 충족된다. 마지막으로 유능감에 대한 욕구는 학생들이 학교 성공을 달성하는 데 필요한 개인적 전략을 스스로 파악하고 있을 때 충족된다.

지원의 다층구조 시스템에 맞춘 인터벤션

네 번째 주제는 학생 몰입 인터벤션은 지원의 다층구조 시스템에 잘 맞추어 조정된다.

이 다층구조 시스템은 보편적 단계(1단계)와 좀 더 집중적 단계(2, 3단계)의 전략으로 이루어져 있으며, 이는 학생들을 몰입하게 하는데 필수적인 전략이다. 해당 입문서에서 확인한 다수의 인터벤션은 학생 몰입을 촉진하거나 저해하는 학교 차원의 실행을 제시하는 보편적인 인터벤션이다. 또한, 많은 인터벤션은 위기에 처한 학생들을 대상으로 하는 집중적 인터벤션에 포함되기도 한다. 두 번째 단계의 인터벤션(선별적, 목표 대상이 있는)은 추가적인 지원을 제공하는데, 주로 소규모 그룹에서 학교에 잘 몰입하지 못하는 것처럼 보이는 학생을 대상으로 한다. 3단계 인터벤션은 개별화되고 집중적인 인터벤션으로, 학교에서 가장 위험한 수준으로 몰입하지 못하는 학생들을 대상으로 설계된다. 보편적 전략(1단계)은 몰입하지 못하는 학생을 지원하는 개별화된 전략들(2, 3단계)의 토대이다. 다시 말해서, 모든 학생의 몰입을 높이기 위해 설계된 강력한 학교 차원의 인터벤션은 목표 대상이 있는 개별화된 인터벤션이 가장 몰입하지 못하는 학생을 다시 몰입시키는 데 효과적일 수 있도록 돕는다.

핵심 역할을 하는 데이터

마지막 주제는 인터벤션의 확인, 설계 그리고 평가에 몰입 데이터가 중요한 역할을 한다는 것이다. 이러한 발견은 평가에서 인터벤션까지의 연결을 확실시한다. 데이터는 보편적 전략부터 좀 더 집중적인 전략까지 포함한 인터벤션들과 다양한 학생 소그룹 간 인터벤션들의 효과성을 확인하고 모니터링하는 데 활용되기 때문이다. 예로서 몰입 인터벤션의 목표를 알아내기 위한 데이터 사용으로 조기경보시스템의 활용을 들 수 있다(4장. 조기경보지표와 인터벤션 시스템: 현장의 상황, 22장. 평가와 인터벤션을 연계하는 도구로서의 학생 몰입 측정 도구: 두 지역에서의 실행 사례 비교 참고). 조기경보시스템과 관련하여 학교구는 일부 학생의 요구를 지원하기 위한 인터벤션 단계를 결정하기 위해 규율 문제, 출석, 그리고 수업 성과에 대한 데이터를 모으고 있다. 이러한 데이터는 또한 고등학교를 졸업하지 못할 가장 큰 위기에 처한 학생과 가장 몰입하지 못하는 학생들을 확인하기 위해 사용되기도 한다.

마지막으로 비록 이 입문서가 학생 몰입 증진을 위한 인터벤션의 개발과 평가에 대한 명확한 근거를 제시할지라도, 누구에게 인터벤션이 효과적인가에 관련한 정확한 언급을 하기는 어렵다. 맥락이 문제이기 때문이다. 그래서 학교와 교육구는 강력한 증거를 전제로 하는 인터벤션 프로그램을 선택하거나 특정 맥락에 가장 적합한 성공적인 인터벤션이 가지는 요인들과 유사한 요인을 가진 인터벤션을 선택해야 한다. 그들이 특별한 환경 안에서 실행한 프로그램의 효과성을 평가하는 것은 관련된 맥락적 특성에 대한 정보를 제공한다. 몰입 관련 인터벤션 분야의 최근 상황에서, 교육자들은 학생 몰입 증진을 위해 유능감, 자율성 그리고 관계성에 대한 학생들의 욕구를 지원하고자 그들이 처한 환경에서 기존의 전략과 새로운 전략을 병행하여 실행할지도 모른다. 여기에서 또한 평가는 필수적이다.

결여된 것과 향후 방향성

이 책에서 제시된 바와 같이, 우리가 가지고 있는 지식 간의 가장 큰 차이는 정확성에 대한 정보로서, 인터벤션이 의도한 바대로 실행되었는지 아닌지에 관한 것이다. 증거 기반 프로그램들은 참여자들의 배경과 학교의 구조적 특성과 같은 것들을 배제한 채 어떠한 상황에서도 실행될 수 있다고 가정한다. 다수의 연구도 여전히 두루 적용되는 접근 방식을 가정한다. 현재까지도 학교와 교실 간 존재하는 폭넓은 다양성을 도외시하기 때문에, 인구통계학적 집단과 학교 맥락에 따른 인터벤션 결과의 변화를 조사한 연구는 거의 없다. 서로 다른 맥락에서 인터벤션의 효과성에 대한 정보가 부족하므로 학교는 어떤 인터벤션이 그 학교와 학생에게 적합한지 결정하기가 어렵고, 또한 특정 맥락의 요구를 충족시키기 위해 어떤 전략이나 인터벤션을 어떻게 수정해야 하는지도 알지 못한다.

현실은 인터벤션이 실제 설계된 대로 실행되기 어렵다. 인터벤션 충실도를 포함하여 인터벤션의 핵심 요인 유지, 적절한 양, 민감성, 그리고 프로그램의 질에 대한 데이터를 수집하는 것은 인터벤션이 왜 적절히 수행되는지 혹은 수행되지 않는지에 대한 이유에 중요한 시사점을 제공할 수 있다(Durlak, 1998; Fagan, Hanson, Hawkins, & Arthur, 2008). 안타깝게도 인터벤션의 적합도에 대한 어떠한 정보나 데이터를 다룬 장은 많지 않다. 'Check & Connect 프로그램' 관련 연구는 적절한 멘토를 선정하고 교육할 때 그리고 대상 학생의 네트워크를 좀 더 폭넓게 지원한다면 인터벤션으로 높은 효과를 얻을 수 있다고 설명한다(2장. 청소년의 긍정적 발달 및 학교 수료를 향상하기 위한 방안으로 아동기부터 청소년기까지 학생 몰입 촉진, 18장. Check & Connect의 시행: 두 가지 국제적인 효과성 실험의 교훈 참고).

몰입 관련 선행 연구를 살펴보면 인터벤션의 효과성과 관련한 지식의 범위에 대해 의문이 제기된다(Christenson et al., 2012; Wang & Degol, 2014). 이 장에서는 이와 관련된 최신의 중요한 진행에 대해 설명한다. 예를 들어, 대부분의 장에서는 몰입을 증진하는 인터벤션의 효과성에 관해 설명하는 데이터를 제시한다. 그러나 연구 설계의 질적 수준은 매우 다양하다는 것을 명심해야 한다. 검토된 몇 가지 인터벤션은 면밀한 준실험 설계 또는 실험 설계를 통해 평가되었으며, 가능한 우리는 이를 지속적인 연구의 표준으로 여긴다. 그러나 일부는 그들의 연구 방법론이 좀 더 제한적이며, 이 분야에 관한 연구는 초기 단계이기 때문에 많은 인터벤션의 장기적인 효과성에 대해 보고할 수 있는 연구는 많지 않다. 이 책에 제시된 다수의 연구는 횡단적 또는 단기적 종단 연구로 설계되어 있다. 많은 인터벤션이 중도탈락률을 감소시킨다고 가정하지만, 정작 수집된 장기적 데이터가 없다는 것은 채워져야 할 중요한 필요조건이다. 게다가 몇몇 인터벤션에 있어서 그 효과성은 시간이 지날수록 느리게 나타날 가능성이 있다. 하지만 많은 연구는 긍정적 성과를 끌어내기 위해서 얼마나 오랫동안 그리고 어떠한 환경에서 인터벤션이 필요한지에 대한 명확한 정보를 제시하고 있지 않다.

우리는 또한 맥락 안에서 어떻게 인터벤션이 실행되는지 잘 알지 못한다(Pianta, 2003). 학교 기반 인터벤션에 대한 연구들은 이러한 프로그램의 성공은 프로그램의 설계보다는 어떻게 실행되고 어떻게 학생들과 상호작용하는지와 관련이 있다고 말한다(Pianta, 2003). 실행은 또한 학교 철학, 정책, 그리고 프로그램과 인터벤션의 조화; 인터벤션에 대한 지속적 재정 지원; 그리고 교사의 재편성 방법과 같은 학교의 조직적 그리고 문화적 요인에 의해 영향을 받는다(Forman, Olin, Hoagwood, Crowe, & Saga, 2009).

실행의 질적인 측면을 극대화하기 위해 가장 중요한 역할을 하는 요인은 직원 교육과 전문성 개발이다(Durlak, 1998; Kratochill, Volpianksy, Clements, & Ball, 2007). 우리는 실천가들에게 모든 맥락에 적합한 인터벤션을 선택하고 만드는 데 필요한 자율성과 지원 그리고 학교에 대한 데이터를 제공해야 한다. 또한, 우리는 실천가들(예: 학부모, 교사 그리고 지원 부서 직원)이 인터벤션을 효과적으로 실행하는 데 필요할 수 있는 다양한 지원을 고려할 필요가 있다. 그러나 몇 가지 예외를 제외하고는 인터벤션 프로그램을 효과적으로 선택하고 실행하는 데 필요한 이러한 교육은 아직 주목받고 있지 못하다.

실천가들이 생생하게 설명한 2개의 장(23장. 몰입하는 커뮤니티 구축하기: 학교에서 학생들을 지원하는 실천사항과 인터벤션, 24장. MET 고등학교: 한 번에 한 명씩 청소년 학생 몰입시키기 참고)에서와 같이, 많은 교사와 학교는 환경적 요인의 역할을 고려하지 않고 비몰입을 학생 개인의 실패로 여기는 경향이 있다. 몰입을 개인과 환경적 요인의 상호작용으로 여기기보다는 비몰입의 결과를 학생의 탓으로 돌리는 것이다. 이러한 가정은 변화되어야 하며, 이를 위해 학생들이 그들의 신념을 반영할 기회를 얻고, 그들의 웰빙을 관리하며, 새로운 시도를 하고, 지속적 발전을 위한 기회를 가질 수 있는 안전하고 지원적인 환경이 필요하다.

실천가들의 성찰과는 반대로, 다수의 장들에서 교사와 학교 직원의 사고방식이 인터벤션의 실행에 얼마나 영향을 미치는지에 대해 주목하지 않는다. 안타깝게도, 주로 인터벤션의 개발 과정에서 그것을 실제로 실행할 개인의 생각은 배제한다. 연구가 그대로 실행으로 이어지기 위해서는 실천가들을 인터벤션 설계에 참여시켜야 한다. 프로그램을 실행할 직원과 학교 맥락의 특징에 대한 이해는 어떻게 프로그램과 정책들이 잘 실행될 수 있는지에 대한 중요한 시사점을 제공할 수 있다.

맥락의 중요성에 관한 결론은 모든 사람에게 적합한 완벽한 인터벤션은 없다는 아이디어와 일맥상통한다. 대신 인터벤션 실천가들은 개인－환경 간 적합성에 대해 민감해야 한다. 다시 말해서, 한 학생에게 완벽한 수업 전략, 상호작용 유형, 또는 프로그램을 이끄는 방식이 다른 사람에게는 완전히 다를 수도 있다는 것이다. Check & Connect 프로그램과 같은 인터벤션 모델은 많은 학생과 다양한 학교 수준과 집단에 효과적일 수 있지만, 모든 사람에게 그렇지는 않다. 이것은 또다시 인터벤션에 대한 학생들의 반응을 모니터링한 데이터와, 반응의 부족 또는 몰입의 악화로 인한 프로그램 또는 전략의 변화가 중요하다는 것을 말해준다.

마지막으로, 중요한 문제는 어떻게 몰입 인터벤션 프로그램을 개발해야 하는지에 대한 것이다. 현실은 참가자들이 프로그램에 충분히 시간을 투자하지 않는다면 아무리 잘 설계된 프로그램이라도 몰입 결과에 제한된 영향만 줄 것이다. 예를 들어, 폭력 예방 프로그램 실행을 위한 전략들은 참가자들이 지루해하고 효과가 없다는 것을 알게 되었다. 그렇다면 몰입에 관한 연구는 좀 더 몰입이 잘 될 수 있도록 하는 인터벤션과 예방 프로그램 개발에 대해 정보를 제공할 수 있다. 이전에 설명한 자기결정성 이론(Ryan & Deci, 2017)에서와 같이, 사춘기 청소년들은 관계성, 자율성, 그리고 유능감에 대한 그들의 욕구를 지원하는 프로그램에 더 잘 몰입할 것이다. 연구는 이 이론의 다음과 같은 원리를 지지한다; 몰입은 사춘기 청소년들이 의미 있는 결정을 스스로 하고, 실제 현실과 관련된 과제와 의미 있는 과제에 참여하고, 잘 알지 못하는 어른이나 동료와의 관계를 발전시킬 기회가 제공될 때 몰입한다(Christenson et al., 2012; Fredricks, 2014).

결론적으로, 이 입문서는 맥락, 몰입, 그리고 조정 사이의 관계에 대한 이해와 함께 학자들이 이 정보를 사용해 더욱 효과적인 예방·중재 프로그램을 개발하는 방식에 대한 엄청난 진전을 제시한다. 동시에 실천가와 관리자들은 학교 수준의 보편적 프로그램과 좀 더 한정적 대상을 위한 개별적 프로그램을 활용하여 모든 학생의 몰입을 증가시키고자 하는 공유된 목표를 위해 일해야 한다. 이러한 진전에도 불구하고, 다양한 학생과 학교 맥락이 가진 개별적인 요구를 충족시킬 수 있는 좀 더 효과적이고 목적이 있는 몰입 인터벤션의 개발에 대한 향후 방향성과 지식 사이에 여전히 존재하는 공백이 있음을 고백한다.

참고문헌

이 QR코드를 스캔하면
"학생 성장을 위한 인게이지먼트 핸드북(Handbook of Student Engagement Interventions Working with Disengaged Students)"의 참고문헌을 열람할 수 있습니다.

역자 약력

송해덕
중앙대학교 교육학과 교수
펜실베이니아 주립대학교 교육공학과 박사
(현) 중앙대학교 글로벌인적자원개발대학원장
(전) 한국인력개발학회 회장
연구영역: 수업설계, 교수법, 교수매체

김연경
중앙대학교 교육학과 BK21 연구교수
중앙대학교 교육학과 교육공학 박사
연구영역: 수업설계, 테크놀로지기반학습, 학습몰입

홍아정
중앙대학교 교육학과 교수
콜럼비아 대학교 성인학습 및 리더십 박사
(현) 한국인력개발학회 부학회장
(현) 중앙대학교 대학원 교육부원장
연구영역: 평생교육, HRD, 조직학습

김이경
중앙대학교 교육학과 교수
아이오와 대학교 교육학 박사
(현) 중앙대학교 대학원장
연구영역: 교육행정, 교육정책

이희수
중앙대학교 교육학과 교수
중앙대학교 교육학과 박사
(전) 중앙대학교 대학원장
(전) 한국평생교육학회 회장
연구영역: 평생교육, 인적자원개발

안도희
중앙대학교 교육학과 교수
앨버타 대학교 교육심리학 박사
(현) 한국영재학회 감사
연구영역: 교육심리, 영재교육

김랑
중앙대학교 교수학습개발센터 연구교수
중앙대학교 교육학과 교육공학 박사
연구영역: 테크놀로지기반학습, 학습몰입

이정주
중앙대학교 데이터기반교육혁신센터 연구교수
중앙대학교 교육학과 교육공학 박사
연구영역: 학습몰입, 교수학습설계

박규미
중앙대학교 커리큘럼혁신센터 연구교수
중앙대학교 교육학과 평생교육 박사
연구영역: 직업교육, 성인학습이론, 학습경험과 정체성

김경현
중앙대학교 대학원 연구교수
중앙대학교 교육학과 교육정책·행정 박사
연구영역: 학교행정, 학교조직과 리더십, 교육정책, 교원정책

민수빈
중앙대학교 교육학과 강사
중앙대학교 교육학과 교육정책·행정 박사
연구영역: 교육정책, 교원정책, 학생 성취

이예찬, 정채윤, 이세미, 이효영, 안다영
중앙대학교 교육학과 박사과정

김기영, 김수경, 김해련, 우현아, 원준희, 유경철, 윤예지, 이광민, 이기쁨, 조소영
중앙대학교 교육학과 석사과정

학생 성장을 위한 인게이지먼트 핸드북

초판발행 2023년 2월 28일

지은이 Jennifer A. Fredricks · Amy L. Reschly · Sandra L. Christenson
옮긴이 송해덕 · 김연경 · 홍아정 · 김이경 · 이희수 · 안도희 외
펴낸이 노 현

편 집 김다혜
기획/마케팅 허승훈
표지디자인 이영경
제 작 고철민 · 조영환

펴낸곳 ㈜ 피와이메이트
서울특별시 금천구 가산디지털2로 53, 한라시그마밸리 210호(가산동)
등록 2014. 2. 12. 제2018-000080호
전 화 02)733-6771
f a x 02)736-4818
e-mail pys@pybook.co.kr
homepage www.pybook.co.kr
ISBN 979-11-6519-021-7 93370

정 가 35,000원